Robert Gellately

Hingeschaut und weggesehen

Hitler und sein Volk

Schriftenreihe Band 416

Robert Gellately

Hingeschaut und weggesehen

Hitler und sein Volk

bpb:
Bundeszentrale für politische Bildung

Aus dem Amerikanischen übersetzt von Holger Fliessbach

3. Auflage 2005
Bonn 2003
Lizenzausgabe für die
Bundeszentrale für politische Bildung

Umschlaggestaltung: Michael Rechl, Wanfried
Umschlagfoto: © Landesarchiv Berlin, Fotosammlung:
Aufruf zum Boykott jüdischer Geschäfte
in einer Berliner Straße am 1. April 1933
Gestaltung und Satz: im Verlag
Druck und Bindung: Friedrich Pustet, Regensburg
ISBN 3-89331-506-0

Für Marie

INHALT

VORWORT

Dieses Buch begann Gestalt anzunehmen, als ich in einem deutschen Archiv Akten der Gestapo las. Mich fesselte die Geschichte einer bedauernswerten Frau, die bei der Polizei angezeigt worden war. Ihr Denunziant sagte in einem anonymen Brief, sie sähe »jüdisch aus« und unterhalte vermutlich sexuelle Beziehungen zu einem Nachbarn. Die Akte enthielt auch einen Zeitungsausschnitt über die spätere Gerichtsverhandlung. Der Zeitungsbericht war verzerrt und haßerfüllt, aber ich fand es doch bemerkenswert, daß die Presse wie selbstverständlich das Schicksal dieser Frau und ihres Partners publik machte. Immerhin war mir und anderen meiner Generation jahrzehntelang von unseren Lehrern eingebläut worden, das nationalsozialistische Deutschland habe seinen Terror weithin unter völliger Geheimhaltung verübt. Ich begann mich zu fragen, wie viele und welche Art von Informationen die Presse im Dritten Reich der Öffentlichkeit vermittelt haben mochte. Was wußten die Deutschen über ihre »geheime« Staatspolizei, über die Verfolgungen und die Konzentrationslager? So begann ich, mir deutsche Zeitungen aus jener Zeit anzusehen, während ich gleichzeitig weiter die Akten jener Männer und Frauen studierte, die in die Fänge der Gestapo, der Kriminalpolizei und der NSDAP geraten waren. Die Ergebnisse dieser Recherchen enthält das vorliegende Buch, und sie werden viele Menschen überraschen.

In Wirklichkeit *sollten* die Deutschen nämlich wissen, daß es in ihrem Land eine Geheime Staatspolizei und ein System von Konzentrationslagern gab. Entgegen tradierter Meinung war es nicht so, daß die Deutschen nur das »Gute« akzeptierten, das ihnen der Nationalsozialismus bescherte (zum Beispiel in der Wirtschaft), und das institutionalisierte Böse ablehnten. Vielmehr gelang es Hitler, sich auf die eine oder andere Weise die Unterstützung der großen Mehrheit der Bürger zu sichern. Die Zustimmung kam rasch, war und blieb aber pluralistisch, differenziert und zeitweise auch inkonsequent. Wie sich allerdings herausstellte, waren die Deutschen im allgemeinen froh und stolz, daß Hitler und seine Helfershelfer mit gewissen Arten von Menschen aufräumten, die sich nicht einfügten oder als »Außenseiter«, »Asoziale«, »unnütze Esser« oder »Kriminelle« angesehen wurden. Gewiß richteten Hitler und seine Helfershelfer ihr Gift auf Menschen aus den Reihen dieser »Volksfeinde«; sie wollten aber nicht das deutsche Volk als ganzes durch Einschüchterung unterwerfen, sondern es unter Ausnutzung populärer Bilder, liebgewordener Ideale und eingefleischter Phobien im Land auf ihre Seite ziehen. Mochten die Nationalsozialisten auch das Gemeinwesen im Namen der Zukunft und einer vollkommenen Rasse »säubern«, mochten sie in den Jahren des Krieges immer radikaler und brutaler werden, sie zielten doch gleichzeitig darauf ab, sich den breitestmöglichen Rückhalt im Volk zu verschaffen und zu behaupten. So wandten sie ein enormes Quantum an Energie und Ressourcen auf, um der öffentlichen Meinung auf die Spur zu kommen und das Volk auf ihre Seite zu ziehen.

Im vorliegenden Buch gehe ich dieser Geschichte von den Anfängen des neuen Reichs 1933 bis hinein in die Kriegsjahre und die letzten, verzweifelten Monate nach. Die meisten Bücher über den NS-Terror schenken den »Gründerjahren« beträchtliche Aufmerksamkeit, doch vernachlässigen viele die radikalen Veränderungen, die mit Beginn des Krieges einsetzten, als alles an Hitlers Revolution noch einmal revolutioniert wurde. Ich zeige, was an Ort und Stelle geschah, und verfolge die Entwicklung bis zu den stürmischen letzten Monaten der Hitlerdiktatur.

Ich habe versucht, die Opfer der Unterdrückung zu Wort kommen zu lassen, besonders durch die Auswertung von Tagebüchern und sonstigen Zeugnissen, und ein breites Spektrum von Männern, Frauen und Kindern zu zeigen, denen von den Nazis Leid zugefügt wurde. Mein Hauptaugenmerk gilt den Juden; daneben verweile ich lange bei den Zwangsarbeitern, besonders denen, die gewaltsam aus ihrer Heimat in Osteuropa geholt wurden. Nicht nur der deutsche Staat, sondern auch Tausende von Privatunternehmen und Hunderttausende von einzelnen Bauern und kleinen Betrieben waren an der Unterjochung und Ausbeutung dieser Menschen beteiligt.

Das Buch schließt mit einer kurzen Schilderung des apokalyptischen Endes des Dritten Reiches. Erstmals nahm der Terror von Deutschen gegen Deutsche wirklich große Ausmaße an und richtete sich gegen jeden, der es wagte, an Widerstand zu denken. Offener und gezielter wurde der Terror gegen die Fremdarbeiter und besonders gegen die Millionen von Häftlingen in den Lagern. Während das Land schon der Niederlage entgegentrudelte, machten die meisten Deutschen verbissen weiter, aus den verschiedensten Gründen.

Hier ist auch der Ort, um all jenen zu danken, die mir bei den Recherchen und der Niederschrift geholfen haben. Viele Historiker und Gelehrte anderer Fachrichtungen haben mich auf wichtige Dokumente hingewiesen, mir nützliche Ratschläge mitgegeben oder meine Fragen beantwortet. Ich kann nur einige erwähnen: Omer Bartov, Volker Berghahn, Peter Black, George Browder, Christopher Browning, Ludwig Eiber, Richard Evans, Jürgen Falter, Gerald Feldman, Marie Fleming, John Fout, Norbert Frei, Henry Friedlander, Peter Fritzsche, Michael Geyer, Geoffrey Giles, Peter Hayes, Ulrich Herbert, Susannah Hesched, Peter Hoffmann, Eric Johnson, Marion Kaplan, Michael Kater, Sybil Milton, Jeremy Noakes, Gerhard Paul, Hans-Dieter Schmidt, Peter Steinbach und Gerhard Weinberg. Im Laufe der Jahre wurde mir in vielen Archiven und Bibliotheken Hilfe zuteil; besonders erwähnen möchte ich Anselm Faust (Düsseldorf) und Wilhelm Lenz (Berlin). Überaus hilfreich war Julia Torrie, meine ehemalige Studentin und Forschungsassistentin.

Viel gelernt habe ich aus den Diskussionen bei einer von mir und Sheila Fitzpatrick organisierten Konferenz über Denunziationen in der europäischen Geschichte. Mein Verständnis für das breite Spektrum und das Schicksal der Opfer wurde vertieft durch Diskussionen bei einer Konferenz, die von mir und Nathan Stoltzfus organisiert und von der Harry Frank Guggenheim Foundation unterstützt wurde. Mein herzlicher Dank gilt allen Teilnehmern sowie Karen Colvard von der Guggenheim-Stiftung.

Ohne finanzielle Zuwendungen des kanadischen Social Sciences and Humanities Research Council und der deutschen Alexander-von-Humboldt-Stiftung hätte das Buch nicht geschrieben werden können. Von Herzen weiß ich die großzügige Unterstützung durch die Familie Strassler zu würdigen, und bei David Strassler und der Clark University bedanke ich mich für die Förderung meiner Arbeit.

EINLEITUNG

Sofort nach der Ernennung Hitlers zum Reichskanzler Ende 1933 erfolgten die ersten Schritte zur Etablierung seiner Diktatur. Zwar begann Hitler zunächst lediglich als Chef einer Koalitionsregierung in einem von politischen, wirtschaftlichen und sozialen Problemen erschütterten Land und mußte sich außerdem sogleich auf eine in Kürze stattfindende Wahl vorbereiten. Das alles konnte ihn jedoch nicht von seinen ehrgeizigen Plänen ablenken, und schon wenige Tage nach seiner Ernennung sprach er gegenüber hohen Militärs davon, wie er den »Krebsschaden der Demokratie« beseitigen wolle, eine autoritäre Staatsführung errichten und schließlich »die Eroberung neuen Lebensraums im Osten u[nd] dessen rücksichtslose Germanisierung« in Angriff nehmen wolle.[1] Ende Februar machte er sich einen Brandanschlag auf das Reichstagsgebäude zunutze, um angesichts einer angeblichen kommunistischen Verschwörung gesetzliche Notstandsmaßnahmen durchzubringen. Kaum einen Monat später sicherte er sich die notwendige Zweidrittelmehrheit im Reichstag für eine Verfassungsänderung und ein Ermächtigungsgesetz, das es ihm praktisch ermöglichte, gesetzgebender Diktator zu werden.[2] Zwar gelang es Hitler und den Nationalsozialisten nicht, bei freien Wahlen eine Mehrheit der Deutschen für sich zu gewinnen, doch schon wenige Monate nach seiner Ernennung zum Reichskanzler waren die meisten Bürger schließlich doch bereit, ihn zu akzeptieren und ihm dann konsequent den Rücken zu stärken.

Hitler wollte eine Diktatur errichten, aber er wollte auch die Unterstützung durch das Volk. Das Wichtigste, was er tun konnte, um die Menschen auf seine Seite zu ziehen, war die Beseitigung der Massenarbeitslosigkeit. Es ist klar, daß sein Regime die große Wirtschaftskrise schneller überwand, als es die westlichen Demokratien vermochten; trotzdem ging es nicht von heute auf morgen. Hitler vermittelte den Eindruck eines starken Führers, der die Dinge im Griff hatte, und nach den Jahren der Unruhen, die die Weimarer Republik gekennzeichnet hatten, umgab den deutschen Staat jetzt eine Aura von »Normalität«, die an die Zeit vor dem Ersten Weltkrieg erinnerte. Weimar wurde gleichgesetzt mit dem verlorenen Krieg, einem demütigenden Frieden, wirtschaftlichem Desaster und sozialem Chaos und war praktisch bei niemandem in Deutschland beliebt gewesen. Diesem Versuch zur Errichtung einer Demokratie hatte die tiefreichende soziale Verwurzelung gefehlt, und so fiel es den Menschen relativ leicht, sich von ihm abzuwenden.

Hitler füllte nicht nur ein Machtvakuum, sondern erwarb sich auch bald den Beifall der Patrioten, weil er systematisch die demütigende Friedensregelung von 1919 zerriß und dem Land praktisch über Nacht zurückgab, was viele Deutsche als ihren »rechtmäßigen« Platz als beherrschende Macht auf dem Kontinent empfanden. Er schaffte das fast ohne Armee. Zum Lohn für solche Leistungen und obgleich es dauerhafte Nischen von negativer Meinung, Ablehnung des Nationalsozialismus und sogar Beispiele von Widerstand gab, war die große Mehrheit des deutschen Volkes Hitler bald ergeben und unterstützte ihn bis zum bitteren Ende 1945.[3]

Das neue Regime machte kein Hehl daraus, daß es gegen seine erklärten Feinde Zwang in vielfältiger Form anwenden werde, aber es trachtete auch allenthalben nach der Zustimmung und Unterstützung des Volks. Wie ich in diesem Buch zu zeigen versuche, waren Zustimmung und Zwang während des ganzen Dritten Reichs aufs engste miteinander verknüpft, was zum Teil daran lag, daß Zwang und Terror meistens gegen bestimmte Individuen, Minderheiten und soziale Gruppen eingesetzt wurden, für die das Volk wenig Sympathie hegte.[4] Zwang und Terror waren höchst selektiv und regneten jedenfalls nicht gleichmäßig auf die Köpfe der deutschen Bevölkerung herab. Anfang 1933 begannen Polizei und SA, Köpfe einzuschlagen, und es wurden neue Konzentrationslager errichtet, aber kaum mehr als eine Miniwelle der Terrors ging über Deutschland hinweg. Im großen und ganzen bedurfte es des Terrors nicht, um die Mehrheit – oder auch signifikante Minderheiten – in Reih und Glied zu zwingen. Mitte 1933, spätestens Ende dieses Jahres, war die Macht bereits gesichert, und die Brutalitäten und Gewalttaten, die mit der sogenannten Machtergreifung gleichgesetzt werden, begannen zu verschwinden.[5] Terror allein vermag weder die Entstehung des Dritten Reichs noch seine beachtliche Beharrungskraft hinreichend zu erklären.[6] Wie ich zeigen werde, fand das Regime bis weit in die Kriegsjahre hinein die Unterstützung des Volks.

Die Nationalsozialisten konnten Anfang 1933 auf die verbreitete Stimmung im Lande bauen. Die meisten ehrbaren Bürger, und nicht nur die Nationalsozialisten unter ihnen, hatten das gescheiterte Weimarer Experiment satt. Sie waren auch empört über die Beweise von Dekadenz, Verfall und Verbrechen, die sie allenthalben wahrzunehmen glaubten.[7] Unter diesen Umständen war es ein naheliegender politischer Anreiz für das Hitlerregime, entschieden gegen demokratische und liberale Betätigung aller Art vorzugehen, Oppositionsparteien, allen voran die Kommunisten, zu verbieten und das Ganze mit einem »energischen Durchgreifen« im Namen von Recht und Ordnung zu verbinden. Im März 1933 rief Hitler zu einer »moralischen Sanierung« des Gemeinwesens auf. Wie immer man das verstehen mag, es ist klar, daß Hitlers persönliche Überzeugungen und die nationalsozialistische Ideologie mit dem, was er für die Hoffnungen und Wünsche vieler Menschen hielt, bei der Entscheidung darüber zusammenwirkten, wo politisch am vorteilhaftesten mit dem Aufbau der sogenannten Volksgemeinschaft auf rassischer Grundlage begonnen werden konnte.

Das Buch setzt mit dem Jahr 1933 ein und geht den Ereignissen bis 1945 nach, wobei der Schwerpunkt auf den Geschehnissen innerhalb des nationalsozialistischen Deutschlands liegt. Ich zeige, wie und warum binnen wenigen Monate nach Hitlers Ernennung zum Reichskanzler eine gesellschaftliche Zustimmung zu Hitler und dem Nationalsozialismus entstand. Diese Zustimmung nahm viele Formen an, sie war nicht starr, sondern flexibel, nicht passiv, sondern aktiv und in ständiger Neubildung begriffen. Ich behaupte aber, daß ab 1933 die Zustimmung zu Hitler und immer mehr auch zum Nationalsozialismus praktisch niemals in Frage stand.

Die Historiker neigen dazu, dem ersten Stadium der Diktatur, besonders ihren Gründerjahren, mehr Aufmerksamkeit zu schenken, während ich verfolge, wie dieses System, samt neuer Polizei und Konzentrationslagern, zwei weitere, klar unterscheidbare Stadien durchlief. Das erste begann 1938/39 mit der Heraufkunft des Krieges, und ich behaupte, daß dieser Krieg die Revolution revolutionierte. Fast alles an der Diktatur veränderte sich, da die Polizei zudringlicher, willkürlicher und mörderischer wurde und das System als Ganzes sich weit radikaler gegen seine erklärten Feinde im In- und Ausland stellte. Das letzte Stadium in der Geschichte der Hitlerdiktatur begann, als sich Invasion und Niederlage immer deutlicher abzeichneten, so daß die Revolution abermals revolutioniert wurde. Von Ende 1944 bis ins Jahr 1945 hinein wurde das Regime noch unverhüllter terroristisch, um das Unabwendbare doch noch abzuwenden. Ich versuche zu zeigen, wie die Zustimmung zum Regime in allen drei Stadien weithin erhalten blieb und warum manche Menschen begannen, nach einem Ausweg zu suchen. Als die Heimatfront zur Kriegsfront wurde, war zum ersten Mal der Terror von Deutschen gegen Deutsche an der Tagesordnung.[8]

Es lohnt sich, die Aufmerksamkeit auf die Arbeiten einiger anderer Historiker zu lenken, die ebenfalls verschiedene Aspekte der sozialen Zustimmung im Dritten Reich untersucht haben, wenngleich aus anderer Perspektive und anhand anderer Quellen. Ich teile manche Ansichten Ian Kershaws und Detlev Peukerts, die vermuten, daß Hitlers persönliche Beliebtheit eines der Hauptfundamente darstellte, auf denen das Regime gegründet und errichtet wurde. Ja, »in der Popularität Hitlers drückte sich«, um Peukert zu zitieren, »insofern ein gewisser Grundkonsens der Bevölkerungsmehrheit mit dem System aus, der von durchaus geäußerter Einzelkritik unbehelligt blieb.«[9] Es wurde oft geglaubt, Arbeiter seien unempfänglich für die Sirenenklänge des Nationalsozialismus gewesen, während in Wirklichkeit, wie Alf Lüdtke kürzlich in einer Studie anhand von Soldatenbriefen in die Heimat gezeigt hat, die meisten Menschen im Lande Hitler »bereitwillig akzeptierten« und gemeinhin das Ziel begrüßten, »die Größe des Reichs ›wiederherzustellen‹ und vermeintlich ›Fremde‹ in Politik und Gesellschaft ›auszumerzen‹«.[10] Und in der Tat haben die Deutschen bis heute beim Rückblick auf die Diktatur freundliche Erinnerungen an deren »Leistungen«, was die Rückbesinnung auf gesellschaftliche Werte, die Wiederherstellung der Ordnung und die Herbeiführung eines sozialen Friedens betrifft.[11]

Auch Frauen wurden gewonnen, und nach Ute Frevert erlebten die meisten von ihnen die NS-Zeit (selbst im Vergleich zu den liberalen Weimarer Jahren) nicht als eine Art »Rückfall« in eine finstere Zeit der Diskriminierung. »[D]ie relative Seltenheit gezielten politischen Widerstandes«, so Ute Frevert, könnte heißen, »daß diejenigen Frauen, die den politischen, rassischen und sozialen Anforderungen genügten – und das war die überwiegende Mehrheit –, das ›Dritte Reich‹ keineswegs als Frauenhölle erlebten. Viele Neuerungen waren durchaus attraktiv, mit anderen konnte man leben.«[12] Eine gebildete Frau aus der Mittelschicht, Frau eines prominenten deutschen Historikers (keiner von beiden war übrigens in der Partei), äußerte jüngst in einem Interview: »Das ganze Volk hat sich im großen und ganzen wohl gefühlt.« Sie »*wollte* ja eigentlich immer nur das Gute sehen«, erinnerte sie sich; »das andere habe ich einfach weggeschoben«. Heute glaubt sie, daß die meisten Deutschen zumindest versuchten, »sich zu adaptieren – auch wenn sie nicht mit dem ›Dritten Reich‹ oder dem Nationalsozialismus hundertprozentig übereinstimmten. Und es sind sicher achtzig Prozent gewesen, die durchaus produktiv und positiv in der Zeit gelebt haben. [...] wir haben ja auch schöne Jahre gehabt. Wir haben *wunderbare* Jahre gehabt.«[13]

Die umstrittenste neuere Studie über gesellschaftliche Zustimmung im Dritten Reich ist das umfangreiche Buch von Daniel Jonah Goldhagen – ein Publikumserfolg, aber von der historischen Zunft heftig kritisiert. Im Gegensatz zu den meisten Historikern erblickt Goldhagen in einem uralten, schon vor Hitler bestehenden »eliminatorischen« Antisemitismus in Deutschland Grundlage und Hauptwesenszug jener Zustimmung. Er behauptet, das mörderische Potential des Judenhasses sei schon vor 1933 vorhanden gewesen, und neigt daher dazu, die 1933 einsetzenden Veränderungen zu unterschätzen. Vor diesem Hintergrund muß er zwangsläufig die Rolle Hitlers herunterspielen und kommt unter anderem zu dem Schluß: »Hitler und die Nationalsozialisten taten also nichts anderes, als den bestehenden und angestauten Antisemitismus freizusetzen und zu aktivierten.« Die mörderische Judenverfolgung resultierte demnach aus dem präexistenten, »allgemeinen dämonisierenden, auf Rassismus gründenden« eliminatorischen Antisemitismus des deutschen Volkes, den »Hitler nur freisetzen« mußte. [14]

Bei aller Problematik brachte Goldhagens Untersuchung eine Reihe wichtiger Fragen aufs Tapet und verlangte weitere Forschungen.[15] Ich neige jedoch der Ansicht zu, daß monokausale Erklärungen von der Art, wie er sie verwendet, einer Überprüfung nicht standhalten und daß es für das Einverständnis der deutschen Gesellschaft mit Hitler und der Diktatur, oder auch nur für deren Duldung durch das Volk, viele Gründe gab, deren wichtigste wenig oder nichts mit der Judenverfolgung zu tun hatten.

Der Antisemitismus wurde anfangs heruntergespielt, nicht nur, weil es den wirtschaftlichen Aufschwung gefährdet hätte, die Juden der Möglichkeit zu berauben, ihren Lebensunterhalt verdienen, sondern auch, wie ich in diesem Buch zeige, weil die meisten Deutschen 1933 nicht so heftig und negativ gegenüber den Juden empfanden wie Hitler und die Nationalsozialisten. Erstes Ziel waren daher nicht die Juden, sondern Individuen und Gruppen, die schon längst als Bedrohung der Gesellschaftsordnung (wie die Kommunisten) oder des sittlichen Universums, wie etwa Kriminelle, »Asoziale« und sonstige »Sonderfälle«, angesehen wurden. Wie ich deutlich mache, wurde die Rassenpolitik in den ersten Jahren des neuen Reiches sehr vorsichtig formuliert und umgesetzt.

Die Nationalsozialisten agierten also zunächst nicht in blindem oder wahnhaftem Fanatismus, sondern mit wachem Blick für die sie umgebenden gesellschaftlichen und politischen Realitäten. Sie entwickelten ihre rassistische und repressive Kampagne unter Berücksichtigung der deutschen Gesellschaft, Geschichte und Tradition. Die Identifikation und Behandlung politischer Gegner und die Verfolgung gesellschaftlicher und rassischer Außenseiter veranschaulichte jene Art von populistischer Diktatur, die sich unter Hitler entwickelte.

Das Buch zeigt, wie sich der Antisemitismus nach 1933 veränderte und langsam ausbreitete. Viele Juden, die jene Zeit miterlebten, haben denn auch ausgesagt, daß der Antisemitismus bis Ende der dreißiger Jahre nicht die primäre Sorge der Öffentlichkeit war, daß die meisten Deutschen keine rabiaten Antisemiten waren und daß die Vertreibung der Juden auf der Prioritätenliste des deutschen Staates nicht an oberster Stelle stand.[16] Wie viele Juden, die damals in Deutschland lebten, seit Jahren bezeugt haben, waren sie zu Beginn des Dritten Reichs keine gesellschaftlichen Außenseiter, jedenfalls nicht im Vergleich zu der Zeit vor der Emanzipation, und die Dinge änderten sich für viele von ihnen nur langsam.[17] Die Juden in Deutschland wurden von den Juden in Mittel- und Osteuropa fast einhellig beneidet, und sie hatten in den Weimarer Jahren, und zum Teil schon davor, mehr soziale Chancen (zum Beispiel als Richter und Professoren), als sie selbst die meisten Juden in den USA besaßen. Seit der gesetzlichen Emanzipation der Juden Deutschlands im Jahre 1871 waren sie als gesetzestreue Bürger, die sich Werte wie harte Arbeit, sauberen Lebenswandel und solide Familienwerte zu eigen machten, immer besser in die Gesellschaft integriert. Im deutschen Kontext, in dem dieses Verhalten als löblich galt, machten sie es mit ihrem Lebenswandel den Nationalsozialisten anfangs schwerer, ihnen am Zeug zu flicken. In dem Maße aber, wie das Regime eine diskriminierende Maßnahme nach der anderen erließ oder sich blind gegen radikale Nationalsozialisten an der Basis stellte, wurden die Juden langsam zu gesellschaftlichen Außenseitern gemacht, aber selbst das geschah für die meisten von ihnen allmählich.

Meines Erachtens ist es wichtig, zu zeigen, wie sich der Antisemitismus nach 1933 ausbreitete und was sich veränderte und warum: vor allem, wie und warum die Bürger begannen, an der Drangsalierung und Verfolgung der Juden durch Polizei und NSDAP mitzuwirken. Wie wir in dem Buch sehen werden, wurde die Öffentlichkeit unerbittlich in die diskriminierende Praxis der Diktatur und damit auch in die Verfolgung der Juden verstrickt, und zwar aus Gründen, die nicht immer explizit rassistisch waren. Die Leute gingen zu den Behörden und denunzierten die Juden und jene, die den offiziellen Antisemitismus nicht teilten.

Manchmal hatten sie egoistische Beweggründe, die oft mit aktivem Haß und Bereicherungssucht verbunden waren. Eine Auswirkung der Verfolgung war, daß viele Juden aus dem Land vertrieben wurden, während jene, die zurückblieben, der wachsenden Feindseligkeit der Behörden und der »eskalierenden Gleichgültigkeit« (Ulrich Herbert) ihrer Mitbürger ausgesetzt waren.[18]

Ich begann die Recherchen zu diesem Buch, indem ich mir eine der großen Fragen vorlegte, die sich seit 1945 stellen, als wir Kenntnis von den Konzentrationslagern bekamen: »Was wußten sie, und seit wann wußten sie es?« Wußten die Deutschen Bescheid über die Gestapo und die Lager, die Verfolgungen, die Morde und so weiter, und machten sie mit? Die Deutschen haben sich damit verteidigt, daß sie sagten, sie seien über die Lager nicht im Bilde oder schlecht informiert gewesen und von den Enthüllungen bei Kriegsende überrascht worden. Lange Zeit waren sich die Historiker praktisch einig, daß die Nationalsozialisten ihre Taten bewußt und systematisch verschleierten, so daß es möglich war, daß gewöhnliche Menschen wirklich nichts wußten.

Mein Buch stellt diese Ansichten in Frage. Es belegt, daß eine enorme Fülle von Material über die Lager und diverse Diskriminierungskampagnen in den Medien jener Zeit veröffentlicht wurde. Das Regime sorgte in den dreißiger Jahren dafür, daß die Presse über die Konzentrationslager berichtete, ließ sich für sie loben und verkündete stolz, daß die Männer und Frauen in den Lagern ohne Gerichtsverfahren auf Anordnung der Polizei eingesperrt würden. Das Regime brüstete sich unverhohlen seiner neuartigen »Polizeijustiz«, wonach Gestapo und Kriminalpolizei selbst über Recht und Unrecht entscheiden und Menschen nach Belieben in die Lager schicken konnten. Die Nationalsozialisten feierten ihre Polizei in einwöchigen »Tagen der Polizei«, die im ganzen Land stattfanden, und registrierten stolz ihre vielen Erfolge im Kampf gegen Verbrechen, Unmoral und Pornographie. Auch die Richter schalteten sich ein. Sie sprachen strenges Recht und verhängten in beispiellosem Umfang die Todesstrafe. Und das Regime versteckte diese Praktiken keineswegs hinter einem Schleier der Geheimhaltung, sondern bauschte sie in der Presse auf und pries die Modernität und Überlegenheit des NS-Systems im Vergleich zu allen anderen.

Ich mache in diesem Buch ausgiebigen Gebrauch von Zeitungen; aber gab es nicht die Zensur? Die Romanschriftstellerin Christa Wolf wies vor einigen Jahren darauf hin, daß jeder, der im nationalsozialistischen Deutschland etwas über die Gestapo, die Konzentrationslager oder die Diskriminierungs- und Verfolgungskampagnen wissen wollte, nur die Zeitung aufzuschlagen brauchte.[19] In der Tat war Nazideutschland eine moderne Massenmediengesellschaft, die für die damalige Zeit an der Spitze der Moderne rangierte. Die Deutschen waren hoch alphabetisiert und eifrige Zeitungsleser; das Hitlerregime unternahm außerdem alle Anstrengungen, um jedes Heim mit einem Rundfunkgerät (»Volksempfänger«) zu versorgen, und nutzte Wochenschauen und Filme, um seine Botschaften anzubringen.[20] Der Film verwandelte sich schon bald in eine systemfreundliche Industrie, und Journalisten zu gewinnen war bemerkenswert leicht. Sogar renommierte bürgerliche und konservative Zeitungen demonstrierten ihr Einverständnis mit Hitlers Ernennung oder baten ihre Leser, ihm eine Chance zu geben.[21] Danach lenkte das Regime die Presse hauptsächlich dadurch, daß es Eigentümer, Herausgeber und Journalisten für das, was sie brachten, politisch haftbar machte. Mit der Zeit wurden formalere Methoden wie etwa Pressekonferenzen oder Weisungen angewendet. Reporter und Redakteure betrieben Kollusion mit Hitler durch das, was sie schrieben, und gelangten an einen Punkt, wo sie es für besser hielten, Hinweisen auf die Ermordung der Juden und zahlreiche andere Greueltaten einfach nicht mehr nachzugehen.[22] Selbst wenn Zeitungen Todesanzeigen für die Opfer der Euthanasie brachten, scheinen keine Reporter nachgehakt zu haben.[23]

Zeitungsleser in einer Diktatur lesen darum nicht weniger, weil sie wissen, daß ihre Lektüre zensiert worden ist.[24] Eher lesen sie noch aufmerksamer als sonst, weil es so wichtig ist, herauszubekommen, was gespielt wird. Jedenfalls liegt der Schwerpunkt in diesem Buch nicht darin, was die Nationalsozialisten aus den Medien heraushalten wollten, sondern darin, was sie hineinbringen wollten und wie sie ihre Geschichten zurechtbogen, damit sie Kopf und Herz des deutschen Volkes ansprachen. Ich habe eine Reihe deutscher Zeitungen durchgesehen und mehrere wichtige Sammlungen von Zeitungsausschnitten konsultiert.

Ich versuche zu zeigen, daß Medienberichte und Pressegeschichten eine wesentliche Dimension von Leben und Tod in der Hitlerdiktatur waren. Die Bürger zollten ihnen begierig Aufmerksamkeit, und die meisten von ihnen »erlebten« durch die Medien die Gestapo, die Gerichte und die Lager.[25] Diese Mediendarstellungen müssen wir ernst nehmen und aus verschiedenen Blickwinkeln untersuchen, um das Thema »Zwang und Publizität« herausarbeiten zu können.[26] Die Nationalsozialisten publizierten nicht nur viele »Schuld-und-Sühne«-Geschichten, sondern entwickelten auch eine zusammenhängende, rationale und »wissenschaftliche« Theorie der Polizei und der Haft. Sie propagierten die Idee des Arbeitslagers für Delinquenten und des dauerhaften Wegsperrens von Wiederholungstätern. Vorbeugehaft und die Anwendung der »Arbeitstherapie« bei Kriminellen, Trunkenbolden und Tagedieben führte angeblich zu sicheren Straßen, der Rückkehr zur Ordnung und der Wiederherstellung erprobter, echt deutscher Werte. Dies alles wurde in der Presse in aller Breite dargelegt.

Ich vertrete die These, daß die Rationalisierungen, mit denen die Nationalsozialisten der deutschen Öffentlichkeit die Notwendigkeit neuartiger Formen des Zwangs und neuer Gesetze schmackhaft machten, ihrerseits ein wesentlicher, unabdingbarer Teil der Diskriminierung und Verfolgung waren. Die Deutschen wurden über den neuen Ansatz der Verbrechensbekämpfung informiert, der mit den Skrupeln von »gefühlsduseligen« Liberalen und »willensschwachen« Demokraten aufräumte. Die brutale Sprache der Presse in bezug auf jeden, der als »unerwünscht« galt, wurde zu einem charakteristischen Merkmal der Zeit und »hatte auf die Mehrheit der Bevölkerung erhebliche Auswirkungen«.[27] Die strahlenden Selbstbeschreibungen der Nationalsozialisten, wonach ihre Ideologie auf einer neuartigen Theorie von »Sicherheit und Ordnung« gründete und eine höhere »Gerechtigkeit« praktizierte, versuche ich vor dem Hintergrund dessen zu entzaubern, was in der Gesellschaft insgesamt und in Gerichten, Gefängnissen und Konzentrationslagern wirklich vor sich ging.

Wie steht es um die Rolle Hitlers? Dieses Buch ist keine Biographie Hitlers, wie es auch nicht versucht, die gesamte Geschichte des Dritten Reichs abzudecken. Aber ich war doch verblüfft, wie oft Hitler beim Aufbau und Betrieb des Zwangsapparats des Dritten Reiches eine Schlüsselrolle spielte. Wo er keine konkreten Weisungen oder Befehle gab, waren es seine Ideen, seine haßerfüllten Reden und seine »Wünsche«, die die Polizei, die Justiz und die SS-Führung auf der ganzen Linie inspirierten.[28]

Leser, die sich für weitere Einzelheiten über Hitlers Leben und seine Rolle in der Innen- und Außenpolitik interessieren, können jetzt Ian Kershaws meisterliche neue Biographie heranziehen. Sie markiert einen wichtigen Wendepunkt in der Erforschung Hitlers und des Dritten Reichs. Kershaw beschreibt schlüssig, wie Hitler in alle Tätigkeitsbereiche eingriff, und zeigt, wie andere Führer häufig »den Ball aufnahmen«, weil Hitlers einzigartiger Entscheidungsstil ihnen jede Menge Raum dazu gab. Nun, da der zweite Band vorliegt, ist diese Biographie das neue Standardwerk über Hitler.[29]

An relevanten Stellen werde ich auf Hitlers Entscheidungsstil eingehen, doch gilt das Hauptaugenmerk des Buches der gesellschaftlichen und politischen Seite der Diktatur, nicht dem, was hinter verschlossenen Türen und im geheimen vor sich ging. Hitler und alle, die mit ihm im Polizeiapparat eng zusammenarbeiteten, bevorzugten konsequent polizeiliche Prärogativen gegenüber dem regulären Gerichtssystem. Die Gestapo nutzte diese neuen Vollmachten, um alle möglichen (vage definierten) politischen Feinde zur Strecke zu bringen, während die Kripo sie einsetzte, um der angeblichen Welle von Verbrechen beim Machtantritt der Nationalsozialisten ein Ende zu machen. Beide Polizeien wurden nicht länger durch die herkömmlichen gesetzlichen Beschränkungen behindert. Es war ein leichtes, Verdächtige ohne richterliche Anhörung, geschweige denn ein Gerichtsverfahren einzusperren. Bald übernahm die Gestapo die Aufgabe, jede »politische Kriminalität« zu beseitigen, während die Kripo außerordentliche Vollmachten zur Bekämpfung der Kriminalität im herkömmlichen Sinne erhielt. Mit der Zeit wurden die Unterschiede zwischen politischen und nicht-politischen Verbrechen immer unschärfer. Ich untersuche diese Entwicklungen, auch die zunehmende Verstrickung der Gerichte in einen mörderischen Wettbewerb mit der Polizei, und befasse mich auch mit ihrem Widerhall in der Öffentlichkeit.

Einen Eindruck von der positiven Reaktion der deutschen Öffentlichkeit auf die verschiedenen Wellen der Judenverfolgung, ja auf den Geist der nationalsozialistischen »Justiz«, vermittelt praktisch jede Seite des Tagebuchs von Victor Klemperer.[30] Es stellt die ausführlichste Chronik der Repression und ihrer Durchsetzung, zumal der Maßnahmen gegen die Juden, dar, die wir besitzen. Klemperer notiert ein aufschlußreiches Gespräch, das er Ende Februar 1935 mit seinen letzten zwei Studenten hatte, die nach seinen Worten »ganz antinazistisch« waren. Daß sie überhaupt noch bei diesem jüdischen Professor studierten, zeugte von einer gewissen Zivilcourage. Als jedoch das Gespräch auf einen aktuellen Zeitungsbericht über die Verurteilung und Hinrichtung zweier junger adliger Frauen in Berlin kam, »fanden sie [die Studenten] das ganz in Ordnung«. Sie fanden weder am Prozedere des Geheimverfahrens etwas auszusetzen, noch störte es sie im geringsten, daß den Angeklagten wesentliche gesetzliche Rechte vorenthalten worden waren. Klemperer kommt betrübt zu dem Schluß: »Das Rechtsgefühl geht überall in Deutschland verloren, wird systematisch zerstört.«[31] In diesem Buch untersuche ich den Hintergrund derartiger Geschichten, erforsche, wie Zwang und Zustimmung miteinander verflochten waren und schließlich, wie und warum das deutsche Volk der nationalsozialistischen Diktatur den Rücken stärkte.

Kapitel 1

ABWENDUNG VON WEIMAR

Adolf Hitler schaffte, nach seiner Ernennung zum Reichskanzler am 30. Januar 1933, den Übergang vom demagogischen politischen Redner zum heißgeliebten »Führer« des deutschen Volks in bemerkenswert kurzer Zeit. Er erkannte, daß die meisten Menschen radikale Schritte zur Bekämpfung der weitreichenden Krise im Land verlangten, und wenn sich auch nicht jeder unbedingt eine nationalsozialistische Führung ersehnte, so hatten doch überaus viele genug von dem Weimarer Versuchslaboratorium der Demokratie mit seinen ständigen Wahlen, den unzähligen Kundgebungen und der Gesetzlosigkeit auf der Straße, den langen Schlangen vor den Wohlfahrtsämtern und den enormen sozialen Spannungen.[1] Die Deutschen verachteten Weimarer Politiker, die es nicht vermocht hatten, zu ihrem Herzen zu sprechen, und waren bereit, einem Mann Vertrauen und Verständnis entgegenzubringen, der sie wieder mit den in ihren Augen gesünderen Elementen der deutschen Tradition in Fühlung bringen konnte. Und Hitler wußte hinter den Kulissen zu manipulieren und sich in dieses Vertrauen und Verständnis hineinzumanövrieren.

Das Gefühl der Hoffnungslosigkeit, das am Vorabend von Hitlers Ernennung über dem Land lag, spiegelte sich auch in den Selbstmordraten wider, die mehr als viermal so hoch waren wie in Großbritannien und fast doppelt so hoch wie in den USA.[2] Es herrschte allgemein die Auffassung, daß das Land einen Zusammenbruch seiner kulturellen und moralischen Werte erlebe. Großfamilien wurden seltener, immer mehr Frauen waren berufstätig, die Zahl der Abtreibungen schien bedrohliche Ausmaße anzunehmen, Prostitution, sexuelle Devianz und Geschlechtskrankheiten meinte man auf dem Vormarsch zu sehen.[3]

Verstärkt wurde die allgemeine Krisenstimmung durch die Massenarbeitslosigkeit, die ihrerseits die Unzufriedenheit in allen Schichten der Gesellschaft schürte, auch den nicht unmittelbar betroffenen. Als Hitler an die Macht kam, waren sechs Millionen Menschen offiziell arbeitslos; dazu kamen jedoch bis zu zwei Millionen »versteckte« Arbeitslose, die es aufgegeben hatten, Arbeit zu suchen. Korrigiert man demnach die Gesamtarbeitslosenzahl auf bis zu acht Millionen, so waren fast 40 Prozent der deutschen Arbeiter und Angestellten ohne Arbeit; zusätzlich waren schätzungsweise drei Millionen unterbeschäftigt. Angesichts solcher Zahlen widerrief nun der Staat Wohlfahrtsmaßnahmen wie etwa die Arbeitslosenversicherung, die auf dem Höhepunkt der Weimarer »Stabilitäts«-Phase im Juli 1927 eingeführt worden war.[4] Es gab drei Arten von staatlicher Beihilfe für die Arbeitslosen, und die Tendenz ging dahin, sie alle auf die unterste Stufe zurückzufahren, wo schon das nackte Überleben problematisch wurde.[5]

Politische Gewalt auf den Straßen wurde in vielen Teilen des Landes zu einer buchstäblich alltäglichen Erfahrung.[6] Die meisten Kämpfe spielten sich zwischen den paramilitärischen Organisationen der verschiedenen politischen Parteien ab. Millionen von Menschen waren in sie verwickelt, wobei die Nationalsozialisten und die Kommunisten die aktivsten waren.[7] Es kam zu Straßenschlachten, bei denen unschuldige Passanten getötet wurden, wenn sie ins Kreuzfeuer gerieten – so geschehen in Hamburg am »Altonaer Blutsonntag« (17. Juli 1932), als sechzehn Menschen getötet wurden; zwei weitere starben etwas später. Die Polizei erschien, um die Kampfhähne zu trennen, aber wie so oft griff sie zugunsten der Nationalsozialisten ein. Die meisten Opfer waren keine Nationalsozialisten und anscheinend von der Polizei und den Sicherheitskräften erschossen worden. Trotzdem erhielt ein Ereignis wie dieses in den amtlichen Berichten und in der Presse eine antirote Interpretation, indem man behauptete, kommunistische Heckenschützen hätten von den Dächern geschossen.[8]

Die antikommunistischen Tendenzen in der deutschen Polizei waren auch anderswo wohlbekannt. So wurden von der Berliner Polizei acht Tage vor der Ernennung Hitlers mehrere Demonstranten erschossen und fast siebzig weitere festgenommen, angeblich um eine kommunistische Kundgebung gegen die Nationalsozialisten aufzulösen.[9]

Was die allgemeine Lage in den Augen vieler bürgerlicher Deutschen bedrohlich machte, war der wachsende Zulauf zur Kommunistischen Partei Deutschlands (KPD) nach dem Einsetzen der Wirtschaftskrise. Die KPD wurde denn auch bei allen drei Wahlen vor Hitlers Ernennung die drittstärkste Partei, bei wachsendem Stimmenanteil.[10] Die gemäßigtere Sozialdemokratische Partei Deutschlands (SPD) wurde gewöhnlich zweitstärkste Partei, so daß aus konservativer oder liberaler Sicht die Mehrheit der Bevölkerung marxistische Parteien wählte. Konservative Zeitungen fragten: »Wer könnte der marxistischen Gefahr wirksam begegnen?«[11] Neben anderen Faktoren war es die wachsende Sympathie in der umfangreichen rechten Presse, die Hitler zur Macht verhalf.[12]

In den Wahlgängen vor 1933 nahm der nationalsozialistische Stimmenanteil ebenfalls zu, ging aber im November 1932 leicht zurück. Es gab jedoch keine gangbare rechte Alternative zu Hitler, da die meisten bürgerlichen Parteien bereits verschwunden waren, so daß der gnadenlose Anstieg der Arbeitslosigkeit und der Aufstieg der KPD viele Besitzende in Deutschland höchstwahrscheinlich auch dann schon bald zu Hitler zurückgeführt hätten, wenn er nicht im Januar 1933 zum Reichskanzler ernannt worden wäre.[13] Zu der Zeit, als Hitler Reichskanzler wurde, war er keineswegs dabei, in der Gunst der Wähler zu verlieren, denn »für die nichtmarxistischen und die nichtkatholischen Wähler, die die Mehrheit des deutschen Wahlvolkes ausmachten, war die NSDAP die einzig annehmbare Partei«.[14] 1933 war keine Alternative sichtbar, und bald gesellten sich auch viele katholische Wähler zu der Herde.

Auch zur Zeit von Hitlers Ernennung schnitten die Nationalsozialisten bei den Wahlen nicht so schlecht ab, wie manche Historiker unterstellt haben. In den letzten zwei Wahlen vor 1933 verfehlten sie zwar die absolute Mehrheit, verbuchten aber dennoch mehr Stimmen, als irgendeine Partei seit 1920 bei Reichstagswahlen erhalten hatte. Die letzte Wahl vor der Diktatur bewies, daß eine Mehrheit der deutschen Wählerinnen und Wähler die antirepublikanischen Partien, das heißt Nationalsozialisten, Kommunisten und Nationalisten, unterstützte, die alle die parlamentarische Demokratie loswerden wollten.[15]

Der Ernennung Hitlers zum Reichskanzler am 30. Januar 1933 folgte am nächsten Tag die Auflösung des Reichstags. Hitlers Parole für die auf den 5. März angesetzte Neuwahl des Reichstags, »Kampf dem Marxismus«, mußte ordentlichen Bürgern und Grundbesitzern aus dem Herzen gesprochen sein. Hermann Göring, als »Minister ohne Geschäftsbereich« einer der Nationalsozialisten in Hitlers Kabinett, unternahm sofort Schritte zur Verhängung polizeilicher Notmaßnahmen.[16] In den folgenden Wochen brauchten die Nationalsozialisten gar nicht jene massive Gewalt anzuwenden, die sonst mit modernen Machtübernahmen wie der russischen Revolution verbunden ist. Es gab kaum eine oder gar keine organisierte Opposition, und Golo Mann schreibt über jene Zeit: »Es war dies Gefühl von Hitlers historischem Recht, was einen Großteil der Nation die Scheußlichkeiten der ›Machtergreifung‹ ignorieren ließ. ... Die Bereitschaft dafür war da.«[17] Insoweit Terror eingesetzt wurde, war er selektiv und zielte anfangs hauptsächlich auf

Kommunisten und andere (unscharf definierte) Oppositionelle, die als »Volksfeinde« hingestellt wurden.

Hitler war natürlich nicht nur daran interessiert, eine momentane Krise zu lösen, auch wenn er sich diese als fortgesetzte »kommunistische Verschwörung« zunutze machen konnte. Vielmehr wollte er seine Stellung als gesetzgebender Diktator formalisieren und alle Parteien bis auf seine eigene verbieten. In den stürmischen Februar- und Märztagen 1933 war ein Wahlkampf im Gange, bei dem die Nationalsozialisten alle Register zogen, ihre Gegner erbarmungslos unterdrückten und ungeheuren Zulauf verzeichneten. Trotz allem blieb Hitler am 11. März die absolute Mehrheit versagt. Allerdings sollte man die Bedeutsamkeit dieses Umstandes nicht übertreiben – immerhin bekam er die Stimmen von über 17 Millionen Menschen (beziehungsweise 43,9 Prozent der abgegebenen Stimmen). Das Wahlergebnis bescherte den Nationalsozialisten eine knappe Mehrheit der Sitze im Reichstag, wenn sie sich mit ihren nationalistischen Partnern zusammentaten. Hitler zeigte sich als Herr der Lage, und, was genauso wichtig war: die Mehrheit der Deutschen machte in den folgenden Monaten rasch deutlich, daß sie hinter ihm stand.

Um den Neuanfang zu symbolisieren, berief Hitler den neugewählten Reichstag für den 21. März, den ersten Frühlingstag, in die berühmte Potsdamer Garnisonkirche ein. Am »Tag von Potsdam« wurden auf Veranlassung des Justizministeriums verschiedene Neuerungen eingeführt, die zeigen sollten, daß auch Richter und Gerichte ihren Part übernahmen. Die eitle Hoffnung einiger »Legalisten« bestand darin, daß die Diktatur schon zur Rechtsstaatlichkeit zurückkehren werde, wenn nur die neu geschaffenen Sondergerichte und die neue Verordnung gegen »heimtückische Angriffe« auf die Regierung das Regime gegen jede Kritik abschirmten und die Richter eine schnelle Justiz übten. Hitler ließ sich diese Zugeständnisse gefallen, wollte aber viel mehr. Er benötigte die Zweidrittelmehrheit im Reichstag für eine Verfassungsänderung, die ihn ermächtigen sollte, Gesetze durch sein Kabinett, nicht nur durch den Reichstag zu verabschieden. Hitler bekam seine Verfassungsänderung am 23. März, als alle Abgeordneten – bis auf die Sozialdemokraten (und die Kommunisten, die an der Wahrnehmung ihrer Mandate gehindert worden waren) – ihm den Gefallen taten, für das sogenannte Ermächtigungsgesetz zu stimmen. Vor der Abstimmung gab Hitler eine Regierungserklärung ab, in der er zu erkennen gab, daß seine soziale und politische Agenda über den Kampf gegen den Kommunismus, die Schaffung von Arbeitsplätzen und die Wiederherstellung der Geltung Deutschlands in Europa hinausging. Zu seinen erklärten Zielen gehörte nun auch die Herstellung »einer wirklichen Volksgemeinschaft«, außerdem wolle er »eine durchgreifende moralische Sanierung des Volkskörpers« vornehmen.[18]

Die Kombination aus Reichstagsbrandverordnung und Ermächtigungsgesetz überzog die nationalsozialistische Revolution mit einem Firnis der Legalität und machte es den Bürgern leichter, die Diktatur zu akzeptieren. Hitler konnte für sich in Anspruch nehmen, rechtmäßiger Regierungschef zu sein (ab Mitte 1934 war er zugleich Staatsoberhaupt), und jeder, der Widerstand leisten wollte, war in der schwierigen Lage, illegal handeln zu müssen. Bald wurde auch verbale Kritik an der Regierung unter Strafe gestellt.[19]

Hitlers Schicksal hing zunächst davon ab, wie er mit dem Kommunismus und der Arbeitslosigkeit fertig wurde. Der erste Teil war leicht, bedenkt man die Art der Kräfte, die die Nationalsozialisten mobilisieren konnten, das Ausmaß des Antikommunismus im Volk und die geringe Zahl von militanten Kommunisten. Die Lösung der massiven Wirtschaftsprobleme Deutschlands stellte hingegen eine formidable Herausforderung dar. Die »Schlacht um Arbeitsplätze« zeitigte jedoch alsbald Siege, die von den Medien auch gebührlich gefeiert wurden. Der »Krieg« gegen die Arbeitslosigkeit wurde unter Mühen gewonnen, erreichte aber dennoch 1936 einen Punkt, wo Arbeitskräftemangel gemeldet wurde. Die Rückkehr zur Vollbeschäftigung war jedoch nicht das über Nacht vollbrachte »Wunder«, an das sich manche Deutsche, die die Zeiten miterlebt hatten, später zu erinnern glaubten, sondern eher ein langes, zähes Ringen.[20]

Arbeitsmarkt und Einkommen erholten sich wieder, und die Hoffnung kehrte zumal bei der Jugend zurück, die durch staatliche Programme wie »Landhilfe«, »Landjahr« oder »Arbeitsdienst« Arbeitserfahrung auf dem Lande sammeln konnte. Solche Programme zielten auch darauf ab, durch Zusammenführung von Jugendlichen unterschiedlicher Herkunft die »Volksgemeinschaft« zu festigen. Die Wiedereinführung der Wehrpflicht im Jahre 1935 entzog dem Arbeitsmarkt eine große Zahl arbeitsfähiger Männer und trug so dazu bei, die Arbeitslosenstatistik zu verbessern.[21] Andere Regierungsmaßnahmen kombinierten Wirtschaftspolitik mit Ideologie, etwa die Einführung von Heiratsdarlehen für medizinisch gesunde und »rassisch korrekte« junge Ehepaare. Diese Darlehen wurden im Rahmen eines Gesetzes zur Verringerung der Arbeitslosigkeit (1. Juni 1933) gewährt.

Frauen waren für das Regime von zentralem Interesse, nicht nur – wie im faschistischen Italien – als potentielle Mütter, sondern auch als

Mütter der Rasse. So wurde das ziemlich großzügig bemessene Heiratsdarlehen nicht nur unter der Bedingung gewährt, daß die Frau nach der Heirat ihre Berufstätigkeit aufgab; sie mußte auch medizinische Tests über sich ergehen lassen. Und um sie zum Kindergebären zu ermutigen, erließ das Regime fast unverzüglich eine Verordnung, wonach sich die Darlehensrückzahlungen mit der Geburt jedes neuen Kindes um ein Viertel verringerten.[22]

In Alison Owings' *oral history* der Frauen im Dritten Reich verweisen fast alle Befragten auf Hitlers Erfolg bei der Behebung der Arbeitslosigkeit. Daß die Arbeitsbeschaffungsmaßnahmen auf die Initiative von lokalen und regionalen Verantwortlichen zurückgingen, fällt dabei nicht ins Gewicht. Sogar Gegnerinnen des Nationalsozialismus sahen in ihrer Erinnerung als Quellen von Hitlers Popularität das Arbeitsbeschaffungsprogramm, die Säuberung der Straßen von Trunkenbolden, die neuerliche Gewöhnung der Jugend an Zucht und Ordnung, die Einführung der »Arbeitsdienstpflicht« und den Bau von Autobahnen. Die Tochter eines Adligen, der keineswegs mit dem Nationalsozialismus sympathisierte, erinnerte sich, daß sogar ihr Vater von den »Leistungen« des Regimes beeindruckt war. »Er sah mit Genugtuung, daß wieder Ordnung herrschte, daß die Menschen Arbeit hatten, daß es mit der Wirtschaft vorwärts ging und daß Deutschland wieder eine gewissen Respekt genoß.«[23]

Wo es mit Überredung nicht getan war, wurde Zwang angewendet, um die Unwilligen zur Annahme schlechtbezahlter Arbeitsplätze zu bewegen, die sie nicht haben wollten.[24] Aber natürlich hörte das Murren nicht auf, und in Arbeiterfamilien war der Konsum 1937 niedriger, als er 1927 gewesen war; sie tranken jetzt kaum halb so viel Bier wie zehn Jahre zuvor. Sie aßen auch weniger Fleisch, Fisch, Südfrüchte, Eier, Schinken und Weißbrot.[25]

Hitler streckte auch seinen Gegnern die Hand entgegen, etwa den Katholiken, indem er am 8. Juli 1933 ein Konkordat mit dem Vatikan unterzeichnete. Bis dahin waren die katholischen Wähler ihrer Zentrumspartei treu geblieben, und es war hauptsächlich ihnen zu verdanken gewesen, daß die NSDAP bei Wahlen die absolute Mehrheit verfehlt hatte. Doch bald richteten sich die Katholiken in der Diktatur ein. Viele Protestanten hatten schon länger mit dem Nationalsozialismus sympathisiert. Bei kirchlichen Gemeindewahlen unterstützten 1933 zwei Drittel der Wähler die Bewegung der »Deutschen Christen«, die eine Integration von Nationalsozialismus und Christentum anstrebte und zum Protestantismus übergetretene Juden ausschließen wollte.[26] Am

Vorabend dieser kirchlichen Gemeindewahlen wandte sich Hitler in einer kurzen Rundfunkansprache an die Protestanten und forderte sie auf, ihre Unterstützung für die nationalsozialistische Politik unter Beweis zu stellen. Die nazifreundlichen Wahlergebnisse dürften ihn nicht enttäuscht haben.[27]

Die kommunistische und sozialdemokratische Arbeiterklasse war bis 1933 entschieden gegen die Nationalsozialisten gewesen. Im Dritten Reich aber wurden Aktivisten, die zum Widerstand fähig und bereit waren, bald überwältigt. Die Kommunisten waren militanter und hielten am längsten aus, und doch waren höchstenfalls nicht mehr als 150000 unmittelbar von irgendeiner Form der Verfolgung betroffen. Wenn wir annehmen, daß sie alle »Widerstand« leisteten – einige mehr als andere –, müssen wir zu dem Schluß gelangen, daß die kommunistischen Widerständler in einer Bevölkerung von 60 bis 70 Millionen eine kleine Minderheit darstellten, und wir wissen, daß von der anderen Arbeiterpartei noch weniger Mitglieder »verfolgt« wurden.[28] Es ist gewiß, daß die Nationalsozialisten besonders durch die Rückkehr zur Vollbeschäftigung weite Teile der Arbeiterschaft für sich gewannen, so daß Mitte der dreißiger Jahre auch die Arbeiter zur Bildung eines »pronazistischen Konsenses« beitrugen.[29] Auch wenn die Arbeiter von Appellen, Teil der »Volksgemeinschaft« zu werden, nicht eben hingerissen waren, waren sie doch beeindruckt, daß die Nationalsozialisten ihre Sorgen und Nöte am Arbeitsplatz ernst nahmen. Die Arbeiter »distanzierten sich nicht von den jubelnden Massen«, wenn die Nationalsozialisten etwa den 1. Mai als »Tag der Arbeit« begingen oder wenn Hitler im Radio sprach und erst recht nicht, als er an der außenpolitischen Front einen Erfolg um den anderen errang.[30]

Wir sind gewohnt, die Wahlen und Volksbefragungen unter Hitlers Diktatur zu ignorieren, doch zeigen tendenziell auch sie, daß sich ein pronazistischer Konsens herausbildete und erweiterte. Im Oktober 1933 zog Hitler das Deutsche Reich aus dem Völkerbund zurück und beraumte ein Plebiszit an, um die Deutschen nach ihrer Zustimmung zu fragen. Das Ergebnis waren 95 Prozent Ja-Stimmen. Nicht weniger spektakulär waren die Ergebnisse der Reichstagswahl, die Hitler gleichzeitig mit dem Plebiszit im November 1933 anberaumte. Das Ergebnis war, daß Hitler und seine Partei fast 40 Millionen Stimmen erhielten (92,2 Prozent aller Stimmen). Kaum weniger bemerkenswert war eine Wahlbeteiligung von 95,2 Prozent.[31] Natürlich kann diese Wahlen kaum zum Nennwert nehmen, da alle anderen Parteien verboten waren. Fast dreieinhalb Millionen Menschen gaben ungültige Wahlscheine ab, vermutlich um ihre Opposition zu bekunden. Gleichwohl stimmte die überwältigende Mehrheit für den Nationalsozialismus, und zwar trotz allem, was sie über die Gestapo, die Konzentrationslager, den offiziellen Antisemitismus und so fort in der Zeitung lesen oder aus mündlichen Berichten erfahren konnten. Man hat die Volksbefragung und die Wahlen vom November 1933 mit Recht einen »echten Triumph« für Hitler genannt: »Selbst bei Berücksichtigung von Manipulation und Repression mußte man im In- und Ausland zu dem Schluß kommen, daß die große Mehrheit des deutschen Volkes hinter Hitler stand«.[32]

Ein weiteres Mal wurden die Bürger am 19. August 1934 aufgefordert, ihre Meinung zu äußern, nämlich bei der Volksbefragung über die Zusammenlegung des Amtes des Reichspräsidenten (nach dem Tode Hindenburgs) mit dem Amt des Regierungschefs (Reichskanzler Hitler). Abermals unterstützten Hitler fast 90 Prozent der Wähler. Diese Wahlergebnisse waren eine Enttäuschung für Hitlergegner, die nach wie vor darauf warteten, daß dem Volk die Erleuchtung kam.[33] Die Nationalsozialisten waren sich über ihren Rückhalt in der Bevölkerung völlig im klaren, und Hitler sagte gerne, künftig gehe der Kampf darum, auch die letzten zehn Prozent zu gewinnen.[34] Ausweislich der Reichstagswahlen vom 29. März 1936 waren die Nationalsozialisten dabei, diese Unterstützung zu gewinnen, denn sie erhielten nicht weniger als 99,9 Prozent aller Stimmen. Natürlich wurden mittlerweile die Wahlen massiv zugunsten der Regierung gefälscht, indem ungültige oder leere Wahlzettel als Jastimmen gewertet wurden. Gelegentlich wurde aus ganzen Gemeinden ein Wahlergebnis von 100 Prozent für Hitler gemeldet, wo dies nachweislich nicht der Fall war. Es gibt jedoch kaum einen Zweifel, daß die überwältigende Mehrheit des deutschen Volkes in der Tat mit Ja stimmte. Dasselbe Ergebnis erzielte die Regierung im April 1938 mit einem Plebiszit, bei dem Deutsche und Österreicher gefragt wurden, ob sie der sogenannten Wiedervereinigung von Österreich und Deutschland zustimmten oder nicht. Sogar die Sozialdemokraten im Exil stellten fest, daß »die große Mehrheit« des Volkes die ihnen vorgelegte Frage bejahte.[35]

Der unbezweifelbare Umschwung der Deutschen zugunsten einer Unterstützung der Hitlerdiktatur läßt sich auf mancherlei andere Weise veranschaulichen, etwa durch den starken Zulauf zur nationalsozialistischen Bewegung. Hatte die NSDAP 1930 noch 129583 Mitglieder, so stieg ihre Zahl Anfang 1933 sprunghaft auf 849009. Um den Zustrom zu steuern, verordnete sich die Partei im Mai 1933 eine (vorübergehende) Atempause und nahm keine neuen Mitglieder mehr auf. Als der Aufnahmestop aufgehoben wurde, strömten wiederum Menschen aus allen Schichten in die Partei, und in den ersten Kriegsjahren hatten mehr als fünf Millionen Mitglieder ein Parteibuch.[36] Eine Flut von Neuzugängen verzeichneten auch die anderen NS-Massenorganisationen, etwa die »Braunhemden« der Sturm-Abteilung (SA). Anfang 1931 hatte diese Organisation rund 77000 Mitglieder, woraus bis August 1932 fast eine halbe Million wurden; genau zwei Jahre später näherte sich die Mitgliederzahl der Drei-Millionen-Marke.[37]

Auch Frauen wurden Teil der nationalsozialistischen Bewegung und traten in die für sie bestimmte Parteiorganisation, die NS-Frauenschaft (NSF), ein. Schon Ende 1932 konnte die NSF als eine Art von Elitegruppe für nationalsozialistische Frauen auf eine Mitgliederzahl von 110000 verweisen. Ein Jahr später war sie auf fast 850000 gewachsen und stieg im Laufe des Jahres 1934 auf über 1,5 Millionen. Daneben hatte das massenorientierte Deutsche Frauenwerk (DFW), das im September 1933 als Ersatzorganisation für die von den Nationalsozialisten »gleichgeschalteten« oder aufgelösten Frauenorganisationen der Weimarer Zeit gegründet wurde, 1935 eine Mitgliederzahl von 2,7 Millionen; diese Zahl stieg bis 1938 auf »rund vier Millionen« und machte damit das DFW zur größten freiwilligen NS-Organisation im Lande.[38] Verschiedene Forscher, wie etwa Adelheid von Saldern, vertreten den Standpunkt: »Im großen und ganzen akzeptierten diese Frauen, besonders wenn sie eine führende Position innehatten, die ihnen vom NS-System zugedachte Rolle. Viele waren mehr oder weniger positiv zum Nationalsozialismus eingestellt. Zwar gab es in bestimmten Bereichen Murren und Kritik, aber gewöhnlich lief dies nicht auf eine ernsthafte (politische) Opposition hinaus.«[39] Tim Mason kommt zu dem Schluß: »Eine Fülle unterschiedlichster Quellen vermittelt den Eindruck, daß sich das Dritte Reich in den späteren dreißiger Jahren einer erheblichen aktiven und passiven Unterstützung bei den Frauen erfreute – einer noch größeren als bei den Männern.«[40]

Die Leichtigkeit, mit der die Nationalsozialisten das Ruder übernehmen konnten, und die Herausbildung eines hitlerfreundlichen und pronazistischen Konsenses lassen erkennen, daß die Mehrheit der Menschen jede Hoffnung, die sie in die Demokratie gesetzt haben mochten, aufgegeben hatte. Vor allem nach der Erholung von der großen Wirtschaftskrise fiel es ihnen leicht, eine autoritäre Diktatur zu unterstützen.

DIE AUSÜBUNG »DEUTSCHEN RECHTS«

Unmittelbar im Anschluß an Hitlers Ernennung erweckten nationalsozialistische Zeitungen den Eindruck, als schürten blutdürstige Kommunisten die Revolution auf der Straße.[41] Im Namen der Verhinderung solcher Aktivitäten wurde schon am 4. Februar 1933 eine Verordnung des Reichspräsidenten »zum Schutz des deutschen Volkes« erlassen. An späteren Maßstäben gemessen, war sie milde, aber sie schränkte die Meinungsfreiheit ein, erlaubte gewisse Formen der Zensur, verbot bestimmte Druckschriften und untersagte Versammlungen und Kundgebungen, wenn die Polizei der Auffassung war, sie stellten eine »unmittelbare Gefährdung der öffentlichen Sicherheit« dar.[42]

Diese Maßnahmen wurden in der Presse als Zeichen dafür begrüßt, daß Hitler der Polizei »weitgehende Vollmachten zur Durchführung der Aufbauarbeit« einräume.[43] In den Zeitungen wimmelte es von Geschichten über die andauernden Straßenkämpfe zwischen Nationalsozialisten und Kommunisten.[44] Neben diesen Schilderungen standen Berichte über örtliche Polizeichefs, die mit den »Roten« aufräumten und die Polizei von allen Personen säuberten, die beschuldigt wurden, Marxisten oder marxistische Sympathisanten zu sein.[45]

Ohne mit der Wimper zu zucken, meldeten Zeitungen die Entlassung von mehreren »unzuverlässigen« Polizeibeamten in Preußen.[46] Bereits Mitte Februar 1933 wurden viele Polizeichefs in ganz Preußen von Göring »beurlaubt«, nur weil sie Mitglied der SPD oder des katholischen Zentrums waren.[47] Ihre Nachfolger wurden von der Presse belobigt, weil sie sagten, sie würden »deutsches Recht üben« und »alles für Deutschland« tun.[48]

Am 17. Februar 1933 erließ Göring, Hitlers rechte Hand im Nationalen Kabinett und zugleich neuer preußischer Innenminister, eine Verordnung für die gesamte preußische Polizei. Um seine Absichten völlig klarzumachen, wurde sie veröffentlicht. Göring wies die Polizei an, den Eindruck zu vermeiden, sie hätte es auf »nationale Organisationen«, das heißt speziell auf Nationalsozialisten, abgesehen; gleichzeitig sollte sie »mit den schärfsten Mitteln« gegen »staatsfeindliche Organisationen« sowie »kommunistische Terrorakte und Überfälle« vorgehen.[49]

Göring arbeitete bei der Ausschaltung von politisch unzuverlässigen Beamten mit dem Karriere-Polizeibeamten Dr. Rudolf Diels zusammen, der in einem Zeitungsartikel äußerte, er wolle nur diejenigen Polizisten im Dienst behalten, die sich ihrer Aufgabe »mit Leib und Seele« widmen könnten. Über Diels selbst erfuhr die Öffentlichkeit von seiner

Erfahrung in der »Bekämpfung und Beobachtung der kommunistischen Bewegung«.[50] In der Ankündigung von Veränderungen in der Politischen Polizei Preußens, woraus die Gestapo hervorging, wurde betont, daß die neue Polizei hauptsächlich dazu dienen solle, den Bolschewismus zu beseitigen und gegen staatsfeindliche Umtriebe vorzugehen.[51]

Um Kapital aus der vermeintlich bedrohlichen Lage zu schlagen, wurde im Februar 1933 eine Hilfspolizei geschaffen, die man aus Organisationen wie der SA und Himmlers SS rekrutierte. In Zeitungsberichten hieß es, man müsse so die öffentliche Sicherheit und das Privateigentum vor dem Kommunismus schützen.[52] Die Hilfspolizisten von der SA nahmen das Recht in die eigene Hand und verschleppten hilflose Opfer in provisorische Gefängnisse und private Folterkammern, wo sie geschlagen und mißhandelt wurden. Der Romanschriftsteller Georg Glaser, ein militanter Kommunist, erinnerte sich später, wie es bald nach Hitlers Ernennung zum Reichskanzler zugegangen war: »In den umliegenden Wäldern fand man Leichen, von denen niemand etwas zu wissen wagte. Menschen verschwanden sang- und klanglos, und nicht einmal ihre besten Freunde hatten den Mut, nach ihrem Verbleib zu fragen. Nur ganz selten war ein Schrei, ein gräßliches Gerücht ... zu vernehmen; sie erregten weniger Aufsehen als die täglichen Verkehrsunfälle.«[53]

Es war gar nicht nötig, daß die Nationalsozialisten die Polizei »säuberten«, weil es den meisten Polizeien leichtfiel, sich anzupassen. Aus Berichten, die Hitler Anfang 1934 vorgelegt wurden, ging hervor, daß mehr als 98 Prozent der uniformierten Polizei Preußens und mehr als 90 Prozent ihrer Beamten im Dienst bleiben durften.[54] In einer Stadt wie Leipzig, wo einige Angehörige der alten Politischen Polizei nicht den Erwartungen der Nationalsozialisten entsprachen, wurden sie wegversetzt und von gelernten Polizisten abgelöst, von denen keiner vor 1933 in der Nazibewegung gewesen war.[55] Nicht nur der kleine Schutzmann in Uniform durfte bleiben, sondern auch die meisten Beamten der Kriminalpolizei (Kripo). Die nationalsozialistische »Säuberung« betraf 1933 nur 1,5 Prozent der preußischen Kripo, während in ganz Deutschland mehr als 11500 Kriminalbeamte ihre Stellung behielten.[56] Die Zahl der Beamten in der Kripo wurde in den ersten Jahren der Diktatur verringert, aber nur deswegen, weil sie zur Gestapo versetzt wurden, wo ihre Berufsausbildung und Erfahrung mehr zählte als ihre frühere Politik. Die begrenzte »Säuberung« der Polizei als ganzer konzentrierte sich auf die höheren Ränge und Personen, die mehr in der Öffentlichkeit standen, wie etwa die Polizeipräsidenten der größeren Städte. Viele in der Polizei und Justiz begrüßten die von den Nationalsozialisten eingeschlagene Richtung und waren geschmeichelt, Teil eines Regimes zu sein, das das Verbrechen bekämpfen und der Polizei mehr Vollmachten einräumen wollte, ihre Arbeit nach Gutdünken zu tun.[57]

In der Nacht vom 27. zum 28. Februar wurde die antikommunistische Hysterie zusätzlich aufgeheizt, als ein einzelner Brandstifter versuchte, das Reichstagsgebäude niederzubrennen. Obwohl Marinus van der Lubbe, ein Holländer ohne besondere Verbindungen zu den Kommunisten, gefaßt wurde, schob Hitler die Tat sofort den Kommunisten in die Schuhe und forderte, noch in derselben Nacht KPD-Abgeordnete aufzuhängen. Rudolfs Diels beschrieb später diesen Ausbruch; Hitler habe im Schein der Flammen geschrien, natürlich hätten sich die Marxisten verrechnet: »Diese Untermenschen ahnen ja gar nicht, wie das Volk auf unserer Seite steht. In ihren Mauselöchern, aus denen sie jetzt herauskommen wollen, hören sie ja nichts von dem Jauchzen der Massen.«[58]

Göring ordnete die Festnahme führender Kommunisten an, und Hitler bewog am nächsten Tag, dem 28. Februar, Reichspräsident Hindenburg zur Ausrufung des Notstandes. Hitler beharrte auf einer »Verordnung des Reichspräsidenten zum Schutz von Volk und Staat«, der sogenannten Reichstagsbrandverordnung, deren Eingangszeilen auf den Beifall der antikommunistischen Mehrheit in Deutschland berechnet waren. Es wurde behauptet, die Maßnahmen seien »zur Abwehr staatsgefährdender kommunistischer Gewalt« erforderlich.[59] Die Verordnung setzte »bis auf weiteres« die verfassungsmäßigen Freiheitsgarantien außer Kraft und erlaubte der Polizei, nach Gutdünken Menschen zu verhaften und festzuhalten sowie Einschränkungen der Meinungs- und Versammlungsfreiheit zu verhängen. Die Polizei war befugt, sich über die bisherigen gesetzlichen Beschränkungen bei Hausdurchsuchungen hinwegzusetzen, und durfte Briefe abfangen und Telefone anzapfen. Wer eines Verbrechens im Zusammenhang mit Umsturz- oder Aufruhrversuchen für schuldig befunden wurde, hatte eine schwere Haft- oder sogar die Todesstrafe zu gewärtigen. Die Reichstagsbrandverordnung räumte außerdem der Reichsregierung Machtbefugnisse über die einzelnen deutschen Länder ein.[60]

Zur Bekämpfung des »blutigen Kommunisten-Terrors« wurden Polizeiaktionen gegen die KPD durchgeführt, bei denen Tausende festgenommen wurden.[61] Im ganzen Land machte die Polizei Jagd auf Kommunisten, teilweise anhand von Namenslisten, die die Weimarer Polizei schon vor Hitlers Ernennung zum Reichskanzler angefertigt hatte.[62] Den ganzen März hindurch erfuhr die Öffentlichkeit von immer neuen Polizeierfolgen, wobei gar nicht erst versucht wurde, zu verschleiern, daß die Festgenommenen ohne Gerichtsverfahren in Konzentrationslager kamen.[63] Berichte in der nichtnationalsozialistischen Presse betonten, bei den meisten Häftlingen in Lagern wie dem in Dachau eröffneten handele es sich um prominente Kommunisten oder sonstige Marxisten, die hier zeitweilig festgehalten würden, weil die regulären Gefängnisse überfüllt seien.[64]

Die meisten Deutschen, namentlich jene, die der NSDAP nahestanden, glaubten an die offizielle Version der Ereignisse, wonach es sich um einen kommunistischen Umsturzversuch gehandelt hatte und radikale Maßnahmen notwendig gewesen waren.[65] Ian Kershaw kommt zu dem Schluß, daß die sich ereignende Gewalt und Repression Hitlers Ruf keineswegs beschädigten, sondern im Gegenteil »weitgehend auf Zustimmung stießen«.[66] Im Justizministerium gingen über zweihundert Telegramme ein, in denen für den Missetäter, der das Reichstagsgebäude in Brand gesteckt hatte, die Todesstrafe gefordert wurde, und viele Schreiber erboten sich freiwillig für das Amt des Scharfrichters.[67]

Anfang Mai prahlte Göring damit, daß die Zahl der Toten bei politischen Straßenkämpfen bei weitem nicht mehr so hoch sei wie früher – über die Zahl der Toten in den neuen Lagern sagte er nichts. Diese Geschichten verfolgten jedoch offenkundig den Zweck, den Wunsch der Bürger nach Befriedung der Straßen auszunutzen.[68]

Ganze Gruppen von Kommunisten wurden vor Gericht gestellt und zum Tode verurteilt, so vier Männer in Altona im August 1933; im September erlitten neun weitere in Düsseldorf dasselbe Schicksal, während in Hagen vier andere vor Gericht gebracht wurden; im Dezember wurden sechs Menschen in Köln zum Tode verurteilt. Mehr noch als die Meldungen über die unzähligen Menschen, die in Konzentrationslager kamen, erteilten die Sensationsberichte über diese Ereignisse und die Hintergrundgeschichten in der Presse allen potentiellen Regimegegnern eine offenkundige Lehre. Für die braven Bürger ließen diese Geschichten das neue Regime natürlich in dem besten Licht erstrahlen.[69]

Daß Ungleichheit vor dem Gesetz ein wesentlicher Aspekt der Justiz in der Hitlerdiktatur war, wurde deutlich, als die am 21. März 1933 geschaffenen Sondergerichte ausdrücklich im Namen des Kreuzzugs gegen den Kommunismus rechtfertigt wurden.[70] Bald wurden jedoch alle Personen vor ein Sondergericht gestellt, die man irgendeines der großzügig definierten »politischen Verbrechen« verdächtigte.[71] Eine neue Maßnahme untersagte alle (vage definierten) »heimtückischen Angriffe« auf die Regierung, das heißt, sie kriminalisierte jede Kritik. Von der Justizbürokratie war sie Hitler ursprünglich als das angedient worden, was sie eigentlich war, nämlich als eine »Verordnung gegen die Diskreditierung der nationalen Regierung«.[72] Den Beschuldigten wurde der Prozeß vor Sondergerichten gemacht, wo ihre Rechte, auch das Recht auf Berufung gegen ein Urteil, eingeschränkt oder aufgehoben worden waren.[73] Ein weiteres neues Gesetz (vom 29. März 1933) erklärte Straftaten wie den Versuch, den Reichstag in Brand zu stecken, rückwirkend zu einem Kapitalverbrechen und dehnte die Anwendbarkeit der Todesstrafe auf andere Verbrechen aus.[74] Gut ein Jahr später (am 24. April 1934) wurde durch neue Gesetze den Begriff des Hoch- und Landesverrats erweitert und ein Volksgerichtshof zur Aburteilung entsprechender Straftaten eingerichtet.[75]

Die Regierung beharrte darauf, daß sie auf eine revolutionäre Bedrohung antworte, die unverzügliche Notstandsmaßnahmen erforderlich mache. Ebenso beharrlich versicherte sie der Öffentlichkeit, daß die Rechtsstaatlichkeit und alle Freiheiten in Deutschland nach Bewältigung der Krise wiederhergestellt würden. Doch war schon zu dem Zeitpunkt, da diese vagen Versprechungen gemacht wurden, klar, daß die eingeführten Neuerungen dauerhafte Aspekte der Hitlerdiktatur bleiben würden.

POLITISCHE POLIZEI

Als die Deutschen zunehmend für Hitler stimmten und insbesondere, als sie ihrer Unterstützung der Diktatur Ausdruck gaben, akzeptierten sie zugleich, daß es in ihrem Land eine Geheimpolizei geben würde. Deutschland verwandelte sich rasch in das, was man einen »Maßnahmenstaat« genannt hat, das heißt einen Staat, der zunehmend durch Willkürmaßnahmen reguliert wurde.[76] In einem deutschen Land nach dem anderen verschoben sich durch das neue Regime die Waagschalen der Justiz zu Lasten der Rechte der Staatsbürger und zugunsten der Vollmachten der Polizei.

Die Nationalsozialisten belehrten die Preußen darüber, daß die Errichtung der Geheimpolizei im Zuge der generellen Neuorganisation der Polizei erfolge und die Aufgabe des Geheimen Staatspolizeiamtes »in der Erforschung und Bekämpfung aller staatsgefährlichen politischen Bestrebungen« bestehe.[77] Zur Erfüllung ihrer Aufgaben richtete die neue Organisation regionale Ämter ein. Das Personal rekrutierte sich nicht aus loyalen Nationalsozialisten, sondern aus geschulten Polizeibeamten mit dem notwendigen Fachwissen. Männer, die sich »Idealisten« nannten, frohlockten bei dem Gedanken, für die neue Gestapo arbeiten zu können, und meldeten sich unverzüglich, in der Hoffnung, »Recht und Ordnung«, wie sie es verstanden, wiederherstellen zu helfen.[78]

Durch ein Gesetz vom 30. November 1933 wurde die Gestapo praktisch gegen jede äußere Einmischung abgeschirmt. Im Bedarfsfall konnte sie die Dienste aller anderen Polizeien, auch der örtlichen uniformierten Stadtpolizei und der ländlichen Gendarmerie, in Anspruch nehmen.[79] Die Gestapo hatte auch den präventiven Auftrag, politische Verbrechen zu verhindern, bevor sie begangen wurden, und durfte Verdächtige in ein Konzentrationslager sperren, ohne sie vorher einem Richter vorführen zu müssen.

Gestapoähnliche Polizeien entstanden bald darauf in allen anderen deutschen Ländern. Wir brauchen sie hier nicht alle im einzelnen zu untersuchen. Beachtung verdienen jedoch die Ereignisse in Bayern unter Heinrich Himmler, der Reichsführer der SS war und bald Chef der deutschen Polizei wurde. Am 14. März 1933, nach seiner Ernennung zum kommissarischen Polizeipräsidenten von München, wurde Himmler in einem Zeitungsinterview gefragt, ob nun eine Säuberung der Polizei zu erwarten sei. Er antwortete, das sei nicht der Fall, und fügte hinzu, für die Polizei werde es künftig sogar leichter sein, ihre Pflicht zu tun. Er sei erfreut, daß die Polizei unter der Mitwirkung von SA und SS als Hilfspolizei so reibungslos funktioniere und im Verein mit diesen viele Kommunisten und andere Marxisten zur Strecke gebracht habe. Bei Hausdurchsuchungen seien zahlreiche Waffen, illegale Druckereien und eine große Menge von verdächtigen Schriften gefunden worden. Himmler lieferte auch eine der frühesten Rechtfertigungen für die neuen Konzentrationslager. Die hinter den Lagern stehenden Überlegungen sollten sowohl den Antisemitismus als auch die traditionellen Werte der deutschen Gesellschaft ansprechen:

Der Staat schützt das Leben aller Staatsbürger. Leider läßt sich dieser Schutz bei manchen Persönlichkeiten nur dadurch gewährleisten, daß die Betreffenden in den direkten Schutz der Polizei, in Schutzhaft genommen werden. Die betroffenen Persönlichkeiten, die vielfach jüdischen Glaubens sind, haben sich durch ihr Verhalten gegenüber dem nationalen Deutschland, durch Verletzungen nationaler Gefühle und so weiter beim Volk derart mißliebig gemacht, daß sie ohne die von der Polizei getroffenen Maßnahmen der Wut des Volkes ausgeliefert wären.[80]

Kaum eine Woche später gab Himmler die Weisung, ein Konzentrationslager in Dachau zu eröffnen.[81] Mit der Behauptung, die »Schutzhaft« diene dazu, einzelne vor dem Volkszorn zu schützen, machte er es der Polizei leicht, selber Geschichten zu konstruieren, warum angeblich gefährdete Personen zu ihrem eigenen Besten festgenommen wurden. Und nicht nur das; laut Himmler handelte es sich bei den angeblichen Übeltätern, die die nationalen Gefühle der Bürger verletzt hatten, auch »vielfach« um Juden – eine Feststellung, die auch nicht-antisemitischen Staatsbürgern den Schluß nahelegen konnte, daß solche »Feinde« tunlichst von den Straßen verbannt würden. Der beruhigende Gedanke war, daß die meisten Häftlinge in den Konzentrationslagern gar keine »guten Bürger« waren.

Die Juden bildeten 1933, als die Lager geschaffen wurden, nicht die Hauptzielgruppe der Nationalsozialisten, doch wurden auch manche Juden attackiert, weil sie in der KPD waren oder oppositionellen Gruppen angehörten.[82] In den ersten Tagen des Dritten Reichs war die neue Polizei ebenso wie die alte größtenteils gegen illegale »Exzesse«, wozu auch Aktionen von nationalsozialistischen Heißspornen gegen die Juden gehörten. Sobald aber das Hitlerregime einmal errichtet war, wurde die Gestapo zur entschlossensten Vollstreckerin des offiziell geduldeten und propagierten Antisemitismus.[83]

Himmler beendete sein erstes größeres Zeitungsinterview mit der Versicherung, daß es ordentliche Richtlinien für die künftige Arbeit der Polizei gebe und daß gute Staatsbürger nichts zu befürchten hätten. Er setzte hinzu, er sei zur »Ausmerzung des Verbrechertums« entschlossen, und sprach von der Notwendigkeit, im ganzen Volk wieder eine deutsche Gesinnung heranzuziehen und zu unterstützen, da viele Menschen diese Werte in den vergangenen Jahren eines angeblich korrupten demokratischen Systems aus den Augen verloren hätten. Wenn und wo es notwendig sei, würden »Polizeimaßnahmen« »hart, gerecht und ohne jede Sentimentalität« sein.[84]

Mit Wirkung zum 15. März 1933 stand Himmler einer neugegründeten Bayerischen Politischen Polizei (BPP) vor, die hier die Grundlage einer gestapoähnlichen Organisation bildete. Zu seinem wichtigsten Assistenten wählte er den jungen, ehrgeizigen Reinhard Heydrich. Am 1. April 1933 wurde Himmler Politischer Polizeikommandeur für ganz Bayern und hatte auch die Oberaufsicht über die damals noch im Entstehen begriffenen Konzentrationslager.[85] Die BPP nutzte sofort ihre neuen Vollmachten gemäß der Reichstagsbrandverordnung zur Zerstörung sämtlicher linken Gruppen. Es ist kein Zufall, daß einige Polizeiangehörige aus der Weimarer Zeit wie etwa Heinrich Müller, die Erfahrung im Aufspüren von Kommunisten besaßen, bei den neuen Polizeigewaltigen gefragt waren. Solche Männer waren besonders beflissen, sobald klar war, daß sie ihre liebgewordenen Posten nicht an »Amateure« aus der NSDAP oder SS verlieren würden.[86]

Polizei und Justiz, frustriert von der Weimarer Rechtsstaatlichkeit, setzten sehr bald Strategien und Pläne der Verbrechensbekämpfung um, die schon lange vor 1933 konzipiert worden waren. Diese Pläne waren seinerzeit in den Schubladen geblieben; nun wurde der Polizei die Anwendung von Methoden gestattet, die sich drastisch von allem unterschieden, was in Deutschland bisher erlaubt gewesen war.[87] Der Dienst für die Diktatur »fiel konservativ-nationalistisch gesinnten Kriminalbeamten nicht schwer«.[88]

Das ganze Jahr 1933 über tat die politische Polizei im Verein mit bewaffneten Nazibanden, was sie konnte, um die KPD zu unterdrücken. Zwar wurden einzelne Kommunisten aus den Lagern wieder entlassen, doch schrieb die Presse, daß »natürlich« viele von ihnen in Schutzhaft bleiben würden.[89] Auch Mitglieder der SPD wurden festgenommen, und im Mai und Juni folgten ausgewählte Mitglieder liberaler, konservativer und (zumal in Bayern) katholischer Parteien.[90] Presseberichte sagten, daß zwar viele freigelassen, andere aber in den Lagern festgehalten würden.[91]

Auch während Himmler damit beschäftigt war, sich ein Polizeiimperium aufzubauen, blieb er Chef der SS, der notorischen Schwarzhemden.[92] Die meisten Männer in der SS waren, ebenso wie in der NSDAP und der SA, Zivilpersonen; die meisten von ihnen traten in den Jahren vor dem Krieg nicht in den Staatsdienst. Doch erhielten Angehörige der Gestapo und der Kripo die Möglichkeit, der SS beizutreten.[93] Gleichwohl waren dem Historiker Robert Koehl zufolge SS und Polizei bei Ausbruch des Krieges »noch zwei sehr getrennte Gebilde«, und die meisten Gestapo- und Kripoangehörigen blieben »berufsmäßige Polizeibeamte«.[94] Die Verschmelzung der Polizei mit der SS kam zwar Ende der dreißiger Jahre in Gang, doch wie Himmler bei mehreren Treffen mit der Ordnungspolizei (Orpo) im Mai 1937 erklärte, würden sich die führenden Polizeikader erst in Zukunft aus den Führungsschulen der SS rekrutieren.[95]

Der Einfluß der SS auf die junge Hitlerdiktatur wurde in einem Artikel von Werner Best resümiert, der 1936, kurz vor der Ernennung Himmlers zum Chef der Deutschen Polizei, erschien. Durch die Berufung Himmlers, so Best, verbinde sich »nunmehr das zusammengefaßte Können der Deutschen Polizei mit dem unbeugsamen Kämpferwillen und der weltanschaulichen Folgerichtigkeit der Schutzstaffel«.[96] Für Reinhard Heydrich, der sich ebenfalls in dieser Zeit äußerte, bestand

Hoffnung, die Angehören der Gestapo zu polizeilichen Spezialkräften auszubilden, die gleichzeitig von nationalsozialistischem Gedankengut erfüllt waren.[97]

Was im Laufe der Zeit zu allen Gestapobeamten durchsickerte, ob sie nun formell der SS oder einer Parteiorganisation beitraten oder nicht, waren die nationalsozialistischen Lehren von Recht und Ordnung. Die NS-Ideologie (von der es viele Ausprägungen gab) ließ sich leicht auf traditionelle Forderungen der Polizei aufpfropfen: die Forderung nach mehr Vollmachten bei der Verbrechensbekämpfung, nach Einschränkung der Rechte des Beschuldigten, nach einer Kampagne zur Säuberung des Landes von dem, was viele in der Polizei für kriminelle oder doch unmoralische Gepflogenheiten ansahen. Seit den ersten Jahren der Hitlerdiktatur gab es systematische und nachhaltige Bemühungen, die gesamte Polizei in der nationalsozialistischen Lehre zu »schulen«, und Mitte der dreißiger Jahre gab es einen eigenen Zweig der SS, der das Führungs- und Lehrpersonal hierfür stellte. Himmler gab detaillierte Anweisungen, wie in wöchentlichen und monatlichen Schulungen die nationalsozialistische Propaganda zu verbreiten sei, und im Juni 1940 fanden die »Ausbildungs«-Veranstaltungen mitunter täglich statt.[98] Diese »Schulungen«, sofern die Polizeibeamten ihrer überhaupt noch bedurften, zielten darauf ab, aus ihnen gute Nationalsozialisten zu machen, und scheinen während des gesamten Regimes in regelmäßigem Turnus abgehalten worden zu sein.[99] Verstärkt wurde die NS-Ideologie auch durch Alltagserfahrungen, wonach die Polizei Vollmachten besaß wie nie zuvor.[100]

Außer durch »kühle« Polizeiaktionen wurde die nationalsozialistische Revolution auch durch eine Armee von »heißen« Aktivisten, zumal in der paramilitärischen SA, vorangetrieben. Ab Februar 1933 erging sich die nach Millionen zählende Organisation in Gewaltakten der »Selbstverteidigung«, die jeder Legalität spotteten. In vielen Teilen des Landes wurde so »ein elementarer, zunehmend unkontrollierter Ausbruch von Gewalt« entfesselt.[101] Anfang März war in Deutschland geradezu ein Aufruhr im Gange, wie man ihn seit den Tagen der Revolution von 1918 nicht gesehen hatte.[102] Im April zählte Bayerns Justizminister Hans Frank Bedenken auf, nachdem die Polizei rund 5000 Personen in »Schutzhaft« genommen hatte. Es müsse Schluß mit der unannehmbaren Praxis sein, daß »Verhaftungen auf Grund einfacher Denunziationen und willkürliche Verhaftungen durch untergeordnete Organe« Menschen in Schutzhaft brachten. Wirkliche Regimegegner sollten angeklagt oder freigelassen werden, es seien ihnen Sicherungen zu bieten;

sie müßten die Möglichkeit haben, sich über ihre Behandlung zu beschweren, und diesen Beschwerden müsse nachgegangen werden.[103] Außer Justizminister Frank drangen auch andere führende Vertreter der NSDAP in Bayern auf ordnungsgemäße Verfahrensweisen, doch wie die meisten derartigen Vorstöße hatte auch dieser keine nachhaltige Wirkung.

BESEITIGUNG GESETZLICHER SICHERUNGEN FÜR DIE JUDEN

Indem sich die Deutschen von Weimar abwandten und die Diktatur begrüßten oder akzeptierten, öffneten sie sich dem Einfluß von Hitlers Ideen, zu deren wichtigsten sein virulenter Judenhaß gehörte. Anfang 1933 war noch unklar, wie die Nationalsozialisten ihren Antisemitismus in die Tat umsetzen wollten. Die deutschen Juden, in Deutschland besser integriert als irgendwo sonst in Europa, waren stolz auf ihr Land, und viele waren stramme Nationalisten. Die Juden waren in Deutschland eine kleine Minderheit, und Statistiker meldeten, daß im ganzen Land nur annähernd 525000 »Glaubensjuden« lebten.[104] Diese Juden machten weniger als ein Prozent der deutschen Bevölkerung aus und waren schon lange vor Hitlers Machtantritt zahlenmäßig zurückgegangen. Wachsame Rassisten wie beispielsweise die Deutschen Christen – eine neue religiöse Organisation mit dem Ziel, Christentum und Nationalsozialismus zu vereinigen – rechneten dagegen vor, daß in den veröffentlichten Statistiken 300000 oder mehr »Juden« fehlten, welche ihren Glauben nicht praktizierten und daher von den Statistikern nicht als Juden gezählt wurden. Zumindest wollten die Deutschen Christen sie aus dem Protestantismus verbannen. Das Dokument des Innenministers vom April 1935, auf das die Deutschen Christen mit Besorgnis anspielten, stellte fest, daß es weitere 750000 gemischtrassige »Jüdisch-Deutsche« im Lande gab.[105] Diese Zahl war jedoch zweifellos übertrieben, denn selbst wenn man einen zahlenmäßigen Rückgang durch Emigrationen veranschlagt, gab es 1939 nur knapp 85000 Menschen, die in Deutschland offiziell als »Gemischtrassige« eingestuft wurden.[106] Diese Menschen bekamen zwar den Antisemitismus der Nationalsozialisten nicht in seinem ganzen Umfang zu spüren, erlitten aber vielfache Diskriminierung und lebten in Angst.[107] Wenn sie eine besondere amtliche und rassische Bescheinigung beantragten und erhielten, wonach sie keine »Juden« im Sinne der Gesetze waren, bedeutete dies oft die Zerstörung ihrer Familie oder zumindest ihrer Beziehung zum jüdischen Elternteil. Unabhängig vom Ausgang ihres Ansuchens blieb ihr Leben prekär, nicht zuletzt darum, weil amtliche Entscheidungen in Abstammungsfragen jederzeit rückgängig gemacht werden konnten.[108]

Bei den letzten Wahlen in der Weimarer Republik war der Antisemitismus für die Nationalsozialisten kein vorrangiges Thema gewesen. Auf den Wahlplakaten, die die NSDAP bei den verschiedenen Wahlen vor 1933 verwendete, figurierten als wichtigste »Feindgruppen« Parteien, die mit der Niederlage und Revolution von 1918 in Verbindung gebracht wurden, und das Weimarer »System«. Nur sechs von 124 NS-Plakaten aus diesen Wahlen zeigten die Juden als Hauptfeind.[109] Andererseits verwendeten die Nationalsozialisten bei der Wahl des Reichspräsidenten 1932 Plakate, welche die »guten Deutschen« aufforderten, Hitler zu unterstützen, weil Hindenburg der Kandidat der Juden sei.[110]

Die Nationalsozialisten brauchten bei diesen Wahlen nicht viel von ihrem Antisemitismus herzumachen, weil ihr Standpunkt mittlerweile schon allgemein bekannt war, und so konnten sie andere Aspekte ihres Parteiprogramms hervorheben, um sich Respektabilität und Wählerstimmen zu sichern.[111]

Noch 1933 und 1934 war das Auffallendste an Hitlers öffentlichen Äußerungen über die Juden, daß es sie nicht gab.[112] Nach seiner Ernennung zum Reichskanzler kamen die von der Regierung angeordneten Maßnahmen gegen die Juden nur langsam in Gang, weil die Beseitigung der Massenarbeitslosigkeit oberste Priorität hatte. Die Nationalsozialisten rückten sogar von einem ihrer ältesten Wahlversprechen ab, nämlich die Kaufhäuser in jüdischem Besitz zu schließen, weil es die Arbeitslosigkeit möglicherweise erhöht hätte, wenn »arische« Arbeitnehmer ihre Stelle verloren. So vermied man zunächst judenfeindliche Aktionen, die die Wirtschaft stören konnten; auch war man besorgt über die internationale öffentliche Meinung und die Gefahr eines antideutschen Boykotts durch Länder wie die USA.

Gleichwohl war der Antisemitismus für Hitler und andere Nationalsozialisten wichtig, und so fanden 1933 und 1934 »stille« Judenverfolgungen und sogenannte Einzelaktionen statt, mit denen freilich die Führung in Berlin offiziell nichts zu tun haben wollte.[113] Diese erste Welle des Antisemitismus war für deutsche Juden ein enormer Schock. Nach den Wahlen vom März 1933 organisierte die NSDAP Übergriffe gegen Juden, zum Beispiel durch Boykott oder Demolierung ihrer Läden und Geschäfte. Gelegentlich wurden Juden auch tätlich angegriffen, doch war dies eher die Ausnahme als die Regel.[114]

Der erste Schritt, den die deutsche Regierung tat, um die Juden als Gruppe legal unter Druck zu setzen, war ein Gesetz vom 7. April 1933, das die Entfernung von Juden und anderen Personen aus dem Staatsdienst ermöglichte. Geschickterweise hatte man es »Gesetz zur Wiederherstellung des Berufsbeamtentums« genannt, um den Eindruck unrechtmäßiger Einmischung zu vermeiden, doch hatte es enorme Folgewirkungen.[115] Es galt nicht nur für den Staatsdienst, sondern für die gesamte Beamtenschaft bis hinunter zur Dorfebene und betraf auch Richter, Polizei, Universitätsprofessoren und Volksschullehrer. Der Öffentlichkeit erklärte man, das Gesetz ziele auf die »Ausmerzung jüdischer und marxistischer Elemente«.[116]

Millionen von Menschen wurden von den berüchtigten Fragebögen betroffen, die Bestandteil des Gesetzes waren, und wenn sich die einschlägigen Nachforschungen hinzogen, garantierten diese Fragebögen ein hemmungsloses Schnüffeln. Schnell waren Denunzianten zur Stelle, um alte Rechnungen zu begleichen oder sich persönliche Vorteile zu verschaffen.[117] Der ganze Vorgang hatte nicht nur erhebliche unmittelbare Folgen für Juden und/oder Menschen mit Verbindung zum »Marxismus«, sondern machte zweifellos auch der gesamten Beamtenschaft die neuen Spielregeln bewußt und gab jedem, der es noch nicht wußte, zuverlässig zu verstehen, daß ein offizieller Antisemitismus nunmehr Regierungspolitik war.

Die nun folgenden antisemitischen »Säuberungen« beriefen sich auf dieses Gesetz und führten beispielsweise zur Entlassung von Juden in Kunst und Presse, ja sogar in den freien Berufen. Solche Maßnahmen wurden laut Pressemeldungen mit der Notwendigkeit begründet, »die Empörung der gesamten deutschblütigen Bevölkerung« zu besänftigen.[118] Die Ankündigung der bis dahin liberalen *Berliner Morgenpost* vom 1. April 1933 darüber, wie es Juden in der preußischen Justiz ergehen werde, war voller Judenhaß. Das preußische Justizministerium stellte fest, daß »besonders in der Zeit des berechtigten Abwehrkampfes des deutschen Volkes gegen die alljüdische Greuelpropaganda« alle jüdischen Richter, Assessoren usw. zu beurlauben oder zwangsweise zu entfernen seien.[119]

Nationalsozialistische Heißsporne in der Provinz setzten ihre unkoordinierten und oft gewalttätigen Übergriffe gegen Juden und deren Eigentum fort, riefen inoffiziell zum Boykott von Geschäften auf. In den Wochen nach Hitlers Ernennung versuchte die Parteileitung in Berlin, die Lage in den Griff zu bekommen und die Geschehnisse so gut wie möglich zu koordinieren. Nachdem Hitler die Flamme des Antisemitismus so lange angefacht hatte und sich selbst als obersten Antisemiten darstellte, konnte er nun der Konfrontation mit den Juden schlecht ausweichen. Freilich war die öffentliche Meinung in Deutschland von der antisemitischen Gewalt auf den Straßen nicht begeistert, und es gab Drohungen aus den USA, als Reaktion auf die gewalttätigen Übergriffe gegen Juden deutsche Waren zu boykottieren. Am 26. März optierte Hitler, der in gewisser Weise von den radikalen Nationalsozialisten der »Basis« zum Handeln gezwungen wurde, für einen landesweiten Boykott aller jüdischen Geschäfte.[120]

Obwohl Hitler soeben erst durch das Ermächtigungsgesetz diktatorische Vollmachten erhalten hatte, setzte er zur Erzwingung des Boykotts nicht staatliche oder polizeiliche Kräfte ein, sondern übertrug diese Aufgabe einem zentralen Komitee der NSDAP unter Leitung des berüchtigten Julius Streicher. Es wurden örtliche Aktionskomitees »zur praktischen, planmäßigen Durchführung des Boykotts jüdischer Geschäfte, Waren, Ärzte, Rechtsanwälte« gebildet. Der Boykott sollte sich nicht auf die Städte beschränken, sondern auch das Land und »das kleinste Dorf« erreichen.[121]

Der Boykott war für Samstag, den 1. April 1933, angesetzt, und das große Thema in der ihn vorbereitenden Presse war, daß es sich um eine »Gegenmaßnahme« der NSDAP gegen die »Greuelpropaganda« handle, die angeblich von Juden im Ausland, auch solchen in der sozialdemokratischen und kommunistischen Bewegung, verbreitet wurde.[122] NS-Organisationen mobilisierten Frauen, um andere vom Kauf bei Juden abzuhalten.[123] Der Boykott wurde von Goebbels in einer Rundfunkansprache am Freitagabend rechtfertigt und nachdrücklich publik gemacht. Er sollte am 1. April pünktlich um 10 Uhr vormittags beginnen und so lange dauern, bis die Parteileitung ihn aufhob.[124] Hitler gab der Aktion seinen Segen, sagte aber in einem Interview, es müsse verhindert werden, daß sie »unerwünschte Formen« annehme.[125]

Als Einstimmung auf den Samstag waren die Zeitungen in der Woche vor dem Ereignis voll von Geschichten über die Aktivitäten von Juden im In- und Ausland. Genaue Richtlinien wurden ausgegeben, auf welche Art und Weise gegen jüdische Geschäfte und Freiberufler vorzugehen sei und wie die Zeichen und Parolen auf den durch die Straßen getragenen Plakaten und den vor jüdischen Läden aufgestellten Schildern auszusehen hätten.[126] In den Großstädten richtete sich der Boykott besonders gegen Kaufhäuser, von denen viele in jüdischem Besitz waren. In Stuttgart wie auch anderswo hatte die SA Listen mit Namen und Adressen von jüdischen Firmen und von Gebäuden mit Büros jüdischer Freiberufler vorbereitet, und wenige Minuten nach Beginn des Boykotts malten SA-Leute schon das Wort »Jude« neben die Namensschilder.[127]

Am Eingang der Geschäfte standen SA-Männer, zum Teil bewaffnet, und versuchten, nicht immer erfolgreich, jedermann am Eintreten zu hindern. Der Boykott wurde auch in kleinere Städte und auf das Land getragen, zumindest dorthin, wo man Juden finden und nachweislich boykottieren konnte. Die Schilderungen in der Presse spielten den Erfolg der Aktionen hoch und machten besonders viel Wind, wenn es Beweise dafür gab, daß auch Nichtnationalsozialisten ihr Einverständnis mit den Vorgängen signalisiert hatten.[128]

Neben Boykottparolen wie »Kauft nicht in jüdischen Geschäften« oder »Geht nicht zu jüdischen Ärzten« wurden auch weit krudere gebraucht. Wer als Fremder aus einem anderen Land durch die Straßen gegangen wäre, hätte zu dem Schluß kommen müssen, daß die Juden nicht nur verhaßt waren, sondern Grund hatten, für ihr Leben zu fürchten.

Es kam denn auch in großem Stil zu Gewalttätigkeiten. Einige Juden wurden ermordet, manche setzten sich zur Wehr. So schoß der jüdische Rechtsanwalt Hans Schumm aus Kiel auf einen der Nazis, die die Hochzeitsfeier seiner Schwester sprengen wollten. Schumm wurde verhaftet, und als Gerüchte die Runde machten (wie sich herausstellte, waren sie falsch), der Nazi sei seinen Verletzungen erlegen, verschafften sich Parteigenossen Zugang zu dem Gefängnis – das heißt, sie wurden von der Polizei eingelassen – und ermordeten Schumm in seiner Zelle.[129] In Chemnitz wurde ein Rechtsanwalt, zugleich Vorsitzender des dortigen Jüdischen Veteranenvereins, von Angehötigen der SS in einen Wald geschleppt und dort erschossen; in Plauen wurde ein jüdischer Kaufmann getötet.[130] Juden wurden auch unter großem öffentlichem Trara in »Schutzhaft« genommen und in Konzentrationslager verfrachtet.

In den meisten Gegenden reagierte die Bevölkerung nicht so positiv, wie die Nationalsozialisten gehofft hatten, und in größeren Städten gab es Menschen, die nun erst recht in jüdischen Geschäften kauften. In Frankfurt am Main machten die größeren Geschäfte gar nicht erst auf und beraubten so die Nationalsozialisten der Chance, einen großen Wirbel zu machen. Wenig später schlossen auch die kleineren Läden.[131] Die meisten Historiker sind der Auffassung, daß alles in allem der Boykott als PR-Ereignis bei gewöhnlichen Deutschen ein Reinfall war, und vermuten sogar, daß ihn hinter den Kulissen die Nationalsozialisten selbst wegen der Abneigung der Öffentlichkeit gegen derartige Methoden für einen Propagandafehlschlag hielten.[132] Zumindest am Tag des Boykotts zeigten die meisten Bürger keineswegs den antisemitischen Eifer ihrer Führung. Es gab in Deutschland eine antisemitische Tradition, aber es sollte seine Zeit dauern, bevor die Nationalsozialisten sie radikalisiert hatten.

Bereits am Nachmittag des 1. April ordnete Goebbels eine »Boykottpause« bis zum folgenden Mittwoch an, um, wie er sagte, abzuwarten, ob die »Greuelpropaganda« gegen Deutschland aufhören würde oder nicht.[133] Diese Taktik diente natürlich nur der Vermeidung einer politischen Niederlage, falls der Boykott – wie es dann auch kam – nicht die vorbehaltlose Unterstützung der Bevölkerung fand.[134] Wohl aber hatte das Ereignis den Erfolg, die Einstellung des Regimes zu den Juden deutlich zu machen. Die haßerfüllte Botschaft war, daß die Juden in bestimmten Berufen und Gewerben überrepräsentiert waren und ihr Einfluß gebrochen werden mußte.[135] Niemand konnte bezweifeln, daß für die Nationalsozialisten der Antisemitismus, ob sie ihn früher heruntergespielt hatten oder nicht, nunmehr offenkundig von zentraler Bedeutung war.

Juden, die Deutschland liebten, hatten das Gefühl, zu gesellschaftlichen Außenseitern gemacht zu werden. Viele deutsche Juden waren stolze Nationalisten und verhielten sich daher mehr als abweisend gegen die Verlockungen des frühen Zionismus. Manche begannen jetzt, ein blutiges Pogrom zu erwarten und sich zum ersten Mal in ihrem Leben mehr wie Geiseln als wie gleichberechtigte Staatsbürger zu fühlen.[136] Der Boykott war das erste landesweit organisierte und gebilligte antisemitische Ereignis und zwang sogar manch stramm nationalistischen Juden zu dem Schluß, daß er sich in seinem geliebten Deutschland bitter getäuscht hatte.

Einige Juden wehrten sich, so gut sie es unter den Umständen konnten. Edwin Landau, zur Zeit des Boykotts Ladenbesitzer in einem kleinen westpreußischen Ort, mochte nicht nachgeben. Er legte seine Kriegsauszeichnungen an, suchte andere jüdische Läden auf und stellte die vor seinem Geschäft aufgezogenen Naziposten zur Rede. Kunden (vor allem Katholiken) erschienen, um ihre Sympathie zu bekunden, und zeigten wie in anderen Orten Deutschlands ihre Mißbilligung der Aktion. Der Gesamteindruck aller Erlebnisse dieses Tages, vor allem die rohen Äußerungen junger Nazis, bewirkte, daß Landau das Gefühl hatte, »innerlich zerbrochen« zu sein. Er schloß sich bald darauf dem Zionismus an und hatte Deutschland bereits im November 1934 in Richtung Palästina verlassen.[137] Die Nationalsozialisten hofften auf eine solche Wendung der Ereignisse und auf das in ihren Augen »erfreuliche Ansteigen« der jüdischen Auswanderung.[138] Ihre Liebe zu Deutschland durch Zurschaustellen ihrer Kriegsauszeichnungen zu demonstrieren war offensichtlich ein Akt des Widerstandes, auf den viele jüdische Ladenbesitzer in ganz Deutschland verfielen; in Berlin malten einige von ihnen ihre Verdienstmedaillen sogar an die Schaufensterscheiben.[139]

Professor Victor Klemperer, wegen seiner jüdischen Abstammung schon bald seines Postens an der Universität enthoben, vermerkt in seinem Tagebuch unter dem 25. April 1933, daß er die Deutschen insgesamt nicht für besonders antisemitisch halte. Er fand, daß die Nationalsozialisten in den ersten Tagen einen Fehler gemacht hätten, als sie dieses Thema so hoch hängten. Klemperer war nicht einfach bloßer Augenzeuge, sondern ein reflektierter und kritischer. Dem Tagebuch vertraute er an: »Das Schicksal der Hitlerbewegung liegt fraglos in der Judensache. Ich begreife nicht, warum sie diesen Programmpunkt so zentral gestellt haben. An ihm gehen sie zugrunde. Wir aber wahrscheinlich mit ihnen.«[140]

Richard Bessel behauptet, der frühe Antisemitismus und der Boykott hätten, im Unterschied zur Kampagne gegen die Linken, offenbar »verbreitetes Unbehagen in der Öffentlichkeit ausgelöst und der NS-Führung Schwierigkeiten beschert, ohne politische Dividenden abzuwerfen«.[141] Mag sein, doch kann man eine Fülle von Beweisen dafür finden, daß die Hitlerdiktatur zumindest durch nicht-gewalttätige Formen des Antisemitismus mehr Rückhalt in der Bevölkerung gewann als verlor.[142]

Die Juden wurden zu gesellschaftlichen Außenseitern gemacht und ihre rechtliche Emanzipation Schritt für Schritt zurückgenommen. In der Wirtschaft wurden sie unter Druck gesetzt, aus den freien Berufen aber bald vertrieben, und es scheint keinen Zweifel zu leiden, daß ihre Verdrängung populär war. Im März 1933 drangen SA-Männer in Gerichtsgebäude ein und kühlten ihr Mütchen an Richtern und Rechtsanwälten. Manche wurden durch die Straßen getrieben, wie jener Rechtsanwalt aus München, der sich über die »Schutzhaft« eines Mandanten beschwert hatte. Man schleppte ihn durch die Straßen, nachdem man ihm wegen des lächerlichen Effekts die Hose oberhalb des Knies abgeschnitten und ein Schild mit der Aufschrift umgehängt hatte: »Ich bin ein frecher Jude und werde mich nie mehr beschweren.« Etwa gleichzeitig erzwangen sich SA-Männer in Breslau Zutritt zum Gerichtsgebäude, und unter dem gellenden Ruf »Juden raus!« mißhandelten und verjagten sie jüdische Richter, Rechtsanwälte und jeden, den sie für einen Juden hielten. Der Oberlandesgerichtspräsident teilte allen Richtern und Rechtsanwälten mit, daß es geboten sei, die Tätigkeit jüdischer

Rechtsanwälte einzuschränken, um das herbeizuführen, was er »eine Beruhigung der Bevölkerung und eine Entspannung der allgemeinen Lage« nannte.[143]

Die örtliche Polizei, sonst zur Überempfindlichkeit bei allen öffentlichen Ruhestörungen neigend, zog es vor, nichts gegen die Gewalt zu unternehmen, als etwa im Juni in Frankfurt am Main fünfhundert bis sechshundert Demonstranten in das Oberlandesgericht eindrangen oder im Juli ebenfalls in Frankfurt zweihundert Studenten die Gerichtssäle stürmten. Die Einstellung der Justizbehörden am Ort war, daß es am besten wäre, wenn die jüdischen Anwälte einfach nicht mehr erschienen und jüdische Richter in den Ruhestand träten, um Provokationen zu vermeiden. Wenn die Juden jedoch nicht von sich aus wegblieben, machte man ihnen deutlich, daß ihnen in Zukunft die Rechtspflege im Gerichtsgebäude untersagt sein würde.[144]

Die Universitäten entließen dank des Gesetzes über das Berufsbeamtentum vom 7. April praktisch alle jüdischen Professoren auf einen Streich. Die deutschen Studenten, seit jeher zum Antisemitismus neigend und daher auf Initiativen von oben kaum angewiesen, taten sich durch verschiedene Aktionen gegen jüdische Studenten und Professoren hervor.[145] Am 25. Juli führte die Regierung – einer alten Forderung der NSDAP entsprechend – einen Numerus clausus ein, der den Prozentsatz jüdischer Studenten an deutschen Hochschulen beschränkte. An manchen Universitäten demonstrierten die Studenten gegen jüdische Professoren oder nutzten die Lage, um durch Beschwerdebriefe über mißliebige Professoren Unfrieden zu stiften.[146] Derlei Maßnahmen machten Plätze für Studenten und Stellen für Professoren frei und waren in einer Zeit der hohen Arbeitslosigkeit unter Akademikern populär.[147]

Im März und April 1933 wurden jüdische Freiberufler, die nicht bereits von der Diskriminierung betroffen waren, unter Druck gesetzt, zum Beispiel durch führende Vertreter der deutschen Ärzteschaft. Anfang April 1933 versprach Hitler nichts Geringeres als die »Reinigung des Volkes und namentlich der intellektuellen Schichten von fremdstämmigem Einfluß und rassefremder Durchsetzung«. Vor Vertretern der gebildeten deutschen Elite betonte er, »daß man durch baldige Ausmerzung der Überzahl jüdischer Intellektueller aus dem Kultur- und Geistesleben Deutschlands den natürlichen Anspruch Deutschlands auf arteigene geistige Führung gerecht werden müsse«. Er sei sich durchaus der Probleme bewußt, vor denen junge Ärzte in einem überfüllten Berufsstand stünden, sagte Hitler und versicherte ihnen: »Gerade dieser deutschen Jugend müssen Lebensraum und Arbeitsmöglichkeit durch eine tatkräftige Zurückdrängung fremdrassiger Elemente geschaffen werden.«[148]

Nach diesen Vorgaben durch Reichskanzler Hitler hatten überregionale und lokale Ärztevereinigungen keine Bedenken, Juden zur Aufgabe zu zwingen. Manche Gemeinden und Regionalverwaltungen entließen – illegalerweise und unter Vorwegnahme einer judenfeindlichen Gesetzgebung, die erst kommen sollte – ihre jüdischen Amtsärzte.[149] Ärztevereinigungen wurden nazifiziert, indem man sie auflöste und durch nationalsozialistisch geführte ersetzte. Mögen sich die Ärzte auch mehr, als ihnen lieb war, vom neuen Deutschland reglementiert gesehen haben, so regte sich doch praktisch keinerlei Widerstand gegen das, was geschah. Das Vertrauensverhältnis zwischen Arzt und Patient wurde routinemäßig kompromittiert, als die Ärzte (schon durch das Sterilisationsgesetz vom 14. Juli 1933) die Möglichkeit erhielten, Beweise für das Vorliegen einer Erbkrankheit oder einer Straftat (zum Beispiel Abtreibung) zu melden. Im ursprünglichen Gesetz war nicht davon die Rede, daß Ärzte verpflichtet wären, ihre Patienten anzuzeigen; eine Ergänzungsverordnung vom 3. Dezember 1933 jedoch besagte, daß ein Arzt, der davon Kenntnis erlangte, daß ein Patient an einer sogenannten Erbkrankheit oder an chronischer Trunksucht litt, verpflichtet war, dies den medizinischen Behörden zur Anzeige zu bringen.[150] Eine neue Ärzteordnung von 1935 gab zwar vor, den Hippoktatischen Eid zu schützen, betonte aber gleichzeitig, daß der Arzt gegen seine Schweigepflicht verstoßen durfte, wenn er dies im Interesse des »gesunden Volksempfindens« – natürlich ein subjektives Kriterium – für geboten hielt.[151] Bald wurden von einer neuen, am 6. April 1936 installierten Reichsärztekammer Statuten mit Gesetzeskraft erlassen, die dazu beitrugen, der Ärzteschaft die nationalsozialistische Ideologie einzuimpfen. Weite Teile des Berufsstandes neigten bereits zu rassistischem Denken, und die radikaleren unter den nationalsozialistischen Ärzten waren nicht nur Antisemiten, sondern forderten auch, daß die Medizin auch daran arbeiten müsse, das rassische Erbgut der Deutschen durch Ausmerzung aller Unreinheiten zu läutern.[152]

Die Ärzte waren gehalten, Erbkrankheiten genauso zu melden, wie sie Geburten und Todesfälle meldeten, und die betreffenden Patienten wurden daraufhin – zumeist gegen ihren Willen – sterilisiert. In diesem Sinne waren die Ärzte dabei behilflich, den Arm der Diktatur bis in ihre Praxis hinein zu verlängern.[153] Dasselbe taten sie in den neuen Funktionen, die ihnen das stark erweiterte und umgebaute öffentliche Gesundheitswesen zuwies. So spielten Ärzte eine entscheidende Rolle als Amtsärzte und Berater in den neuen, sarkastisch so genannten »biologischen Hauptquartieren«, das heißt den 739 Gesundheitsämtern, die die Nationalsozialisten bis 1939 in ganz Deutschland einrichteten.[154]

Besonders verheerende Folgen hatte der neue Antisemitismus für jüdische Lehrer und Schüler. Ältere Schüler und Lehrer hatten es auf jüdische Kinder abgesehen, die mitunter vor versammelter Schülerschaft als Demonstrationsobjekt dienen mußten, wie man Juden erkennen konnte.[155] Die Lehrer waren verpflichtet, den Unterricht mit dem Hitlergruß zu beginnen, eine Begrüßung, die den jüdischen Schülern erst recht ihre prekäre Lage vor Augen führte. Zwar sprangen nicht alle Lehrer und Schüler auf diesen Zug auf, aber die negativen seelischen Folgen für die jüdischen Kinder kann man sich leicht vorstellen.

Deutsche, die zufällig nicht persönlich Zeuge des Antisemitismus wurden, hatten reichlich Gelegenheit, in jeder Zeitung davon zu lesen. Sämtliche Zeitungen Deutschlands, nicht nur die nationalsozialistischen, waren voller abfälliger Geschichten über Juden – so viele, daß man sie nicht überlesen konnte.[156] Die Besorgnis um Störungen der Wirtschaft und die Meinung der Weltöffentlichkeit ließ die Hitlerregierung in ihrem Vorgehen gegen die Juden innehalten. Nach dem Boykottag 1933 hatten radikale Nazis in der Provinz ihre planlosen »Einzelaktionen« gegen die Juden fortgesetzt. Besonders die SA tat sich hervor, und in dem Bestreben, ihr die Flügel zu stutzen und eine gewisse Kontrolle auszuüben, löste Preußen am 2. August 1933 die »Hilfspolizei« auf, womit die Rolle der SA in der Polizei beendet war. Dieselbe Maßnahme wurde bald in anderen deutschen Ländern ergriffen.[157]

Auf lokaler Ebene setzten jedoch einige SA-Männer ihre Übergriffe gegen Juden fort, so im März 1934 in Gunzenhausen. In dieser mittelfränkischen Stadt hatte der Antisemitismus Tradition, weshalb denn auch die 1000- bis 1500köpfige Menge, die sich am Palmsonntag zusammenrottete, um über die Juden herzufallen, nicht nur aus Nazis, sondern auch aus nichtnationalsozialistischen Bürgern bestand. Mehrere Juden wurden schwer mißhandelt, und zwei von ihnen erlagen ihren Verletzungen. Es war bezeichnend für die Art, wie sich »Recht und Ordnung« verändert hatten und Juden nicht mehr auf den Schutz des Gesetzes hoffen durften, daß die Haupttäter zwar angeklagt und vor Gericht gestellt, die Urteile gegen sie aber in der Berufungsinstanz aufgehoben wurden. Nur einer der Täter, Kurt Bär, wurde zu zehn Monaten Haft verurteilt, und selbst er scheint die Strafe nicht verbüßt zu haben.[158] Doch anders, als man es in einer Diktatur erwarten sollte, wurden diese Gewaltakte nicht von höchster Stelle angeordnet.

Laut Marion Kaplan scheinen alles in allem jüdische Frauen die Gefahrensignale früher gespürt zu haben als die Männer oder neigten eher dazu, Deutschland zu verlassen.[159] Alle Juden beobachteten aufmerksam die Lage, und manche mögen gehofft haben, daß der Sturm sich legen werde. Und gerade weil die neue Regierung Hitlers nicht aus dem Rahmen fiel, entschlossen sich viele Juden zum Bleiben, nicht zuletzt darum, weil in einer weltweit von Antisemitismus gepägten Ära nicht viele Länder bereit waren, jüdische Flüchtlinge aufzunehmen. Was ihren Hoffnungen in Deutschland Auftrieb gab, war der Umstand, daß es kein definitives »Gesetz«, keine Verordnung zur Regelung der »Judenfrage« gab. Stattdessen wurden buchstäblich Tausende einzelner »Maßnahmen« eingeführt, die jeden ihrer Schritte lenkten. Juden wie Peter Gay und seine Familie in Berlin entnahmen den widersprüchlichen Botschaften, die die Diktatur aussandte, daß es noch ziemlich sicher war, in Deutschland zu bleiben.[160]

»GANZ DEUTSCHLAND ZIEHT HITLER DEN KOMMUNISTEN VOR«

Ende 1933 hatte die Diktatur so viel Unterstützung und so wenige Feinde, daß die Nationalsozialisten mit dem Gedanken spielten, die Gestapo abzuschaffen.[161] Einige Zeitungsberichte deuteten an, daß Konzentrationslager und eine Geheimpolizei allmählich überflüssig seien.[162] Doch Görings neues Gesetz über die Gestapo (30. November 1933) sowie anschließende Anweisungen (im März 1934) zementierten die Autonomie der Gestapo, entzogen sie jeder äußeren Einflußnahme durch die Verwaltung und unterstellten sie der persönlichen Aufsicht Görings als preußischer Ministerpräsident.[163] Teilweise war dieser Schritt der Versuch Görings, in Preußen an der Gestapo, seiner einzigen Machtbasis, festzuhalten und sich der Tendenz zur Zentralisierung entgegenzustemmen. Der unerbittliche Aufstieg Heinrich Himmlers war nicht aufzuhalten, und die Begründung, die man der Öffentlichkeit für seine sukzessive Übernahme aller Länderpolizeien gab, war die anhaltende Notwendigkeit des Kampfes gegen den Kommunismus.[164] Von Himmlers neuer Rolle hieß es, sie liege »im Interesse der einheitlichen Arbeit der gesamten Politischen Polizei des Deutschen Reiches«.[165] Göring, der die Unausweichlichkeit von Himmlers Aufstieg erkennen mochte, gab denn auch bald bekannt, er habe sich »aus organisatorischen Gründen veranlaßt gesehen«, Himmler um die Übernahme der Gestapo zu ersuchen.[166]

Solche vagen Formulierungen haben zu Debatten darüber geführt, warum Himmler zu Deutschlands oberstem politischem Polizeibeamten werden konnte.[167] War er lediglich der bessere Taktierer? Möglicherweise, doch besteht kein Zweifel daran, daß er die implizite oder explizite Unterstützung Hitlers genoß, und Ende 1933, Anfang 1934 rackerte er weiter und brachte nach und nach die Politischen Polizeien aller deutschen Länder unter seine Kontrolle. Das war zu einer Zeit, als die Presse von einer zunehmenden politischen Beruhigung in ganz Deutschland zu berichten begann.

Bei den autoritären Tendenzen, die Hitler häufig erkennen ließ, und seinem Wunsch nach Zentralisierung des Reichs und Aushöhlung der Länderrechte hatte jedermann gute Erfolgschancen, der wie Himmler ein überzeugter Zentralisierer war. Es war nur eine Frage der Zeit, wann in einer Hitlerdiktatur die Polizei der Zuständigkeit der einzelnen deutschen Länder entzogen werden würde. Die Zentralisierung der Politischen Polizei vollendete sich am 20. April 1934, als Himmler zum Chef der preußischen Gestapo ernannt wurde. Von dem Moment an war die Leitung der Politischen Polizei aller Länder des Reichs »in einer Hand vereinigt«, um eine Lieblingswendung jener Zeit zu gebrauchen.

Bei der Feierstunde, in der Göring die Führung der Gestapo abtrat und seinen Segen dazu gab, betonte er ausdrücklich, der Wechsel werde von Hitler begrüßt. Himmlers Ausführungen sollten nicht nur der von ihm direkt angesprochenen Polizei Mut zusprechen, sondern sie entsprachen auch seinem ständigen Bemühen, Informationen zu liefern, aus denen der loyale Staatsbürger ersehen konnte, was es mit der Gestapo auf sich hatte. Himmler kam auf sein Lieblingsthema zu sprechen, wenn er versicherte, die Beamten der neuen NS-Polizei würden ihre Pflicht mit soldatischer Hingabe erfüllen. Er appellierte an den Haß auf alles, wofür die Weimarer Republik stand, wenn er behauptete, »die Polizei habe in Deutschland in den vierzehn Jahren des marxistischen Systems einen schlechten Ruf bekommen«. Das werde sich ändern, betonte er: »Es muß wieder in Deutschland die höchste Ehre und Auszeichnung sein, der Politischen Polizei angehören zu dürfen.«

Woher aber die Notwendigkeit einer solchen Polizei, wenn doch, wie Himmler selbst sagte, »Millionen« von Menschen »ehrlichen Herzens« zu den Nationalsozialisten gekommen waren? Der Grund war laut Himmler, daß es noch immer »Tausende und Zehntausende« gab, die Feinde des neuen Systems geblieben waren, »auch wenn sie den Arm hochheben und gleichgeschaltet sind«. Der Schein konnte trügen, und weltweit organisierten sich die Feinde des Nationalsozialismus. Gleichwohl bekundete Himmler sein Vertrauen in die Fähigkeit der neuen Polizei, ihrer schwierigen Aufgabe Herr zu werden.[168]

Himmlers Ernennung zum Chef der (preußischen) Gestapo erfolgte 1934 an Hitlers Geburtstag, und man darf vermuten, daß dieser Schritt gerade an diesem Tag ein Zeichen dafür war, daß er auf Hitlers ausdrücklichen Wunsch geschah oder ihn als eine Art von Geburtstagsgeschenk erfreuen sollte. Mit 34 Jahren wurde Himmler der wichtigste Polizeibeamte Deutschlands; gleichzeitig war er Chef der SS und eifrig mit dem Aufbau eines Systems von Konzentrationslagern befaßt. Ob sozialer Friede im Lande herrschte oder nicht, klar war, daß die Fundamente des neuen Systems gelegt waren.

Die Hoheitsrechte der einzelnen deutschen Länder selbst wurden 1933 und 1934 durch mehrere Gesetze zugunsten einer Berliner Zentralherrschaft abgeschafft. Wie es in einem dieser Gesetze hieß, hatten die Volksabstimmung und die Reichstagswahl vom 12. November 1933 »bewiesen, daß das deutsche Volk über alle innenpolitischen Grenzen und Gegensätze hinweg zu einer unlöslichen, inneren Einheit verschmolzen ist«.[169] Wie es hieß, »auf Drängen Hitlers« und »um den Gefahren einer partikularen Machtbildung« in den Ländern vorzubeugen, wurde schon am 7. April 1933 das neue Amt des »Reichsstatthalters« für jedes Land geschaffen.[170] Damit dehnte Hitler die Vorherrschaft Berlins über die einzelnen Länder des Reiches aus, deren Volksvertretungen aufgehoben wurden.[171] Zum 1. Januar 1935 wurde die Rechtspflege in ganz Deutschland vereinheitlicht und die einzelnen Länderjustizministerien zentraler Kontrolle unterstellt.[172] Himmlers Trachten nach Stärkung und Zentralisierung der Polizei, deren Zentrale jetzt Berlin war, befand sich also völlig im Einklang mit den Wünschen Hitlers und überhaupt mit dem Geist der nationalsozialistischen Revolution. Diese Tendenz zeigte sich an der Polizei besonders deutlich. Am 17. Juni 1936 wurde Himmler zum Chef der deutschen Polizei ernannt und stand damit an der Spitze nicht nur der gerade reichsweit vereinheitlichten Gestapo, sondern auch der Kriminalpolizei und der regulären uniformierten Polizei.

Als die Deutschen diese Ereignisse verfolgten, glaubten sie, daß die Kommunisten versucht hätten, illegal die Macht zu ergreifen, und waren dankbar, daß die Nationalsozialisten sie daran gehindert hatten. Victor Klemperer notierte sich über die Wahlen Ende 1933 in sein Tagebuch, daß eine überwältigende Mehrheit für die Nationalsozialisten gestimmt habe: »Denn ganz Deutschland zieht Hitler den Kommunisten vor.«[173] Trotz oder vielmehr wegen der Veränderungen, die von Hitler oder von anderen in seinem Namen vorgenommen wurden, war Hitler populärer denn je zuvor, und die Unterstützung für seine Diktatur wuchs mit jeder Minute

Kapitel 2

POLIZEIJUSTIZ

Die verbreitete Auffassung, Deutschland gehe in der großen Wirtschaftskrise vor die Hunde, wurde durch eine vermeintliche »Welle von Verbrechen« bekräftigt. An dieser Stimmung hatten zwar die Medien einen starken Anteil, doch war der Eindruck, daß die Kriminalität auf dem Vormarsch sei, nicht ganz unbegründet. So war in ganz Deutschland in den meisten Jahren zwischen 1927 und 1932 eine stetige Zunahme von Diebstählen aller Art sowie von Raubüberfällen und Betrügereien zu beobachten. Kontinuierlich war dieser Anstieg in den Großstädten (mit über 50000 Einwohnern), und manche Verbrechensarten verdoppelten sich zwischen 1927 und 1932.[1] In den letzten Jahren der Weimarer Republik berichteten die Zeitungen ständig über Verbrechen, Rauschgiftdelikte und Morde, auch über die Umtriebe organisierter Banden. Es gab viele Geschichten über Finanzskandale, Sexualverbrecher, Massenmörder und sogar Kannibalismus. Als Beweis für die Verdorbenheit Deutschlands galten das öffentliche Sichtbarwerden von Homosexuellen und die Zunahme der Pornographie. Die Hochblüte eines unkonventionellen Kunst- und Musikstils machte Berlin berühmt und lockte freiheitsliebende Geister aus der ganzen Welt an, die hier ihre Befreiung von gesellschaftlichen Zwängen feierten. Das aber war genau die Art von »undeutschem« Verhalten, die vielen braven Bürgern verhaßt war.[2]

Eine offene Gesellschaft und demokratische Freiheiten waren für Deutschland etwas Neues, und so sehnten sich viele Menschen wehmütig nach einer zuchtvolleren Gesellschaft, wie es sie in ihren Augen in der Zeit vor 1914 gegeben hatte.[3] Viele Deutsche, und zwar nicht nur im konservativen, religiösen oder nationalsozialistischen Lager, waren der Überzeugung, daß die liberale Weimarer Republik eine entartete Gesellschaft sei und Deutschland sich auf dem Weg ins Verderben befinde.[4]

»DIE FAUST FÄLLT NIEDER!«

Der englische Romancier Christopher Isherwood schrieb 1933 – kurz vor seiner Abreise aus dem ungezwungenen, leichtlebigen Berlin, das er in den zwanziger Jahren genossen hatte –, die Zeitungen bekämen jetzt »immer mehr Ähnlichkeit mit Schulzeitschriften. Nichts als neue Bestimmungen, neue Strafen und die Namen derer, die ›nachsitzen‹ mußten.«[5] Gesetzestreue Bürger sahen die Dinge natürlich anders und konnten kaum anders als erfreut sein, daß die Polizei ihre Ängste vor Kriminalität und lockerer Moral endlich ernst nahm. Eine Frau erinnerte sich noch Jahre nach dem Untergang des Dritten Reiches gerne daran, daß schon in den ersten Jahren des neuen Regimes die Gesetze strenger gehandhabt und angeblich sogar Diebe erschossen wurden, so daß »keiner mehr einem anderen etwas wegnahm«.[6]

Die Verbrechensbekämpfung der Nationalsozialisten bestand nicht darin, die tieferen sozialen Wurzeln der Kriminalität zu erforschen, sondern die bestehenden Gesetze immer rigoroser anzuwenden. Das diesbezügliche Motto der Nationalsozialisten formulierte eine Schlagzeile in ihrer führenden Tageszeitung: »Die Faust fällt nieder.«[7] Diesen Standpunkt hatten sie schon vor dem Reichstagsbrand Ende Februar 1933 vertreten. Nun inthronisierten sie neue Polizeipräsidenten in zahlreichen Großstädten, darunter in Berlin, wo Scharfmacher prompt dem Verbrechen den Krieg erklärten. Der in der Presse vermittelte Eindruck war der, daß die NSDAP und die deutsche Polizei vieles gemein hatten, da beide den Kommunismus haßten und entschlossen waren, das Verbrechen auszurotten.[8]

Wie Admiral von Levetzow, der neue Polizeipräsident von Berlin, sagte, wollte er die erprobten deutschen Werte wiederherstellen, die sein altmodisch klingender Name verkörperte. In einer Rede rief er Mitte Februar 1933 die uniformierte Polizei dazu auf, für »Ruhe und Ordnung, Zucht und Sitte« zu kämpfen.[9] Das waren mythische Werte, die mit der gestrengen preußischen Vergangenheit zu tun hatten.[10] Ende März forderte Hitler die »moralische Sanierung des Volkskörpers«, und was immer das auch praktisch heißen mochte, die Nationalsozialisten übersetzten es in die Drohung, nunmehr werde gegen Verbrecher mit »äußerster Härte« vorgegangen.[11] Die Öffentlichkeit, so eine Schlagzeile, konnte sicher sein, daß es Verbrecher »nicht noch besser haben als Erwerbslose«.[12]

In den ersten Monaten des Jahres 1933 erhielt die Polizei vorübergehend die Befugnis, im Kampf gegen die Kommunisten »vorbeugende«

Verhaftungen vorzunehmen. Diese Vollmachten erlaubten es der Polizei, auf die vorherige Anhörung eines Richters zu verzichten und Kommunisten in sogenannte Schutzhaft zu nehmen. Bis zum Dritten Reich hatte die Schutzhaft in Deutschland dazu gedient, noch nicht vor Gericht gestellte Personen vor dem Volkszorn zu schützen und in Sicherheit zu bringen. Ab 1933 wurde der Sinn der »Schutzhaft« auf den Kopf gestellt. Sie wurde zur Waffe in der Hand der Gestapo, zum Euphemismus für ihre regelmäßige Praxis des Verhaftens und Einsperrens. Die Gestapo konnte Männer und Frauen aufgreifen, ohne Gerichtsverhandlung in ein Konzentrationslager schicken und dort unbegrenzt festhalten.

Die Gestapo systematisierte die in der Reichstagsbrandverordnung von Ende Februar 1933 verankerte Anwendung der »Schutzhaft« und baute sie stets weiter aus. Auf Kosten der gesetzlichen Rechte der Bürger wurde eine »Polizeijustiz« errichtet, die zunächst noch neben, zum Teil sogar im Konflikt mit der regulären Justiz stand. Doch mit Hitlers Unterstützung erlangten die polizeilichen Vorrechte bald die Oberhand.[13] Die Gestapo nutzte ihre neuen Vollmachten, um (weitherzig definierte) »politische Verbrechen« aufzuspüren, und die Kripo erhielt ähnliche Befugnisse zur Verhängung der »Vorbeugungshaft«, um andere Verbrechensarten zu verfolgen.

Als der »Notstand« im Laufe des Jahres 1933 verschwand, äußerten sich einige von Hitlers Kabinettskollegen besorgt über den offensichtlichen Machtzuwachs der Polizei und die flächendeckenden Verhaftungen. Allerdings waren ihre Einwände halbherzig und berührten »weder das Prinzip noch die Praxis der Schutzhaft an sich in ihrer ganzen Willkür und Rechtslosigkeit«.[14] Der Justiz- und der Innenminister waren entweder nicht fähig oder nicht bereit, die soziale Dynamik der Situation unter ihre Kontrolle zu bringen.[15] Innenminister Wilhelm Frick ging es mehr um Formfragen als um Inhalte; und wenn überhaupt, war ihm die Polizei lieber als die Horden der Nazischläger.[16]

Geschichten von Recht und Ordnung wurden zum festen Bestandteil der nationalsozialistischen Mythologie und dementsprechend aufgebauscht. Gleichwohl machte die Polizei unverzüglich Gebrauch von ihren neuen Vollmachten, selbst im Kampf gegen Kleinganoven wie Schwindler und Ausbeuter, die (ohne Gerichtsverfahren) im Konzentrationslager landeten.[17] Dasselbe geschah mit Metzgern und Viehhändlern, die die Wirtschaftskrise nutzten, um die Bauern zum Verkauf ihres Viehs unter Preis zu zwingen. Die Zeitungen erklärten selbstgerecht, diese Kriminellen würden jetzt »Gelegenheit bekommen, durch körperliche Arbeit festzustellen, wie schwer die Arbeit eines Landwirts ist und wie viel Schweiß und Arbeit aufgewendet werden muß, um sich in dieser Zeit der Not auf der Scholle zu halten«.[18] Solche Geschichten von der neuen Sofortjustiz beflügelten zweifellos die populistische Vorstellung, das Regime schreite endlich gegen das Verbrechen ein, und bescherten ihm daher beträchtliche Unterstützung.

Im September 1933 erklärte die Polizei unter Verwendung militärischer Metaphorik Bettlern und Landfahrern den Krieg. Die Bürger wurden davor gewarnt, falsches Mitleid zu zeigen; sie sollten ihr Geld lieber Wohltätigkeitseinrichtungen geben. Bei einer landesweiten Polizeirazzia wurden nicht weniger als 100000 Personen festgesetzt; »nie zuvor«, heißt es in einer neueren Untersuchung dazu, »hatte die Polizei in Deutschland bei einer einzigen Polizeiaktion so viele Menschen aufgegriffen«.[19]

In den folgenden Tagen und Wochen überschlug sich die Presse mit Erfolgsmeldungen über den Vorfall; so feierte ein Bericht »Berlin, eine Stadt ohne Bettler«. Im Dezember schilderte eine andere Geschichte die »Säuberung Berlins«; darin heißt es: »Die Maßnahmen der Berliner Polizei und ihre Ergebnisse werden die Billigung aller finden. Die Reichshauptstadt ist innerhalb weniger Wochen von einem Übel befreit worden, dessen Ausbreitung eine unerträgliche Belästigung der Berliner und der Besucher ihrer Stadt gebracht hat.«[20]

Den Beginn besserer Zeiten und verminderter Kriminalität signalisierte eine Geschichte aus der Weihnachtszeit 1933 mit der Überschrift: »Unsicherheit läßt nach. Es ist wieder Arbeit im Volke. Heute kann man wieder ruhig in der Nacht nach Hause gehen.«[21] Zwar wurden nicht wenige der verhafteten Bettler bald wieder auf freien Fuß gesetzt, aber die Presse machte den Lesern mehr als deutlich, daß das neue System keinen Spaß verstand. In Hamburg nutzte die Polizei die Gelegenheit, nicht nur Bettler festzunehmen, sondern auch alleinstehende Arbeitslose und andere zu Zwangsarbeit als Entgelt für staatliche Wohlfahrtsleistungen heranzuziehen.[22] »Scharf durchgegriffen« wurde auch gegen Kleinkriminelle, etwa solche, die von Erträgen aus der gewerblichen Unzucht lebten. Am 24. November 1933 wurde die Strafe für dieses Delikt drastisch heraufgesetzt, und zwar von mindestens einem Monat Gefängnis oder Arbeitshaus auf mindestens fünf Jahre Zuchthaus.[23]

Praktisch unmittelbar nach Hitlers Ernennung herrschte in der Presse der Eindruck, daß jetzt die Todesstrafe häufiger verhängt und nach der Urteilsverkündung rascher vollstreckt werden würde als in der Vergangenheit.[24] Es fehlte auch nicht an drohenden Hinweisen, daß »Zuwiderhandlungen« gegen Anordnungen der neuen Regierung mit der Todesstrafe geahndet werden könnten.[25]

DAS NEUE STRAFRECHT

Die Diskussionen um die Einführung einer einheitlichen Hinrichtungsart für ganz Deutschland – ob Strang, Erschießen, Richtbeil oder Fallbeil – wurden in einer Kommission aufgegriffen, die Deutschland ein neues Strafgesetzbuch geben sollte.[26] Hitler erwog, das Strafrecht zu ändern, dessen Schwächen er unermüdlich anprangerte. Bald nach den Wahlen vom März 1933 nahmen seine Wünsche konkrete Gestalt an. Schon bei der Kabinettssitzung am 22. April 1933 regte Justizminister Franz Gürtner die Einsetzung einer Juristenkommission zur Erarbeitung eines neuen Strafrechts im Geiste des Nationalsozialismus und seiner Rechtsphilosophie an. Im Laufe des Jahres wurde diese Kommission unter Gürtners Vorsitz gebildet. Einige Kommissionsmitglieder, so der preußische Justizminister Hanns Kerrl, äußerten in einem Zeitungsbericht, das neue Strafrecht habe individualistischen und liberalen Rechtsgrundsätzen abzuschwören und der Schutz der Volksgemeinschaft müsse oberste Priorität haben. Ohne zu präzisieren, was er meinte, betonte Kerrl, das neue Strafrecht fungiere als »Schutz gegen die Zersetzung der deutschen Rasse«.[27]

In unzähligen Pressemitteilungen meldete die Kommission immer aufs neue, ihre Arbeit sei praktisch abgeschlossen; im Laufe der Jahre legte sie gleich mehrere Entwürfe eines neuen Strafgesetzbuches vor. Hitler wollte sie nicht akzeptieren, da er und andere Nationalsozialisten letzten Endes ein System bevorzugten, bei dem die Polizei nicht nur bestehendes Recht durchsetzte, sondern selbst entschied, was Recht war. Die Befürworter einer »Polizeijustiz« wollten die Polizei keinerlei Beschränkungen unterworfen sehen, nicht einmal durch ein Strafrecht, das schon viele der schärfsten Ideen und Anregungen enthielt, die von den radikalsten nationalsozialistischen Juristen in der Kommission wie Hans Frank, Roland Freisler oder Otto Thierack vertreten wurden. Das neue Strafrecht selbst trat zwar nie in Kraft, aber manche der radikalen und folgenschweren Grundsätze, die von Richtern und Politikern in Führungspositionen des neuen Regimes dargelegt wurden, fanden schließlich Eingang in neue Gesetze und in Änderungen der Strafprozeßordnung. Doch damit nicht genug; die vielen Berichte, die die Kommission im Laufe der Jahre herausgab, gaben der Öffentlichkeit – freilich unbewußt – zu verstehen, daß das liberale Rechtssystem hoffnungslos lax gegen das Verbrechen gewesen war. Statt des überholten Weimarer Systems bevorzugten die Kommissionsmitglieder ein System, das »völkische« Werte zum Ausdruck brachte und die »Volksgemeinschaft« förderte. Sie wollten die Gleichheit vor dem Gesetz, diese Quintessenz jeder liberalen Rechtsordnung, abschaffen und stattdessen die gesetzlichen Rechte eines Beschuldigten davon abhängig machen, inwieweit er ein nützliches Mitglied der Volksgemeinschaft war. Sie sprachen sich für eine Beschleunigung der Gerichtsverfahren und die Minderung des gesetzlichen Schutzes des Beschuldigten aus und wollten den (gescheiterten) Versuch einer Straftat genauso gewertet wissen wie die vollendete Tat. Auch wollten sie alte Straftatbestände nazifizieren und zum Beispiel neben dem traditionellen Delikt des »Landesverrats« das Delikt des »Volksverrats« einführen.[28] Sie wollten Richter in die Lage versetzen, jemanden wegen Verstoßes gegen das »gesunde Volksempfinden« zu verurteilen, auch wenn er kein Gesetz gebrochen hatte.[29] Während das alte Strafgesetzbuch angeblich vor allem die »Sicherheit des Verbrechers« im Auge hatte, zielte das neue auf »Sicherung der Volksgemeinschaft« ab.[30]

Die Staatsbürger wurden darüber aufgeklärt, daß aus dem liberalen Grundsatz *nullum crimen sine lege* (kein Verbrechen ohne Rechtsgrund) der Grundsatz geworden sei *nullum crimen sine poena* (kein Verbrechen ohne Strafe). Diese Parole sollte vor allem jene ansprechen, die es satt hatten, daß die Justiz dem Täter zu viele Rechte gewährte und die sozialen Kosten des Verbrechens ignorierte. Der zündende lateinische Satz wurde, ins Deutsche übersetzt, von der Presse popularisiert und zierte schon Mitte 1934 briefmarkenähnliche Aufkleber auf den Deckeln von Gerichtsakten. Vermutlich sollte die kleine Marke den Gerichtsalltag von Richtern und Anwälten aufhellen; der Aufdruck lautete: »Einst [das heißt vor 1933]: Keine Strafe ohne Gesetz, jetzt, Kein Verbrechen ohne Strafe.«[31]

Hitlers Stellungnahme zu diesen rechtlichen Veränderungen war sehr einfach. In einer Rede zum vierten Jahrestag seiner Ernennung zum Reichskanzler, in der er bemerkenswerterweise jeden Hinweis auf die kommunistische Bedrohung als Rechtfertigung des Notstandes unterließ, sagte Hitler: »Es ist die Aufgabe der Justiz, mitzuhelfen an der Erhaltung und Sicherung des Volkes vor jenen Elementen, die sich als Asoziale entweder den gemeinsamen Verpflichtungen zu entziehen trachten oder sich an diesen gemeinsamen Interessen versündigen. Damit steht über der Person und der Sache auch im deutschen Rechtsleben von jetzt ab das Volk.«[32]

Sobald Hitlers Polizei jedoch einmal Geschmack an raschen Maßnahmen gefunden hatte, mit denen sich zeitraubende gesetzliche Verfahrensweisen umgehen ließen, bestand keine Aussicht, daß sie jemals wieder auf dieses Instrument verzichten würde. Mitte 1934 bekam Polizei Gelegenheit, um den Zuspruch der Öffentlichkeit zu werben, indem sie endlich der SA das Handwerk legte. Am 30. Juni 1934 wurden auf Hitlers Anweisung die Anführer der SA ermordet. Nach dieser »Nacht der langen Messer« war es mit dem radikalen Ehrgeiz der SA, die noch eine echte soziale Revolution herbeisehnte, ein für allemal vorbei. Die Vorgänge wurden der deutschen Öffentlichkeit zwar als versuchter Staatsstreich des SA-Chefs Ernst Röhm hingestellt, doch machte man sich nicht die Mühe, den Umstand zu bemänteln, daß Röhm exekutiert worden war, ohne daß es auch nur den Schein eines Verfahrens gegen ihn gegeben hätte.[33] Die meisten Menschen akzeptierten, daß Hitler (nicht etwa die Gerichte) die rund hundert Missetäter zum Tode »verurteilt« hatte.[34]

Nach allem, was wir wissen, machte dieser erste Massenmord in der Geschichte des Dritten Reiches die Deutschen nicht etwa stutzig, sondern warf für Hitler positive politische Dividenden ab, weil er vielen Bürgern Anlaß gab, die neue »Normalität« und den Zwang der Diktatur zu akzeptieren.[35] Die Polizei erwartete von der Regierung, daß sie Vertrauen genug besaß, um auf Zensur zu verzichten und zu dem zu stehen, was mit den Toten jener Nacht geschehen war.[36] Sie hielt es für unmöglich, die Bürger am Abhören ausländischer Rundfunksender zu hindern, und fand es daher am besten, »baldmöglichst durch authentische Erklärungen den verbreiteten Gerüchten den Boden [zu] entziehen«.[37]

Durch eine partielle Amnestie am 10. August 1934 gab Hitler zu erkennen, daß eine politische Stabilisierung erreicht war. Er nahm hierfür den Tod des Reichspräsidenten Hindenburg zum Anlaß und ergriff zugleich die Gelegenheit, um »die Übernahme der Amtsbefugnis des Reichspräsidenten durch Adolf Hitler«[38] zu verkünden. Die Amnestie sollte die Besorgnisse der höheren Beamten zerstreuen und der Bevölkerung versichern, daß trotz des sogenannten Röhm-»Putsches« alles in Ordnung war. Laut Presseberichten wurden mancherorts nicht weniger als ein Drittel der »Schutzhäftlinge« auf freien Fuß gesetzt und weitere Konzentrationslager geschlossen. Die Meldungen unterstrichen, daß »Todfeinde« des Reichs, die landesverräterische Handlungen planten oder ausführten, von der Amnestie nicht betroffen seien, viele von ihnen aber das Reich bereits verlassen hätten.[39]

Hitler war an rechtlichen Feinheiten nicht interessiert, und so war es bezeichnend für ihn, daß er die Gestapo nicht auflöste und auch ihre Vollmachten nicht beschnitt, obwohl die meisten der als wirkliche Feinde geltenden Personen schon nicht mehr im Lande waren. Im Gegenteil gab er Himmler am 20. Juni 1935 freie Hand zum Ausbau der Konzentrationslager, mit deren Schließung man andernorts schon begonnen hatte.[40] Hitler gab am 18. Oktober 1935 Himmler auch seinen Segen zur Ausweitung der polizeilichen Befugnisse. Ein Treffen der zwei fand kurz nach dem schändlichen Nürnberger Parteitag vom September statt, auf dem Hitler die diskriminierenden Rassegesetze gegen die Juden verkündet hatte.

Der Nürnberger Parteitag von 1935, ausgerufen zum »Reichsparteitag der Freiheit«, stellte in der Geschichte der Hitlerdiktatur einen Meilenstein in der Errichtung des Systems der rassischen Diskriminierung und Verfolgung dar. Von drei neuen Gesetzen, die der in Nürnberg zusammentretende Reichstag am 15. September verabschiedete, erwies sich das »Gesetz zum Schutz des deutschen Bluts und der deutschen Ehre« als das wichtigste. Das Gesetz untersagte künftig Eheschließungen und außereheliche Beziehungen zwischen Juden und »Deutschen« beziehungsweise Menschen »deutschen und artverwandten Blutes«.

Ein anderes, häufig übersehenes Ereignis im Zusammenhang mit dem Nürnberger Parteitag fand am 11. September statt, als Hitler den sogenannten Kampf gegen die inneren Feinde der Nation proklamierte. Diese Feinde waren vage definiert als »der jüdische Marxismus und die mit ihm verwandte parlamentarische Demokratie«, »das politisch und moralisch verderbliche Zentrum« und »gewisse Elemente eines unbelehrbaren, dumm-reaktionären Bürgertums«. Die Proklamation verriet nicht, welche Schritte getan werden sollten, aber sie klang wie der Beginn eines sozialen Krieges. Die Rede war um so merkwürdiger, als Hitler in ihrem weiteren Verlauf unterstrich, daß Deutschland sich jetzt größerer Sicherheit und Ruhe erfreue als je zuvor in der jüngsten Vergangenheit. Der Situation von 1935 stellte Hitler die »Fermente der Dekomposition« und die »Elemente der Auflösung« gegenüber, die zur Zeit seiner Ernennung bemerkbar gewesen seien.[41]

Am 18. Oktober 1935, gut einen Monat nach dem Nürnberger Parteitag, erweiterten Hitler und Himmler den Begriff des »Feindes« und des »Verbrechens«, wogegen die neue Polizei zu kämpfen hatte. Die Gestapo sollte also keineswegs verschwinden, und ebensowenig die Lager. Die Zahl der Lagerhäftlinge war seit Mitte 1933 zurückgegangen, stieg aber nunmehr prompt wieder an.[42]

Mitte 1935 bekam die neue Polizei das Heft in die Hand. Die Frage, vor der die Diktatur damals stand, war, ob man Verdächtigen, die in Schutzhaft saßen, juristischen Beistand gewähren sollte. Dr. Werner Best, eine Schlüsselfigur hinter der Errichtung des neuen Systems, wartete mit einem simplen Argument auf: Die hauptsächliche Überlegung »vom Standpunkt der Staatsführung« müsse die Frage sein, ob der Zugang von Rechtsanwälten zu diesen Mandanten von irgendeiner »Zweckmäßigkeit« im Kampf des Staates gegen seine »Todfeinde« sei. Es sei unvermeidlich, daß die Anwälte Fragen stellten, was jedoch mit dem »Vertrauen zu den von der Staatsführung mit der Abwehr gegnerischer Angriffe betrauten Organen« unvereinbar sei. Best sagte weiter, da die Gestapo die Schutzhaft als das »wirksamste Mittel« im Kampf gegen Staatsfeinde ansehe, sei jede Schwächung dieser Waffe gleichbedeutend mit der Stärkung der Gefahren, die dem Staate drohten. Infolgedessen sollten den Schutzhäftlingen keine Rechtsanwälte zur Verfügung stehen; denn »die Verfahrensformen der Justiz sind für den Kampf gegen die Staatsfeinde unter den gegenwärtigen Verhältnissen schlechthin unzulänglich«. Das Justizministerium mäkelte ein wenig an dieser Argumentation herum, wurde aber zum Schweigen gebracht, als Himmler es am 6. November 1935 über eine Anordnung Hitlers informierte, die Rechtsanwälten den Zutritt zu Schutzhäftlingen verbot.[43]

DIE VÖLKISCHE POLIZEI

Der Aufbau des neuen Gestapo-Systems gipfelte in einem preußischen Gesetz vom 10. Februar 1936. Nach diesem Gesetz konnte buchstäblich keine einzige Handlung der Gestapo, nicht einmal eine unrechtmäßige Festnahme, einer gerichtlichen Überprüfung unterzogen werden, und niemand konnte auf Schadenersatz klagen.[44] Anders gesagt: Hatte die Gestapo schon vorher faktisch über dem Gesetz gestanden, so wurde diese Situation jetzt formalisiert. Der einzig mögliche Beschwerdeweg führte nun über eine Berufung zum Gestapo-Hauptamt (Gestapa).[45] Die ganze Tragweite dieser Entwicklungen wurde nun keineswegs vertuscht, sondern über die Presse der Öffentlichkeit auseinandergesetzt, so daß kein Zweifel mehr bestehen konnte, daß elementare gesetzliche Rechte des Staatsbürgers gekippt worden waren.[46] Das Gestapo-Hauptamt in Berlin wollte einfach nur sicherstellen, daß die Beamten vor Ort keinen übermäßigen Gebrauch von ihren Befugnissen machten und so die Polizei in Mißkredit brachten.[47] Theoretisch galt die gesetzliche Straffreiheit der Gestapo nicht für die übrige Polizei, doch wenn diese im Namen der Gestapo handelte, konnte auch sie für ihre Taten nicht belangt werden.[48]

Mitte der 1930er Jahre hatten die Nationalsozialisten eine klar artikulierte, völkisch-faschistische Theorie der Polizei erarbeitet, die sie stolz der Öffentlichkeit präsentierten, zur Erbauung und Aufklärung. Die prägnanteste Formulierung dieser neuen Theorie stammte von Werner Best, dem Rechtsexperten in der Gestapozentrale. Zwar erschienen seine Ausführungen in einer Fachzeitschrift, doch gelangten Zusammenfassungen in die populäre Presse.[49] Da konnten die Deutschen nun nachlesen, daß es für die polizeilichen Befugnisse, welche ursprünglich mit dem Kampf gegen den Kommunismus begründet worden waren, eine neue Rechtfertigung gab. Best stellte klipp und klar fest, »jeder Versuch«, eine andere politische Auffassung als den Nationalsozialismus durchzusetzen oder aufrechtzuerhalten, sei für die neue Polizei eine »Krankheitserscheinung, die die gesunde Einheit des unteilbaren Volksorganismus bedroht«. Ein jeder derartiger Versuch werde »ohne Rücksicht auf das subjektive Wollen seiner Träger ausgemerzt«. Jetzt hieß es bei Best, daß die neue Polizei über den »politischen Gesundheitszustand des deutschen Volkskörpers« wache, »jedes Krankheitssymptom« rechtzeitig erkenne und alle »Zerstörungskeime« beseitige. Best faßte die Aufgabe der Gestapo folgendermaßen zusammen:

Diese Staatsfeinde aufzuspüren, sie zu überwachen und im richtigen Augenblick unschädlich zu machen, ist die präventivpolizeiliche Aufgabe einer politischen Polizei. Zur Erfüllung dieser Aufgabe muß sie in der Lage sein, unabhängig von jeder Bindung jedes zur Erreichung des notwendigen Zweckes geeignete Mittel anzuwenden. Denn nach richtiger Auffassung haben im nationalsozialistischen Führerstaat die zum Schutz des Staates und des Volkes und zur Durchsetzung des Staatswillens berufenen Einrichtungen grundsätzlich jede zur Erfüllung ihrer Aufgaben erforderliche Befugnis, die sich allein aus der neuen Staatsauffassung ableitet, ohne daß es einer besonderen gesetzlichen Legitimation bedarf.[50]

Best verglich die Gestapo mit einem Heer im Krieg, wenn er mit den Worten zitiert wurde, daß die Gestapo »in ihrem Kampf gegen kluge, zielbewußte und rücksichtslose Feinde für sich das gleiche Vertrauen und die gleichen Vollmachten beanspruchen müßte wie eine Armee, die in der Erfüllung ihres Auftrages, den Feind, dessen Handeln nicht vorauszusehen sei, zu schlagen, auch nicht an den Buchstaben gebunden werden könne«. Was die Polizei und das Gesetz betreffe, so müsse man sich laut Best vor allem klarmachen, daß der »Polizei für die Erfüllung der Aufgaben, die nicht nach festen Normen bewältigt werden könnten, die gleiche Vollmacht erteilt werden müsse, die zur Sicherung von Volk und Staat erforderlichen Maßnahmen nach eigener Erkenntnis und in eigener Verantwortung zu treffen«.[51]

Eine solche völkische oder biologische Theorie der Polizei wurde dem deutschen Volk als vernünftige Grundlage für das Wirken der neuen Polizei präsentiert. Himmler meldete 1937, ohne mit der Wimper zu zucken, die Tradition des Nachtwächterstaates sei ebenso erledigt wie die alte liberale Ordnung, in der – zumindest theoretisch – die Polizei neutral war. Während die alte Polizei wachsam gewesen sei, ohne zur Verwirklichung eigener Zielsetzungen einzugreifen, sei die neue Polizei keinerlei formalistischen Beschränkungen bei der Erfüllung ihrer Aufgabe mehr unterworfen, den Führerwillen durchzusetzen und die von ihm gewünschte Gesellschaftsordnung zu schaffen und zu verteidigen.[52]

Laut Reichsminister Hans Frank war es undenkbar, die Polizei lediglich auf die Aufrechterhaltung von Recht und Ordnung zu beschränken. Früher seien diese Begriffe wertfrei und neutral gebraucht worden; in der im Führerstaat aber gebe es »keine weltanschauliche Neutralität« mehr – mit anderen Worten, es war ein Verbrechen, eine andere politische Auffassung als den Nationalsozialismus zu unterstützen oder vertreten. Für die neue Polizei stünden »Schutz und Förderung der Volksgemeinschaft« an oberster Stelle, und polizeiliche Gegenmaßnahmen seien gegen jede »volksfeindliche Regung« gerechtfertigt, die »bereits im Keime erstickt werden« müsse. Die Polizei dürfe alle notwendigen Maßnahmen ergreifen, bis hin zur Durchsuchung von Häusern und Wohnungen; »denn es gibt keinen privaten Bereich mehr, in dem der einzelne unbehelligt an der Zerstörung der Grundlagen des nationalsozialistischen Gemeinschaftslebens arbeiten dürfte«.[53] »Recht ist, was dem Volke nutzt und Unrecht, was ihm schadet«[54] – Hans Frank liebte dieses Motto, das der Öffentlichkeit oft vorgehalten wurde. Werner Best formulierte denselben Gedanken auf die für ihn typische, eher legalistische Weise:

Recht wird im völkisch-autoritären Staat von jedem Organ der Volksordnung gesetzt, das im Auftrag der obersten Spitze – des Führers – die Funktionen eines bestimmten Lebensbereiches zu regeln hat. In welcher Form diese Regelung erfolgt – ob durch Führerbefehl, durch Gesetz, durch Verordnung, durch Erlaß oder durch organisatorische Regelungen – ist gleichgültig, wenn die rechtsetzende Stelle [= die Polizei, R. G.] im Rahmen ihres Auftrages handelt.[55]

Von diesen Argumenten erwartete man, daß sie den Bürgern gefielen, obwohl sie nichts weniger propagierten als einen zügellosen Autoritarismus und einen ungehinderten polizeilichen Interventionismus, aber auch das Ende aller Prätentionen auf die Neutralität des Staates. Die Bürger waren aufgefordert, zuzustimmen, die Unantastbarkeit der Privatsphäre aufzugeben und die neue Polizei sowie die neue Ordnung der Dinge zu akzeptieren, für die man ihnen sogar »weltanschauliche« Erklärungen lieferte.

Entsprechend ihrem dergestalt formulierten Auftrag begann die Gestapo, Gerichtsentscheidungen zu »korrigieren«. Anfang 1937 wurde diese Frage akut. Damals erhob der oberste Richter des berüchtigten Volksgerichtshofs Einwände, als Gestapobeamte im Gericht erschienen, um eine Frau zu verhaften. Der Richter erklärte den verdutzten Beamten, der Volksgerichtshof sei souverän und die Polizei habe in ihm nichts zu suchen. Kurzfristig setzte er sich mit dieser Rechtsauffassung durch, aber zwei Tage später kam die Gestapo wieder und verhaftete die Frau mit der Begründung, dies entspreche ihrem Auftrag. Um einen weiteren öffentlichen Konflikt zwischen der Gestapo und den Gerichten zu vermeiden, teilte das Justizministerium dem Präsidenten des Volksgerichtshofs – des radikalsten und am meisten nazifizierten aller deutschen Gerichte – mit, die Aktionen der Gestapo seien rechtmäßig und der Richter nicht linientreu. In dem Schreiben hieß es, daß »bei dem Charakter der Schutzhaft als einer vorbeugenden polizeilichen Maßnahme zur Vermeidung einer Gefährdung der öffentlichen Ordnung und Sicherheit« in Ausnahmefällen ihre Verhängung auch gegen solche »Staatsfeinde« geboten sein könne, die vor Gericht mangels Beweises freigesprochen worden waren. Praktisch wurde mit diesem Erlaß der Gestapo eine Art »Blankoscheck« ausgestellt, und wegen seiner »grundsätzlichen« Bedeutung wurde er der Gestapo in ganz Deutschland zur Kenntnis gegeben.[56]

Diese Entscheidung in dem Streit zwischen regulärer Gerichtsjustiz und sogenannter Polizeijustiz löste das Problem nicht. Am 25. Januar 1938 versuchte Innenminister Frick (offiziell noch immer Himmlers Vorgesetzter), neue Richtlinien für die Anwendung der »Schutzhaft« durch die Gestapo zu erlassen. Er wiederholte dabei viele abgedroschene Phrasen, rüttelte aber nicht daran, daß die Schutzhaft eine »Zwangsmaßnahme der Geheimen Staatspolizei« war und daß nur die Berliner Gestapozentrale Schutzhaft anordnen konnte. Frick wollte die Maßnahme nur gegen Personen angewendet sehen, »die durch ihr Verhalten den Bestand und die Sicherheit des Volkes und Staates gefährden«, gestand aber zu, daß »Schutzhaft« langfristige Einkerkerung bedeutete, und erstmals auch, daß Haftort das Konzentrationslager war. Technisch gesehen, mußten in Schutzhaft genommene Personen über die Gründe ihrer Festnahme informiert werden, und auf dem Papier mußte die Gestapo alle drei Monate um Verlängerung der Schutzhaft ersuchen. Diese minimalen Sicherungen wurden jedoch jeder Bedeutung durch den Zustand beraubt, daß ausschließlich die Gestapozentrale in Berlin, das heißt die Polizei selbst, befugt war, über eine Verlängerung der Haft zu entscheiden. Die Entscheidungen wurden geheim gefällt, die Beiziehung eines Verteidigers war nicht erlaubt, und die in Haft genommene Person durfte nicht einmal selbst auftreten.[57]

Die Gestapo hatte die Befugnis, darüber zu entscheiden, ob und wann ein Fall, bei dem es um Juden ging, oder irgendein anderer Fall durch »vorbeugende staatspolizeiliche Maßnahmen« geregelt oder den Gerichten übergeben wurde, so daß die Polizei, wie man mit Recht konstatiert hat, »in einem justizfreien Raum« operierte.[58] Sie konnte sich mehr oder weniger nach Gutdünken über Verfahrensregeln hinwegsetzen, besonders, wenn es um Juden ging.[59] Die Gestapo konnte Menschen erneut verhaften, die nach Verbüßung einer von einem ordentlichen Gericht verhängten Haftstrafe auf freien Fuß gesetzt worden waren.[60] So wie letzten Endes die Gestapo darüber entschied, was Gerücht war und was Dissens oder Widerstand, konnte sie auch »gewöhnlichen« Verbrechen eine »politische« Dimension zuschreiben.[61] Wenn ein Angeklagter vor Gericht nicht für schuldig befunden wurde oder das Urteil nicht den polizeilichen Erwartungen entsprach, konnte die Gestapo eine »Korrektur« anbringen und zum Beispiel während des Krieges einfach der Presse mitteilen: »Gewaltverbrecher wegen Widerstands erschossen.«[62]

DER »TAG DER DEUTSCHEN POLIZEI«

Die Nationalsozialisten waren auf mannigfache Weise bestrebt, das Verhältnis zwischen Polizei und Gesellschaft zu pflegen. Zu dieser Öffentlichkeitsarbeit gehörte auch der neu geschaffene »Tag der Deutschen Polizei«. Er wurde erstmals kurz vor Weihnachten 1934 und danach jedes Jahr um diese Zeit in ganz Deutschland veranstaltet und sollte die freundlichere, soziale Seite der Polizei demonstrieren, die bei dieser Gelegenheit für das Winterhilfswerk sammelte. Mancherorts ärgerten sich die Bürger über die von der Polizei praktizierten Methoden, aber alles in allem war der große Tag mit seinen Umzügen und Musikkapellen um eine Veränderung des traditionellen Bildes von der Polizei bemüht.[63] Der stets PR-bewußte Heinrich Himmler brachte es auf den Punkt: »Die Polizei im nationalsozialistischen Deutschland hat es sich zum Ziel gesetzt, vom deutschen Volk als sein bester Freund und Helfer, von Verbrechern und Staatsfeinden als schlimmster Gegner angesehen zu werden.«[64]

Der Anlaß erfreute sich mit den Jahren so großer Beliebtheit, daß der »Tag« der deutschen Polizei ab 1937 eine ganze Woche dauerte.[65] Reinhard Heydrich brüstete sich damit, daß die ihm unterstehende Sicherheitspolizei (Gestapo und Kripo) zwar »die besten Fachleute für die Überwachung und Bekämpfung« besitze, daß die Polizei aber auch Menschen brauche, die sich »als Helfer zur Verfügung stellen«, wenn es gelte, »das Dasein und die Lebenskraft des Volkes gegen alle Gefahren und Angriffe zu sichern«.[66] Innenminister Frick sagte, daß die Zusammenarbeit mit der Polizei »zum Schutz des Volkes vor asozialen Elementen unerläßlich« sei.[67] Himmler setzte noch hinzu, die neue Polizei sei »keine Polizei des Staates gegen das Volk, sondern die aus dem Volk gewachsene Polizei des Führers für das Volk«.[68]

Ende der 1930er Jahre feierten die Nationalsozialisten die Idee, daß die Polizei nicht mehr die Rolle von Aufpassern und »Nachtwächtern« spiele. Himmler betonte, daß eine solche liberale Auffassung von der Polizei einer »verfassungsmäßige[n] Selbst-Zerfleischung des Volkes« gleichkomme. Die neue Polizei, sagte er, habe zwei wesentliche Aufgaben, eine positive und eine negative. Zuallererst habe sie »den Willen der Staatsführung zu vollziehen und die von ihr gewollte Ordnung zu schaffen und aufrechtzuerhalten«. Gleichzeitig habe sie »das deutsche Volk als organisches Gesamtwesen, seine Lebenskraft und seine Einrichtungen gegen Zerstörung und Zersetzung zu sichern«. Die negative oder defensive Aufgabe der Polizei bestehe in der Abwehr von Gefahren, die »Gesundheit, Lebenskraft und Handlungsfähigkeit des Volkes und Staates« bedrohten. Beide Aufgaben seien der Polizei von der Staatsführung zugedacht worden, woraus für Himmler folgte, daß die Befugnisse der Polizei nicht länger durch »formale Schranken« gehemmt würden.[69] Die Polizei wahrte noch immer ihre Eigenständigkeit gegenüber der SS, doch die Verschmelzung beider Organe war vorgesehen und wurde in der Presse in anderen Artikeln auch vorsichtig angedeutet.[70]

Verbrechensbekämpfung und Streitschlichtung wurden als Werte gefeiert, für die es sich lohnte, staatsbürgerliche und gesetzliche Rechte hinzugeben. Die Bürger wurden aufgefordert, sich nicht um den Buchstaben des Gesetzes zu kümmern, sondern ihrer Polizei zu vertrauen. Reden und Zeitungsberichte anläßlich des letzten »Tages der Deutschen Polizei« vor dem Krieg signalisierten eine weitere Radikalisierung. So hatten Heydrich und andere schon lange die »vorbeugenden« Aufgaben der Polizei betont.[71] Heydrich sagte, was »degenerierte Verbrecher« und »die vorsätzlichen Feinde der deutschen Volksgemeinschaft und des deutschen Reiches« angehe, so es »sinnlos abzuwarten«, bis sie ihre Taten begangen oder ihre Verbrechen wiederholt hätten. »Es ist vielmehr Pflicht der zur Sicherung des Volkes und des Reiches berufenen Einrichtungen, solche volksschädlichen Taten rechtzeitig vorbeugend zu verhindern.«[72]

1940 diente der »Tag der Deutschen Polizei« dazu, die Aktionen der deutschen Polizei im Osten herauszustellen, wo sie, wie ein Zeitungsbericht auf der ersten Seite meldete, wieder eine »klare Rechtsordnung« schuf. Unter geschickter Ausnutzung der tiefen Polenfeindlichkeit der Deutschen hieß es von der Kriminalität in Polen, sie sei »unvorstellbar«. Gerüchte, wonach die deutsche Polizei »Foltermethoden« anwende, wurden bestritten. Auch hieß es, bevor erfolgreiche Aufbauarbeit in Polen geleistet werden könne, müßten die Juden aus dem Wirtschaftsleben verdrängt und ihr Einfluß »ausgeschaltet« werden. Wie das im einzelnen aussehen sollte, blieb der Phantasie des Lesers überlassen, der sich freilich fragen mußte, wohin man die Juden schicken wollte, wenn sie in manchen der erwähnten polnischen Städte die Hälfte der Bevölkerung ausmachten.[73] Ein langer Artikel referierte eine deutsche Rundfunksendung, in der Polizeikommandeure und SS-Führer »über die Säuberungsaktionen zur Brechung des hartnäckigen Widerstandes von Banden und Verbrechergesindel« berichtet hatten.[74]

Überall, wohin die deutsche Polizei im eroberten Europa kam – so jedenfalls die Aussage vieler Zeitungsartikel aus den ersten Kriegsjahren –, bewahrte sie Gefängnisinsassen vor dem Hungertod und beendete ihre Leidenszeit in finsteren Zellen: Die Deutschen wurden als Bringer einer besseren Ordnung und humanerer Methoden hingestellt.[75] Sogar die Errichtung des Warschauer Ghettos für Juden Ende 1940 wurde als vorbeugende Maßnahme gegen »Verbrechertum« und die Ausbreitung von Krankheiten ausgegeben.[76] Der »positive« Tenor dieser Artikel und Rundfunksendungen vermittelte Bilder und Vorstellungen, die darauf abzielten, jene Menschen in Deutschland anzusprechen, die die Geschehnisse an der »Recht-und-Ordnung«-Front im Osten löblich fanden. Eine dieser Vorstellungen war, daß die relativ wenigen Männer, die im Rücken der deutschen Streitkräfte im Osten wachten, gezwungen seien,

»mit eiserner Hand« Ruhe zu halten.[77] Die »Leistungen« der deutschen Polizei in Polen, angefangen bei der Gestapo bis hin zur Ordnungspolizei (Orpo), feierte man zum höheren Ruhm der Polizei in der Heimat, wo die Menschen tagein, tagaus von Todesurteilen und harten Haftstrafen lasen, die selbst im nationalsozialistischen Deutschland in Friedenszeiten für entsprechende Verstöße kaum möglich gewesen wären.[78]

DIE KRIMINALPOLIZEI

Bei den feierlichen »Tagen der Deutschen Polizei« verwiesen Polizeiführer regelmäßig mit Stolz auf die Kripo. Arthur Nebe, der erste Chef der Kriminalpolizei, verfaßte Ende der dreißiger Jahre einen Rückblick auf die Anfänge der Kripo. Weil die Hitlerdiktatur – schrieb Nebe – praktisch unverzüglich den Kampf gegen »Staatsfeinde« und »asoziale Elemente« aufgenommen habe, sei es logisch, daß bald nach Errichtung der Gestapo zur Bekämpfung jener die Kripo zur Bekämpfung dieser ermächtigt sei. Nebe wiederholte den oft gehörten Satz: »Der Kampf gegen den politischen Staatsfeind und gegen den asozialen Verbrecher muß folgerichtig von einer Hand geführt werden.« Sowohl Gestapo als auch Kripo hätten den Auftrag, die Gemeinschaft nicht nur dadurch zu schützen, daß sie Volksfeinde nach begangener Tat verfolgten, sondern auch dadurch, daß sie vorbeugende Arbeit zur Verhinderung von Verbrechen leisteten.[79]

Bis 1933 war die Kriminalpolizei die ermittelnde Behörde der regulären Polizei gewesen und hatte als polizeiliches Vollzugsorgan der Staatsanwaltschaft fungiert. In der Notstandssituation nahmen die Befugnisse der Kripo zu, und schließlich übernahm sie wie die Gestapo eine vorbeugende Rolle, worunter sie die willkürliche Verhaftung von Menschen verstand, die nach Auffassung der Polizei vielleicht ein Verbrechen begehen konnten. Die Meldung, daß Hitler am 17. Juni 1936 Heinrich Himmler zum Chef der deutschen Polizei ernannt hatte, brachten alle Zeitungen auf der Titelseite. Wenige Tage später wurde die Bevölkerung darüber informiert, daß ein neues Hauptamt der Sicherheitspolizei (Sipo) geschaffen worden sei, um den Auftrag Hitlers zur Vereinheitlichung der deutschen Polizei zu erfüllen. Die Sipo vereinigte unter einem Dach die Gestapo und die Kripo; an der Spitze stand Heydrich. Kurt Daluege war nunmehr im Hauptamt der Ordnungspolizei (Orpo) für die jüngst zentralisierte uniformierte Polizei zuständig.[80] Gut ein Jahr später bezog die Kripo zentrale Büroräume im neuen Reichskriminalpolizeiamt (RKPA).[81]

Die gesamte Polizei einschließlich der Kripo übernahm Methoden und Aufgabenstellungen, die von der NS-Ideologie geprägt waren.[82] Paul Werner, der von 1937 bis 1945 Chef der »Präventiv«-Abteilung der Kripozentrale in Berlin war, betonte 1941, vorbeugende Aufgabe der Kripo sei es, das Verbrechen »auszurotten« und auf die »dauernde restlose Vernichtung« des »verbrecherischen Volksfeindes« hinzuarbeiten.[83] Arthur Nebe und Karl Daluege teilten diese Auffassung, zu der sich ein virulenter Rassismus und Antisemitismus gesellte, und förderten die nationalsozialistische Ideologie im Polizeiapparat. Sie drangen auf dieselbe Unabhängigkeit von Justiz und Gerichten, die die Gestapo genoß, und auf dieselben vorbeugenden Festnahmebefugnisse.[84]

Martin Broszat stellt zu Recht fest, daß man die Behandlung des Problems der Kriminalität im Dritten Reich schließlich in der gleichen Weise wie etwa das der Erbkrankheit mit dem Radikalverfahren des »Unschädlichmachens«, des »Wegschaffens« und »Ausmerzens« zu lösen trachtete. Menschen, die sich eines Verbrechens schuldig gemacht hatten, galten nicht mehr als Personen mit Rechtsschutz, sondern schlechtweg als *Schädlinge*, gegen die man zweckmäßigerweise kein Rechtsverfahren eröffnet, sondern die man unschädlich macht und die man ausmerzt.[85]

Wie so oft beim »Tag der deutschen Polizei«, trumpfte auch die Veranstaltung von 1937 mit Beweisen dafür auf, wie modern die Polizei im Dritten Reich geworden sei. Heydrich führte Pressevertreter durch das Berliner Polizei-Institut und machte auf einige neue wissenschaftliche Methoden der Kriminalpolizei bei der Verbrechensbekämpfung aufmerksam. »Der oberste Leitsatz« auch der Kripo, erklärte Heydrich, sei die »Sauberhaltung des Volkstums«, und als sei dies eine erwiesene Tatsache, setzte er hinzu, »das Verbrechertum entstehe häufig aus vererbten Anlagen«. Die Polizei sei dazu da, dem Verbrechen vorzubeugen und warnend zu wirken, und dazu werde sie in kriminologischen Techniken ausgebildet und im Geist des Nationalsozialismus geschult.[86]

Um die Modernität der deutschen Polizei zu demonstrieren, luden Himmler und Heydrich die Polizeien in aller Welt ein, nach Berlin zu kommen und die Kripozentrale zu besichtigen. Zu denen, die die Einladung annahmen, gehörte Edmund Patrick Coffey, der im Auftrag J. Edgar Hoovers vom FBI kam. Die Zeitungsmeldung über diesen Besuch im Januar 1938 hatte die Überschrift: »Deutsche Sicherheitspolizei vorbildlich«. Coffey besichtigte während seines Aufenthalts die technischen Einrichtungen der Kriminalpolizei und äußerte »große Freude« über die deutsche Kripo und die übrige Polizei. Er gab der Hoffnung

Ausdruck, daß nach Fertigstellung der neuen Kripozentrale Hoover persönlich noch im Sommer nach Berlin kommen werde. Man kann nur darüber spekulieren, wie die deutschen Leser solche Artikel aufgenommen haben mögen, aber höchstwahrscheinlich waren viele von ihnen beeindruckt, daß nach fünf Jahren Hitlerdiktatur die deutsche Polizei das Gütesiegel des FBI bekommen hatte.[87]

Auch viele andere Zeitungsartikel vermittelten das Bild von einer deutschen Polizei, die an der Spitze des wissenschaftlichen Fortschritts marschierte, und als neue, spezialisierte polizeiliche Einrichtungen geschaffen wurden, stellte die Presse ihre Funktionsweise im bestmöglichen Licht dar.[88] Ein Zeitungsbericht begeisterte sich über die Kripo, »die den Kampf gegen das Verbrechertum, durch keinerlei Zuständigkeitsbeschänkungen gehemmt, nach modernsten Gesichtspunkten führen wird«.[89] Die Kriminalpolizei richtete in der Reichszentrale fünfzehn verschiedene Abteilungen ein, deren jede sich auf eine bestimmte Form der Kriminalität konzentrierte, zum Beispiel Homosexualität und Abtreibung, Rauschgiftdelikte und so weiter.[90] Der Berichterstatter der alten, angesehenen *Frankfurter Zeitung* war nach seiner Begutachtung der Routinearbeit in der neuen Kripozentrale, wo sich die zentralen Büros mit Dingen wie Rauschgiftschmuggel befaßten, und besonders nach der Besichtigung der phantastischen neuen Fingerabdruckdatei ebenso voller Bewunderung wie seine Leser. Dem Reporter wurde von einem Kriminalbeamten versichert, bei den modernen Methoden, die ihnen zur Verfügung stünden, sei es »heute so gut wie sicher, daß jedes Verbrechen innerhalb eines größeren Zeitraumes aufgeklärt werden kann«. Der Artikel endete mit der Feststellung, daß der Reinertrag der jüngsten Veränderungen die Polizei auf ihre »eigentliche und ursprüngliche Funktion« zurückführe, nämlich »Abwehr von Gefahren und Schutz des Publikums vor dem Rechtsbrecher«.[91]

Ob die Kriminalpolizei Methoden dritten Grades in demselben Umfang eingesetzt hat wie die Gestapo oder nicht, sei dahingestellt; neuere Forschungen legen jedenfalls den starken Verdacht nahe, daß auch die Kripo über die Anwendung gewaltsamer Techniken nicht erhaben war.[92] Und wenn sich auch Beweise für eine gewisse Rivalität zwischen Gestapo und Kripo finden lassen, zum Beispiel in der Frage der Zuständigkeit für einzelne Fälle, darf man doch die Bedeutung dieser Konflikte nicht übertreiben. Trotz (oder gerade wegen) einer gewissen Überschneidung der zwei Organe (so gab es hier wie dort Sonderabteilungen für Homosexualität und für unerlaubte außereheliche Beziehungen zwischen Juden und Nichtjuden) kann man sich schwer dem allgemeinen Eindruck entziehen, daß Gestapo und Kripo gut zusammenarbeiteten; auf jeden Fall scheint die Konkurrenz zwischen ihnen nicht von Vorteil für jene Menschen gewesen zu sein, die ihnen in die Hände fielen.

DIE GERICHTE

Viele weitere Zeitungsartikel zum neuen Verständnis von Recht und Ordnung in der Hitlerdiktatur galten den Gerichten. Durch Verordnung vom 21. März 1933 wurden in den 26 Oberlandesgerichtsbezirken Deutschlands neue »Sondergerichte« geschaffen. Diese sowie die Verordnung gegen »heimtückische Angriffe« traten an dem berühmten »Tag von Potsdam« in Kraft und sollten in den Augen der Justizbeamten beweisen, daß auf die Gerichte Verlaß war, wenn es galt, das neue Regime gegen Kritik abzuschirmen. Man hatte die Hoffnung, daß das Regime zur Rechtsstaatlichkeit zurückkehren werde und diese Sondergerichte dann verschwänden. Doch ganz im Gegenteil wurden sie zu einer Dauereinrichtung, und im Februar 1941 waren es 63 – in manchen Oberlandesgerichtsbezirken nicht weniger als vier. Ursprünglich waren sie für die Aburteilung von zwei politischen Delikten zuständig, besonders solche, die im Verdacht standen, eine besondere Gefährdung für »Volk und Staat« darzustellen, da dieser globale Begriff in der sogenannten Reichstagsbrandverordnung vom 28. Februar 1933 enthalten war. Vor den Sondergerichten wurden »heimtückische Angriffe« und verbale Ausfälle gegen die Regierung verhandelt.[93] Dieses Delikt wurde in einem neuen Gesetz vom 20. Dezember 1934 weiter gefaßt; jetzt war nicht nur öffentliche Kritik an der Regierung, sondern auch an der NSDAP ein Verbrechen. Ein solcher »heimtückischer« Angriff verstieß auch dann gegen das Gesetz, wenn die inkriminierten Bemerkungen im privaten Kreis fielen, jedenfalls dann, wenn nachgewiesen werden konnte, daß der Betreffende wußte oder hätte wissen müssen, daß seine Aussagen in der Öffentlichkeit wiederholt werden konnten.[94]

Diese Gerichte reichten bis in das Privatleben der Bürger, da praktisch alle derartigen »Verbrechen« mündliche Äußerungen unter den Menschen waren und nur dann aufgedeckt wurden, wenn jemand einen Menschen, den er kannte, bei der Polizei denunzierte. Manche dieser Fälle gingen tragisch aus und hätten durchaus niedergeschlagen werden können, wenn die Gerichte nicht Bemerkungen als »öffentlich« eingestuft hätten, die im engen Freundeskreis oder sogar privat gefallen waren.[95] Während des Krieges hatten die Sondergerichte mehr zu tun als je zuvor, weil sie für die Aburteilung von Verstößen gegen die Kriegssonderstrafrechts-Verordnung verantwortlich waren.

Am 24. April 1934 wurde in Berlin der neue Volksgerichtshof errichtet. Er war für das zuständig, was vage als Landesverrat definiert war, aber auch bloß eine geringfügige verbale Kritik an der Regierung oder an Hitler sein konnte.[96] Nach vergleichsweise gemächlichen Anfängen erwarb sich der Volksgerichtshof, besonders unter seinen Präsidenten Otto Thierack und später Roland Freisler, den Ruf eines Blutgerichts, weil es so häufig auf die Todesstrafe erkannte.

Jedem Sondergericht waren drei Berufsrichter zugeteilt, die sich neuer prozessualer Regeln zur Beschleunigung der Verfahren bedienten, ohne sich um die Rechte des Angeklagten zu kümmern. Zum 1. September 1939 wurde dieses System im Zuge einer sogenannten Justiz-»Vereinfachungsverordnung« auch an Landgerichten eingeführt.[97] Die Verordnung verpflichtete außerdem die Staatsanwaltschaft dazu, vor dem Sondergericht anzuklagen, wenn sie der Auffassung war, daß »die öffentliche Sicherheit und Ordnung ernsthaft gefährdet« sei. Die Tätigkeit der Landgerichte wurde ferner durch ein Gesetz zur »Änderung des Strafverfahrens« (16. September 1939) berührt, das der Justizverwaltung die Möglichkeit gab, gegen zu milde Urteile Einspruch einzulegen.[98]

Im Laufe der Kriegsjahre befaßten sich die Sondergerichte nicht nur mit »politischen« Angelegenheiten, sondern zunehmend auch mit »strafrechtlichen« Fällen, die normalerweise vor ein ordentliches Gericht gekommen wären. So konnte die örtliche Staatsanwaltschaft »mit Rücksicht auf die Schwere oder die Verwerflichkeit der Tat oder die in der Öffentlichkeit hervorgerufene Erregung« eine »sofortige Aburteilung durch das Sondergericht« beantragen.[99] Bereits wenige Wochen nach Ausbruch des Krieges bezeichnete die Presse die Sondergerichte – und zwar positiv – als Gegenstück der »Standgerichte der Heimat«.[100] Ein Beamter des Justizministeriums rühmte den Bürgern diese Sondergerichte als »das schnellste und schwerste Werkzeug, um Gangsternaturen blitzartig aus der Volksgemeinschaft für immer oder auf Zeit auszumerzen«.[101]

Während des Krieges griff die Kriminalisierung des sozialen Lebens um sich, da immer neue Bereiche des täglichen Lebens der Regulierung verfielen. Parallel dazu wurde jedes Verbrechen insofern politisiert, als jetzt auch ein kleiner (unbewaffneter) Diebstahl oder Betrug als Verrat am Siegeswillen des Volkes ausgelegt werden konnte.[102] So oder so fanden sich immer mehr Straftäter vor dem Sondergericht wieder. Beispielsweise wurden in Hamburg 1943, auf dem Höhepunkt des Krieges, 73 Prozent aller Fälle vor Sondergerichten verhandelt, die das Landgericht verdrängt hatten.[103]

Alle diese Gerichte hielten sich an eine einfache Faustregel, die eine Zeitung so formulierte: »Wer gegen die Volksgemeinschaft verstößt, muß fallen!« In diesem speziellen Artikel verdienten Leute, die Lebensmittelkarten gestohlen oder Bestechungsgelder dafür angenommen hatten, die Bezeichnung »Volksschädling« und wurden zum Tode verurteilt. Der Ausdruck »Volksschädling«, der seit Beginn des Dritten Reiches als Schmähbegriff im Schwange war, wurde nun zum geläufigen Etikett für jemanden, der aus dem Krieg zu seinem persönlichen Vorteil Kapital schlug, diente aber daneben weiter zur Brandmarkung eines Verhaltens (etwa der Homosexualität), das nicht den Normen der »Volksgemeinschaft« entsprach.[104]

Welche Rolle spielte die Presse bei der Verlebendigung nationalsozialistischer Gerichte und Polizei? Für das im Dritten Reich sehr effizienzorientierte Gerichtswesen waren Zeitungsartikel außerordentlich wichtig, ja sie waren wohl für die Terrorisierung von »Feinden« und das Umwerben von »Freunden« genauso wichtig wie die Berichterstattung über die tatsächlichen Vorgänge im Gerichtssaal.[105] So erschien in der NS-Zeit eine nicht enden wollende Reihe von Zeitungsartikeln über Verbrechen und Strafe. Um den maximalen Öffentlichkeitseffekt zu erzielen, mußten diese Moralitäten nach konkreten Richtlinien verfaßt sein, die das Propagandaministerium sowie Pressebeamte bei der Polizei und den Gerichten festlegten. In einer Anweisung an die Presse vom 24. Februar 1934 hieß es zum Beispiel, es dürfe nicht geschrieben werde, daß ein bestimmter Arbeiter oder Tischler zum Tode verurteilt worden sei; vielmehr müsse über die Hinrichtung eines Mörders oder Brandstifters berichtet werden.[106]

Die Polizei bediente sich der Zeitungen auch, um ihren politischen und rassistischen Auftrag zu erfüllen. So wies die Berliner Gestapozentrale die örtlichen Gestapostellen schon zu Beginn des Regimes an, Pressemitteilungen tunlichst so abzufassen, daß sie »beim unbefangenen Leser das Gefühl für die Notwendigkeit und innere Begründetheit der staatspolizeilichen Maßnahmen erwecken«.[107] Diese Artikel sollten die doppelte Funktion erfüllen, das neue System zu legitimieren und das »Verbrechertum« abzuschrecken. Die Gestapo bediente sich der Zeitungen, die sie systematisch mit Artikeln versorgte, in der Erwartung, daß sie der Polizei bei ihrem Auftrag halfen, »Feinde« (namentlich Kommunisten und Juden, aber auch katholische Priester und andere) zu stigmatisieren. In einer konzertierten Bemühung suchte die Polizei die angeblichen Kontakte von Juden zu landesverräterischen Umtrieben wie dem Kommunismus nachzuweisen.[108] Eine andere Methode, Haß gegen die Juden zu säen, war, sie mit Verbrechen in Verbindung zu bringen, was denn auch zu einem gängigen Thema der nationalsozialistischen Presse wurde.[109] So gab es unzählige Geschichten über Juden, die als »Schieber« verdächtigt wurden.[110] Die Presse brachte Meldungen über alle Juden, die einer Straftat beschuldigt wurden, von Unterschlagung, Betrug und Schmuggel bis zu Sexual-, Finanz- und Rauschgiftdelikten.[111] Die Gestapo war eine unverhohlen politisierte Polizei und wurde weit über die Grenzen dieser steril klingenden Tatbestände hinaus aktiv. So wies die Gestapozentrale in Berlin im Rahmen ihres politischen Auftrags die örtlichen und regionalen Gestapostellen an, bestimmte Arten von Information an das berüchtigte antisemitische Hetzblatt *Der Stürmer* weiterzugeben. In einem Kommuniqué der Zentrale wurden die Gestapostellen aufgefordert, die »Aufklärungsarbeit« dieser Zeitung zu unterstützen und ihren Redakteuren die Möglichkeit zu geben, »amtliches Material über kriminelle und sonstige Vergehen von Juden einzusehen und für ihre Berichterstattung zu verwenden«.[112]

Spätestens gegen Ende der Vorkriegszeit, wenn nicht früher, ging die nationalsozialistische Polizei (Gestapo und Kripo) mit großem Ernst an ihre neue Aufgabe, den Volkskörper von »schädlichen« oder »degenerativen« Elementen zu reinigen. In diesem Sinne übernahm sie, das ungewohnte Terrain der Sozialbiologie betretend, ganz beispiellose, rassistisch geprägte Präventivaufgaben. Der Polizei schwebte das Idealbild einer konfliktfreien Gesellschaft vor, aus der alle sozialen oder biologischen Träger »schädlichen« Verhaltens »ausgemerzt« worden waren.[113] Wie wir gesehen haben, wurden diese veränderten Aufgaben nicht einfach hinter den Kulissen konzipiert und heimlich in die Tat umgesetzt, sondern im großen und ganzen in der deutschen Presse erläutert, um die Unterstützung der Bevölkerung für die Diktatur zu gewinnen. Aus demselben Grund informierten nationalsozialistische Funktionäre die Öffentlichkeit über die Konzentrationslager und warteten mit Rationalisierungen für sie auf, wie wir nun sehen werden.

Kapitel 3

KONZENTRATIONSLAGER UND MEDIENBERICHTE

Die ersten Konzentrationslager waren eigentlich keine »Lager«, sondern Orte, an denen die Nationalsozialisten bald nach Hitlers Ernennung ihre politischen Gegner festhielten. Diese Lager entsprangen lokaler Initiative und gingen auf »keine zentral gesteuerte Aktion« der Hitlerregierung zurück.[1] Anfangs scheint niemand geglaubt zu haben, daß die Lager einmal ein bleibender Bestandteil der Diktatur werden würden, und so wurden sie in alten Kasernen oder Burgen untergebracht oder nahmen einfach einen Trakt in einer Fabrik oder einem Gefängnis ein. Regionale Behörden richteten solche »Lager« ein, um der Flut von Gefangenen Herr zu werden, während sie den SA- und Nazi-Heißspornen dazu dienten, Kommunisten und andere Gegner zu mißhandeln. Wie die Folterkeller der SA, die es in vielen Städten gab, waren diese Lager nicht auf Dauer angelegt.[2]

Nach 1945 gebrauchte Rudolf Diels von der Gestapo den Begriff »wilde Konzentrationslager«, um nahezulegen, daß alle diese Lager von radikalen Nationalsozialisten, nicht von der Polizei eingerichtet worden seien. Der Historiker Johannes Tuchel hat jedoch darauf hingewiesen, daß die meisten Lager mit der Polizei oder der regulären staatlichen Verwaltung zusammenhingen.[3] So wurde das Columbia-Haus in Berlin als Konzentrationslager in einem alten Militärgefängnis mitten in der Stadt errichtet. Ab Ende Juni 1933 nahm es Gefangene auf, doch war es keineswegs die »selbständige Domäne« der SS, wie Diels später behauptete, sondern unterstand der Kontrolle durch das Hauptamt der Gestapo (Gestapa), die es von ihrer Zentrale in der Prinz-Albrecht-Straße 8 aus leitete; die SS stellte lediglich das Wachpersonal.[4]

Wie die Bürger über die Gründung der Lager informiert wurden, kann man am Fall Dachau studieren, dem Ort des berüchtigten Lagers vor den Toren Münchens. Am 21. März 1933 gab Himmler in seiner Eigenschaft als Polizeipräsident von München die Eröffnung dieses Lagers unter der Überschrift »ein Konzentrationslager für politische Gefangene« bekannt. Es war für maximal 5000 Gefangene ausgelegt, die sich hauptsächlich aus KPD-Funktionären zusammensetzen sollten.

Himmler sagte, es komme nicht in Frage, diese Gefangenen einfach aus den überfüllten Gefängnissen zu entlassen, da sie sofort ihre zersetzende Tätigkeit wiederaufnehmen würden. So wurde von Anfang an der temporäre und der vorbeugende Charakter der Lager betont. Als zusätzliche Rationalisierung wurde angegeben, die Lager würden gebraucht, um die Ängste der »nationalen Bevölkerung« zu beschwichtigen, die sich angeblich von einer linken Revolution bedroht fühlte. Zeitungsberichte versicherten den Bürgern, daß entgegen anderslautenden Gerüchten niemand mißhandelt und niemand länger als notwendig eingesperrt würde. Während die Bevölkerung Dachaus davor gewarnt wurde, sich dem Gelände zu nähern, hieß es in einem Zeitungsartikel, daß die Ankunft der ersten 200 Kommunisten von »zahlreichen Neugierigen« verfolgt worden sei.[5]

Die einfache Botschaft war, daß die Lager hauptsächlich für Kommunisten bestimmt seien.[6] Das war der Tenor von Presseberichten in ganz Deutschland, unter Überschriften wie »Konzentrationslager für Marxisten«.[7] In der ersten Jahreshälfte 1933 wurden die »Erfolge« gegen die Kommunisten, die »Polizeiaktionen« mit Tausenden von Festnahmen und die Aufdeckung angeblicher kommunistischer Verschwörungen in der Presse ausgiebig verfolgt.[8] Es gab eine Flut von Berichten über die Lager praktisch in jedem größeren Ort Deutschlands; sie waren also alles andere als geheim. Oft wird in den Artikeln erwähnt, daß Presseleute die Einrichtungen besichtigt hätten.[9] Ein Staatsanwalt, der im Mai 1933 Reporter durch das KZ Sonnenburg führte, versicherte ihnen, daß die Gefangenen, darunter berühmte Kommunisten wie Erich Mühsam, hier nicht viel anders lebten, als sie es in einer Kaserne tun würden.[10]

Schwerpunkt der Berichterstattung war, daß die Lager benötigt würden, um »Recht und Ordnung« aufrechtzuerhalten; gleichzeitig wurde aber von Beginn an auch ihre angebliche pädagogische Seite hervorgekehrt. So war in den Artikeln davon die Rede, daß sich »geeignete Arbeit« für die Gefangenen als »Erziehungsfaktor« auswirken werde. Ganz selten gab es Hinweise darauf, daß einige Deutsche über Lager wie Dachau nicht glücklich waren und die Inhaftierung von Menschen ohne ordentliches Gerichtsverfahren mißbilligten. So bat der Münchner Kardinal Faulhaber die Behörden Mitte April 1933 darum, die Vernehmungen zu beschleunigen, so daß Familienväter bis Ostern wieder auf freiem Fuß wären. Dem Gesuch wurde in einem gewissen Umfang entsprochen, und die Nationalsozialisten versprachen, daß 1000 Gefangene die Feiertage zu Hause verbringen dürften.[11] Doch die Lager verschwanden nicht, sondern wurden mit dem Hinweis rechtfertigt, hier hätten »die staatsfeindlichen Elemente Gelegenheit, über ihre Schandtaten nachzusinnen«.[12]

Die Gründung des Lagers Dachau wurde in der örtlichen Presse begrüßt, weil sie eine »Hoffnung für die Dachauer Geschäftswelt« darstelle. Man freute sich über die »wirtschaftliche Zeitenwende« und den Beginn »glücklicherer Tage« für die kleine Stadt mit ihren damals 8234 Einwohnern.[13] Am Tag der Eröffnung sprach eine Lokalzeitung von den wirtschaftlichen Vorteilen, wenn in einem von der Wirtschaftskrise betroffenen Teil der Stadt ein »staatliches Lager« errichtet wurde. Es herrschte hohe Arbeitslosigkeit in Dachau, und das Lager, das Wachpersonal und die Beamten würden neues Geld in die Stadt bringen und zur Erholung des Geschäftslebens beitragen.[14] In der Tat gab es durch den Bau des Lagers zeitweilig Arbeit, aber die Hoffnungen auf seine wirtschaftlichen Vorteile waren kurzlebig, da das Lager als autarkes Gebilde betrieben wurde. Es konnte die meisten seiner Bedürfnisse selbst befriedigen und verfügte über zahlreiche billige Arbeitskräfte.[15]

Kurzfristig jedoch waren die Dachauer stolz darauf, ein Lager in ihrer Stadt zu haben. Am 23. Mai 1933 begeisterte sich eine Zeitung, Dachau sei jetzt Deutschlands »berühmtester Ort«, und das »mustergültige KL« mache die Stadt »weit über die Grenzen des Vaterlands bekannt«.[16] Nur gründete sich dieser »Ruhm« leider auf die Vorgänge innerhalb des Lagers, dessen Ruf damals den Spottvers hervorbrachte: »Lieber Gott, mach mich stumm, daß ich nicht nach Dachau kumm.«

Der Zeitungsredakteur Hermann Larcher besichtigte das Konzentrationslager Ende Juni 1933 und wiederholte daraufhin, das Lager werde benötigt, um die überfüllten regulären Gefängnisse zu entlasten und Kommunisten in »Schutzhaft« zu halten. Larcher behauptete, daß die Gefangenen »gleich wieder zu praktischer, ehrlicher Arbeit erzogen werden, und das war ja nicht zuletzt der Zweck ihrer Inhaftierung«. Die Gefangenen hätten das heruntergekommene Gelände, auf dem das Lager errichtet worden war, wieder instand gesetzt, und Larcher berichtete: »Sie arbeiten gerne und willig, und wohl die meisten sind froh, daß sie nun ein geregeltes Leben, gutes Essen und ein Dach über sich haben.«[17]

In den ersten sechs Monaten seines Bestehens hielten die drei Dachauer Lokalzeitungen die Bürger über das Lager auf dem laufenden; sie rechtfertigten es sogar, wenn die Wächter Gefangene »aus Notwehr« erschossen. Die Lagerinsassen wurden einhellig als Kommunisten bezeichnet, die zwar der Umerziehung bedürften, jedoch, wie die Zeitungen meldeten, gut behandelt würden. Am 1. Februar 1934 erschien ein langer Artikel von einem anderen Lokalreporter, der das Lager hatte besichtigen dürfen und nun voller Lob für alles war, was er gesehen hatte, bis hin zum Gesang der Arbeitskolonnen und den positiven Auswirkungen der Lagerdisziplin.[18]

In dem Maße aber, wie Dachau für den Fremdenverkehr – und dies insbesondere, als die Olympischen Spiele näher rückten – attraktiver zu werden versuchte, verstummten Zeitungsmeldungen über das Lager. Spätestens Anfang 1936 gerieten der Bürgermeister und einige Stadträte über den Ruf Dachaus als »KZ-Stadt« ins Grübeln. Im Mai 1936 schlug einer der Stadtväter eine Namensänderung des Lagers vor, das er nicht mehr mit Dachau in Verbindung gebracht wissen wollte. Wie die Historikerin Sybille Steinbacher schreibt, sah jedoch mittlerweile die örtliche Bevölkerung, beeinflußt durch nationalsozialistische Ideologie und Presseberichterstattung, das Lager »als eine legitime, notwendige Einrichtung an, in der Gemeinschaftsfremde umerzogen werden mußten. Lange herrschte die Meinung vor, die ›Staatsverbrecher‹ säßen zu recht im Konzentrationslager ein«.[19]

Mit ähnlichem Tenor wurde über die Gründung anderer Konzentrationslager in Deutschland berichtet. So sprach die nationalsozialistische Presse in Württemberg am 14. März 1933 die Hoffnung aus, daß in einem neuen Konzentrationslager 500 Kommunisten in »Schutzhaft« genommen werden könnten. Noch vor Monatsende berichtete sie von der Gründung eines Lagers in Heuberg und brachte neben dem Artikel auch ein Foto dieser Einrichtung.[20] In Wirklichkeit übernahm das Lager lediglich einige Gebäude eines Heims für verwaiste, verwahrloste und kranke Kinder. Die Bauten in Heuberg waren ursprünglich 1910 vom Militär für Truppenübungen errichtet worden und standen nach dem verlorenen Krieg leer, bis sie teilweise von dem Kinderheim übernommen wurden. Die Einrichtung des Konzentrationslagers wurde von den Einheimischen zunächst begrüßt, weil man das Kinderheim loswerden wollte und sich von dem Lager die Rückkehr des Wohlstands erhoffte. In dem einen Jahr der Existenz des Lagers machten jedoch die örtlichen Kaufleute keine großen Geschäfte und waren daher froh, als Anfang 1934 das Militär wiederkehrte und die Gefangenen verlegt wurden. In der Zwischenzeit wurde Heuberg in der Presse stark beachtet. Im Laufe des einen Jahres schrieben die meisten regionalen Zeitungen über das Lager, und es wurde häufig offiziell besucht; so kam beispielsweise Ende März 1933 der amerikanische Generalkonsul aus Stuttgart. Zeitungsreporter erhielten oft Zutritt zum Lager, und viele von ihnen nutzten die Gelegenheit zu Schilderungen des Lagerlebens. Hauptthema eines großen Artikels in der *Stuttgarter Süddeutschen Zeitung* von Anfang April 1933 war, daß Heuberg ein Lager für Kommunisten sei, die so lange eingesperrt werden müßten, bis sie zur Besinnung kämen. Der Artikel betonte den geradezu militärischen Drill im Lager und schloß mit der Feststellung, solche Leute an einen Ort wie Heuberg zu schicken sei »wohl die humanste Art, wie man staatsfeindliche Elemente behandeln kann«.[21] Einmal wurden Journalisten aus Stuttgart per Bus zu einer Besichtigung des Lagers geholt, und ihre Schilderungen fielen wie andere Berichte in der Regionalpresse enthusiastisch aus, zumindest einhellig positiv über alles, was sie im Lager gesehen hatten. Sie vermittelten den Eindruck, daß die Gefangenen (die in Heuberg sogar ihre normale Straßenkleidung tragen durften) in einer schönen ländlichen Umgebung lebten und die gute Luft genossen. In einem mehrfach abgedruckten Artikel wurde Genugtuung darüber geäußert, daß die Gefangenen nicht als »Verbrecher«, sondern als vom Kommunismus »Verführte« behandelt würden, ihr Aufenthalt im Lager also »nicht Strafe« sein solle, »sondern Erziehung und Gesinnungswandel«.[22] Kein einziger dieser Artikel stellte jedoch die Rechtmäßigkeit der Lager in Frage, und alle betonten, daß die Gefangenen nur bekämen, was sie verdienten. Welche Schlüsse die Zeitungsleser aus ihrer Lektüre auch sonst ziehen mochten, sie konnten kaum im Zweifel sein, daß die Gefangenen in den Lagern saßen, weil sie mit den Nationalsozialisten nicht übereinstimmten.

Ein anderes kleines Lager wurde im Juni 1933 in Breitenau bei Kassel errichtet. Es bestand nur bis März 1934, doch schrieben viele Zeitungen darüber. In der Regionalpresse wurde es als notwendige Entlastung für die überfüllte Haftanstalt Kassel bezeichnet; angeblich sollte es als »Erziehungsanstalt« fungieren. Diese Bezeichnung entsprach dem damaligen Sprachgebrauch, der Gefängnisse Straf- und Besserungsanstalten zu nennen pflegte.[23] Eine Woche nach Eröffnung des Lagers hatten nicht weniger als siebzehn regionale Tageszeitungen und eine überregionale über Breitenau berichtet, wobei sie oft wörtlich die amtliche Pressemitteilung abschrieben. Einige Zeitungen wie etwa die *Kasseler Neuesten Nachrichten* (*KNN*) entsandten Reporter. Die *KNN* hatten nicht nur die größte Auflage, sie waren auch bis 1933 dem Nationalsozialismus nicht verbunden gewesen. Der ausführliche Bericht dieser Zeitung über das Lager hatte also zweifellos erhebliches Gewicht für die Meinungsbildung der Öffentlichkeit. Er beschrieb die Lagereinrichtungen und verwies auf die nützliche Arbeit, die die Gefangenen täten, zum

Beispiel die Urbarmachung von Land. Der Artikel schloß mit der Behauptung: »Im ganzen gesehen führen die Schutzhäftlinge in Breitenau ein recht erträgliches Dasein, das zum Teil über dem Niveau dessen liegt, was sie in früheren Zeiten gewohnt waren.«[24]

Auf der negativen Seite vermerkte die Zeitung, daß niemand gern seiner Freiheit beraubt werde. Trotzdem müsse denen das Handwerk gelegt werden, die für die »Vergiftung der Atmosphäre« in Deutschland verantwortlich seien. Die Leser könnten versichert sein, daß die Gefangenen nicht in finsteren Löchern schmachten müßten; im Gegenteil, wie der Titel des Beitrags lautete: »Sie können sich nicht beklagen.« Ja, mit Hilfe dessen, was der Artikel »Arbeitstherapie« nannte, würden die Gefangenen rehabilitiert und einmal als nützliche Bürger in die Freiheit entlassen werden. Der Artikel stellte fest: »Auch für die politische Polizei ist das Lage eine an sich unerwünschte Notwendigkeit, und der Staat wird zufrieden sein, wenn er das letzte Konzentrationslager wird auflösen können.«[25]

Auch die Gründung eines Konzentrationslagers in Oranienburg im Norden Berlins wurde in der Presse ausführlich gewürdigt. Eine Woche nach Eröffnung des Lagers berichtete der *Oranienburger Generalanzeiger* von Gerüchten über Gefangenenmißhandlungen, und angeblich, um der Geschichte auf den Grund zu gehen, entsandte das Blatt Reporter zu Recherchen in das Lager. Was sie zu Papier brachten, war reine Vertuschung, aber unter Aufbietung des ganzen Phrasenkatalogs, der mittlerweile eingeübt war. Der Reporter des *OGA* verglich das KZ mit einem militärischen Ausbildungslager – eine damals oft verwendete Analogie. Er informierte seine Leser, daß die Gefangenen Post, körperliche Bewegung und viel gesunde Arbeit an der frischen Luft bekämen. Die Lebensmittelversorgung sei für sie genauso gut wie für das Wachpersonal. Dieser Lokalaugenschein hob durchgängig darauf ab, daß die hartnäckigen Gerüchte über Mißhandlungen lediglich Propaganda des Auslandes seien.[26]

Ein anderer Reporter, der ebenfalls in dieser Zeit im Auftrag einer führenden nationalsozialistischen Zeitung Oranienburg besuchte, wies die – wie er sich ausdrückte – »unsinnigen Greuelmärchen in der Auslandspresse« zurück. Er verwies auf Disziplin und Arbeit im Lager und lobte beides als die einzige Möglichkeit, die Gefangenen wieder zur Vernunft zu bringen. Der ganz und gar positiv gefärbte Bericht, der auch die Freizeitaktivitäten der Gefangenen wie Sport und Schach nicht zu erwähnen vergaß, endete mit den Worten eines Insassen, der bei seiner Entlassung einem Wachposten am Eingang des Lagers die Hand schüttelte und über seine nationalsozialistischen Bewacher sagte: »Ihr seid anständige Kerle. ... Wir dachten, daß wir euch auf Gnade und Ungnade ausgeliefert waren. Ihr habt uns, eure Gegner, als Menschen behandelt! Wir danken euch!«[27]

Die *Berliner Morgenpost* brachte am 7. April 1933 die angeblich ersten Bilder von dem (wie sie es nannte) »Sammel-Lager« Oranienburg. Die Bildunterschrift besagte kommentarlos, vermutlich weil es keines Kommentars bedurfte, daß die Bilder »Schutzhäftlinge und politisch verdächtige Personen« zeigten.[28] Ein Besucher Oranienburgs von einer dritten Zeitung wiederholte etwa zu derselben Zeit, daß die »Greuelmärchen« über das Lager unwahr seien. Von der Mischung aus militärischem Drill, Leibesübungen und Sport erwartete der Reporter eine erzieherische Wirkung auf einfache Marxisten, die jahrelang von ihren Führern in die Irre geleitet, verdorben und zu ihren Missetaten angestiftet worden seien. Der Artikel betonte, sobald den Gefangenen, woran nicht zu zweifeln sei, die Schuppen von den Augen fielen, könnten sie freigelassen werden. Zwar könnten die Lager aus hartgesottenen Kommunisten wohl keine zuverlässigen Menschen machen, aber diese Leute hier – so schloß der Artikel – würden durch die tägliche Lagerroutine wieder an Ordnung, Zucht und Gehorsam gewöhnt. Die Lager, betonte der Reporter, seien der klarste Beweis dafür, daß der Staat nicht länger bereit sei, dem Terror auf den Straßen zuzusehen.[29]

In wieder einem anderen Artikel hieß es, »selbstverständlich« werde man kommunistische und pazifistische Agitatoren und bestimmte linke Reichstagabgeordnete in den Lagern behalten.[30] Um die »Greuelmärchen« zu widerlegen, wurden in Oranienburg Fotos gemacht und weitgestreut publiziert, am 27. April auch im *OGA*. Auf diesen Bildern sah das Lager friedlich und aufgeräumt aus und wirkte überhaupt nicht wie die Terroreinrichtung, von der die ausländische Presse berichtete oder Gerüchte in Deutschland wissen wollten.[31]

Ähnliche Bilder brachte Deutschlands größte Illustrierte, die *Berliner Illustrierte Zeitung*, in ihrer Ausgabe vom 30. April 1933. Wie andere Fotografien aus den ersten Lagern, die damals überall im Land veröffentlicht wurden, zeigten auch diese optischen »Widerlegungen« idyllische Szenen mit gesunden, braungebrannten, muskulösen Männern, die auf dem Lande unter freiem Himmel nützliche Arbeit verrichteten und grundlegende Fertigkeiten erlernten. Auf den Bildberichten aus jener Zeit sah man Gefangene bei ihrer Freizeitbeschäftigung (auf einem Bild sah man sie Schach spielen) oder bei sonstiger sportlicher Betätigung. Gewöhnlich gab es auch ein Gruppenfoto, das die Männer bei der

Einnahme eines herzhaften Mahls zeigte.[32] Eine andere *Berliner Illustrierte* brachte am 28. Mai 1933 ähnliche Bilder unter der Überschrift »Klettern über die Turnwand ist eine beliebte sportliche Übung«.[33] In diesen frühen Bildberichten aus den Lagern wurden die Akzente unterschiedlich gesetzt, doch wurden praktisch über alle Lager immer wieder dieselben Aussagen gemacht.[34]

Das *Braunbuch über Reichstagsbrand und Hitler-Terror*, das 1933 in der Schweiz erschien, tat die deutsche Presse als antideutsche Propaganda ab.[35] Eine vom Oranienburger Lagerkommandanten Werner Schäfer verfaßte Widerlegung hatte den Umfang eines Buches.[36] Wo das Braunbuch von Terror und Mord sprach, sprach Schäfer von SA-Wachmännern als »Erziehern«, die es mit völlig verhärteten Kommunisten zu tun hätten, deren verzerrte Gesichtszüge ihre Seele widerspiegelten; so verdorben seien sie durch die marxistischen Lehren vom Klassenkampf, daß sie gar nicht mehr als deutsche »Volksgenossen« zu erkennen seien.[37]

Um seine Widerlegung der im Ausland verbreiteten Unterstellungen zu untermauern, verwies Schäfer auf andere Beschreibungen Oranienburgs, die auf Besuchen vor Ort basierten. Einer dieser Berichte bezeichnete das Lager als eine »Erziehungsanstalt« für »Feinde des Staates« und für Bonzen, die ihre Stellung mißbraucht und in Saus und Braus gelebt hätten. Im Lager würden sie Gelegenheit erhalten, mit bescheideneren Lebensumständen Bekanntschaft zu machen. Als die Vorzüge des Lagers pries der Reporter »militärische Ordnung, Zucht und Sauberkeit«.[38] Schäfer druckte diese Artikel in seinem Buch ab, außerdem die Fotografien, von denen manche später in deutschen Zeitungen wiederzufinden waren.[39]

Bilder aus den Lagern spielten unweigerlich deren gesunden und »zivilisierten« Charakter hoch. Sie zeigten gewöhnlich Männer beim Lesen oder einer anderen aufbauenden Beschäftigung, und einem Artikel zufolge sagten kommunistische Gefangene, die die Sowjetunion kannten, das Leben eines Häftlings in Dachau sei besser als das Dasein eines »freien« Arbeiters unter Stalins Regime.[40] Entsprechend der Sichtweise Hitlers zogen die Zeitungsberichte vorteilhafte Vergleiche zwischen den nationalsozialistischen Konzentrationslagern und eher terroristischen Bildern aus der Zeit der Französischen und der russischen Revolution.[41]

Indes gab es auch Bilder von den Gefangenen, die darauf hindeuteten, daß mit ihnen physisch etwas nicht in Ordnung war, so daß ihre »Heilung« wohl komplizierter sein würde. So erweckten einige Großaufnahmen der Gefangenen in Dachau von Mitte Juli 1933 den Eindruck, es gebe eine rassisch-biologische Basis für ihr pathologisches Verhalten. Diese Fotos, darunter auch das Titelbild einer Illustrierten, zeigten in Großaufnahme einige nicht eben fröhlich wirkende Männer beim morgendlichen Appell. Im Begleittext wurde behauptet, diese Bilder gäben einen »lebhaften Eindruck« davon, daß manche Gefangenen biologisch dermaßen prädisponiert seien, daß sie nie mehr geheilt oder entlassen werden könnten. Diese Männer, hieß es in dem Artikel, würden von den übrigen getrennt und erhielten eine besondere Arbeit.

In Wort und Bild beschworen diese Artikel eine Reihe von Standardmotiven: harte, aber gesunde Arbeit, gutes und reichliches Essen und genügend Freizeit für Sport, Lektüre und Erholung. Die Lager erschienen als Stätten der Resozialisierung für diese Männer, diese »Volksgenossen«, die dem (ausländischen) bolschewistischen Kommunismus zum Opfer gefallen waren. Wie es in der Unterschrift zu einer Fotografie hieß, die Männer auf dem Weg zur Arbeit zeigte, würden diese Gefangenen »durch die heilende Wirkung produktiver Arbeit und straffer Disziplin zu brauchbaren Mitgliedern des nationalsozialistischen Staates erzogen«.[42] Es steckte in dieser Berichterstattung ein unterschwellig nationalistischer Appell, der die Deutschen aufforderte, auch hartnäkkige Vorwürfe gegen die Lager zu ignorieren, wenn sie entweder von Ausländern stammten (die per definitionem keine Ahnung hatten) oder von Feinden des Nationalsozialismus im Exil kamen, deren Vorurteile nur allzu bekannt waren, um einer Widerlegung zu bedürfen.

Die »erzieherische« Rolle der Lager wurde wiederholt erwähnt, so auch in einer Geschichte vom Juni 1933 über die Emslandlager. Darin wurde als selbstverständlich konstatiert, daß »bei einer ganzen Anzahl dieser Gefangenen« der Aufenthalt nur von begrenzter Dauer zu sein brauche und sie der Volksgemeinschaft zurückgewonnen werden würden.[43] Der Einsatz der Gefangenen bei Urbarmachungsprojekten im Emsland wurde gelobt, weil aus dem Moor fruchtbares Siedlungsland gemacht werde.[44]

Lob für die Lager kam auch von unerwarteter Seite, zum Beispiel, als der katholische Bischof von Osnabrück, Berning, im Sommer 1936 den Emslandlagern einen offiziellen Besuch abstattete. In einem Presseartikel wurde er mit den Worten zitiert: »Hierhin müßten alle die geführt werden, die noch zweifeln an der Aufbauarbeit des Dritten Reiches. Was man früher versäumte, das ist heute hier in Angriff genommen worden.« Mit einem poetischen Bild sagte Berning, das Emsland habe in einem Dornröschenschlaf gelegen und lange auf seinen Prinzen gewartet; »dieser Prinz«, setzte er atemlos hinzu, »ist unser Führer Adolf

Hitler«.[45] Gewiß wird der Bischof geglaubt haben, daß alle oder doch die meisten Bürger mit der Errichtung dieser Lager einverstanden waren.

Genau zur selben Zeit brachte der Rat der Evangelischen Kirche Deutschlands in einem Brief an Hitler seine Vorbehalte gegen das neue Deutschland zum Ausdruck. Die Ratsmitglieder äußerten ihre Sorge über die Abwendung des Landes vom Christentum, erwähnten aber auch, daß der Fortbestand der Konzentrationslager und der Gestapo ihr Gewissen belaste. Leider blieb dieser zahme Protest folgenlos.[46]

Es gab genügend Stimmen in der Presse, die das Loblied der Lager sangen, um gelegentlichen Klagen die Spitze abzubrechen. Ende 1936 wurden ausländische Berühmtheiten und Deutschlandfreunde wie der schwedische Entdecker Sven Hedin zu einer Besichtigung des Lagers Sachsenburg eingeladen. Hedin räumte ein, daß es in manchen Lagern zunächst zu »Grausamkeiten« gekommen sein mochte, wiederholte aber die Worte Hitlers, daß das Schlimmste nun vorbei sei. Er unterstellte, daß es die Lager nicht mehr lange geben werde.[47] Sein mit rassistischen und antisemitischen Bemerkungen gespicktes Deutschlandbuch war voller Bewunderung für alles, was er gesehen hatte, und wurde prompt ins Deutsche und ins Englische übersetzt. Zusammen mit anderen derartigen Schilderungen verstärkte es das öffentliche Bild von Deutschland, das die Nationalsozialisten selbst lancierten.

DIE LAGERREALITÄT

Wieviel Terror hinter all diesen bukolischen Bildern, den Beschönigungen, Rationalisierungen und Vertuschungen gab es in den ersten Lagern wirklich? Da die Unterlagen nicht sorgfältig geführt wurden und viel dokumentarisches Material vernichtet worden ist, kennen wir nicht alle Einzelheiten über die Gefangenen in den ersten Lagern. Zählt man provisorische Stätten wie Schulen, Fabriken, Burgen, Festungen und Gefängnisse mit, wo Opfer der Nationalsozialisten festgehalten und gefoltert wurden, war die Zahl solcher »Lager« sehr groß. Eine neuere Auflistung kommt auf über 160 Orte, die allein 1933 als Lager benutzt, jedoch teilweise schon nach kurzer Zeit wieder aufgelöst wurden.[48] Schwieriger ist es, die genaue Anzahl der Männer und Frauen zu ermitteln, die irgendwann 1933 in »Schutzhaft« waren. Bei der ersten Verhaftungswelle im März und April 1933 wurden allein in Preußen schätzungsweise 25 000 Personen aufgegriffen, hauptsächlich Kommunisten.[49] Es gibt Grund zu der Vermutung, daß es im übrigen Deutschland in derselben Zeit vielleicht genauso viele waren.[50]

Auch Frauen wurden in Konzentrationslager gesteckt; den Anfang machte im März 1933 das Lager Gotteszell in Baden. Es wird allgemein als das erste Lager betrachtet, das als Konzentrationslager für Frauen gedacht war. Hierher wurden Anfang 1933 etwa 50 Frauen gebraucht, zumeist Kommunistinnen. Ein zweites Frauenlager in Moringen bei Göttingen nahm am 3. Juni 1933 seine ersten zwei weiblichen Gefangenen auf, beides Kommunistinnen. Bis zum Herbst waren es in Moringen 75 weibliche Gefangene, und generell bewegten sich die Gefangenenzahlen in den nächsten Jahren in dieser Größenordnung.[51] Die Presse erging sich besonders in Berichten über Gefangene, die nur kurze Zeit einsaßen und dann entlassen wurden.[52]

Eine weitere Verhaftungswelle gab es im Sommer 1933; diesmal waren die Opfer die Führer praktisch aller anderen Parteien bis auf Lokalebene herab. Nach den Zahlen für ganz Deutschland befanden sich am 31. Juli 1933 genau 26789 Personen in »Schutzhaft« – technisch gesprochen also in der Gewalt der Gestapo und in Konzentrationslagern.[53] Diese Zahl war nicht viel höher als die in der Presse verbreitete.[54] Den Eindruck, daß die Lager nur eine vorübergehende Einrichtung sein sollten, konnten diese Artikel sowie der Umstand vermitteln, daß nach einem Pressebericht zwar die »Größen«, das heißt die linken Parteiführer, in Haft bleiben sollten, die »verführten Arbeiter« aber bereits entlassen würden.[55] Von den Gefangenen, die keine Kommunisten oder sonstige Linke waren, wurde in der Presse weniger gesprochen.

Die Beschuldigten wurden aufgegriffen, für eine Zeitlang ins Lager geschickt und dann entlassen. An ihrer Stelle kamen neue Gefangene. So gab es etwa im Lager Dachau zwischen Juni und Dezember 1933 jederzeit rund 3800 Gefangene, von denen monatlich zwischen höchstens 2000 und wenigstens 600 entlassen und etwa genauso viele Neue verhaftet wurden.[56] Über das ganze Jahr 1933 gesehen, saßen etwa 100000 Personen zeitweilig im Konzentrationslager; schätzungsweise 500 bis 600 wurden getötet.[57] Nicht in dieser gewichtigen Zahl enthalten sind jedoch die vielen, die von der SA mißhandelt und dann laufengelassen wurden.

Die Zahl dieser illegalen »Verhaftungen« belief sich in Preußen bis Ende April 1933 auf bis zu 30000. In Berlin gab es in den kommunistischen und sozialdemokratischen Arbeitervierteln über 100 improvisierte Folterkammern.[58] Die Gesamtzahl derer, die 1933 auf diese Weise mißhandelt und terrorisiert wurden, belief sich – ohne die formell oder halblegal verhafteten oder in ein Lager gesteckten Personen – zweifellos auf über 100000.[59] Die meisten von diesen hatten ebenso wie die rund

100000, die in Konzentrationslager gesteckt wurden, irgendwie mit der KPD zu tun gehabt.

Vor dem Hintergrund dessen, was in der deutschen Geschichte vor 1933 geschah, sind diese Zahlen horrend, doch verglichen mit großen Revolutionen, etwa der Französischen 1789 oder der russischen Revolution, bei denen die Opposition stetig wuchs und schließlich Bürgerkrieg ausbrach, wirkt die nationalsozialistische Revolution geradezu – harmonisch.

Auch nach 1933 blieben die Kommunisten in den Lagern überrepräsentiert. So geht aus einer Aufstellung vom 10. April 1934 hervor, daß von den 2405 Personen in bayerischen Konzentrationslagern 1531 (62,5 Prozent) kommunistischer Umtriebe beschuldigt wurden; 222 Personen (9,1 Prozent) saßen wegen »Hochverrats« und weitere 33 (0,1 Prozent) wegen minder schweren Verrats ein. Letztere mögen zum Teil ebenfalls Kommunisten gewesen sein, ebenso vielleicht weitere 98 Gefangene (4 Prozent), die »marxistischer Umtriebe« beschuldigt wurden. Die einzigen anderen politischen Gefangenen in dieser Aufstellung waren 24 sozialdemokratische Funktionäre, die weniger als 1 Prozent der Gefangenen ausmachten. Juden wurden nicht eigens aufgeführt, und es ist unwahrscheinlich, daß es zu diesem Zeitpunkt in Dachau oder einem anderen deutschen Lager viele Juden gegeben hat.[60]

DAS ENDE DER LAGER IN SICHT?

Die Kenntnis der Öffentlichkeit von den Lagern war durch die Medien eingefärbt. Die Zeitungen gaben unverblümt den Opfern die Schuld – auch denen, die getötet wurden. Ein Todesfall in Dachau vom August 1933 markierte einer Zeitungsmeldung zufolge »das Ende eines der gefährlichsten Kommunisten«, der angeblich »auf der Flucht« erschossen worden war.[61] Die Dachauer Lokalpresse berichtete im Laufe des Jahres 1933 über den gewaltsamen Tod von etwa einem Dutzend Gefangenen und behauptete sowohl, daß die Wachen »aus Notwehr« gehandelt hätten, als auch, daß es sich bei den Opfern »ohnehin um sadistisch veranlagte Menschen« gehandelt habe.[62]

Wie reagierten die Deutschen auf die Errichtung der ersten Lager? Daß sich nur sehr wenige kritische Stimmen erhoben, haben wir schon gesehen. In den ausführlichen Berichten aus dem Untergrund, die die Sozialdemokraten seit Anfang 1934 schrieben, wird ganz deutlich, daß ihre Einwände vor allem der Gestapo und dem System der Konzentrationslager galten. Und ohne Zweifel gab es viele andere Menschen in

Deutschland – vielleicht sogar unter denen, die den Nationalsozialismus unterstützten –, die diese neuen Einrichtungen der Diktatur am liebsten abgeschafft gesehen hätten.

Die geschönten Fotos aus den Lagern, welche die deutsche Presse damals brachte, mit den idyllischen Szenen und erbaulichen Geschichten waren wichtig, aber nicht unbedingt, weil sie jedermann für bare Münze genommen hätte. Die Deutschen wußten nur zu gut, daß die Meldungen zensiert waren, und für eine gewisse Zeit ging die Auflage der nationalsozialistischen Presse 1933 sogar zurück, um erst nach einer Weile wieder zuzulegen.[63] Die ersten Bilder aus den Lagern stellten für die meisten Menschen den ersten, formativen Eindruck dar und waren die einzige wirkliche »Erfahrung«, die die meisten mit dem Konzentrationslager machten. Das soll nicht heißen, daß die Darstellungen der Lager und des Terrors einheitliche Wirkungen auf die Bevölkerung gehabt hätten. Die soziale Rezeption der projizierten Bilder fiel zweifellos höchst unterschiedlich aus. Am einen Ende der Skala hatten diese veröffentlichten Schilderungen eine terrorisierende oder abschreckende Wirkung auf potentielle Gegner des Nationalsozialismus und die von ihm offiziell Stigmatisierten. Viele Menschen, wie zum Beispiel die Sozialdemokraten im Untergrund, lehnten den Terror in jeder Hinsicht ab, warteten geduldig auf den Zerfall der Diktatur und registrierten eifrig jedes Anzeichen für deren nahendes Ende. Am anderen Ende der Skala trugen dieselben Bilder dem Regime zweifellos Unterstützung ein und förderten seine Akzeptanz. »Gute Bürger« hatten die Gesetzlosigkeit satt, wünschten sich ein Durchgreifen im Interesse von »Recht und Ordnung« und hatten wahrscheinlich zeitlebens nicht mit der Aussicht zu rechnen, in ein Konzentrationslager geschafft zu werden. Die Lager wurden als Erziehungsanstalten hingestellt; sie gaben »Beispiele zur Belehrung und Warnung« für Kommunisten und den sogenannten gesellschaftlichen Abschaum, das heißt Außenseiter wie Gewohnheitsverbrecher, Langzeitarbeitslose, Bettler, Trunksüchtige, Homosexuelle und Triebtäter. Sie alle würden durch den militärischen Lagerdrill resozialisiert werden; zumindest verschwanden sie von der Straße.[64]

Bei genereller Betrachtungsweise liefern Volksbefragung und Reichstagswahlen von 1933 und die Volksbefragung von 1934 Indizien dafür, daß das deutsche Volk die Lager und die neue Polizei akzeptierte oder zu tolerieren bereit war. Die allermeisten Deutschen hatten bei diesen Gelegenheiten ihre Vorbehalte gegen Hitler fallenlassen, und so wäre es verwunderlich, wenn es unter ihnen eine verbreitete Empörung über die Lager oder die Gestapo gegeben hätte.[65]

Ende 1933, vor allem nach den Wahlen im November, saß das Regime für kurze Zeit so fest im Sattel, daß die Nationalsozialisten erwogen, sich sowohl der Gestapo als auch der Lager zu entledigen. Anfang Dezember gab Hermann Göring in seiner Eigenschaft als preußischer Ministerpräsident und Chef der deutschen Polizei die Entlassung großer Gefangenenkontingente aus den Lagern bekannt. Göring sagte, anläßlich einer Amnestie zu Weihnachten wurden 5000 Gefangene entlassen werden; in einer gleichzeitigen Erklärung gab die politische Polizei in Bayern (unter Heinrich Himmler) bekannt, daß hier über 500 Gefangene auf freien Fuß gesetzt würden.[66] Es war Görings öffentlich erklärte (und weithin zutreffende) Ansicht, daß die Hitlerregierung nicht mehr viele Feinde hatte.[67] Man hoffte, daß die Gefangenen ihre Lektion gelernt hätten, den Weg zurück in die Gesellschaft fänden und »sich wieder als nützliche Mitglieder der Volksgemeinschaft erweisen werden«.[68] Eine Titelgeschichte von Ende 1933 zitierte Hitler mit den (wie sich zeigen sollte, verfrühten) Worten: »[W]ir haben jedenfalls keine Guillotine aufgestellt, wir haben selbst die schlimmsten Elemente nur von der Nation abgesondert.«[69]

In einem (am 19. Februar 1934 abgedruckten) Interview spielte Hitler die Exzesse der nationalsozialistischen Revolution und die Geschichten über die Lager herunter. Er wurde mit den Worten zitiert, daß »Gegner« interniert würden, »weil diese Gegner nicht die Wiederherstellung der politischen Gesundung Deutschlands stören sollten«. Er wiederholte den Tenor der Zeitungsberichterstattung über die Lagerinsassen, nämlich daß sie Zeit bekämen, ihre Ansicht zu ändern und ihre »feindliche Haltung« gegenüber dem Regime aufzugeben. Täten sie dies, würden sie entlassen.[70]

Auch 1934 erschienen Meldungen über die Entlassung von Gefangenen und die Schließung oder Verkleinerung vieler Lager.[71] Göring brüstete sich in einem Interview am 21. April 1934, daß die »Sicherheit in Deutschland« hergestellt sei, und sagte, es gebe nur 4000 bis 5000 Gefangene in den preußischen Lagern und insgesamt zwischen 6000 und 7000 in ganz Deutschland; die meisten von ihnen seien Kommunisten. Diese Zahlenangaben, besonders die außerpreußischen, sind angezweifelt worden, aber daß die Abschaffung der Lager einer Tendenz der Zeit entsprach, ist unbestreitbar.[72] Das ganze Jahr über wurden weitere Lager geschlossen, so 1934 das Lager Oranienburg, das nicht länger benötigt wurde. In der Bekanntmachung hieß es, in Zukunft werde die »Schutzhaft« in geringerem Umfang und nur bei einer unmittelbaren Gefährdung der staatlichen Sicherheit verhängt; im übrigen werde jeder,

der mit dem Gesetz in Konflikt komme, unverzüglich den ordentlichen Gerichten übergeben.[73]

Ende 1934 gab es »maximal« 3000 Gefangene in den Lagern – so wenige wie nie wieder im Dritten Reich.[74] Beschleunigt wurde der Rückgang durch Hitlers Amnestie vom 7. August 1934. Kurz danach gab es in den preußischen Lagern weniger als 500 Gefangene, in Bayern bei Jahresende nur rund 1600.[75] Die Schließung der Lager war in dem Sinne naheliegend, als Deutschland 1934/35 der Hitlerdiktatur positiv gegenüberstand. Eine organisierte Opposition war verstummt oder so gut wie tot. Das Erstaunliche war, daß trotz aller Popularität Hitlers und aller sozialen Zustimmung zum neuen Regime die Lager nicht verschwanden.

NICHT AUFLÖSUNG, SONDERN AUSWEITUNG DES LAGERSYSTEMS UND DER GESTAPO

So wie Himmler die Gestapo von den Gerichten unabhängig gemacht hatte, trennte er auch die Konzentrationslager von den herkömmlichen Haftstätten wie Gefängnissen und Arbeitshäusern. Der Aufbau eines derartigen, völlig neuen Systems brauchte Zeit und wollte finanziert sein, zumal das Land noch immer damit zu tun hatte, die wirtschaftliche Krise zu meistern. Himmler wollte, daß ihm die Mittel in seiner Eigenschaft als Chef der SS, nicht als Chef der Gestapo zuflossen, vermutlich weil er als Reichsführer der SS größeren Handlungsspielraum hatte.[76] Bei einer Besprechung mit Himmler am 20. Juni 1935 gab Hitler seine Zustimmung zur Beibehaltung der Lager; gleichzeitig verständigte man sich darauf, daß die Lager und das Wachpersonal ab 1. April 1936 aus dem Reichshaushalt finanziert wurden, was für die Zukunft der Lager wichtig war.[77] Am 18. Oktober 1935 traf Hitler abermals mit Himmler zusammen, um eine Reihe von Fragen zu erörtern, die unter anderem das Wachpersonal der Lager und die Aufnahme der vagen Kategorie der »Asozialen« in den (erweiterten) Katalog der Volksfeinde betrafen.[78]

Daß sich Hitler der Vorgänge in den Lagern bewußt war, ist der Notiz über ein Gespräch mit Himmler zu entnehmen, dessen wesentlicher Inhalt am 6. November 1935 dem Reichsjustizminister mitgeteilt wurde. Justizbeamte waren nach wie vor besorgt über die Todesfälle unter den KZ-Gefangenen. Hitler gab zur Antwort, sie sollten sich darum nicht kümmern.[79] Die Zahl der Gefangenen in allen Lagern, die Ende 1934 mit 3000 ihren niedrigsten Stand überhaupt erreicht hatte, begann 1935 wieder zu steigen und lag im Sommer 1935 bei 3500.[80]

Himmler hatte schon vorher Schritte unternommen, um die Lager auf eine feste organisatorische Grundlage zu stellen. Im April 1934 ernannte er den Lagerkommandanten von Dachau, Theodor Eicke, zum »Inspekteur der Konzentrationslager« und SS-Wachverbände (Totenkopfverbände).[81] Eicke organisierte und systematisierte die Lager. Bis März 1935 faßte er die noch bestehenden zu sieben Lagern zusammen, die bis August 1937 weiter auf vier Hauptlager reduziert wurden.[82] Er entwarf auch einen Verhaltenskodex für das Wachpersonal und eine minuziös ausgearbeitete Lagerordnung, die Leben und Tod im Lager regierte, bis hin zu genau beschriebenen Leibesstrafen für diverse Verstöße.[83] Nicht zuletzt wegen dieser Aspekte eines in Dachau errichteten »Musterlagers«, aber auch, weil hier viele künftige Lagerkommandanten und Wachen ausgebildet wurden, hat man Dachau eine »Schule der Gewalt« genannt. Im Inneren des Lagers gab es eine eigene Welt mit Befehlsstrukturen, Symbolen und besonderen, heimlichen Bedeutungen, die der Lagerüberlebende Eugen Kogon in seinem Buch über den »SS-Staat« genau beschrieben hat.[84]

Eicke schuf auch (ab 1936) den administrativen Aufbau des Lagers, der sich in fünf Abschnitte gliederte. An oberster Stelle stand die Lagerkommandantur; dann kamen eine politische Abteilung unter Leitung eines Gestapo- oder Kripobeamten, eine direkt mit den Gefangenen befaßte Abteilung, eine Verwaltungsabteilung und schließlich der Lagerarzt.[85] Eicke stand an der Spitze der SS-Totenkopfverbände und bezog am 2. August 1936 deren neue Zentrale in Oranienburg, in der Nähe des neuen Lagers Sachsenhausen, wo sie bis zum Ende des Krieges blieb.[86]

Am 20. März 1936 stimmte Hitler einer von Eicke ausgearbeiteten langfristigen Planung für die Lager zu. Eicke sah die Lager hauptsächlich unter dem Gesichtspunkt der nationalen Sicherheit und als Auffangbecken für wirkliche Bedrohungen für das Regime. Die Strategie war, Deutschland von Norden nach Süden mit fünf großen Lagern zu versehen, um wirksam mit »Staatsfeinden« fertig werden zu können. Ein Konzentrationslager in der Nähe zu wissen wäre vermutlich für die Gestapo praktisch gewesen und hätte eine abschreckende Wirkung auf jeden gehabt, der an Opposition dachte. Ein weiterer Faktor war, daß Hitler damals bereits aktiv den Krieg vorbereitete; so ging er bei seiner Sorge über die Sicherheit an der Heimatfront bereitwillig auf den Vorschlag ein, eine Kette von Lagern zu errichten, in denen man die unterschiedlichsten »Feinde« verschwinden lassen konnte.[87]

Himmler und der SS-Verwaltungschef Oswald Pohl machten sich

Hitlers Billigung der Lager und der Art ihrer Finanzierung zunutze, und sie erkannten allmählich auch, welche wirtschaftlichen Vorteile billige KZ-Arbeitskräfte für die SS hatten. 1938 gründeten sie das erste von vielen SS-eigenen Unternehmen, die Deutschen Erd- und Steinwerke (DEST). Es unterhielt Steinbrüche und Ziegeleien, und so bestimmten 1937/38 teilweise wirtschaftliche Erwägungen den Standort neuer Lager. Damals entstanden Flossenbürg sowie die Lager in Buchenwald bei Weimar und in Mauthausen (im gerade annektierten Österreich). Zwei weitere große Lager wurden 1940 in Groß-Rosen (Unterschlesien) und in Natzweiler (Elsaß-Lothringen) errichtet, und zwar ebenfalls an Standorten, wo es reichlich Rohstoffe gab.

In dem Maße, wie sich die Realitäten in den Lagern veränderten, änderten sich auch die Bilder, die der Öffentlichkeit von ihnen präsentiert wurden. Die Zeitungen brachten nichts Konkretes über langfristige Planungen, sondern informierten ihre Leser auf typisch vorurteilsvolle Weise über die sozialen Typen und Sonderlinge, die hier angeblich interniert waren. War die ursprüngliche Funktion der Lager gewesen, »politische« Feinde aufzunehmen, vor allem Kommunisten, so wurden daneben auch immer schon andere soziale Außenseiter inhaftiert, und dieser Punkt wurde jetzt in der Presse erwähnt.[88] Im Laufe des Jahres 1935 gingen die Aktionen gegen Kommunisten und andere Linke weiter, aber die Zeitungen brachten Berichte über ein breiteres Spektrum »politischer Kriminalität«, insbesondere auch Fälle, in die Juden verwickelt waren.[89]

Im September 1935 und noch einmal Anfang 1936 wurde die Polizei darüber unterrichtet, daß ab sofort bezüglich aller in »Schutzhaft« genommenen Personen ein Publikationsverbot bestand. Man werde festlegen, ob ein Fall an die Presse berichtet wurde, zum Beispiel, um einen bestimmten Zweck zu erreichen. Die Publikationserlaubnis war schriftlich bei der Gestapozentrale einzuholen. Die Gestapo scheint an der öffentlichkeitswirksamen Seite ihrer Operationen ebenso interessiert gewesen zu sein wie an anderen Aspekten des Terrors.

Die neuen Akzentsetzungen bei der optischen Präsentation der Lager veranschaulicht ein Bildbericht vom 13. Februar 1936 in der Zeitschrift der SS, die weit über die Kreise der SS hinaus in Deutschland populär war. Unter den veröffentlichten Bildern zeigte eines wie üblich die Gefangenen bei nützlicher Arbeit. Doch diesmal sah man auf den Fotografien von »typischen Lagerrepräsentanten« einen heruntergekommenen Alkoholiker, mehrere finster dreinblickende Verbrecher mit Volltätowierung sowie Juden, denen »Rassenschande« vorgeworfen wurde.

Kommunisten wurden in diesem Artikel nicht erwähnt; statt dessen wurden die Lager als Ort für »Rassenschänder, Notzüchter, sexuell Entartete, Gewohnheitsverbrecher« hingestellt.[90] Nach amtlichen, aber nicht veröffentlichten Unterlagen gab es am 1. November 1936 in den Lagern insgesamt 4761 Gefangene, von denen die meisten (3694) wegen angeblicher politischer Verbrechen einsaßen, während die übrigen als »Berufsverbrecher und sonstige asoziale Elemente« gebrandmarkt wurden.[91]

Ende 1936 machte ein anderer Bildbericht in der führenden nationalsozialistischen Illustrierten den erweiterten Auftrag der Konzentrationslager noch deutlicher. Die Fotografien knüpften an die Bilder an, die in der Presse seit 1933 zirkulierten, wiesen jedoch in neue Richtungen. Wie üblich, machte das Lager einen makellos sauberen Eindruck; die Bilder aus dem Inneren der Baracken zeigten alles wohlgeordnet. Es gab Szenen mit Gefangenen, die wie Soldaten zur Arbeit abmarschierten oder vor einer parkähnlichen Kulisse angeblich ihre Mußestunden verbrachten. Die nationalsozialistische Theorie des Verbrechers veranschaulichten die Großaufnahmen. Rassisch getönte Theorien des Verbrechers waren in ganz Europa seit Mitte des 19. Jahrhunderts im Schwange gewesen. Die Nationalsozialisten akzeptierten wie selbstverständlich den »evidenten« Zusammenhang zwischen rassischem oder biologischem Defekt und Verbrechen, und diese Theorie diente allmählich als zusätzliche Rechtfertigung der Lager sowie anderer Maßnahmen, etwa der Sterilisation von bekannten »Gewohnheits«-Verbrechern und Sozialfällen.[92]

In Großaufnahmen der sogenannten typischen Vertreter des Untermenschentums im Lager war nicht nur ein Kommunist zu sehen, sondern auch ein »Arbeitsscheuer«, ein »Volksschädling« und ein Berufsverbrecher. Eine der Bildunterschriften forderte den Leser auf, die deformierte Kopfform zu beachten, an der man solche sozialen Typen angeblich erkennen konnte, während ein anderes Foto auf die Gesichtszüge eines »politischen Verbrechers« aufmerksam machte. Im Begleittext zu einem anderen Bild wird beiläufig festgestellt: »Zum Schutz der Volksgemeinschaft hat der deutsche Staat Typen dieser Gattung für immer von der Gemeinschaft mit den übrigen Volksgenossen ausgeschlossen.« Die Schlußfolgerung hieraus war, daß derartige Menschen in Lager gehörten und nie mehr herausgelassen werden dürften. Unter den Großaufnahmen gab es auch Bilder von zwei Juden, von denen sich einer der »Rassenschande« schuldig gemacht hatte – als solle die Aussage gemacht werden, daß die Juden wegen sexueller Delikte in den Lagern saßen.

Der Text erklärte den Lesern, daß im Unterschied zu 1933, als die meisten Gefangenen politische Gefangene waren, es nunmehr vor allem »asoziale Elemente« seien. Die »Vorzüge« des Lagers seien die militärische Zucht, Pünktlichkeit, strengstens beobachtete Sauberkeit sowie das Arbeitsethos. Erklärtes Ziel sei der Schutz des Staates und der Volksgemeinschaft vor unversöhnlichen Feinden und jenen, die sich als »Volksschädlinge« erwiesen hätten. In zweiter Linie sei das Lager bestrebt, die Gefangenen für die Gemeinschaft zurückzugewinnen, indem es durch Arbeit ihre sozialen Instinkte wecke. Es war klar, daß die Lager nie ganz verschwinden würden, weil ihr erzieherischer Zweck nie vollständig erreicht werden würde. Der Artikel endete mit der Feststellung »streng ist die Zucht«, doch sei es ein Kampf »hart auf hart« für jedes Lager, das seiner Hauptaufgabe gerecht werden und »in erster Linie eine Erziehungsstätte zu den einfachsten Grundregeln menschlichen Gemeinschaftslebens sein« wolle.[93]

Hitler nutzte seine Rede vor dem Reichstag am 30. Januar 1937, dem vierten Jahrestag seiner Machtübernahme, um auch über die Lager zu sprechen. Er sagte: »Nur die wenigen, deren politische Tätigkeit nur der Deckmantel für eine durch zahlreiche Gefängnis- und Zuchthausstrafen bestätigte verbrecherische Haltung an sich war, hinderten wir auch später an der Fortsetzung ihrer verderblichen Zerstörungsarbeit, indem wir sie, wohl zum erstenmal in ihrem Leben, zu einer nützlichen Beschäftigung anhielten.«

Hitler wies internationale Proteste gegen die deutschen Lager zurück, die er als Instrumente bezeichnete, die nationalsozialistische Revolution gegen die »verbrecherischen Moskauer Subjekte« zu verteidigen. Er behauptete auch, die nationalsozialistische Revolution habe weniger Tote gefordert, als allein im Jahr 1932 Nationalsozialisten durch Kommunisten getötet worden seien. Ferner fragte sich Hitler laut, ob es je eine andere Revolution gegeben habe, die so vielen ihrer früheren politischen Gegner die Freiheit gelassen und die Rückkehr in ihre alten Berufe erlaubt habe. Allerdings hörte für Hitler die Toleranz auf, wenn es um andere Rassen ging. Nur wer dem deutschen Volk angehöre, könne Teil der deutschen Volksgemeinschaft sein; er lehnte strikt die Auffassung ab, daß eine (ungenannte) »fremde Rasse«, womit er zweifellos die Juden meinte, künftig irgendeinen Einfluß auf das politische, geistige und kulturelle Leben Deutschlands ausüben dürfe. Dieses vorteilhafte Bild von den Lagern zeichnete Hitler just in dem Augenblick, da er hinter den Kulissen Schritte einleitete, um sie zur Dauereinrichtung zu machen.[94]

Fast gleichzeitig dachte auch Heinrich Himmler öffentlich über die Polizei und die Lager nach. In einer Rede vom Januar 1937, die uns Aufschluß über sein Denken gibt, erwähnte er, er sei nach 1933 »von den Ministerien« gedrängt worden, Gefangene aus den Lagern zu entlassen. »Mit dem Einverständnis des Führers« sei die Zahl der Insassen inzwischen gestiegen und betrage bereits 8000. Er wolle erläutern, »warum wir so viel haben müssen, warum wir noch mehr haben müssen«. Erstens müßten angesichts der zunehmenden internationalen Spannungen neuerlich kommunistische Funktionäre verhaftet werden, um eine »außenpolitische Gefahr« abzuwenden. Er bezeichnete die Lager als geeigneten Aufenthaltsort für soziale Außenseiter und Problemfälle und machte kein Hehl aus seiner Verachtung für sie: »Von denen sitzt keiner zu Unrecht; es sind der Abhub von Verbrechertum, von Mißratenen. Es gibt keine lebendigere Demonstration für die Erb- und Rassegesetze ... als so ein Konzentrationslager. Da sind Leute mit Wasserköpfen, Schielende, Verwachsene, Halbjuden, eine Unmenge rassisch minderwertigen Zeugs. Das ist da alles beisammen.«

Deutschland bereitete sich damals intensiv auf einen Krieg vor, und Himmler beharrte auf der Bedeutung der Heimatfront: »Wir müssen uns darüber klar sein, daß der Gegner in einem Kriege nicht nur im militärischen Sinne Gegner ist, sondern auch weltanschaulicher Gegner.« Wenn es je zum Krieg komme – er sinnierte, daß dies am besten erst in vielen Generationen der Fall sein solle –, werde es ein Krieg nicht nur zu Wasser, zu Lande und in der Luft sein, sondern dann werde man »einen vierten Kriegsschauplatz haben: Innerdeutschland«.[95] In der Zwischenzeit gelte: »Wenn wir gegen das Gift der Zerstörung in unserem Volke immun sein wollen, muß unser Leben untermauert sein von sozialem Wohlstand, sozialer Ordnung und Sauberkeit.« Hitler äußerte dieselben Gedanken, auch was die Vorbereitung der Heimatfront betraf, in einer Rede vom Januar 1937 und noch einmal auf dem Nürnberger Parteitag im September 1937.[96]

Es war Himmler wichtig, der Öffentlichkeit die Konzentrationslager zu präsentieren, und wie um der Presse zu zeigen, was in den Lagern »wirklich« vor sich ging, billigte er Anfang März 1938 eine Liste von 46 Journalisten (und keineswegs nur solchen, die für Parteizeitungen oder -zeitschriften schrieben), welche das Lager Sachsenhausen besichtigen durften, wo sie herumgeführt und von Himmler persönlich begrüßt werden sollten.[97] Die Lagerbesichtigung durch Journalisten war eine erprobte und bewährte Methode, um kursierende »Entstellungen« zu widerlegen. Da Deutschland bald darauf Österreich annektierte (der

»Anschluß« war am 11. März 1938) und SS und deutsche Polizei in Truppenstärke dorthin verlegt wurden, ist nicht sicher, ob die Besichtigung Sachsenhausens wirklich stattfand. Die Absicht, so viele Journalisten herumzuführen, zeugt jedoch von der anhaltenden Sorge um die PR-Seite der Lager.[98]

Am nationalen »Tag der Deutschen Polizei« im Januar 1939 wurde das Bild der Öffentlichkeit von den Lagern und der Polizei wieder einmal aufpoliert. Laut einem Zeitungsbericht und einer Rundfunkansprache Himmlers müsse sich jeder Deutsche, der einen Ort wie Oranienburg bei Berlin besichtigen wolle, entgegen dem »Greuelmärchen irgendeiner Auslandszeitung« auf eine Enttäuschung gefaßt machen. Er finde nicht das vor, was der Volksmund »Konzentrationslager« nenne: »Umgeben von freundlichen kleinen Siedlungsdörfern, findet er hier helle, architektonisch in ihrer Art vorbildliche Gebäude.«

Himmler lobte die Arbeit der KZ-Wachmannschaften (SS-Totenkopfverbände) und skizzierte die Geschichte der Lager vom Dachauer Musterlager bis 1939. Er verwies auf das entscheidende Jahr 1936, als unter anderem die staatliche Finanzierung der Wachmannschaften und der Lager eingeführt wurde. Wie Himmler sagte, gehe die Zahl der politischen Gefangenen zurück; an ihrer Stelle gebe es jetzt »vor allem asoziale Elemente und das in den früheren bolschewistischen Verbänden organisierte Untermenschentum der Straße«.[99] Das seien genau die Menschen, sagte bei derselben Gelegenheit Reinhard Heydrich, die man festnehmen müsse, bevor sie Schaden anrichten könnten, da sie sich weder vom Strafgesetzbuch noch von den Gerichten abschrecken ließen.[100]

Himmler wiederholte die Botschaft, bei der »Bekämpfung der kriminellen Verbrechen« könne das neue System nicht länger zuwarten, bis ein »Verbrecher« tätig geworden sei, sondern habe einen »schon oftmals bestraften Verbrecher in weitaus größerem Umfange als bisher zu isolieren und die Menschheit vor ihm zu bewahren«. Er fuhr fort, wer in den vergangenen Jahren in die Konzentrationslager gekommen sei, seien »alle die asozialen Elemente, die so und so oft mit dem Gesetz in Konflikt kamen, immer wieder dieselben Verbrechen begangen hatten, sich von jeder Arbeit gewohnheitsmäßig drückten und in einem Staat, in dem jeder Arbeit haben kann, herumfaulenzen und betteln«.

Himmler sagte, er wolle den Deutschen »in aller Offenheit« ein Wort über die Lager selbst sagen, dabei bediente er sich wieder der Taktik, auf die Lügen und Übertreibungen in der Auslandspresse zu verweisen. Natürlich sei das Konzentrationslager, wie jeder Freiheitsentzug, »eine scharfe und strenge Maßnahme«, aber was er vermittle, sei »harte, neue Werte schaffende Arbeit, ein geregelter Lebenslauf, eine unerhörte Sauberkeit im Wohnen und in der Körperpflege, ein tadelloses Essen, eine strenge, aber gerechte Behandlung«. Die Gefangenen würden wieder arbeiten lernen und einfache handwerkliche Fähigkeiten erwerben. Die Devise, die über diesen Lagern stehe, laute: »Es gibt einen Weg in die Freiheit. Seine Meilensteine heißen: Gehorsam, Fleiß, Ehrlichkeit, Ordnung, Sauberkeit, Nüchternheit, Wahrhaftigkeit, Opfersinn und Liebe zum Vaterland.«

Abschließend sagte Himmler eher defensiv, er finde es schon merkwürdig, daß sich die westlichen Demokratien so viel mit den deutschen Lagern beschäftigten, wo in diesen Demokratien solche Lager, wie Himmler behauptete, »eine geradezu altehrwürdige Einrichtung« seien. Auf jeden Fall führte er es auf dieses »rigorose Vorgehen« gegen das »kriminelle Verbrechertum« zurück, daß die Gesamtzahl der Verbrechen in Deutschland weiter abgenommen habe. Er unterstrich die Bedeutung, die das Hinwegnehmen »schlechter Elemente« und »hartnäkkiger« Verbrecher aus der deutschen Gesellschaft habe, betonte aber, daß dies den kleineren Teil der Arbeit der Polizei ausmache. Ihre größere Aufgabe bestehe jetzt im »positiven Erziehen«, im Gewinnen der Menschen »zur Mitarbeit«.[101]

EIN LAGER IN FLOSSENBÜRG

Ein Beispiel für das, was die Nationalsozialisten in den für die Öffentlichkeit bestimmten Geschichten über die Lager verschwiegen, zeigt ein Blick auf das Lager Flossenbürg. Im nordöstlichen Bayern gelegen und nur eine kurze Autofahrt von Nürnberg und Regensburg entfernt, wurde das Lager Ende April/Anfang Mai 1938 errichtet, als Gestapo und Kripo Tausende von sogenannten Asozialen aufgriffen. (Mehr darüber an anderer Stelle in diesem Buch.) Wie andere in diesem Jahr eröffnete Lager sollte es die Mittel zur Finanzierung weiterer SS-Vorhaben abwerfen, und wie diese gehörte es zu einer neuen Generation von Lagern, die nahe der deutschen Grenze standen und nach Osten blickten. Diese Lager sollten später dazu dienen, eroberte Bevölkerungen zu terrorisieren und ausländische Arbeitskraft auszubeuten.[102] Ursprünglich war Flossenbürg für »nichtpolitische« Gefangene gedacht, das heißt für Verbrecher im konventionellen Sinne wie etwa Wiederholungstäter sowie für bestimmte soziale Außenseiter wie Zuhälter, Landstreicher, Bettler, »Zigeuner« und Alkoholiker. Körperlich gesunde Männer, die aus irgendeiner Anstalt entfernt oder auf der Straße verhaftet worden waren, sollten nach Flossenbürg kommen und hier Zwangsarbeit leisten.[103]

Das Dorf Flossenbürg, 1933 etwas über 1200 Einwohner zählend, lag abseits und in einer wirtschaftlich benachteiligten Gegend der Oberpfalz. Ursprünglich profitierte das Dorf ökonomisch von dem Lager; Zivilisten fanden darin Arbeit, der Einzelhandel blühte auf, das Steueraufkommen der Gemeinde wuchs, und besonders als die SS-Leute ihre Frauen und Kinder mitbrachten, nahm die Bevölkerung zu. Doch bald begann die Existenz des Lagers negative Auswirkungen auf den eben erst in Gang gekommenen Fremdenverkehr zu haben. Die SS verbot jedermann das Ersteigen der alten Burg Floß oberhalb des Ortes, der größten Touristenattraktion von Flossenbürg, weil man mit einem Fernglas von hier aus das Lager einsehen konnte. Bald begannen die wirtschaftlichen Gewinne zu versiegen.[104]

Die Lagerpopulation bestand ursprünglich hauptsächlich aus sogenannten Asozialen, wurde aber mit der Zeit immer heterogener.[105] Zu Beginn des Krieges gab es in dem Lager rund 1500 Gefangene, doch ab April 1940 begann die Gestapo, auch Nichtdeutsche nach Flossenbürg zu schicken. Fremdarbeiter, die sich nicht an die rigorosen Vorschriften ihrer Sklavenexistenz halten mochten, die es wagten, verbotenen sozialen Umgang mit Deutschen zu pflegen, oder die einfach ihrem Arbeitsplatz zu entfliehen versuchten, kamen hierher. Mitte 1941 stellten 700 Polen das größte nichtdeutsche Kontingent. Mit Eröffnung des Krieges gegen die Sowjetunion trafen auch immer mehr sowjetische Kriegsgefangene und Zivilisten ein.

Eine Erhebung vom 8. Februar 1943 – die letzte, bevor Flossenbürg von Evakuierten aus den Lagern im Osten überschwemmt wurde – verzeichnet gut 4000 Gefangene, von denen schätzungsweise ein Drittel Deutsche und die übrigen vorwiegend polnische Fremdarbeiter waren, gefolgt von denen aus der Sowjetunion. In der Aufstellung enthalten waren 782 sogenannte Sicherungsverwahrte, das heißt, diese Gefangenen waren von der Kripo hierhergeschickt worden, wie höchstwahrscheinlich auch 66 »Arbeitsscheue« und 105 (deutsche) Homosexuelle.[106] Mitte 1940 gab es in diesem Lager eine kleine Anzahl von Juden; die meisten Juden kamen jedoch später, zwischen August 1944 und Januar 1945, als mindest 10000 Juden aus Polen und Ungarn eintrafen. Sie kamen überwiegend in die Außenlager von Flossenbürg, wo Tausende von ihnen den Tod fanden.[107] Ende 1944 verdoppelte sich die Zahl der Insassen auf 8000, und im Februar 1945 waren es 11000.[108]

Wie bei den anderen Hauptlagern im SS-Imperium gab es eine ganze Reihe von Außenlagern in der Zuständigkeit Flossenbürgs. Diese entstanden weit und breit; oft befanden sie sich auf dem Gelände von Fabriken, die kriegswichtige Güter produzierten, aber sie konnten auch mitten in einem Dorf oder einer Kleinstadt oder neben dem Bahnhof stehen. Einige Außenlager Flossenbürgs übertrafen an Größe bald jedes deutsche Vorkriegs-Hauptlager. So zählten zwei der besonders berüchtigten, Hersbruck und Leitmeritz, 1944 jeweils 6000 Gefangene. Die Todesrate in Hersbruck und Leitmeritz war gewaltig; obwohl beide Lager kaum ein Jahr existierten, verloren 6000 Menschen dort ihr Leben.[109] Flossenbürgs System von Außenlagern wuchs mit jedem Jahr: 1942 waren es 6, 1943 17, 1944 75, bis schließlich 1945 92 Außenlager dem Hauptlager angeschlossen waren.[110]

Eine Bestandsaufnahme des Flossenbürger KZ-Systems vom 28. Februar 1945 zeigt, wie die Lagerpopulation gewachsen und international geworden war. Von den 22000 Gefangenen stellten die Polen das größte Kontingent (38,2 Prozent), gefolgt von Sowjets (23,2 Prozent). Unter den 30 Nationalitäten im Lager gab es viele Ungarn, vor allem ungarische Juden (9 Prozent), aber auch viele Franzosen (6,7 Prozent), Italiener und Deutsche (jeweils 5,5 Prozent) und Tschechen (4,8 Prozent). Beim Zusammenbruch des Lagers 1945 war seine geschätzte Gesamtpopulation auf 52000 gestiegen.[111]

Die Geschehnisse in Flossenbürg und seinen Außenlagern entsprachen dem, was in vielen anderen Lagern in Deutschland stattfand. Diese Lager hatten zwar keine Ähnlichkeit mit den Todeslagern in den besetzten Gebieten des Ostens, aber Leiden, Tod und regelrechter Mord in ihnen waren schwindelerregend. Außerdem wurde das Hauptlager Flossenbürg von der Gestapo und der Kripo als Hinrichtungsstätte benutzt. In dem einen Jahr zwischen April 1944 und April 1945 gab es 1500 registrierte Hinrichtungen; zuzeiten wurden täglich bis zu 90 Hinrichtungen vollstreckt, darunter an vielen Deutschen, die im Widerstand aktiv gewesen waren, wie Dietrich Bonhoeffer und General Hans Oster.[112] Es gab in diesem Lager keine Gaskammern und keinen Tod am Fließband; gleichwohl waren in dem wenig bekannten Flossenbürg insgesamt nicht weniger als 100000 Menschen eingesperrt, von denen mindestens 30000 ums Leben kamen.[113]

Die Zahl der Gefangenen, die hingerichtet, auf andere Weise ums Leben gebracht oder durch an Mord grenzende Unterernährung und Mißhandlungen getötet wurden, war allein in der kleinen Welt Flossenbürgs höher als die Zahl der Menschen, die selbst während des blutigsten

Schreckens der Französischen Revolution getötet wurden. (Die üblichen Schätzungen hierüber bewegen sich zwischen 11000 und 18000.)[114] Hätte die Hitlerdiktatur allein Flossenbürg hervorgebracht, hätte es dem Dritten Reich schon einen Schandplatz in der europäischen Geschichte eingetragen. Und natürlich gab es nicht nur *ein* Flossenbürg in Deutschland, sondern viele, von denen manche noch schlimmer waren, mit Todesziffern, die sich im sechsstelligen Bereich bewegten.

Die Bilder von den Lagern in Deutschland waren mächtig genug, um ihren Weg in die annektierten Gebiete zu finden, wo sie in Herz und Hirn der neuen Bürger Deutschlands auf fruchtbaren Boden fielen. So war das österreichische Lager Mauthausen, das 1938 in der Nähe eines Steinbruchs erbaut wurde, zur Ausbeutung der billigen Arbeitskraft von Gefangenen bestimmt. Es wurde keineswegs geheimgehalten; vielmehr war beabsichtigt, daß die Österreicher von dem Lager erfuhren.[115] Vielleicht jeder, der mit dem Gedanken an Widerstand spielte, hat das Lager wohl als Warnung angesehen. Die meisten Österreicher scheinen das Lager jedoch begrüßt zu haben – mehr oder weniger aus denselben Gründen, aus denen solche Einrichtungen in Deutschland Beifall fanden. So sagte der NSDAP-Führer des oberösterreichischen Gmunden im März 1938 in einer begeistert aufgenommenen Rede vor der Bevölkerung seiner Stadt, daß auch dieser Region die Auszeichnung eines Lagers zuteil werde, in das alle »Verräter« Österreichs geworfen würden.[116] Zivilisten, die im Lager arbeiteten oder in seiner Nähe wohnten, betrachteten seine Existenz und das oft ungebührliche Verhalten der SS-Wachen in ihrer Freizeit als zweifelhaften Segen, und manche waren bestürzt, daß die Ermordung von Gefangenen gelegentlich vor den Augen der Öffentlichkeit außerhalb des Lagers stattfand.[117]

Auf der anderen Seite akzeptierten viele Österreicher Mauthausen als eine »Notwendigkeit«. Offensichtlich verbreitete sich in Österreich das offiziell propagierte Bild von den Konzentrationslagern – im wesentlichen dasselbe, das auch in Deutschland publiziert wurde, nämlich daß die Lager ein gefährlicher Ort für »hartgesottene Verbrecher« seien.[118] Im Laufe der Zeit wurden 200000 Menschen nach Mauthausen geschickt, von denen die Hälfte starben oder umgebracht wurden.[119]

In einem späteren Teil des Buches werden wir auf die Geschichte der Konzentrationslager zurückkommen. In den nächsten Kapiteln untersuchen wir aber, was mit jenen Männern und Frauen geschah, die in die Zwangsmaschinerie der Hitlerdiktatur gerieten.

Kapitel 4

SCHATTEN DES KRIEGES

Von ihren ersten Tagen an war die Hitlerdiktatur überschattet von Überlegungen und Planungen für den Krieg, den Hitler und seine Mitarbeiter für unausweichlich hielten. Hitler begann nach seiner Ernennung 1933 praktisch unverzüglich, sich an der diplomatischen wie an der militärischen Front voranzukämpfen; und bei jedem Schritt erntete er das begeisterte Lob des Volkes, besonders als er den verhaßten Vertrag zerriß, der Deutschland 1919 aufgezwungen worden war. Hitlers Ziel hieß nicht Frieden, sondern Krieg, und als er sich darauf vorbereitete, dachte er an einen totalen Krieg, in dem eine zuverlässige Heimatfront fest hinter den Soldaten an der eigentlichen Front stand. Daß Hitler Himmler zur Errichtung eines neuen Polizei- und Lagersystems ermutigte, konnte man dahin deuten, daß für ihn die »Ausschaltung« aller inneren »Feinde« eine Vorbereitung auf den kommenden Krieg war.

Ein wiederkehrendes Thema in Hitlers Denken war, daß im Kriegsfall die Heimatfront nicht Saboteuren – allen, die irgendwie als »Verbrecher«, »Zuhälter« oder »Deserteure« galten – zum Opfer fallen durfte, wie es angeblich 1918 geschehen war, und er versprach, das nächste Mal werde mit den Juden abgerechnet.[1] Er erklärte Himmler schon in der Frühphase des Krieges bei mehr als einer Gelegenheit, falls es einmal Grund geben sollte, den Ausbruch von Unruhen in der Heimat zu befürchten, seien alle Gegner zu töten und alle KZ-Insassen hinzurichten, um eine Revolution mit einem Schlag ihrer Köpfe zu berauben.[2] Es war in seinen Augen schon schlimm genug, daß Verbrecher in Friedenszeiten geschont wurden; im Krieg aber sei es zwingend geboten, jeden zu erschießen, der sich gegen das Volk versündigte, denn andernfalls drohe »die Minderwertigkeit zu triumphieren«, da die Besten an der Front fielen.[3] Für die Führer Deutschlands war die Niederlage von 1918 der »Beweis«, daß man der Heimatfront nicht genügend Beachtung geschenkt und zugelassen hatte, daß innere Feinde den Soldaten einen Dolchstoß in den Rücken versetzten. Viele Deutsche, nicht nur Hitler und die Nationalsozialisten, akzeptierten dieses Märchen über die Gründe ihrer Niederlage im Ersten Weltkrieg.[4] Sogar britische Kriegsplaner scheinen in den dreißiger Jahren dieses Märchen geglaubt zu haben und unternahmen aus Furcht vor einem eigenen »Dolchstoß« Schritte zur Festigung der Heimatfront.[5]

Als die Nationalsozialisten Maßnahmen zur »Säuberung« der »Volksgemeinschaft« trafen, war also ihr Blick fest auf den Krieg gerichtet. Sie schmiedeten ihre Pläne im Schatten von 1918 – mit seinem angeblichen »Dolchstoß« –, und gleichzeitig operierten sie so, als stehe der nächste Krieg schon vor der Tür.

DER FEIND IM INNEREN

Anfangs war das deutsche Volk vom Ausbruch des Krieges alles andere als begeistert, und viele waren ebenso schockiert wie Hitler und die Nationalsozialisten, daß Großbritannien und Frankreich angesichts des deutschen Einmarsches in Polen für Krieg optierten. In Berlin stand der amerikanische Journalist William Shirer zusammen mit rund 250 Menschen, die die Entwicklung am Radio verfolgten, vor einem öffentlichen Lautsprecher. Als die Meldung kam, daß Großbritannien den Krieg erklärt habe, reagierte die Menge mit betroffenem Schweigen; »nicht einmal Gemurmel war zu hören«.[6] Gewiß waren die meisten Menschen in jeder anderen europäischen und außereuropäischen Großstadt ebenfalls schockiert, und bestimmt begrüßte nirgends jemand den Krieg so, wie man es 1914 getan hatte. Wenn die Massen 1914 gejubelt hatten, weil sie mit einem kurzen, siegreichen Krieg rechneten und jedenfalls kaum ahnten, wieviel Tod und Zerstörung auf sie warteten, so war man sich 1939 allgemein bewußt, daß der modernen Kriegführung ein mörderische Potential innewohnte und der vieldiskutierte Einsatz von Fliegerbomben sehr wahrscheinlich auch die Zivilbevölkerung in Mitleidenschaft ziehen werde. Die britische Regierung und ihre Berater – um nur ein Beispiel zu nennen – übertrieben die tödliche Gefahr vom Himmel gewaltig und gingen bei ihrer Planung davon aus, daß es in den ersten zwei Kriegswochen 900000 Opfer – 300000 Tote und 600000 Verletzte – sowie drei Millionen Fälle von Kriegsneurose geben werde.[7] Diese Zahlen und die veranschlagten Auswirkungen der Bomben auf die Moral der britischen Bevölkerung erwiesen sich zwar als falsch; der Hinweis auf sie soll uns aber daran erinnern, daß niemand 1939 den Krieg begrüßte und daß es die meisten Menschen bei dem Gedanken schauderte. In Deutschland freilich bemerkte William Shirer schon vor Ende September, daß gewöhnliche Leute, die er im allgemeinen für sehr patriotisch hielt, ihre Unterstützung für Hitler bekundeten, und er traf niemanden, »auch nicht unter denen, die das Regime ablehnen, die an der Zerstörung Polens durch Deutschland irgend etwas Unrechtes sehen«. Tagelang drängten sich »Menschen aller Volksschichten, Frauen ebenso wie Männer«, vor Berliner Schaukästen und »blickten mit Genugtuung auf die Landkarten mit den kleinen roten Stecknadelköpfen, die den siegreichen Vormarsch der deutschen Truppen in Polen anzeigten. Solange die Deutschen erfolgreich sind und den Gürtel nicht viel enger schnallen müssen, wird dieser Krieg nicht unpopulär sein.«[8]

Die zurückhaltenden, in einigen Fällen negativen Einstellungen konnten Hitler anfangs bewegen, potentiell unpopuläre Maßnahmen wie etwa die Mobilisierung von Frauen für die Kriegsanstrengung herunterzuspielen oder zu verschieben.[9] Allerdings war die Berufstätigkeit von Frauen in Deutschland ohnedies schon viel verbreiteter als in Großbritannien oder den USA, so daß faktisch bereits sehr viele Frauen für den Krieg mobilisiert waren.[10] Auch wenn nicht alle Angehörigen der deutschen Arbeiterklasse den Verlockungen des Nationalsozialismus erlagen und auf Betriebsebene eine gewisse Unzufriedenheit fortbestand, hatten doch die staatlichen Lohn- und Preiskontrollen bewirkt, daß es kaum eine Inflation gab, auch nicht, als Ende der dreißiger Jahre der Arbeitskräftemangel zunahm. Die meisten Menschen hatten es Ende der dreißiger Jahre besser als zu irgendeinem anderen Zeitpunkt seit der Wirtschaftskrise, und die Reallöhne stiegen von 1933 bis 1938 (dem letzten Jahr, für das Zahlen vorliegen) kontinuierlich an.[11] Wenige Arbeiter erstreckten ihre Kritik auf das politische Regime oder die Gesellschaftsordnung, und »nach 1939 beseitigten das Bewußtsein, im Krieg zu stehen, und die Vorstellung von der ›Volksgemeinschaft‹ die letzte Skepsis«.[12]

Der Krieg minderte die Stärke der für den Dienst innerhalb Deutschlands verfügbaren Polizei, einschließlich der Gestapo. Durch Schreiben vom 31. August 1939 an alle deutschen Dienststellen wurde die Gestapo in Kriegsbereitschaft versetzt und ihr Personal umorganisiert.[13] In den letzten Vorkriegsjahren gab es nur rund 7000 Beamte in der Gestapo, und während des Krieges stagnierte diese Zahl.[14] Der Krieg verringerte die Zahl der insgesamt in der deutschen Polizei verfügbaren Männer, und so war die Polizei mehr denn je auf die aktive Mitwirkung »guter Staatsbürger« angewiesen, um das Land zu überwachen, zumal der Krieg auch als Vorwand benutzt wurde, um mit alten Feinden, etwa Klerikern der katholischen Kirche, abzurechnen.[15]

Als sich die zum Krieg führende Krise Ende August 1939 verschärfte, wurden ungeachtet der Ruhe im Lande allgemeine Direktiven zur

Verhaftung ganz bestimmter Gruppen und Einzelpersonen ausgegeben. In einem Runderlaß vom 28. August 1939 an die Leiter der Strafvollzugsanstalten wurde darum ersucht, Platz für »zahlreiche Personen« zu schaffen, die voraussichtlich in »Schutzhaft« genommen werden würden.[16] Um jeden Widerstand im Keim zu ersticken, gab es um den September 1939 eine ganze Serie von Verhaftungswellen. Anfang September wurden bei einer speziellen Gestapo-»Aktion« 2000 bis 4000 (ehemalige) KPD-Funktionäre, viele Sozialdemokraten und einige Ausländer festgenommen. Am 7. September wurden von der Kripo neuerlich Juden verhaftet, die unter der Bedingung, daß sie Deutschland verließen, aus dem Lager entlassen worden waren, dies aber bisher nicht getan hatten. Am 12. September wurden »Psychopathen« verhaftet, die möglicherweise »Unruhe in der Bevölkerung« schüren konnten. Am 18. Oktober waren Menschen an der Reihe, die sich geregelter Arbeit zu entziehen suchten; sie wurden in Konzentrationslager eingeliefert, wenn sie vorbestraft waren. Die Juden in Deutschland waren überrascht, daß es bei Ausbruch des Krieges 1939 keine Pogrome gab. Victor Klemperer schrieb am 3. September 1939 in sein Tagebuch, daß er jederzeit damit rechne, erschossen oder in ein Konzentrationslager gesteckt zu werden. Eine Woche später notierte er, daß die »Judenhetze« vorbei sei.[17]

Eine Folge dieser ganzen Verhaftungen war, daß die Zahl der Gefangenen in den Lagern von 21400 im August 1939 auf 32120 im Oktober hochschnellte.[18] Die Transformation des Lagersystems, das schließlich Hunderttausende von Gefangenen zählte, war in vollem Gange. Die Gestapo erhielt bald die Befugnis, Verdächtige in sogenannten Arbeitserziehungslagern (AEL) festzuhalten, die »offiziell« durch Verordnung vom 28. Mai 1941 eingerichtet wurden, an einigen Orten aber schon im August 1940 in Betrieb waren.[19] Diese Lager vermehrten sich rasch und wurden so etwas wie die eigenen Konzentrationslager der Gestapo.

Die Gestapo-Verhaftungen bei Ausbruch des Krieges wurden anhand einer Kartei vorgenommen, an deren Aufbau schon ab Dezember 1935 gearbeitet worden war. In einer Mitteilung an die Gestapo vom 5. Februar 1936 hatte Heydrich die Notwendigkeit dargelegt, besonders für den Fall eines Krieges über den Aufenthaltsort von »Staatsfeinden« unterrichtet zu sein. Der Aufbau dieser Kartei erwies sich als schwierig, aber Anfang 1939 verfügte die Gestapo über Karteiblätter für fast zwei Millionen »Verdächtige« und die relevanten Unterlagen für fast eine halbe Million von ihnen.[20] Im letzten Monat vor dem Krieg wurden Probleme mit der Datei in aller Eile beseitigt, und es kam zu vorbeugenden Verhaftungen.[21]

Hitler gab kaum 48 Stunden nach Eröffnung des Krieges gegen Polen und unmittelbar vor seiner Abreise an die Front Himmler die Weisung, »mit allen Mitteln« die Ordnung in Deutschland aufrechtzuerhalten und zu festigen.[22] Diese Weisung wurde an Reinhard Heydrich, den Chef der Sicherheitspolizei, weitergegeben und auf verschiedene Weise in die Tat umgesetzt. Zunächst einmal übersetzte Heydrich sie in einen allgemeinen Erlaß, den er am 3. September unverzüglich an alle Staatspolizei(leit)stellen schickte. Diese »Grundsätze der inneren Staatssicherung während des Krieges« stellten die Basis dar, auf der die Organe der Staatssicherheit in Zukunft operieren würden. Wie Heydrich betonte, erforderte »die Verwirklichung der Ziele des Führers« den »einheitlichen Einsatz aller Kräfte des Volkes gegen jede Störung und Zersetzung«; denn nur so sei die neue, mannigfaltige Aufgabe der Staatssicherung zu erfüllen.

Die Betätigung gewöhnlicher Bürger als Denunzianten, die den Behörden Hinweise gaben, wurde als wesentliche Sicherung der Heimatfront anerkannt. Allerdings waren Denunziationen seit 1933 oft aus eigensüchtigen Gründen mißbraucht worden, die den Bestrebungen des Regimes widersprachen. Heydrichs »Grundsätze« erkannten an, daß ohne die Hilfe von Informanten aus der Bevölkerung die Gestapo nicht arbeiten könne, verlangte aber von der örtlichen Polizei, gegen Denunzianten »einzuschreiten«, die aus persönlichen Gründen ungerechtfertigte oder übertriebene Anzeigen erstatteten. Diese Aufforderung beseitigte das Problem jedoch nicht, und wenige Wochen später wartete Heydrich mit neuen Vorschlägen zu seiner Lösung auf. So schlug er am 18. September vor dem neu geschaffenen »Ministerrat für die Reichsverteidigung« den Aufbau eines »Volksmeldedienstes« vor, weil er glaubte, durch dieses neue System die »totale Mobilmachung der politischen Aufmerksamkeit des Volkes« kontrollieren zu können. Heydrich brachte schon früher den Gedanken in Umlauf, die Polizei solle sich nur der Augen und Ohren von politisch zuverlässigen Personen bedienen, aber sein Vorschlag wurde im Ministerrat abgelehnt, weil mehrere Mitglieder der Ansicht waren, die Schaffung einer Atmosphäre der Denunziation werde mehr schaden als nutzen.[23] Das Ergebnis war, daß sich die Gestapo weiterhin wie bisher auf freiwillige Denunzianten verließ.

Die Gestapo war ferner gehalten, jeden »Versuch, die Geschlossenheit und den Kampfwillen des deutschen Volkes zu zersetzen«, rücksichtslos zu unterdrücken. Jeder, der Zweifel am Sieg oder am Recht dieses Krieges äußerte, war sofort festzunehmen. Die Aufmerksamkeit sollte sich besonders auf öffentliche Plätze wie Gastwirtschaften, öffentliche Verkehrsmittel und dergleichen richten; auch war Heydrich persönlich unverzüglich Bericht zu erstatten »und um Entscheidung über die weitere Behandlung der festgenommenen Personen zu bitten, da gegebenenfalls auf höhere Weisung brutale Liquidierung solcher Elemente erfolgen wird«. Heydrichs September-Grundsätze schlossen mit der Erinnerung, daß die örtlichen Gestapoführer für die Niederhaltung jeder defätistischen Regung in ihrem Bezirk »persönlich verantwortlich« seien.[24]

Am 20. und 26. September 1939 erließ Heydrich weitere Instruktionen, um »Mißverständnisse« über seine »Grundsätze« für die Kriegszeit auszuräumen. Er wiederholte, daß »jeder Versuch«, den Krieg in Frage zu stellen und den Siegeswillen zu zersetzen, »mit rücksichtsloser Härte und Strenge« zu unterdrücken sei. Saboteure, Agitatoren, Kommunisten und marxistische Aktivisten, ja sogar Diebe, die Waren horteten, seien auszuschalten. Heydrich wies die Gestapo an, gegenüber der örtlichen Polizei darauf zu dringen, daß schwere Fälle künftig direkt der Gestapo überstellt würden, um zeitraubende justizielle Verfahren zu vermeiden. Es liege bei der Gestapo, darüber zu entscheiden, ob ein Fall durch »Sonderbehandlung«, das heißt durch Hinrichtung, zu regeln oder den Gerichten zu übergeben sei.[25]

Das Vorgehen der Gestapo bei Festnahmen wurde während des Krieges vereinfacht und zunehmend aller Formalitäten entkleidet. Die letzten Vorkriegsbestimmungen über »Schutzhaft« (von 1938) besagten, daß ein Verdächtiger nach zehn Tagen entweder freizulassen oder in Schutzhaft zu nehmen sei. Die Entscheidung lag bei der Gestapozentrale in Berlin, nicht bei den Gerichten. Bald nach Beginn des Krieges war die alte Frist von zehn Tagen wegen der »ungleich höheren Festnahmetätigkeit« nicht mehr einzuhalten und wurde daher am 4. Oktober 1939 auf 21 Tage verlängert.[26] Nicht ganz drei Wochen später wurde der Gestapo eine schicksalhaftere Entscheidung mitgeteilt, die unverblümt als neue Faustregel besagte: »Entlassungen von Häftlingen aus der Schutzhaft finden während der Kriegszeit im allgemeinen nicht statt.« Die Begründung für diesen Schritt lautete, daß Staatsfeinde, »asoziale Elemente« und andere leichter im Lager zu überwachen seien, als wenn sie sich auf freiem Fuß befänden – zumal viele Polizeibeamte zu Sonderaufgaben abkommandiert waren und kein Auge auf entlassene Gefangene haben konnten.[27] Ähnliche Erlasse gab es am 20. März und 28. Juni 1940 für die Kripo. Ein Zeichen für die Brutalitäten, die der Krieg mit sich brachte oder zuließ, war eine Mitteilung Himmlers an regionale Gestapostellen vom 23. November 1939, worin es hieß, künftig sei es nicht mehr erforderlich, die Angehörigen von hingerichteten »polnisch-jüdischen Lagerhäftlingen« zu verständigen.[28]

Nach Beginn des Einmarsches in die Sowjetunion 1941 wurden bei der Gestapo weitere Verfahrens-»Vereinfachungen« eingeführt. Im Juni 1941 wurden in einer Neuauflage der Razzia von 1939 wiederum zahlreiche »Staatsfeinde« aufgegriffen und in Konzentrationslager geschickt. Diese Festnahmen beruhten auf einer Anordnung Himmlers, daß »sämtliche hetzerische Pfaffen, deutschfeindliche Tschechen und Polen, sowie Kommunisten und ähnliches Gesindel grundsätzlich auf längere Zeit einem Konzentrationslager zugeführt werden sollen«.[29] Weitere »Vereinfachungen« folgten im selben Jahr und noch einmal 1943. Ab Mai 1943 konnten lokale und regionale Gestapostellen ihre eigene »Justiz« ausüben, wenn es um Polen ging, und brauchten keine Autorisierung von Berlin einzuholen.[30] Verhaßte Minderheiten in Deutschland selbst, zumal Juden und Polen, wurden im wesentlichen der Zuständigkeit der ordentlichen Gerichte entzogen und der »Polizeijustiz« unterworfen.[31]

Auch die institutionelle Neustrukturierung der Polizei, deren Zentralisierung Hitler befürwortete und die seit 1933 im Gange war, erreichte mit Ausbruch des Krieges 1939 einen Meilenstein. Am 27. September ordnete Himmler die Gründung des Reichssicherheits-Hauptamtes (RSHA) unter Führung Heydrichs an. Das Ergebnis war eine neue Organisation, die die gesamte Sicherheitspolizei umfaßte. Sie gliederte sich in mehrere Hauptbehörden mit zahllosen Unterämtern. Die Bedeutung des RSHA bestand darin, daß es einen weiteren Versuch darstellte, die soziale Kontrolle und Überwachung in der Zuständigkeit der Polizei und des SD in Deutschland zu systematisieren. Zugleich schuf es die Grundlagen eines Systems, das auf die besetzten und annektierten Gebiete im Ausland übertragen werden konnte.[32]

HINRICHTUNGEN UND VORBOTEN DES VÖLKERMORDES

Die erste Meldung von einer Hinrichtung im Krieg wurde am 8. September 1939 veröffentlicht. Sie besagte, daß am Tag vorher ein gewisser Johann Heinen im Konzentrationslager Sachsenhausen hingerichtet worden sei, weil er sich geweigert habe, auf einer Baustelle zu arbeiten, die vage als Teil eines nationalen Sicherheitsprojekts bezeichnet wurde.

Die einzige Zusatzinformation war, daß Heinen eine Vorstrafe wegen Diebstahls hatte.[33] Am 11. und am 15. September berichteten die Zeitungen über zwei weitere Hinrichtungen. Die eine betraf einen Mann, der der Brandstiftung und Sabotage für schuldig befunden worden war, die andere einen Zeugen Jehovas, der den Kriegsdienst verweigert hatte.[34]

Die »Bedrohung«, die von Jehovas Zeugen (bis 1931 »Ernste Bibelforscher«) ausging, war unerheblich. Ihre Verfolgung läßt erkennen, wie der Krieg als Gelegenheit benutzt wurde, den Kampf gegen alle »politischen« Feinde zu verschärfen und die deutsche »Volksgemeinschaft« zu einem unteilbaren Ganzen zurechtzustutzen. Anfang 1933 zählten Jehovas Zeugen schätzungsweise 25000 bis 30000 Mitglieder. Bereits im April und Mai 1933 wurde die Organisation in verschiedenen deutschen Ländern, doch erst am 1. April 1935 in ganz Deutschland verboten. Bei den Nationalsozialisten erregten sie aus verschiedenen Gründen Anstoß; so verweigerten sie den Hitlergruß sowie, nach Wiedereinführung der allgemeinen Wehrpflicht, den Kriegsdienst. Die Gestapo richtete im Juni 1936 ein Sonderkommando ein, um jeden aufzuspüren, der an seinem Glauben festhielt, und nach Auskunft der Überlebenden wurden Jehovas Zeugen oft von gewöhnlichen Bürgern an die Polizei verraten. Eine der ersten Kriegshinrichtungen in Sachsenhausen erfolgte nur wenige Tage nach Kriegsbeginn: Die Gestapo ordnete die Hinrichtung August Dickmanns an, um ein Exempel zu statuieren. Dickmanns »Verbrechen« hatte darin bestanden, daß er keinen Eid auf den Führer unterschreiben wollte und daher als Wegbereiter für künftige Kriegsdienstverweigerer galt. Aus Abschreckungsgründen wurde über die Hinrichtung am 15. September prompt in der Presse und im Rundfunk berichtet.[35] In der Zeit der Diktatur wurden nicht weniger als 10000 Zeugen Jehovas verhaftet und 2000 von ihnen in Konzentrationslager geschickt, wo sie furchtbar behandelt wurden. Nicht weniger als 1200 kamen hier um oder wurden ermordet.[36]

Es gibt eine Überfülle von Belegen dafür, daß für Hitler der Ausbruch des Krieges einen ideologischen Wendepunkt markierte. Er liebte es, den Propheten zu spielen, und »prophezeite« bei mehr als einer Gelegenheit, was mit den Juden geschehen werde, sollten »sie« einen neuen Krieg verursachen. Das erste Mal äußerte er eine solche Prophezeiung 1939, und zwar am Jahrestag seiner Ernennung zum Reichskanzler, am 30. Januar. Wenn er in den nächsten Jahren auf diese Prophezeiung zurückkam, datierte er sie regelmäßig irrtümlicherweise auf den 1. September 1939, so als ob für ihn der Ausbruch des Kriegs – für den er den Juden die Schuld gab – den Holocaust »rechtfertige«. Die Anschuldigungen wurden von vielen Bürgern geglaubt. Wir wissen, daß Victor Klemperer während des Krieges, wenn man seinen Judenstern bemerkte, von Deutschen zur Rede gestellt wurde, die die Anschuldigung Hitlers wiederholten, daß die Juden den Krieg verursacht hätten und Deutschland sich lediglich gegen die jüdische Aggression verteidige. Klemperer begegnete sogar Nichtnationalsozialisten, die über solche Propaganda nicht erhaben waren.[37]

Beim Herannahen des Krieges leitete Hitler konkrete Schritte zur Politik des Völkermordes ein. Am 22. August und noch einmal am 7. September 1939 äußerte er gegenüber den Armeechefs den (bald wiederholten) Wunsch nach einer »völkischen Flurbereinigung« Polens, einen Wunsch, der von Heydrich sofort an seine Untergebenen weitergegeben wurde und voller mörderischer Konsequenzen für Juden und Polen in den bald zu erobernden Gebieten war.[38] Am 29. September sprach Hitler vor nationalsozialistischen Führern abermals von seinen Plänen einer Dreiteilung Polens. Alle nichtdeutschen Nationalitäten sollten von altem deutschem Boden entfernt werden, der dann »mit richtigen deutschen Bauernfamilien« germanisiert werden sollte. Die zweite Zone war für das »gute polnische Element« bestimmt, die dritte für die »schlechten polnischen Elemente« sowie für die Juden, auch die aus dem »Reich«. Befehle zum Massenmord wurden jedoch nicht gegeben. Laut Goebbels' Tagebucheintrag über dieses Treffen drehte sich die Diskussion darum, ob diese Völker überhaupt überleben könnten.[39]

In einer Rede vor dem Reichstag sprach Hitler am 6. Oktober offen von seinen Absichten im Osten. Er gebrauchte Formulierungen wie die, daß es gelte, »Recht und Ordnung« und Sicherheit in dieses Gebiet zu tragen und vor allem »eine neue Ordnung der ethnographischen Verhältnisse« herbeizuführen.[40] Was jedoch wirklich geschah, war nach dem Bericht deutscher Stellen vor Ort die Ermordung von »10000 Juden und Polen«.[41] Es gab unverzüglich erzwungene Bevölkerungsbewegungen, die schon auf die kommenden großen Massenmorde vorausdeuteten.

Die Eroberung Polens weckte auch in anderen NS-Führern außer Hitler und Himmler radikale Gedanken. So hielt Goebbels die deutsche Verwaltung in Polen für zu nachgiebig. Bei einem Essen mit Hitler am 31. Oktober 1939 sagte er, anstatt zu versuchen, die Dinge in Polen in Ordnung zu bringen, sollten die Deutschen alles tun, um den Polen zu helfen, sich ihr eigenes Grab zu schaufeln.[42] Über die Juden sagte Goebbels nach einem kurzen Besuch Anfang November, als er das Elend der Menschen im Ghetto Lodz sah, das seien keine Menschen mehr, »das sind Tiere«; Deutschland habe »deshalb auch keine humanitäre, sondern eine chirurgische Aufgabe«. Diese Ansichten gab er prompt Hitler weiter, der sie teilte.[43] Hitler scheute davor zurück, die Morde hinter den Linien in Polen publik zu machen, doch reagierte er positiv auf die Ausweitung der antisemitischen Diskriminierungen, sobald der Krieg einmal begonnen hatte. So stimmte er Goebbels' Vorschlag vom Dezember 1939 zu, sogenannte Mischlinge aus der Wehrmacht zu entlassen – angeblich, weil sie Unruhe stiften konnten.[44]

Die ersten Phasen serienmäßiger Völkermorde begannen im Herbst 1939 in Polen und richteten sich gegen Juden und Polen. Neben den regelrechten Morden gab es die notdürftig juristisch verbrämten durch Polizeiregimentsgerichte. So machte ein solches Gericht am 11. November 1939 in der Nähe von Warschau einer Gruppe von Juden wegen eines geringfügigen Falles von Brandstiftung kollektiv den Prozeß und ordnete die Hinrichtung von 159 jüdischen Männern an, die es für schuldig befand; nach Rücksprache mit der Zentrale wurden weitere 196 jüdische Frauen und Kinder hingerichtet.[45]

Der Krieg radikalisierte auch die Erwartungen der Öffentlichkeit an ein härteres Durchgreifen der Gerichte in Deutschland selbst. Als im September 1939 ein Sondergericht einige Bankräuber mit langen Haftstrafen belegte, kritisierten deutsche Bürger, die die Todesstrafe erwartet hatten, diese Urteile als zu milde. Nationalsozialistische Meinungsumfragen registrierten immer eine positive Reaktion, wenn die Hinrichtung von Bankräubern gemeldet wurde. Der Reichsjustizminister reagierte hierauf am 16. September 1939 mit der Einrichtung einer Abteilung, die die Sondergerichte kontrollieren und dafür sorgen sollte, »daß vor allem die Verordnung gegen Volksschädlinge in voller Schärfe zur Anwendung gebracht wird«.[46]

Presseberichte über polizeilich angeordnete Hinrichtungen machten deutlich, daß der Krieg ein neues Kapitel in der Hitlerdiktatur aufgeschlagen hatte. Vom Beginn des Krieges bis zum 20. Januar 1940 verzeichnete das Justizministerium Gerüchte und Berichte über 18 solche Hinrichtungen, wobei die Hälfte dieser Fälle nie vor Gericht kamen.[47] Gleichwohl scheinen viele Bürger unterstützt zu haben, was das Regime tat. Nachdem Meldungen über diese Hinrichtungen erschienen waren, hatte Justizminister Franz Gürtner, ein »Traditionalist«, die Sorge, daß die Gerichte ihre Autorität einbüßen und in der Konkurrenz mit der Gestapo beiseite gedrängt werden könnten. In einer Notiz vom 28. September bemühte er sich um eine »Klärung der Frage« durch die Reichskanzlei; er wollte wissen, ob Hitler derartige Hinrichtungen wirklich »angeordnet oder genehmigt« habe.[48] Gürtner wies darauf hin, daß die Gerichte durchaus imstande seien, die Todesstrafe zu verhängen, wie jüngst in einem Fall, wo ein Bauer sein eigenes Anwesen in Brand gesteckt und das Getreide vernichtet hatte. Anstatt jedoch der Gerechtigkeit ihren Lauf zu lassen, hatte die Gestapo den Beschuldigten einfach festgenommen und hingerichtet. Gürtner sagte, daß diese Willkür nicht nötig gewesen sei, da das Opfer ohnedies schon zum Tode verurteilt worden sei. Er bat die Reichskanzlei, ihn wissen zu lassen, »nach welchen Gesichtspunkten diese Konkurrenz [zwischen den Gerichten und der Polizei] im einzelnen Falle entschieden werden« solle. Gürtner plädierte dafür, gegenüber ihnen solchen willkürlichen »Polizeijustiz« wenigstens einen Schein von Rechtsstaatlichkeit zu wahren.[49]

Hitlers Antwort wurde mündlich gegeben und Gürtner über den Chef der Reichskanzlei, Hans Lammers, mitgeteilt. Sie war insofern von typischer Zweideutigkeit, als Hitler sagte, er habe Himmler niemals »eine allgemeine Anweisung« gegeben, wonach Himmler nach Gutdünken und ohne Rücksicht auf die Gerichte Hinrichtungen anordnen könne. Die ersten drei Erschießungen des Krieges habe er, Hitler, angeordnet. Er sagte ferner, was künftige Fälle betreffe, gedenke er nicht, auf die Anordnung von Hinrichtungen zu verzichten, »weil die Gerichte (Militär- u[nd] Civil-) den besonderen Verhältnissen des Krieges sich nicht gewachsen zeigten«.[50] Diese Antwort scheint Gürtner schockiert zu haben, aber doch nicht so sehr, daß er zurückgetreten wäre. Das Signal Hitlers an die Justiz war unmöglich zu übersehen: Entweder wurden die Gerichte radikaler, oder sie wurden einfach überflüssig gemacht.[51]

Nicht lange danach (am 13. Oktober 1939) verlangte Hitler die Hinrichtung zweier Berliner Bankräuber als »Korrektur« der gegen sie ergangenen Gerichtsurteile, die er zu nachsichtig fand. Fast gleichzeitig intervenierte er in einem anderen Fall, um das Urteil eines Sondergerichts in München zu »korrigieren«, das einen Mann zu zehn Jahren Zuchthaus verurteilt hatte, der unter Ausnutzung der (zur Abwehr alliierter Flugzeuge verhängten) Verdunkelung auf der Straße eine Handtasche geraubt hatte. Obwohl der Täter keine Gewalt angewendet und die Handtasche des Mädchens nur vier Mark enthalten hatte, war Hitler empört, als er von diesem Fall in der Zeitung las, und ordnete die sofortige Hinrichtung dieses bereits als »Volksschädling« verurteilten Mannes an. War es bei den oben erwähnten ersten drei Hinrichtungen des Krieges im weitesten Sinne um »politische« Dinge gegangen, so hatten die zuletzt erwähnten Hinrichtungen eigentlich kaum noch etwas mit Politik im üblichen Sinne zu tun; es waren kleine Räubereien, die als Hochverrat behandelt wurden.

Das Todesurteil – oder die einfache Erschießung – bei solchen Verbrechen bewies, daß es keine klare Unterscheidung mehr zwischen »normalen Verbrechen« im Sinne des Strafgesetzbuches und »politischen Verbrechen« gab. Der Begriff »Verbrechen« war politisiert worden und galt als illegale »Opposition«. Aufgrund der expliziten Anordnungen Hitlers oder kraft der Autorität, die die Erfüllung des Führerwillens verlieh, konnte die Gestapo die Gerichte nach Belieben mißachten. Der Höhere SS- und Polizeiführer für die Wehrkreise München und Nürnberg schlug der Justiz sogar vor, Angeklagte der Gestapo zur Hinrichtung zu übergeben, wenn die Richter glaubten, »eine vom Volk geforderte Todesstrafe« wegen irgendwelcher gesetzlicher Bestimmungen (zum Beispiel mangels Beweises) nicht verhängen zu können. Die Begründung für diese Veränderung lautete, daß sie den polizeilichen »Korrekturen« von Gerichtsurteilen ein Ende machen und eine weitere Schädigung der Glaubwürdigkeit und des öffentlichen Erscheinungsbildes der Gerichte verhindern würden.[52]

Hitlers Interventionen hatten schon viel früher, am 21. März 1933, begonnnen, als er einige Nationalsozialisten begnadigte, die ihre Verbrechen, darunter auch Mord, im Zuge der nationalsozialistischen Revolution begangen hatten. Dieser Eingriff und andere, die ihm folgten, rührten unmittelbar an den Lebensnerv der Rechtsstaatlichkeit und trugen infolgedessen zum Aufstieg des Systems der Polizeijustiz ebenso bei wie zur zunehmenden Radikalisierung der Gerichte.[53] Mehr als ein Historiker ist zu dem Schluß gekommen, daß es einen breiten Konsens über die »Ausrottung« solcher »asozialen Elemente« gegeben hat, auch wenn Richter und andere Justizbeamte Einwände gegen Hinrichtungen erhoben, die nur notdürftig juristisch verbrämt und im technischen Sinne illegal waren.[54]

Die Presseberichte über die ersten Hinrichtungen des Krieges und die mitunter auf Himmlers Anordnung ohne Gerichtsverfahren erfolgende Hinrichtung eines Deutschen waren wichtig, weil sie einen neuen Ton vorgaben.[55] Die Richter ließen es sich gesagt sein, was daraus hervorging, daß sie die Todesstrafe für Verbrechen zu verhängen begannen, die unter Ausnutzung der Verdunkelung in Deutschland begangen wurden. So wurde der 27-jährige Franz Blawak Anfang November 1939 vom Berliner Sondergericht aufs Schafott geschickt, weil er einer Frau die Handtasche gestohlen hatte. Der Staatsanwalt sagte vor Gericht, daß »ein Exempel statuiert werden müsse« und daß »das Sondergericht eine

Art Standgericht der Heimat sei, das besonders vor dem Verbrechertum zu schützen habe. Staatsführung, Polizei und Justiz werden mit allen Mitteln dafür sorgen, daß die werktätige Bevölkerung ihre oft recht weiten Wege von der Arbeitsstelle zur Wohnung auf den dunklen Straßen ungestört gehen könne. Auch der Frontsoldat müsse das unbedingt sichere Gefühl haben, daß der feste Wall der inneren Front vom Untermenschentum nicht angenagt werden kann. Jeder Volksschädling, und das sei jeder, der die Verdunkelung für seine dunklen Zwecke ausnützen will, müßte ausgemerzt werden.«[56]

Hitlers ausdrückliche Wünsche genügten meistens, um den Richtern ein Licht aufzustecken. In Fällen, wo sie sich begriffsstutzig zeigten, intervenierte Hitler erneut, oft lediglich aufgrund eines Falles, von dem er in der Zeitung gelesen hatte. Solche Berichte konnten unvollständig oder einseitig sein, was ihn aber nicht hinderte, die Aufhebung des Urteils und die Überstellung der betreffenden Person an die Gestapo zwecks unverzüglicher Hinrichtung zu verlangen. Den ganzen Krieg über fuhr er fort, dieses Ansinnen zu stellen.[57]

Hitlers erster Justizminister, Franz Gürtner, war in jeder Hinsicht ein Hardliner, doch nach den Maßstäben der NS-Ära ein Gemäßigter, und so kämpfte er unermüdlich wenigstens für einen Schein von Rechtsstaatlichkeit. Lange vor seinem Tod am 29. Januar 1941 hatte er die Richter ermutigt, Urteile zu fällen, die den Wünschen Hitlers entsprachen, und sogar, versuchte Verbrechen wie vollendete zu behandeln. Nach Gürtners Tod ging die Führung des Justizministeriums an dessen Staatssekretär, Franz Schlegelberger, über, der Hitler prompt versprach, sich Richter vorzunehmen und ihre Urteile, »falls eine Entscheidung mit dem Willen der Staatsführung nicht übereinstimmt, mit Beschleunigung zu beseitigen«.[58] So tat Schlegelberger sein Bestes, als Hitler monierte, daß das Urteil des Landgerichts Lüneburg (26. März 1941) »abwegig« sei, weil es im Verfahren gegen einen polnischen Arbeiter als mildernden Umstand habe gelten lassen, daß der Arbeiter »als Pole« nicht dieselben Hemmungen habe wie ein Deutscher, weshalb er auch nicht so streng bestraft werden dürfe. Der Pole hatte eine Mitarbeiterin belästigt; was mit ihm geschah, geht aus den Unterlagen nicht hervor, doch wurden der Vorsitzer der Strafkammer abgelöst, die zwei Beisitzer ersetzt.[59] Mittlerweile war den Richtern bewußt geworden, daß die Polizei dabei war, ihre Autorität zu untergraben, besonders was kriegsbedingte Verbrechen betraf.[60] Die Berliner Justizbehörden konnten zwar nur vermuten, wie viele Menschen von der Gestapo hingerichtet wurden, doch waren sie überzeugt, daß durch solche Fälle »das Vertrauen der beteiligten Kreise in das Ansehen der Justiz aufs Schwerste erschüttert« werde.[61]

Trotz Schlegelbergers Bereitwilligkeit, das Ministerium nach den Wünschen Hitlers zu führen, verlangte die Lage nach einem radikaleren Justizminister. Spätestens 1942 schwebte Hitler jemand seinesgleichen vor, und so übertrug er am 20. August dieses Amt Otto Thierack, dem Präsidenten des Volksgerichtshofes.[62] Wie wir noch sehen werden, trug Thierack dazu bei, aus Deutschlands Richtern Hitlers loyale Rechtsdurchsetzer zu machen.

HINRICHTUNGEN MACHEN WEITER SCHLAGZEILEN

Die Diktatur war schon zu Beginn des Krieges, noch bevor sich das Blatt wendete und sie noch radikaler wurde, unverhohlen stolz darauf, eine beschleunigte Justiz melden zu können. So verurteilte das Münchner Sondergericht im September 1940 einen Mann zum Tode, der versucht hatte, einer Frau die Handtasche zu stehlen, und war offenkundig erfreut, melden zu können, daß das gesamte Verfahren nur sechs Tage nach Begehung der Tat bereits abgeschlossen war.[63] Auch andere Diebe und alle sogenannten Volksschädlinge wurden häufig als Opfer der Todesstrafe erwähnt.[64] Die Anstrengungen gegen das »Verbrechertum« an der Heimatfront wurden auch dazu genutzt, den Antisemitismus zu verbreiten. So wurden die Zeitungen bei einer Pressekonferenz am 15. September 1939 angewiesen, zu berichten, wie in der Auslandspresse gemeldet, daß für Juden nach 20 Uhr ein Ausgehverbot galt. Wie der Presse erklärt wurde, hatte man diese Maßnahme aus dem Grund eingeführt, weil Juden »häufig« die Verdunkelung nutzten, um arische Frauen zu »belästigen«.[65]

Meine systematische Auswertung der *Rheinischen Landeszeitung*, einer großen Regionalzeitung des Rheinlandes, ergab, daß während des Krieges kaum eine Woche verging, ohne daß nicht ein oder mehrere Todesurteile gemeldet wurden. In der ersten Woche des Jahres 1940 gab es fast an jedem Erscheinungstag der Zeitung Berichte über Todesstrafen, die von diversen deutschen Gerichten verhängt worden waren. Am Montag erschien die Zeitung nicht, aber am Dienstag wurde eine Hinrichtung gemeldet. Die Freitagsausgabe brachte einen Artikel mit der Überschrift »In Deutschland ist kein Platz für Verbrecher«, die Samstagsausgabe meldete: »Volksschädlinge zum Tode verurteilt«. In den Artikeln ging es um die Hinrichtung von insgesamt vier Männern.[66] Einige der Opfer waren des Mordes für schuldig befunden worden, aber andere waren Brandstifter, und einer wurde wegen einer versuchten unzüchtigen Handlung der Vergewaltigung für schuldig befunden. Die Sonntagsausgabe meldete die Hinrichtung von fünf Männern unter der Überschrift »Todesstrafe für Landesverräter«.[67] Die meisten von ihnen waren ziviler Verbrechen wie der Brandstiftung oder des Betruges schuldig, und alle bis auf einen waren keine Landesverräter in dem Sinne, daß sie auf den Sturz der Regierung hingearbeitet hätten. Viele Kurzmeldungen trugen einfach Überschriften wie »Todesstrafe vollstreckt« oder »Landesverräter hingerichtet«. Andere betrafen das, was man heutzutage gewöhnliche Kriminelle nennen würde, von denen die meisten nicht einmal Gewalt angewendet hatten, die aber wegen ihrer Vorstrafen oder aus anderen Gründen nach Auffassung der Gerichte die Todesstrafe verdienten. Himmler berichtete gelegentlich in der Presse, daß ein Häftling »im Widerstand« oder »auf der Flucht erschossen« worden sei.[68] In diesen Fällen handelte es sich offenbar um Hinrichtungen.

Während des Krieges bestand keineswegs eine Nachrichtensperre über die Todesstrafe, wie in der Literatur gelegentlich behauptet wird. Im Gegenteil gab die Pressestelle von Gestapo und Reichsjustizministerium genaue Richtlinien heraus, wie über diese Strafen zu schreiben sei. Die Pressereferenten der örtlichen Gerichte wurden in einer Mitteilung des Ministeriums vom 28. Oktober 1942 daran erinnert, daß nach wie vor das Verfahren zu beobachten sei, Berichte über Hinrichtungen erst nach deren Vollzug zu bringen. Der Artikel sollte klar und nachdrücklich in ein oder zwei Sätzen so abgefaßt sein, daß der unvoreingenommene Leser auch ohne Kenntnis des Verfahrens zu dem Schluß gelangen mußte, daß die Hinrichtung notwendig und gerechtfertigt war.[69] Nicht nur überregionale Zeitungen, sondern auch lokale und regionale strotzten während des Krieges von Artikeln über Prozesse und Hinrichtungen, oft auch bei Verbrechen, die bis dahin als minder schwer gegolten hätten. Einen Hinweis auf die zunehmende Radikalisierung an der »Recht-und-Ordnung«-Front liefert ein Urteil von Anfang 1942, das die Todesstrafe gegen vier angeblich vorbestrafte Männer verhängte, weil sie einen Einbruchdiebstahl (keinen Raubüberfall) begangen hatten.[70]

Nach eigener Einschätzung der Nationalsozialisten vom März 1942 wurden die Bürger während des Krieges maßgeblich von dem beeinflußt, was sie in der Presse lasen. Interessiert und kritisch lasen sie Artikel über Verbrechen und Strafe, doch befürchteten die Nationalsozialisten, daß Berichte über Todesstrafen, die nicht auf die geeignete Weise abgefaßt waren, sich sozial kontraproduktiv auswirken konnten. Zu den der Presse empfohlenen Veränderungen gehörte unter anderem, künftig den vollständigen Namen der hingerichteten Person zu bringen, anstatt wie bisher deren Identität zu verschleiern.[71]

Ein Jahr später, nach den Meldungen von der entscheidenden Niederlage bei Stalingrad und in einer Zeit, da die Deutschen Zeitungsberichten zunehmend kritisch gegenüberstanden, zeigten die Meinungsbilder noch immer, daß es in der Bevölkerung auch dann Verständnis für die harten Strafen gab, als der Krieg eine Wende zum Schlimmeren nahm.[72] Ein Bericht vom 16. September 1943 vermerkte mit Genugtuung, daß jüngste Pressenotizen über die Todesurteile gegen hochgestellte »Defätisten« »in allen Kreisen immer stärkere Beachtung« fänden: »Es sei erfreulich, so werde bemerkt, daß hier endlich einmal durchgegriffen wird und daß man nicht nur ›den kleinen Mann‹ bestraft.«[73]

Todeswürdige »Verbrechen« waren unter anderem das Entwenden von Postpaketen oder der illegale Handel mit Lebensmitteln. Anfang 1943 erschienen ausführliche Meldungen »aus dem Gerichtssaal«, in denen die Taten und die Hinrichtungen beschrieben wurden. Ein Fall betraf einen 75-jährigen Metzger, der wegen Schwarzmarktgeschäften angeklagt und verurteilt wurde; seine Hinrichtung sei »bereits erfolgt«, hieß es in dem Artikel.[74]

Gelegentlich berichtete die Presse auch über Straftaten von Frauen, besonders über unerlaubte sexuelle Beziehungen; so erhielt Anfang 1943 eine Frau sechs Jahre Zuchthaus, weil sie mit einem polnischen Kriegsgefangenen geschlafen hatte.[75] Weibliche Delinquenten, selbst wenn sie beschuldigt wurden, »Volksschädlinge« zu sein, wurden im allgemeinen weniger hart angefaßt als Männer, und über ihre Fälle wurde in der Presse weniger berichtet. Eine zwanzigjährige Düsseldorferin, die im Oktober 1943 für schuldig befunden wurde, sich von mitleidigen Nachbarn Waren erschlichen zu haben, indem sie vorgab, bei einem Luftangriff Eltern und Zuhause verloren zu haben, fand ein wohlwollendes Sondergericht und erhielt nur die Mindeststrafe von einem Jahr Zuchthaus.[76] In diesem Stadium des Krieges hätte ein solcher Betrug einen Mann in der Regel das Leben gekostet.[77]

Es wäre jedoch verfehlt, den Eindruck zu hinterlassen, als hätten alle Deutschen alles akzeptiert, was Polizei und Gerichte taten. Als in den ersten Kriegstagen die Presse über die von Himmler angeordneten polizeilichen Hinrichtungen berichtete, gab es sogar vereinzelt Gerüchte, wonach die Menschen über diese »Willkür« und das Fehlen eines ordnungsgemäßen Verfahrens stark beunruhigt seien. Die Bevölkerung durchschaute Phrasen wie »auf der Flucht erschossen« oder »im Widerstand erschossen« als Tarnbezeichnung für eine Hinrichtung. So erhob der Generalstaatsanwalt in Bamberg Einwände, die stellvertretend für viele andere zitiert seien. Am 30. April 1940 sprach er in seinem regulären Lagebericht von den »in letzter Zeit wiederholt bekanntgegebenen Mitteilungen« Himmlers, »daß Personen, die von ordentlichen Gerichten rechtskräftig zu Freiheitsstrafen verurteilt waren, durch Organe der Polizei ›im Widerstand‹ oder ›auf der Flucht‹ erschossen wurden«. Diese Maßnahmen hätten den Eindruck aufkommen lassen, daß die Gestapo jeweils eine »Korrektur der Erkenntnisse der Gerichte« vorgenommen habe, was »von weiten Kreisen keineswegs gebilligt« werde. Zumindest aus Sicht der Bamberger Justizbehörden mindere eine solche »Polizeijustiz« das »Zutrauen [der Bevölkerung] zu den Rechtsgarantien« und schädige »das Ansehen der ordentlichen Rechtspflege«, was im Interesse des »Durchhaltewillens« zu bedauern sei.[78]

Und doch gab es andere Berichte, wonach die Bürger die Verhängung der Todesstrafe sogar bei Delikten begrüßten, die noch nie Kapitalverbrechen gewesen waren, wie etwa Sittlichkeitsvergehen oder Homosexualität.[79] Selbst als das Volk am Ausgang des Krieges zu zweifeln begann, blieb es bei der Unterstützung drakonischer Bestrafungen.[80] Wie wir später noch sehen werden, kam es immer wieder vor, daß die Bürger vor Ort Kriegshinrichtungen in ihrer Mitte guthießen und sich mitunter sogar noch radikaler gebärdeten als die Polizei.

Nach dem Einmarsch der Alliierten in der Normandie im Juni 1944 ergingen wiederholt Warnungen an die Bürger, sich kein Fehlverhalten zu leisten. In einer der letzten Nummern der *Rheinischen Landeszeitung* drohte Himmler jedem die Todesstrafe oder eine andere strenge Bestrafung an, der nicht seine Pflicht tat, und verwies als abschreckendes Beispiel auf die Erschießung des Polizeipräsidenten vom Bromberg.[81]

Und wie stand es um die vielen Todesurteile, die vom berüchtigten Volksgerichtshof verhängt und gemeldet wurden? In einem Interview von 1940 bekräftigte Otto Thierack, Präsident dieses Gerichts und bald der radikalste aller nationalsozialistischen Justizminister, daß der Volksgerichtshof, 1934 zur zügigen Aburteilung von Landesverrätern errichtet, ein »ordentlicher Gerichtshof« und »kein sogenanntes Revolutionstribunal« sei. Die Richter dieses Gerichts kämpften mit der einzigen ihnen zu Gebote stehenden Waffe, dem Recht, um das Volk gegen alle Angreifer zu schützen.[82] Thierack wollte das Gericht im günstigsten Licht erscheinen lassen, aber jeder, der während des Krieges die Zeitungen las, konnte leicht feststellen, daß der Volksgerichtshof extrem radikal in dem Sinne war, daß er drakonische Strafen verhängte, und zwar oft für die trivialsten Vergehen.

Gleichwohl beharrte Thierack darauf, daß die deutschen Gerichte alles andere als ein System willkürlichen Zwanges seien. In einer Sendung des Großdeutschen Rundfunks räumte er im März 1944 ein: »Es ist kein Geheimnis, daß die Strafen, die heute im Kriege verhängt werden, hart, manchmal sogar sehr hart sind. Manche – und keineswegs etwa Gegner unseres Volkes – meinen sogar, die Justiz sei oft zu hart und nütze insbesondere die härtesten Strafen zu sehr ab.« Dennoch verteidigte Thierack solche Strafen, die zur Verteidigung der inneren Front gegen »Zersetzungserscheinungen« notwendig seien: »Jede falsche Rücksichtnahme wäre hier eine unverzeihliche Schwäche.«[83]

HITLER WIRD OBERSTER GERICHTSHERR

Daß Hitler die Polizeijustiz lieber war als selbst ein nazifiziertes Gerichtswesen, zeigte er unverhohlen, besonders durch seine Interventionen. 1942 nahm er sich trotz dringender anderweitiger Aufgaben die Zeit, um seine Stellung als Deutschlands »oberste Rechtsinstanz« zu formalisieren. Das war ein merkwürdiger Schritt, weil Hitler bereits befugt war, Gerichtsentscheidungen umzustoßen und Hinrichtungen anzuordnen. In den ersten Monaten des Jahres 1942 erging er sich aus Besorgnis über den Kriegsverlauf in privaten Grübeleien, daß das Justizwesen »noch zu wenig elastisch« sei und die Richterschaft Gefahren verkenne, die »das Verbrechertum« ausnutzen könne. Er kam auf die in seinen Augen zu milden Strafen zurück, die im letzten Krieg gegen zivile wie militärische Straftäter verhängt worden seien, was angeblich die Truppen verbittert habe, und forderte, man müsse verstärkt »das Volksschädlingsgesetz anwenden« und mehr Delinquenten ins Konzentrationslager schicken oder hinrichten. Er beklagte auch, daß die Juristen, so als ob Frieden wäre, zuviel Aufwand um ihre Urteile machten.[84] Daher führte er am 21. März 1942 weitere »Vereinfachungen« ein, um eine »reibungslose und schnelle Arbeit der Rechtspflege« zu gewährleisten. Der Endeffekt des Erlasses war, die Befugnisse des Richters zu Lasten des Angeklagten zu erweitern.[85]

Hitler hatte schon am 2. April 1942 seine Aufmerksamkeit der Verschärfung von Maßnahmen gegen Angehörige der bewaffneten Streitkräfte zugewandt, besonders gegen Männer, die eine Straftat begingen in der Hoffnung, ertappt zu werden und ins Gefängnis zu kommen, statt an der Front kämpfen zu müssen. Hitler ordnete daraufhin an:

»Die Bewährungsmöglichkeiten an der Ostfront müssen in Zukunft noch mehr als bisher ausgenutzt werden.«[86] Wer sich seiner Pflicht entzog, sollte in »Bewährungsbataillons« an der Ostfront Dienst tun, um zu den härtesten Arbeiten unter gefährlichen Bedingungen herangezogen zu werden. Solche »Bewährungsbataillons« waren erstmals in einem »Erlaß des Führers« vom September 1940 erwähnt worden. Ihr Zweck war, die Missetäter für die »Volksgemeinschaft« zurückzugewinnen und von Ungehorsam abzuschrecken. Nach dem Einmarsch in die Sowjetunion kam die Zuteilung zu einer solchen »Bewährungs«-Truppe mit ihren extrem hohen Verlusten einem Todesurteil gleich.[87]

Hitlers Besorgnisse um die Aufrechterhaltung von Ordnung und Disziplin gipfelten in seiner großen Rede vom 24. April 1942 vor dem Reichstag – passenderweise bei dessen letzter Sitzung. Niemand, der diese Rede hörte, konnte noch irgendeinen Zweifel an Hitlers tiefsitzendem und völlig wahnhaftem Antisemitismus haben. Er stellte Deutschland als das unschuldige Opfer hin, das »endlose« Friedensinitiativen ergreife, die alle von den »verborgenen Kräften« hinter den Kulissen, das heißt den Juden, vereitelt würden.

Hitler bot eine wenig realistische Einschätzung des Krieges und spielte die militärischen Leistungen Deutschlands hoch, doch konnte er seine Sorge um die Ostfront nicht verhehlen. Er behauptete, daß die Wehrmacht eine Katastrophe abwende, einesteils durch seine Führung, andernteils durch die »Tapferkeit« und »Treue« des einfachen deutschen Soldaten. Er räumte ein, daß es Stellen gegeben habe, »wo die Nerven brachen, der Gehorsam versagte« und es an Pflichtbewußtsein gemangelt habe, doch habe er bei solchen Gelegenheiten »harte Entscheidungen getroffen, und zwar kraft des souveränen Rechtes«, das er glaubte vom deutschen Volk hierzu bekommen zu haben.

Hitler suchte dies zu rechtfertigen, indem er das deutsche Volk darum bat, ihm durch den Reichstag die formellen Befugnisse eines »Obersten Gerichtsherrn« zu übertragen. Erstens bitte er um die »ausdrückliche Bestätigung«, überall dort eingreifen zu dürfen, »wo nicht bedingungslos im Dienste der größeren Aufgabe, bei der es um Sein oder Nichtsein geht, gehorcht und gehandelt wird«.[88] Er sagte, gesetzliche Rechte und Privilegien interessierten ihn nicht; denn heute gebe es »nur eine einzige gemeinsame Pflicht". Nachdem er der Beamtenschaft generell gedroht hatte, wandte sich Hitler der Justiz zu, deren Aufgabe es sei, der Nation zu dienen. Dann brachte er eines seiner Lieblingsgleichnisse von der guten und ehrbaren deutschen Frau, die es zu schützen gelte. Er habe, sagte er, »um nur ein Beispiel zu erwähnen«, kein Verständnis dafür, daß ein Verbrecher, der im Jahre 1937 heiratet und dann seine Frau so lange mißhandelt, bis sie endlich geistesgestört wird und an den Folgen einer letzten Mißhandlung stirbt, zu fünf Jahren Zuchthaus verurteilt wird, in einem Augenblick, in dem Zehntausende brave deutsche Männer sterben müssen, um der Heimat die Vernichtung durch den Bolschewismus zu ersparen. Das heißt also, um ihre Frauen und Kinder zu schützen. Ich werde von jetzt ab in diesen Fällen eingreifen und Richter, die ersichtlich das Gebot der Stunde nicht erkennen, ihres Amtes entheben.[89]

Hitlers Rechtfertigung für seine neuen Vollmachten entsprang der gefährlichen Lage, in der er Deutschland 1942 sah; denn der Mann, der seine Frau mißhandelt hatte, war längst in einer Neuauflage des Verfahrens schuldig gesprochen und hingerichtet worden.[90] Nach Meinungsbildern aus jener Zeit wurde der Griff Hitlers nach Befugnissen, die er ohnedies schon hatte, als Angriff auf die Justiz verstanden.[91] Seine Reichstagsrede enthielt die Botschaft an die Richter, härter zu sein, und an das Volk, sich zusammenzureißen oder die Folgen auf sich zu nehmen. Meinungsbilder besagten, daß Hitlers Behauptungen über die Juden auf Interesse »vor allem in politisch interessierten Kreisen« stießen.[92]

Hitler dachte noch einmal am 30. Januar und am 24. April 1942 sowie bei einer späteren Gelegenheit in demselben Jahr öffentlich über Justizfragen nach. In einer Rede im September beschäftigte er sich eingehender mit der militärischen Lage und erwähnte seine schändliche Prophezeiung, was im Falle eines Krieges mit den Juden geschehen werde. Hitler war stolz auf die Behauptung einer englischen Zeitung, die »sehr richtig geschrieben« habe, wer sich in England den Krieg zunutze mache, erhalte lediglich einen Klaps auf die Finger; in Deutschland sei er praktisch ein toter Mann. Er fuhr fort: »In einer Zeit, in der die Besten unseres Volkes an der Front eingesetzt werden müssen und dort mit ihrem Leben einstehen, in dieser Zeit ist kein Platz für Verbrecher und für Taugenichtse, die die Nation zerstören!« Die Verbrecher, die versuchten, Vorteile aus der Situation zu schlagen, könnten auf keine Nachsicht hoffen. »Wir werden dafür sorgen, daß nicht nur der Anständige an der Front unter Umständen sterben kann, sondern daß der Verbrecher und Unanständige zu Hause unter keinen Umständen diese Zeit überleben wird!« Um diesen Punkt zu betonen, wiederholte er sein Gleichnis von der aufrechten deutschen Frau, die es zu schützen gelte, wenn sie nachts bei der Verdunkelung von ihrer Arbeitsstätte nach Hause ging. Sie solle nicht befürchten müssen, daß ihr von irgendeinem »Taugenichts oder Verbrecher« ein Leid geschehe, während ihr Mann an der Front stehe. Unmißverständlich stellte Hitler fest: »Wir werden diese Verbrecher ausrotten, und wir haben sie ausgerottet.« Die Männer an der Front hätten das Recht zu verlangen, daß ihre Familien, ihre Frauen und ihre Angehörigen zu Hause beschützt würden, während sie selbst draußen ihr Leben einsetzten. Die Rede endete mit der Parole: »Wir stehen hinter unseren Soldaten, so wie unsere Soldaten für uns einstehen!«[93]

DIE TODESSTRAFE

Hitler war ein entschiedener Befürworter der Todesstrafe, und ihre zunehmende Anwendung wurde in der Presse an die große Glocke gehängt und von der Bevölkerung allgemein begrüßt. Vergleichen wir das Dritte Reich mit der Weimarer Republik (1919 bis 1932) – unter Einschluß der stürmischen Revolutionsjahre zu Beginn der Republik und der Jahre der Wirtschaftskrise –, so stellen wir fest, daß in Weimar von 1141 zum Tode verurteilten Personen 184 hingerichtet wurden. Auch in den Jahren der Wirtschaftskrise ab 1929, als allgemein der Eindruck herrschte, Deutschland werde von einer Verbrechenswelle überrollt, endeten kaum zehn Prozent aller Todesurteile mit der Hinrichtung. Sobald jedoch die Nationalsozialisten an die Macht kamen, nahm nicht nur die Zahl der Todesurteile, sondern auch der Prozentsatz der Hinrichtungen zu. In den Jahren, für die wir Statistiken haben, das heißt zwischen 1933 und 1939 (ohne 1934), wurden mehr als 80 Prozent der zum Tode Verurteilten auch hingerichtet.[94]

Hitler bestand bei vielen Gelegenheiten darauf, daß die Kriegsbedingungen an der Heimatfront beispiellos seien und eine vermehrte Anwendung der Todesstrafe erforderten, auch für Verbrechen, die er vor dem Krieg für minder schwer angesehen hätte. So bemerkte er am 20. August 1942 im Gespräch mit dem neu ernannten Justizminister Thierack, daß die Kriegssituation nicht nur verlange, kleine Handtaschendiebe hinzurichten, sondern daß »barbarische Maßnahmen« gegen sämtliche Verbrechen erforderlich seien, um zu verhindern, daß sie um sich griffen und zur Seuche würden. Hitlers Verständnis des Krieges als eines Darwinschen Kampfes, in dem die Besten fielen, forderte außerdem, daß die Richter das Gleichgewicht wiederherstellen mußten, indem sie Taugenichtse aufs Schafott schickten, anstatt sie in der relativen Sicherheit und Bequemlichkeit hinter Gittern zu verschonen. Er ermutigte Thierack, den Richtern auf die Finger zu sehen und sie an die Anwendung zeitgemäßer Methoden zu erinnern.[95]

Zwischen 1933 und 1945 wurden in Deutschland von zivilen Gerichten, das heißt hauptsächlich vom Volksgerichtshof und den Sondergerichten, annähernd 16500 Menschen zum Tode verurteilt, von denen die meisten keine Juden waren. Einige waren »gewöhnliche Deutsche«, doch insgesamt waren die meisten ausländische Staatsangehörige (zum Beispiel Zwangsarbeiter), die während des Krieges nach Deutschland gebracht worden waren. Schätzungsweise drei Viertel dieser Todesurteile wurden vollstreckt.[96] Doch obgleich viele Männer und Frauen, die von deutschen Gerichten in den Tod geschickt wurden, Ausländer waren, gab es Gegenden, in denen neuen Untersuchungen zufolge die Mehrheit der (männlichen und weiblichen) Opfer gewöhnliche Deutsche waren.[97]

Die revolutionäre Transformation des gesamten Justizwesens in der Hitlerdiktatur und die markanten Auswirkungen des Krieges kann man ermessen, wenn man sich ansieht, was mit der Todesstrafe geschah. Zu Beginn des Krieges gab es drei Delikte, bei denen die Todesstrafe verhängt wurde; am Ende des Krieges waren es mindestens 46. Die Zahl der Angeklagten, die sich wegen »schwerer« politischer Verbrechen wie Landesverrat vor dm Volksgerichtshof verantworten mußten, stieg auf fast das Zehnfache, nämlich von 470 Fällen im Jahre 1939 auf 4379 Fälle 1944; dagegen stieg die Zahl der verhängten Todesstrafen fast auf das Sechzigfache, von 36 im Jahre 1939 auf 2097 im Jahre 1944. Der Volksgerichtshof intensivierte also in den Kriegsjahren nicht nur dramatisch seine Aktivitäten, er wurde auch immer blutdurstiger. Im Jahre 1944 (dem letzten, für das Statistiken vorliegen) verurteilte der Volksgerichtshof fast die Hälfte der Angeklagten (2097 von insgesamt 4379) zum Tode.[98]

Neben den gerichtlich angeordneten Hinrichtungen gab es während des ganzen Krieges viele andere, die auf Weisung der Polizei, Himmlers oder Hitlers erfolgten. Es gab nicht nur kein ordentliches Verfahren – mitunter erfuhren die Beamten im Justizministerium von den Vorgängen erst durch Meldungen in der Zeitung. Es wurden nur halbherzige Versuche unternommen, diese kaum bemäntelten Morde vor der Öffentlichkeit geheimzuhalten.[99]

Deutschlands Militärgerichte waren, wenn überhaupt, noch brutaler als die zivilen. Abgesehen davon, daß sie zwischen 13000 und 15000 Menschen zum Tode verurteilten (von denen rund 85 Prozent hingerichtet wurden), pflegten die Militärgerichte auch sehr lange Haftstrafen zu verhängen. Im Verlauf des Krieges stieg die Zahl der monatlich vor Militärgerichten anhängigen Verfahren auf mehr als das Dreifache, von 12853 im Dezember 1939 auf 44955 im Oktober 1944, während sich die Zahl der von Militärgerichten verhängten Todesurteile mehr als verachtfachte, von 519 in den Jahren 1939/40 auf 4118 in den Jahren 1943/44.[100]

Die Brutalität dieser Urteilssprüche unterstreicht, daß wir trotz einer gewissen Konkurrenz zwischen den Gerichten und der Polizei diese weder überschätzen noch zu dem Schluß kommen dürfen, die Richter seien irgendwie bestrebt gewesen, die traditionelle Rechtsstaatlichkeit aufrechtzuerhalten. Gewiß äußerten Vertreter des Reichsjustizministeriums sowie lokale Gerichtsbeamte von Zeit zu Zeit Vorbehalte dagegen, daß die Polizei außerhalb des Rechts agierte. Aber wie Ralf Angermund hervorgehoben hat, waren solche Klagen viel zu selten und betrafen vereinzelte Fälle besonders ungeheuerlicher Polizeimaßnahmen und entstanden oft, weil lokale Justizbeamte über Entscheidungen der Führung in Berlin nicht informiert worden waren.[101] In der Praxis akzeptierten nach gelegentlichen, schwachen Protesten der Justizbeamten und Richter alle das Dritte Reich, und soweit wir wissen, hat kein einziger von ihnen für seine jüdischen Kollegen, die alles ihres Amtes enthoben wurden, auch nur einen Finger krumm gemacht.[102]

Die Richter waren um reibungslose Zusammenarbeit mit der gesamten neuen Polizei bemüht, und ab 1933 machten Justizbehörden aller Ebenen Gesten des »guten Willens«, indem sie es zum Beispiel die Gestapo wissen ließen, wenn politische Gefangene aus der Haft entlassen wurden, wenn in einem bestimmten Fall die Klage fallengelassen wurde und sogar, wenn eine Freilassung bevorstand, weil ein Angeklagter für unschuldig befunden worden war, so daß die Polizei prüfen konnte, ob sie solche Personen in »Schutzhaft« nehmen wollte.[103]

Die Richter bewirkten harte Urteile in ihren Gerichten und in Zusammenarbeit mit der Polizei, weil sie loyale Diener des neuen Systems waren, und nicht, weil sie gezwungen worden wären, sondern vielmehr, weil sie neben generelleren Grundannahmen über »Recht und Ordnung« offensichtlich so viele nationalsozialistische Überzeugungen – einschließlich des Rassismus – teilten.[104]

Ein kleiner Vorfall vom Mai 1941 mag verdeutlichen, wie sehr sich »Recht und Ordnung« während des Krieges verändert hatten. Aus einem Lagebericht des Generalstaatsanwalts in Stuttgart geht hervor, daß ein Polizeibeamter in SS-Uniform, wahrscheinlich ein Angehöriger der Gestapo, in einer höheren Klasse eines Stuttgarter Gymnasiums erschien, um »die von Zeit zu Zeit in der Presse zu lesenden Erschießungen ›wegen Widerstands‹« zu erklären. Er sagte einfach, die Gerichte könnten nur dann ordnungsgemäß arbeiten, wenn ein schlüssiger Beweis gegen den Täter vorliege, während die Polizei bei unzureichender Beweislage tätig werden müsse. Sie wisse aber Schuld zu erkennen und sei nicht an Beweisregeln gebunden wie Richter, so daß die Polizei zum sprichwörtlichen Richter, Geschworenen und Henker werden könne. Um die Schüler jedoch nicht über Gebühr zu beunruhigen, wurde ihnen versichert, daß die Polizei niemanden »ohne vorherige Prüfung« erschieße.[105] Wie die Schüler auf diese offenherzige Erläuterung der Polizeijustiz reagiert haben mögen, verschweigt der Lagebericht des Generalstaatsanwalts.

Daß die Polizei ungesetzliche Hinrichtungen in aller Öffentlichkeit erläutern und dabei erwarten konnte, alle Vorbehalte der Öffentlichkeit in dieser Frage zu beschwichtigen, sagt eine Unmenge darüber aus, welche Umgestaltung Deutschland seit 1933 erfahren hatte.

VERBRECHENSSTATISTIK

Die Hitlerdiktatur prahlte wiederholt mit den Erfolgen der weitreichenden neuen Polizeibefugnisse bei der Zurückdrängung des Verbrechens. Anfang 1936 gaben die Behörden bekannt, im Land sei »das große Aufräumen« erfolgt, das Verbrechen sei niedergerungen, und die Bürger sollten das zu schätzen wissen.[106] Anfang 1941 nutzte Reinhard Heydrich den »Tag der Deutschen Polizei«, um das Volk daran zu erinnern, daß Kripo und übrige Polizei die Verbrechensrate gegenüber 1932 um 40 Prozent gesenkt hätten.[107] Im Laufe der Jahre bekamen die Bürger viele solche Erfolgsmeldungen zu hören, und ohne Zweifel gingen bestimmte Verbrechensarten zurück – aus Gründen, die nichts mit der neuen Polizei und dem neuen Gerichtssystem zu schaffen hatten. So brachte die Rückkehr zur Vollbeschäftigung im Jahr 1936 vielen potentiellen Straftätern wieder Arbeit, und der Aufbau der Streitkräfte entfernte Millionen junger Männer von den Straßen und damit von der Gelegenheit, Verbrechen zu begehen.

Das Vorkommen »wirklicher« Verbrechen einzuschätzen ist schwierig, doch wenn wir die Statistik von 1931 bis zum Krieg betrachten, ist ein genereller Rückgang festzustellen.[108] Gleichwohl wurde das Verbrechen aus mehreren Gründen unterschätzt. Zum einen verstanden die Statistiker unter »Verbrechen« einen durch Schuldspruch eines ordentlichen Gerichtes bestätigten Verstoß gegen das Strafgesetzbuch. Die Hunderttausande von Fällen, die vor den Sondergerichten und dem Volksgerichtshof abgeurteilt wurden, tauchten in den Statistiken nicht auf. Darüber hinaus erledigten Polizei und sogar NSDAP Tausende von Anschuldigungen und Delikten aus eigener Machtvollkommenheit, ohne vor Gericht zu ziehen.[109]

Die Zahl der Angeklagten vor den ordentlichen Gerichten ging auch durch die vielen Amnestien Hitlers zurück. Nach einem undatierten Bericht aus dem Reichsjustizministerium hatte es seit 1932 zehn Amnestien gegeben, in deren Genuß schätzungsweise 2,5 Millionen Menschen gekommen waren; zahlreiche schwebende Fälle wurden niedergeschlagen, von den Gerichten fallengelassen oder gar nicht erst vor Gericht gebracht. Diese Amnestien hatten also nebenbei den Effekt, den Rückgang des »Verbrechens«, definiert als Erfolg der Strafverfolgung, schönzurechnen.[110] Wie die Justizbeamten selber klagten, bedeutete die kriegsbedingte Personalknappheit höchstwahrscheinlich, daß viele Verbrechen unentdeckt und ungesühnt blieben.[111]

Alles in allem gibt es guten Grund zu der Schlußfolgerung, daß das »Verbrechen« – unter Zugrundelegung der nationalsozialistischen Definitionen – insgesamt in den Jahren des Dritten Reichs wohl eher zunahm, zumal in den Kriegsjahren, als viele neue Straftatbestände erfunden wurden. Das Steigen oder Sinken der Verbrechensrate war keine so ausgemachte Sache, wie Polizeisprecher die deutschen Bürger glauben machen wollten.[112]

Eine Analyse des Statistischen Reichsamtes von 1944 zeigt, daß die Gesamtzahl der von den Strafgerichten rechtskräftig verurteilten deutschen Männer und Frauen (nicht nur der ausländischen Staatsangehörigen), die zu Beginn des Krieges infolge einer Amnestie zurückging, jetzt wieder im Steigen begriffen war. Für den anfänglichen Rückgang 1939 und 1940 nannten die Statistiker mehrere Gründe. So kam zu Hitlers Amnestie vom 9. September 1939 hinzu, daß durch die Wehrpflicht viele Männer einberufen wurden, deren Verfahren anhängig waren. Auch wiesen die Statistiker darauf hin, daß die Bevölkerung zögerte, minder schwere Delikte anzuzeigen, und die Arbeitgeber sich mit Klagen gegen ihre Arbeiter zurückhielten, weil sie befürchteten, frei werdende Stellen wegen des akuten Arbeitskräftemangels nicht wieder besetzen zu können. Ferner standen für Ermittlungen weniger Polizeibeamte zur Verfügung, da viele von ihnen eingezogen waren oder polizeiliche Aufgaben außerhalb des eigentlichen Deutschlands wahrnehmen mußten. Gleichwohl begann die Zahl der Männer und Frauen und besonders der Jugendlichen, die von ordentlichen Gerichten verurteilt wurden, wieder zu steigen, sobald sich die Auswirkungen der Amnestie nicht mehr bemerkbar machten. Der Anstieg der Verbrechensrate schlug sich ab 1941 in den Statistiken nieder. Mit der kriegsbedingten Verdunkelung der Straßen ergaben sich sogar neue Gelegenheiten zu krimineller Betätigung, desgleichen mit der Einführung von Maßnahmen zur Kriegsversorgung der Bevölkerung mit Lebensmitteln, Kleidung und Schutzräumen.[113]

In dieser statistischen Analyse unberücksichtigt blieb die Auswirkung jener Fälle, die nicht vor ordentliche Gerichte kamen, sondern von der Polizei in eigener Regie geregelt wurden. Eine Analyse des Reichsjustizministeriums von Ende 1944, in der diese letzteren Fälle nicht mitgezählt werden, besagt, daß im Vergleich zu 1937 (dem einzigen Jahr ohne Amnestie) in den Kriegsjahren ein bescheidener Rückgang der Kriminalität in den Grenzen des alten Deutschlands zu verzeichnen war. Dagegen nahm die Jugendkriminalität zu und war 1942, verglichen mit 1937, um 110 Prozent gestiegen.[114]

Vereinzelt erhalten gebliebene Ermittlungsakten der Kripo aus der Zeit von 1938 bis 1943 belegen eine kontinuierliche Zunahme der als »schwerer Diebstahl« eingestuften Fälle.[115] Die Zahl der Diebstähle und Erpressungen stieg, ebenso die Zahl der Tötungsdelikte in den meisten Jahren zwischen 1938 und 1943.[116] Zwar beziehen sich diese Zahlen auf das Großdeutsche Reich (die österreichischen Daten sind ab 1939, die der annektierten polnischen Gebiete ab 1940 berücksichtigt), doch war auch auf dem Gebiet dieses neuen Reichs seit 1940 jedes Jahr eine signifikante Zunahme des Verbrechens zu verzeichnen. Den Meldungen zufolge gab es nur eine Verbrechensart, die zurückging, und zwar Betrug. Indessen hatte die Kripo die Verfolgung von Betrügereien und anderen Straftaten wie »einfacher Diebstahl« zurückgestellt und konzentrierte sich auf Delikte wie Einbruchsdiebstahl. Außerdem hatte sie sich um die polizeiliche Umsetzung der vielen neuen Kriegsmaßnahmen zu kümmern.

Es gibt eine andere Seite der Kriminalität, die wir bei der Einschätzung der Verbrechensrate im nationalsozialistischen Deutschland während des Krieges in Rechnung stellen müssen, und zwar die Millionen von Fremdarbeitern und Kriegsgefangenen, die nach Deutschland gebracht wurden. Fremdarbeiter waren in den Kriegsjahren die Hauptsorge der Polizei. Wenn wir die ins Astronomische gehende Zahl ihrer Zusammenstöße mit Ausländern hinzunehmen, müßten wir zu dem Schluß kommen, daß es im nationalsozialistischen Deutschland nichts weniger als eine Explosion des »Verbrechens« gegeben habe. Die meisten dieser Verbrechen wurden unmittelbar durch polizeiliche Maßnahmen geregelt, so daß solche Fälle überhaupt nicht vor einem ordentlichen Gericht verhandelt wurden.

Gleichwohl waren die märchenhaften Statistiken der nationalsozialistischen Verbrechensbekämpfung selber die größte Kriminalstory, und wenn auch die Erfolge mehr fiktiv als real waren, darf man nicht unterschätzen, welche Auswirkung auf die Bevölkerung die wiederholten Ankündigungen hatten, die Diktatur gewinne den Krieg gegen das Verbrechen. Diese Propaganda hinterließ bei vielen Zeitgenossen einen enormen Eindruck, so daß die angeblichen Erfolge der Nationalsozialisten bei der Verbrechensbekämpfung bei manchen noch heute in guter Erinnerung sind.[117] Besonders frappierte sie, wie die Diktatur die Straßen von Unangepaßten und sozialen Außenseitern säuberte, was selbst eine traurige Geschichte ist, wie wir im nächsten Kapitel sehen werden.

Kapitel 5

SOZIALE AUSSENSEITER

Die Nationalsozialisten eröffneten der Gestapo weitreichende neue Möglichkeiten, politische Gegner und Menschen, die als »Volksfeinde« galten, zur Strecke zu bringen. Fast gleichzeitig erhielt die Kriminalpolizei den Auftrag, die unterschiedlichsten sozialen Außenseiter, von Kriminellen über Bettler bis zu Nichtseßhaften, aufzuspüren und »auszuschalten«. Die Polizei generell wie auch eine Unzahl weiterer Behörden waren Teil einer großangelegten Unternehmung, die legendäre Reinheit der rassisch fundierten »Volksgemeinschaft« wiederherzustellen, wie sie angeblich in der Vergangenheit existiert hatte. Im vorliegenden Kapitel geht es hauptsächlich um die Kripo und ihre Kampagnen gegen unterschiedlich definierte soziale Außenseiter. Wir müssen uns jedoch des größeren Zusammenhangs bewußt sein, in dem auch eine Vielzahl von biomedizinischen Experten an Bemühungen um eine »Säuberung« des Volkskörpers beteiligt waren. Wie wir sehen werden, steckte die Polizei oft mit Medizinern und andere Stellen unter einer Decke, um Menschen zu beseitigen, die als »gemeinschaftsunfähig« galten.

Schon vor 1933 gab es gewisse Personen und Personengruppen, die an den Rändern der Gesellschaft lebten – oder dorthin abgedrängt worden waren –, weil sie nicht gemäß den herrschenden sozialen Werten wie Arbeit, Sauberkeit und Nüchternheit leben wollten oder konnten. Diese Werte und Normen sowie die negativen Einstellungen gegenüber Menschen, die ihnen nicht gehorchten, übertrugen sich ins Dritte Reich, wo sie jedoch enorm aufgebauscht wurden. Die Vision der Nationalsozialisten von einer harmonischen, gesunden, hart arbeitenden und politisch engagierten »Volksgemeinschaft« war nicht neu; was die Hitlerdiktatur auszeichnete, war die Entschlossenheit, diese Dinge auch in die Tat umzusetzen.[1] Jeder, der nicht in die reine, weiße, »arische« Nation paßte, wurde nicht nur einer immer größeren Zahl von diskriminierenden Maßnahmen unterworfen, sondern war auch in Gefahr, ins Konzentrationslager geschickt, durch Zwangsarbeit getötet oder kurzerhand umgebracht zu werden.[2]

Schon vor 1933 hatte Hitler nichts als Geringschätzung für jene übrig, die er »Entartete« und »Schmarotzer« nannte, und sobald er an der Macht war, verfocht er radikal die »Säuberung« der Straßen, das Wegsperren der Straftäter und die »Reinigung« der Rasse.[3] Er verachtete jene liberale Welt, die er mit der Weimarer Republik verband, und bevorzugte wie andere NS-Führer unnachsichtige Aktionen der Polizei. Er spottete über milde Richter und schmähte nicht nur vorbestrafte Kriminelle, sondern jeden, der nicht in seine Gesellschafts- und Rassevision hineinzupassen schien.

Doch Hitler und in gewissem Umfang andere Führer wie Heinrich Himmler bestimmten zwar im einzelnen die Maßnahmen, mit denen gegen soziale Außenseiter vorgegangen werden sollten, sie konzipierten aber ihre weitreichenden Ziele und taktischen Pläne nicht in einem sozialen Vakuum. Nicht nur entsprach die soziale Identität der verfolgten Außenseiter weitgehend deutschen Traditionen, es sollte auch das radikalere Durchgreifen gegen sie den Beifall der braven Bürger finden und sie für das neue Regime gewinnen. So verbanden sich in den Plänen und Strategien der Nationalsozialisten gegen soziale Außenseiter ideologische Überzeugungen mit einem politischen Kalkül darüber, was die deutschen Bürger unterstützen oder zumindest tolerieren würden. Viele Behörden draußen im Lande erkannten die neuen Möglichkeiten, sich ihrer »Problemfälle« zu entledigen, und folgten nicht nur den Anweisungen ihrer Führer, sondern überboten sie noch und wurden oft aus eigener Initiative tätig.

WIEDERHOLUNGSTÄTER

Die nationalsozialistische Auffassung von Verbrechensprävention sah vor, daß die Polizei mögliche Kriminelle identifizierte und festnahm, bevor sie irgend etwas anstellen konnten. Himmler sprach in Zeitungsartikeln und Reden die Selbstverständlichkeit aus, daß es schwierig und kostspielig sei, mögliche Wiederholungstäter im Auge zu behalten, und wollte daher wie Hitler jeden, der drei oder vier Verbrechen begangen hatte, definitiv ins Konzentrationslager stecken.[4] Diesen Vorstellungen lag die Überzeugung zugrunde, daß man zum Verbrecher geboren, nicht gemacht wurde.

Schon seit Jahrzehnten hatten europäische und amerikanische Wissenschaftler verschiedenster Couleur den Gedanken propagiert, daß hartgesottene Kriminelle und Menschen, die sie »Asoziale« nannten – eine Bezeichnung, die es schon Generationen vor der NS-Zeit gab – biologisch oder sogar genetisch determiniert seien. Die Suche nach dem magischen Schlüssel zu Kriminalität und sozialer Devianz ging auf die Zeit vor 1914 zurück, als Theoretiker wie Cesare Lombroso eine »Kriminalwissenschaft« zu konzipieren suchten, die den Staat besser befähigte, »der Delinquenz durch Enthüllung des wahren Kriminellen vor der Tat zuvorzukommen und daher die Möglichkeit zur Präventivhaft zu erweitern«.[5] NS-Kriminologen wie Robert Rittner bauten auf Lombrosos Werk auf.[6] Hitler formulierte denselben Standpunkt mit seiner von Polizeiexperten oft zitierten Bemerkung: »Der geborene Verbrecher wird Verbrecher sein und bleiben; aber zahlreiche Menschen, bei denen bloß eine gewisse Hinneigung zum Verbrechen vorhanden ist, können durch richtige Erziehung noch zu wertvollen Gliedern der Volksgemeinschaft werden.«[7] Freilich wurden mit der Zeit immer mehr Arten von Straftätern und »Devianten« zu den Menschen gezählt, die in die vage Kategorie des »geborenen Verbrechers« fielen.

Neben Hitler teilten andere Führer der NS-Polizei diese Ansichten. Kurt Daluege, Chef der uniformierten Polizei (Orpo), und Arthur Nebe von der Kripo traten konsequent für die Vorbeugungshaft ein, um das Verbrechen im Keim zu ersticken. Eine preußische Verordnung (13. November 1933) und ein Reichsgesetz (24. November 1933) betrafen »Berufsverbrecher« beziehungsweise »gefährliche Gewohnheitsverbrecher«. Nach der preußischen Verordnung konnte die Polizei Menschen in Vorbeugungshaft nehmen, die vorsätzliche Verbrechen oder Vergehen begangen hatten und bei drei verschiedenen Gelegenheiten zu mindestens sechs Monaten Haft verurteilt worden waren. Die Verordnung setzte auch Quoten für die »vorbeugende Polizeihaft« von polizeibekannten Verbrechern fest und folgte damit mehr oder weniger dem Muster, wonach die Gestapo häufig politische Gegner verhaftete.[8] Bald konnte die Polizei auch Personen in Haft nehmen, die überhaupt keine Vorstrafen hatten, wenn Grund zu der Vermutung bestand, daß diese Personen einen »kriminellen Willen« besaßen und eine künftige Gefährdung für die Sicherheit waren.[9]

Auch die Strafrechtskommission, die 1933 ihre Arbeit aufnahm, beriet darüber, was mit solchen Straftätern zu tun sei. Justizminister Gürtner sagte in einem Zeitungsbericht, daß zum Schutz der Gemeinschaft die Gesetze geändert werden müßten, notfalls auch durch Beschneidung der Rechte des Einzelnen. Die Gemeinschaft, betonte er, werde nicht warten, bis ein solcher Verbrecher erneut zur Tat schreite, sondern habe ihm vorher das Handwerk zu legen, weil ein solcher Mensch »als Schädling für das Volk unschädlich gemacht werden muß«.[10] In Erwartung der radikaleren Behandlung von Wiederholungstätern, die das neue Strafrecht enthalten sollte, lenkten Justizbeamte Ende 1933 die Aufmerksamkeit besonders auf das, was sie das »gemeinschädliche Verbrechertum« nannten. Gürtner sagte, in dem alten, liberalen System sei es unmöglich gewesen, gegen solche Täter vorzugehen, daß aber das neue deutsche Strafrecht dies ändern werde.[11]

Kurt Daluege, der Mann, der seine Karriere im Dritten Reich als für die Polizei zuständiger Ministerialdirektor im preußischen Innenministerium begann, war ein entschiedener Befürworter des nationalsozialistischen Vorgehens gegen das Verbrechen. Er stellte in der Öffentlichkeit das neue »Gesetz gegen gefährliche Gewohnheitsverbrecher« vor und erklärte in einer Rundfunkansprache, das neue Regime, »kein Freund halber, sondern ganzer Maßnahmen«, werde »unerbittliche Strenge« gegen diese Verbrecher, »die schwer vorbestraften, bewußt asozialen Elemente«, anwenden. Er sagte, das neue Gesetz sei ein gutes Beispiel nationalsozialistischer Rechtspflege, weil Wiederholungstäter hinter Schloß und Riegel gehalten würden und damit der Gesellschaft »ein überflüssiges schwieriges, langwieriges und kostspieliges Untersuchungsverfahren erspart« bleibe.

Daluege berichtete ferner, die preußische Kriminalpolizei habe schon vor dem Inkrafttreten des neuen Gesetzes viele solche Personen in einem »besonderen Konzentrationslager« untergebracht, wo sie »wieder arbeiten lernen sollen«. Jeder, den die Polizei für einen Wiederholungstäter halte, könne »auch ohne Nachweis einer neuen Straftat« verhaftet und in ein solches Lager gebracht werden. Daluege betonte, daß die Kriminalpolizei diese vorbeugenden Aktionen ohne jede Rücksprache mit den Strafgerichten durchführe, und schloß seine Rundfunkansprache mit jenem Märlein von den sicheren Straßen, das im Dritten Reich so gern wiederholt wurde. Ziel der Polizeiarbeit, so Daluege, sei es, zu erreichen, »daß jeder Volksgenosse abends in völliger Sicherheit auch durch einsame Straßen gehen kann. Er soll seine Fenster offenlassen können, ohne sich vor Fassadenkletterern fürchten zu müssen. Und er soll vor allem wieder ruhig schlafen können, in dem Gefühl, daß wir für ihn wachen.«[12]

Auch andere Amtsträger betonten, daß das neue Regime Erfolge im Kampf gegen das Verbrechen erzielt habe, bevor die neuen Maßnahmen gegen Wiederholungstäter in Kraft getreten seien. Der neu ernannte Chef der Berliner Kriminalpolizei, Friedrich Schneider, sagte im November 1933, daß die Verbrechen in der Reichshauptstadt, besonders Diebstähle und Einbruchdiebstähle, dramatisch zurückgegangen seien, und erklärte dies mit der Vorbeugungshaft für Berufsverbrecher.[13] Andere unterstrichen, daß die Rückkehr zur Vollbeschäftigung im neuen Deutschland dazu beigetragen habe, Bettler und kriminelle Elemente von den Straßen zu beseitigen. Sie alle erklärten, daß die Zeiten vorbei seien, wo »alleingehende Frauen Sorge haben müßten, unbehelligt nach Hause zu kommen«.[14]

Wie die Presse erklärte, werde nach dem 1. Januar 1934 niemand, der als »gefährlicher Gewohnheitsverbrecher« gelte, auch nach vollständiger Verbüßung seiner Strafe wieder auf freien Fuß kommen. Vielmehr werde er zum Schutz der Volksgemeinschaft in »Sicherungsverwahrung« genommen.[15] Um das harte Image der Diktatur zu bekräftigen, wurde die Öffentlichkeit darüber informiert, daß das Leben hinter Gittern kein Zuckerlecken sein werde. Die Zeit im Gefängnis war nicht nur Bestrafung für ein Verbrechen, sondern sollte auch eine erzieherische Wirkung auf die Verbrecher ausüben.[16] Die Nationalsozialisten beharrten darauf, daß auch höhere Geld- und längere Haftstrafen abschrekkend wirkten, und beeilten sich mit ihren Erfolgsmeldungen, noch bevor das erste Jahr der Hitlerdiktatur herum war.

Polizeisprecher wie Daluege erklärten die uneingeschränkten Vorrechte der Polizei mit denselben Argumenten, die zur Begründung der neuen Befugnisse der Gestapo herangezogen wurden. Ende 1934 feierte er die »glänzenden Bewährung der Vorbeugungshaft«, weil sie der Polizei das Mittel an die Hand gebe, Berufsverbrechern das Handwerk zu legen, bevor sie eine neue Straftat begingen. Der neue operative Grundsatz im Kampf gegen das Verbrechen laute »Vorbeugen ist besser als Einschreiten«.[17] Er betonte, die Vorbeugungshaft habe den (fiktiven) Zusammenhalt der Verbrecher gesprengt, die heute nicht mehr so frech aufträten wie früher.[18]

Auch die Richter brachten sich bald ins Spiel, weil das Reichsgesetz ihnen neue Befugnisse gab, die »Sicherungsverwahrung« von Personen anzuordnen, die als mögliche Wiederholungstäter galten. Diese »Verbrecher« konnten in staatliche Einrichtungen wie Gefängnisse, Arbeitshäuser oder Heilanstalten eingewiesen werden; auch konnte der Richter die Sterilisation von Personen anordnen, die als »gefährliche Gewohnheitsverbrecher« definiert wurden.[19]

Hitler vertrat seit langem der Ansicht, daß die Sterilisation eingesetzt werden solle, um die »Rassereinheit« der Volksgemeinschaft wiederherzustellen, doch war sie in Deutschland vor 1933 verboten gewesen.[20] Eine der ersten umfassenden Maßnahmen des Dritten Reiches war das »Gesetz zur Verhütung erbkranken Nachwuchses« vom 14. Juli 1933, das die Zwangssterilisation ermöglichte. Ursprünglich zielte das Gesetz auf Personen ab, die an geistigen oder körperlichen Problemen wie angeborenem Schwachsinn, Schizophrenie, erblicher Blindheit, Taubheit oder Epilepsie litten.[21] Man hat dieses Gesetz als das »Vorbild für jede rassehygienische Gesetzgebung« im nationalsozialistischen Deutschland bezeichnet.[22] Neue Erbgesundheitsgerichte wurden geschaffen, die den Amtsgerichten angegliedert und mit einem Richter und zwei Ärzten als Fachleuten besetzt waren. 75 Prozent aller Fälle wurden den Erbgesundheitsgerichten von der Ärzteschaft gemeldet. Auf dieser Basis wurden annähernd 200000 Frauen und 200000 Männer sterilisiert, und zwar fast alle gegen ihren Willen.[23] Fast 5000 Personen, die meisten davon Frauen, kamen bei dieser Prozedur ums Leben, aber für alle hatte sie unweigerlich verheerende seelische Folgen. Nicht nur medizinische, sondern auch soziale Kriterien wurden bei den Entscheidungen der Erbgesundheitsgerichte herangezogen, so daß auch unerwünschtes Verhalten wie schwere Trunksucht, aber auch einfach Aufsässigkeit, zur Sterilisation führen konnte. Dasselbe konnte Frauen geschehen, die ihre Sexualpartner zu häufig wechselten oder mehr als ein uneheliches Kind hatten.[24]

Diese massive Sterilisationskampagne wurde nun keineswegs geheimgehalten, sondern in der Presse regelrecht hochgespielt; in den Jahren bis zum Krieg fanden über 50000 öffentliche Veranstaltungen und Versammlungen statt, bei denen über »Erb- und Rassenpflege« diskutiert wurde, Schulen führten sie als Unterrichtsfach ein, und es gab zahllose Bücher, buchstäblich Millionen von Broschüren und Zeitungsartikeln und sogar einige Filme über das Thema.[25] Die katholische Kirche hatte gewisse Vorbehalte, denen aber keine Taten folgten, und Proteste gegen Sterilisationen gab es in Deutschland nicht. Es ist anzunehmen, daß der Grundgedanke des Sterilisationsgesetzes sehr populär war, zumindest was seine Anwendung auf Kriminelle betraf. Sogar in den USA sprachen sich 1937 laut Fortune Magazine 66 Prozent der Befragten für eine Zwangssterilisation von Gewohnheitsverbrechern aus.[26]

Deutsche Befürworter der Zwangssterilisation hielten die in den USA damit gemachten Erfahrungen für sehr positiv und wiesen darauf hin, daß dort die Zwangssterilisation schon vor dem Ersten Weltkrieg praktiziert wurde und 1927 vom Obersten Gerichtshof bestätigt worden war. Richter Oliver Wendell Holmes sagte: »Es ist für die ganze Welt besser, wenn die Gesellschaft nicht wartet, bis sie degenerierten Nachwuchs wegen seiner Kriminalität hinrichten muß oder wegen seines Schwachsinns verhungern läßt, wenn sie denen vorbeugt, die zur

Fortsetzung ihres Geschlechts offenkundig untauglich sind.«[27] Die Zahl der Zwangssterilisationen in den USA lag bis 1930 bei 200 bis 600 pro Jahr, stieg aber in den 1930er Jahren auf jährlich 2000 bis 4000.[28]

Das Gesetz vom November 1933 gegen »gefährliche Gewohnheitsverbrecher« eröffnete den ordentlichen Gerichten Optionen wie die Verhängung von »Sicherungsverwahrung«, gab ihnen aber auch die Möglichkeit, bei »gefährlichen Sittlichkeitsverbrechern« die Zwangssterilisation zu empfehlen. Die Richter zögerten nicht, von diesen neuen Befugnissen Gebrauch zu machen, und ordneten 1934 bei 3723 »Gewohnheitsverbrechern« die »Sicherungsverwahrung« an. Bis 1938 ging die Zahl solcher Fälle etwas zurück, und dann wieder anstieg.[29] Die Gerichte schickten auch andere Menschen in Anstalten oder ordneten ihre Sterilisation an, und zwischen 1934 und 1939 nutzten allein die Richter ihre neuen Befugnisse, um 25346 Personen (ohne Gerichtsverfahren) wegzusperren.[30]

Es gab Spannungen und offensichtliche Überschneidungen zwischen dem Recht der Kriminalpolizei zur Verhängung von »Vorbeugungshaft« und der gerichtlichen Befugnis zur Anordnung von »Sicherheitsverwahrung«. Die zwei Begriffe klingen recht ähnlich. Bei Hitlers Abneigung gegen geschriebenes Recht ist es nicht verwunderlich, daß die Vorrechte der Kriminalpolizei die Oberhand gewannen. Das Justizministerium gab den Richtern schließlich den Rat, mehr Menschen in »Sicherheitsverwahrung« zu schicken, um sich nicht von der Polizei ausstechen zu lassen. Im März 1938 erinnerte das Ministerium die Richter daran, daß das Gesetz gegen Gewohnheitsverbrecher ihnen eine mächtige Waffe in die Hand gegeben habe und sie »ihre Befugnisse voll ausschöpfen« sollten.[31]

Doch Daluege und andere Polizeiführer schlossen sich Hitlers Auffassung an und verkündeten stolz, daß »nicht der tote Buchstabe« für die Polizei maßgeblich sei, »sondern der Geist des Gesetzes, der Geist des Volkes und der Geist des Führers«. Sie propagierten den Gedanken, daß es der ganzen Polizei, nicht nur der Gestapo, zustehe, sich über rechtliche Fragen hinwegzusetzen, um Sicherheit und Ordnung wiederherzustellen – zwei alte und hochgeschätzte deutsche Werte. Die Zeiten seien vorbei, wo die Polizei erst eintraf, nachdem das Verbrechen schon geschehen war.[32]

Dank der Verhaftung von Verbrechern und ihrer Verbringung in sogenannte Erziehungslager konnte die Presse Anfang 1935 triumphierend verkünden, daß die Verbrechensrate halbiert worden sei.[33] Derartige Erfolge verführten die Bürger dazu, die Exzesse zu übersehen, die im Namen der Gemeinschaftsrechte zu Lasten der individuellen Rechte begangen wurden.

Der Chef der Berliner Kriminalpolizei, Liebermann von Sonnenberg, erklärte im August 1935, Berufsverbrecher, die in Konzentrationslagern wie Esterwegen einsäßen, könnten keine Verbrechen begehen. Zur Veranschaulichung erläuterte er, daß in Berlin im März 1932 67 bewaffnete Raubüberfälle begangen worden waren, diese Zahl im März 1934 auf 14 zurückging und es im März 1935 nur mehr 12 waren.[34] Kripobeamte erklärten jetzt: »Der erste Angriff ist Sache der Polizei«, und Verbrecher hätten keinen Vorsprung mehr. Die Polizei werde weder warten, bis Generalstaatsanwalt oder Gericht ein Verfahren eröffneten, noch still sitzen und darauf hoffen, daß die Gerichte die Angeklagten auch für schuldig befänden und zu hohen Strafen verurteilten.[35]

Die deutsche Polizei verwies auf die Entwicklung in den USA und nannte den dortigen liberalen Ansatz in der Verbrechensbekämpfung einen Fehlschlag. Die Quintessenz der nationalsozialistischen Alternative faßte die Kripo 1936 in Formulierungen zusammen, die einer Hitlerrede hätten entstammen können: »Vorbeugung durch Erziehung des Erziehbaren und Ausscheidung des Unerziehbaren; nicht mehr wie bisher Mensch gleich Mensch behandeln.« Der Polizei blieb es überlassen zu entscheiden, in welche Kategorie ein Verdächtiger jeweils fiel.[36] Die Volksgemeinschaft, und damit die polizeilichen Maßnahmen zu ihrem Schutz, erhielten Vorrang vor Rechtsstaatlichkeit und den Rechten des einzelnen, so daß von den Richtern erwartet wurde, daß sie niemanden ohne vorherige Rücksprache mit der Kriminalpolizei aus der Sicherungsverwahrung entließen.[37] Das Regime bemühte sich, auch für die Gerichte ein Plätzchen zu erübrigen, indem es ihnen durch Änderung des Strafgesetzbuches vom 4. September 1941 die Möglichkeit einräumte, gegen »gefährliche Wiederholungstäter« die Todesstrafe zu verhängen. Die Betonung lag dabei auf »Wiederholung«, nicht auf »gefährlich«, denn die Maßnahme zielte ausdrücklich auch auf Kleinkriminelle, die im Namen einer rassebiologischen Reinigung des Volkskörpers »ausgemerzt« werden sollten.[38]

»ASOZIALE«

Die nationalsozialistische Theorie und Praxis der Bekämpfung von Gewohnheits- und Berufsverbrechern ging nahtlos in die Behandlung der »Asozialen« über, einer unscharf definierten Gruppe, die schon lange vor der NS-Zeit in Wohlfahrts- und Polizeikreisen viel diskutiert worden war. Die Bezeichnung wurde auf jeden angewandt, der nicht als guter Bürger sein Scherflein beitrug und seine sozialen Verpflichtungen übernahm. Die Nationalsozialisten wollten die Gesellschaft außer von vorbestraften Verbrechern auch von allen Asozialen befreien, das heißt Menschen, deren Lebensweise nicht den neuen Idealen entsprach oder im Einklang mit dem stand, was die Nationalsozialisten gerne das »gesunde Volksempfinden« nannten.[39] In einem allgemeineren Sinne gaben sich die Nationalsozialisten abgestoßen von einem Leben auf der falschen Spur und machten 1933 Miene, alle Prostituierten, Zuhälter und »Engelmacherinnen« von der Straße zu vertreiben. Sie drohten jedem, der keiner regelmäßigen Arbeit nachging, und im Sommer 1933 sagten verschiedene Stellen der (wie es so aufschlußreich hieß) »Belästigung [der Bevölkerung] durch Zigeuner, Landfahrer und Arbeitsscheue« den Kampf an.[40] Mitte September 1933 ordneten die Nationalsozialisten in ganz Deutschland Razzien an, um der sogenannten Bettlerplage auf den Straßen ein Ende zu machen. Die Bürger wurden aufgefordert, hierbei mitzuwirken und ihr gutes Geld lieber für wohltätige Zwecke zu spenden: »Deutschland ist zu arm, um berufsmäßige Bettler, Arbeitsscheue, Trinker und Betrüger zu unterstützen.«[41] Angeblich diente diese Razzia auch der Verbrechensvorbeugung, indem sie das Umfeld beseitigte, welches die Devianz ausbrütete.

Himmler ordnete viele weitere Verhaftungswellen an, unter anderem jene, die kaum ein Jahr nach seiner Ernennung zum Chef der Deutschen Polizei einsetzte. Anfang 1937 war die Kriminalpolizei aufgefordert worden, Listen »aller Rechtsbrecher« zu erstellen. Eine zweite Notiz erläuterte, daß trotz des Rückgangs der Kriminalität gewisse Verbrecher weiter am Werk seien, deren Taten auf eine asoziale Gesinnung, ja sogar auf Opposition gegen den Staat deuteten.[42] Für den 9. März 1937 setzte Himmler eine »Sonderaktion« zur Festnahme von 2000 nicht in Arbeit befindlichen Menschen an. Der Befehl lautete, Personen ins Konzentrationslager zu schicken, »die nach Auffassung der Kriminalpolizei [Hervorhebung im Original] als Berufs- und Gewohnheitsverbrecher sowie als gewohnheitsmäßige Sittlichkeitsverbrecher« anzusprechen waren.[43] Die Polizei war mit solchem Eifer bei der Sache, daß sie nicht 2000, sondern 2752 Personen verhaftete, von denen nur 171 gegen Bewährungsauflagen verstoßen hatten, und den Anlaß zum Vorwand nahm, um gleich mit »Problemfällen« aufzuräumen. Bei den Verhafteten handelte es sich nach Aussagen der Polizei um 938 Einbrecher, 741 Diebe, 495 Sittlichkeitsverbrecher, 436 Schwindler, 56 Räuber und 86 Hehler. Nur 85 von ihnen waren Frauen. Auch einige Juden wurden verhaftet, doch ist deren Zahl nicht bekannt. Bis Ende des Jahres waren nur 372 wieder auf freiem Fuß, und 68 starben in der Haft.[44] Niemand wurde entlassen, bei dem nicht die berechtigte Aussicht bestand, daß er dauerhaft Arbeit annahm.[45]

Da die »Sonderaktion« der Polizei 1937 ohne jede Fühlungnahme mit den Gerichten erfolgte, bedeutete sie eine weitere Etappe im Aufstieg der Polizei auf Kosten der Rechtsstaatlichkeit. Autorisiert wurde die Aktion vom Innenministerium, das sie mit dem Justizministerium nicht einmal besprach. Die Beamten des Justizministeriums erfuhren wie die übrigen Bürger von der Aktion erst einen Monat später aus der Zeitung.[46]

Am 14. Dezember 1937 gab das Innenministerium einen »Grundlegenden Erlaß über die vorbeugende Verbrechensbekämpfung durch die Polizei« heraus. Die jüngste Umorganisation der Kriminalpolizei, so hieß es darin, erfordere eine einheitliche Regelung der polizeilichen Vorbeugemaßnahmen. Der Erlaß fußte auf der Reichstagsbrandverordnung vom 28. Dezember 1933, die die Errichtung der Gestapo begründet hatte, und räumte der Kriminalpolizei das Recht ein, »die Gemeinschaft vor jedem Schädling zu schützen«. Zwei Vorgehensweisen wurden vorgeschrieben. Die radikalste war die Verhaftung derer, die aufgrund polizeilicher Erkenntnisse als »Berufs- oder Gewohnheitsverbrecher« zu definieren waren.[47] Die Polizei konnte nach ihrem Ermessen diese Personen, und in Erweiterung des Auftrags auch die vage Kategorie der »Asozialen«, in »Vorbeugungshaft« nehmen. Die zweite Methode war die »polizeiliche planmäßige Überwachung«; sie ermöglichte der Kriminalpolizei, entlassene Gefangene zu überwachen, und zog weit mehr nach sich als eine einfache Strafaussetzung auf Bewährung. Die NS-Polizei erhielt lückenlose Kontrolle über das Alltagsleben von entlassenen Gefangenen und konnte ihnen auf unbefristete Zeit 20 verschiedene Maßregeln auferlegen. So konnte sie Wohnort und Freizeitbeschäftigung bestimmen sowie Alkoholkonsum, bestimmte soziale Kontakte und den Besuch einer Vielzahl von öffentlichen Plätzen verbieten. Entlassene Gefangene konnten unter Hausarrest gestellt werden, die Polizei konnten ihnen untersagen, Auto zu fahren, Haustiere zu halten oder Waffen zu besitzen.[48] Die Kripozentrale wollte sichergehen, daß die Kriminalpolizei selbst, nicht die Gerichte, die endgültige Entscheidung darüber traf, ob »gefährliche Gewohnheitsverbrecher« nach Verbüßung ihrer Haftstrafe entlassen wurden und die Bewährungsauflagen befolgten.[49]

Anfang 1938 visierte die Kriminalpolizei ihre völlige Unabhängigkeit von den Gerichten an und erklärte, insofern sie vorbeugend gegen

»kriminelle Staatsfeinde« einschreite, könne sie sich auf den Auftrag des Führers berufen und benötige nicht die Genehmigung der Gerichte. Die deutsche Öffentlichkeit wurde zwar über Art und Umfang dieser neuen Befugnisse informiert, nicht aber über konkrete Polizei-»Aktionen«, die sich anschlossen.[50] In demselben Jahr versuchte die Kriminalpolizei sogar, vorbestrafte Asoziale, die in regulären Haftanstalten einsaßen, in die Finger zu bekommen, um sie nach Verbüßung ihrer Haftstrafe nicht in Freiheit gelangen zu lassen, sondern ins Konzentrationslager zu überstellen.[51] Für »Schädlingstypen« ohne »festen Wohnsitz« war im Dritten Reich kein Platz.[52]

Himmlers Anweisungen an die Kriminalpolizei vom 4. April 1938 definierten als asozial, »wer durch gemeinschaftswidriges, wenn auch nicht verbrecherisches, Verhalten zeigt, daß er sich nicht in die Gemeinschaft einfügen will«. Die Liste der Asozialen, die dieser vagen Definition entsprachen, umfaßte »Personen, die durch geringfügige, aber sich immer wiederholende Gesetzesübertretungen sich der in einem nationalsozialistischen Staat selbstverständlichen Ordnung nicht fügen wollen (zum Beispiel Bettler, Landstreicher [Zigeuner], Dirnen, Trunksüchtige, mit ansteckenden Krankheiten, insbesondere Geschlechtskrankheiten behaftete Personen, die sich den Maßnahmen der Gesundheitsbehörden entziehen«. Als asozial galt unter diesem Punkt ferner jeder, der die Arbeit mied, das heißt »Personen, ohne Rücksicht auf etwaige Vorstrafen, die sich der Pflicht zur Arbeit entziehen und die Sorge für ihren Unterhalt der Allgemeinheit überlassen (zum Beispiel Arbeitsscheue, Arbeitsverweigerer, Trunksüchtige)«. Die Kriminalpolizei wurde ermächtigt, jeden zu verhaften, der unter eine dieser weitgefaßten Kategorien fiel, und hatte das bisher – wenigstens selektiv – auch schon getan. Um die Bürger und ihr Eigentum zu schützen, erhielt die Kriminalpolizei noch »größere Handlungsfreiheit« in ihrem Kampf gegen »Rechtsbrecher und alle asozialen Personen«. So konte die Kripo die planmäßige Überwachung erweitern oder polizeiliche Vorbeugungshaft anordnen, die definiert wurde als »das schärfste Mittel der Polizei [...], die Gemeinschaft vor dem Verbrecher und dem Asozialen zu schützen«. »In erster Linie« zielte der Erlaß auf Menschen ohne festen Wohnsitz. Solche Leute konnte die Polizei nach ihrem Ermessen ins Konzentrationslager schicken.[53]

Während die deutsche Polizei, besonders die Kriminalpolizei, noch neue Befugnisse forderte, heckte sie schon Pläne für weitere »Aktionen« aus. Am 26. Januar 1938 unterrichtete Himmler Kripo und Gestapo von seinem Wunsch nach einer landesweiten Razzia gegen »Arbeitsscheue«, die schwerer zu fassen waren als andere Problemfälle. »Arbeitsscheue« waren für Himmler gesundheitlich arbeitstaugliche Männer, die (ohne guten Grund) zweimal hintereinander eine Arbeitsstelle abgelehnt oder nach kurzer Zeit aufgegeben hatten. Er behauptete, bei einem vorzeitigen Bekanntwerden der Aktion würden sich diese Leute zwar eine Arbeit suchen, aber ohne echten Besserungsvorsatz. Um »eine wirkliche Bereinigung zu erzielen«, sei daher »ein einmaliger umfassender und überraschender Zugriff erforderlich«.[54]

Himmler übertrug der Gestapo die Verantwortung für die erste »Asozialen-Aktion«, die für Anfang März 1938 angesetzt war, aber erst Ende April durchgeführt wurde. Dabei war die Gestapo angewiesen, sich keine Gedanken über eine zu enge Auslegung des Begriffes »asozial« zu machen. Die aufgegriffenen Personen wurden in »Schutzhaft« genommen und zwei bis drei Wochen in örtlichen Polizeigefängnissen festgehalten; danach sollten sie für mindestens drei Monate in das Konzentrationslager Buchenwald geschickt werden. Da die Gestapo selbst wenig Unterlagen über »Arbeitsscheue« besaß, bat Himmler Arbeitsämter sowie staatliche und nationalsozialistische Wohlfahrtsämter um Informationen.[55] Einer jüngsten Schätzung zufolge betrug die Zahl der Verhafteten rund 2000, die alle nach Buchenwald kamen.[56]

Die Kriminalpolizei erhielt am 1. Juni 1938 die Anweisung, in jedem Polizeibezirk mindestens 200 arbeitslose Asoziale festzunehmen. Zwischen dem 13. und 18. Juni 1938 verhaftete die Kripo Landstreicher, Bettler, Zigeuner und Zuhälter als Asoziale. Alle Insassen von Wohnheimen wurden daraufhin überprüft, ob sie möglicherweise »arbeitsscheu« waren; diese Kontrollen wurden auch später fortgesetzt.[57] Die Kriminalpolizei legte sich mächtig ins Zeug und ging über die Anweisungen Himmlers hinaus. Anstatt alles in allem rund 3000 Personen zu verhaften, griffen Kriminal- und Ordnungspolizei allein in Berlin schätzungsweise 2000 Personen auf. Nach einer Statistik, die ein Angehöriger des Persönlichen Stabes Himmlers erwähnte, wartete die Kriminalpolizei mit über 8000 Menschen auf, die sie alle in Konzentrationslager schickte. Anfang 1939 befanden sich noch »weit über 10000« der in Schutzhaft Genommenen in den Lagern.[58] Entgegen der ausdrücklichen Anweisung verhaftete die Kripo sogar Männer, die gar nicht mehr »arbeitsscheu« waren, sondern einer Erwerbstätigkeit nachgingen.[59]

Die nationalsozialistische Presse brachte über die Anwendung der Sicherungsverwahrung durch die Kriminalpolizei einige Informationen, aber wenige genauere Einzelheiten. Ein instruktiver Artikel erschien während eines früheren Besuchs einer Delegation von italienischen Faschisten. Giovanni Novelle vom Justizministerium in Rom sagte, die Sicherungsverwahrung sei ein wirksames Instrument, weil sie die Menschen den mittelbaren und unmittelbaren Einflüssen entzögen, die sie zum Verbrechen anstifteten, und die Überwachung ihres Verhaltens erleichtere. Der NS-Jurist Roland Freisler stimmte dem zu; er war schon lange der Meinung, daß die Sicherungsverwahrung eine »Dauermaßnahme« der Justiz sein müsse.[60] Er wies darauf hin, daß das Deutsche Reich ebenso wie Italien die kriminellen Träger der Entartung an der Fortpflanzung hindere. Den Rückgang des Verbrechens in Deutschland führte er darauf zurück, daß das Regime die Rasse schütze und ihr Wohlergehen sichere. Abschließend lobte Freisler die erzieherische Rolle der Arbeit bei der Besserung der Gefangenen.[61]

Eine weitere ideologische Rechtfertigung der Verhaftung von »Arbeitsscheuen« und diversen Asozialen lautete, daß sie dem von der Presse oft erwähnten Auftrag der Polizei entspreche, den Volkskörper durch Beseitigung aller Verbrecher zu reinigen. Darüber hinaus sei es das Ziel der Polizei, jeden zu disziplinieren und zu bestrafen, der nicht dem Bild des hart arbeitenden Bürgers und ergebenen Volksgenossen entspreche. Manche Bürgermeister kamen auf den Geschmack und ersuchten die Kripo, stadtbekannte Trunkenbolde als Asoziale zu verhaften, um sie sich vom Hals zu schaffen; diesen Bürgermeistern wurde erklärt, daß dies nicht Aufgabe der Polizei, sondern der Wohlfahrtsorganisationen sei.[62]

Auch wirtschaftliche Erwägungen spielten bei der Verhaftungswelle von 1938 eine Rolle, als Deutschland sich auf Krieg vorbereitete und an Arbeitskräftemangel litt. Kamen sozial Unangepaßte in Konzentrationslager – in amtlichen Direktiven oft als Arbeitslager bezeichnet –, so konnte von ihrer Arbeitskraft Gebrauch gemacht werden. In der Sicherungsverwahrung wurden sie ausgebeutet, um das sich entfaltende SS-Imperium zu finanzieren.[63] Sarkastisch schilderte die SS Anfang 1939 die Lager als einen »hervorragend geeigneten« Ort, um Asozialen eine »Erziehungskur zur Arbeit« angedeihen zu lassen.[64]

Die Konzentrationslager wurden also in den letzten Vorkriegsjahren nicht nur für politische »Staatsfeinde«, sondern auch für jene genutzt, die gesellschaftlich unerwünscht waren. Wer während des Krieges von der Polizei überprüft und als »arbeitsscheu« eingestuft wurde, kam, zumindest wenn er vorbestraft war, in ein Konzentrationslager.[65] Aber auch schon vor dem Krieg nahmen die Konzentrationslager in zunehmendem Maße soziale Außenseiter auf. Nehmen wir das Lager Buchenwald als Beispiel. Hier saßen Ende Oktober 1938 10188 Gefangene ein, von denen 1007 als »Berufsverbrecher« bezeichnet wurden und 4341 als »Asoziale« aufgegriffen worden waren. Diese Personen stellten insgesamt mehr als die Hälfte der Lagerpopulation und übertraf zahlenmäßig die von der Gestapo in »Schutzhaft« Genommenen (3982 Personen). Da auch die Gestapo alle möglichen »Rechtsbrecher«, darunter Asoziale, verhaftete, ist es unwahrscheinlich, daß alle Gestapo-Gefangenen in den Lagern »Politische« waren.[66]

In Lagern wie Buchenwald waren als genauso viele oder sogar mehr soziale Außenseiter inhaftiert als politische Feinde, etwa Kommunisten. Dies gilt zum Beispiel auch für das Konzentrationslager in Sachsenhausen, nördlich von Berlin. Die Lagerpopulation schwankte von Juni 1938 bis September 1939 zwischen knapp 6000 und rund 9000. Die große Ausnahme war der Dezember 1938, wo die Anzahl der Gefangenen mit 12622 angegeben wurde, darunter viele Juden, die beim Novemberpogrom nach Sachsenhausen geschickt worden waren.[67] Die Zahlen belegen, daß in diesem Zeitraum jeweils mehr als die Hälfte der Gefangenen »Asoziale« waren. Vollständige Zahlenangaben für ganz Deutschland über diejenigen, die bei späteren »Aktionen« in Schutzhaft kamen, sind nicht erhalten. Eine Teil-Rekonstruktion zeigt, daß es Ende 1938 12921, Ende 1939 12221 und Ende 1940 13354 Personen waren.[68]

Welche Auswirkung der Krieg auf die Befugnisse der Kriminalpolizei gegenüber denen der Gerichte hatte, ist am Schicksal der Asozialen abzulesen. In einer Mitteilung des Reichssicherheits-Hauptamts an die Kriminalpolizei vom 20. März 1940 erhielt die Kripo den Auftrag, dafür zu sorgen, daß niemand, der von einem Richter aus einer (gerichtlich angeordneten) »Sicherungsverwahrung« entlassen wurde, auch wirklich auf freien Fuß kam. Sollten die Justizbehörden hierauf trotz der Einwände der Kripo bestehen, waren diese Personen von der Polizei in »Vorbeugungshaft« zu nehmen und in ein Konzentrationslager einzuliefern. Der Grundsatz in Kriegszeiten war derselbe, der für Gestapo-Gefangene galt: Niemand sollte auf Dauer in die Freiheit entlassen werden.[69]

Vielleicht um gegenüber der Polizei nicht noch weiter ins Hintertreffen zu geraten, ermahnte der Reichsjustizminister am 4. Mai 1940 alle Richter, vor einer eventuellen Freilassung von Gefangenen die Kriegssituation in Rechnung zu stellen. Durch die veränderten sozialen Umstände wie etwa die Verdunkelung in Deutschland könnten möglicherweise die kriminellen Neigungen in jenen wieder erwachen, deren Freilassung in Friedenszeiten angebracht gewesen sein mochte. Anscheinend hielten aber zumindest einige Richter daran fest, entgegen den ausdrücklichen Wünschen der Polizei Gefangene aus der Schutzhaft zu entlassen, und der Minister forderte sie noch einmal dringend auf, diese Praxis einzustellen.[70]

Das Reichssicherheits-Hauptamt (RSHA) wies am 18. Juni 1940 die Kriminalpolizei an, einer Entlassung von Asozialen und nicht nur geringfügig Vorbestraften nicht zuzustimmen sowie Bettler und Landstreicher, die Wiederholungstäter waren, hinter Gittern zu behalten. Auch alle Juden waren im Hinblick auf die »augenblickliche Unmöglichkeit der Auswanderung« in Haft zu behalten, ebenso alle Zigeuner.[71]

Der Radikalisierungseffekt durch den Krieg ist eines der Hauptthemen dieses Buches, und er wurde jedem, den die Kripo als Asozialen einstufte, drastisch vor Augen geführt. Eine Mitteilung Heydrichs an die Kripo (vom 23. Januar 1941) sprach von der Notwendigkeit, »strenger« mit Kriminellen zu verfahren, und die Höchstdauer der von der Kripo ohne Haftprüfung zu verhängenden Schutzhaft (bis zu einem Jahr!) wurde in deren Mindestdauer verwandelt, wobei die letzte Entscheidung bei der Polizei lag.[72] Victor Klemperer notierte sich, wie »ein großes Justiztier« die brutale Behandlung der »asozialen Elemente« damit rechtfertigt habe, daß in dieser Zeit »so viele der Besten täglich im Felde fielen«.[73]

VERNICHTUNG »LEBENSUNWERTEN LEBENS«

Eine andere Seite des offiziellen Kampfes gegen (großzügig definierte) »Asoziale« und gesellschaftliche Außenseiter stellte das »Euthanasie«-Programm dar. An ihm wirkten Mediziner, Krankenschwestern und viele andere Personen außerhalb der Polizei mit. Zum Begriff der Asozialität hatten seit langem auch Anstaltsinsassen und behinderte Kinder gehört, und Hitler hatte ab 1933 bei mehr als einer Gelegenheit vor Vertrauten geäußert, daß er für »Euthanasie« sei. So sagte er 1933 zu Hans Lammers, dem Chef der Reichskanzlei, er hätte es gern gesehen, wenn in die Sterilisationsgesetze auch die »Euthanasie« aufgenommen worden wäre, und 1935 zu Reichsärzteführer Gerhard Wagner, er wolle zur Einführung entsprechender Maßnahmen die Kriegssituation nutzen, wo dies leichter und reibungsloser gehen werde, da dann weniger Widerstand von den Kirchen zu erwarten sei.[74] Die Entscheidung, bei Kindern anzufangen, scheint im Herbst 1938 eher zufällig die an Hitler gerichtete Eingabe eines Vaters ausgelöst zu haben, dessen neugeborenes Kind geistig schwer zurückgeblieben und außerdem blind und mit nur einem Arm und einem Bein zur Welt gekommen war. Der Vater mit dem Familiennamen Knauer bat um die Erlaubnis, dem Kind den »Gnadentod« zu gewähren. Die Petition wurde Hitler von Philipp Bouler, dem Chef der Kanzlei des Führers, ans Herz gelegt, wohl in der Hoffnung, eine neue Aufgabe zu finden und sich jedenfalls beim Führer einzuschmeicheln.[75] Hitler nahm sich die Zeit, eine Untersuchung des Falles durch seinen Begleitarzt Dr. Karl Brandt anzuordnen, und kam bald darauf der Bitte Knauers nach.

Im Mai 1939 ordnete Hitler die Gründung des geheimen »Reichsausschusses zur wissenschaftlichen Erfassung von erb- und anlagebedingten schweren Leiden«, kurz »Reichsausschuß«, an. In seinem Entschluß scheinen Hitler auch Ratschläge seines Leibarztes Theo Morell bestärkt zu haben, der im Sommer 1939 aufgrund eigener Nachforschungen über die Einstellung der Öffentlichkeit zu dem Ergebnis gekommen war, daß nur wenige Eltern grundsätzlich gegen einen »Gnadentod« ihrer chronisch kranken Kinder waren und gerne sich selbst und vielleicht auch den deformierten Kindern Leiden erspart hätten, wenn sie dabei ein gutes Gewissen haben konnten.[76] Am 18. August 1939 begann der Reichsausschuß, die einzelnen Landesregierungen in einem Rundschreiben über die »Meldepflicht über mißgestaltete usw. Neugeborene« zu informieren.[77] Diese Kinder wurden dann in eine von rund dreißig Spezialkliniken gebracht, wo man sie verhungern ließ oder durch eine tödliche Injektion oder auf andere Weise ermordete. Alles in allem wurden in dieser ersten Phase des »Euthanasie«-Programms mehr als 5000 Kinder auf die eine oder andere Weise getötet.[78]

Im Juni oder Juli 1939 gab Hitler Anweisung zur Einführung der »Euthanasie« für Erwachsene. Die Operation erhielt den Codenamen »Aktion T 4«, nach der Adresse der Zentrale in der Berliner Tiergartenstraße 4. Im Oktober 1939 erteilte Hitler Bouhler und Brandt die Ermächtigung, bestimmten Ärzten die Befugnis zu erteilen, von ihnen für unheilbar gehaltenen Patienten den »Gnadentods« zu geben, und datierte diese Ermächtigung auf den 1. September 1939, den Tag des Kriegsausbruchs, zurück. Zusammen mit anderen Entscheidungen Hitlers, die wir schon kennen, läßt diese Terminierung klar erkennen, daß der Beginn des Krieges in den Augen Hitlers einen bedeutsamen Wendepunkt markierte. Es wurde über eine Legalisierung der »Euthanasie« nachgedacht. So machte der mit dem Entwurf eines neuen Strafrechts befaßte Ausschuß im August 1939 den Vorschlag, daß jemand, der an einer unheilbaren oder tödlichen Krankheit litt, um den Gnadentod ersuchen konnte, und daß das Leben eines Menschen, der an einer unheilbaren Geisteskrankheit litt, beendet werden konnte.[79] Dieser Vorschlag erlangte keine Rechtskraft, aber die Tötungen gingen (unabhängig von der Aktion T 4) besonders vor dem Hintergrund des Krieges in Polen weiter, wo die SS unheilbar kranke Patienten aus den Krankenhäusern holte und erschoß. Dasselbe geschah in östlichen Landesteilen wie Pommern, Westpreußen und Ostpreußen, wo das berüchtigte Sonderkommando Herbert Lange im Mai und Juni 1940 begann, Gaswagen zur Ermordung Kranker einzusetzen.[80]

Unterdessen nahm unter den heimlichen Auspizien der Kanzlei des Führers der Plan eines »Euthanasie«-Programms für Erwachsene Gestalt an. Viktor Brack, einer der Hauptverantwortlichen für die Aktion T 4, erklärte am 9. Oktober 1939 vor der Steuerungsgruppe (der Ärzte, Medizinprofessoren und ein Vertreter der Kriminalpolizei angehörten), daß er die Anzahl der zu tötenden Patienten nach der Formel 1000:10:5:1 veranschlagt habe: Von 1000 Menschen benötigten zehn psychiatrische Betreuung; von ihnen befänden sich fünf in einer Anstalt, von denen einer zu töten sei. Bei einer Bevölkerung von damals 65 bis 70 Millionen müßten demnach zwischen 65000 und 70000 Menschen getötet werden. Man optierte für das Vergasen als Tötungsmethode, da die Anzahl der zu Tötenden für die Verabreichung von Injektionen oder überdosierten Medikamenten zu hoch war.[81]

Der Aufwand für die Abwicklung dieser Operation wurde bald so groß, daß ihre Organisatoren in eine neue Zentrale in der Tiergartenstraße 4 umzogen – der Deckname ihrer Aktion war denn auch »T 4«. Die Größenordnung der Tötungen war unmöglich geheimzuhalten; so veröffentlichten die Familien der Verstorbenen gewöhnlich Todesanzeigen in der Zeitung.

Als die Öffentlichkeit Wind von den Vorgängen bekam, wollten manche Familienangehörigen wissen, was los war; einige holten ihre Verwandten schleunigst aus Krankenhäusern und Anstalten heraus. Eine Frau schrieb einen Brief an das Krankenhaus, in dem ihre zwei Schwestern angeblich im Abstand von zwei Tagen verstorben waren. Sie sagte, sie stehe »fest auf dem Boden des 3. Reiches«, werde aber »erst wieder Ruhe finden«, wenn die Ärzte ihr versichern könnten, daß ihre Schwestern durch ein Gesetz getötet worden seien, das es ermögliche, »Menschen von ihrem unheilbaren Leiden zu erlösen«.[82] Die offizielle Einstellung zum Euthanasie-Programm wurde im Vagen belassen, so daß manche Leute glaubten, daß nicht die Ärzte, sondern die Gestapo die Mörder seien. Nach zeitgenössischen Berichten wie denen des amerikanischen Journalisten William Shirer zu urteilen, wußten die Menschen ungefähr, wie viele Kranke getötet wurden und daß Hitler eine

Ermächtigung gegeben hatte, aber kein Gesetz verabschiedet worden war, so daß das Euthanasie-Programm illegal war.[83] Sogar manche NS-Funktionäre bekundeten ihre Besorgnis über die Tötungen, zumal das offene Geheimnis dieser Morde phantastische Gerüchte nährte, zum Beispiel, daß auch verwundete Soldaten getötet würden. Für manche Menschen widersprach der »Gnadentod« ihren religiösen, ethischen und rechtlichen Grundsätzen. Nationalsozialisten draußen im Lande (Frauen wie Männer) hatten anscheinend den Eindruck, daß sich die Unruhe in der Bevölkerung legen würde, wenn es eine gesetzliche Handhabe mit ordentlichen Kriterien und Verfahrensweisen analog dem Sterilisationsgesetz gäbe.[84]

Reinhard Heydrich und andere Vertreter der Polizei konzipierten denn auch den Entwurf eines »Gesetzes über die Tötung Lebensunfähiger und Asozialer«, gaben es im Juli 1940 in den Umlauf und ließen es bis 1941 diskutieren. Hitler legte schließlich gegen ein solches Gesetz sein Veto ein, zum einen, weil man fürchtete, die Feindpropaganda könne daraus Kapital schlagen, zum andern, weil er lieber ohne irgendeine Beschränkung seiner eigenen Befugnisse auskam, und seien es die radikalsten Gesetze.[85] Die Nationalsozialisten setzten aber ihr »Euthanasie«-Programm fort und töteten nach ihren eigenen Berechnungen 70273 Menschen – genau 273 mehr, als Brack ursprünglich veranschlagt hatte. Erst dann, am 24. August 1941, veranlaßte Hitler eine – allerdings nur zeitweilige – Einstellung der Tötungen.[86]

Einigen Darstellen zufolge tat Hitler dies mit Rücksicht auf die Beunruhigung der Bevölkerung, vor allem aber, weil der katholische Bischof Clemens August Graf von Galen in seiner Predigt am 3. August 1941 die Aktion verurteilt hatte.[87] Unter anderem gab Galen zu verstehen, daß der Mord auch nicht vor Invaliden, unheilbar Kranken, kriegsversehrten Soldaten und überhaupt den »Unproduktiven« haltmachen werde, und betonte, man dürfe jedenfalls nicht darauf vertrauen, daß Polizei und Gerichte die Morde aufklärten. Diese Predigt sowie vereinzelte, aber unleugbar vorhandene Nischen einer negativen öffentlichen Meinung mögen eine gewisse Rolle bei der Beendigung des »Euthanasie«-Programms gespielt haben, doch waren solche Reaktionen höchstwahrscheinlich nicht der Anlaß, die Aktion vorübergehend abzublasen. Die ablehnenden Äußerungen Galens und anderer mögen Hitler in seiner Entscheidung bestärkt haben, die um so leichter zu fällen war, als die Aktion ihr ursprünglich gesetztes Ziel von 70000 getöteten Personen erreicht hatte. Diesen Eindruck vermittelt eine kurze Erwähnung des Themas in Goebbels' Tagebuch, einen Tag, bevor Hitler den Abbruch der Aktion anordnete. Der Propagandaminister äußerte sich erleichtert darüber, daß die radikale und zeitlich ungelegene Aktion »zu Ende ist«.[88] Ein anderer Faktor mag gewesen sein, daß das T-4-Personal im Osten benötigt wurde, wo seine Erfahrung im Töten von Menschen beim Massenmord an den Juden Verwendung finden sollte.[89]

Ungeachtet der zeitweiligen Unterbrechung der Vergasungen hörte die Tötung von Kindern nicht auf, und es begann ab August 1942 eine zweite Phase der Tötungen an Orten wie Hadamar, wo die Tötungsmethoden wechselten und man die Opfer durch tödliche Injektionen oder überdosierte Medikamente umbrachte oder sie verhungern ließ.[90] Darüber hinaus wurde jetzt auch unerwünschtes Sozialverhalten oder ein von Medizinern als asozial eingestufter Lebenswandel als Rechtfertigung der klinischen Hinrichtung angesehen. So geschah es 1942 mit einer aufsässigen jungen Frau von siebzehn Jahren, die schon lange medizinische und psychische Probleme hatte. Sie hatte eine Sonderschule für Behinderte besucht und mußte nicht in einer Anstalt leben, wurde aber von zu Hause weggeholt, als ihre Eltern nicht mehr mit ihr fertig wurden. Sie dürfte Hilfe benötigt haben und wäre vor dem Krieg wohl sterilisiert worden; jetzt, 1942, wurde sie in eine Heilanstalt gebracht und dort getötet.[91]

Kaum hatte die »Euthanasie« in den Heilanstalten aufgehört, als sie sich auf die Konzentrationslager in Deutschland verlagerte. Anfang 1941 war Himmler an Bouhler herangetreten in der Hoffnung, die Konzentrationslager durch Einsatz der Vergasungseinrichtungen der Aktion T 4 von »Ballastexistenzen« wie Asozialen, Verbrechern, Juden und anderen zu befreien.[92] Vermutlich gab es zu viele solcher »Existenzen«, als daß man sie in den Lagern erschießen und beseitigen konnte, so daß Himmler eine effizientere Tötungsmethode wünschte. Damals dachte er überhaupt in Radikalmaßnahmen; etwa gleichzeitig bat er Brack, die technische Machbarkeit von Massensterilisationen an Juden zu prüfen, kam aber auf diese Frage erst später zurück.[93] In der Zwischenzeit trafen SS-Ärzte und Gestapo im September 1941 in Lagern wie Dachau, Mauthausen, Ravensbrück, Buchenwald, Flossenbürg und Neuengamme unter den Gefangenen eine Vorauswahl, aus der dann Gremien von eigens anreisenden T-4-Ärzten die Opfer von Vergasungen im Rahmen einer Operation mit dem Decknamen »Aktion 14f 13« herausgriffen. Die Zahl »14f« stand für sämtliche Toten eines Lagers, während die anschließende Zahl die Art der Tötung des Opfers bezeichnete: »13« stand für Vergasung. Die erste zur Tötung ausgewählte Gruppe waren Asoziale, doch waren auch sämtliche Juden in den Lagern besonders gefährdet. Die T-4-Ärzte bedienten sich bei ihren Selektionen nicht nur medizinischer, sondern auch sozialer und rassischer Kriterien und besiegelten so das Schicksal von Menschen, als deren »Symptome« sie beispielsweise diagnostizierten: »fanatischer Deutschhasser und asozialer Psychopath«, »langes Vorstrafenregister«, »fortgesetzte Rassenschande«.[94] T-4-Beurteilungen von jüdischen Frauen, die deren Ermordung begründeten, hoben beispielsweise auf eine »staatsfeindliche Einstellung« oder auch nur eine Geschlechtskrankheit ab.[95] Allein bei dieser Aktion wurden in den T-4-Einrichtungen in Bernburg, Hartheim und Sonnenstein bis zu 20000 Personen vergast.[96] Da jedoch immer mehr Menschen zum Arbeiten benötigt wurden, ermahnte Himmler am 26. März 1942 die Lagerkommandanten daran, auf das Bedürfnis nach Arbeitskräften Rücksicht zu nehmen, bevor sie Gefangene in den Tod schickten, und beschränkte am 27. April 1943 weitere Tötungen auf Geisteskranke und nicht Arbeitsfähige.[97]

Die Reaktion der Öffentlichkeit auf die »Euthanasie« war bestenfalls verhalten, und mehr als eine neuere Darstellung konstatiert, daß die öffentliche Meinung »sehr gespalten« war.[98] Die Historiker streiten nach wie vor darüber, was die Bürger über das »Euthanasie«-Programm dachten; manche vermuten, daß die Beseitigung von geisteskranken Erwachsenen »nicht ganz unpopulär« war und die Tötung behinderter Kinder »anscheinend breite öffentliche Zustimmung in ganz Deutschland fand«.[99] Das Regime selbst gab den Bürgern auffallend wenig Richtlinien an die Hand, verabschiedete keine Gesetze und gab nur ganz wenige Erklärungen ab, so als werde dem Publikum weniger durch aktive Propaganda als durch offizielles Schweigen geholfen, physischen und seelischen Abstand von den Opfern zu gewinnen. So war es kein Wunder, daß das Regime auch einige negative Meinungen und Klagen registrierte. Hitler, der immer ein vom Volk unterstützter Diktator sein wollte, mag im August 1941 gefunden haben, daß jetzt der rechte Zeitpunkt zum Abbruch der Aktion gekommen war – um so mehr, als die (relativ wenigen) negativen Stimmen, einige lokale Beunruhigung und die Predigt Galens gezeigt hatten, daß die Zustimmung zur »Euthanasie« und ihre Akzeptanz in der Bevölkerung vielleicht doch nicht so stark waren, wie er gehofft hatte. Die abweichenden Meinungen hatten jedoch bestenfalls den Effekt, Hitler in seinem schon gefaßten Entschluß zu bestärken.[100] Diese Unruhe »machte die Bemühungen des Regimes um so dringlicher, wo nicht die Unterstützung, so doch das passive Einverständnis der Bevölkerung [angesichts der Morde] zu gewinnen«.[101] Vom beteiligten medizinischen Personal verlangten und erhielten die Tötungen natürlich mehr aktive Unterstützung. Wie jüngst eine Untersuchung ergeben hat, machten zum Beispiel Krankenschwestern – manchmal unter Vorbehalten – und aus den verschiedensten Gründen mit, und nicht allein, weil sie alle die negativen Einstellungen gegenüber »lebensunwertem Leben« geteilt hätten.[102]

Einige katholische Kirchenführer erhoben zwar ihre Stimme, begrüßten aber praktisch im selben Augenblick den Krieg gegen die UdSSR und sagten so gut wie nichts über die Judenverfolgung.[103]

Wir haben auch Belege dafür, daß viele gewöhnliche Bürger und sogar führende Vertreter der katholischen und der protestantischen Kirche den »Gnadentod« nicht grundsätzlich verurteilten, sondern unter bestimmten Umständen für gerechtfertigt hielten, und manche Exponenten der zwei Konfessionen dachten sogar nach 1945 noch so.[104] Als die Organisatoren der Morde bei einer Zusammenkunft mit Justizvertretern im April 1941 ihr Programm erläuterten, behaupteten sie, die Angehörigen seien mit den Tötungen »in 80 Prozent der Fälle [...] einverstanden; 10 Prozent protestieren, 10 Prozent sind gleichgültig«.[105] Vereinzelt wurden Beschwerdebriefe geschrieben, und wir kennen einen Fall aus der bayerischen Kleinstadt Absberg, wo sich die Bevölkerung am 21. Februar 1941 dem Abtransport von Patienten durch Busse in den Weg stellte. Dies scheint jedoch eine der wenigen Ausnahmen gewesen zu sein; die Regel waren Schweigen, Gleichgültigkeit, Duldung und Zustimmung.[106]

Justizbeamte in ganz Deutschland verzeichneten eine »gewisse Besorgnis« in der Bevölkerung, die hauptsächlich davon herrührte, daß sich die Menschen keiner gesetzlichen Grundlage für das »Euthanasie«-Programm bewußt waren. Doch in manchen Gegenden erhoben sich überhaupt keine Einwände; die meisten Leute wollten nur die Gewißheit haben, daß es ordentliche Sicherheitsvorkehrungen und gesetzliche Verfahrensweisen gab.[107]

Die eigenen Meinungserhebungen der Nationalsozialisten befaßten sich nur selten mit der »Euthanasie«, doch ausnahmsweise war dies Anfang 1942 der Fall, als sie die Reaktionen auf den »Euthanasie«-Film »Ich klage an« auswerteten, einen enorm populären Streifen, der von 15 Millionen Menschen gesehen wurde.[108] In dieser Meldung heißt es: »Die breite Masse des deutschen Volkes hat fast durchweg bejahend zu den angeschnittenen Problemen Stellung genommen.« Es gab jedoch auch Vorbehalte, die jedoch mehr mit der Vorgangsweise als mit dem Prinzip zu tun hatten. Die Kirchen seien generell gegen die Praxis der »Euthanasie«, und die meisten Menschen wünschten bei der Entscheidung, ob eine Krankheit unheilbar war oder nicht, eine gründliche Konsultation des Arztes. Abschließend heißt es in dem Bericht: »Zusammenfassend ergibt sich aus dem zahlreichen vorliegenden Material, daß im allgemeinen die Durchführung der Euthanasie bejaht wird, wenn ein Ausschuß von mehreren Ärzten unter gleichzeitiger Einwilligung des unheilbaren Erkrankten und seiner Angehörigen entscheidet. Die allgemeine Bejahung gipfelt in der Zustimmung zu den Worten des Majors im Film: ›Der Staat verlangt zwar von uns die Pflicht zu sterben, dann muß er uns auch das Recht zu sterben geben!‹«[109]

Wie andere hat auch Götz Aly die Frage aufgeworfen, was geschehen wäre, wenn es nachdrücklichere Proteste gegeben hätte. Er vermutet, daß negative Reaktionen möglicherweise die »Euthanasie« verlangsamt und vielleicht auch den 1941 einsetzenden Genozid hätten aufhalten können. Er zeigt mit bemerkenswerter Plausibilität, daß die Geheimhaltung, mit der die Tötungen umgeben wurden, keineswegs das Durchsickern jeglicher Information verhindern sollte. Daß die »Euthanasie« »geheime Reichssache« war, bedeutete vielmehr »für die Bevölkerung und für diejenigen, die indirekt arbeitsteilig an dem Verbrechen mitwirkten, eine Möglichkeit, staatlichen Maßnahmen stillschweigend zuzustimmen«.[110] Wie die Dinge lagen, wollten die meisten Angehörigen gar nicht so genau Bescheid wissen.

Viele deutsche Familien waren bereit, die Ermordung ihrer nächsten Angehörigen widerspruchslos, ja sogar zustimmend hinzunehmen. Damit schufen sie die psychologischen Bedingungen für die kommende Politik des Völkermordes. Wenn die Menschen nicht einmal dagegen protestierten, daß ihre Angehörigen umgebracht wurden, war kaum zu erwarten, daß sie Einwände gegen die Ermordung von Juden, Zigeunern, Russen und Polen hatten.[111]

SINTI UND ROMA

Der Radikalisierungseffekt des Krieges hatte verhängnisvolle Folgen für alle sozialen Außenseiter, besonders aber für die sogenannten Zigeuner. Gesellschaftliche Vorurteile und staatliche Maßnahmen gegen diese Gruppe in Deutschland reichten weit in die Zeit vor 1933 zurück, wurden aber in der NS-Zeit schlimmer. Die Sinti und Roma, wie sie selbst sich aufgrund ihrer verschiedenen Sprachen und Kulturen lieber nannten, waren eine kleine Minderheit in Europa und vor allem in Deutschland, wo es 1933 schätzungsweise 20000 von ihnen gab. Sehr viel mehr gab es in den später vom Dritten Reich annektierten oder besetzten Gebieten. Hitler selbst sagte wenig über diese Menschen, so daß die Vermutung naheliegt, daß der Anstoß zu ihrer Verfolgung in Deutschland und zur Ermordung so vieler von ihnen im Dritten Reich von anderer Seite kam.

Im nationalsozialistischen Deutschland waren Sinti und Roma zunächst offiziellen Schikanen ausgesetzt, weil man sie als eine tendenziell kriminelle rassische Außenseitergruppe (»Fremdvölkische«) abstempelte. Sie waren nicht bereit oder imstande, einer regelmäßigen Arbeit nachzugehen und einen festen Wohnsitz anzunehmen, so daß man in ihnen ein gewisses soziales Problem sah.[112] Nichtnationalsozialistische Behörden auf Lokal- und Regionalebene erkannten rasch die Vorteile, die ihnen das Hitlerregime bei der Lösung ihrer jeweiligen »Zigeunerfrage« bot. Der gemeinsame Nenner vieler Anregungen oder Forderungen, die ab 1933 von »unten«, von vielen Bürgermeistern, Stadträten, Wohlfahrtsämtern sowie von der Polizei und anderen kamen, war, daß man die Sinti und Roma in ein Lager sperren solle – mit oder ohne Stacheldraht. Gelegentlich wurden auch radikalere Vorschläge laut, so im katholischen Unterfranken, einer Gegend, die für ihre nationalsozialistische Gesinnung bekannt war; hier verlangten verschiedene Lokalverwaltungen 1935 und 1936, alle »Zigeuner« nach Dachau zu schicken.[113]

Dagegen bestand der Ansatz der Polizei zunächst darin, die schon zur Verfügung stehenden Maßnahmen rigoroser durchzusetzen, und so wurde eine begrenzte Zahl von Sinti und Roma in Konzentrationslager gebracht. Zwischen 1935 und 1939 entstanden dann spezielle Lager in Städten wie Köln, Düsseldorf, Essen, Frankfurt am Main, Hamburg, Magdeburg und Berlin. Diese Lager waren keine Konzentrationslager, aber das Leben in ihnen war viel reglementierter als etwa auf herkömmlichen Zeltplätzen, und bald war auch der Stacheldraht da. Nach 1939 dienten diese Lager zu Internierungszwecken; hier wurden Sinti und Roma bis zu ihrer Deportation in den Osten festgehalten.[114]

Die Diktatur konzentrierte das Vorgehen auf die »Zigeunerfrage« und errichtete im Oktober 1938 eine »Reichszentrale zur Bekämpfung des Zigeunerunwesens« unter der Zuständigkeit der Kriminalpolizei und mit Sitz in Berlin. Gebrauch wurde auch von den beträchtlichen Befugnissen gemacht, die die Kriminalpolizei bereits im Kampf gegen Gruppen wie »Asoziale« und »Arbeitsscheue« hatte. Die genaue Anzahl der Menschen, die bei den verschiedenen Polizeikampagnen von 1938 festgenommen und in Konzentrationslager gebracht wurden, steht nicht fest, doch lassen vereinzelte Beweise darauf schließen, daß die Polizei auch »Zigeuner« verhaftete, wenn sich die Gelegenheit ergab, zum Beispiel, wenn bei einer polizeilichen Überprüfung herauskam, daß sie keine regelmäßige Arbeit hatten. Indessen scheint die Zahl der 1938 verhafteten Sinti und Roma generell klein gewesen zu sein und nur einen Bruchteil der in Deutschland lebenden Minderheit betroffen zu haben.[115]

Oberste Priorität der nationalsozialistischen »Zigeunerforschung« hatten 1938 die Ermittlung ihrer genauen Anzahl und ihre strengere Registrierung und Überwachung. Am 8. Dezember 1938 gab Himmler völlig neue Richtlinien unter der Überschrift »Bekämpfung der Zigeunerplage« heraus. Diese Formulierung ging auf Polizeipraktiken in Deutschland vor der nationalsozialistischen Machtergreifung zurück.[116] Diesen Richtlinien zufolge hätten die Erfahrungen aus diesem Kampf und rassebiologische Forschungen gezeigt, daß bei der »Lösung der Zigeunerfrage« »nationalsozialistisches Gedankengut« berücksichtigt werden müsse. Es sei zu unterscheiden zwischen »reinrassigen Zigeunern« und »Zigeunermischlingen«; deren Lebensverhältnisse seien entsprechend zu regeln.[117] Michael Zimmermann hat kürzlich darauf hingewiesen, daß bis zu diesem Zeitpunkt kein einziger nationalsozialistischer Rasseforscher die Zigeuner eine »Rasse« genannt hatte; diese Formulierung in Himmlers Richtlinien signalisierte also, daß die polizeiliche Verfolgung von Sinti und Roma unter explizit rassistischen Vorzeichen stehen werde – mit den absehbaren Konsequenzen.[118]

Die Nationalsozialisten wollten alle Angehörigen dieser Minderheit »erfassen« und ihre »rassische Einordnung« vornehmen. Oberste Zuständigkeit hatte das Reichskriminalpolizeiamt in Berlin und speziell sein neues Referat für Zigeunerfragen. Die »vorbeugende Verbrechensbekämpfung« der Kriminalpolizei, gestützt auf die von Arthur Nebe formulierten sozialbiologischen Theorien, führte zur Inhaftierung vieler »asozialer Zigeuner« in Deutschland und Österreich. Die örtlichen Polizeibehörden wurden angewiesen, »sämtliche Personen, die nach ihrem Aussehen, ihren Sitten und Gebräuchen als Zigeuner oder Zigeunermischlinge angesehen werden, sowie alle nach Zigeunerart umherziehenden Personen zu melden«. Registriert wurden die zahlreicheren Sinti, die kleinere Zahl der Roma sowie verwandte Gruppen wie etwa die Lalleri in den eingegliederten Gebieten. Mit dieser »Ausführungsanweisung« vom 1. März 1939 wurden die meisten Zigeuner gezwungen, sich einer rassebiologischen Untersuchung zu unterziehen.[119] Es war ein Vorbote dessen, was kommen sollte, daß die Kriminalpolizei Anfang Juli 1939 die Mitteilung erhielt, daß im Falle einer Mobilmachung nichtseßhafte »Zigeuner« in ein Konzentrationslager zu verbringen seien, ebenso wie jene vage Kategorie von sozialen Außenseitern, die in den Augen der Nationalsozialisten »wehrunwürdige Personen« waren.[120]

An der Spitze der Rasseexperten, die jetzt eng mit der Kripo zusammenarbeiteten, stand Dr. Robert Ritter. Er leitete die »Rassenhygienische und bevölkerungsbiologische Forschungsstelle im Reichsgesundheitsamt«. Ritter war vor 1933 kein Nationalsozialist gewesen, vertrat aber bald Forschungsinteressen, die für die Kriminalpolizei sehr wichtig waren; dies galt besonders für seine Arbeiten über rassebiologische Merkmale von Verbrechern. Daß das NS-Regime an dieser Thematik interessiert war, kann man daran sehen, daß Reichsjustizminister Gürtner schon im Oktober 1936 an den fünfzig von ihm in Deutschland eingerichteten Untersuchungsstellen Ermittlungen zum Hintergrund von Verbrechern anordnete.[121]

Als Ritter 1936 zum Chef der neuen Rassenhygienischen Forschungsstelle ernannt wurde, war er gerade mit verschiedenen Projekten befaßt, die anhand von Familiengeschichten den Zusammenhang zwischen Erblichkeit und Verbrechen aufklären sollten. Seine Theorie war, daß es für kriminelles Verhalten ein biologisches oder genetisches Substrat gab, und er wies darauf hin, daß besonders »Zigeunermischlinge« zur Kriminalität neigten.[122] Nach Ritters Wunsch sollte die Kriminalbiologie »herausfinden, ob bei Männern bestimmte Anzeichen zu finden sind, die eine Früherkennung kriminellen Verhaltens erlauben, Anzeichen, die die Feststellung krimineller Neigungen *vor* dem tatsächlichen Beginn der Verbrecherlaufbahn ermöglichen«.[123] Ritters Forschungsstelle arbeitete eng mit dem Reichskriminalpolizeiamt zusammen; beide vertraten die Theorie, daß Biologie der Schlüssel zum Verständnis, zur Bekämpfung und Beseitigung des »Verbrechertums« sei. So war es nicht verwunderlich, daß die Krönung von Ritters Aufstieg seine Ernennung zum Leiter des »Kriminalbiologischen Instituts der Sicherheitspolizei« im Jahre 1941 war. Ende 1941 leitete er sowohl dieses Institut als auch das Kriminalbiologische Institut am Reichsgesundheitsamt. 1939 ordnete Himmler an, daß künftig die Erforschung des rassebiologischen und familiären Hintergrundes von Verdächtigen einen wesentlichen Teil der kriminalpolizeilichen Untersuchung ausmachen werde.[124]

Die Kampagne gegen die »Zigeunerplage« wurde zunächst in Österreich forciert, wo die Kriminalpolizei 1938 und besonders im Juni 1939 die Anweisung erhielt, sich mit diesem Problem zu befassen. Sie sollte etwa 2000 Männer und 1000 Frauen verhaften und die Männer nach Dachau, die Frauen nach Ravensbrück schicken.[125] Die Monate September und Oktober 1939 markierten einen Wendepunkt sowohl des

Polizeisystems als auch der rassistischen Verfolgungen. Auf einer Konferenz am 21. September 1939 fiel die erste von mehreren verhängnisvollen Entscheidungen, die die deutschen Juden sowie die Juden im eben eroberten Polen berührten. Unter Vorsitz von Reinhard Heydrich beschloß die Konferenz mehrere wichtige Maßnahmen, so unter anderem die Einrichtung von Judenräten in den besetzten Gebieten, deren Mitglieder »für den exakten Vollzug nach Maßgabe der erlassenen und noch zu erlassenden Anweisungen im wortwörtlichsten Sinn *voll und ganz verantwortlich* sind«.[126] Zu den Ergebnissen der Konferenz gehörte die Entscheidung, Juden zwangsweise in den Städten zu konzentrieren, Juden aus dem Reich nach Polen zu schicken und auch die restlichen »Zigeuner« nach Polen zu bringen.[127]

Die »Erfassung« der Sinti und Roma in Deutschland war vor dem Krieg abgeschlossen, und es gab im Oktober 1939 vereinzelte und wenig erfolgreiche Versuche, sie den Zügen mit den ersten Judendeportationen in die Gegend von Lublin zuzuteilen und so aus Deutschland wegzuschaffen. Solche planlosen Aktionen wurden von Himmler rasch unterbunden.[128] Der Chef der Kriminalpolizei Arthur Nebe fragte sich am 13. Oktober 1939, ob es nicht möglich sei, die Berliner Zigeuner in das im Osten »geplante Reservat« für Juden und andere zu schaffen.[129] Wenige Tage später wurde der Kriminalpolizei mitgeteilt, auf Anordnung Himmlers werde »binnen kurzem im gesamten Reichsgebiet die Zigeunerfrage im Reichmaßstab grundsätzlich geregelt«. Die Kriminalpolizei wurde von Heydrich als dem Chef des RSHA am 17. Oktober 1939 ersucht, in Zusammenarbeit mit der Ortspolizei und der Gendarmerie allen Zigeunern und Zigeunermischlingen in ihrem Bereich jeden Wohnsitzwechsel zu untersagen und sie im »Nichtbefolgungsfall« in ein Konzentrationslager einzuweisen. Ferner erhielt die Polizei die Anweisung: »Die später festzunehmenden Zigeuner sind bis zu ihrem endgültigen Abtransport in besonderen Sammellagern unterzubringen.«[130]

Anfang 1940 kam Ritters Zigeunerforschung zu dem Ergebnis, daß rund 905 der Zigeuner im Deutschen Reich »Mischlinge«, das heißt kriminell veranlagt waren. Ritter erklärte ohne Umschweife, die »Zigeunerfrage« könne nur dann »als gelöst angesehen werden, wenn das Gros der asozialen und nichtsnutzigen Zigeuner-Mischlinge in großen Wanderarbeitslagern gesammelt und zur Arbeit angehalten, und wenn die weitere Fortpflanzung dieser Mischlingspopulation endgültig unterbunden wird. Nur dann werden die kommenden Geschlechter des deutschen Volkes von dieser Last wirklich befreit sein.«[131]

Das Reichsinnenministerium schrieb am 24. Januar 1940 an die Kriminalpolizei und andere Polizeistellen, »daß eine endgültige Lösung des Zigeunerproblems nur durch Unfruchtbarmachung der Zigeuner bzw. Zigeunermischlinge erfolgen kann«. Die Hauptfrage scheint gewesen zu sein, ob sie alle vor dem für ihren Abtransport vorgesehenen Datum sterilisiert werden sollten und ob sie, wenn sie keine biologische Gefahr mehr waren, nicht vielleicht als Arbeitskräfte in Deutschland ausgebeutet werden konnten.[132] Aus dem Plan wurde jedoch nichts, zum Teil deshalb, weil die technischen Mittel einer Massensterilisation nicht ausgereift waren. Am 27. April 1940 wurde die Kripo angewiesen, zunächst im westlichen und nordwestlichen Teil Deutschland mit der »Umsiedlung« von Zigeunern zu beginnen. Die Kripo in Hamburg und Bremen hatte aus ihrem Gebiet 1000 Zigeuner zu sammeln, die Kripo Köln, Düsseldorf und Hannover sollte ebenfalls 1000 stellen, so daß mit weiteren 500 aus dem Raum Frankfurt und Stuttgart Mitte Mai ein »erster Transport« von 250 Zigeunern ins besetzte Polen abgehen konnte.[133] Der Polizei wurden eingehende »Richtlinien für die Umsiedlung von Zigeunern« an die Hand gegeben, abgefaßt in einer Sprache, die bei den späteren Judendeportationen üblich wurde, besonders im Hinblick auf das, was jede Person mitnehmen konnte.[134] Ein Vorbote künftiger Dinge war auch, daß die als Zigeuner festgenommenen Personen einer Leibesvisitation unterzogen wurden, und zwar vor aller Augen – eine Erfahrung, die sie als zutiefst beschämend empfanden.[135]

In den Anweisungen an die Kriminalpolizei schwang die Hoffnung mit, daß weitere Abtransporte aus Deutschland folgen würden, ein Plan, dem sich Hans Frank widersetzte, der Mann an der Spitze des aus Teilen des ehemaligen Polens gebildeten »Generalgouvernements«. Franks Zuständigkeitsbereich war als Abladeplatz für die Zigeuner und Juden vorgesehen, doch vermochte er die Züge eine Zeitlang aufzuhalten. Die Sinti und Roma in Deutschland saßen im Niemandsland fest; sie konnten ihr gewohntes Leben nicht fortsetzen, sondern waren dazu verurteilt, in Lagern die weitere Entwicklung abzuwarten. Am 22. Juli 1941, dem Tag, an dem Deutschland den Krieg gegen die Sowjetunion eröffnete, erhielt die Kriminalpolizei die Mitteilung, daß »eine allgemeine und endgültige Lösung der Zigeunerfrage im Augenblick nicht erfolgen« könne.[136] Doch die Einsatzgruppen hinter den Linien im Osten, die schon mit der Erschießung von Juden begannen, ermordeten auch viele Sinti und Roma.

Nicht nur regionale Polizeistellen und Sicherheitsbeamte in Berlin wollten die Sinti und Roma loswerden. Diesbezügliche Initiativen kamen – zunächst dort, wo Zigeuner meldepflichtig waren – aus kleinen und mittleren Städten, von NSDAP-Ortsgruppen, Geschäftsleuten, Bürgermeistern und Honoratioren, die ihr Dorf oder ihr Stadtviertel »zigeunerfrei« machen wollten. Die Beweggründe hinter diesen Vorstößen reichten von sozialen und rassischen Vorurteilen bis zu hartnäckigen Besorgnissen in bezug auf Verbrechen, Sexualität und Moral.[137]

Während die Kriminalpolizei noch auf das Signal aus Berlin zum Abtransport der Zigeuner wartete, gärte unter NS-Führern und Institutionen der Streit über das weitere Vorgehen. Unterdessen waren die Zustände in den Lagern in Deutschland und im annektierten Österreich oft genauso todbringend wie in den Konzentrationslagern. Die Wartezeit wurde von Dr. Ritter und der Zigeunerstelle bei der Kriminalpolizei dazu benutzt, die Zigeuner wie Laboratoriumsobjekte zu studieren.[138] Ritters Interesse an der »familiären Herkunft« führte später dazu, daß er im Frauen-KZ Ravensbrück Untersuchungen an Zeuginnen Jehovas vorzunehmen begann, »um über den Erbwert der Angehörigen von Bibelforscherfamilien ein Bild zu gewinnen«.[139]

Zur Klassifikation von »Zigeunern« gab es mindestens drei verschiedene und miteinander konkurrierende Systeme, die im Kern alle rassistisch waren. Anders als die Juden befand Himmler »reinrassige« Zigeuner schließlich für wert, fast wie exotische, romantische Sammlerstücke in einem »Reservat« im Osten gehalten zu werden.[140] Dieser orientalistische Standpunkt setzte sich schließlich durch, während Hitler, Bormann und Reichsjustizminister Thierack zunächst keine Ausnahmen bei den Deportationen machen wollten. Am 16. Dezember 1942 gab Himmler dann die Anweisung zum Beginn der Deportationen nicht nur der Sinti und Roma aus Deutschland nach Auschwitz-Birkenau. Hitler wurde hiervon informiert und erhob keine Einwände.[141] Die Hauptdeportationen aus Deutschland begannen, gestützt auf Himmlers Anweisungen an die Kriminalpolizei, Anfang 1943.[142] Die örtliche Kripo und andere Gemeindebehörden hatten zwar von Himmler freie Hand erhalten, die Zusammensetzung der Transporte selbst zu bestimmen, sie nutzten aber die Gelegenheit, um ihre Gemeinde »zigeunerfrei« zu machen. In Gegenden, wo noch Sinti und Roma lebten – und von der Polizei zum Bleiben gezwungen wurden –, war in der Bevölkerung Mißstimmung gegen ihre weitere Anwesenheit entstanden, und diese Gefühle verhärteten sich bei Kriegsausbruch und wirkten wiederum auf das Verhalten der örtlichen Behörden zurück. In Deutschland richtete sich die Verfolgung insbesondere durch die Kriminalpolizei gegen »asoziale Zigeuner« sowie gegen »Zigeunermischlinge«, die seßhaft geworden waren und ihre alte Lebensweise aufgegeben hatten, dadurch aber auch in engeren Kontakt mit der Mehrheitsgesellschaft gekommen waren und so angeblich eine Gefahr für die Rassereinheit des »Volkskörpers« darstellten. Von den meisten Deutschen wurden Verschwinden und Abtransport dieser winzigen Minderheit nicht registriert; wer aber doch etwas merkte, wandte sich ab, zeigte sich gleichgültig oder war einverstanden.[143]

Außerhalb Deutschlands ging die Tendenz zur Verfolgung und Ermordung jener Sinti und Roma, die nicht seßhaft waren und ihre Traditionen bewahrt hatten – teilweise weil man sie beschuldigte, deutschenfeindliche Spitzel im Dienste des »jüdisch-bolschewistischen« Feindes zu sein.[144] Michael Zimmermann kommt in seiner maßgebenden neuen Untersuchung zu dem Schluß, daß in der Ära des Nationalsozialismus rund 15 000 Personen getötet wurden, die in Deutschland lebten und als »Zigeuner oder Zigeunermischlinge« etikettiert wurden.[145] Doch wurde ein Mehrfaches dieser Zahl in anderen Teilen Europas getötet, wo Zigeuner entweder kurzerhand von Polizei, SS oder Wehrmacht erschossen wurden, oft Seite an Seite mit den Juden, oder in Lager wie Auschwitz kamen, wo man sie durch Zwangsarbeit tötete, zu medizinischen Versuchen mißbrauchte, sterilisierte (in Deutschland wie in den Lagern) oder vergaste.[146] Sybil Milton vermutet, daß in den Jahren des Holocaust eine viertel bis eine halbe Million Sinti und Roma ermordet wurden.[147]

SEXUELLE AUSSENSEITER

Das Leben der Frauen und Männer im Dritten Reich wurde oft tiefgreifend vom offiziellen Interesse für Fragen der Sexualität, Fortpflanzung und Rasse berührt. Ein rassistisches Regime konzentriert zwangsläufig einen erheblichen Teil seiner Ressourcen auf die Sexualität und ihre Regulierung. In erster Linie galt es, die »falsche« Art von Sexualität zu verhindern, und so ist es kein Wunder, daß Hitler und die Nationalsozialisten (wie wir im einzelnen in den folgenden Kapiteln sehen werden) besonders erpicht darauf waren, sexuelle Beziehungen zwischen Deutschen und Juden oder sonstigen Rasse-»Feinden« zu verhindern. Das rassehygienische Fundament des Dritten Reichs war praktisch die Garantie dafür, daß erhebliche Anstrengungen unternommen wurden, die Prostitution und ihre Rolle bei der Verbreitung von Geschlechtskrankheiten zu bekämpfen. Außerdem wurde auch gegen andere sexuelle Außenseiter, namentlich die Homosexuellen, »durchgegriffen«.

Hitler betrachtete Prostitution und die aus ihr resultierenden Krankheiten schon lange als Symptome von Entartung und Verfall.[148] Eine der ersten Maßnahmen des neuen Regimes war die Anweisung an die Polizei, mit Hilfe der geltenden Vorschriften (zum Beispiel der Gesetze gegen die Verbreitung von Geschlechtskrankheiten) die Straßenprostitution zu beseitigen, Bordelle zu überprüfen und gegen Prostituierte einzuschreiten, die ihre Dienste öffentlich und in auffälliger Weise feilboten.[149] Die polizeiliche Durchsetzung dieser Maßnahme schwankte von Ort zu Ort erheblich, doch zweifellos gab es 1933 in vielen Städten Razzien gegen Prostituierte. Gewiß war Hamburg insofern untypisch, als es für seine große Zahl von Prostituierten bekannt war; jedenfalls verhaftete die Polizei hier zwischen März und Ende August 1933 3201 Frauen: Die meisten ließ man nach einer Verwarnung wieder laufen oder setzte sie nach kurzer Zeit auf freien Fuß, doch wurden 274 Frauen gezwungen, sich wegen einer Geschlechtskrankheit in ärztliche Behandlung zu begeben.[150] Der Umfang dieser Verhaftungen läßt darauf schließen, daß eine beachtliche Anzahl von Frauen als Prostituierte tätig waren; allerdings bleibt das ganze Ausmaß der Prostitution im Dunkel, da viele Frauen diesem Gewerbe auf Gelegenheitsbasis zur Aufbesserung ihrer Einkünfte nachgingen.[151]

Nicht nur die Polizei, sondern auch Gesundheits-, Fürsorge- und Jugendämter wurden bald zur Bekämpfung dieser Gruppe von Asozialen eingespannt, und eine Tendenz ging dahin, Wiederholungstäterinnen zu sterilisieren. Diese Behörden nutzten das neue System, um sich lästiger Fälle zu entledigen, zum Beispiel zweier junger Frauen in Reutlingen namens Anna und Klara, die seit mindestens 1929 Ärger gemacht hatten. Beide waren unter zwanzig und gingen 1932 angeblich der Prostitution in Stuttgart nach; zusammen mit ihrer Mutter wurden sie von den Behörden als genetisch minderwertig angesehen. Ab 1933 gab die Diktatur dem Jugendamt radikalere Mittel gegen die Familie in die Hand. Im November 1935 wurde die jüngste Schwester, Elsa (geboren 1930), sterilisiert, und das Jugendamt beantragte dieselbe Maßnahme auch für Anna und Klara. Höchstwahrscheinlich wurde diesem Antrag entsprochen. Augenscheinlich betrachteten die Behörden diese Frauen als »Gefahr für die genetische bzw. rassische Reinheit der Volksgemeinschaft«.[152] Wir wissen, daß sich Ähnliches in ganz Deutschland ereignete. 1933 führten die Gesundheitsämter 20000 Frauen wie Anna und Klara in ihren Akten – sie nannten sie »Personen mit häufig wechselndem Geschlechtsverkehr«.[153]

Der Krieg brachte wesentliche Veränderungen in den Ansichten darüber, wie die Prostitution auf Dauer zu bekämpfen sei. Am 9. September 1939 wies der Reichsinnenminister die Polizei an, alle Prostituierten zu registrieren und für ihre Untersuchung beim Gesundheitsamt zu sorgen. Prostitution war in der Öffentlichkeit jetzt ganz verboten, in bestimmten Häusern aber erlaubt, um dem lokalen »Bedarf« abzuhelfen; gegebenenfalls hatte die Polizei die Errichtung solcher Bordelle zu überwachen.[154] Wie aus zusätzlichen Ermahnungen des Reichskriminalpolizeiamtes wenig später hervorging, galt die eigentliche Sorge der Ausbreitung von Geschlechtskrankheiten.[155]

Die Kriminalpolizei hatte schon lange von ihren Befugnissen Gebrauch gemacht, um gegen Prostituierte vorzugehen; während des Krieges griffen sie aber besonders gegen Frauen durch, die außerhalb der sanktionierten Bordelle auf eigene Faust zu arbeiten versuchten, und schickte diese Rechtsbrecherinnen als »Asoziale« ins Konzentrationslager. Junge Frauen, die entweder allein oder in wechselnder Begleitung ausgingen, andere, die viele Männerbekanntschaften zu haben schienen, aber keiner regelmäßige Arbeit nachgingen – sie alle mußten sich darauf gefaßt machen, als heimliche Prostituierte verdächtigt zu werden. Jedenfalls kennen wir Fälle aus der Kriegszeit, wo die Gesundheitsämter Frauen anzeigten, die wiederholt an Geschlechtskrankheiten litten oder auch nur nach einer gescheiterten Ehe als wohnsitzlos aufgegriffen wurden.

Es war bezeichnend für die offizielle Betonung von Rasse, Sexualität und Gesundheit, daß während des Krieges die Gesundheitsämter die Polizei informierten und darum baten, eine »Rechtsbrecherin« ins Konzentrationslager zu schicken. An überlieferten Fällen kann man sehen, wie das System funktionierte. So ordnete die Kripo Essen am 14. August 1941 die »Vorbeugungshaft« für eine 38jährige Frau an, die ihre vier Kinder und den Haushalt vernachlässigt und schon vor dem Scheitern ihrer stürmischen Ehe sexuelle Beziehungen zu mehreren Männern unterhalten hatte. Irgendwann nahm ihr das Fürsorgeamt die Kinder weg, und sie wurde sterilisiert. Sie zog in den Straßen Duisburgs umher, hatte keinen festen Wohnsitz und führte anscheinend ein sexuell freizügiges Leben, bis die Kriminalpolizei sie als Gefahr für die öffentliche Gesundheit verhaftete. Nach Auffassung der Kripo rechtfertigten der unsittliche Lebenswandel und das asoziale Verhalten der Frau ihre Einlieferung in das Frauen-KZ Ravensbrück, wo sie am 13. September 1941 eintraf. Aus nicht ersichtlichen Gründen wurde sie am 25. März 1942 nach Auschwitz überstellt, wo sie am 23. Juli desselben Jahres starb.[156]

Sofern man aus der kleinen Stichprobe von Kripo-Akten, die für Duisburg erhalten sind, extrapolieren darf, muß ein ähnliches Schicksal so manche Frau ereilt haben, wie zum Beispiel jene, die im November 1941 vom Gesundheitsamt wegen »Kontrollversäumnis« angezeigt wurde, da sie die angeordneten medizinischen Untersuchungen gemieden hatte. Die Kriminalbeamten fanden, daß sie eine »sittlich und moralisch verkommene und arbeitsscheue Person« sei, verhafteten sie und schickten sie über Ravensbrück nach Auschwitz, wo sie am 3. November 1942 starb.[157] Der allgemeine Eindruck, der sich aus diesen Akten ergibt, ist der, daß der Kripo jede Beschuldigung recht war – Prostitution, Lesbische Liebe, Asozialität, arbeitsscheu –, um lästige oder unbotmäßige Frauen loszuwerden. Die Kripo nutzte ihre neuen Befugnisse zur Beseitigung, um Frauen, deren Verhalten nach ihrer Ansicht für eine deutsche »Volksgenossin« ungeziemend war, ohne rechtliches Gehör oder Auftreten vor Gericht direkt ins Konzentrationslager zu schicken.

Die Kriminalpolizei machte während des Krieges nicht nur Jagd auf verdächtige Frauen, sondern errichtete auch zahlreiche Bordelle, so daß es beispielsweise 1942 allein in Berlin 28 solcher Etablissements gab. Es gibt gute Gründe für die Annahme, daß es in Hafenstädten wie Hamburg genauso viele oder mehr gab.[158] Darüber hinaus hatte das Regime bis Ende 1943 nicht weniger als 60 Bordelle für Fremdarbeiter errichtet und weitere 50 geplant, in denen ausländische Frauen als Prostituierte arbeiteten. Bordelle entstanden auch in vielen Konzentrationslagern. Wenn wir alle diese Einrichtungen in Rechnung stellen, erreichte die staatlich sanktionierte Prostitution im Dritten Reich stattliche Ausmaße.

Im SD-Bericht von Ende November 1943 über die Bordelle oder »B«-Baracken für Fremdarbeiter heißt es, die meisten Deutschen seien nicht damit einverstanden, daß der Staat die für den Bau dieser Häuser notwendigen erheblichen Summen aufwende, und würden es lieber sehen, wenn mit dem Geld Wohnraum für ausgebombte Deutsche geschaffen würde. Für das Regime aber stand »im Vordergrund die Reinerhaltung des deutschen Blutes«. Die Bevölkerung, heißt es in dem Bericht weiter, müsse darauf hingewiesen werden, daß »der Fremdvolkeinsatz unter keinen Umständen zu einer Verschlechterung oder sogar Zersetzung des deutschen Blutskörpers führen dürfe«. Der Bericht wies darauf hin, daß eine öffentliche Behandlung dieser heiklen Frage nicht möglich sei, so daß die Partei mehr auf individuelle Beeinflussung setzen solle. Wenn die Folgen einer »rassischen Vermischung« dem Volk immer klar vor Augen stünden, heißt es in dem Bericht abschließend, würden die deutschen »Volksgenossen« auch »die Notwendigkeit der Errichtung von Bordellen erkennen«.[159]

Auch Homosexuelle wurden von Hitler und vielen nationalsozialistischen Führern als Gefahr für den Volkskörper angesehen, und diese Ressentiments waren damals in Deutschland nicht unpopulär. So soll Hitler schon vor 1914 gesagt haben, die Homosexualität müsse »als eine widernatürliche Erscheinung mit allen Mitteln« bekämpft werden; er wende sich »mit Ekel und Abscheu gegen diese und andere sexuelle Abirrungen der Großstadt«.[160] Die polizeiliche Verfolgung von Homosexuellen war in Deutschland nichts Neues, doch wurde ab 1933 die Durchsetzung von geltenden Gesetzen forciert, die schon im 19. Jahrhundert Homosexualität unter Strafe gestellt hatten. Die nationalsozialistische Polizei nahm den Kampf gegen die »öffentliche Unmoral« auf und verbot Groschenheftchen und Pornographie.[161] Die Ortspolizei richtete besondere Stellen für die Verhaftung von Personen ein, die mit obszönen Schriften oder Bildern handelten.[162] Gegen die lesbische Liebe, die eigentlich dem von den Nationalsozialisten so genannten »gesunden Volksempfinden« widersprach, ging man nicht systematisch vor, wohl weil man sie nicht als »Gefahr für das Überleben der Nation« betrachtete.[163]

Ende Oktober 1934 richtete die Gestapozentrale in Berlin eine eigene Stelle zur Bekämpfung der Homosexualität ein, um das Vorgehen gegen schwule Männer zu koordinieren. Am 28. Juni 1935 verschärfte das Regime das Strafrecht. Im Sommer 1936 wurden Verhaftungen vorgenommen, zum Beispiel in Hamburg, wo ein Sonderkommando der Gestapo entstanden war. Diese und andere Aktionen enthüllten angeblich, daß sich die Homosexualität »seuchenartig« in allen Berufsgruppen und Gesellschaftsschichten ausgebreitet hatte.[164] Himmler ermutigte Gestapo und Kriminalpolizei, das Ihre zu tun, und so wurde 1936 die »Reichszentrale zur Bekämpfung der Homosexualität und Abtreibung« gegründet, die alle polizeilich überprüften Homosexuellen erfassen sollte.

Besonders 1936 und 1937 stellte die Presse Homosexuelle an den Pranger, denen der Prozeß gemacht wurde; viele Artikel beschäftigten sich mit dem angeblichen homosexuellen Treiben in den Orden.[165] Diese Berichte über Geistliche vor Gericht waren Teil der Bemühungen, die katholische Kirche zu diskreditieren und mit jeder sexuellen Devianz aufzuräumen. Es erschienen Geschichten über Frauen, die Abtreibungen vorgenommen hatten, und regelmäßig grauenhafte Beschreibungen von Pädophilen, die zum Teil in Massenmorde an Knaben verwickelt waren.[166]

Die Verfolgung der Homosexuellen schlug sich in den Gerichtsurteilen gegen Männer nieder, die wegen Verstoßes gegen die Bestimmungen des Strafgesetzbuches angeklagt und verurteilt worden waren. 1933 nahm die Zahl der verurteilten schwulen Männer gegenüber den letzten Jahren der Weimarer Republik leicht zu (von 801 im Jahre 1932 auf 853). Die Zahl der Festnahmen stieg in den folgenden Jahren an: Waren es 1934 948, so 1935 2106, 1936 5320, 1937 8271 und 1938 8562. Amnestien hatten, wie wir in einem früheren Kapitel sahen, eine Unterschätzung des Umfangs *aller* Verbrechen zur Folge, und die Amnestie zu Beginn des Krieges reduziert auch die Zahl der verurteilten Homosexuellen für 1939 auf 7614. Während des Krieges gingen die Zahlen weiter zurück: Waren es 1940 3773 und 1941 3739, so 1942 2678 und 1943, das letzte Jahr, für das uns Zahlen vorliegen, 2218.[167]

Für drei Gebiete Deutschlands, mit Schwerpunkten in Düsseldorf, Würzburg und der Pfalz, haben sich Gestapounterlagen über homosexuelle Verdächtige erhalten. Daraus geht hervor, daß die meisten von ihnen zwischen 1936 und 1938 abgeurteilt wurden.[168] Viele der in Kleinstädten und auf dem Lande Verhafteten waren nicht von der Polizei gefaßt, sondern von Mitbürgern denunziert worden. In größeren Städten wie Düsseldorf jedoch, wo es eine Art von schwuler Subkultur und bekannte Treffpunkte gab, fanden überraschende Razzien der Polizei statt. Aber auch hier stützte sich die Polizei auf die Mitarbeit der Bevölkerung.[169]

Die Nationalsozialisten kriminalisierten nicht nur den Vollzug von homosexuellen Handlungen, sondern auch die bloße Artikulation eines entsprechenden sexuellen Interesses, was Denunziationen aus der Öffentlichkeit Tür und Tor öffnete. Soweit sich die Beweggründe hinter diesen Denunziationen ausmachen lassen, schwankten sie zwischen dem Wunsch, die offizielle Homosexuellenpolitik zu unterstützen, dem Bestreben, die Lage auszunützen, und der Erwartung irgendeines persönlichen Vorteils.[170] Viele »gestanden« unter dem Druck der Gestapo, so 47 Prozent aller Festgenommenen in Würzburg, 37 Prozent in der Pfalz und 10 Prozent in Düsseldorf.[171]

Auch die Kriminalpolizei kümmerte sich um die Homosexualität, und infolge der Konkurrenz mit der Gestapo scheinen manche Beamte, die für beide Polizeien arbeiteten, ihre Anstrengungen verdoppelt zu haben. In den Jahren nach 1935 verhaftete die Kripo zahlreiche Schwule. So überprüfte allein die Kripo zwischen April und Dezember 1936 6260 Männer, die homosexueller Betätigung verdächtig waren; ein Jahr später war diese Zahl im selben Zeitraum schon auf 12356 gestiegen.

Um die Angst hinter dieser Statistik einschätzen zu können, müssen wir uns vergegenwärtigen, daß Deutschland ein System der »Polizeijustiz« hatte und daß jeder Kontakt mit der Polizei katastrophale Folgen haben konnte.

Die kriminalpolizeilichen Ermittlungen zeigen eine Aufwärtstendenz, bis die Statistiken in den ersten Kriegsjahren aufhören. Der Zuwachs resultierte teilweise daher, daß sich die Gestapo aus dem Geschäft der Drangsalierung von Homosexuellen zurückzog und die Kriminalpolizei den Faden aufnahm.[172] Die Methoden der Kripo reichten – wie die der Gestapo – von der Falle bis zur Fälschung von Beweismaterial. Falls der Beschuldigte gleichzeitig Jude war oder aus anderen Gründen als zweifelhaft galt, ließen die Verfolger nicht locker, bis der Mann ins Konzentrationslager geschickt und zu Tode gehetzt war.[173]

Einmal in der Zelle, wurden Schwule von der Polizei so stark unter Druck gesetzt, daß sich manche das Leben nahmen.[174] Männer, die als vorbestrafte Homosexuelle polizeibekannt waren, wurden in den kriminalpolizeilichen Richtlinien zur Vorbeugungshaft besonders hervorgehoben.[175] Auch konnten Homosexuelle unter »planmäßige Überwachung« gestellt und, wenn es Wiederholungstäter waren, in Vorbeugungshaft genommen werden. Sie waren Demütigungen ausgesetzt, wurden zur Selbstbezichtigung gezwungen und manchmal sogar genötigt, ihrer Kastration zuzustimmen. Obwohl es laut gemeinsamem Erlaß des Innen- und des Justizministeriums vom 23. Januar 1936 offiziell verboten war, Homosexuelle zur Kastration zu drängen, sagte Himmler doch in einer Mitteilung an die Kriminalpolizei, es dürfe Homosexuellen in Vorbeugungshaft die Andeutung gemacht werden, sie würden »wahrscheinlich« entlassen werden, wenn sie zuvor einer Kastration zustimmten.[176] Eine andere Mitteilung an die Kriminalpolizei (12. Juli 1940) enthielt die Anordnung, daß künftig jeder Homosexuelle, der mehr als einen Partner »verführt« hatte, nach der Entlassung aus dem Gefängnis in Vorbeugungshaft zu nehmen war, solange nicht eine ärztliche Untersuchung ergeben hatte, daß ein Rückfall in die »homosexuelle Verfehlung« nicht zu befürchten stand.[177] Ärztliche Untersuchungen sollten einen Monat nach der Kastration und dann im Abstand von einem, drei und fünf Jahren vorgenommen werden, um den »Erfolg« des Eingriffs zu überprüfen. Zudem wurde »eine lückenlose Überwachung« dieser Männer durch die Polizei angeordnet.[178]

Viel weniger wissen wir darüber, was während des Krieges mit schwulen Männern beim Militär geschah. Aus einigen ersten Befunden ist zu schließen, daß von den Kriegsgerichten wahrscheinlich fünfundzwanzigmal mehr Homosexuelle als im Ersten Weltkrieg verurteilt wurden.[179] Doch ob die Gesamtzahl der Verurteilungen weiter anstieg oder nach 1939 etwas zurückging, wir dürfen nicht aus dem Auge verlieren, daß jeder, der der Gestapo oder der Kripo in die Hände fiel, den Tod finden konnte. Auf Ansuchen Himmlers billigte Hitler die Anwendung der Todesstrafe bei homosexueller Betätigung in SS oder Polizei.[180] Wie Himmler in einem anschließenden Befehl darlegte, müßten SS und Polizei von »Schädlingen« freigehalten werden, da »alle Angehörigen der SS und Polizei Vorkämpfer im Kampfe um die Ausrottung der Homosexualität im deutschen Volke sein müssen«.[181]

Grundsätzlich bestand weiter ein wesentlicher Unterschied zwischen der polizeilichen Verfolgung der Homosexuellen (und der meisten gewöhnlichen Verbrecher) und dem, was mit »Volksfeinden« wie den Juden geschah. Wenn es um Homosexuelle sowie um die meisten als kriminell geltenden Personen ging, war das Ziel des Regimes nicht ihre physische Vernichtung, sondern, soweit möglich, ihre Resozialisierung und Umerziehung.[182] Die Juden konnte grundsätzlich nichts retten. Gleichwohl landeten viele Schwule in einem Konzentrationslager, und eine bestürzend große Zahl von ihnen, schätzungsweise zwischen 5000 und 15000, fanden dort den Tod.[183] Hierzu muß man jene rechnen, die an der Front fielen, wenn sie sich, vor die »Wahl« gestellt, den Rest ihrer Haftstrafe abzusitzen oder in einer euphemistisch so genannten »Bewährungstruppe« zu dienen, für diese entschieden hatten, obwohl dies oft einem Todesurteil gleichkam. Wenn die Zahl der Homosexuellen, die in den Lagern (oder in einer Bewährungstruppe an der Front) starben, vielleicht relativ »bescheiden« wirkt, dann liegt das nur an den enormen Zahlen jener anderen, die als »Volksfeinde« umgebracht wurden.

JUGENDLICHE STRAFTÄTER

Junge Menschen gehörten zu den entschiedensten Anhängern Hitlers. Sowohl *oral-history*-Projekte als auch Autobiographien von Menschen, die jene Zeit als Jugendliche erlebten, bezeugen, daß die Appelle des Nationalsozialismus an die Jugend bemerkenswert erfolgreich waren.[184] Melitta Maschmann, als junge Frau Mitglied im »Bund deutscher Mädel«, ließ sich vom Antisemitismus mitreißen, aber auch von neuen Lehren, die in ihr Idealismus und Opferbereitschaft durch die These ihrer Zugehörigkeit zur »Herrenrasse« weckten.[185] Andererseits war die Jugendkriminalität in Problem, das schon zu Beginn des Hitlerregimes bestand und auch später nicht verschwand.[186] Die Jugendkriminalität nahm bis zu Beginn des Krieges immer mehr zu, und ohne die Amnestien, durch die viele einschlägige Fälle annulliert wurden, hätten die Statistiken auch danach eine weitere Zunahme ausgewiesen.[187] Auch die Hitlerjugend (HJ), für die im März 1939 die Zwangsmitgliedschaft eingeführt wurde, hatte ihren »Streifendienst«, der sich mit kleineren Verstößen und flegelhaftem Benehmen in den eigenen Reihen befaßte.[188]

Auch die Gestapo wurde in die Bekämpfung der Jugendkriminalität eingeschaltet, besonders dann, wenn es um eine kriminalisierte »Cliquen- und Bandenbildung« ging.[189] Diese jungen Leute wollten nämlich der Reglementierung durch die HJ entgehen, Jazzmusik hören, tanzen und unbeaufsichtigte Ausflüge aufs Land unternehmen. Spätestens 1936 waren die meisten Jugendorganisationen zerschlagen, insbesondere der Kommunisten, der Sozialisten und der Katholiken. Jugendliche aus der Arbeiterklasse, die individualistisch genug waren, um die in der Hitlerjugend vorgeschriebene Uniformität abzulehnen, sammelten sich in informellen Gruppen oder Cliquen und machten durch Frisur oder Kleidung kein Hehl aus ihrer Meinung. Die Gestapo wußte nicht recht, wie sie diese »wilden« oder unorganisierten Gruppen nennen sollte, und entschied sich dafür, sie als Teil der »bündischen« Jugend anzusehen, womit sie diesen losen Gruppierungen einen Organisationsgrad zusprach, den sie gar nicht hatten. Die Bezeichnung erinnerte an die Jugendbewegung der Jahrhundertwende und der Weimarer Republik, doch waren die meisten der von der Gestapo aufgegriffenen Jugendlichen nicht alt genug, um Verbindungen zu diesen früheren Bewegungen oder denen der Arbeiterklasse haben zu können.

Mit dem Verbot dieser »Organisationen« im Jahr 1936 richtete die Gestapo ein »Sonderkommando zur Bekämpfung der Bündischen Jugend im Westen« ein. Eine jüngste Untersuchung über die Aktivitäten der Gestapo gegen diese schlecht organisierten Jugendbanden hat 1441 Polizeiakten zutage gefördert, die meist auf Hinweisen aus der Bevölkerung beruhen. Die Informanten, die teilweise die Beschuldigungen erfanden, waren meist Funktionäre der Hitlerjugend oder der NSDAP. Seine betriebsamste Zeit hatte das Sonderkommando während des Krieges, wo 80 Prozent seiner Verhöre von verdächtigen Cliquenmitgliedern stattfanden.[190]

Die Kriminalpolizei richtete am 1. Juli 1939 eine »Reichszentrale zur Bekämpfung der Jugendkriminalität« ein, deren Aufgabe die Überwachung von Kindern und Jugendlichen war, »die erblich kriminell belastet erscheinen«, wie etwa Kinder von Berufs- und Gewohnheitsverbrechern. Zu ihren Maßnahmen gehörte es, für die Unterbringung der Kinder in Pflegefamilien oder Fürsorgeheimen zu sorgen; wenn jedoch alles andere fehlschlug, hatte die Polizei auch die Möglichkeit der Sicherungsverwahrung.[191]

In einer späteren Bestimmung vom 1. Dezember 1939 lieferte das Reichssicherheitshauptamt der Kriminalpolizei Gründe für ein neues Herangehen an die Jugendkriminalität. Wie es hierin hieß, mehrten sich die Anzeichen von Jugendkriminalität, die Kriegsverhältnisse förderten das Verbrechen, Prostitution und Homosexualität griffen um sich. Ungeachtet ihres Personalmangels solle die Kriminalpolizei allen Fällen nachgehen; wenn die Beamten Wiederholungstäter oder andere entdeckten, die verwahrlost aufwüchsen, sei zu prüfen, ob »die Einleitung besonderer Erziehungsmaßnahmen« erforderlich erscheine. Junge Mädchen seien vor geschlechtlicher Betätigung zu warnen, die zur Ausbreitung von sexuell übertragenen Krankheiten führen könne.[192]

Am 1. April 1940 wurde die Kriminalpolizei darüber unterrichtet, daß die besondere Unterbringung von »kriminellen und asozialen Minderjährigen« erwogen werde. Binnen zwei Wochen hatte die Polizei Kontakt mit den Fürsorgestellen aufzunehmen und die zahlenmäßige Größenordnung des Problems zu ermitteln.[193] Am 26. Juni 1940 wurde der Kriminalpolizei mitgeteilt, daß demnächst die Einweisung dieser Personen in ein polizeiliches »Jugendschutzlager« möglich sein werde. Ein solches Lager wurde in Moringen eingerichtet; es war für männliche Jugendliche bestimmt, die für Fürsorgeheime zu alt waren oder bei denen die Fürsorgeerziehung wirkungslos geblieben war. Gleichzeitig wurde ein Jugendschutzlager für Mädchen in Uckermark geplant, das jedoch erst zwei Jahre später seinen Betrieb aufnahm.[194] Die Berliner Zentrale der Kriminalpolizei bat am 20. Juli 2940 ihre regionalen Dienststellen um »Vorschläge«, die der neuen »Reichszentrale zur Bekämpfung der Jugendkriminalität« einzureichen waren. Die Unterbringung im Jugendschutzlager konnte nach vorheriger Gerichtsverhandlung oder einfach auf Anordnung der Polizei erfolgen.[195]

Paul Werner von der Kriminalpolizei veröffentlichte Beschreibungen des Lagers, die es in das bestmögliche Licht tauchen sollten, es wurden viele Besichtigungen erlaubt, und Geschichten über das Lager erschienen auch anderswo.[196] Eine der vollständigsten Informationen besagte, daß das Lager »im Rahmen der polizeilichen vorbeugenden Verbrechensbekämpfung Jugendlicher« errichtet worden sei. Männliche Jugendliche wurden hier nur eingewiesen, wenn »die üblichen sozialpädagogischen Mittel« sie nicht zu beeinflussen vermocht hätten. Ziel der Einrichtung seien nicht Strafe und Sühne, sondern »rechtzeitiger Schutz der Gemeinschaft vor Asozialen und Kriminellen«, deren »abwegige Charakteranlagen« und »falsche Lebensrichtung« sich bereits erwiesen hätten. Das Lager sei keine vorübergehende Einrichtung, sondern entspreche dem langgehegten Plan zur Bewahrung Jugendlicher.[197] Das Lager befand sich in dem Städtchen Moringen, nicht weit von Göttingen und Nordheim.[198] Die Gefangen marschierten täglich zu ihrer Arbeitsstätte, und in der Bevölkerung wurde – gemäß der üblichen Begründung für das Vorhandensein von Konzentrationslagern – die Parole ausgegeben, alle Häftlinge seien »Mörder, Schwerverbrecher und Straßenräuber«.[199] Die Altersgrenze für Gefangene in Moringen wurde auf 21 Jahre angehoben, und in Ausnahmefällen konnten auch Jungen unter 16 eingeliefert werden.[200]

Es war jedoch nicht so, daß die Jugendkriminalität im nationalsozialistischen Deutschland ein großes Problem geworden wäre und die schiere Unzahl von Delinquenten die Aufmerksamkeit der Polizei erregt hätte. In Wirklichkeit mußte die Polizei nach diesen Menschen fahnden und die Jugendämter in ganz Deutschland bitten, ihre Unterlagen auf Problemfälle zu prüfen, die in das Lager eingewiesen werden konnten.[201] Die Errichtung des Lagers Moringen und insbesondere die Botschaft, die die vielen Besucher von den Gerichten und der NSDASP vermittelten, wiesen vielmehr darauf hin, daß die Polizei ihr Aufgabengebiet erweitern und auf Fürsorge- und Erziehungsmaßnahmen erstrecken wollte. Den Besuchern des Lagers wurde versichert, daß die Lagererfahrung diese »negative Menschenmaterial« verändern werde und diese Jugendlichen nach aller Wahrscheinlichkeit »für die Volksgemeinschaft zurückgewonnen« werden könnten.[202] In einem Bericht von Juli 1944 wurde festgestellt, daß die Hälfte der ins Lager geschickten »Zöglinge« vorher straffällig geworden und andere Fürsorgefälle gewesen seien. Sie galten als würdige Studienobjekte für Forschungszwecke, und so war es kein Wunder, daß Direktor Dr. Ritter vom Kriminalbiologischen Institut ein häufiger Besucher in Moringen war.[203] In Wirklichkeit waren die Gefangenen Problemfälle, die ihre Heimatorte loswerden wollten, und es setzte eine solche Flut von »Vorschlägen« ein, daß die Behörden ihr bald nach Eröffnung des Lagers Einhalt gebieten mußten. Die ursprüngliche Lagerkapazität von 150 Personen wurde bald um weitere 400 Delinquenten erweitert. Die Gefangenenpopulation stieg von 620 im Jahr 1942 auf 674 im Jahr darauf. Das Jugendschutzlager für Mädchen in Uckermark war wenige Monate nach Eröffnung im Juni 1942 bis zur Kapazitätsgrenze von 200 Personen belegt.[204]

Derselbe »paternalistische« Ansatz führte im März 1940 zur Verkündung von Maßnahmen, durch die viele Aspekte des sozialen Lebens und der Freizeitaktivitäten von Jugendlichen kriminalisiert wurden. Fortan durften Personen unter 18 nicht in der Öffentlichkeit rauchen oder sich nach Einbruch der Dunkelheit auf der Straße herumtreiben; das Betreten von Bars und der Besuch von Vergnügungsstätten wie Filmtheatern sowie von Tanzveranstaltungen war ihnen nur in Begleitung eines Erwachsenen gestattet, und auch das nicht länger als bis 23 Uhr.[205] In Zeitungsartikeln wurde die Kriminalpolizei dafür gelobt, daß sie systematische Kontrollen vornahm, die jungen Leute zur Rede stellte und sogar die Eltern ermahnte, Verantwortung für die Jugend zu übernehmen.[206]

Eine weitere Erfindung der Kriegsjahre war der »Jugendarrest«, der im Oktober 1940 zur Ahndung geringfügiger Vergehen eingeführt wurde. Mit dieser Maßnahme konnten die Gerichte und die Polizei (aber auch die Hitlerjugend) Minderjährige in Justizeinrichtungen einweisen. Die Betroffenen galten nicht als vorbestraft und durften, wenn sie berufstätig waren, weiter ihrer Arbeit nachgehen und den Arrest an den Wochenenden verbüßen. Das Ziel der Maßnahme war, daß der Arrest als »ernster Schock« und »eine wirksame Mahnung« für jugendliche Straftäter wirkte, die auf diese Weise nicht mit regulären Strafgefangenen in Kontakt kamen und von ihnen verdorben werden konnten.[207] Nach der Einführung des »Jugendarrests« machten die Gerichte lebhaften Gebrauch von ihm. Auch die Polizei machte ausgiebigen Gebrauch vom »Jugendarrest«, so jedenfalls die Klage eines Richters 1942; überhaupt hatte die Polizei die Tendenz, alle »Jugendangelegenheiten« an sich zu ziehen.[208] In den letzten Kriegsjahren ging die Brutalität der Polizei gegen Jugendliche so weit, daß im November 1944 sechs Jugendliche in Köln-Ehrenfeld, die wohl sicher nicht die Widerstandskämpfer waren, als die sie die Gestapo hinstellte, ohne Gerichtsverfahren öffentlich erschossen wurden.[209]

Zum wachsenden Einfluß der Polizei auf Kosten des Gerichtssystems leistete Reichsjustizminister Otto Thierack weidlich Beihilfe. Für Insider war damals klar, daß Hitler Thierack begünstigte, weil er radikal war und weil er schon viele Konflikte mit Justizbeamten gehabt hatte. Für Hans Frank, einst das wichtigste Sprachrohr der nationalsozialistischen Rechtstheorie, war mit der Ernennung Thieracks zum Justizminister im August 1942 endgültig ein »polizeilicher Willkürstaat« errichtet. Frank bedauerte, daß Hitler und andere zu der Überzeugung gelangt waren, durch Beseitigung der letzten Reste von Rechtssicherheit der Bürger ihre eigene Stellung festigen zu können. Hitler stärkte nicht nur Thierack den Rücken, sondern untersagte auch Frank, in der Öffentlichkeit zu sprechen, und erstickte damit dessen milde Kritik.[210] Jedenfalls machte Thierack kaum einen Monat nach seiner Ernennung und um Hitlers Vertrauen in ihn zu rechtfertigen, kurz nach einem Besuch in Hitlers Hauptquartier gegenüber Himmler den Vorschlag, Häftlinge in deutschen Gefängnissen, die dort zur »Sicherungsverwahrung« einsaßen, in Konzentrationslager zu verbringen oder zu Arbeitseinsätzen im Osten zu verwenden. So wurden auf einen Streich 12658 Deutsche aus ihrer gerichtlich angeordneten Sicherungsverwahrung in Konzentrationslager geschickt, und schon im April des nächsten Jahres war die Hälfte von ihnen tot.[211]

Nach einer jüngsten Schätzung wurden über 20000 männliche und weibliche Staatsgefangene der Polizei übergeben; mindestens zwei Drittel von ihnen kamen in den Lagern um.[212] Thierack und andere Ministerialbeamte erklärten öffentlich, wie etwa Thierack auf einer Propagandaveranstaltung in Breslau am 5. Januar 1943, daß Gefängnisinsassen so zur Arbeit herangezogen würden, daß sie unweigerlich starben.[213] Andere »Verbrecher« wurden nach einem sogenannten vereinfachten Verfahren festgenommen und direkt ins Konzentrationslager geschickt, und es wurde der Befehl gegeben, nach weiteren zu fahnden.[214] In der Tat wurde im Rahmen eines Gesprächs zwischen Thierack und Himmler im September 1942 sowie eines weiteren zwischen Thierack und Goebbels erstmals das Konzept der »Vernichtung durch Arbeit« erwähnt.[215]

Detlev Peukert war überzeugt, daß die deutsche Bevölkerung generell dem radikaleren Vorgehen gegen alle Verbrechen zustimmte.[216] Der allgemeine Eindruck, den die Meinungsbilder vermittelten, war der, daß die Deutschen von Fall zu Fall reagierten: Sie hießen zwar nicht alles gut, was Polizei und Gerichte taten, trugen aber die härteste Bestrafung mit, wenn sie das Gefühl hatten, daß sie dem Verbrechen angemessen war und ihren eigenen Werten und Erwartungen und den von ihnen gemachten Erfahrungen entsprachen. Während sie es also wärmstens begrüßten, daß Anfang 1942 ein Unternehmer hingerichtet wurde, der einige seiner Arbeiter um ihre Lebensmittelkarten betrogen hatte, waren zumindest manche Bürger nicht einverstanden, wenn Hinrichtungen wegen des Abhörens von »Feindsendern« gemeldet wurden.[217] Die nationalsozialistischen »Meldungen aus dem Reich« zeigten, daß die Bevölkerung, gelinde gesagt, sehr aufmerksam die Zeitungen studierte, wenn es um Geschichten über »Verbrechen und Strafe« ging. Während des Krieges waren die Menschen für eine strenge Bestrafung von allem, was einen Sieg verhindern konnte, und äußerten sich kritisch, wenn die Gerichte bei Angeklagten, die Geld oder gute Beziehungen hatten, durch die Finger sahen.[218] Viele Bürger wünschten sich ein hartes Vorgehen gegen Wiederholungstäter und waren in den Kriegsjahren nicht unglücklich, wenn die Todesstrafe auch bei Taten wie Sittlichkeitsdelikten und Homosexualität verhängt wurde, die keine Kapitalverbrechen waren.[219]

Manche Menschen nahmen es ruhig hin, daß die Sondergerichte während des Krieges wie nie zuvor von der Todesstrafe Gebrauch machten, doch andere waren skeptisch und nicht immer von Zeitungsartikeln über die Rechtmäßigkeit des Falles überzeugt. Wenn dies vorkam, schlugen die nationalsozialistischen Meinungsbeobachter vor, nicht etwa die Polizei- oder Gerichtspraxis zu mildern, sondern der Art der Abfassung des Artikels mehr Aufmerksamkeit zu schenken.[220] Was etwa »Plünderer« betraf, die ein ausgebombtes Haus beraubten, so war sich das Volk mit der Polizei darin einig, die Schuldigen hingerichtet zu sehen.[221] Das Polizei- und Gerichtssystem ignorierte die öffentliche Meinung keineswegs, sondern versuchte nach wie vor, sie mit Hilfe der Medien für sich zu gewinnen. Ihre Aufmerksamkeit konzentrierte sich besonders auf »Volksfeinde«. Deren Schicksal wollen wir uns jetzt zuwenden.

Kapitel 6

DAS UNRECHT AN DEN JUDEN

Ab Mitte Mai 1935 vermehrten sich die gegen Juden gerichteten Aktionen deutlich, und Mitte Juli verwüsteten Vandalen jüdische Läden in den besten Straßen der Berliner Innenstadt.[1] Aus ganz Deutschland wurde Antisemitismus in der einen oder anderen Form gemeldet. Ein Bericht aus Osnabrück vom August 1935 sprach von »Massenkundgebungen« gegen jüdische Geschäfte in Osnabrück und Umgebung. Nicht nur wurden die Geschäfte mit üblen Parolen und Zeichen beschmiert, es wurden auch die Kunden fotografiert und ihre Bilder öffentlich gezeigt. Der »Höhepunkt des Kampfes gegen die Juden« war nach Polizeiberichten eine Versammlung von 25000 Menschen, die den örtlichen NSDAP-Führer zum Thema »Osnabrück und die Judenfrage« sprechen hören wollten. Aus Unterlagen über viele Orte auf dem Lande geht hervor, daß sich die Einschüchterung dort fortsetzte.[2] Die NSDAP bestand darauf, daß ihre Mitglieder die Juden boykottierten, mit dem klaren Hintergedanken, daß alle Bürger dasselbe tun sollten.[3]

Die Gestapo befand sich in der widersinnigen Lage, das Hauptvollzugsorgan der judenfeindlichen Maßnahmen und gleichzeitig für die Aufrechterhaltung von Recht und Ordnung verantwortlich zu sein. In einigen Orten (etwa in Stettin) gab die Gestapo im Spätsommer 1935 zu verstehen, daß man der Partei energischer Einhalt gebieten müsse.[4] Eine ähnliche Meldung wurde etwa zur selben Zeit von der Gestapo Münster verfaßt, des Inhalts, daß die Boykotts von Juden aufgrund neuer Anordnungen unangemessen seien.[5] Daß die Gestapo aber generell an mehr, nicht an weniger Antisemitismus interessiert war, zumindest, wenn er offiziell von der politischen Führung in Berlin geduldet wurde, kann man aus einer Meldung aus Hannover vom September 1935 ersehen, worin die Gestapo darauf hinwies, daß in ländlichen Gegenden mehr zur Intensivierung des Kampfes gegen die Juden getan werden müsse, zumal viele Bauern nicht davon abzubringen seien, Geschäfte mit jüdischen Viehhändlern zu machen.[6]

Hitler gab zwar keine konkreten Befehle zu diesen Überfällen, ermutigte aber durch seine Reden dazu. Nazis vor Ort setzten die Juden unter Druck, ihre gewohnte Lebensweise aufzugeben, und deuteten Hitlers vage Bemerkungen als Unterstützung für das, was sie ohnehin tun wollten.[7] In manchen Gegenden wurde die NSDAP gegen Personen tätlich, die bei Juden kauften, oder demonstrierte vor ihren Wohnungen. Gewiß gab es Menschen, die weiter mit Juden Geschäfte machten, und einige wenige (in einem Fall aus dem Umkreis der Kommunisten oder Sozialdemokraten) fingen sogar im September 1935 erst an, in jüdischen Läden zu kaufen, um ihre Ablehnung des Antisemitismus zu demonstrieren.[8] Noch Mitte der dreißiger Jahre unterstützten die meisten Bürger keine gesetzlosen Exzesse gegen Juden.[9] Gleichwohl griffen solche Gewalttaten um sich, und die Untergrund-SPD sprach ihnen sogar pogromähnliche Ausmaße zu. Würden diese Vorgänge von der Bevölkerung auch nicht unverhohlen gutgeheißen, so blieben sie »andererseits doch nicht ohne Eindruck«, wie die immer optimistische SPD formulierte.[10]

DIE NÜRNBERGER GESETZE

Es gehörte zu den ältesten Überzeugungen Hitlers, daß eine Nation, die »Blutsvermischung« zuließ, zum Niedergang verurteilt war. So waren die formelle Kriminalisierung des Geschlechtsverkehrs zwischen Juden und Nichtjuden und das Verbot der Mischehe nur eine Frage der Zeit. Andere hohe NSDAP-Führer teilten Hitlers Ansichten. Nachdem er begrenzte antisemitische Ausschreitungen direkt oder indirekt gefördert hatte, sah Hitler im September 1935 die Zeit für gekommen, auf dem Nürnberger Reichsparteitag neue Gesetze zu verkünden. Die Gesetze selbst waren auf Hitlers Befehl in letzter Minute hastig zusammengeschustert worden, doch war es bezeichnend, daß er, wohl mit Rücksicht auf die öffentliche Meinung in Deutschland, jeweils für die weniger weitreichende Fassung optierte.[11]

Die Verkündung der Nürnberger Gesetze bot Hitler die Gelegenheit, sich den Anschein des souveränen Staatsmannes zu geben, und fürs erste klangen die schlimmsten Exzesse ab.[12] Das »Gesetz zum Schutze des deutschen Blutes und der deutschen Ehre« (so nannten es die Nationalsozialisten) verbot neue Eheschließungen zwischen Juden und Nichtjuden, untersagte den außerehelichen Geschlechtsverkehr zwischen ihnen, verbot Juden das Zeigen der deutschen Flagge sowie die Beschäftigung von nicht-jüdischen Hausangestellten unter 45 Jahren. In Schlüsselfragen herrschte jedoch eine gewisse Unklarheit, vor allem bei der Definition, wer »Jude« und wer »Mischling« war. Hitler erwog in letzter Minute eine Fassung dieser Gesetze, die den Kreis der »Mischlinge« weiter gezogen hätte, machte aber einen Rückzieher, als der deutschen Öffentlichkeit ihre potentielle Anwendbarkeit zu weit ging.[13]

Hitler bestand darauf, daß die schleichende Gewalt gegen Juden aufhören müsse, und sagte mit einem trügerischen Schein von Verständigkeit, diese Gesetze eröffneten den Juden neue Möglichkeiten »ihres völkischen Eigenlebens auf allen Gebieten«.[14] In Wirklichkeit wurden die Juden auf der Stelle zu sozialen Außenseitern gemacht, und ihre Rechtsstellung fiel auf den Stand vor der Emanzipation zurück. Als Jude zählte nach der Definition der neuen Gesetze, wer drei jüdische Großelternteile hatte.[15] Wer zwei jüdische Großeltern hatte, galt nur als Jude, wenn er den jüdischen Glauben praktizierte, einen Juden geehelicht hatte oder das eheliche oder uneheliche Kind wenigstens eines jüdischen Elternteils war.[16] Über sogenannte Mischlinge herrschte aber an der Basis weiter Konfusion.[17]

Die Londoner *Times* durchschaute, daß es sich bei den Nürnberger Gesetzen um eine Art von »kaltem Pogrom« handelte. Polizei und andere Beamte konnten aus den vage formulierten Gesetzen Kapital schlagen, und »jeder einzelne kann seinen jüdischen Feind oder Konkurrenten anzeigen, weil er in Gesellschaft einer ›arischen‹ Frau gesehen worden ist, oder angebliche Geschäftsverpflichtungen aus der Vergangenheit erfinden«.[18] Auch die komplizierten Ausführungsbestimmungen vermochten die strittigen Fragen nicht zu klären.[19]

Wer die damalige öffentliche Meinung zu erforschen versucht, kommt zu unterschiedlichen Ergebnissen über das Ausmaß, in dem das deutsche Volk den Nürnberger Gesetzen zustimmte. David Bankier unterstreicht die Übereinstimmung zwischen dem deutschen Volk und seinem Regime.[20] Otto Dov Kulka vermutet, daß die meisten Deutschen wahrscheinlich froh über diese Gesetze waren, weil sie hofften, daß damit antisemitische Gesetzlosigkeit und Gewalt ein Ende haben würden.[21] Neuerdings hat Peter Longerich die These vertreten, daß zwar manche den Vorgängen nicht zustimmten, in der Öffentlichkeit aber nur pragmatische Einwände gegen Gewalt oder die Zerstörung von Eigentum wagten.[22]

Victor Klemperer, der die Ereignisse miterlebte, fragte Nichtjuden, denen er begegnete, was sie von den Nürnberger Gesetzen hielten, und kam zu dem Ergebnis: »Alle schwanken oder haben gegenteilige Meinung.« Er und andere Juden erwarteten nach wie vor ein Pogrom, aber es kam nicht dazu.[23] Ein Mann, der Klemperer schrieb, er sei zur Auswanderung entschlossen, fügte hinzu, die Juden in Deutschland lebten jetzt wie »unter dem Fallbeil«.[24] Auch Klemperer versuchte wegzugehen, schaffte es jedoch nicht. Erfuhr er Beleidigungen oder Zurückweisungen, neigte er zu der Ansicht, daß die meisten Deutschen Hitler unterstützten, doch sobald ihm jemand eine kleine Freundlichkeit erwies, revidierte er seine Meinung. Er suchte beharrlich eine Antwort auf Fragen wie: »Wo steht? Wie wirkt? Wie ist Volksstimmung wirklich? Etc. etc.« Das Beweismaterial bleibt zwiespältig, doch hat Marion Kaplan recht, wenn sie feststellt, daß das Hitlerregime lange vor Beginn des Holocaust die Juden »zu Objekten einer allgemeinen, haßerfüllten Tabuisierung« verwandelt habe.[25]

David Bankier untersucht genauer, wie die Hitlerdiktatur ihren Antisemitismus maßschneiderte, um ihn der öffentlichen Meinung anzupassen. Mitte der dreißiger Jahre, resümiert Bankier, »hing die Verfolgung einer judenfeindlichen Politik in erheblichem Umfang von der Reaktion der Öffentlichkeit ab. Es gibt«, fährt er fort, »schlüssige Beweise dafür, daß die Bevölkerung im großen und ganzen den Überfällen auf Juden zustimmte, solange sie keine Nichtjuden in Mitleidenschaft zogen und solange sie die Interessen des Landes, besonders das Ansehen Deutschlands im Ausland, nicht schädigten«.[26] Ab 1935 nutzten Nationalsozialisten in der Provinz die neuen Gesetze, um die Juden zu drangsalieren. In der ersten Jahreshälfte 1936 wurden die Schikanen wegen der in Deutschland abgehaltenen Olympiade ausgesetzt, doch meldete die Untergrund-SPD, daß sofort nach Beendigung der Spiele die verbalen und physischen Übergriffe gegen Juden wieder zunahmen.[27]

BESCHLEUNIGUNG DER DISKRIMINIERUNG

»Justiz-Terror« nannten die Sozialdemokraten das, was die Nationalsozialisten nach 1935 mit den Juden machten. Die Sozialdemokraten entnahmen den Zeitungen lange Listen von Juden, die wegen »Rassenschande« verhaftet und bestraft worden waren, um zu demonstrieren, wie die Polizei beziehungsweise die Gerichte »legal« den Antisemitismus forcierten. Anders als bei anderen Bürgern wurde bei Juden der volle Name auch in der Presse veröffentlicht.[28] Die Polizei wurde im Juni 1937 angewiesen, jeden, der eine Haftstrafe wegen Verstoßes gegen die Nürnberger Gesetze verbüßte, erneut festzunehmen und in ein Konzentrationslager zu schicken.[29]

An der Durchsetzung der judenfeindlichen Maßnahmen war auch die Kriminalpolizei beteiligt, und alle Polizeien diskriminierten die Juden mehr als jede andere Gruppe. Bei der Kampagne gegen »Asoziale«

im Juni 1938 qualifizierten sich Juden für diesen zweifelhaften Status bereits dann, wenn sie mit einer kleinen Haftstrafe von einem Monat vorbestraft waren, wobei es keine Rolle spielte, ob sie erwerbstätig waren oder nicht. Bei dieser »Asozialen-Aktion« vom Juni 1938 wurden an die 1500 Juden festgenommen.[30] Es war das erste Mal, daß eine große Gruppe von Juden systematisch zusammengetrieben und in ein Konzentrationslager gebracht wurde.[31] Die Nationalsozialisten waren zur Freilassung dieser Juden bereit, wenn sie einwilligten, Deutschland zu verlassen.[32] Unterdessen machte es ihnen eine Reihe von ausgrenzenden Vorschriften schwer, sich ihren Lebensunterhalt zu verdienen, während andere Maßnahmen wiederum das Verlassen des Landes erschwerten.

Juden, die die damalige Zeit miterlebten, erinnerten sich später an die völlige Unklarheit und Inkonsequenz der nationalsozialistischen Judenpolitik.[33] In einem Land zu leben, das offiziell den Antisemitismus billigte, wirkte sich auf viele deutsche Juden sozial und psychologisch verheerend aus. Peter Gay berichtet von seiner Jugend in Berlin, daß, so hart sie war, die Juden widersprüchliche Signale empfingen. In der Schule blieb er vom Antisemitismus verschont, und noch im Juni 1935, wenige Tage, nachdem es zu den Überfällen auf jüdische Geschäfte am Kurfürstendamm gekommen war, erhielt Gays Onkel, ein jüdischer Weltkriegsteilnehmer, das »Ehrenkreuz für Frontkämpfer«. Unterzeichnet war die Urkunde vom Berliner Polizeipräsidenten »im Namen des Führers und Reichskanzlers«.[34] Bis 1938 war es Juden noch möglich, die uniformierte Polizei oder andere örtliche Stellen um Hilfe zu ersuchen, wenn sie von Rowdys belästigt wurden. Danach blieben sie oft sich selbst überlassen.[35]

Der offizielle wie der inoffizielle Antisemitismus bewog viele Juden zur Aufgabe ihrer Geschäftstätigkeit.[36] Diese Tendenz wurde ab Herbst 1936 vom Gauwirtschaftsapparat der NSDAP unterstützt, und bis zum Sommer 1938 waren schätzungsweise 75 bis 80 Prozent aller jüdischen Geschäfte aufgelöst, die es 1933 gegeben hatte.[37] Mit den Jahren gingen viele Firmen unter, weil ihre Kunden aus Furcht vor Denunziationen Läden in jüdischem Besitz zu meiden begannen. Aus denselben Gründen zögerten Lieferanten, mit Juden zu handeln. Der geringste Fehltritt einer jüdischen Firma konnte ihr ihre prekäre Rechtsstellung im neuen Deutschland in Erinnerung rufen, und die Gestapo arbeitete mit Hausdurchsuchungen, um einzelne Unternehmerfamilien zu drangsalieren.[38]

1938 ging man von den eher planlosen Praktiken ab. Eine spezielle Verordnung vom 26. April verpflichtete alle Juden (und, falls sie in Mischehe lebten, ihre nichtjüdischen Ehegatten), ihre Vermögenswerte anzumelden.[39] Allein zwischen April und November 1938 wurden Juden mehr als 4000 Wirtschaftsunternehmen weggenommen.[40] Titelgeschichten in den Zeitungen, die den Mechanismus der Verordnung erläuterten, und das Gesetz, das die Anmeldung aller jüdischen Unternehmen vorschrieb, wirkten terrorisierend auf alle Juden.[41] Goebbels verkündete damals triumphierend, der jüdische Einfluß werde binnen kurzem durch »gesetzliche Maßnahmen« gebrochen sein.[42]

Im Sommer 1938 ging die Verfolgung der Juden viel weiter als der publizistisch mehr ausgeschlachtete Boykott vom April 1933. Dennoch blieb die Untergrund-SPD im allgemeinen optimistisch, wartete darauf, daß alle die Lügen der Nazis durchschauten, und hielt an der Überzeugung fest, daß die meisten Deutschen das, was die Nationalsozialisten taten, nicht unterstützten. Es gab aber auch manche Sozialdemokraten, die andere Wahrnehmungen machten, wie einer aus Berlin, der schrieb: »Viele Menschen sind infolge der langen antisemitischen Hetze selbst antisemitisch geworden.«[43]

Die Nationalsozialisten schlossen nicht nur die Juden aus dem Wirtschaftsleben aus, was von vielen Menschen begrüßt wurde, sie setzten auch die Propaganda ein, um ihre Ausgrenzungsmaßnahmen zu fördern. Ein propagandistisch hochgespieltes Hauptthema war Mitte der dreißiger Jahre die angebliche Kriminalität gewisser Juden sowie – zumal nach den Nürnberger Gesetzen – der Vorwurf der »Rasenschande«.[44] Zeitungsartikel über antisemitische Ereignisse und Reden aus der ganzen Welt erweckten den Eindruck, das Dritte Reich bilde die Vorhut einer globalen Bewegung gegen die Juden und auch andere Länder (darunter die USA) befaßten sich kaum anders als Deutschland mit Rassefragen.[45]

Die Nationalsozialisten behaupteten, wer die Juden stoppe, stoppe den Kommunismus, und nutzten damit zur Ausbreitung des Antisemitismus eine seiner Kernaussagen.[46] In der Presse brachte man die Juden mit dem Bolschewismus, Stalin und der Sowjetunion in Verbindung.[47] Eine Vorschau auf die berüchtigte Ausstellung, die Ende 1937 durch ganz Deutschland reiste, »Der ewige Jude«, wurde unter der Überschrift besprochen: »Herrschaft des Judentums ist Herrschaft des Bolschewismus.«[48] Als die Amerikaner die Ereignisse in Europa und Deutschland zu hinterfragen begannen, gesellte sich Antiamerikanismus zum Antisemitismus. Besonders viel hatten die Nationalsozialisten an dem auszusetzen, was sie für Verfall und Entartung amerikanischer Lebensstile ansahen, und nicht nur Hitler verwies mit Genugtuung auf die rassischen und sozialen Probleme des Landes.[49] Bald hieß es von den Juden, sie beherrschten die USA, ihre Regierung, ihr kulturelles Leben und ihre Presse.[50] Kurz vor dem Krieg und in den ersten Kriegsjahren spielten die antiamerikanischen Reden Hitlers und anderer judenfeindliche Themen hoch und bekehrten so viele zum Nationalsozialismus.[51]

Zwischen Propaganda und Volk bestand eine dynamische Wechselwirkung. Filme und Dokumentationen mit negativer Tendenz gegen die Juden hatten nicht automatisch dadurch Erfolg, daß sie gezeigt wurden. Schlechte oder geschmacklose Filme waren schlechte Propaganda; das wurde den Nationalsozialisten spätestens 1940 klar, als der Dokumentarfilm *Der ewige Jude* – der noch einmal die Thematik der populären Ausstellung aufgriff – ungünstig aufgenommen wurde.[52] Der Film war nach allen Maßstäben geschmacklos, aber daß er durchfiel, lag nicht an seinem unverhohlenen Antisemitismus. Als erfolgreichster Propagandafilm des Dritten Reiches (und zwar nicht nur, weil er von 20 Millionen Menschen gesehen wurde) wird gewöhnlich *Jud Süß* aus demselben Jahr angesprochen, der zwar ebenfalls rassistisch war, aber nach Einschätzung von Fachleuten ästhetisch funktionierte. Unter allgemeinem Beifall vermittelte er die nationalsozialistischen Verzerrungen über die historische Rolle der Juden, zum Beispiel, wie sie Menschen ins Unglück stießen und junge Frauen ihre Beute wurden.[53] In einem früheren Kapitel erwähnten wir bereits einen anderen Streifen, der (mit 15 Millionen Kinobesuchern) fast genauso erfolgreich war, *Ich klage an* von 1941, der sich mit der heiklen Frage des »Gnadentodes« befaßte, einem Thema, gegen das die Deutschen, wie wir sahen, mehr Vorbehalte hatten. Als Kunstwerk wußte er das deutsche Volk anzusprechen und erzeugte damit Unterstützung für die »Euthanasie«-Politik.[54] Ende der dreißiger Jahre überzeugten die unaufhörliche Propaganda und die gegen die Juden ergriffenen Maßnahmen eine immer größer werdende Zahl von Deutschen davon, daß es zumindest so etwas wie eine »Judenfrage« gab und daß es vielleicht am besten wäre, wenn die Juden das Land verließen.[55]

POGROM UND KRIEG

Alle gesetzlichen und halbgesetzlichen Schritte, die in der Vorkriegszeit gegen die Juden Deutschlands unternommen wurden, verblaßten im Vergleich zu dem großen Pogrom November 1938. Die Beobachter aus dem sozialdemokratischen Untergrund als Zeitzeugen sahen die Ereignisse als so gravierend an, daß sie ihre langen Berichte über das Geschehen mit einem Satz einleiteten, der frösteln macht: »Der Vernichtungsfeldzug gegen die deutschen Juden ist allen Anzeichen nach in sein letztes Stadium eingetreten.«[56]

Der landesweite Überfall auf die Juden, die sogenannte Reichskristallnacht vom 9./10. November 1938 begann am 7. November in Paris, wo der siebzehnjährige Jude Herschel Grynszpan in der Deutschen Botschaft den Legationssekretär Ernst vom Rath niederschoß. Motiv der Tat war unter anderem, daß Grynszpans Eltern, die in Deutschland gelebt hatten, aus Deutschland deportiert worden waren. Die Deportation von Juden polnischer Nationalität war dadurch ausgelöst worden, daß die polnische Regierung die Pässe von im Ausland lebenden polnischen Staatsbürgern ohne einen neuen Stempel für ungültig erklärt hatte. Daraufhin hatte Himmler die Anweisung gegeben, am 26. und 27. Oktober alle polnischen Juden zu verhaften und zu deportieren. Die Nationalsozialisten nutzten diese Deportationen, um Juden loszuwerden, die seit Jahren im Land gelebt, aber nicht die deutsche Staatsbürgerschaft erworben hatten. Am 7. November rächte sich der junge Grynszpan.[57]

Obwohl Ernst vom Rath nicht sofort tot war, wollten mehrere führende Nationalsozialisten Kapital aus dem Attentat schlagen. In einigen Gegenden Deutschlands, zum Beispiel im traditionell antisemitischen Hessen, kam es am 8. November zu Aktionen gegen die Juden, wobei auch Synagogen in Brand gesteckt wurden. Ähnliche Ereignisse folgten in Kassel und Dessau am Morgen des 9. November. Es gab andere Anzeichen dafür, daß eine nationale Reaktion nicht auf sich warten lassen würde. Der Leitartikel im *Völkischen Beobachter*, der führenden nationalsozialistischen Zeitung, sprach vom »Beginn einer neuen deutschen Haltung in der Judenfrage«.[58]

Die NSDAP-Führung war gerade in München versammelt, um den Jahrestag des Hitlerputsches von 1923 zu feiern, als die Nachricht eintraf, daß vom Rath seinen Verletzungen erlegen war. Hitler sagte in einem privaten Gespräch mit Goebbels, er wolle die judenfeindlichen Kundgebungen »weiterlaufen lassen«, was Goebbels als Ermächtigung verstand, den anderen Parteiführern »entsprechende Anweisung« zu geben, die daraufhin an die Telefone stürzten und ihre Befehle durchgaben.[59]

Die Berliner Gestapozentrale, die über die bevorstehenden »Aktionen« gegen Juden und insbesondere gegen Synagogen informiert war, verständigte am 9. November um 23:55 Uhr alle Gestapoleitstellen. Das von Heinrich Müller unterzeichnete Fernschreiben wies die Gestapo an, diese Aktionen »nicht zu stören«, aber »im Benehmen mit der Ordnungspolizei sicherzustellen, daß Plünderungen und sonstige besondere Ausschreitungen unterbunden werden können«. Die Gestapo wurde außerdem angewiesen, die Festnahme von 20000 bis 30000 Juden vorzubereiten.[60]

Am nächsten Tag um 1.20 Uhr erhielt die Gestapo nähere, diesmal von Heydrich unterzeichnete Anordnungen, um die lokalen »Aktionen« zu koordinieren. Die bemerkenswerteste Richtlinie war wohl, daß die Polizei die Vernichtung von Eigentum nicht etwa verhindern, sondern Zerstörung jüdischer Geschäfte und Wohnungen zulassen solle.[61] Kurt Daluege, Chef der Ordnungspolizei, wies seine Leute an, Rücksprache mit der Gestapo zu halten und gegebenenfalls nicht in Uniform, sondern nur in Zivil einzuschreiten.[62]

Hitler und Goebbels berieten, ob sie den Pogrom »weiterlaufen« lassen sollten, beschlossen aber laut Goebbels, ihn abzubrechen, da die Aktion außer Kontrolle geraten konnte. Wie Goebbels notierte, forderte Hitler weitere »scharfe Maßnahmen« gegen die Juden, darunter ihre Verdrängung aus dem Wirtschaftsleben.[63] Nähere Anweisungen an die Gestapo besagten, daß gesunde männliche und »vor allem vermögende Juden« festzunehmen seien. Die Justizbehörden wurden angewiesen, im Zusammenhang mit diesen »Aktionen« keine Ermittlungen vorzunehmen und gegen niemanden einen Haftbefehl auszustellen, der im Zuge dieser Ereignisse verhaftet worden war.[64]

Genaue Lokalstudien haben ergeben, daß die judenfeindlichen Krawalle nicht nur in den Straßen der Großstädte tobten, sondern sich bis ins kleinste Dorf fortsetzten.[65] Kein einziger Ort, wo Juden lebten, blieb verschont; häufig kamen mobile Schlägertrupps der Nazis per Lastwagen, richteten unglaubliche Schäden an jüdischem Eigentum an, führten Juden auf den Straßen vor und verschwanden wieder so schnell, wie sie gekommen waren. Es kam zwar vereinzelt vor, daß Deutsche Juden vor dem Pogrom versteckten oder ihnen heimlich halfen, aber die wenigsten wagten, das Geschehene auch nur zu kritisieren. Es war bezeichnend für den Status der Juden, daß sie in den nächsten Tagen, wenn sie sich auf der Straße zeigten, von Kindern attackiert wurden, die sie mit Steinen bewarfen, belästigten und beleidigten.[66]

In der deutschen Presse wurden die Ereignisse so beschrieben, als hätten die Täter irgend etwas »Heldenhaftes« vollbracht, während die Realität doch so aussah, daß die Juden sozial isoliert, unbewaffnet und bequeme Opfer waren.[67] Am 10. November sagte Goebbels in einer kurzen Presseerklärung, die »Vergeltungsaktionen« seien zwar verständlich, müßten aber aufhören. Er gab bekannt, daß »die endgültige Antwort« an die Juden, die kollektiv für die Ermordung von Raths verantwortlich gemacht wurden, »auf dem Wege der Gesetzgebung beziehungsweise der Verordnung« erfolgen werde.[68] Die Titelseite des *Völkischen Beobachters* fügte dem die Desinformation hinzu, daß bei den Ereignissen der letzten Tage »keinem Juden ein Haar gekrümmt wurde«, und beglückwünschte das deutsche Volk dazu, daß es Disziplin und Besonnenheit gezeigt habe. Wie um zu unterstreichen, welche Gefahr von den Juden in Wirklichkeit ausging, wurde auf derselben Seite eine Sonderverordnung Himmlers erwähnt, die Juden den Besitz von Waffen verbot und bei Zuwiderhandlungen mit zwanzig Jahren Konzentrationslager drohte.[69]

Heydrich erstattete Göring am 11. November 1938 Bericht über die Ereignisse. Darin stellte er, allerdings aufgrund unvollständiger Informationen, fest, daß 20000 Juden festgenommen, 36 getötet und 36 schwer verletzt worden seien. Die »meisten« jüdischen Geschäfte seien zerstört, ihre Wohnungen beschädigt. Historiker setzen die definitive Zahl der Festgenommenen eher mit 30000 an, während die Zahl der Getöteten sicherlich über die 100 hinausging.[70] Manche Juden reagierten auf den Terror mit Selbstmord; zwischen 300 und 500 waren es, die diesen Ausweg wählten. (In den Kriegsjahren nahmen die Suizide unter Juden zu, und bis 1945 hatten sich Schätzungen zufolge mindestens 3000 das Leben genommen.)[71]

Annähernd 10000 Juden wurden im November 1938 in eines der drei Hauptlager in Dachau, Buchenwald bzw. Sachsenhausen gebracht; die meisten wurden nach einigen Wochen wieder entlassen.[72] Es gab erhebliche lokale Schwankungen beim Umfang der Festnahmen; in judenfeindlichen Gegenden und dort, wo die Polizei und die NSDAP besonders scharf waren, wurden mehr Juden in Gewahrsam genommen als anderswo.[73] Diese Festnahmen stellte die größte je durchgeführte Einzel-»Aktion« der Gestapo dar.[74]

Es hatte auch schon Juden unter denen gegeben, die in den ersten Jahren der Lager festgenommen worden waren, aber sie waren bis Ende der dreißiger Jahre nicht das Hauptziel gewesen.[75] Die meisten der Juden, auf die es Gestapo oder andere Polizeien zwischen 1933 und 1936 abgesehen hatten, waren Mitglieder von Oppositionsparteien oder prominente Persönlichkeiten gewesen. In den Lagern waren die Juden der schlimmsten Behandlung ausgesetzt, wurden aber zunächst nicht ausgesondert.[76] Der zunehmende Antisemitismus spiegelte sich auch in den Lagern wider, und so wurden 1938 schon vor dem Novemberpogrom, nämlich im Juni, 500 Juden als angebliche »Asoziale« nach Buchenwald gebracht und »im sogenannten Schafstall zusammengepfercht«, so daß zwei Monate später 150 von ihnen tot waren. Überlebende berichteten auch, daß im September 1938 rund 2000 Juden als politische Gefangene aus Österreich nach Buchenwald kamen.[77] Nach dem Pogrom wurden sie von der übrigen Lagerpopulation abgesondert und waren Mißhandlungen ausgesetzt.

Die Presse sprach zwar die zerstörerische Seite des Pogroms kurz an, erwähnte aber mit keinem Wort die Morde und deutete nur an, daß einige Juden in die Lager geschickt worden waren.[78] Viele Leute übertrieben die Zahl der Opfer; so schrieb ein mitfühlender und sonst gut unterrichteter Zeitzeuge in seinem Tagebuch, man werde »in jener Zeit Hunderttausende verhaftet« haben.[79] Ein jüdischer Tagebuchschreiber glaubte, es seien 50000 bis 80000 Menschen in Haft genommen worden.[80] Offenbar um die Unterstützung der Bevölkerung zu gewinnen, berichtete die Presse, die jüdische Gemeinde habe für die entstandenen Schäden eine »Sühneleistung« in Höhe von einer Milliarde Reichsmark zu erbringen, doch hielten die Deutschen den Pogrom trotzdem für eine sinnlose Verschwendung.[81] Die Einseitigkeit dieser Reaktion ist von vielen Historikern als Beleg dafür gedeutet worden, daß sich die meisten Menschen um den moralischen Aspekt dessen, was mit den Juden geschah, nicht groß Gedanken machten und höchstwahrscheinlich den offiziellen Antisemitismus teilten.[82] Allerdings kann man in den privaten Tagebüchern von Nichtnationalsozialisten auch Beweise dafür finden, daß die Krawalle und die anschließenden Festnahmen wirklich als beunruhigend empfunden wurden.[83]

Natürlich sind Verallgemeinerungen über die deutsche Bevölkerung schwierig. Die Menschen reagierten oft zwiespältig und konnten ihre wirkliche Meinung, zumal wenn sie kritisch war, nicht frei äußern. So vermutet David Bankier, der eine umfassende Untersuchung über die öffentliche Meinung im nationalsozialistischen Deutschland zur Frage des Antisemitismus vorgelegt hat, daß die judenfeindlichen Krawalle »sogar bei vielen auf Mißbilligung stießen, die bis dahin ›maßvolle antisemitische Maßnahmen‹ befürwortet hatten«. Er schließt aus diesen Reaktionen: »Zum ersten Mal verspürten Nichtjuden eine *reale* Gefahr, die nächsten Opfer des nationalsozialistischen Terrors zu werden.«[84] Die Berichterstatter der Untergrund-SPD schrieben, die Meinungen seien geteilt und wer über die negativen Seiten des Pogroms reden wolle, habe mancherorts einen schweren Stand.[85]

Am 12. November wurde bei einer Besprechung unter Vorsitz Hermann Görings den Juden eine kollektive, von allen Juden zu erbringende Geldbuße zur Behebung der Schäden auferlegt.[86] Bei dieser Besprechung waren weitere Politiker, unter anderem Goebbels, und Polizeiführer wie Reinhard Heydrich zugegen.[87] Laut Heydrich hatte der ebenfalls anwesende Adolf Eichmann in der kurzen Zeit seit dem »Anschluß« 50000 österreichische Juden zur Auswanderung gezwungen, während in derselben Zeit nur 10000 das »Altreich« verlassen hatten. Heydrich wollte das »Wiener Modell« übernehmen. Ghettos wolle er in Deutschland nicht einrichten, sagte er, weil sie Brutstätten von Krankheit und Verbrechen und »unübersehbar« seien. Er sprach sich für eine Art von unsichtbarem Ghetto aus – Juden sollten an einem gelben Stern auf ihrer Kleidung kenntlich sein. Dann ruhe »das wachsame Auge der gesamten Bevölkerung« auf ihnen.[88]

Wenige Tage später wurde Juden verboten, ins Kino zu gehen oder Theater zu besuchen. Bald waren ihnen auch Schulen und Universitäten verschlossen. Diese Maßnahmen stellten das dar, was Goebbels in einer Titelgeschichte des *Völkischen Beobachters* am 13. November 1938 als »die endgültige Lösung der Judenfrage« bezeichnete.[89] Deutschland habe nur das Interesse, »daß die Juden aus dem Lande gehen«.[90] Interne Regierungsdokumente ventilierten weiterhin unterschiedliche Methoden des Umgangs mit den Juden.[91] Goebbels glaubte, das deutsche Volk sei »ganz damit einverstanden«, wenn man die Juden so lange drangsalierte, bis sie gingen.[92]

Die Sozialdemokraten erkannten, daß die Politik der Nationalsozialisten auf einen Völkermord hinauslief. In ihrem Untergrundbericht vom Februar 1939 zogen sie einen Vergleich zu dem Völkermord, den im vergangenen Krieg die Türken an den Armeniern begangen hatten. Sie sahen auch, daß der Hauptunterschied darin bestand, daß der Vorgang in Deutschland »langsamer und planmäßiger« verlief. Die Sozialdemokraten hatten das Gefühl, daß »die überwiegende Mehrheit« der Bevölkerung die Novemberexzesse und den seitherigen »Dauerpogrom« »verabscheut«, aber in ihrem unentwegten Optimismus dürften sie wohl mit Sicherheit unterschätzt haben, wie sehr der Antisemitismus schon um sich gegriffen hatte.[93]

Die antisemitische Propaganda verstärkte sich mit dem Ausbruch des Krieges, für den wiederholt die Juden verantwortlich gemacht wurden. Zwar gab es keine Neuauflage des Pogroms, doch wurde vieles getan, um ihnen das Dasein zu verleiden. So wurden ihnen die Lebensmittel-, Kohle- und andere Rationen gekürzt. Bei jeder sich bietenden Gelegenheit wurden die Juden beschuldigt, die heimlichen Drahtzieher zu sein.

So behauptete die Presse, die Juden stünden hinter dem fehlgeschlagenen Attentat, das am 8. November 1939, bei der jährlichen Gedenkfeier anläßlich des Hitlerputsches, auf Hitler verübt wurde. Im Bürgerbräukeller, dem Schauplatz der damaligen Ereignisse, hatte der Schreiner Georg Elser eine Bombe versteckt. Er kam dem Erfolg näher als jeder andere Attentäter, indem er in nächtelanger heimlicher Arbeit eine steinerne Säule aushöhlte und in dem Hohlraum eine Zeitbombe versteckte, die am 8. November um 21.20 Uhr hochgehen sollte – mitten in Hitlers Rede, die gewöhnlich von 20.30 Uhr bis 22 Uhr dauerte. Wegen des schlechten Wetters verließ Hitler jedoch die Veranstaltung früher als erwartet und entging knapp der Explosion, bei der acht Menschen getötet und sechzig verletzt wurden.[94] Die Zeitungen suchten prompt die »geistigen Urheber« des Anschlags in England und bei den Juden. Später stellte sich heraus, daß Elser ein Alleintäter und kein Jude war.[95]

Der Nachhall dieses Attentatsversuchs war noch im Konzentrationslager Buchenwald vernehmbar. Am nächsten Morgen wurden 21 Juden ausgesondert, zu einem nahe gelegenen Steinbruch geführt und exekutiert. Es waren zwar schon viele Juden an den Folgen der Lagerhaft im Zusammenhang mit dem Novemberpogrom gestorben, aber diese Massenhinrichtung war neu. Diese Morde wurden von den SS-Führern im Lager offenbar als private Vergeltung betrachtet; sie deuteten voraus auf das, was noch kommen sollte.[96]

Nach dem Pogrom vom November 1938 wurde aus der »Arisierung«, die bis dahin hauptsächlich von der NSDAP auf lokaler Ebene forciert worden war, eine beschleunigte nationale Kampagne. Die Juden mußten ihre Geschäfte aufgeben und schließlich ihr Vermögen und alle sonstigen Wertsachen abgeben. Der größte Teil des Geldes ging an den deutschen Staat, doch bereicherten sich auch viele einzelne Parteigenossen und gewöhnliche Bürger. Selbst an Orten, wo wir Beweise der Sympathie für die Juden finden können, gab es Bürger, die Möbel, persönliche Effekten und Geschäftsbetriebe jener Juden kauften, die nach dem Pogrom zu dem Schluß gekommen waren, daß ihnen keine andere Wahl als die Auswanderung blieb.[97]

In den Kriegsjahren wurde der Kreis derjenigen, die materiell von der Judenverfolgung profitierten, noch einmal größer, als konfiszierte Grundstücke und Waren bei öffentlichen Auktionen angeboten wurden. Als zum Beispiel die Würzburger Juden ihre Wohnungen verlassen mußten und ins jüdische Gemeindehaus und später in den »Osten« kamen, wurde alles, was sie nicht mitnehmen konnten, versteigert – nach strengen Richtlinien der Gestapo.[98] Dasselbe geschah überall. In Hamburg verging zwischen Anfang 1941 und Kriegsende kaum ein Tag, an dem nicht jüdisches Eigentum versteigert wurde. Man hatte den Juden dort oder in anderen Teilen Europas die Waren gestohlen und hierher verfrachtet, wo sie unter den Hammer kamen. Mindestens 100 000 Bürger kauften diese Waren und profitierten so von der Judenverfolgung.[99] Noch mehr Menschen erfuhren, was es mit den Versteigerungen auf sich hatte, und konnten darüber in der Zeitung lesen.[100] Wenn alleinstehende jüdische Bürger deportiert worden waren, öffnete man ihre Wohnungen, wo manchmal noch die halbvolle Teetasse auf dem Tisch stand. Alle diese privaten Besitztümer wurden dann öffentlich verauktioniert. Dabei spielten sich Szenen ab, die ein amerikanischer Beobachter so beschrieb: »Ein wüstes Schauspiel; wütende Bürger beschimpfen einander und den Auktionator und stoßen die üblichen Drohungen aus, den anderen verhaften zu lassen oder sich bei befreundeten ›hohen Tieren‹ in der Partei über ihn zu beschweren.«[101]

Die – erzwungene oder freiwillige – Auswanderung der Juden blieb auch nach Ausbruch des Krieges offizielle Politik in Deutschland, doch machten die internationalen Feindseligkeiten eine Auswanderung immer schwieriger. Zwischen dem Ende des Novemberpogroms und der schließlichen Deportation der in Deutschland gebliebenen Juden wurden viele Juden selektiv zu Zwangsarbeit herangezogen. Sie waren bei diversen öffentlichen Behörden und Institutionen sowie bei Privatfirmen beschäftigt. Im Sommer 1941 waren auf diese Weise etwas über 50 000 der 167 245 noch in Deutschland verbliebenen Juden im öffentlichen Bereich beschäftigt, und viele von ihnen mußten in verschiedenartigen Lagern innerhalb Deutschlands leben oder arbeiten. Wir wissen von 125 solcher kleinen Lager für Juden in Deutschland, in denen über 5 000 Juden leben mußten und die nichts mit den Konzentrationslagern zu tun hatten.[102] Anfang 1943 waren 20 406 jüdische Männer und Frauen in dreizehn verschiedenen deutschen Städten zu Zwangsarbeit verpflichtet, davon allein 15 100 in Berlin.[103]

Es gab einzelne lokale Initiativen, um den Abtransport von Juden aus Deutschland zu erzwingen. Eine davon begann am 16. Juli 1940, als 22 000 Juden französischer Nationalität aus dem soeben in das Deutsche Reich eingegliederten Elsaß-Lothringen in den von Vichy kontrollierten unbesetzten Teil Frankreichs gebracht wurden. Im Oktober desselben Jahres wurden wiederum 6 300 Juden nach Frankreich deportiert, und zwar offenbar auf Anordnung des örtlichen Gauleiters in Baden; weitere 1 150 wurden auf Befehl des Gauleiters in der Saarpfalz deportiert.[104] Eine konzertiertere Bemühung, mit den deutschen Juden fertig zu werden, setzte im Herbst 1941 ein, als die Gestapo eine Reihe systematischer Deportationen begann, mit dem Endziel, alle Juden zu beseitigen.[105]

Juden, die sieben Jahre und älter waren, mußten (ab dem 19. September 1941) einen gelben Stern tragen, eine anschließende Verordnung vom 24. Oktober 1941 stellte es für einen Nichtjuden unter Strafe, sich öffentlich mit einem Juden zu zeigen. Künftig sollten beide in »Schutzhaft« genommen werden. In schwerwiegenden Fällen war der nichtjüdische Delinquent für bis zu drei Monate ins Konzentrationslager einzuliefern, der Jude war in jedem Fall dorthin zu bringen.[106] Was die Reaktion des Publikums auf die Judensternverordnung betrifft, so hieß es zunächst in den Berichten der nationalsozialistischen Meinungserkunder, sie würde von der Bevölkerung »begrüßt«. Dagegen gab es in katholischen und bürgerlichen Gegenden Äußerungen des Mitleids, und manche Leute sprachen von »mittelalterlichen Methoden«.[107]

Auf der anderen Seite gaben sich manche Bürger unangenehm »überrascht«, wie viele Juden es doch noch gab. In einigen Gegenden Deutschlands waren evangelische Kirchgänger verstimmt über die vielen (konvertierten) Juden, die in die Kirche gingen, und baten den Pfarrer, nicht neben diesen Juden zum Abendmahl gehen zu müssen, die sie vom Gottesdienstbesuch ausgeschlossen sehen wollten. Diese unchristliche Haltung und die Judensternverordnung lehnte ein evangelischer Geistlicher wie jener in Breslau ab, der vorschlug, nach Wegen zu suchen, wie man diesen »Judenchristen« eine freundschaftliche Hand reichen könne; doch regionale Kirchenführer distanzierten sich von seiner Anregung, und zwar mit Rücksicht auf die negative Meinung der Bevölkerung und auf die Machtstellung der örtlichen NSDAP.

Die katholischen Reaktionen auf diese Frage waren nicht viel tröstlicher, und es gab Vorschläge, Sondergottesdienste für »katholische Juden« abzuhalten, um zu vermeiden, daß sie mit der übrigen Gemeinde in Kontakt kamen. Ein katholischer Kirchenführer wie der Fuldaer Kardinal Bertram lehnte das ab; er gab seiner Herde Instruktionen, wie sie sich zu verhalten habe, wenn konvertierte Juden in die Kirche kamen. Es sei alles zu vermeiden, was ihre Gefühle verletzen könne, mahnte er. Er bestand darauf, daß die Judensternverordnung dem Gebot der christlichen Nächstenliebe widerspreche, was kein Kirchgänger vergessen solle. Gleichwohl sagte Bertram, wenn es »größere Schwierigkeiten« gebe, etwa den Boykott der Messe durch Beamte und NSDAP-Mitglieder oder den demonstrativen Auszug von Gemeindegliedern aus der Kirche, könne es sich als notwendig erweisen, in Absprache mit den

Tabelle 1. Durchsetzung der sozialen Isolierung der Juden in Akten der Gestapo Unterfranken, 1933–1945

Informationsquelle	Anzahl der Fälle	in Prozent
1 Anzeigen aus der Bevölkerung	123	59
2 Informationen durch Kontrollorgane	8	4
3 Beobachtungen der Gestapo und ihrer V-Leute	1	0
4 Informationen d. kommunale o. staatliche Stellen	0	0
5 Aussagen bei Verhören	26	12
6 Informationen aus der Wirtschaft	1	0
7 Informationen d. NSDAP, NS-Organisationen oder Parteigenossen	27	13
8 Quellen nicht bekannt	24	12
Gesamtzahl	210	100

Quelle: StA W: Gestapoakten

Juden selbst nach schonenden Möglichkeiten zu suchen, einen separaten Gottesdienst für jüdische Katholiken abzuhalten. Aber auch dann waren die Priester gehalten, jedermann daran zu erinnern, daß Männer und Frauen, die an Christus glaubten und getauft waren, nicht mehr Juden, sondern vor Gott den anderen Gläubigen gleich seien und entsprechend behandelt werden müßten. Auch der Wiener Kardinal Innitzer lehnte die Judensternverordnung ab und ging insofern noch weiter als Bertram, als er darauf beharrte, keine Sondergottesdienste für jüdische Katholiken abzuhalten, da dies einem Zugeständnis an die Nationalsozialisten gleichkomme. Die nationalsozialistischen Meinungsforscher registrierten Ende 1941 pflichtschuldigst solche Reaktionen und kamen resigniert zu dem Schluß, daß bei dieser Haltung der beiden Kardinäle die Juden wohl auf absehbare Zeit nicht von der gemeinsamen Meßfeier ausgeschlossen werden würden.[108]

Nicht lange danach stellte jedoch eine andere Meldung mit größerer Genugtuung fest, die Judensternverordnung habe sich binnen weniger Monate »im allgemeinen günstig ausgewirkt«. Die Meldung erwähnte auch kritische Einwände, die sich aber zumeist darauf bezögen, daß die Verordnung nicht weit genug gehe. »Es wird überall betont, daß diese Verordnung einem lange gehegten Wunsch weiter Bevölkerungskreise, besonders an Plätzen mit noch verhältnismäßig zahlreichen Juden, entsprochen habe.« Trotzdem würden auch Klagen laut, daß es noch viele Juden gebe, etwa in »Mischehen« oder aber »Mischlinge«, die den Judenstern nicht zu tragen brauchten. Die Meldung sagte weiter, »daß in der Allgemeinheit eine radikale Lösung des Judenproblems mehr als jeder Kompromiß Verständnis findet, und daß in weitesten Kreisen der Wunsch nach einer klaren äußeren Scheidung zwischen dem Judentum und den deutschen Volksgenossen besteht«. Ferner hieß es: »Am meisten würde jedoch eine baldige Abschiebung aller Juden aus Deutschland begrüßt werden.«[109]

BETEILIGUNG DER BÜRGER AN DER JUDENVERFOLGUNG

Um zu untersuchen, was mit den Juden und mit jenen Nichtjuden geschah, die dem Antisemitismus widerstanden oder Juden Zuspruch und Unterstützung gewährten, kann man auch prüfen, wie die Nationalsozialisten die antisemitische Politik durchsetzten und jeden belangten, der sich gegen den Buchstaben oder den Geist der judenfeindlichen Gesetze aufzulehnen wagte. Die besten Quellen für eine Untersuchung der polizeilichen Aktivitäten und der Rolle der gewöhnlichen Bürger sind die Original-Polizeiakten, die angelegt wurden, sobald eine Verhaftung erfolgte, eine Beschuldigung erhoben wurde oder die Behörden Informationen über irgendein verdächtiges Verhalten erhielten. Derartige Akten über namentlich genannte Männer und Frauen erreichten während des Dritten Reiches einen ungeheuren Umfang. Bis auf drei Ausnahmen wurden sie überall vernichtet. Zu den Ausnahmen gehörte auch das bayerische Unterfranken.

In diesem Gebiet gab es eine große jüdische Gemeinde, deren Wurzeln eintausend Jahre zurückreichten. Es war eine sehr katholische Gegend, was sich auch in der Politik bemerkbar machte. Bei den letzten vier Reichstagswahlen vor Hitlers Machtübernahme blieben die Katholiken »ihrer« Partei, dem Zentrum, treu. Dasselbe galt für die kleinere Anzahl von Wählern, die ihre Stimme der SPD und der KPD gaben.[110] Anfang 1933 hatte Unterfranken das aus Sicht der Nationalsozialisten fragwürdige Verdienst, von allen deutschen Gauen derjenige mit den prozentual zur Bevölkerung wenigsten NSDAP-Mitgliedern zu sein.[111] Das nationalsozialistische Wahlergebnis war das schlechteste in ganz Bayern und noch niedriger als in anderen Gauen mit einem höheren Prozentsatz an Katholiken. In diesem Gebiet war es also nicht nur das religiöse Moment, was die nationalsozialistische Bewegung bremste, sondern auch die Kultur, die für ihre Ablehnung extremistischer Standpunkte bekannt war.[112] Aus den Unterfranken willige Helfer der Gestapo und ihrer Zwangsmaßnahmen zu machen, war also für die Hitlerdiktatur eine echte Herausforderung. Daß die Bevölkerung sogar in dieser Gegend schließlich mit der Gestapo zusammenarbeitete, wirft ein eher beunruhigendes Licht auf die Nation als ganze.

Die Juden in Würzburg und Unterfranken sahen Hitlers Ernennung zum Reichskanzler zu Recht mit Beklommenheit.[113] Die Nationalsozialisten setzten selektiven Terror gegen sie ein, so beim Boykott vom 1. April 1933, aber der Schock verstärkte sich, als Bürgermeister und Stadtrat verschiedener Orte dafür votierten, den Juden sogar die Durchreise zu verbieten.[114] Noch bevor es einschlägige Gesetze gab, begannen Parteigenossen wie Nichtparteigenossen, den Behörden unaufgefordert Mitteilungen über Juden zu machen, die sie eines Verhältnisses mit Nichtjuden verdächtigten. So beschwerten sich am 20. August 1933 Nachbarn der Karolina Mengerst in Würzburg beim NSDAP-Ortsgruppenleiter Hermann Voll über die Frau. Angeblich unterhielt die fünfunddreißigjährige Witwe und Mutter zweier Kinder eine intime Beziehung zu dem jüdischen Weinhändler Ludwig Müller. Die Nachbarn behaupteten, sich über dieses Verhältnis zu ärgern, seit sie Müller seit Anfang 1933 in Frau Mengersts Wohnung ein- und ausgehen sahen. Keiner der Nachbarn, die die Polizei informierten, war NSDAP-Mitglied. Herr Voll erzählte der Polizei, da Müller und die Mengerst sich mit ihrer außerehelichen Beziehung brüsteten, habe er sich »wiederholt« die Klagen der Nachbarn über sie anhören müssen. Sonntag, den 20. August 1933, nachmittags erteilte Voll der SS den Befehl, Müller festzunehmen. Die SS-Männer führten ihn durch die Straßen, nachdem sie ihm ein großes Pappschild umgehängt hatten, auf dem mit großen roten Buchstaben stand: »Ich hab mit einer deutschen Frau in Konkubinat gelebt.«

Diese Festnahme und die mit ihr verbundene Haussuchung waren völlig illegal, da damals kein Gesetz sexuelle Beziehungen zwischen Juden und Nichtjuden verbot und außerdem die SS keine polizeilichen Befugnisse besaß. Wie sich herausstellte, hatte das Liebesverhältnis schon seit Jahren bestanden. Ungeachtet der Tatsache, daß Müller gegen kein Gesetz verstoßen hatte, wurde er bis zum 2. September in »Schutzhaft« genommen und mußte nach seiner Freilassung das Land verlassen. Heute können wir uns nur ausmalen, welches Aufsehen es erregt haben mag, als Müller an einem stillen Nachmittag, wo viele brave Bürger im besten Sonntagsstaat ihren Spaziergang machten, durch die Straßen geführt wurde. Soweit wir wissen, sahen die zwei Liebenden einander nie wieder. Sie hatten nur darauf gewartet, daß sich Müllers Zukunftsaussichten besserten, um heiraten zu können.[115]

Der ganze Umfang des nationalsozialistischen Antisemitismus wird bei einem Studium der Gestapo-Fallakten offenkundig, von denen sehr viele mit der Judenverfolgung zu tun haben.[116] Hier möchte ich die Frage behandeln, wie laut Auskunft dieser Akten nationalsozialistische Maßnahmen zu dem Zweck durchgesetzt wurden, soziale, freundschaftliche und insbesondere sexuelle Beziehungen zwischen Juden und Nichtjuden zu zerstören. Ich möchte mich dabei auf drei Kategorien von Fällen konzentrieren, nämlich zum einen solche, die mit dem Vorwurf oder dem Verdacht der »Rassenschande« zu tun haben – so nannten die Nationalsozialisten sexuelle Beziehungen zwischen Juden und Nichtjuden –, sowie zweitens mit jenem schlecht definierten Verhalten, das den Nationalsozialisten als »judenfreundlich« galt.[117]

Im Würzburger Archiv gibt es 175 Gestapoakten, die den Vorwurf der »Rassenschande« oder des »judenfreundlichen Verhaltens« betreffen. Schließlich habe ich eine Stichprobe von 33 Fällen von Meinungsäußerungen untersucht, die damals als Abwertung oder Verurteilung der offiziellen Judenpolitik angesehen wurden.

Diese drei Verhaltenskategorien verstoßen gegen Geist oder Buchstaben der von den Nationalsozialisten erlassenen antisemitischen »Gesetze«, und wie die Gestapo die betreffenden Personen stellte, sagt viel darüber aus, wie die Diktatur an der Basis funktionierte. Über einige, jedoch nicht alle dieser insgesamt 210 Stichproben habe ich an anderer Stelle berichtet.[118]

In Tabelle 1 habe ich aufgeschlüsselt, durch welche Kanäle der Gestapo ein angebliches »kriminelles« Verhalten bekannt wurde. Fast 60 Prozent aller Fälle begannen mit einer Denunziation »aus der Bevölkerung«. Das bedeutet einfach, daß gewöhnliche Leute die Polizei von ihrer Beschuldigung oder ihrem Verdacht informierten, daß sie der Polizei einen Tip über ihre Wahrnehmungen gaben. Ohne diese Zuarbeit wäre die Gestapo sicherlich gehemmt worden. Die Anzahl der Tips aus der allgemeinen Bevölkerung würde sich noch erhöhen, wenn wir alle Fälle hinzurechnen, die mit der Information durch ein NSDAP-Mitglied begannen. Wie Tabelle 1 zeigt, war die aktive Verstrickung von Parteigenossen in diesen Aspekt des Terrors beträchtlich. Sie löste nicht weniger als 27 Fälle aus (entspricht 13 Prozent aller Fälle). Einige dieser Informationen kamen von Ortsgruppen- oder Kreisleitern der NSDAP, aber auch gewöhnliche Parteigenossen denunzierten »Verbrechen«. Ich habe die Tips aus der NSDAP nicht zu denen aus der »allgemeinen Bevölkerung« hinzugezählt, weil es zweckmäßiger ist, die Zuarbeit von Parteigenossen getrennt zu werten. Man kann nämlich das Argument vertreten, daß die NSDAP samt ihren Mitgliedern Teil des Zwangsapparats war. Aus demselben Grund rechne ich Informationen durch Beamte den »staatlichen« Stellen zu. Im Endergebnis ist also das, was ich »Informationen aus der Bevölkerung« nenne, eine Mindestzahl und besagt, daß diese Informationen von gewöhnlichen Bürgern kamen, die weder der Polizei noch der NSDAP, noch dem Staatsapparat und so weiter angehörten.

Eher wäre es berechtigt, zu den Fällen, die mit »Informationen aus der Bevölkerung« begannen, jene 24 Fälle (entspricht 12 Prozent aller Fälle) hinzuzurechnen, bei denen die Gestapo den Tipgeber verschwieg. Wären diese Informationen aus offizieller Quelle gekommen, wäre das erwähnt worden, da sich solche Denunzianten ihr Tun als Verdienst zugerechnet hätten. In den Fällen, wo die Akten keine Informationsquelle für die Herkunft des Tips angeben, handelte es sich also höchstwahrscheinlich um eine Zivilperson, deren Identität nicht bekannt war oder nicht ermittelt werden konnte. Wenn wir diese Fälle ohne Informationsquelle zu denen mit identifizierbaren Informanten hinzurechnen würden, würde das bedeuteten, daß 147 Fälle (entspricht 70 Prozent aller Fälle) durch unmittelbare Beteiligung »gewöhnlicher« Bürger ausgelöst wurden.

Tabelle 1 zeigt auch, daß die Gestapo selbst bei der Verfolgung dieser drei Kategorien von »kriminellem« Verhalten in erster Linie reagierend tätig wurde. Von den 210 Fällen dieser Stichprobe deckte die Gestapo aus eigenem Antrieb genau einen Fall auf. Sobald sie freilich jemanden in den Fängen hatte, verstand sie es, ihm Informationen abzuringen, und Tabelle 1 zeigt, daß sie 26 Fälle (12 Prozent aller Fälle) aufgrund von Informationen eröffnete, die sie bei Verhören erhielt. Unter Druck gesetzt, legten die Leute ein Geständnis ab oder gaben jedenfalls mehr Informationen preis. Das vielgerühmte Netz von V-Leuten der Gestapo zeichnet sich in dieser Stichprobe durch sein völliges Ausfallen als Lieferant von Informationen aus. Auf andere Kontrollorgane wie Kriminalpolizei oder SD entfielen lediglich 8 Fälle.

Die Schlußfolgerung ist unvermeidlich: Ohne die aktive Zuarbeit der allgemeinen Bevölkerung wäre es der Gestapo so gut wie unmöglich gewesen, derartige Rassemaßnahmen durchzusetzen. Dieser denunziatorische Einsatz der Bevölkerung war sehr ausgeprägt, und zwar selbst in einer Gegend wie Unterfranken, die bis 1933 weder den Nationalsozialismus noch den Antisemitismus unterstützt hatte. Wir können sogar vermuten, daß Unterfranken das Minimum an Unterstützung stellte, das den Nationalsozialisten zuteil wurde, und daß fast überall sonst im Lande die Situation für die Juden oder die Gegner des Antisemitismus noch ungünstiger war.

Sarah Gordon hat analoge Gestapoakten aus dem Raum Düsseldorf untersucht. Dabei wertet sie 452 aktenkundige Fälle aus, befaßt sich aber nicht mit den Zwangsmaßnahmen und der Frage, wie die Behörden auf die Spur der »Verbrechen« kamen, sondern konzentriert sich auf die soziale Identität jener Männer und Frauen, die beschuldigt wurden, soziale Beziehungen zu Juden zu unterhalten. Gleichwohl registriert sie beiläufig dasselbe Denunziationsmuster, das wir eben in Unterfranken kennengelernt haben.[119] Meine eigene Prüfung der von ihr ausgewerteten Akten bestätigt ihren allgemeinen Eindruck, und eine gründliche Untersuchung der Düsseldorfer Akten würde höchstwahrscheinlich ein Denunziationsprofil erbringen, das dem von mir an dem Würzburger Akten ermittelten sehr ähnlich wäre – auch was das Vorkommen der schwerwiegendsten Beschuldigungen betrifft, der zwischen Ehegatten.[120]

Gerechterweise müssen wir im Auge behalten, daß wir den ganzen Umfang der Akte von Hilfeleistung, Freundlichkeit und Beistand, die einzelnen Juden zuteil wurden, nicht kennen. Was in jeder Polizeiakte aufscheint, sind die wenigen, die gefaßt werden, nicht die Rechtsbrecher, die davonkommen. Aus Tagebüchern von Juden, die jene Zeit durchlebt haben, namentlich aus dem Zeugnis Victor Klemperers, wissen wir, daß den Juden, zum Beispiel ihm in Dresden, viel Freundlichkeit und Hilfe begegneten. Klemperer blieb von der Deportation verschont, da er in »Mischehe« lebte. Er mußte den gelben Stern tragen und in einem »Judenhaus« wohnen, und er war dem alltäglichen Terror einer immer brutaler werdenden Gestapo ausgesetzt. Gelegentlich prasselten Haßausbrüche von Passanten auf der Straße oder an seinem Arbeitsplatz auf ihn nieder, aber ohne die ihm erwiesene Hilfe hätte er kaum überleben können, da sie nicht von der Polizei entdeckt und damit nicht aktenkundig wurde.

DIE DENUNZIANTEN UND IHRE MOTIVE

Warum erstatteten die Deutschen überhaupt Anzeige bei der Gestapo, wenn sie jemanden im Verdacht hatten, die judenfeindlichen Maßnahmen des Regimes zu unterlaufen? Wäre es nicht leichter gewesen, einfach wegzuschauen? In der Tat kann es sein, daß viele Leute wegschauten. Aber viele taten es eben auch nicht, obwohl sie wußten, daß ihre Anschuldigungen schwerwiegende, ja tödliche Folgen haben konnten. Reinhard Mann hat versucht, die Beweggründe aller Denunzianten zu quantifizieren, die ihm bei einer systematischen Auswertung von 825 Düsseldorfer Prozeßakten auffielen. Bedauerlicherweise hat er aus seiner Stichprobe buchstäblich alle Akten ausgeschlossen, die mit der Durchsetzung der Rassenpolitik gegen Juden und Fremdarbeiter zu tun haben, und damit gerade jene Gruppe übersehen, die durch Denunzianten am verwundbarsten war, nämlich die Opfer der rassischen Verfolgung und ihre Sympathisanten. Mann fand heraus, daß von den 825 ausgewerteten Gestapoakten 213 (26 Prozent) mit einer Denunziation begannen.[121] Wie Mann feststellte, waren von diesen 213 Fällen, die auf eine identifizierbare Denunziation zurückgingen, anscheinend nur 50 (24 Prozent) durch das motiviert, was er »systemloyale Einstellung (politische Motive)« nennt. Die meisten Akten enthielten entweder keinen Hinweis auf irgendein Motiv (83 Akten bzw. 39 Prozent), oder der Denunziation lagen in erster Linie egoistische Motive zugrunde.[122]

Interessanterweise kam Mann zu dem Ergebnis, daß nur rund einem Viertel aller Denunziationen affektive Motive – Liebe zum Nationalsozialismus, Vaterlandsliebe, Haß auf Feinde – zugrunde lagen, während weit häufiger die Motive instrumenteller oder selbstsüchtiger Art waren (»Bereinigung privater Konflikte«). Allerdings sollten wir die Unterscheidung zwischen affektiven und instrumentellen Motiven auch nicht strapazieren, da in vielen Akten die Beweggründe durcheinandergehen. Außerdem ist bei den Menschen, die mit Anzeigen zur Gestapo kamen, Vorsicht bei der Zuschreibung ihrer Motive angebracht, da die Gestapo, die sonst die größte Sorgfalt bei den Details ihrer Ermittlungen walten ließ, die Beweggründe der Denunzianten nicht immer festhielt.

Aus meinen Forschungen über die Betätigung deutscher Bürger als Informanten bin ich nämlich zu dem Schluß gelangt, daß für das Polizeisystem, das nach Informationen gierte, um handeln zu können, die Motive der Denunzianten fast immer zweitrangig waren. Für uns aber sind sie nicht unwichtig, denn wir wollen nicht nur verstehen, wie das System funktionierte, sondern auch, warum Menschen denunzierten, das heißt, warum so viele Leute dem nationalsozialistischen Unrecht zuarbeiteten und Verrat an ihrer sittlichen und sozialen Verpflichtung gegenüber ihren Mitmenschen übten. Was können wir anhand der Belege in den Gestapoakten über ihre Beweggründe sagen?

Zunächst einmal ist festzustellen, daß durch die besondere Arbeitsweise der Gestapo die Beweise für die Motive der Denunzianten oft unvollständig sind; häufig gibt es überhaupt keine Anhaltspunkte. Die Polizei reagierte auf Denunziationen und nahm Ermittlungen auf, gleichgültig, wie dubios die Quelle, wie weit hergeholt die Beschuldigung war. Sie begann erst dann, mehr auf die Motive der Denunzianten zu achten, als sie haltlose Anzeigen bekam, auf falsche Fährten gesetzt wurde oder unter zu vielen Anzeigen erstickte, so daß Denunziationen kontraproduktiv wurden. Auch wenn sich die Akten über die Motive in der Mehrheit der Fälle ausschweigen, so ist gerade dieses Schweigen interpretationsbedürftig.

In den Akten, die mit einer Denunziation beginnen, sind Belege für eine affektive Motivation, speziell für offenen Antisemitismus, selten. Soweit die Motive der Denunzianten in Manns Untersuchung überhaupt registriert wurden, waren es ganz überwiegend instrumentelle Beweggründe, etwa die Anzeige eines Nebenbuhlers oder eines Menschen, mit dem man im Streit lag.[123] Dasselbe Muster ergibt sich aus Bernward Dörners jüngster Studie über »Heimtücke«. Dörner stellt fest, daß von insgesamt 481 Denunziationen nur 155 (weniger als ein Drittel) überwiegend politisch motiviert waren. Der größere Teil der restlichen Fälle (212) basierte hauptsächlich auf persönlichen Erwägungen, während bei einer überraschend hohen Zahl von Fällen seiner Stichprobe (114) die Beweggründe des Informanten gar nicht erwähnt wurden.[124]

Was war hier los? Zunächst einmal machten sich die Denunzianten die Zwangsmaßnahmen des Staates zu ihrem eigenen Vorteil zunutze. In dieser Hinsicht waren die Bürger im nationalsozialistischen Deutschland kaum anders als in anderen »totalitären« Regimes. Sie erwiesen dem Staat einen Dienst, indem sie ihm Informationen lieferten, und der Staat erwies ihnen einen Dienst, indem er einen Streit regelte oder eine der beteiligten Seiten aus dem Verkehr zog. In allen diesen Systemen büßten die Bürger weitgehend ihre »traditionellen« Streitschlichtungsmechanismen ein und verließen sich zunehmend auf ihren direkten Zugang zu den Zwangsmitteln.[125] In der europäischen Geschichte des 20. Jahrhunderts finden wir instrumentelle Denunziationen im Übermaß.[126] Im nationalsozialistischen Deutschland kamen nicht nur Denunzianten mit ihren Informationen zur Polizei; es meldeten sich auch Zivilisten, die aus den verschiedensten Gründen für die Gestapo als V-Mann arbeiten wollten. Daß ein Terrorsystem nicht einfach nur gefürchtet und gemieden, sondern auch ausgenutzt und manipuliert wird, gehörte wesentlich zur Lebenswelt der Denunzianten und V-Leute in der Hitlerdiktatur dazu. Denunziationen gab es innerhalb der Familie, zwischen Freunden und Arbeitskollegen und auf jeden Fall auch in der Wehrmacht. Keine soziale Enklave scheint hiergegen ganz immun gewesen zu sein.

Hierbei können wir es jedoch nicht bewenden lassen, denn was die Denunziationen im nationalsozialistischen Deutschland von denen im faschistischen Italien unterschied, war ihre antisemitische, rassistische und pronazistische Dimension. Das Problem besteht darin, daß wir wenig verläßliches Beweismaterial über die Verknüpfung einer mit Rassismus durchtränkten Lebenswelt an sich und konkreten Taten haben, wie sie die Akten der Gestapo verzeichnen oder nicht verzeichnen. Was für Mindestaussagen können wir treffen, die vielleicht dazu beitragen, wenigstens die Hauptparameter einzugrenzen, nämlich die globalen Konturen der Lebenswelt der Denunzianten und das seinerzeit verfügbare gesellschaftliche Wissen von den Verfolgungen? Was kann ein Bürger über die Gestapo und über das zu erwartende Schicksal der von ihm denunzierten Person gewußt haben? Nun, wir können sagen, daß dank der unaufhörlichen Presseberichte über das, was mit den Juden geschah, jeder Denunziant gewußt haben muß, daß seine Information zur Durchsetzung der nationalsozialistischen Ideologie beitragen würde; denn das, wofür sie stand, war allgemein bekannt. Für die meisten Denunzianten bedeutete ihr Akt der Kollaboration mit der Gestapo ein gewisses Maß an Billigung und Unterstützung nationalsozialistischer Überzeugungen, auch wenn sie vielleicht nicht mit allem einverstanden waren, ja selbst wenn sie sich das System nur aus selbstsüchtigen Motiven zunutze machen wollten. Anders gesagt, werden wohl nur wenige Menschen so unaufrichtig gewesen sein zu glauben, daß sie die Diktatur zerstörten oder untergruben, wenn sie aktiv mit der Gestapo zusammenarbeiteten. Wir haben schon gesehen, daß die Bürger Deutschlands viel darüber wußten, was mit den Juden geschah, wenn auch nicht in allen Einzelheiten. Sie konnten endlose Zeitungsartikel darüber lesen, was mit »Feinden«, die der Gestapo ausgeliefert wurden, geschehen konnte und wirklich geschah. Es war sogar wichtig für den Terror, daß sich das gesellschaftliche Wissen über ihn verbreitete, denn angefangen bei Hitler glaubten die Naziführer, daß strenge Bestrafungen abschreckend wirkten. Auch wenn die Artikel gewöhnlich »gereinigte« Fassungen dessen waren, was wirklich geschah, konnte doch niemand ernsthaft im Zweifel sein, daß das Liefern von Informationen an die Gestapo für irgend jemanden eine sehr unerfreuliche Erfahrung zur Folge haben würde. Es konnte Denunzianten schwerlich verborgen geblieben sein, daß es mit der Rechtsstaatlichkeit, wie sie in liberalen Demokratien verstanden wird, in Deutschland vorbei war und daß statt dessen eine »Polizeijustiz« herrschte. Wenn es darum ging, Juden zu denunzieren, wurde die Unmittelbarkeit des Terrors noch drastischer verdeutlicht, wie in dem oben geschilderten Fall, wo die SS einen Juden demütigte, indem sie ihm ein Schild umhängte und durch die Straßen trieb. Alles in allem müssen wir also zu dem Schluß kommen, daß jeder, der einen anderen wegen Verstoßes gegen die antisemitischen Maßnahmen denunzierte, es damit auch hinnahm, daß er mit seiner Information zur Durchsetzung der nationalsozialistischen Lehre beitrug und die Diktatur unterstützte.

Wie war damals die generelle Einstellung der Gesellschaft zum Denunziantentum? Es gab eine staatsbürgerliche Tradition in Deutschland, die Kontakte zwischen der Bevölkerung und der Polizei akzeptierte und sogar förderte. In dieser Hinsicht unterschied sich die deutsche Tradition vom neuzeitlichen Italien mit seinem Mißtrauen gegen den Staat, und sogar von Frankreich und Großbritannien.[127] Aber wenn man in Deutschland die Polizei informierte, sollte das, zumindest theoretisch, mit den »richtigen« Motiven verbunden sein – zum Beispiel der Aufrechterhaltung von Recht und Ordnung durch Anzeigen eines notorischen Verbrechers.

Im Dritten Reich war die offizielle Position und Einstellung gegenüber der Denunziation zwiespältig. Auf der einen Seite waren Informationen willkommen, wenn sie aufrichtig waren und von Herzen kamen, und erst recht, wenn sie sich auf nationalsozialistische Gesinnung stützten und uneigennützig gegen jene gerichtet waren, die als Deutschlands Feinde definiert wurden. Wie jedoch selbst Hitler nur allzu gut wußte, neigten viele Denunzianten dazu, aus völlig eigennützigen Beweggründen zu handeln, und schon Anfang Mai 1933 klagte er darüber, daß manche nur Kapital daraus schlugen, daß sie von irgendeinem wunden Punkt in der Vergangenheit eines Konkurrenten oder Nebenbuhlers wußten. Wenn die Denunzianten zur Polizei rannten, um auf diese Weise von ihrem Wissen zu profitieren, gab es nur Unruhe und Störungen, und Hitler wollte, daß das aufhörte.[128] Trotzdem rissen diese Praktiken nicht ab, ja die falschen Anzeigen wurden zu einer Landplage, so daß Innenminister Frick 1934 die Polizeibehörden anwies, alles in ihren Kräften Stehende zu tun, damit wenigstens »das leichtfertige Erstatten ungerechtfertigter Anzeigen« aufhöre. Er rief zur »Bekämpfung des Denunziantentums« auf, damit diese »des deutschen Volkes und des nationalsozialistischen Staates unwürdige Erscheinung« verschwinde.[129] Andererseits erklärte Rudolf Hess, Hitlers rechte Hand in der NSDAP, den gläubigen Parteigenossen, die Tür werde immer für jene offenstehen, die eine »ehrliche Sorge« um die Bewegung und das Volk zur Anzeige treibe.[130] Sein Versprechen, niemand müsse befürchten, wegen einer Anzeige zur Rechenschaft gezogen zu werden, drückte den Vorgängen lediglich das Siegel der Billigung auf.

Anfang 1939 informierte Innenminister Frick die Reichsstatthalter über die Besorgnisse Hermann Görings im Zusammenhang mit »Judenfrage und Denunziantentum«. Stein des Anstoßes war nicht etwa Uneinigkeit in der Bevölkerung über das Ziel, die Juden aus dem deutschen Wirtschaftsleben zu entfernen, sondern der Umstand, daß manche Bürger andere aus leichtfertigen Gründen anzeigten, zum Beispiel weil sie irgendwann einmal bei einem Juden gekauft hatten. Derartige Anzeigen beeinträchtigten die Wirtschaft, sagte Frick.[131] Kurz nach Kriegsbeginn gab Heydrich der Gestapo Anweisung, alle notwendigen Schritte gegen Denunzianten zu unternehmen, »die aus persönlichen Gründen ungerechtfertigte oder übertriebene Anzeigen gegen Volksgenossen erstatten«. Das war jedoch leichter gesagt als getan, wie eine weitere Anweisung von höchster Stelle verriet – unterzeichnet am 24. Februar 1941 von Gestapochef Heinrich Müller. Anscheinend machte es Himmler persönlich Sorge, daß manche Leute ihren Ehegatten denunzierten, um leichter zu einer Scheidung zu kommen. Er gab Anweisung, künftig ganz genau zu überprüfen, aus welchen Motiven Anzeige gegen einen Verwandten erstattet wurde.[132]

Daß diese Praktiken jedoch nicht verschwanden und offiziell mißbilligt wurden, bewies Justizminister Thieracks »Richterbrief« vom 1. August 1943, worin er das bekannte deutsche Sprichwort zitierte: »Der größte Schuft im ganzen Land ist immer noch der Denunziant [das heißt in diesem Fall ein Informant mit den ›falschen‹ Motiven].«[133] Im Laufe der Jahre wurde dieser Spruch von Nazifunktionären bei mehr als einer Gelegenheit wiederholt, aber gewöhnlich nur auf jene gemünzt, die falsche Beschuldigungen erhoben.

Was veränderte sich während des Krieges? Vom ersten Tag an stellten viele Presseberichte fest, daß jede Anstrengung unternommen würde, die Heimatfront zu halten, und daß auch kleinere Vergehen streng bestraft würden. Obwohl die Gestapo mit drakonischen Strafen drohte, hatte sie weiterhin keine Schwierigkeiten, an Denunziationen zu gelangen, auch wenn »gewöhnliche Deutsche« die Täter waren. Der amerikanische Zeitungsreporter William L. Shirer verzeichnete in seinem Tagebuch unter dem 3. Februar 1940 drei Denunziationen. Besonders konsterniert war er über eine Mutter, die acht Freundinnen und Verwandte denunzierte, weil sie ihr versichert hatten, daß ihr über England abgeschossener und vermißter Sohn nicht tot sei. Offenbar hatte die BBC gemeldet, daß er gesund und in Kriegsgefangenschaft sei. Die Mutter denunzierte die Überbringer dieser Nachricht, weil sie wußte, daß das Abhören von »Feindsendern« verboten war.[134]

Wenn wir auf die Beweggründe hinter konkreten Denunziationen blicken, finden wir am einen Ende der Skala Menschen, die offenbar aus rein affektiven Motiven handelten. Hervorragende Mitglieder der Gesellschaft denunzierten 1940 und 1941, teilweise angeblich in Erfüllung ihrer vaterländischen Pflicht, wiederholt eine junge Frau in Würzburg aus den windigsten Gründen, weil sie unangepaßt und unkonventionell war und man sie unter anderem in Begleitung einer anderen Frau mit dem »Aussehen einer Jüdin« beobachtet hatte.[135] Die Gestapo kam zu dem Ergebnis, daß einige dieser Anschuldigungen »wissentlich falsch« waren und vor der Polizei nur in der Hoffnung auf irgendeinen persönlichen Vorteil erhoben wurden. Wenn eine offensichtlich falsche Beschuldigung gravierende Folgen hatte (zum Beispiel den Selbstmord des Denunzierten), erhob die Gestapo gelegentlich ihrerseits Anklage, so Ende 1935 in Düsseldorf gegen einen Mann, der seine Frau unerlaubter sexueller Beziehungen zu einem Juden beschuldigte, um sie loszuwerden.[136] Falsche Anzeigen blieben denn auch ein ständiges und nie wirklich gelöstes Problem für das NS-Regime.[137] Doch betont Sarah Gordon aufgrund ihrer Untersuchung von 452 Gestapofällen, die der Isolierung von Juden im Raum Düsseldorf dienten, daß Feindschaft und Haß gegen die Juden auch durch erkennbar egoistische und instrumentelle Denunziationen gefördert und verbreitet wurden.[138] Das gilt auch für jene, die das System für ihre eigenen Zwecke gebrauchten oder sogar »mißbrauchten«. In dem verbreiteten Auftreten denunziatorischen Verhaltens drückten sich ein zunehmender sozialer Konsens und die wachsende Akzeptanz des Systems aus.[139]

Vor diesem Hintergrund eines durchgängigen Antisemitismus in Wort und Tat, der durch den Krieg noch verschärft wurde, müssen wir noch einmal auf das scheinbare Desinteresse der Gestapo für die Motive jener Denunzianten zurückkommen, die einen angeblichen Verstoß gegen offizielle Rechtsnormen anzeigen wollten. Die Gestapo war eigentlich detailversessen; warum war sie es hier nicht? Eine mögliche Antwort hängt mit unausgesprochenen Annahmen und Voraussetzungen zusammen. Im direkten Gespräch zwischen dem Informanten und dem Gestapobeamten wird vieles an unausgesprochenen Voraussetzungen, akzeptierten Werten und axiomatischen Vorurteilen unerwähnt geblieben und als »natürlich« und keiner formellen (ausdrücklichen) Bestätigung bedürftig erschienen sein. Man kann auch vernünftigerweise davon ausgehen, daß in der damaligen Situation nicht alle verbalen Äußerungen und Austäusche, nicht einmal die explizite Formulierung von Motiven, aufgezeichnet wurden. Die Übereinstimmung in den Köpfen, die sozialen »Selbstverständlichkeiten« mögen nur zu offensichtlich gewesen sein. Das Schweigen der Dossiers über die Gründe der Denunzianten kann also auch als Zeichen einer affektiven Unterstützung des »Systems« gedeutet werden.

DAS ENDE DER JÜDISCHEN GEMEINDE

Bald nach Beginn des Einmarsches in die Sowjetunion gab es »realistische« Wochenschauen von der Lage hinter der Front und Geschichten von angeblichen kommunistischen Greueltaten, die auf das deutsche Publikum großen Eindruck machten. Nach den eigenen Stimmungsbildern der Nationalsozialisten gingen viele Deutsche entsprechend der offiziellen Propaganda einen Schritt weiter und sahen in den Juden »die eigentlichen Drahtzieher«, worauf »stellenweise« die »radikale Behandlung der Juden im Reich« gefordert wurde.[140] Wenn eine Wochenschau die »Evakuierung« der Juden hinter der Front zeigte, weckten diese Szenen bei den Kinogängern nicht etwa Mitleid, sondern Gefühle des Abscheus, und manche stellten die Frage, was denn in Zukunft mit diesen »Horden« geschehen solle.[141] Das waren genau die Reaktionen, die sich Hitler und andere NS-Führer erhofften.

Zweifellos wußte man in Deutschland, daß bald nach dem Einmarsch in Polen alle polnischen Juden zwischen 14 und 60 Jahren zu zweijähriger Zwangsarbeit herangezogen wurden, um das von der deutschen Kriegsmaschinerie hinterlassene Chaos aufzuräumen. Die Polizei berichtete in der Presse, wenn der vorgebliche »erzieherische Zweck« dieser Arbeit bei den polnischen Juden nichts fruchte, werde man die Zwangsarbeit eben verlängern. Seit Anfang 1940 wußte man in Deutschland auch, daß Juden aus dem westlichen Polen und anderen Teilen des NS-Imperiums nach Lublin und Ostpolen deportiert wurden.[142]

Schilderungen im *Völkischen Beobachter* beschrieben die Ghettos auf eine Weise, die die Behandlung der Juden rechtfertigen und den Antisemitismus in Deutschland schüren sollte. Die Juden in einem Ghetto wie Lublin wurden als schmutzige Überträger von Krankheiten, gierige Hamsterer und Profiteure hingestellt. Sie zu unbezahlter Arbeit zu zwingen bedeutete angeblich nur, daß sie genötigt waren, die Vorräte aufzuzehren, die sie schon gehortet hatten. Der Polizeichef in jenem Gebiet, der berüchtigte Odilo Globocnik, wurde dafür gelobt, daß er jüdische Handwerker und Facharbeiter ausbeutete, die sich aber angeblich nur vier Stunden am Tag plagen mußten und die übrige Zeit ihren Privatgeschäften nachgehen konnten. In der Presse war von Plänen die Rede, im Sommer 1940 eine sehr große Zahl von Juden zu Urbarmachungsprojekten und ähnlichen Aufgaben heranzuziehen. Die Rechtfertigung, die für das Vorgehen der Deutschen geboten wurde, war eine Art von »defensivem« Antisemitismus, der in dieser Gegend beim Umgang mit den Juden angeblich vonnöten war. Diese Ghettos aber waren angeblich »Brutstätten des Weltjudentums«, so daß die Maßnahmen der nationalsozialistischen Besatzer zwangsläufig auch die Macht der Juden in aller Welt beschnitten.[143] Auch wenn in diesen Artikeln keinerlei Hinweise auf einen Massenmord gegeben wurden, wäre es doch schwer gewesen, sich nicht auszumalen, daß in Polen die Judenverfolgung im Gange war und daß es noch schlimmer kommen würde.

Ein unmittelbares Ergebnis der Terrorisierung der deutschen Juden war, daß es im Mai 1939 nur noch 3461 Juden in Unterfranken gab; 60 Prozent der früheren Gemeinde waren seit Beginn der NS-Zeit verschwunden.[144] In benachbarten Gegenden mit ausgeprägterer antisemitischer Tradition war der Rückgang noch größer.[145] Bis 1939 wurde die deutsch-jüdische Gemeinde durch erzwungene Deportationen und »freiwillige« Auswanderung um mehr als die Hälfte reduziert.[146] Kurz nach Ausbruch des Krieges sank die Zahl der Juden in Deutschland auf 190000, und in drei Deportationswellen wurden mehr als 100000 deutsche Juden in das Ghetto in Lodz, nach Riga und Minsk und die Todeslager wie Belzec und Auschwitz gebracht.[147] In einer Stadt wie Würzburg in Unterfranken, durch die die Juden auf dem Weg zu den Zügen marschieren mußten, wurde jeder, der Sympathie bekundete oder sogar eine Träne zu vergießen wagte, denunziert, zur Polizei gebracht und von Sondergerichten bestraft.[148] Die Juden, die irgendwie verschont blieben, wurden gedemütigt, indem man sie zwang, erniedrigende Arbeiten zu verrichten und in besonderen Lagern oder Häusern zu leben.

Die öffentliche Demütigung der in Deutschland verbliebenen Juden war einem radikaleren Nationalsozialisten wie Goebbels nicht genug, weshalb er im Mai 1942 darauf drang, die letzten Juden deportieren zu lassen.[149] Die Gestapo und andere NS-Institutionen übten enormen Druck auf die nichtjüdischen Ehepartner in sogenannten Mischehen zwischen Juden und Nichtjuden aus, doch gab es trotzdem Ende 1942 im »Altreich« noch immer 16760 solcher Ehen. Das RSHA wollte sämtliche Juden deportieren, doch gab es rechtliche Komplikationen, und gegen eine Art von automatischer Zwangsscheidung erhob das Justizministerium Einwände.[150] Das RSHA beschloß in dieser verfahrenen Lage, auf eigene Faust tätig zu werden, und wies die Gestapo Anfang 1943 an, die schon vorhandenen gesetzlichen Möglichkeiten zu nutzen, um Juden in Mischehen etwas »anzuhängen«, um sie dann festnehmen und deportieren zu können. Aus dem Nachkriegsprozeß gegen die Gestapo in Offenbach am Main ist zu ersehen, wie sich die Polizei erfundener Verdächtigungen bediente, indem sie etwa jemanden beschuldigte, er habe einen Beschwerdebrief an die NSDAP geschrieben, höre ausländische Rundfunksender ab, führe nicht den obligatorischen Vornamen »Sara« oder »Israel« in seinen Papieren oder unterhalte eine verbotene sexuelle Beziehung.[151] Die Gestapo in Darmstadt bediente sich ähnlicher Taktiken, ebenso in anderen Orten Deutschlands, und deportierte auf diese Weise viele Menschen in den Tod.[152]

Hitler und Goebbels fanden es unerträglich, daß überhaupt noch Juden in Deutschland lebten und daß vor allem so viele von ihnen in der Reichshauptstadt konzentriert waren. Obwohl Hitler Anfang 1943 zutiefst betroffen über den Untergang seiner Armee bei Stalingrad war, fand er doch Zeit, die Rekrutierung von Fremdabeitern aus Frankreich und den Niederlanden anzuordnen, so daß man endlich auch auf die in der Rüstungsindustrie arbeitenden Juden verzichten konnte. Im Lichte der Katastrophe Stalingrad reiste Goebbels am 22. Januar 1943 nach Rastenburg und erhielt Hitlers Segen für den endgültigen Schlag gegen die Juden in Deutschland.[153]

Hitler teilte die Ansicht des Propagandaministers, daß die Juden zwangsweise aus Berlin entfernt werden müßten, und wurde in diesem Entschluß durch die Nachricht bestärkt, daß Deutschland dabei war, bei Stalingrad 22 Divisionen und 220000 Mann zu verlieren – so die Schätzung Goebbels'. Deutschland stand vor einem gewaltigen Desaster und war gezwungen, einige jener Maßnahmen eines »totalen Krieges« einzuführen, die Goebbels seit langem gefordert hatte. Zwischen lauter hektischen Besprechungen waren sich Hitler und Goebbels einig, daß von »innerer Sicherheit« nicht die Rede sein könne, solange nicht die Juden aus Berlin und auch aus Wien »so schnell wie möglich heraus« seien.[154]

Am 20. Februar 1943 erließ das RSHA Richtlinien für die Judendeportationen. Ausgenommen waren noch immer Juden, die in »Mischehe« lebten, und einige andere, zum Beispiel solche über 65 Jahren.[155] Eine Woche später fand eine besondere, von der Gestapo organisierte »Fabrikaktion« statt, um Juden und Jüdinnen an ihrem Arbeitsplatz festzunehmen bzw. zum Erscheinen in einem Sammellager aufzufordern. Allein in Berlin wurden 11000 Juden aus der Kriegsindustrie abgezogen, anderswo ähnlich viele. 7000 wurden binnen sechs Tagen in Richtung Osten deportiert. Wie Goebbels notierte, konnten dank des »kurzsichtigen Verhaltens« mancher Industriellen, die die bei ihnen beschäftigten Juden vor der bevorstehenden Razzia warnten, 4000 von ihnen dem Schleppnetz entkommen und in den Untergrund gehen.[156]

Da sich das Regime noch immer nicht entschieden hatte, was mit den in »Mischehe« lebenden Juden geschehen solle, wurden diese Sonderfälle nach Hause geschickt, durften aber nicht an ihren Arbeitsplatz zurückkehren. Die Deportation dieser besonderen Juden scheint nicht beabsichtigt gewesen zu sein; soweit sie verhaftet worden waren, wurden sie von den übrigen getrennt gehalten und teilweise am nächsten Tag wieder freigelassen.[157] Gleichwohl versetzte die Verhaftung von in »Mischehe« lebenden Juden in Berlin und anderswo ihre Ehegatten in höchste Angst und führte zu einem der wenigen öffentlichen Proteste gegen die Judendeportationen. Etwa 2000 Berliner Juden, die in solchen Mischehen lebten, waren festgenommen worden, und zweifellos erwarteten ihre »arischen« Ehegatten (überwiegend Frauen), daß ihre Ehepartner in den Tod geschickt werden sollten. Um das zu verhindern, protestierten diese »Arierinnen« mehrere Tage lang direkt vor dem Haupteingang der Berliner Gestapozentrale, und am 6. März wurden die meisten ihrer jüdischen Ehegatten freigelassen, vielleicht, weil die Gestapo tatsächlich nicht vorgehabt hatte, sie zu deportieren. Doch trug der Protest fast mit Sicherheit zu der Entscheidung bei, diese Juden freizulassen, da das Regime so kurz nach der Niederlage bei Stalingrad keine zweite Katastrophe für seine Öffentlichkeitsarbeit gebrauchen konnte. Hervorzuheben bleibt der Mut jener Menschen, die damals in Berlin auf die Straße gingen. Sie konnten unmöglich wissen, was die Gestapo plante, und unabhängig davon, weshalb die Polizei ihre Gatten festgenommen hatte, war die Situation dermaßen willkürlich, daß alle diese Juden ebensogut hätten in den Tod geschickt wie freigelassen werden können.[158] Die Gestapo pflegte keine Fehler zuzugeben.

Auch nachdem in vielen Teilen Deutschlands keine Juden mehr vorhanden waren, kursierten Gerüchte darüber, was mit ihnen im Osten geschehen sein mochte. Ein Indiz für die Besorgnisse, die in der Luft lagen, aber auch dafür, daß sich eine instrumentelle Denunziation oft kaum verhüllt hinter vorgeschobenen affektiven Erwägungen verbarg, ist der Brief, den August Seufert am 25. August 1943 an die Gestapo richtete. Darin heißt es, ein Jahr zuvor habe Michael Nusser zu Seufert in seiner Wohnung gesagt, daß »unsere Juden in Polen, die von der Regierung dort hingeschickt wurden, selbst ihre Gräber schaufeln mußten und so durch den Stalin-Genickschuß hingerichtet wurden«. Daraufhin beauftragte die Gestapo den örtlichen Gendarmen in Winkels, einer Kleinstadt bei Bad Kissingen, mit Ermittlungen. Der einundfünfzigjährige Denunziant Seufert war kein Parteigenosse. Er hatte einen schlechten Ruf und ein langes, bis 1910 zurückreichendes Vorstrafenregister. Seufert sagte aus, Nusser habe die fragliche Bemerkung im Sommer 1942 getan. Auf die naheliegende Frage des ermittelnden Gendarmen, warum er mit der Denunziation Nussers ein Jahr gewartet habe, antwortete Seufert, daß sie kürzlich Streit gehabt hätten. Es stellte sich heraus, daß Nusser Inhaber der von Seufert gepachteten Wäscherei war. Als der Pachtvertrag auslief, hatte Seufert angeboten, das Geschäft zu kaufen, was Nusser jedoch abgelehnt hatte. Kaum hatte der Wäschereibesitzer das Angebot ausgeschlagen hatte, setzte sich Seufert hin und schrieb seinen hochtrabenden Denunziationsbrief an die Gestapo. Nusser gab im Polizeiverhör zu, daß ihm ursprünglich ein Polizeibeamter, der in Polen gedient hatte, die Geschichte von der Hinrichtung der Juden erzählt und er sie dann Seufert weitererzählt habe. Bei seinem eigenen Verhör brachte Seufert eine neue und potentiell tödliche Beschuldigung vor, nämlich daß Nusser erst kürzlich gesagt habe, Deutschland werde den Krieg verlieren. Eine solche Bemerkung in der Jahresmitte 1943 hätte Michael Nusser den Kopf kosten können. Die Gestapo begnügte sich jedoch mit einer Verwarnung. Aus der Polizeiakte geht hervor, daß die Gestapo an der Glaubwürdigkeit Seuferts von Anfang an gezweifelt hatte. Aber trotz seiner niedrigen Beweggründe, seines schlechten Leumunds und seiner kriminellen Vorstrafen ging sie seinen Anschuldigungen nach, weil sie einen Juden betrafen. Daß die Gestapo dies tat, machte in der kleinen Stadt zweifellos die Runde, und solche Vorkommnisse riefen nachdrücklich in Erinnerung, daß auch implizite Kritik an den Aktionen der Regierung gegen die Juden nicht geduldet wurde.[159]

Im März 1944 denunzierte ein 63jähriger Mann gemeinsam mit seiner Schwester seine 68jährige jüdische Frau Amalie, mit der er seit 1908 verheiratet war. Er reichte jetzt auch die Scheidung ein, was er allerdings wegen ehelicher Konflikte schon seit mehreren Jahren erwogen hatte. Als seine Schwester 1943 in die Hamburger Wohnung des Ehepaares einzog, wurde die Beziehung bis zum Zerreißen gespannt, weshalb Bruder und Schwester beschlossen, sich auf bestimmte Bemerkungen zu stürzen, die Amalie gemacht hatte, zum Beispiel, daß die Rache der Juden vor der Tür stehe und daß Hitler kleine Kinder ermorde. Zumindest wollten Bruder und Schwester diese Frau aus dem Haus haben, und zwar aus rein persönlichen Gründen. Sie standen unter keinerlei Druck der Polizei, sondern lieferten der Gestapo die Denunziation frei Haus, noch dazu zu einem besonders gravierenden Zeitpunkt. Amalie wurde sofort festgenommen, binnen weniger Tage geschieden und, des Schutzes durch ihre Ehe beraubt, im Juli 1944 von der Gestapo nach Auschwitz verbracht. Dort starb sie Ende Oktober. Die genaue Todesursache ist unbekannt.[160]

Denunziationen wirkten in mehrere Richtungen gleichzeitig. Sie ermöglichten es, den leisesten Anzeichen von Kritik, Zwietracht oder Dissens auf dem weiten Feld der »Judenfrage« auf die Spur zu kommen. Sie halfen der Gestapo, gegen die Juden vorzugehen, und zwar auch im privaten Bereich von Heim und Herd, verwiesen aber auch auf jeden, der nicht mit den offiziellen Maßnahmen gegen die Juden im Einklang war. Die Willigkeit und der Rassismus der Polizei waren geradezu die Garantie, daß viele Menschen um ihrer eigenen Gründe willen aus diesem Rassismus Kapital schlugen. Das Denunziantentum hatte noch weitere Folgen. So nährte es Gerüchte von der unerhörten Wachsamkeit der Polizei und trug dazu bei, den Eindruck zu erzeugen, daß »die Gestapo« ihre Augen und Ohren überall hatte und niemand vor ihr ganz sicher war. Die verbreiteten Kenntnisse oder Übertreibungen von der »allwissenden« Gestapo schufen Hindernisse für jene, die den Juden eigentlich gern Freundlichkeit oder Solidarität erzeigt hätten. Wie aus dem Tagebuch Victor Klemperers hervorgeht, wurde es sogar gefährlich, fast eine törichte Angewohnheit, Juden auf der Straße zu grüßen. Die Bürger wußten nur zu gut, daß auch der offensichtlich Unschuldige beschuldigt werden konnte, bei völliger Straffreiheit für den Beschuldiger, besonders, wenn sich die Anschuldigung gegen die Juden (oder Kommunisten) und ihre Sympathisanten richtete. Unter diesen Umständen entschlossen sich die meisten Menschen in Deutschland, Problemen aus dem Weg zu gehen; sie scheuten jeden Kontakt mit Juden und vermieden jede Diskussion über die allmählich nach Deutschland einsickernden Berichte von den Massenmorden im Osten.[161]

DIE DEUTSCHEN UND DIE »ENDLÖSUNG«

Die Nationalsozialisten warfen bei vielen Gelegenheiten die Frage nach dem weiteren Schicksal der Juden auf, um die Öffentlichkeit auf dieses Thema einzustimmen. Unabhängig davon, ob der Völkermord von den Deutschen gewünscht wurde oder unterstützt worden wäre, scheinen die Nazis gefunden zu haben, daß das Volk als Ganzes damit nicht konfrontiert werden wollte. In den Kriegsjahren betrafen die meisten Zeitungsartikel über Juden die Geschehnisse außerhalb des Reichs; im Vordergrund stand die Einflußnahme der Juden auf wichtige Entscheidungen der Alliierten. Die Juden wurden dauernd beschuldigt, für den Krieg verantwortlich zu sein und hinter den Kulissen Druck zu machen, um Hitlers Niederlage herbeizuführen.[162] Zeitungen und Reden brachten Beispiele für die angebliche Verschwörung des »Weltjudentums«, indem sie endlos wiederholten, erst die Juden hätten die mit Deutschland im Krieg befindlichen Länder aufgehetzt, zu den Waffen zu greifen.[163] Hunderte von Presseberichten suchten die Machtstellung der Juden in feindlichen Ländern aufzuzeigen.[164] Diese Pressestrategie sollte offenbar der Theorie Hitlers Gewicht verleihen, daß dies ein Krieg der Juden gegen Deutschland sei, nicht umgekehrt.[165]

Eine andere Strategie bestand darin, Artikel über antisemitische Maßnahmen und Aktionen im Ausland zu bringen, als indirekten Beweis dafür, daß die Judenpolitik Deutschlands Anklang fand.[166] So kündigte ein Artikel vom 15. Juni 1941 eine Reihe schärferer Maßnahmen gegen die Juden in Frankreich an; gleichzeitig wurde der französische Politiker Xavier Vallant mit der ominösen Formulierung zitiert, »die endgültige Lösung der Judenfrage« werde erst nach dem Krieg erfolgen.[167]

Die sozialen Bedingungen und die besiegten Völker, die die Deutschen auf ihrem Marsch nach Osten vorfanden, wurden durch die ideologisch gefärbte Brille gesehen, und so berichteten die Zeitungen eilfertig, Juden und Polen hätten erbärmliche Lebensbedingungen.[168] So wurde Mitte Oktober 1940 zwar stolz verkündet, daß der neu geschaffene Gau Danzig-Westpreußen der erste von vier neuen Gauen im Osten war, in dem es keine Juden mehr gab, aber nichts darüber gesagt, wie viele Juden früher hier gelebt hatten und was mit ihnen geschehen war.[169] Daß solche Artikel gedruckt wurden, läßt darauf schließen, daß Presse und Propagandabeamte damit rechneten, die Deutschen würden eine solche Entwicklung akzeptieren oder sogar begrüßen.

Im Propagandaaufmarsch für den Krieg gegen die Sowjetunion und danach walzte die Presse das Thema aus, daß Juden hinter dem Bolschewismus der russischen Revolution und hinter Stalins kommunistischem Regime, speziell aber hinter Stalins Terror stünden.[170] Gleichzeitig gab es weiterhin vor und nach Hitlers Kriegserklärung an die USA viele Schilderungen des angeblichen Einflusses der Juden auf Präsident Roosevelt.[171] Praktisch wurden die Juden für alles verantwortlich gemacht, was für die Deutschen und ihre Verbündeten falsch lief, selbst für den Sturz Mussolinis im Juli 1943 und den Versuch, Italien aus dem Krieg herauszuführen.[172] Sie sollten schuld an den Bombenangriffen auf Deutschland sein und in den besetzten Gebieten Europas den Widerstand leiten.[173]

Einer der wenigen Anlässe, bei denen der Begriff »Massenmord« verwendet wurde, war die Berichterstattung über den Mord an rund 12000 polnischen Offizieren, deren Gräber bei Katyn entdeckt worden waren. Als diese Nachricht im Juli 1943 veröffentlicht wurde, gab man nicht nur allgemein den Russen, sondern speziell den Juden die Schuld an der Ermordung der Soldaten.[174] Die eigenen Stimmungsbilder der Nationalsozialisten über die Reaktion der deutschen Bevölkerung auf die Meldungen aus Katyn erwähnten die verbreitete Befürchtung, den bei Stalingrad in Kriegsgefangenschaft geratenen Deutschen könnte dasselbe Schicksal (Genickschuß) drohen, und das deutsche Volk könne sich auf eine barbarische Behandlung gefaßt machen, sollte es den Krieg verlieren. Die nationalsozialistischen Meinungsforscher meldeten auch, daß die Leute es »›merkwürdig‹ oder gar ›heuchlerisch‹« fänden, wenn die deutschen Propagandisten jetzt ihr Herz für die (toten) Polen entdeckten. Die Deutschen fanden, ihr eigenes Land sei mit Polen und Juden viel schlimmer umgesprungen und brauche sich daher gar nicht über die Taten der Sowjets aufzuregen.[175]

Es ist hier nicht der Ort, um den Entscheidungsprozeß zu rekonstruieren, der zur »Endlösung« führte, doch hat Christian Gerlach argumentiert, daß Hitler die »Grundsatzentscheidung« zur Herbeiführung der »Endlösung« am 12. Dezember 1941 getroffen habe, auffallenderweise also, nachdem er gerade den USA den Krieg erklärt und so seine eigene Prophezeiung wahr gemacht hatte, für diesen Krieg würden die Juden zahlen müssen. Der Holocaust war damals natürlich schon in vollem Gange, doch zeigt Gerlach, daß zu diesem Zeitpunkt die Judenverfolgung in ein neues Stadium eintrat.[176] Als Hitler im Dezember 1941 vor seinen engsten Parteigenossen sprach, erinnerte er sie an seine Prophezeiung und klang dabei noch blutrünstiger als gewöhnlich.[177] Ursprünglich hatte Hitler diese Drohung am 30. Januar 1939 ausgestoßen, als er sagte, wenn es dem »internationalen Finanzjudentum« erneut gelänge, einen Krieg auszulösen, wie es das angeblich schon im Ersten Weltkrieg getan hatte, »dann wird das Ergebnis nicht die Bolschewisierung der Erde und damit der Sieg des Judentums sein, sondern die Vernichtung der jüdischen Rasse in Europa«.[178]

Hitler als Politiker blieb zurückhaltend wie immer, wenn es darum ging, genaue Einzelheiten über die »Endlösung« anzugeben. Sicherlich wußte er, daß trotz aller Vorbehalte die meisten Deutschen zumindest zu Beginn des Krieges dem nationalsozialistischen Antisemitismus und dem Ausschluß der Juden vom nationalen Leben zustimmten; schließlich hatte die Forcierung dieser Politik der Diktatur Unterstützung beschert.[179] Im Krieg arbeiteten die Nationalsozialisten auf einen neuen antisemitischen Konsens hin, der eine über »bloße« gesetzliche Maßnahmen weit hinausgehende radikale Lösung wo nicht stützte, so doch tolerierte oder zumindest stillschweigend duldete. Hitler und andere NS-Führer wagten es nicht, ihre mörderischen Pläne offen auszusprechen. Es war aber unverkennbar, daß sie immer in dieselbe Kerbe hieben, immer dieselben Drohungen ausstießen und den Druck sich immer mehr anstauen ließen.

Hitler machte so viele Andeutungen, daß kein denkender Mensch anders konnte als zu dem Schluß zu gelangen, daß sich hinter Hitlers gewohnheitsmäßig bombastischen Drohungen etwas verbergen könnte. Er hielt am 30. Januar 1941 eine Rede, wie es am Jahrestag seiner Ernennung zum Reichskanzler üblich war, erinnerte aber bei dieser Gelegenheit seine Zuhörer wiederum an seine »Prophezeiung« und äußerte die Hoffnung, die Feinde Deutschlands würden endlich einsehen, daß die Juden der »größere« Feind aller kriegführenden Nationen seien. Diese Nationen sollten eine gemeinsame Front bilden, anstatt gegeneinander zu kämpfen.[180] »Der Jude wird ausgerottet werden«, hieß die Titelgeschichte, womit der *Völkische Beobachter* auf die Rede reagierte; »am Ende dieses Krieges« werde die Prophezeiung erfüllt sein, schrieb das Blatt weiter.[181]

Als Hitler am 8. November 1941 vor NSDAP-Getreuen in München sprach, beschuldigte er abermals die Juden, die Flamme des Krieges entfacht zu haben.[182] Die Reaktion der nationalsozialistischen Presse rückte vor allem diesen Angriff auf die Juden ins Rampenlicht. Ein Zeitungsartikel trug die Überschrift »Der jüdische Feind« und schloß mit den Worten: »Der Krieg gegen die jüdische Internationale ist ein Ringen auf Leben und Tod, das *rücksichtslos* zu Ende geführt werden muß und zu Ende geführt werden wird.«[183] Goebbels bezog sich in Zeitungsartikeln verschiedentlich auf Hitlers Prophezeiung, zum ersten Mal am 16. November 1941, als er die Verordnung über das Tragen des Judensterns zu rechtfertigen suchte. Hitlers Prophezeiung bewahrheite sich jetzt, sagte Goebbels. Viele Menschen in Deutschland stimmten offenbar der Auffassung zu, daß die Juden den Krieg begonnen hätten, jedenfalls wenn man offiziellen Stimmungsbildern aus jener Zeit Glauben schenken darf.[184] Goebbels wiederholte seine Botschaft Anfang Dezember 1941. Am Ende einer Ansprache vor erlauchten Gästen der Universität Berlin sprach er, ohne mit der Wimper zu zucken, von der »geschichtlichen Schuld der Juden« – und das zu einem Zeitpunkt, als schon die Eisenbahnzüge voller hilfloser deutscher Juden nach Osten unterwegs waren. Er erinnerte seine Zuhörer an Hitlers mittlerweile wohlbekannte Prophezeiung vom Januar 1939 über die fatalen Folgen für die »jüdische Rasse in Europa«, wenn es, wie Hitler formuliert hatte, dem internationalen Finanzjudentum gelingen sollte, die Völker »noch einmal« in einen Weltkrieg zu stürzen. Und offenbar, ohne deutlicher werden zu müssen, setzte Goebbels hinzu: »Wir erleben eben den Vollzug dieser Prophezeiung.«[185]

Im März 1942 unterstellte eine Zeitungsnotiz den Juden, sie suchten das Mitleid der deutschen Öffentlichkeit durch die Behauptung zu erwecken, »es drohe ihnen das furchtbarste Schicksal, man wolle sie in ein geheimnisvolles Sumpfgebiet schicken«, was nach Auschwitz klang. Dieses Gerücht wurde zurückgewiesen. »Eine solche Gefahr drohe den Juden nicht«, hieß es in der Notiz, worauf noch die Falschinformation folgte »aber sie würden arbeiten müssen«.[186] Gelegentlich zeigten Zeitungsbilder »Juden als Partisanenanführer« und angebliche »jüdische Verbrechertypen«, die sich »als Antreiber zum Heckenschützenkrieg betätigt« hätten.[187]

Auch 1942 wiederholte Hitler bei drei größeren und einigen kleineren Anlässen seine Prophezeiung über das Schicksal der Juden.[188] Die Drohungen wurden immer im Sinne von kommenden Ereignissen formuliert. So stellte Hitler am 30. Januar 1942 fest, »daß der Krieg nur damit enden kann, daß entweder die arischen Völker ausgerottet werden, oder daß das Judentum aus Europa verschwindet«.[189] Offizielle Meldungen über die Reaktion der Bevölkerung auf die Rede belegten, daß andere darin angesprochene Fragen mehr Interesse geweckt hatten; die Reaktion der Deutschen auf Hitlers Prophezeiung wurde gar nicht erwähnt. Gleichwohl wurde, wie der Bericht unumwunden feststellte, die Drohung »dahingehend gedeutet, daß der Kampf des Führers gegen das Judentum mit unerbittlicher Konsequenz zu Ende geführt und schon bald der letzte Jude vom europäischen Boden vertrieben werde«.[190]

Hitlers ungeheure Drohung wurde auch am 24. Februar 1943 kurz in der Öffentlichkeit geäußert. Die Prophezeiung gab sich als eine mögliche Reaktion auf den Krieg, und die Botschaft, die in Hitlers Auftrag vor einer NSDAP-Zuhörerschaft verlesen wurde, vermied typischerweise Einzelheiten.[191] Immerhin hatte Hitler Zeit, um einen »Erlaß über die planmäßige geistige Bekämpfung von Juden, Freimaurern und mit ihnen verbündete Gegner des Nationalsozialismus« zu unterzeichnen. Dieser Kampf wurde jetzt »kriegsnotwendige Aufgabe« genannt.[192] In der Zwischenzeit ging die Deportation der deutschen Juden ihrem unerbittlichen Abschluß entgegen. Die sogenannten privilegierten Juden, die in Deutschland bleiben durften, weil sie in Mischehe lebten, wurden zu Zwangsarbeit herangezogen. An vielen Orten waren öffentliche Einrichtungen, Privatfirmen, NSDAP-Funktionäre und sogar kleine Geschäftsleute in die Ausbeutung dieser Juden verstrickt. Wolf Gruner bemerkt trocken, daß bisher nur wenige Zeichen der Solidarität von »Ariern« mit den Juden ans Licht gekommen sind.[193]

Victor Klemperer erfuhr erst im März 1942 von Auschwitz und seinem Ruf »als furchtbarstes KZ«.[194] Im April 1942 hörte er gerüchteweise von einem Massenmord bei Kiew; dabei hatte das Massaker an über 33000 Juden bei Babi Yar (unweit Kiew) schon Ende September 1941 stattgefunden.[195] Zweifellos wußte er, was es mit Formulierungen wie »auf der Flucht erschossen« auf sich hatte, wenn er von Todesfällen in einem Lager wie dem österreichischen Mauthausen erfuhr.[196] Er notierte Anfang November 1942 das Gerücht, daß Soldaten aus Polen, die auf Heimaturlaub waren, mit Abscheu von »Hunderten« erzählt hätten, die jeden Tag erschossen würden. Solche Praktiken waren mittlerweile zum Standardverfahren geworden.[197] Im Sommer und Frühherbst 1942 erwähnten die mutigen studentischen Widerständler der »Weißen Rose« in einem ihrer in der Öffentlichkeit verteilten Flugblätter ausdrücklich den Mord an den Juden. Darin sagten sie – mit starker Unterschätzung –, daß seit der Eroberung Polens nicht weniger als dreihunderttausend Juden in diesem Land ermordet worden seien. Das Flugblatt nannte dies »das fürchterlichste Verbrechen an der Würde des Menschen, ein Verbrechen, dem sich kein ähnliches in der ganzen Menschheitsgeschichte an die Seite stellen kann«.[198]

So dämmerte Stück um Stück das Wissen um die Geschehnisse. Klemperer war sich bewußt, daß die in den Osten deportierten deutschen Juden so gut wie tot waren, auch wenn er erst Anfang 1943 Kunde davon bekam, daß Gaswagen zu ihrer Tötung eingesetzt wurden. Zu diesem Zeitpunkt verrichteten sie ihr mörderisches Werk schon zwei Jahre lang.[199] Als ihn die Nachricht von der Niederlage Deutschlands bei Stalingrad errichte, erwartete er unrealistischerweise einen Pogrom, der aber ausblieb, weil inzwischen die Deportation der deutschen Juden fast abgeschlossen und über die Bühne gegangen war, ohne das geringste Aufsehen in der Öffentlichkeit zu erregen.[200] Deutsche, die Auslandssender abhörten, vor allem die BBC, vernahmen mindestens ab Mitte 1942 Berichte über den Massenmord an den Juden, und Klemperer hörte noch nach der Landung der Alliierten 1944 wiederholt solche Berichte.[201] Diese Sendungen enthielten Einzelheiten über die Judenverfolgung und die Lager, aber wie eine gründliche Untersuchung dieser Sendungen ergeben hat, war der Holocaust etwas so Beispielloses, daß die Berichte darüber im Rundfunk ein unvollständiges Bild vermittelten und in Großbritannien auf Schweigen, Unverständnis und Skepsis, sogar in der jüdischen Gemeinde, stießen.[202]

Die »Prophezeiungs«-Reden Hitlers über das bevorstehende Schicksal der Juden, von Goebbels bei vielen Gelegenheiten wiederholt, waren weiterhin sparsam mit Einzelheiten, selbst als im Februar 1943 fast 4000 Juden deportiert wurden und im März noch einmal mehr als 12000 – eines der größten monatlichen Kontingente bei den Verfolgungen.[203] Goebbels' oft zitierter Artikel vom Mai 1943 sprach nur das Offensichtliche aus, nämlich daß dieser Krieg ein Rassenkrieg geworden war, vorgeblich, weil Deutschland gegen eine internationale Verschwörung unter Führung der Juden hatte zu den Waffen greifen müssen. Der Artikel verwies abschließend auf das (kommende) Resultat dieses Krieges, das, wie Hitler prophezeit hatte, die Vernichtung der Juden bringen werde.[204]

Das Interesse der Öffentlichkeit war ganz auf den Krieg selbst fixiert, ob es nun die Bombenangriffe auf deutsche Ziele waren oder weiter entfernte Ereignisse wie das von Goebbels so genannte »zweite Stalingrad«, nämlich die Niederlage in Nordafrika Mitte Mai 1943, bei der 130000 deutsche und 120000 italienische Soldaten gefangengenommen wurden.[205] Die Stimmung verbesserte sich, wenn die Deutschen vorübergehend überzeugt waren, daß der Krieg doch noch gewonnen werden könne, zum Beispiel als der Reichsminister für Bewaffnung und Munition, Albert Speer, in einer Rede im Berliner Sportpalast am 5. Juni 1943 erklärte, daß trotz der alliierten Bombardements die Produktion weiter wachse. Speer stand an jenem Abend auf demselben Podium wie Goebbels, dessen eigene Rede von Antisemitismus und prahlerischem Stolz auf die Beseitigung der Juden strotzte. Er machte keine Andeutung, was mit ihnen geschah, sagte aber, daß die internationale Macht des Judentums, das nun auf eine Invasion dringe, gebrochen werden könne.[206] In seinem Tagebuch notierte er, er habe in dieser Rede eine »realistische Darstellung« gegeben.[207]

Während die Juden deportiert wurden, wurde eine neue Seite in der Hitlerdiktatur aufgeschlagen, als andere »Fremdvölkische«, buchstäblich Millionen von Fremdarbeitern, zur Zwangsarbeit für das Reich nach Deutschland gebracht wurden. Das rassistische Regime betrachtete Polen und andere Völker aus dem Osten als rassisch minderwertig. Man mußte sich ihrer bedienen, um den Krieg zu gewinnen, aber vor allem mußte man verhindern, daß sie sich mit deutschem Blut vermischten. Die Behörden entschlossen sich zu einem regelrechten Apartheidsystem, um diese »Rassefeinde« niederzuhalten. Dieses massive Ausbeutungsprojekt entband eine neue soziale Dynamik aus sich, wie nun zu zeigen ist.

Kapitel 7

SONDER-»JUSTIZ« FÜR FREMDARBEITER

Die Hitlerdiktatur griff routinemäßig in das Alltagsleben der Bürger ein, besonders in den Kriegsjahren. Die Deutschen wurden ständig daran erinnert, was für ein soziales und politisches System mit dem Nationalsozialismus Einzug gehalten hatte – nicht nur durch die Judenverfolgung, sondern auch durch die Anwesenheit von zunächst Tausenden, später Millionen von Fremdarbeitern, Männern, Frauen und sogar Kindern, die als »Untermenschen« gebrandmarkt und behandelt wurden. Viele Deutsche waren zweifellos dankbar für diese billigen Arbeitskräfte auf dem Hof oder im Haushalt, und der Umgang mit Menschen, die weithin als minderwertig angesehen wurden, mag manche in dem Gefühl bestärkt haben, der »Herrenrasse« anzugehören. Gleichwohl hatten die Nationalsozialisten schwer daran zu schlucken, daß sie gezwungen waren, sich polnische Arbeiter und andere ins Vaterland zu holen. Sie betrachteten slawische Arbeiter und andere als »Fremdvölkische« und damit als Gefahr für die rassenreine »Volksgemeinschaft«, die Hitler und andere so emsig aufbauten. Hatten sie doch bis Herbst 1939 schon viele Juden aus dem Land getrieben, Sterilisationen in großem Stil vorgenommen und eben erst mit der Tötung von »lebensunwertem Leben«, das heißt von chronisch pflegebedürftigen, »schwachsinnigen« Personen begonnen.

Durch die gewaltsame Rekrutierung ausländischer Arbeitskräfte wurde es möglich, die Zwangsrekrutierung deutscher Frauen zur Bekämpfung der massiven Arbeitskräfteknappheit im Land zu vermeiden. Die Probleme, die mit der Beschäftigung von immer mehr alleinstehenden und verheirateten deutschen Frauen verbunden waren, erwiesen sich als komplex, und sie haben für heftige Kontroversen unter Historikern gesorgt. Einerseits wollte Hitler keine staatlichen Zwangsmaßnahmen einführen, um mehr Frauen in die Arbeitswelt einzugliedern, sondern hätte es, entsprechend dem Selbstverständnis einer populistischen Diktatur, lieber gesehen, wenn sie sich freiwillig meldeten.[1] Tatsache war, daß in den Kriegsjahren bereits unzählige Frauen in Deutschland arbeiteten, prozentual viel mehr als in Großbritannien oder den USA.[2] Historiker stellen gern das »Scheitern« der nationalsozialistischen Bemühungen heraus, während des Krieges zusätzliche Frauen zur Arbeit zu mobilisieren (verglichen mit den relativ größeren Zuwächsen bei den Alliierten), haben aber nicht genügend berücksichtigt, wie viele Frauen schon vor dem Krieg arbeiteten. Zwischen Mai 1939 und Mai 1944 hat denn auch in Deutschland jedes Jahr ein deutlich höherer Prozentsatz der Frauen gearbeitet als in Großbritannien oder in den USA. Wenn es überhaupt noch ein Reservoir weiblicher Arbeitskräfte gab, das man anzapfen konnte, dann waren es die verheirateten Frauen.[3] Berufstätige Frauen ärgerten sich oft über andere, von denen sie glaubten, sie drückten sich vor ihrer Pflicht, und gelegentlich waren es die arbeitenden Frauen selbst, die aus Gründen der »sozialen Gerechtigkeit« die generelle Dienstpflicht für Frauen forderten.[4] Obwohl Hitler in dieser Frage von vielen Seiten bedrängt wurde, je länger sich der Krieg hinzog, lehnte er es ab, mehr zu tun, als um weitere Freiwillige zu werben, zum Teil, weil er »Einwände aus der Bevölkerung fürchtete«, aber auch, weil er sich um die Gesundheit verheirateter Frauen im gebärfähigen Alter sorgte.[5] Wie die Dinge lagen, gingen viele deutsche Frauen einer Berufstätigkeit nach und investierten täglich viele Stunden Arbeit unter harten Bedingungen. Wie Richard Overy zeigt, hatte unterm Strich und ungeachtet einiger müßiggängerischer und privilegierter Frauen für die werktätigen und bäuerlichen Frauen in Deutschland »die Rede vom ›leichten Krieg‹ einen hohlen Klang«.[6]

Die deutsche Kriegsanstrengung erforderte sowohl mehr eigene Frauen im Arbeitskräfteheer als auch sehr viel mehr Fremdarbeiter. Um den Schaden für den »Volkskörper« zu begrenzen, den die slawischen Arbeiter anrichten konnten, arbeiteten Hitler und Himmler Pläne für ein Apartheidsystem aus und übertrugen der Gestapo seine Durchsetzung. Innerhalb Deutschlands richtete sich die Tätigkeit der Gestapo während des Krieges hauptsächlich darauf, die Fremdarbeiter an ihrem Arbeitsplatz zu halten und ihre Kontakte zu Deutschen zu überwachen, damit keine verbotenen sexuellen oder auch nur freundschaftlichen Beziehungen entstanden, die deutsches Blut vergiften konnten.[7]

Im folgenden gilt unsere besondere Aufmerksamkeit den polnischen Zwangsarbeitern, weil sie die ersten Slawen in Deutschland waren und weil sie einem Terror unterworfen wurden, wie ihn die wenigsten Europäer mit Ausnahme der Juden erlebten.

DIE PLÄNE UND RICHTLINIEN DER NATIONALSOZIALISTEN FÜR DIE POLEN

Am 7. September 1939 äußerte Hitler gegenüber dem Oberbefehlshaber des Heeres, Brauchitsch, den Wunsch nach einer »völkischen Flurbereinigung« Polens. Dieser Wunsch, am selben Tag von Heydrich weitergeleitet, barg tödliche Konsequenzen für Juden und Polen.[8] Einen Monat später bediente er sich, zum Gebrauch für die Öffentlichkeit bestimmt, einer weniger mörderisch klingenden (und zweideutigeren) Sprache, machte aber kein Hehl daraus, daß Deutschland das Land nach seinem Bild umgestalten werde.[9] Berichte aus Polen sprachen von der Ermordung von »über 10000 Juden und Polen« in den ersten zwei Monaten des Krieges.[10] Der Völkermord an den Juden begann sich erst ab Mitte 1942 zu intensivieren, doch schon Ende 1939 waren in Polen Massenmorde, auch an Frauen und Kindern, an der Tagesordnung.[11]

Nach einer Anordnung Hitlers vom 12. Oktober 1939 sollte der westliche Teil Polens »eingedeutscht«, also von Polen »gesäubert« und an Deutschland »zurückgegeben« werden, während der östliche Landesteil fürs erste der Sowjetunion zufallen sollte. Aus Zentralpolen wurde bald das Generalgouvernement unter Hans Frank.[12] Bei einer Besprechung mit dem Chef des Oberkommandos der Wehrmacht sagte Hitler am 17. Oktober 1939, er habe nicht die Absicht, aus diesem Generalgouvernement »einen Musterstaat nach deutscher Ordnung« zu machen; vielmehr solle das Gebiet eine Art Schuttabladeplatz werden, der es den Nationalsozialisten erlaube, »das Reichsgebiet von Juden und Polacken zu reinigen«.[13]

Die Polen waren die erste von vielen Nationalitäten, die das NS-Regime »rekrutierte«, und viele der auf sie gemünzten Maßnahmen wurden später auf andere übertragen, insbesondere nach 1941 auf die sogenannten Ostarbeiter aus der Sowjetunion und der Ukraine. Im August 1944 waren in Deutschland nicht weniger als 5721883 Fremdarbeiter beschäftigt, darunter 1659764 Polen, von denen zwei Drittel in der Landwirtschaft arbeiteten.[14] Ihre Ausbeutung machte den potentiell unpopulären Schritt entbehrlich, nicht berufstätige deutsche Frauen zu Fabrikarbeit zu verpflichten.[15]

Die bevorzugte Methode, die Fremdarbeiter zu kontrollieren, bestand darin, sie in spezielle Lager zu sperren.[16] In ganz Deutschland entstanden Tausende solcher Lager; so weist eine undatierte, wohl aus der ersten Jahreshälfte 1944 stammende Liste aus Düsseldorf 155 Lager aus, deren jedes mehr als einhundert Fremdarbeiter aufnahm.[17] Einige der bekanntesten Firmen der Gegend hatten die größten Lager. In Duisburg unterhielt der Mannesmann-Betrieb ein Lager mit 1243 Fremdarbeitern, Krupp hatte eines mit etwas über 1000, August Thyssen eines mit 1440 Arbeitern. In Essen beschäftigte allein Krupp 3154 Fremdarbeiter, die in vier verschiedenen Lagern lebten; weitere 1803 Arbeiter gab es in einem Lager auf dem Gelände eines Zementwerks der Gutehoffnungshütte in Oberhausen. Die deutsche Landschaft war mit allen möglichen Lagern regelrecht übersät. Die etwa 80000 Fremdarbeiter in München wurden im Februar 1944 in nicht weniger als 407 Lagern festgehalten (von denen dreizehn mehrere tausend aufnehmen konnten).[18] In Berlin haben Historiker Nachweise für mindestens 666 Fremdarbeiterlager gefunden; man schätzt jedoch, daß es mehr waren.[19] Die Schwierigkeit bei der polizeilichen Beaufsichtigung der Polen lag darin, daß so viele von ihnen zur Arbeit auf Bauernhöfen abgestellt waren, wo selbst die Errichtung eines rudimentären Lagers oft nicht möglich war.

Polenfeindliche Empfindungen hatten sich schon im deutschen Staatsbürgerschaftsrecht von 1913 niedergeschlagen, das darauf angelegt war, Polen und Ostjuden die deutsche Staatsbürgerschaft vorzuenthalten. Das Staatsbürgerschaftsrecht basierte auf dem Abstammungsprinzip *(ius sanguinis)*; gleichgültig, wie lange jemand in Deutschland lebte, konnte ihm daher die Staatsbürgerschaft verwehrt werden. Dieses Staatsbürgerschaftsrecht galt noch in der NS-Zeit und blieb bis vor kurzem unverändert.[20]

Deutsche Planer forderten im November 1939 nichts weniger, als daß »alle nicht eindeutschbaren Elemente [der polnischen Bevölkerung] rücksichtslos beseitigt werden müssen«.[21] Der »Generalplan Ost«, auf Himmlers Anregung 1940 formuliert und später überarbeitet, trat für eine »Lösung der Polenfrage« ein, bei der über einen Zeitraum von dreißig Jahren 80 bis 85 Prozent der Polen von »germanischem« Siedlungsgebiet entfernt und 20 Millionen rassisch »Unerwünschte« weiter nach Osten verschoben werden sollten. Der Plan kam den Wünschen Hitlers nach, der bei vielen Gelegenheiten deutlich gemacht hatte, daß er polnische Arbeiter in einem Zustand dauernder Inferiorität halten wollte. So führte er am 2. Oktober 1940 aus, die Polen sollten im Reich »niedrige Arbeiten leisten, um sich dadurch ihren Lebensunterhalt zu verdienen; ihr Wohnsitz bliebe aber Polen, denn wir wollten sie ja gar nicht in Deutschland haben und wollten gar keine Blutsvermischung mit unseren deutschen Volksgenossen«.[22]

Verschiedene Faktoren machten jedoch die Sache kompliziert. Polnische Arbeiter waren in manchen Teilen Deutschlands schon seit Generationen gebraucht worden, so als Saisonarbeiter in der Landwirtschaft, in bestimmten Bereichen der Industrie, vor allem aber im Bergbau. Sie wurden seit langem herangezogen, um Arbeitskräfteknappheiten auszugleichen, zum Beispiel während des Ersten Weltkriegs.[23] Die Polen waren katholisch, und als sie nach Deutschland kamen, kreideten die Nationalsozialisten es den Priestern an, daß sie ihre Pfarrkinder zu einem anständigen Verhalten gegenüber den Polen ermahnten.[24] Und schließlich kamen die meisten Polen auf das Land, wo, wie die Nationalsozialisten Ende Dezember 1939 mit Unmut registrierten, »die einfache Bevölkerung noch nicht jene Haltung gefunden hat, die für die künftige Einstellung des deutschen Volks zum polnischen notwendig ist«.[25]

Für die nationalsozialistischen Planer konnte der Völkermord an den Polen jedenfalls kurzfristig nicht weitergehen, mochten sich auch manche ihn fast ebenso sehr wünschen wie die Vernichtung der Juden, denn: »Eine derartige Lösung der Polenfrage würde das deutsche Volk bis in die ferne Zukunft belasten und uns überall die Sympathie nehmen, zumal auch die anderen Nachbarvölker damit rechnen müßten, bei gegebener Zeit ähnlich behandelt zu werden.«[26]

Spätere Fassungen des Generalplans Ost fielen gleichwohl noch größenwahnsinniger aus und faßten Serienvölkermorde sowie Tod oder Deportation von 30 bis 40 Millionen »rassisch unerwünschter« Völker wie Juden oder Polen aus den zu kolonisierenden Ostgebieten ins Auge. Eine zweite Gruppe von etwa 14 Millionen, überwiegend Slawen, sollten bleiben und als Sklaven fungieren, während in dem neuen Territorium »einige Millionen Deutsche oder Personen von sogenannter germanischer Abstammung ... und andere sogenannter germanischer Nationen (Holländer und Norweger und andere) als Siedler vorgesehen« waren.[27] Rassistische Zahlenspiele prägten auch die Vorstellungen der Sicherheitsbehörden über »Westarbeiter«, die zur Arbeit in Deutschland angeworben oder gezwungen werden sollten. Die feinen Distinktionen streiften vollends das Absurde, als das RSHA am 14. Januar 1941 eine Unterscheidung und Einteilung in »Arbeitnehmer germanischer Abstammung« – Niederländer, Dänen, Norweger, Flamen – und »Fremdvölkische« wie Franzosen, Wallonen, Italiener, Tschechen, Slowaken und Jugoslawen vornahm, die alle mit den Polen in einen Topf geworfen wurden.[28] Für die »germanischen Völker« sollten andere Formen der Ausbeutung und Verfolgung gelten als für die als »fremdvölkisch« gebrandmarkten. Und wenn auch den Arbeitern aus den besetzten Gebieten West- und Südosteuropas sexuelle Beziehungen zu Deutschen nicht ausdrücklich verboten waren, so waren sie, wie es in einem späteren Gestapobericht hieß, »zur Erhaltung der rassischen Substanz des deutschen Volkes dennoch unerwünscht«.[29]

Ab 26. Oktober 1939 waren alle Polen zwischen 18 (bald gesenkt auf 14) und 60 Jahren der »öffentlichen Arbeitspflicht« unterworfen.[30] 300000 polnische Kriegsgefangene und 110000 Zivilisten gab es bereits in Deutschland.[31] Da sich zu wenige freiwillig meldeten, wurde ab Anfang 1940 Zwang angewendet.[32] Wie der Historiker Jan Gross schätzt, dürften »nicht mehr als 15 Prozent« aller Polen freiwillig nach Deutschland gekommen sein.[33] Am 30. September 1944 gab es hier 1701412 polnische Arbeiter. Ein Drittel von ihnen waren Frauen, davon drei Viertel in der Landwirtschaft, wo nur zwei Drittel der polnischen Männer beschäftigt waren.[34] Die Ausbeutung so vieler Polen verurteilte das, was von ihrer Nation übrig war, zu wirtschaftlichem Ruin und sozialer Auflösung und hätte im Laufe der Zeit zum Völkermord geführt.

Am 8. März 1940 gab Himmler der Gestapo formelle Richtlinien zur Behandlung der Polen. Das unentrinnbare Schicksal jener, die sich nicht fügten, war das furchtbare Lager Mauthausen.[35] Ausführungsbestimmungen lieferten die Polen der Willkür der Polizei aus und bedrohten sogar Deutsche, die auf die Idee kamen, mit den Fremden geselligen oder freundschaftlichen Umgang zu pflegen.[36] Um diesen Bestimmungen Nachdruck zu verleihen, wurde den Polen ein Neun-Punkte-Katalog mit den »Pflichten der Zivilarbeiter und -arbeiterinnen polnischen Volkstums während ihres Aufenthalts im Reich« übergeben. Sie durften ihren Arbeitsplatz und nach der Sperrstunde ihre Unterkunft nicht verlassen und ohne Sondererlaubnis nicht die öffentlichen Verkehrsmittel benutzen. Die Polen waren die ersten in Deutschland, die eine spezielle Kennzeichnung auf ihre Kleidung aufnähen mußten, in diesem Fall ein purpurrotes »P«. Darüber hinaus war ihnen »jeder gesellige Verkehr mit der deutschen Bevölkerung« verboten, so der gemeinsame Besuch von Theatern, Kinos, Tanzvergnügen, Gaststätten und Kirchen. In den Bestimmungen hieß es ferner: »Wer mit einer deutschen Frau oder einem deutschen Mann geschlechtlich verkehrt, oder sich ihnen sonst unsittlich nähert, wird mit dem Tode bestraft.«[37]

Himmler hatte offensichtlich ein persönliches Interesse daran, die Justiz zu einer harten Linie gegen polnische Arbeiter anzuhalten, deren Fälle zu Beginn des Krieges vor Gericht kamen. Er nahm sogar Einsicht in Akten polnischer Arbeiter, die wegen »verbotener sexueller Beziehungen« mit Deutschen festgenommen worden waren. Die ganze Willkür und Brutalität des Systems wurde im Februar 1941 offenbar, als Himmler gegenüber Max Fraundorfer, Leiter der Hauptabteilung Ar-

Tabelle 2. Durchsetzung der sozialen Isolierung der Polen in Akten der Gestapo Unterfranken, 1933–1945

Informationsquelle	Anzahl der Fälle	in Prozent
1 Anzeigen aus der Bevölkerung	35	48
2 Informationen durch Kontrollorgane	15	21
3 Beobachtungen der Gestapo und ihrer V-Leute	0	0
4 Informationen d. kommunale o. staatliche Stellen	4	6
5 Aussagen bei Verhören	0	0
6 Informationen aus der Wirtschaft	1	0
7 Informationen d. NSDAP, NS-Organisationen oder Parteigenossen	4	6
8 Quellen nicht bekannt	14	19
Gesamtzahl	73	100

Quelle: StA W: Gestapoakten

beit im ehemaligen Polen, erklärte, er habe sich die Photographien von 180 polnischen Landarbeitern, die »verbotener sexueller Beziehungen« beschuldigt wurden, kommen lassen und nach Prüfung der Bilder festgestellt, »das Henken sei unter rassischen Gesichtspunkten in jedem Falle gerechtfertigt«.[38]

DIE POLEN IN UNTERFRANKEN

Wie sah nun der »Arbeitsalltag« der Gestapo aus, wenn sie das Apartheidsystem gegen polnische Fremdarbeiter durchsetzte? Ich habe zur Beantwortung dieser Frage ähnliche Gerichtsakten über »Verbrechen« untersucht wie im vorigen Kapitel über die Durchsetzung des nationalsozialistischen Antisemitismus. In der Würzburger Sammlung gibt es insgesamt 81 Fälle, die verbotene »persönliche, intime oder freundschaftliche Beziehungen« zwischen Deutschen und Polen betreffen.[39] Daneben gibt es zwei weitere Kategorien von Dossiers, die von dieser ersten Gruppe praktisch ununterscheidbar sind. 36 Vorgänge betreffen »freundschaftliches Verhalten zu Polen«, 28 weitere die unerlaubte oder zu großzügige »Abgabe an Polen«. Zusammen sind diese Akten ein Beleg für das offizielle Bemühen, unter Führung der Gestapo das Apartheidsystem in ganz Unterfranken durchzusetzen.

Diese 145 Fälle wurden in einem Stichprobenverfahren ausgewertet, um die Rechercheaufgabe überschaubar zu machen. Nach der Vornahme einer »Zufalls«-Auswahl griff ich jeden zweiten Fall zu einer gründlichen Analyse heraus. Die Ergebnisse sind in Tabelle 2 zusammengefaßt.

Kein einziger Fall begann damit, daß die örtliche Gestapostelle ein »Verbrechen« aufgedeckt hätte. Ein Akt wurde angelegt, nachdem eine

Anfrage aus einem anderen Landesteil eingetroffen war. Andere Kontrollorgane gaben Informationen, die Anlaß zu 15 Fällen (21 Prozent) wurden. Nicht überraschend ist, daß es in diesem ländlichen Gebiet die Gendarmerie, die uniformierte Polizei, war, die der Gestapo die meisten Fälle zutrug. In diesen Dossiers gibt es Hinweise darauf, daß die Gendarmen einen Tip von unbekannten oder ungenannten Personen bekommen hatten.[40] In Tabelle 2 werden jedoch alle diese Fälle der Polizei »gutgeschrieben«. Beim Studium der Tabelle sollte man sich daher vor dem Schluß hüten, daß die übrige Polizei einfach an Stelle der Gestapo überwachend oder ermittelnd tätig geworden wäre; denn daß ein Gendarm von sich aus ein Verbrechen aufdeckte, war selten.[41] Die Gendarmen wurden gerufen, wenn polnische Arbeiter aus irgendeinem Grund aus der Gegend zu fliehen suchten.[42] Zur Bezeichnung dieses kriminellen Verhaltens wurde neue Begriffe wie »Arbeitsflucht« oder »Arbeitsniederlegung« geprägt. Die örtliche Gendarmerie erhielt schließlich (4. August 1942) sogar die Befugnis zur Anwendung von Leibesstrafen durch Verabreichung »einer angemessenen Zahl von Stockhieben«.[43]

Nur vier Fälle gingen auf Tips von kommunalen oder staatlichen Stellen zurück. Diese Behörden hatten anscheinend nicht mehr viel mit der polizeilichen Überwachung der Arbeiter zu tun, sobald diese einmal »rekrutiert«, nach Deutschland gebracht und einem Arbeitsplatz zugeteilt worden waren. Staatlich überwacht wurden die Fremdarbeiter aber weiter durch die Reichspost; es bestanden klare Anweisungen, die Sendungen für sie zu registrieren.[44]

Auch die NSDAP beziehungsweise ihre Mitglieder waren in die Isolierung der Fremdarbeiter weniger verstrickt; die von ihnen gelieferten Informationen führten nur zu vier Vorgängen.[45] Nicht alle »Parteigenossen« akzeptierten Haß und Feindseligkeit des Regimes gegen die polnischen Arbeiter. Wer freilich gegen das strenge Verbot des gesellschaftlichen Umgangs mit ihnen verstieß, wurde zur Rechenschaft gezogen, wenn sein Verhalten der Gestapo zur Kenntnis gebracht wurde.[46] So denunzierte die NSDAP-Kreisleitung Ochsenfurt im August 1942 zwei deutsche Familien bei der Gestapo, weil sie Kränze zur Beisetzung eines Polen geschickt hatten, der fast drei Jahre bei einer der Familien beschäftigt gewesen war – eine Geste, die die Gestapo »gemein und niederträchtig« fand.[47] Am 17. November 1942 wurden die örtlichen Gestapostellen angewiesen, daß der »Einsatz der Partei bei der Überwachung fremdvölkischer Arbeitskräfte zur Begegnung volkspolitischer Gefahren« verstärkt werden müsse.[48] Aber diese Anweisung ließ sich nicht ohne weiteres in die Praxis umsetzen.

Denunziationen oder »Anzeigen aus der Bevölkerung« waren, wie aus Tabelle 2 hervorgeht, für 35, das heißt fast die Hälfte aller Fälle in der Stichprobe verantwortlich. Ein derartiges Engagement der Bevölkerung ist erstaunlich, da die Polen katholisch waren und auch Unterfranken eine überwiegend katholische Gegend ist. Dazu ist zu ergänzen, daß dies die identifizierbaren Denunziationen sind. Wenn aus Bemerkungen in den Akten hervorgeht, daß die örtliche Polizei oder eine andere Behörde etwas »in Erfahrung gebracht« hatte, ohne daß etwas Konkreteres dazu gesagt wird, habe ich diese Fälle auch dann nicht den Denunzianten »gutgeschrieben«, wenn Grund zu der Annahme besteht, daß der Tip in Wirklichkeit von einer nicht zur Polizei gehörenden Person gekommen war, die in den Akten nicht erwähnt wird. Fälle, die durch Tips von Mitgliedern von NS-Organisationen wie der Hitlerjugend ins Rollen kamen, wurden nicht zu den »Informationen aus der Bevölkerung« gerechnet. Wir sehen also, daß Denunziationen aus der allgemeinen Bevölkerung die wichtigste Quelle für die Polizei waren.

Diese Denunziationen kamen nicht nur aus der deutschen Bevölkerung, sondern in acht Fällen (25 Prozent dieser Denunziationen) von den Fremdarbeitern: sechs von polnischen Frauen, eine von zwei polnischen Männern und eine von einem sowjetischen Fremdarbeiter.[49] Klar geht aus diesen Akten die sexuelle Ausbeutung dieser Arbeiter und Arbeiterinnen hervor, etwa in dem folgenden Fall vom Juli 1940 aus der Nähe von Würzburg. Der Vorfall betraf einen siebenundfünfzigjährigen Bauern und dessen Sohn, die ihre Hausangestellte, ein sechzehnjähriges polnisches Mädchen, ausnutzten. Der Sohn, ein Soldat auf Heimaturlaub, wurde der Vergewaltigung beschuldigt, doch ließ man ihn zu seiner Truppe zurückkehren. Sein Vater kam mit einer Verwarnung davon, durfte aber fortan keine Fremdarbeiter mehr beschäftigen.[50] Weitere Anzeigen wegen sexuellen Mißbrauchs bewogen Himmler, am 3. September 1940 seine März-Richtlinien zu ändern, insoweit sie polnische Frauen betrafen.[51] Diese durften nicht hingerichtet, sondern nur bis zu drei Wochen eingesperrt, zum Wechsel des Arbeitsplatzes gezwungen oder, zumal wenn sie junge Männer »in Versuchung geführt« hatten, ins Konzentrationslager geschickt werden. Den beteiligten deutschen Mann konnte theoretisch ein ähnliches Schicksal ereilen, was jedoch in keinem der von mir geprüften Fälle eintrat.

Doch weder beendeten diese neuen Bestimmungen die sexuelle Ausbeutung junger Polinnen, noch führten sie zu einem harten Durchgreifen gegen deutsche Täter, besonders wenn diese gute politische Beziehungen hatten. So setzte ein Großbäcker und Parteigenosse aus dem

Raum Aschaffenburg wiederholt seinem fünfzehnjährigen polnischen Lehrmädchen zu. Da es sich um schwerwiegende Beschuldigungen handelte und der Mann vorbestraft war, wollte ihn die Gestapo nach Dachau schicken. Bürgermeister und Landrat sahen das jedoch anders und schoben die Schuld der jungen Polin zu, worauf ihr Parteigenosse freigelassen wurde.[52]

In einem anderen Fall erhielt die Gestapo Würzburg am 3. Juni 1944 einen anonymen Brief, worin dem Kreisbauernführer und prominenten Parteigenossen Karl Kaiser in Unterwestern »intime Verhältnisse« mit seinem polnischen Dienstmädchen Maria Stepien unterstellt wurden. Die Verstöße waren mindestens zwei Jahre alt. Bei ihrer Vernehmung behauptete Frau Stepien, Kaiser habe sie bedrängt. Die NSDAP-Ortsgruppe suchte die Verfehlungen zu vertuschen, und Kaiser selbst entrichtete »freiwillig« 500 Reichsmark als Spende an einen Wohltätigkeitsverein. Die Polin aber wurde drei Wochen in Gewahrsam genommen und danach einer anderen Arbeitsstelle zugeteilt.[53]

Polnische Frauen erstatteten nur widerstrebend Anzeige, selbst wenn sie Opfer schwerer Verbrechen wurden. Ihre Bedenken waren nur zu begründet, wie viele Fälle zeigten, etwa der der zwanzigjährigen polnischen Arbeiterin Katharina Bocholt von Anfang April 1943. Ihr Arbeitgeber, der neunundsechzigjährige Landwirt Philipp Kemp, scheint sie mehrfach bedrängt und zum Geschlechtsverkehr gezwungen zu haben. Bocholt machte dem Bürgermeister Meldung (8. April 1943), der die Information an die Gestapo weitergab. Sie hatte nur den Wunsch, wegen Kemps »Gewalt« diesen Arbeitsplatz zu verlassen. Der Gendarm stellte Ermittlungen an, fand die Klagen der Polin stichhaltig und übergab den Fall der Gestapo. Kemp stritt alles ab, aber Bocholt konnte verräterische Einzelheiten erzählen, so daß man ihr Glauben schenkte. Die Gestapo erteilte Kemp lediglich eine Verwarnung und entließ ihn am 6. Mai 1943 aus der Untersuchungshaft, ersuchte aber die Gestapozentrale in Berlin (das RSHA), die Polin in ein Konzentrationslager zu schicken, was (am 17. Juni 1943) wegen des »Abhängigkeitsverhältnisses« der Bocholt von Kemp abgelehnt wurde. Jetzt wurde sie endlich freigelassen, nachdem sie seit April in Untersuchungshaft gesessen hatte – viel länger als ihr Peiniger.[54]

Denunziationen dienten auch polnischen Frauen dazu, sich vor zudringlichen polnischen Männern zu schützen. So meldete ein Gendarm am 28. April 1941, daß ihm die polnische Zivilarbeiterin Wanda Adamczyk von einem Peter Legut erzählt habe, einem Polen, der ein Verhältnis mit der Tochter seines Arbeitgebers unterhalte. Als Adamczyk die beiden in einer Scheune ertappte, habe Legut zu ihr gesagt, sie solle den Mund halten, oder er werde ihr »den Kopf abschneiden«. Mit diesen belastenden Informationen ging Adamczyk zur Polizei.[55]

Obgleich auch Polen das Instrument der Denunziation nutzten, wie beispielsweise diese Frauen, waren doch die meisten Denunzianten gewöhnliche Deutsche. Prominente Einheimische zögerten nicht, andere Menschen auch aus leichtfertigen Gründen anzuzeigen, etwa weil sie glaubten, in einem Restaurant nicht gebührend bedient worden zu sein.[56]

In der vorliegenden Stichprobe wurden – wie in jener, in der es um die Juden ging – Denunziationen und falsche Beschuldigungen zu instrumentellen oder eigennützigen Zwecken benutzt, die oft nichts mit der Unterstützung des nationalsozialistischen Rassismus zu tun hatten. Man bediente sich der Denunziation, um alle möglichen Mißhelligkeiten bis hin zu Familienstreitigkeiten zu regeln. Ein Beispiel betrifft den vierundsiebzigjährigen Johann Schmidt, der seinen Schwiegersohn bezichtigte, sexuelle Beziehungen zu verschiedenen polnischen Frauen zu unterhalten. Diese Unterstellung, von Schmidt im Dezember 1941 bei der Polizei zu Protokoll gegeben, wurde von Anfang an als grundlos betrachtet. Die Gestapo kam schließlich zu dem Ergebnis, daß es sich um »offensichtlich falsche Anschuldigungen« aus Rachsucht handelte. Schmidt lebte mit seinem Schwiegersohn schon seit Jahren »in Feindschaft«. »Trotzdem Schmidt schon ein sehr gebrechlicher Mann ist«, stellte die Gestapo einigermaßen verwundert fest, »ist er noch fähig, derartige unwahre Gerüchte zu verbreiten und andere damit schlecht zu machen.«[57]

Auch für Denunziationen in Form anonymer Briefe gibt es in dieser Stichprobe Beweise.[58] Einer dieser Fälle nahm einen tödlichen Ausgang. Der Brief ging bei der Kripo Würzburg am 20. Juni 1943 ein und betraf die Landarbeiterin Franziska Rosswirt. Sie stritt alles ab, bis ihre Schwangerschaft nicht mehr zu übersehen war; an diesem Punkt wandte sich die Aufmerksamkeit Kazimierz Kubjak zu, einem der Polen, mit denen sie arbeitete. Beim Verhör gab Kubjak schließlich das »Verbrechen« zu. Er wurde am 25. August 1943 verhaftet und beging noch in derselben Nacht in seiner Zelle Selbstmord – sei es, daß er von der Polizei mißhandelt oder geängstigt worden war, sei es, weil er die Aussichtslosigkeit seiner Lage erkannt hatte. Der Fall wurde dann an die Gestapo Würzburg weitergegeben, die Franziska Rosswirt für zwei Jahre nach Ravensbrück schickte. Über ihr weiteres Schicksal schweigen die Akten.[59]

Frauen, die wie Rosswirt schwanger wurden, blieben in ländlichen Gegenden nicht lange unentdeckt, und ihre Ausreden, daß der Vater Soldat oder eine deutsche Zufallsbekanntschaft sei, halfen oft nicht viel weiter, wenn es einen polnischen Mann in der Nähe gab, der gerüchteweise als der wahrscheinliche Sünder galt.[60] Mehr als eine deutsche Frau ging in ihrer Verzweiflung so weit, fälschlicherweise zu behaupten, sie sei vergewaltigt worden, so eine Frau im März 1941, die später die Wahrheit gestand und nach der Geburt ihres Kindes nach Ravensbrück geschickt wurde, während der polnische Mann nach Stutthof kam.[61]

Maria Neuhof, deren Mann von zu Hause abwesend war, meldete sich Anfang November 1943 bei der Polizei, um einen »Ausländer« anzuzeigen, der sie angeblich vergewaltigt hatte. Es stellte sich jedoch heraus, daß sie gerade eine ärztliche Untersuchung hinter sich hatte und im fünften Monat schwanger war. Der verantwortliche Mann war Joachim Osetck, mit dem Neuhof auf dem landwirtschaftlichen Betrieb ihrer Schwiegereltern arbeitete. Was mit Osetck geschah, ist aus der Akte nicht ersichtlich. Nachdem Neuhof am 21. Januar 1944 ein Mädchen (ihr fünftes Kind) zur Welt gebracht hatte, wurde sie, trotz ihrer großen Familie und obwohl sie auf dem Hof benötigt wurde, nach Ravensbrück geschickt. Das RSHA traf eine Entscheidung, die entlarvend für das nationalsozialistische Denken in dieser Frage war: »Wenn Ehemann verzeiht, 6 Monate KL, davon 1 Woche geschärftes Lager, sonst 1,5 Jahre KL.«[62]

Ärzte wahrten nicht immer die mit ihrem Beruf verbundene Schweigepflicht und denunzierten auch Patienten. In mehreren Fällen können wir nur schließen, daß ein Arzt der Denunziant gewesen sein muß; in einem Fall jedoch, der im August 1941 begann, können wir dessen sicher sein. Ottilie Klotz, eine Frau aus Miltenberg, nahm die Reise nach Külsheim in Baden auf sich, um sich – wie sie glaubte, in relativer Sicherheit – untersuchen zu lassen. Als der Arzt nach dem Vater des Kindes fragte, platzte sie heraus, daß es sich um einen polnischen Arbeiter handle, und teilte dem Arzt sogar ihre korrekte Anschrift mit. In seinem Denunziationsbrief an die Gestapo Heidelberg schrieb Dr. Braun, die Frau habe auf die Eröffnung, daß sie guter Hoffnung sei, mit Selbstmord gedroht, falls er keine Abtreibung vornähme. Am 25. September 1941 wurde die Frau, mittlerweile wieder zu Hause, von der Gestapo Würzburg vernommen, ebenso der polnische Arbeiter Piotr Wlodarczyk. Die Frau kam in Untersuchungshaft, wurde aber entlassen, um ihr Kind zu bekommen, das am 23. April 1942 zur Welt kam. Danach wurde Ottilie Klotz ungeachtet der Tatsache, daß sie von einem Arzt für

1. Am Tag seiner Ernennung zum Reichskanzler (30. Januar 1933) zeigt sich Hitler auf dem Balkon der Reichskanzlei der Bevölkerung.

2. Eintopfgerichte machten Schule. Manchmal wurden sie, wie hier vor der Kaiser-Wilhelm-Gedächtniskirche, in mobilen Volksküchen serviert.

3. Die Begeisterung der Arbeiter zeigt sich beim Stapellauf des Schulschiffes »Horst Wessel« 1936. Ein Mann (oben rechts), der mit verschränkten Armen dabeisteht, lehnt den »Deutschen Gruß« offensichtlich ab.

4. Eine Marschkolonne des Nationalsozialistischen Frauenschaft (NSF) 1937 in Nürnberg.

5. Der »Tag der Deutschen Polizei« wurde in ganz Deutschland zu einem jährlich wiederholten, einwöchigen Spektakel, das die Polizei als »Freund und Helfer« zeigen sollte. Auf dem Bild eine Darbietung von 1939 in Berlin.

6. Am 12. Januar 1937 übermitteln Repräsentanten der deutschen Polizei, angeführt von Heinrich Himmler, Hermann Göring ihre Geburtstagsglückwünsche. Zwischen den zwei Männern (in hellerer Uniform) der Chef der Ordnungspolizei, Kurt Daluege, rechts neben ihm Reinhard Heydrich.

7. Spätestens 1939 hatte der Hitlerkult gigantische Ausmaße angenommen. Hier hatten die Menschen am 20. April 1939 bis kurz nach Mitternacht ausgeharrt, um dem »Führer« ihre guten Wünsche zu überbringen.

8. Nach der Einverleibung Österreichs ins Deutsche Reich fuhr Hitler am 16. März 1938 im Triumphzug vom Berliner Flughafen zu einer gewaltigen Beifallskundgebung vor der Reichskanzlei.

Konzentrationslager für Schutzhäftlinge in Bayern

München, 20. März.

Bezüglich der Dauer der Schutzhaft laufen fortgesetzt zahllose Anfragen bei der Polizeidirektion ein. Polizeipräsident Himmler erklärte hierzu, es sei notwendig, das Material, das wir in ungeahnten Mengen beschlagnahmen konnten, zu sichten. Anfragen halten in der Sichtung dieses Materials nur auf und laufen praktisch darauf hinaus, daß jede Anfrage dem Schutzhäftling einen Tag mehr kostet.

Bei dieser Gelegenheit trat Polizeipräsident Himmler den Gerüchten über eine schlechte Behandlung der Schutzhäftlinge entschieden entgegen.

Aus zwingenden Gründen sind einige Änderungen in der Unterbringung der Schutzhäftlinge notwendig geworden.

Am Mittwoch wird in der Nähe von Dachau das erste Konzentrationslager mit einem Fassungsvermögen für 5000 Menschen errichtet werden. Hier werden die gesamten kommunistischen und soweit dies notwendig ist, Reichsbanner- und sozialdemokratischen Funktionäre, die die Sicherheit des Staates gefährden, zusammengezogen, da es auf die Dauer nicht möglich ist und den Staatsapparat zu sehr belastet, diese Funktionäre in den Gerichtsgefängnissen unterzubringen. Es hat sich gezeigt, daß es nicht angängig ist, diese Leute in die Freiheit zu lassen, da sie weiter hetzen und Unruhe stiften. Im Interesse der Sicherheit des Staates müssen wir diese Maßnahme treffen ohne Rücksicht auf kleinliche Bedenken. Polizei und Innenministerium sind überzeugt, daß sie damit zur Beruhigung der gesamten nationalen Bevölkerung und in ihren Sinne handeln.

9. Die Meldung des *Völkischen Beobachters* über die Errichtung des ersten Konzentrationslagers bei Dachau am 21. März 1933 wurde auch von vielen anderen lokalen und überregionalen Zeitungen gebracht.

10. Eintreffen neuer Häftlinge im Lager Dachau, Mai 1933.

11. Titelseite eines Bildberichts »Die Wahrheit über Dachau« in der *Münchner Illustrierten Presse* (16. Juli 1933).

12. Titelbild zu einer ausführlichen illustrierten Beschreibung des Lagers Dachau im *Illustrierten Beobachter* (3. Dezember 1936).

13. Bei einer Kundgebung am 1. April 1933 ruft Joseph Goebbels zum Boykott jüdischer Geschäfte auf.

14. Der Aufruf zum Boykott der Juden fand vielerorts Gehör. Dieses Transparent hing vor einem Geschäft in Glowitz (Landkreis Stolp).

15. Von der »populistischen« Seite des frühen NS-Terrors zeugt die polizeiliche Versiegelung eines Lebensmittelladens in München (Mai 1933).

16. Dieser Boykottaufruf vor einem jüdischen Geschäft in Berlin warnt auf deutsch und englisch vor dem Einkauf in dem Laden.

17. Die Deportationen der Juden begannen Ende 1941. Dieses Polizeifoto (das 15. aus einer Serie von 18) zeigt die Deportation aus Kitzingen 1942. Die Juden marschieren zwischen einem Spalier neugieriger Zuschauer, von denen einige nicht unzufrieden aussehen und sogar lächeln.

18. Nach dem Pogrom vom November 1938, der in ganz Deutschland enorme Sachschäden verursachte, wurden Tausende von Juden verhaftet und in Konzentrationslager geschickt. Das Bild zeigt die damalige Massenverhaftung von Juden in Baden-Baden.

19. Menschen drängen sich zur Versteigerung von jüdischem Hausrat 1942 in Hanau.

20. Juden wurden der Möglichkeit beraubt, ihren Lebensunterhalt zu bestreiten, aber bevor man sie deportierte, wurden sie oft zu Zwangsarbeit herangezogen. Andere wie Victor Klemperer blieben von der Deportation verschont, weil sie mit »Ariern« verheiratet waren. Er wurde, wie diese Gruppe älterer Männer mit ihrem gut sichtbaren gelben Stern, zwangsweise zum Schneeräumen herangezogen. Das Bild entstand nach einem Schneesturm im Februar oder März 1942 in Hanau.

21. Auf dieser und der folgenden Abbildung ist die »wissenschaftliche« Untersuchung der Sinti und Roma durch NS-Rasseexperten zu sehen. Dieses Bild zeigt in fast surrealistischem Profil Dr. Eva Justin, eine Mitarbeiterin des »Zigeuner«-Experten Dr. Robert Ritter, bei der Vermessung der Kopfform einer Frau aus der Pfalz (1938).

22. Dieses Bild zeigt (rechts) Dr. Robert Ritter und einen Assistenten sowie eine verstörte »Zigeunerin«, die Ritter nach ihrer Familie ausfragt (1938).

23. Bromberg 1939: Polnische Männer warten auf ihren Abtransport nach Deutschland. Dahinter warten Frauen und Kinder.

24. Dieses geradezu idyllische Bild (August 1943) zeigt polnische Arbeiter mit dem polizeilich vorgeschriebenen »P« auf der Kleidung.

25. Das Bild zeigt polnische Jugendliche beiderlei Geschlechts bei Straßenbauarbeiten im Jahre 1941 (wahrscheinlich im Sommer). Viele von ihnen haben keine Fußbekleidung.

26. Polen in einem Lager für Zwangsarbeiter in Deutschland (Datum unbekannt).

27. Eine Seite aus der Duisburger Gestapo-Akte einer zweiundzwanzigjährigen Frau, die beschuldigt wurde, sexuelle Beziehungen zu einem polnischen Arbeiter unterhalten zu haben. In derartigen Fällen landete die Frau gewöhnlich in einem Konzentrationslager, und der polnische Arbeiter wurde hingerichtet, wie auch hier, wo der sechsundzwanzigjährige Pole nach Neuengamme geschickt und dort am 18. Juni 1942 gehängt wurde.

28. Reichsjustizminister Otto Thierack (zweiter von rechts, mit Schmiß auf der Wange) trat sein Amt am 26. August 1942 an. Mit ihm auf dem Bild (von links nach rechts) der neue Präsident des Volksgerichtshofs, Roland Freisler, Justizstaatssekretär Schlegelberger und der neue Staatssekretär im Justizministerium, Rothenberger.

29. Propagandaminister Goebbels auf einer Rundfahrt durch Berlin (31. August 1943) nach einem Bombenangriff. Das Bild vermittelt etwas von seiner Beliebtheit in der Bevölkerung.

30. Die aus KZ-Insassen zusammengesetzte 2. SS-Baubrigade bei Aufräumarbeiten im Bremer Contrescarpe 13 nach dem Bombenangriff auf die Stadt am 13. Juni 1943.

31. Dieselbe SS-Baubrigade bei Aufräumarbeiten in der Bremer Obernstraße nach dem Bombenangriff vom 20. Dezember 1943.

32. Parolen einer trotzigen Propaganda im zerstörten Mannheim gegen Kriegsende (22. Dezember 1944).

33. Dieses Bild zeigt den »Volkssturm«, zusammengesetzt aus Greisen und Knaben, der Ende 1944 aufgeboten wurde, um Deutschland gegen die Invasoren zu verteidigen.

34. Ein Zeichen der Zeit, als die Kriegsfront immer näher auf die Heimatfront zurückte.

35. Dieses und die folgenden Bilder gehören zu einer Serie, die bei der öffentlichen Hinrichtung von 11 Fremdarbeitern in Köln-Ehrenfeld am 25. Oktober 1944 zwischen drei und halb vier Uhr nachmittags aufgenommen wurde. Damals wurden insgesamt 35 osteuropäische Fremdarbeiter (zwischen 18 und 20 Jahren) aufgrund von Denunziationen verhaftet und ermordet. Sechs der Gehängten stammten aus der Sowjetunion, andere vermutlich aus Polen, doch ist die genaue Nationalität aller Hingerichteten nicht zu ermitteln. Das erste Bild (Nr. 2 von 16) zeigt die Männer auf dem Weg zur Hinrichtungsstätte.

36. Das nächste Bild (Nr. 6 von 16) zeigt die Männer, jeweils eskortiert von einem Gestapo-Beamten, vor dem im Ehrenfelder Bahnhof errichteten Galgen.

37. Das 12. Bild zeigt die Hinrichtung. Weil der Strick zu lang war, überlebte ein Unglücklicher für kurze Zeit, bis ein Polizeibeamter ihm die Füße hochhielt. Die Leichen blieben bis sieben Uhr abends am Galgen hängen.

38. Bild 15 von 16 zeigt nur einige der vielen Menschen, die zu der öffentlichen Hinrichtung zusammengeströmt waren.

39. Das Massaker an KZ-Häftlingen vom April 1945 bei einem »Todesmarsch«, der in Gardelegen mit dem Massenmord an über 1000 Menschen endete (vgl. Kapitel 10), wurde von amerikanischen Truppen (im Hintergrund) aufgedeckt. Die Häftlinge waren in diese Scheune getrieben worden, die man dann in Brand gesteckt hatte. Wer zu fliehen versuchte, wurde erschossen.

40. Dieses Bild zeigt einige der Leichen, die aus der Scheune in Gardelegen geborgen wurden. Im Hintergrund amerikanische Truppen.

41. Hier sieht man britische Truppen und deutsche Zivilisten, die sich bei der Befreiung Osnabrücks im April 1945 um russische Zwangsarbeiterinnen bemühen, die eine Rauchvergiftung erlitten haben. Ein deutscher Polizist hatte die Frauen in einem Keller eingesperrt und diesen dann in Brand gesteckt.

42. Über Tod und Zerstörung in vielen Lagern berichtet der Text. Dieses Bild läßt ahnen, was im Lager Landsberg geschah. Alles, was von den Gebäuden rechts übriggeblieben ist, sind die Schornsteine. Aus der Bildunterschrift geht hervor, daß die Toten in diese Gebäude gebracht wurden, die man dann in Brand steckte, bevor die Amerikaner kamen und das Lager befreiten.

»haftunfähig« erklärt worden war, erneut verhaftet und 14 Monate nach der Geburt des Kindes (nachdem es entwöhnt war) nach Ravensbrück geschickt, wo sie am 2. Juli 1943 eintraf. Bemühungen von Bekannten um ihre Freilassung scheiterten, und am 22. Dezember 1944 wurde den Angehörigen ihr Tod gemeldet. Über das, was mit dem polnischen Arbeiter geschah, wird in dieser Akte kein Wort verloren, doch zweifellos wurde auch er in ein Konzentrationslager geschickt.[63]

Ein Chefarzt aus Schweinfurt schrieb Mitte August 1941 an den Landrat, um ihm die Schwangerschaft eines fünfzehnjährigen Mädchens zu melden, das dessen Vater ihm zur Untersuchung in die Praxis gebracht hatte. Er schrieb: »Ich fühle mich verpflichtet, diese Mitteilung zu machen zum Schutz der übrigen Jugend des Dorfes.« Der Brief führte zur kurzzeitigen Verhaftung des Mädchens und einer Freundin sowie der zwei Polen, zu denen sie Beziehungen unterhielten, Kasimer Jankovski (26) und Eduard Woncik (25). Die Gestapo wünschte die Hinrichtung nicht am Ort, sondern außer Sichtweite in einem Lager, »da diese in der Nähe des Tatorts zweifellos eine starke Erregung bei der katholischen Bevölkerung Mainfrankens hervorrufen würde«. Daher wurden die Polen in ein Konzentrationslager geschickt und dort hingerichtet.[64]

DAS APARTHEIDSYSTEM AN RHEIN UND RUHR

Das Klassifikationsschema in den Akten der Gestapo Düsseldorf kannte bei Kriegsende 52 Kategorien, je nach »Feind«, »Verbrechen« und »rassischer« Gruppe. Die Kategorie, die den eben untersuchten Fällen aus Würzburg am nächsten kam, war »verbotener Kontakt« zwischen polnischen Zivilarbeitern und Deutschen, womit alles, von der sexuellen Beziehung bis zur Weitergabe eines Briefs, gehörte. Im Zuständigkeitsbereich der Gestapo Düsseldorf gibt es 165 Dossiers über solche »verbotenen Kontakte«. Ich habe mich derselben Stichprobentechnik wie in Würzburg bedient und die Hälfte der Fälle, nämlich 86, untersucht. Die Ergebnisse meiner Auswertung sind in Tabelle 3 zusammengefaßt.

Wiederum resultierte kein einziger Fall aus Beobachtungen der Gestapo selbst und ihres Spitzelnetzes. Selbst wenn man vier Fälle hierher rechnet, die auf Informationen aufgrund von »Aussagen bei Verhören« basierten, ist klar, daß die Gestapo nicht von sich aus agierte, sondern reagierte, wenn es um die Durchsetzung der gegen die Polen gerichteten Rassemaßnahmen ging.

Aus Tabelle 3 ist ersichtlich, daß andere Kontrollorgane wie Stadtpolizei oder ländliche Gendarmerie bei 12 Fällen die Anfangsinforma-

Tabelle 3. Durchsetzung der sozialen Isolierung der Juden in Akten der Gestapo Rhein-Ruhr, 1933–1945

Informationsquelle	Anzahl der Fälle	in Prozent
1 Anzeigen aus der Bevölkerung	40	46
2 Informationen durch Kontrollorgane	12	14
3 Beobachtungen der Gestapo und ihrer V-Leute	0	0
4 Informationen d. kommunale o. staatliche Stellen	7	8
5 Aussagen bei Verhören	4	5
6 Informationen aus der Wirtschaft	6	7
7 Informationen d. NSDAP, NS-Organisationen oder Parteigenossen	4	5
8 Quellen nicht bekannt	13	15
Gesamtzahl	86	100

Quelle: HStA D: Gestapoakten

tion lieferten.[65] Wachmannschaften einiger Lager auf Fabrikgelände zeigten der Gestapo ein paar Fälle an. Auch homosexuelle Beziehungen mit Polen wurden kriminalisiert und ein Wachmann Anfang 1944 deswegen angezeigt. In diesem Fall aus Mönchengladbach wurden damals vier polnische Männer festgenommen.

Der Deutsche war ein Wachmann aus der Fabrik, in der die Polen arbeiteten, und obwohl die Gestapo zu dem Ergebnis kam, daß er der Hauptschuldige war, weil er die Polen mit zusätzlichen Essensrationen bestochen hatte, wurden alle ins Konzentrationslager geschickt – die Polen in das berüchtigte Lager Mauthausen und damit in den fast sicheren Tod.[66]

Die örtliche Polizei trug zwar dazu bei, das Apartheidsystem durchzusetzen, doch gibt es in den Fällen, die sie der Gestapo zutrug, Hinweise darauf, daß die betreffende Information in Wirklichkeit von einem »gewöhnlichen Bürger« kam, der »strafbare Handlungen« beobachtet haben wollte. Es gibt zwar Beispiele dafür, daß der routinemäßige Streifendienst der Polizei Gesetzesverstöße aufdeckte.[67] Aber größtenteils spielte auch die Ordnungspolizei nur eine reaktive Rolle, wie in dem Fall des Polen, der zur Gendarmerie kam, um ein Fahrrad anzumelden, das ihm sein Arbeitgeber gar nicht hätte überlassen dürfen.[68]

Meistens reagierte die Ordnungspolizei auf Anzeigen von Bürgern. Diesen Punkt verdeutlicht ein Dossier, das mit einem maschinenschriftlichen Bericht vom 9. Mai 1940 über das Ehepaar Gehling und den polnischen Arbeiter Czeslaw Burchert beginnt. Der Ortsgendarm behauptete, daß die Gehlings, die für denselben Landwirt Alex Jager arbeiteten wie Burchert, nicht nur den Polen Burchert in ihrer Wohnung geduldet hätten, sondern daß Burchert auch die Arbeit niedergelegt habe, als ihm die Gehlings sagten, er sei unterbezahlt. Burcherts Arbeitgeber (Jager) war es mit ziemlicher Sicherheit, der die Polizei verständigte, die wiederum die Gestapo informierte. Gehling verlor seine Arbeit, und Burchert wurde ermahnt, den Umgang mit Deutschen zu meiden, sonst könne er sich auf das Schlimmste gefaßt machen.[69]

Wenn wir diese und alle anderen Fälle nehmen, die begannen, wenn Informationen der »Kontrollorgane« zur Anlage eines Vorgangs bei der Gestapo führten, und die vier Vorgänge dazurechnen, die die Gestapo selbst aufgrund ihrer Informationen »aus Vernehmungen« anlegte, dann war das »vielgerühmte« Polizei- und Gestaponetz in Düsseldorf für 19 Prozent aller Fälle verantwortlich. Diese Zahlen entsprechen in etwa denen für Unterfranken in Tabelle 2.

Staatliche und kommunale Stellen lieferten Informationen, die weitere sieben Fälle auslösten; dabei handelte es sich fast ausschließlich um die Überprüfung von Postsendungen durch die Reichspost.[70] Ein Fall begann damit, daß ein Funktionär der Deutschen Arbeitsfront (DAF) Mitte April 1943 einige polnische Frauen bemerkte, die Wurstpakete bei sich trugen, woraus der Mann schloß, daß sich offenbar irgendein Metzger nicht an die Bestimmungen gehalten hatte.[71]

NS-Organisationen oder Angehörige von Parteiorganisationen wie der Hitlerjugend lieferten die Tips, die zur Anlage vier weiterer Vorgänge führten. Eines der Dossiers beginnt so: »Gelegentlich eines Spazierganges in der Nähe von Haus Piwipp am Sonntag, dem 25. Mai 1941 gegen 18 Uhr beobachteten einige Angehörige der Marine-Hitler-Jugend [...] wie ein ca. 45 Jahre alter Mann aus Dormagen, [...] mit einem Photoapparat mehrere polnische Zivilarbeiterinnen photographierte, mit ihnen später weiter ging und sich dann mit denselben ans Rheinufer setzte. Ich bemerke, daß es sich bei Vorgenanntem um einen Parteigenossen handelt.« Der Mann wurde festgenommen und blieb acht Tage in Untersuchungshaft.[72]

Einem Blockleiter der NSDAP wurde am 13. Juli 1941 mitgeteilt, daß der polnische Arbeiter Stanislaus Kaminsky in der Öffentlichkeit ohne das vorgeschriebene »P« an der Kleidung auftrat. Gravierender noch: »Es ist beobachtet worden«, daß Kaminsky oft noch spät abends mit der achtundzwanzigjährigen Maria Sanders (einer geschiedenen Näherin) in die Straßenbahn stieg, und daß die beiden Fahrkarten nach der nächsten Stadt lösten. Es ist anzunehmen, daß Sanders' Nachbarinnen die im Dossier genannten »Zeugen« waren, die bemerkt hatten, daß sie sich mit Kaminsky traf, und die NSDAP verständigten. Die belastende Information wurde in der örtlichen Parteihierarchie nach oben weitergegeben und landete bei der Gestapo. Sanders beharrte darauf, daß es zu keinem Geschlechtsverkehr gekommen sei, und wurde bis 9. September im Polizeigefängnis festgehalten. Die Nachbarinnen fügten bei ihrer Vernehmung weitere belastende Informationen gegen Kaminsky hinzu, und höchstwahrscheinlich wurde er in ein Konzentrationslager geschickt, doch läßt sich dieses Schicksal aus dem Dossier nicht bestätigen.[73] (In Tabelle 3 wird dieser Fall dem Blockwart der NSDAP »gutgeschrieben«, weil es über die Identität der zivilen Informanten keine Anhaltspunkte gibt.)

Denunziationen oder »Anzeigen aus der Bevölkerung« machten 40 Fälle beziehungsweise 46 Prozent der Stichprobe aus. Der Umfang dieser Zuarbeit läßt auf eine erhebliche Verstrickung der deutschen Gesellschaft in das Terrorsystem schließen. Wie Ulrich Herbert in seiner Studie über den Rassismus deutscher Arbeiter gegenüber Fremdarbeitern am Arbeitsplatz und in den Lagern mit Recht vermutet, trat dieses Verhalten zutage, sobald Deutsche eine Autoritätsstellung einnahmen.[74] Die Kollaboration der Deutschen ging jedoch weit über den Arbeitsplatz hinaus.

So bedienten sich die Bürger der Denunziation, um sich für vermeintliche Kränkungen durch Ladenbesitzer zu rächen; besonders entschieden waren die Beschwerden über Gastwirte. Bei der kriegsbedingten Knappheit an Gütern wie Lebensmitteln, Zigaretten und Alkohol waren Einzelhändler besonders verwundbar, wenn ihre Kunden sich ungerecht behandelt fühlten.[75] Man darf nicht vergessen, daß die Deutschen selbst von Rationierungen betroffen waren und mit Bitterkeit auf die Einführung neuer Beschränkungen reagierten.[76] Die Beschwerden wurden jedoch mit besonderer Dringlichkeit formuliert, wenn sie irgendwie mit »Rassefragen«, etwa in bezug auf Juden oder Polen, in Zusammenhang gebracht werden konnten. So heißt es in einem Polizeibericht aus Opladen vom 26. November 1941: »U. a. wurde mir mitgeteilt, daß ein alter Mann [...] keinen Schnapps [sic!] bekommen habe und den Polen würde der Schnapps ausgeschenkt.«[77] Ein Gastwirt kam im März 1941 in Schwierigkeiten, weil er Polen in sein Lokal gelassen hatte. Als einziger unter den Gastwirten in seiner Gegend hatte er um die Genehmigung nachgesucht, Polen bewirten zu dürfen, und als ihm dies untersagt wurde, sie trotzdem eingelassen. Der Gendarm bekam bald Wind davon, und der Gastwirt mußte für drei Wochen ins Gefängnis.[78] Solche (oft grundlose) Beschuldigungen mögen rückblickend als belanglos erscheinen; man muß sich aber nur einmal die umfangreichen, über viele Wochen reichenden Akten darüber und die vielen anberaumten Vernehmungen ansehen, um ermessen zu können, wie schwerwiegend diese Beschuldigungen waren und daß sie alle tödliche Folgen haben konnten.

Manche Menschen wurden von Nachbarn, Arbeitskollegen oder Funktionären denunziert, weil sie Eigenbrötler waren, mitleidige Bemerkungen über die Polen machten, sie so behandelten wie andere Menschen und sich also nicht an die rassistischen Gebote der Nationalsozialisten zu halten schienen.[79] Als am 11. April 1941 mittags ein Polizist auf Heinrich Decks Bauernhof erschien, sah er einen polnischen Arbeiter zwischen den zwei Söhnen Decks sitzen. Ein Grund für den überraschenden Besuch ist nicht ersichtlich, doch sagte Deck später, jemand habe aus Rache der Polizei einen Tip gegeben. Als der Polizist Decks Wohnung betrat, versuchte der Pole sich zu verstecken. Dies sei, so der Polizeibericht, ein sicheres Zeichen für das Schuldbewußtsein des Polen gewesen. Wenig später wurden belastende Aussagen von Decks Nachbarn, dem Ortsbauernführer, eingeholt. Er sagte, daß die Familie Deck unbeliebt sei, und erzählte, daß »unter den Leuten das Gespräch herrschte, daß die Polen bei Decks mit Kaffee und Kuchen bewirtet worden seien«. Der Landrat in Geldern (19. April 1941) kam über das Familienoberhaupt zu dem Schluß: »Er ist in der ganzen Nachbarschaft unbeliebt. Der Grund hierzu ist einerseits auf das rechthaberische Wesen und sein prahlerisches Auftreten und andererseits auch auf seine abwegige politische Einstellung zurückzuführen. Ferner wird angenommen, daß [er] die Dienstboten anderer Bauern gegen ihre Arbeitgeber aufhetzt.« Deck konnte von Glück sagen, daß er mit einigen Tagen in Untersuchungshaft und einer strengen Verwarnung davonkam.[80]

Eilfertig reagierte die Gestapo, wenn jemand ehemalige »Gegner« denunzierte, wie zum Beispiel den kommunistischen Sympathisanten und Arbeiter Hans Possi. Im September 1940 sagte er angeblich, er finde es skandalös, welche kümmerliche Nahrung und Kleidung die Polen an seinem Arbeitsplatz erhielten. Possi war wegen seiner politischen Vergangenheit und einer langen Reihe von Haftstrafen vor 1933 angreifbar. Auch hatte er sich »in einer der Ehre und Würde des deutschen Volkes abträglichen Weise gegenüber den Polen verhalten«, und so kam er sechs Wochen in Untersuchungshaft. Am 16. November landete er in Sachsenhausen.[81] Auch Bruno Stemkowski fiel auf, weil er vor 1933 Verbindungen zur KPD gehabt hatte. Er war offiziell »staatenlos«, obwohl er seit 1912 in Deutschland lebte. Er wurde bei drei verschiedenen Gelegenheiten denunziert; in die größten Schwierigkeiten kam er aber im Sommer 1940, nachdem er vorgeblich polnische Arbeiter in Essen-

Schuir »aufgehetzt« hatte und daraufhin in das Arbeitserziehungslager Recklinghausen geschickt wurde.[82]

Katholische Geistliche waren bekannt für ihre Sympathie mit den katholischen Polen und boten daher Denunzianten ein bequemes Ziel. Am 27. September 1940 denunzierte ein Bauer einen Vikar bei der Gendarmerie. Der Vikar aus Marienhof grüßte Polen auf der Straße und lud sie ein, in den Gottesdienst zu kommen, was sie auch taten.[83] Ein ordensgeistlicher Pater, ebenfalls aus Marienhof, wurde am 8. Juni 1942 von einem Bauern denunziert, weil er die Bauern gebeten hatte, ihre polnischen Landarbeiter auf einen bestimmten Gottesdienst hinzuweisen. Man kann spekulieren, daß diese Bauern die Geistlichen nur anzeigten, weil sie nicht wollten, daß die Polen ihren Arbeitsplatz verließen, um in die Kirche zu gehen.[84]

Es gibt in diesen Akten auch Anhaltspunkte für einen gewissen Widerstand gegen den offiziellen Rassismus. So zeigte ein Arzt am 30. September 1942 einen Bauern wegen Mißhandlung eines Polen an. (Der Arbeitgeber erklärte sich bereit, statt einer Geldstrafe einen Betrag für wohltätige Zwecke zu spenden.)[85] Ein anderer Fall von Denunziation betraf den Facharbeiter Anton Markowiak, einen erfahrenen Bergmann, der protestierte, als ein Steiger zwei Polen zwingen wollte, härter und schneller zu arbeiten. Der Denunzierte, ein Katholik polnischer Abstammung, war deutscher Staatsbürger. Er sagte am Abend des 16. Juli 1941 zu den Polen in ihrer Muttersprache, der Steiger sei »verrückt«, womit gemeint war, sie sollten sich nicht um ihn kümmern. Als dies am nächsten Abend der Zechenleitung hinterbracht wurde, wurde der Denunzierte zur Rede gestellt und machte prompt alles durch die Bemerkung schlimmer, daß der Denunziant »ihm am Arsch lecken könnte«.

Die DAF gab diesem Verhalten eine gefährliche Deutung, indem sie sagte, es laufe auf eine Aufwiegelung der polnischen Arbeiter gegen ihre deutschen Vorgesetzten hinaus. Daraufhin wurde die Angelegenheit der Gestapo übergeben. Der Steiger verlangte nur eine Entschuldigung von Markowiak, der dreißig Jahre in dieser Zeche gearbeitet hatte. Man sieht hieran, daß die Denunziation auch vor Schacht und Stollen nicht haltmachte und sogar zwischen Menschen vorfiel, die einander lange kannten.[86]

Viele Fälle in dieser Stichprobe zeigen, daß » normale Bürger« über lange Zeit hin auf der Lauer lagen, als seien sie auch ohne ausdrückliche Instruktionen durch Polizei oder NSDAP entschlossen, »ungesetzliches« Verhalten zu unterbinden. Eine vierunddreißigjährige Frau bemerkte, daß vor ihrem Haus jeden Sonntag um halb eins eine polnische Frau mit einem Mann sprach, und wollte wissen, wer das war. Schließlich ging sie nahe genug heran, um Eberhard Schröder, den Betriebsleiter einer nahe gelegenen Fabrik, zu erkennen. Schröder machte unschickliche Andeutungen und soll auch Flüche gebraucht haben und wurde bei der Polizei denunziert. Obwohl es keinen Beweis dafür gab, daß es zu sexuellen Handlungen mit der Frau gekommen wäre, kostete die Anzeige der Frau Schröder seine Stelle und trug ihm 21 Tage Schutzhaft ein. Das Dossier sagt nichts darüber, was mit der polnischen Frau geschah oder welches die Motive der Denunziantin gewesen sein mögen, aber sie hatte über einen Zeitraum von vier Wochen auf ihrem Beobachtungsposten gestanden.[87]

Es gibt viele Belege in dieser Stichprobe (und nicht nur hier), daß Denunziationen auch zu instrumentellen Zwecken dienten, die wenig mit einer bewußten Unterstützung des nationalsozialistischen Rassismus zu tun hatten.[88] Manchmal kam die Gestapo zu dem Schluß, daß die Denunzianten lediglich aus »einer gewissen Gehässigkeit« handelten.[89] Auch Eheleute denunzierten sich untereinander. In einer kleinen Stadt zwischen Düsseldorf und Essen begann es Anfang 1941 mit zwei denunzierenden Briefen einer verärgerten Ehefrau. Ihre Vorwürfe stellten sich als haltlos heraus. Die Gestapo faßte ihre Ermittlungen dahingehend zusammen, die Frau habe sich von »kleinlichen und rachsüchtigen Gefühlen« leiten lassen.[90]

Die Gestapo überprüfte anonyme Briefe, die zum Teil unerträglich dick auftrugen, und es zeigte sich, daß sie im wesentlichen aus selbstsüchtigen Motiven geschrieben worden waren. Einige dieser Briefe lenkten den Verdacht nicht nur auf eine einzelne Person, sondern auf ganze Familien, von denen sich jedes einzelne Mitglied angeblich irgendeines schauerlichen Verbrechens schuldig gemacht hatte. In einem Fall wurden einer Familie alle erdenklichen Verstöße gegen die Rassegesetze (beim Umgang mit Polen und Juden) vorgeworfen, aber die Gestapo befand nach Prüfung des Falles: »Zusammenfassend muß daher gesagt werden, daß die namenlose Anzeige nur einen Racheakt gegen die Familie darstellt.«[91]

Der Krieg verschärfte die Not in der Heimat, was wiederum Groll und Wut nährte und zu Denunziationen führte. Eine begann mit einer Beschwerde des neunundvierzigjährigen Landwirts Wilhelm Pinsdorf aus Binselberg im fernen Württemberg. Er zeigte am 22. September 1943 Gertrud Wunder an, eine verheiratete Frau, die mit ihren zwei Kindern seit Mitte Juli auf seinem Hof einquartiert war. Wunder war wie viele Städter von der NS-Volkswohlfahrt (NSV) in die relative Sicherheit des ländlichen Südens geschickt worden. Frau Wunder begann nun, »verbotene Kontakte« zu dem polnischen Landarbeiter Alexander Frankiewicz aufzunehmen, der seit drei Jahren für die Pinsdorfs arbeitete und mit im Haus wohnte. Die Pinsdorfs waren wie viele Landbewohner unglücklich darüber, Menschen Unterkunft bieten zu müssen, die ihnen aus der Großstadt zugeteilt wurden; im Herbst 1943 beherbergten sie ein Dutzend Personen. Das Haus war so überfüllt, daß einer der erwachsenen Pinsdorfs im Wohnzimmer auf dem Sofa schlafen mußte, wenn Familienangehörige zu Besuch kamen. Dafür hatte Frau Wunder ein Zimmer für sich und zwei Betten. Daß diese Städterin dann noch ein Verhältnis mit dem polnischen Arbeiter anfing, brachte das Faß zum Überlaufen. Am 24. April 1944 wurde Frau Wunder, die sich bei ihrer Vernehmung schuldig bekannt hatte, nach Ravensbrück geschickt; ihr weiteres Schicksal ist unbekannt. Was aus dem als »nicht eindeutschungsfähig« charakterisierten Alexander Frankiewicz wurde, ist nicht festzustellen, doch dürfte er aller Wahrscheinlichkeit nach ebenfalls in ein Lager geschickt worden sein.[92]

Einige polnische Frauen an Rhein und Ruhr bedienten sich der Denunziation (oder ließen sie durch andere vornehmen), um sich für sexuelle Belästigungen oder körperliche Mißhandlungen durch ihre Vorgesetzten oder Arbeitgeber zu entschädigen. Trotz allem, was diese Frauen zweifellos auf manchen Bauernhöfen zu erdulden hatten, zögerten sie, Hilfe zu suchen, denn wie eine von ihnen sagte: »Ich wollte nichts mit der Polizei und auch nichts mit dem Gericht zu tun haben.« Das waren die Worte der Maria Barczak, einer polnischen Landarbeiterin, die angab, zwischen Herbst 1939 und September 1940 von ihrem Arbeitgeber, dem Bauern Robert Nöckel aus Burscheid, bei zwei Gelegenheiten vergewaltigt worden zu sein. Anstatt sofort Hilfe zu suchen oder zur Polizei zu gehen, versuchte Barczak, auf andere Weise das Dienstverhältnis bei Nöckel zu lösen, und gab beim Arbeitsamt an, sie sei für die schwere Arbeit, die sie bei ihm zu tun habe, nicht kräftig genug. Nach einer ärztlichen Untersuchung wurde sie als Arbeitskraft zu einem Metzger in Opladen geschickt. Damit war die Angelegenheit jedoch nicht erledigt, weil Nöckel sich weigerte, ihr den ausstehenden Lohn zu zahlen. Es widerstrebte ihr noch immer, ihn selbst anzuzeigen, aber sie erwähnte die Sache gegenüber einem von Nöckels Mietern, einem Deutschen, der zur Polizei ging. Nöckel wurde verhaftet und für drei Monate in Schutzhaft genommen, weil die Gestapo der Geschichte Barczaks Glauben schenkte. Doch gemäß einer Verordnung des RSHA vom 3. September 1940 wurde auch Maria Barczak verhaftet und drei Wochen in Untersuchungshaft genommen.[93]

Manche Bauern gingen zwar nicht so weit wie Nöckel, doch lassen ihre Akten wenig Zweifel daran, daß ihr Verhalten gegenüber den bei ihnen beschäftigten polnischen Frauen auf das hinauslief, was in den Unterlagen abwechselnd als »Belästigung« oder »Anfassung in unsittlicher Weise« bezeichnet wird. Eine Polin erzählte der Ehefrau des Bauern von den Vorfällen und ging, als ihr nicht geglaubt wurde, am 28. Juni 1944 zur Gestapo. Eine andere Frau (aus der Ukraine) bezeugte in demselben Fall, daß sie selbst belästigt worden war.[94] Wieder eine andere Frau ging (am 13. Januar 1941) zur Kriminalpolizei, um eine ähnliche Beschwerde vorzubringen. Die Polizeisprache in diesen Dossiers bezeugt alles andere als teilnahmsvolle Reaktionen.[95]

DIE POLEN IN DER PFALZ UND DAS REICHSWEITE BILD

Wir brauchen an dieser Stelle nicht ausführlich und im einzelnen zu untersuchen, wie das Gestaposystem in der Pfalz funktionierte. Ich möchte nur auf die Ergebnisse meiner Auswertung des Gestapomaterials aus dieser Gegend aufmerksam machen, weil sie bestätigen, daß es ein für ganz Deutschland gültiges Muster der Interaktion zwischen dem NS-Polizeisystem und dem deutschen Volk gab. Die Pfalz, seit 1816 zu Bayern gehörend, hatte 1933 eine Gesamtbevölkerung von knapp einer Million und war damals eine wirtschaftlich gemischte Region; auch gab es mehr Protestanten (rund 55 Prozent) als Katholiken.[96] Sie hatte mehr Großstädte als Unterfranken, war aber weniger urbanisiert und industrialisiert als das Rhein-Ruhr-Gebiet um Düsseldorf. Es gab in der Pfalz drei Städte mit über 100000 Einwohnern und sechs weitere mit einer Bevölkerung von über 50000. Sitz der regionalen Gestapozentrale war Neustadt an der Weinstraße (97483 Einwohner). Wie es um die politische Kultur dieser Gegend bestellt war, kann man daraus ersehen, daß sich bei den Reichstagswahlen im März 1933 46,5 Prozent der pfälzischen Wähler für die NSDAP entschieden. Mit diesem Wahlergebnis war die Pfalz die »braunste« der drei hier behandelten Regionen und lag etwas über dem nationalen Durchschnitt.[97]

Die Akten der Gestapo Neustadt befinden sich heute im Landesarchiv Speyer und sind vor kurzem für die Öffentlichkeit freigegeben worden. Bei den 150 Vorgängen, die sich mit »verbotenen Kontakten« zwischen polnischen Fremdarbeitern und Deutschen befassen, habe ich dieselbe Technik der Zufallsstichprobe angewendet, die ich bei den an-

Tabelle 4. Durchsetzung der sozialen Isolierung der Juden in Akten der Gestapo in der Pfalz, 1933–1945

Informationsquelle	Anzahl der Fälle	in Prozent
1 Anzeigen aus der Bevölkerung	41	55
2 Informationen durch Kontrollorgane	10	14
3 Beobachtungen der Gestapo und ihrer V-Leute	0	0
4 Informationen d. kommunale o. staatliche Stellen	5	7
5 Aussagen bei Verhören	0	0
6 Informationen aus der Wirtschaft	1	0
7 Informationen d. NSDAP, NS-Organisationen oder Parteigenossen	9	12
8 Quellen nicht bekannt	9	12
Gesamtzahl	75	100

Quelle: LA Speyer: Gestapoakten

deren zwei Regionen benutzt habe, und 75 dieser Fälle detailliert untersucht. Die Ergebnisse in Tabelle 4 weisen eine bemerkenswerte Konsistenz mit den anderen zwei Regionen auf.

Die Gestapo in der Pfalz deckte selbst keinen einzigen Fall auf. Mehr noch, von allen 234 Fällen der Gesamtstichprobe aus allen drei Regionen kam die Gestapo selbst keinem einzigen auf die Spur; nur in 4 Fällen preßte sie jemandem, der schon in ihren Klauen war, belastende Informationen ab. Der Schluß ist unabweisbar: Die Gestapo war ganz überwiegend nur reaktiv tätig, wenn es um die Aufdeckung von Verstößen gegen das Apartheidsystem ging; statt dessen wartete sie darauf, daß ihr Informationen von außen zuflossen.

In allen drei Bezirken läßt eine signifikante Zahl der von der Gestapo angelegten Vorgänge keine Rückschlüsse auf den Tipgeber zu. 12 Prozent aller Fälle in der Pfalz, 15 Prozent im Rhein-Ruhr-Gebiet und fast 20 Prozent in Unterfranken enthalten keinen Hinweis auf die ursprüngliche Informationsquelle. Man darf wohl mit Recht vermuten, daß es jeweils ein »normaler Bürger« war, der den Tip gab, aber aus irgendwelchen Gründen blieb die betreffende Person in der Gestapoakte unerwähnt. Bei der Detailversessenheit dieser Akten wären Tipgeber aus der Ordnungspolizei oder anderen amtlichen oder Parteikanälen mit Sicherheit als solche registriert worden, was auch zur Einleitung weiterer Ermittlungen notwendig gewesen wäre. Würden wir diese Fälle zu denen hinzurechnen, die mit einer namentlich identifizierbaren Denunziation begannen, würden wir zu dem Ergebnis kommen, daß etwa zwei Drittel dieser sämtlichen Fälle (152 von 234) durch eine Information aus nichtamtlichen Kreisen zur Kenntnis der Gestapo gelangten.

Staatliche und kommunale Stellen hatten in den drei Regionen erstaunlich wenig Anteil an der Durchsetzung des Apartheidsystems. Wie aus Tabelle 4 hervorgeht, erhielt die Gestapo Neustadt in fünf Fällen Informationen aus diesen Quellen – meist von einem Postamt, wie anderswo auch. Weitere Informationen lieferte auf dem Lande die Gendarmerie und in der Stadt die Ordnungspolizei.[98] Ein Gendarm sprach im Mai 1941 das Hauptproblem an, das zweifellos in den meisten Teilen Deutschlands existierte. Nachdem er in einem Restaurant Polen beim Kaffeetrinken mit ihrer Arbeitgeberfamilie angetroffen hatte, stellte er resignierend fest: »Alle Ermahnungen sind bei dem größten Teil der Bauern fruchtlos. Sobald ein Pole einigermaßen zufriedenstellend arbeitet, wird alles vergessen und mit ihnen eine friedliche Hausgemeinschaft hergestellt.«[99] Auf jeden Fall nahmen Gendarmerie und Ordnungspolizei der Gestapo ihre Aufgabe nicht ab.

Die Allgemeine SS spielte in allen diesen Stichproben so gut wie keine Rolle. Der SD gab an die Gestapo einige Informationen weiter, aber nicht sehr viele.[100] Im Rhein-Ruhr-Gebiet meldete der SD nur einen einzigen Fall, und zwar im Oktober 1941, als er die Gestapo von dem Gerücht informierte, daß ein Priester beabsichtige, einige polnische Arbeiter auf die Liste seiner Kirchensteuerzahler zu setzen.[101]

Tabelle 4 zeigt ferner, daß die NSDAP in der Pfalz etwas aktiver an der Durchsetzung des Apartheidsystems beteiligt war, was vielleicht daher kam, daß es in dieser Region mehr Nationalsozialisten und weniger Katholiken gab als in den anderen zwei Gegenden. Parteigenossen informierten die Polizei, wenn sie sahen, wie Angehörige der Hitlerjugend mit polnischen Mädchen ins Kino gingen.[102] In dieser Stichprobe gaben Parteigenossen oder Angehörige anderer NS-Organisationen ihre Tips lieber an die Parteizentrale weiter. Es gibt nur wenige Fälle, in denen eine solche Person zur Polizei ging. So meldete eine NS-Schwester, daß sie bei einem Hausbesuch im Juni 1943 von einer sexuellen Beziehung zwischen einem polnischen Arbeiter und einer vierzigjährigen deutschen Frau erfahren habe. Die Frau wurde schließlich in ein Konzentrationslager geschickt, der Pole landete in einem SS-Lager in Hinzert. Sein Schicksal ist unbekannt.[103]

Einige Nichtparteigenossen trugen ihre Informationen zuerst zur NSDAP und gingen erst später zur Gestapo, so eine siebenundzwanzigjährige verheiratete Frau, die am 16. April 1943 bei der Gestapostelle Ludwigshafen »freiwillig erscheint«, um ihre Nachbarin anzuzeigen, eine katholische Frau, die von den Nationalsozialisten belobigt worden war, weil sie »zu den Kinderreichen« zählte. Die Denunziantin sagte, was sie störe, sei die Lebensweise ihrer Nachbarin, außerdem »vernachlässigt [N. N.] ihre Mutterpflichten auf das gröblichste«. Der letzte Tropfen, der das Faß zum Überlaufen brachte, sei, daß die Frau ungeniert eine Affäre mit einem polnischen Arbeiter habe. Die Denunziantin sagte ferner, ihre Bemühungen, die Dinge durch die NSDAP-Ortsgruppe in Ordnung bringen zu lassen, seien ergebnislos geblieben, und daher »sehe ich mich veranlaßt, die Gestapo auf das Treiben der Frau aufmerksam zu machen, damit sie über ihre verwerfliche Handlungsweise belehrt wird«. Letztlich sah die »Belehrung« durch die Gestapo leider so aus, daß die Frau in das Konzentrationslager Ravensbrück geschickt wurde, wo sie bis Ende 1944 blieb. Da die rassische Überprüfung des Polen negativ verlief, wurde er für 25 Jahre in das Lager Natzweiler geschickt, wo er gestorben sein könnte.[104]

Wenn deutsche Frauen von polnischen Fremdarbeitern schwanger wurden, brachten sie das rassistische Regime in eine Zwickmühle, besonders wenn der betreffende Pole »eindeutschungsfähig« schien. Die Frage wurde in einem Schreiben des Gestapo-Chefs Heinrich Müller vom 10. März 1942 an alle Gestapostellen erörtert. Wenn nach einer ersten Einschätzung beide Seiten »rassisch einigermaßen gut« zu sein schienen und der »Fremdvölkische« bereit war, die Frau zu heiraten, sollten gegen diese keine weiteren Maßnahmen ergriffen werden. Der Pole war festzunehmen und auf seine »Eindeutschungsfähigkeit« hin zu beurteilen. Bei einem »positiven« Ergebnis waren Photographien an das RSHA in Berlin zu senden, die beiden Personen auf freien Fuß zu setzen und die Akte zu schließen. Bei negativem Resultat erging für den polnischen Arbeiter der »übliche Sonderbehandlungsvorschlag«, das heißt, es waren Schritte zu seiner »Liquidierung« oder zu seiner lebenslangen Inhaftierung in einem Lager einzuleiten.[105] Wir müssen uns an dieser Stelle daran erinnern, daß analoge Untersuchungen und Verfahrensweisen undenkbar gewesen wären, wenn es sich bei dem betreffenden Mann um einen Juden gehandelt hätte. Das Regime hatte es also auch in diesem Punkt definitiv auf die Juden abgesehen.

Parteigenossen informierten demnach die NSDAP-Wachhunde in Block, Ortsgruppe oder Kreisleitung, und die Partei löste dann die Probleme oft in eigener Regie. Konnte sie das nicht oder war die Angelegenheit zu gravierend, ging der Fall an die Gestapo, wie in einem der frühesten Fälle von Verstößen gegen das Apartheidsystem in der Pfalz. Es begann mit einer Beschwerde, die am 26. Februar 1940 bei der Kreisleitung der NSDAP in Kaiserslautern einging. Ein katholischer Priester hatte angeblich von der Kanzel herab gesagt, daß Eltern ihren Kindern verbieten sollten, polnische Arbeiter mit Steinen und Schneebällen zu bewerfen. Gerüchten zufolge hatte der Priester die Polen sogar mit Kaffee und Wein bewirtet. Es gab nur eine Möglichkeit, wie Partei oder Polizei auf solche »Verbrechen« aufmerksam werden konnten: Jemand mußte ihnen davon erzählen, in diesem Fall wahrscheinlich ein Parteigenosse. Es gelang dem Priester, eine Ausrede zu erfinden: Er behauptete, man habe ihm gesagt, die »Polen« seien gar keine Polen, sondern ins Reich heimkehrende Volksdeutsche. Einer der Polen, der ihm angeblich diese (wie sich herausstellte, falsche) Geschichte erzählt hatte, hatte weniger Glück und wurde nach Dachau geschickt, »um ein abschreckendes Exempel zu statuieren«. Aus seiner Akte geht hervor, daß er im September nach Sachsenhausen verlegt wurde. Von dort wurde am 15. November 1940 sein Tod gemeldet.[106]

Schwangerschaften, bei denen die Frau unverheiratet oder ihr Mann abwesend war, gaben in allen diesen Gegenden ebenfalls Anlaß zu Gerüchten und Verdächtigungen. Als Ende 1942 eine solche Schwangerschaft ans Licht kam, wurde die Kreisleitung der NSDAP informiert. Als der wahrscheinliche Vater wurde am 3. Dezember 1942 um 13:30 Uhr Roman Walkiewicz verhaftet. Am nächsten Morgen um halb neun wurde er tot in seiner Zelle aufgefunden; er hatte Selbstmord begangen. Die beteiligte protestantische Frau war die Gattin des Kreisbauernführers, die bald darauf eine Fehlgeburt hatte. Nach Ansicht der Polizei bedurfte sie der Umerziehung.[107]

Im Februar 1943 machte in einem kleinen pfälzischen Dorf die Nachricht die Runde, daß eine sechsunddreißigjährige, alleinstehende protestantische Frau schwanger sei und daß es sich bei dem Vater wahrscheinlich um den Polen handele, der für ihre Nachbarn arbeitete. Wie es hieß, war die Frau nach Saarbrücken gefahren, um eine Abtreibung vornehmen zu lassen. Alle diese Informationen wurden bestätigt. Mutter und Kind starben schließlich eines natürlichen Todes, aber der Druck der Gestapo mag dabei mitgespielt haben. Der Pole wurde nicht in ein Konzentrationslager, sondern nach Hinzert geschickt, da man ihn als »eindeutschungsfähig« betrachtete. Am 21. Juli 1944 war er noch immer dort; sein Schicksal ist unbekannt.[108] In einem anderen Fall von Mitte September 1942 informierte ein NSDAP-Blockwart einen Streifenpolizisten bei dessen täglichem Rundgang von der Schwangerschaft einer verheirateten Frau. Nachdem sie das Kind bekommen hatte, überließ man das Maß ihrer Strafe in der üblichen Weise ihrem Mann, der bei der Wehrmacht war. Wenn er ihr verzieh, sollte sie für drei Monate nach Ravensbrück kommen, wenn nicht, für drei Jahre. Da die beiden geschieden waren, war es eine hypothetische Alternative, und die Frau kam für den längeren Zeitraum ins Lager, wo sie gestorben sein mag. Der polnische Arbeiter hatte sich schon früher ins Generalgouvernement abgesetzt und war unauffindbar.[109]

Tabelle 4 macht deutlich, daß Informationen aus der Bevölkerung die wichtigste Einzelquelle für alle Gestapoakten in der Pfalz wie in den anderen zwei Regionen waren. Vernünftigerweise muß man zu dem Schluß gelangen, daß auf ganz Deutschland bezogen etwa die Hälfte der Gestapofälle, die die soziale Isolierung von Polen betrafen, auf identifizierbare Denunziationen zurückgingen.

Das Ausmaß der Zuarbeit der deutschen Gesellschaft bei der Durchsetzung der polenfeindlichen Maßnahmen war ungefähr genauso groß, wie wir es im vorigen Kapitel bei der Durchsetzung des nationalsozialistischen Antisemitismus gesehen haben. Die Unterschiede waren nicht so groß, wie man es hätte erwarten können und wie in der Literatur oft behauptet wird. Die Untersuchung aller Fälle, welche rassische Diskriminierung und Verfolgung betrafen, läßt kaum einen Zweifel daran, daß normale Deutsche (ohne offizielle Funktion) stark in sie verstrickt waren.

Anonyme Briefe mit Denunziationen finden sich in allen Stichproben, auch denen aus der Pfalz. Trotz gegenteiliger Anweisungen aus Berlin, solche Briefe zu ignorieren und statt dessen ihre Verfasser ausfindig zu machen und zu bestrafen, ging die Gestapo erbarmungslos jedem dieser Hinweise nach. In einem Fall aus Bebenheim vom März 1943 schickte der Anonymus die Briefe sowohl an die beschuldigte Frau als auch an die Polizei. Es stellte sich heraus, daß eine verheiratete katholische Frau eine Affäre mit einem polnischen Arbeiter hatte und im dritten Monat schwanger war. Vor die übliche Wahl gestellt, wie er seine Frau bestraft zu sehen wünsche, entschloß sich der Mann, ihr zu verzeihen und um ihre Freilassung zu bitten. Sie hatte Glück, rechtzeitig zur Geburt des Kindes im Juli auf freiem Fuß zu sein. Der Pole, der seine Schuld gestand, wurde für dreißig Jahre in ein Konzentrationslager geschickt.[110]

Gelegentlich gelang es der Polizei, den Urheber falscher Beschuldigungen ausfindig zu machen, zum Beispiel jenen dreiundsechzigjährigen Mann, der im Mai 1941 in einem Brief an die Polizei alle möglichen »verbotenen Kontakte« zwischen Polen und einheimischen Frauen anzeigte. Trotz langwieriger Ermittlungen konnte nichts gefunden werden, was die Anzeige gestützt hätte, und der Mann wurde zur Zahlung einer Geldbuße in Höhe von 50 Reichsmark aufgefordert.[111] Wie aus diesen Fällen erhellt, wollte die Polizei nicht zu hart vorgehen, um andere nicht von der Weitergabe von Informationen abzuschrecken, und hielt daran fest, den Hinweisen in anonymen Briefen nachzugehen.[112]

Häufiges Motiv von Denunziationen waren persönliche Querelen und Streitigkeiten unter Nachbarn. Eine lange Serie von Anzeigen und Gegenanzeigen in der Pfalz endete mit der Feststellung des ermittelnden Gendarmen, es sei in Wirklichkeit überhaupt nicht um »verbotene Kontakte« gegangen, sondern um »Familienstreitigkeiten und Familienangelegenheiten«. Die einzelnen Familien seien »befeindet und zeigen sich bei jeder Gelegenheit an«.[113]

Solche tiefsitzenden persönlichen Animositäten konnten leicht eine tödliche Wendung nehmen, wenn einer der Beteiligten die Richtlinien über das Fraternisieren mit Polen mißachtet hatte. In einem Dorf begann Ende 1941 das Gerücht zu zirkulieren, die sechsundzwanzigjährige Protestantin Paula Braun habe eine Affäre mit einem polnischen Landarbeiter gleichen Alters. Um den Gerüchten ein Ende zu machen, fiel Braun über die Nachbarin her, die sie im Verdacht hatte, sie in Umlauf gesetzt zu haben. Es stellte sich jedoch heraus, daß doch etwas Wahres an der Geschichte war, und Paula Braun wurde festgenommen und schließlich nach Ravensbrück geschickt, von wo sie nach Jahren des Martyriums erst am 7. August 1944 zurückkehrte. Nachdem der Pole die rassische Überprüfung nicht bestanden hatte, wollte ihn die Gestapo eigentlich in einem Wald unweit des Schauplatzes seiner »Verbrechen« exekutieren, entschied sich aber anders und schickte ihn für dreißig Jahre nach Natzweiler.[114]

Fünf der 75 Fälle in der Stichprobe aus der Pfalz begannen mit Denunziationen durch Fremdarbeiter, was mitunter tragische Konsequenzen hatte. So wurden zwei Polen von einem dritten denunziert, dessen Motive aus der Akte nicht ersichtlich sind. Einer der Männer wurde nach Mauthausen geschickt, wo er starb.[115] Ein Streit unter Fremdarbeitern veranlaßte im Mai 1944 einen sowjetischen Arbeiter zur Denunziation eines polnischen Kollegen, der schließlich nach Buchenwald geschickt wurde.[116] Ähnliche Fälle aus den anderen Regionen lassen erkennen, daß auch Fremdarbeiter den Gestapo- und Parteiapparat zu instrumentellen Zwecken nutzten, wenngleich in weit geringerem Umfang als die Deutschen.[117]

Ein Fall, dessen tragischer Ausgang vollständig dokumentiert ist, begann am 30. September 1941 in Kaiserslautern, als die sechsundzwanzigjährige Amalie Benkel zur Kriminalpolizei ging, um anzuzeigen, daß sie »gegen ihren Willen« mit dem polnischen Arbeiter Stephan Kroll geschlechtlich verkehrt habe und im fünften Monat schwanger sei. Sie wurde sofort festgenommen, ebenso Kroll, vor allem wegen des Verdachts der Vergewaltigung. Beide arbeiteten für Benkels Mutter. Am 16. Oktober wurde Kroll von der Gestapo vernommen. Er bestritt die Vorwürfe, gestand aber eine mehrere Monate dauernde sexuelle Beziehung. Amalie Benkel beharrte auf ihrer Version, es sei ein einmaliges Vorkommnis gewesen und er habe Gewalt angewendet. Die Gestapo glaubte ihr nicht, und das war alles, was zählte; denn es war gar nicht daran zu denken, einen derartigen Fall vor Gericht zu bringen. Da die Frau schwanger war, wurde Kroll einer oberflächlichen »rassischen Überprüfung« unterzogen. Die Bewertung Krolls durch die Gestapo fiel vernichtend aus; er wurde in einer Sprache beschrieben, die von persönlichem Widerwillen, rassischen Vorurteilen und sexuellen Ängsten durchsetzt war.

Der negative Bescheid der Gestapo führte am 8. Januar 1942 zu dem Ergebnis, daß Kroll die Rasseprüfung nicht bestand, und das RSHA in Berlin bat die örtlichen Behörden, zu überprüfen, ob Kroll darüber aufgeklärt worden sei, daß auf derartige Verbrechen die Todesstrafe stehe. Die Behörden bejahten dies am 10. Februar und sagten, sie könnten dies mit Krolls Unterschrift unter dem entsprechenden Dokument beweisen. Das RSHA beraumte daraufhin Krolls Hinrichtung auf den 20. April an – Hitlers Geburtstag. Um den Funktionären an einem so bedeutsamen Tag nicht kostbare Zeit zu stehlen, wurde die Hinrichtung auf den 17. April vorverlegt. Sie fand unweit des Schauplatzes des »Verbrechens« statt, und das »Exekutions-Protokoll« vermerkt, daß drei Gestapo-Angehörige und ein SS-Arzt zugegen waren, ferner ein Dolmetscher, der Kroll davon unterrichtete, daß »er wegen des von ihm begangenen Verbrechens auf Anordnung des Reichsführers-SS durch den Strang hingerichtet wird«. Routinemäßig wurde die Exekution von zwei polnischen Arbeitern vorgenommen; die 155 Polen, die Zeuge der Hinrichtung waren, wurden am Leichnam vorbeigeführt. Die beteiligte deutsche Frau wurde rechtzeitig zur Entbindung aus der Haft entlassen und anschließend nach Ravensbrück geschickt. Ihr Schicksal ist unbekannt. Der vom örtlichen Gendarmen verfaßte kurze Stimmungsbericht über die Reaktion der Bevölkerung auf die Hinrichtung vermerkt nur, daß diese nach Auffassung der Leute »zu Recht« erfolgt sei. Abschließend heißt es: »Allgemein ist man der Ansicht, daß der Frau das gleiche hätte widerfahren müssen, da es sich um eine deutsche Frau handle und diese durch ihre Handlung das Ansehen der deutschen Frauen auf das schwerste geschädigt habe.«[118]

Dieser Fall war ein Beispiel für das, was Richter und andere damals oft »Lynchjustiz« nannten. Diese Bezeichnung ist jedoch nicht ganz zutreffend. Der Unterschied zwischen der nationalsozialistischen Form von »Lynchjustiz« und jenen Vorkommnissen, die wir gewöhnlich mit diesem Begriff verbinden, besteht darin, daß das Lynchen eben nicht von einer aufgebrachten Menschenmenge in einem Augenblick leidenschaftlicher Erregung begangen wurde. Im nationalsozialistischen Deutschland war »Lynchjustiz« vielmehr vorsätzlicher Mord zur größtmöglichen terroristischen Abschreckung der geknechteten polnischen Arbeiter und aller Deutschen, die daran dachten, mit dem Feind zu schlafen oder ihm Trost zu spenden.

Nicht jeder, der irgendeine Missetat eines polnischen Arbeiters anzeigte, wollte das ganze Ausmaß des Terrors gegen ihn mobilisiert sehen. In einigen Akten finden sich Hinweise auf einen irregeleiteten »Idealismus« und die Erwartung, daß die »gute« Gestapo irgendeinen Schlamassel wieder in Ordnung bringen werde. Andere Denunzianten wollten einfach einen Arbeiter austauschen, der sich nicht »ordentlich« betrug oder den zu behalten sich nicht mehr lohnte. Ein solcher einfacher Vorsatz kostete Stanislaus Smyl das Leben. Nach allen Schilderungen war Smyl von kleiner Statur und auf jeden Fall »nicht voll zurechnungsfähig«, wie es in seiner Gestapoakte heißt. Er arbeitete seit Anfang 1940 für einen Bauern im Zuständigkeitsbereich der Gestapo Paderborn. Ende Mai 1940 näherte er sich auf der Straße einer verheirateten Frau und zeigte seinen nackten Penis, wobei er »unverständliche Laute von sich gab«.

Die Frau, die schon durch den kürzlichen Verlust ihres Mannes aus dem Gleichgewicht geraten war, bat ihre Verwandten, Smyls Arbeitnehmer zu kontaktieren, der zustimmte, daß Smyl nicht länger im Dorf bleiben dürfe. Daher wurde das Arbeitsamt informiert und gebeten, Smyl an eine andere Arbeitsstelle zu vermitteln. Als jedoch bekannt wurde, daß er möglicherweise ein Verbrechen begangen hatte, verständigte man die örtliche Polizei, und bald landete der Fall bei der Gestapostelle in Paderborn. Der mit der Untersuchung Smyls betraute Arzt kam zu dem Schluß, daß Smyl »arbeitsunfähig und auch unzurechnungsfähig« sei, und die Gestapo Paderborn empfahl, ihn nach Polen zurückzuschicken. Für das RSHA in Berlin jedoch entsprach ein solcher Schritt nicht den von Himmler erlassenen Richtlinien, und es bestand auf der Festnahme Smyls. Im Juli 1940 fällte das RSHA die Entscheidung, Smyl öffentlich zu hängen, und ordnete überdies an, daß die Hinrichtung in der Gegend öffentlich bekanntzumachen und vor den

Augen der Polen vorzunehmen sei und daß NS-Organisationen Vertreter zu entsenden hätten. Am 26. Juli 1940 wurde Smyl in Gegenwart von 100 bis 150 Personen gehängt. Ein Dominikanerpater, der ihn auf dem letzten Weg begleiten durfte, erinnerte sich später, daß Smyl nicht verstand, was um ihn herum vorging, und angesichts des Blutgerüsts fragte: »Was machen die da?«[119]

»VOLKSJUSTIZ« UND »POLIZEIJUSTIZ«

Wie die Hinrichtung Stanislaus Smyls und Stephan Krolls beweist, zeigten sich die brutalsten Seiten der Durchsetzungsmaßnahmen keineswegs nur hinter verschlossenen Türen und insgeheim. Vielmehr verwandelte sich die Verfolgung in den Kriegsjahren in offenen Terror, auch innerhalb Deutschlands, und die grausamen Realitäten wurden der Öffentlichkeit zum Teil auf eine Weise nahegebracht, die vor 1939 undenkbar gewesen wäre. Wie der Fall Kroll und andere in diesem Kapitel erwähnte Fälle zeigen, unterwarf man Polen unmittelbar der »Polizeijustiz«, man stellte sie selten vor ein ordentliches Gericht, und gewöhnlich verfuhr man mit den beteiligten Deutschen (beispielsweise Amalie Benkel) auf dieselbe Weise. Auch die »Volksjustiz« gegen polnische Fremdarbeiter und die Deutschen, die sich mit ihnen eingelassen hatten, konnte grausam sein, wie der Fall des Dienstknechts August Keidel und der polnischen Landarbeiterin Rosalie Walktor bewies. Walktor war im März 1940 nach Unterfranken gekommen, und ab Juli bemerkte ihr Arbeitgeber (wie er später sagte), daß sie und Keidel sich angefreundet hatten. Ob er die beiden denunzierte, ist ungewiß, aber sobald der Ortsbauernführer von der Angelegenheit Wind bekommen hatte (Anfang August 1940), wurde nicht lange gefackelt. Örtliche Parteigenossen veranstalteten am 12. August 1940 eine öffentliche Kundgebung, bei der Keidel durch die Straßen geführt wurde, mit einem Schild um den Hals, auf dem stand: »Dieser Bursche schändete die deutsche Ehre, er ließ sich mit einem Polenweibe ein.« Als die Gestapo kam, um die Verhaftung vorzunehmen, war sie nicht unglücklich, eine Szene sogenannter Volksjustiz vorzufinden. Keidel stand auf dem Marktplatz wie am Pranger, umringt von einer 500köpfigen johlenden Menge, die ihn schmähte und demütigte. Später wurde er für drei Monate nach Dachau geschickt und nach einer weiteren Verwarnung am 14. Januar 1941 entlassen. Weder er noch die polnische Frau kamen vor ein ordentliches Gericht; statt dessen wurde die Frau für drei Monate nach Ravensbrück geschickt. Was aus ihr wurde, bleibt in dem Vorgang unerwähnt.[120]

Solche Fraternisierung mit den Polen veranlaßte im November 1940 die SD-Außenstelle Würzburg zu der Meldung, daß deutsche Männer, vor allem »Knechte«, »nicht die geringste Empfindung dafür« hätten, wenn sie mit polnischen Arbeitskolleginnen geschlechtlich verkehrten. Ländliche Arbeitgeber seien in unmißverständlicher Weise darüber zu belehren, daß sie den Deutschen die Unannehmbarkeit eines solchen Verhaltens einzuschärfen hätten. »Alle Fälle, in denen Zuwiderhandlungen festgestellt werden«, so der SD, »müssen mit drakonischen Maßnahmen geahndet werden, weil nur so die nötige Abschreckung erzielt wird. Viel wirksamer oft als Strafen sind Maßnahmen der Volksjustiz, wie Zöpfe abschneiden und Umherführen mit Plakaten in der Ortschaft.«[121] Ähnliche Meldungen kamen damals auch aus anderen Teilen Deutschlands. So bemerkte der Generalstaatsanwalt bei dem Oberlandesgericht Jena im März 1940, daß es in Thüringen der Brauch sei, Frauen, bevor sie angezeigt würden, mit kahlgeschorenem Kopf und Plakaten durch den Ort zu führen.[122] Solche Demonstrationen von »Volksjustiz« und »Polizeijustiz« waren häufiger auf dem Lande anzutreffen.[123]

Ein anderes Beispiel aus Unterfranken begann am 19. August 1940 mit der typischen Feststellung der Gestapo Würzburg, daß ein gewisser Walter Freitag und die Polin Josefa Kurasz, beide auf einem Bauernhof beschäftigt, »anfangs Juni 1940 in der Scheune« Geschlechtsverkehr gehabt hätten. Ob die Gestapo bei der anschließenden öffentlichen Kundgebung im Dorf zugegen war, ist unsicher; jedenfalls wurde Freitag schon am 17. Juli vernommen. Die Akte vermeldet lakonisch, daß kurz vor der Festnahme Freitags und Kurasz' am 18. August Freitag von 80 SA-Männern und Hitlerjugend unter Trompetenklang durchs Dorf geführt wurde. Die Kundgebung war von Parteigenossen aus dem nahe gelegenen Kitzingen organisiert worden und endete am Rathausplatz. Dort warnte der stellvertretende Kreisleiter vor versammeltem Dorf eindringlich vor »verbotenen Beziehungen«. Ein Indiz für die ungleiche Justiz, die hier waltete, war, daß Freitag nach all seinen quälenden Erlebnissen prompt freigelassen wurde. Josefa Kurasz wurde dagegen drei Monate nach Ravensbrück geschickt.[124]

August Keidel und Walter Freitag waren zwei deutsche Männer, die öffentlich vorgeführt wurden. Viel häufiger war es, daß man deutsche Frauen auf diese Weise demütigte.[125] Das ging so weit, daß sogar zwei junge Mädchen von 16 und 17 Jahren aus einem Dorf bei Würzburg, die im Mai 1940 von polnischen Gefangenen vergewaltigt beziehungsweise unzüchtig angefaßt worden waren, von SA-Leuten kahlgeschoren und sodann mit Erlaubnis des Landrats und des Kreisleiters durch die Straßen geschleift wurden, mit einem Schild um den Hals, auf dem das Wort »ehrlos« stand. Von der katholischen Dorfbevölkerung wurde dieses Vorgehen »vollkommen abgelehnt«. Die Ungerechtigkeit dieser »Volksjustiz« wurde doppelt sichtbar, als ein ordentliches Gericht später beide Mädchen für unschuldig erklärte.[126] Das gab aber den Nationalsozialisten keineswegs zu denken, im Gegenteil: Der Sicherheitsdienst (SD), der die öffentliche Meinung eruierte, stellte fest, daß gerade diese öffentlichen Demütigungen durch den tiefen Schock, den sie bei Eltern und Angehörigen auslösten, den größeren sozialen Effekt der »Volksjustiz« gegenüber der normalen Gerichtsbarkeit bewiesen. Die öffentliche Wirkung eines solchen Vorfalls halte »wochenlang« an, je mehr er sich herumspreche. Die »heilsamste Wirkung« sei die Befürchtung, daß sich dergleichen wiederholen könne, so daß die Frauen es wohl »wenigstens bis auf weiteres« für klüger hielten, sich nicht mit Polen einzulassen.[127]

Himmler erfuhr von solchen Beispielen von »Volksjustiz« und stimmte den »erzieherischen« Praktiken zu, solange sie nicht außer Kontrolle gerieten.[128] Es gab viele Deutsche, die dankbar für Hilfe auf ihrem Hof waren und nur zögernd die erwünschte rassistische Einstellung gegenüber Polen gewannen. So gab es viele Meldungen von verbotenem gesellschaftlichem Umgang.[129] Vom nationalsozialistischen Standpunkt ließ ein solches, vielleicht aus christlicher Nächstenliebe gespeistes Verhalten viel zu wünschen übrig und war einer der Gründe, weshalb Himmler öffentliche Bestrafungen nicht grundsätzlich ablehnte.[130]

Gelegentlich ist der unmittelbare Einfluß Hitlers auf die Ereignisse, bis hinunter zur lokalen Ebene, nachzuweisen, so im Herbst 1941, als die »Volksjustiz« in größerem Maßstab um sich zu greifen begann und auch vor Menschen aus mit Deutschland verbündeten Nationen nicht haltmachte. Hitler ordnete am 16. Oktober 1941 mit Rücksicht auf die Gefühle von Deutschlands Verbündeten und Freunden an, daß weitere öffentliche Demütigungen zu unterbleiben hätten.[131] Andererseits griff er auch ein, wenn er von Beispielen dafür erfuhr, daß ordentliche Gerichte auch nur das leiseste Zeichen von Milde gegenüber polnischen Arbeitern gezeigt hatten, wie in einem Fall im Jahre 1941. Richter in Lüneburg hatten bei einem polnischen Arbeiter, der ein deutsches Mädchen unzüchtig angefaßt hatte, mildernde Umstände gelten lassen.[132] Dank Hitlers Eingreifen wurden diese Richter entfernt.

Die Gestapo fuhr fort, öffentliche Hinrichtungen polnischer Männer durch den Strang vorzunehmen, tat dies aber weitab von möglichen Zuschauern und noch immer zum Entsetzen der ordentlichen Justiz. Im

Juli wies der Oberlandesgerichtspräsident in Nürnberg in einem milde formulierten Beschwerdebrief an den Reichsjustizminister in Berlin darauf hin, die Gestapo habe Julian Majlca wegen einer Affäre mit einer Deutschen gehängt, die von ihm schwanger wurde (und dafür später zehn Monate Gefängnis erhielt). Nach der Hinrichtung mußten alle Polen aus der Umgebung an dem Leichnam vorbeidefilieren. »Die Tatsache, daß diese Exekution ohne vorheriges gerichtliches Urteil stattfand, wurde im Bezirk lebhaft besprochen. Auch der Kreisleiter soll sich in ablehnendem Sinne geäußert haben.« In demselben Brief wird in Fall erwähnt, wo die Gestapo Regensburg in das Gerichtsgefängnis eindrang, einen wegen »verbotener Beziehungen« einsitzenden Polen festnahm und exekutierte. Im November ereignete sich dasselbe im Wald bei Eschelbach, wo der Pole Jarek wegen Beziehungen zu einer zwanzigjährigen Frau gehängt wurde. Wiederum mußten rund hundert Polen aus der Umgebung an der Leiche vorbeimarschieren.[133] Wie aus einem Justizbericht von Mitte 1942 deutlich hervorgeht, wurden die Justizbehörden oft im unklaren gelassen und kannten weder die Anklage noch die Anzahl der Exekutionen.[134]

Die Frage, was in solchen Fällen mit der beteiligten deutschen Frau geschehen solle, war bei der Polizei und in der Bevölkerung sehr umstritten. Eine beliebte Reaktion war, daß die Frau nicht so leicht davonkommen dürfe. In einem Fall aus dem Raum Düsseldorf (Juni/Juli 1941) wurde gefordert, zumindest müsse die Frau gezwungen werden, der Hinrichtung beizuwohnen.[135] Ein Lagebericht vom 4. September 1942 erwähnte, daß zwar einige polnische Zivilarbeiter von der Gestapo gehängt worden seien, aber: »Man hat nichts davon gehört, daß dem deutschen Mädchen oder der deutschen Frau – außer vielleicht einer Verwarnung – etwas geschehen wäre. Im Volk wird das vielfach nicht verstanden. Es erregt sogar Anstoß, daß das unwürdige und ehrlose Verhalten des deutschen Mädchens oder der deutschen Frau nicht empfindlich bestraft wird.«[136]

Wie die Polen anderswo behandelt wurden, zeigen Korrespondenzen aus anderen Teilen Deutschlands. So vermerkte der Generalstaatsanwalt bei dem Oberlandesgericht Jena in einem Schreiben, daß sich eigentlich zwei Gerichte mit einem Polen befassen sollten, der sexueller Beziehungen zu einer deutschen Frau beschuldigt wurde; die Frau habe sieben Jahre erhalten, doch bevor dem Mann der Prozeß gemacht werden konnte, »erschien ein Beamter der Geheimen Staatspolizei, nahm Aktenabschriften und erklärte, das RSHA in Berlin habe Anweisung erteilt, den Polen zu hängen«.[137] In einem Fall aus derselben Gegend holte die Gestapo am 24. August 1940 einen Mann aus dem Gerichtsgefängnis in Gotha und hängte ihn in Gegenwart von fünfzig Polen an der Straße auf; den Leichnam ließ sie 24 Stunden hängen.[138] In den folgenden Monaten kamen weitere Beschwerden aus Jena. In einem Brief wurde darauf hingewiesen, daß die »Volksjustiz« vielleicht eine abschreckende Wirkung haben mochte, daß sie aber zu unzivilisiertem Verhalten herausfordere und das bestehende Rechtssystem untergrabe.[139]

Aus ganz Deutschland strömten aus Kreisen der Rechtspflege Beschwerden über anmaßende Polizeimethoden nach Berlin. Bezeichnend war der Beschwerdebrief des hessischen Oberlandesgerichtspräsidenten vom März 1942. Wie er schrieb, hatte am 24. Januar 1942 eine polnische Frau das Kind ihres Arbeitgebers mit einem Beil erschlagen und ein weiteres verletzt. Die Gestapo hatte aus eigener Machtvollkommenheit die Frau gehängt, und zwar in Gegenwart von 200 Polen, die eigens zu diesem Schauspiel herbeigeholt worden waren. Der Oberlandesgerichtspräsident bezweifelte nicht, daß die Polin bekommen hatte, was sie verdiente, oder daß die ordentlichen Gerichte dasselbe Urteil gefällt hätten. Er beklagte aber, daß die Gestapo mit ihrer »Lynchjustiz« das wenige untergrub, was von der ordentlichen Rechtsprechung noch übrig war. Besonders irritierte ihn, daß die Gestapo neben den 200 Polen, die der Hinrichtung zwecks Abschreckung beiwohnen mußten, auch rund 500 Deutsche als Zuschauer zugelassen hatte.[140]

Himmler reagierte auf diesen Fall am 22. April 1942 mit einem Schreiben an Reichsjustizminister Schlegelberger. Er wies darauf hin, daß die Gerichte wahrscheinlich die Unzurechnungsfähigkeit der geistig verwirrten Frau festgestellt und daher eben nicht die Todesstrafe verhängt haben würden. Für Himmler war das absolut unannehmbar. Er fuhr fort:

Als Reichsführer-SS und Chef der Deutschen Polizei bin ich jedoch dafür verantwortlich, daß derartige Taten unverzüglich ihre gerechte Sühne finden. Die Volksgemeinschaft verlangt die Ausmerzung derartiger Schädlinge, gleichgültig, ob nach juristischen Erwägungen eine subjektive Schuld vorliegt oder nicht. Ich kann es nicht hinnehmen, daß polnische Unmenschen durch irgendwelche gesetzlichen Bestimmungen ihrer Sühne entzogen werden.[141]

Diese Bemerkungen verraten ebenso wie der Rest des Briefes, was Himmlers Begriff einer »Polizeijustiz« im Grunde genommen bedeutete. Himmler kam auf einen anderen Fall zu sprechen, in dem ein Pole in einem kleinen Ort bei Rudolstadt seinen Arbeitgeber überfallen und getötet hatte. Angeblich hatte die Tat (begangen am 24. November

1941) Tumulte ausgelöst. Der Pole, der einen Selbstmordversuch unternahm, wurde einem ordentlichen Gericht übergeben, doch konnte ihm erst am 8. Januar 1942 der Prozeß gemacht werden. Tatsächlich starb er jedoch schon vorher an den Verletzungen, die er sich beigebracht hatte. Himmler hatte nun entschieden, daß der Mord an einem Deutschen unmöglich durch den Tod eines einzigen Polen gesühnt werden könne, und die Exekution von elf Polen in der Nähe des Tatortes befohlen. Dem Justizminister schrieb er: »Die Bevölkerung hat die von mir angeordnete Exekution mit Genugtuung hingenommen, war jedoch mit Recht empört, daß dem eigentlichen Täter überhaupt nichts geschah.« (Ein späterer Bericht des zuständigen Gerichts bestätigte diese Behauptung. Die Bevölkerung bedauerte nur, daß der Schuldige – der doch schon tot war – nicht zusammen mit den anderen elf Polen gehängt worden sei.)[142] Himmler fuhr fort: »Es wäre also auch in diesem Fall besser gewesen, wenn von einer Überstellung an die Justiz abgesehen und sofort meine Entscheidung eingeholt worden wäre. Ich halte es daher nach wie vor für meine Pflicht, in derartigen Fällen selbst sofort nach der Tat zu entscheiden.«[143]

Wie bereits geschildert, wurde das Reichsjustizministerium nach Minister Gürtners Tod Anfang 1941 am 1. Februar 1941 Franz Schlegelberger unterstellt, der sich jedoch als für Hitlers Geschmack nicht radikal genug entpuppte und daher an 20. August 1942 von Otto Thierack abgelöst wurde. Thierack verstärkte seine »Führung« der ordentlichen Gerichtsbarkeit und systematisierte sie durch Herausgabe seiner »Richterbriefe«. Eindeutig verlangte er in einer Besprechung mit höheren Justizbeamten am 29. September 1942, daß auf noch härtere Strafen und noch mehr Todesurteile hinzuwirken sei.[144] Zehn Tage vorher war Thierack auf Anregung Bormanns mit Hitler zusammengetroffen. Sie trafen die Vereinbarung, daß die Sicherungsverwahrten, nämlich »Juden, Zigeuner, Russen und Ukrainer, Polen über 3 Jahre Strafe, Tschechen oder Deutsche über 8 Jahre Strafe«, an Himmler auszuliefern seien, ebenso eine vage definierte Gruppe »asozialer Elemente«.[145] Diese Vereinbarung (die jeder Rechtsgrundlage entbehrte) routinisierte die unausgesprochene Arbeitsteilung, wonach die Gestapo künftig mit dem Segen des Justizministers für die Befassung mit allen »rassischen« Problemen zuständig war. In einem Schreiben an Bormann vom 13. Oktober 1942 skizzierte Thierack, was er selbst über das Thema dachte:

»Unter dem Gedanken der Befreiung des deutschen Volkskörpers von Polen, Russen, Juden und Zigeunern und unter dem Gedanken der Freimachung der zum Reich gekommenen Ostgebiete als Siedlungsland für das deutsche Volkstum beabsichtige ich, die Strafverfolgung gegen Polen, Russen, Juden und Zigeuner dem Reichsführer-SS zu überlassen. Ich gehe hierbei davon aus, daß die Justiz nur in kleinem Umfange dazu beitragen kann, Angehörige dieses Volkstums auszurotten. Zweifellos fällt die Justiz jetzt sehr harte Urteile gegen solche Personen, aber das reicht nicht aus, um wesentlich zur Durchführung des oben angeführten Gedankens beizutragen. Es hat auch keinen Sinn, solche Personen Jahre hindurch in deutschen Gefängnissen und Zuchthäusern zu konservieren [...] Dagegen glaube ich, daß durch die Auslieferung solcher Personen an die Polizei, die sodann frei von gesetzlichen Straftatbeständen ihre Maßnahmen treffen kann, wesentlich bessere Ergebnisse erzielt werden.«[146]

Am 5. November informierte Himmler die Gestapo reichsweit von der Vereinbarung mit Thierack und deren Autorisierung durch Hitler und legte ihre Konsequenzen dar. Die Fremdarbeiter seien »rassisch minderwertige Menschen«, woraus folge, daß für sie wie für »Juden und Zigeuner« ein anderes Strafrecht gelten müsse. Hätten die Richter bisher Persönlichkeit und Beweggründe der vor ihnen stehenden Menschen gewürdigt, so hätten solche Rücksichtnahmen künftig zu entfallen. Die Folge der Vereinbarung zwischen Himmler und Thierack war also, daß mit den letzten Resten dessen aufgeräumt wurde, was von dem ohnedies nur noch spärlichen rechtsstaatlichen Schutz für Polen und die anderen oben erwähnten Gruppen übrig geblieben war.[147]

Bei einer weiteren Besprechung mit Himmler am 13. Dezember 1942 bekräftigte und wiederholte Thierack seine Absichten bezüglich der geplanten Arbeitsteilung und stimmte zu, daß künftig Himmlers Erlasse »die Grundlage der Durchführung von Strafverfahren gegen fremdvölkische Menschen« sein sollten. Wie wir gesehen haben, wurden die meisten dieser Fälle außerhalb der Gerichte »erledigt«. Waren französische Zivilisten oder Kriegsgefangene im Spiel, wurden sie nur selten hingerichtet, aber auch das kam gelegentlich vor, zum Beispiel im Dezember 1942, als ein Franzose in Weisingen bei Dillingen (Donau) erschossen wurde.[148] Für gewöhnlich wurden jedoch die Fälle von Westeuropäern an ordentliche Gerichte, die schwerwiegenden an Sondergerichte überwiesen. Bei Polen oder »Ostarbeitern« war dagegen die »Polizeijustiz« unter Umgehung der ordentlichen Gerichte die bevorzugte Methode. Daß in einer Stadt wie München einige dieser Fälle anscheinend vor ein ordentliches Gericht kamen, darf uns daher nicht zu dem Trugschluß verleiten, daß in solchen Städten »verbotene Kontakte« ein Randphänomen gewesen wären.[149]

Nach den 1942 getroffenen Vereinbarungen zwischen Himmler und Thierack war die ordentliche Justiz künftig im wesentlichen nur noch für Deutsche da.[150] Diese Vereinbarungen trugen sehr dazu bei, der Gültigkeit der »Polizeijustiz« Anerkennung zu verschaffen. Exekutionsbefehle gegen Polen, die gewöhnlich so rasch wie möglich und ohne Berufung durchgeführt wurden, waren so formuliert, daß klar war, daß die Entscheidung nicht von den Gerichten, sondern von der Polizei gefällt worden war. So heißt es in einem Fall von Ende 1942: »Chef Sipo und SD hat entschieden, daß [die betreffende Person] zu erhängen ist.«[151]

Das RSHA erteilte der Gestapo am 30. Juni 1943 Anweisungen, daß polnische und sowjetische Zivilarbeiter formell aus dem deutschen Strafrecht herausgenommen und der Polizei unterstellt würden. Am nächsten Tag wurde erklärt, daß auch für die wenigen in Deutschland verbliebenen Juden nicht mehr die deutschen Gerichte zuständig seien.[152] Der Auslieferung aller »fremdvölkischen Menschen« an die Willkür der Polizei verlieh eine Direktive Himmlers vom 10. Februar 1944 Nachdruck. Sie betraf die »Ahndung schwerwiegender Verstöße und unerlaubten GVs fremdvölkischer Arbeitskräfte« und endete mit dem frösteln machenden Satz: »Die Durchführung der Sonderbehandlungen [das heißt der Exekutionen] bezweckt vor allem eine Abschreckung der im Reichsgebiet eingesetzten fremdvölkischen Arbeitskräfte«.[153]

Die Rechtsprechung betraf auch die Art der Bekanntmachung von Gerichtsentscheidungen. Nach Auffassung Himmlers und Thieracks war die in ländlichen Gebieten mit Orten unter 20000 Einwohnern zu beobachtende Methode die, Urteile so rasch wie möglich zu vollstrecken und der Öffentlichkeit zu präsentieren, um die größtmögliche soziale Wirkung zu erzielen. In den größeren Städten, wo die »Rechtsprechung« schwieriger war, waren Berichte über Verbrechen und Bestrafungen von Polen und anderen oben genannten Gruppen durch sorgfältig formulierte Zeitungsartikel oder Plakate am Arbeitsplatz publik zu machen. Die städtische Presse brachte denn auch viele exemplarische Geschichten, nicht nur von der Art »Hohe Strafe für auffälligen Polen«, sondern auch über Urteile gegen Deutsche.[154] Das Publikum bekam auch instruktive Artikel über das »falsche Mitleid« zu lesen, Briefe von Polen an ihre Familien weiterzuleiten.[155] »Unwürdiges Verhalten« einer jungen Frau wurde angeprangert: Sie hatte mit einem Polen gesprochen (und bekam dafür sechs Wochen Gefängnis). Die Überschrift des Zeitungsartikels war der Imperativ: »Abstand halten!«[156] Sogar ein vierundfünfzigjähriger Mann (Kriegsteilnehmer und Vater von neun Kindern) bekam einen Monat Gefängnis für sein »unwürdiges Verhalten«:

Er hatte sich von einem französischen Kriegsgefangenen einen Regenmantel schenken lassen.[157] Thierack favorisierte die »Rechtsprechung durch das Volk selbst«.[158]

REAKTIONEN DER ÖFFENTLICHKEIT

Wir wissen nicht, wie viele Polen im nationalsozialistischen Deutschland exekutiert wurden. Eine deutsche Nachkriegsuntersuchung von Führern des RSHA förderte Dokumente über 270 Exekutionen von Polen allein im Westen Deutschlands zutage, die zumeist öffentlich vollstreckt worden waren.[159] Es gibt deutliche Hinweise in der Literatur, daß die Anzahl der Exekutionen weit über diese Zahl hinausging.[160]

Lokale Berichte über die Reaktion der Bevölkerung auf Exekutionen wurden zwar gesammelt, sind aber zum größten Teil bei Kriegsende vernichtet worden. Eine Vorstellung davon, wie sie aussahen, vermittelt ein erhalten gebliebener Bericht des Sicherheitsdienstes (SD) vom 17. August 1942 aus Bayreuth. Darin wird festgestellt, die Fraternisierung zwischen Deutschen und Polen greife trotz schwerer Strafen weiter um sich. Was die Reaktion der Bewohner auf die Exekutionen betreffe, so seien »fast in allen Teilen des Gaugebietes im Laufe der Zeit« die Meinungen sehr schwankend gewesen.[161] Der SD hatte den Eindruck, daß man Deutsche besser nicht Zeuge von Exekutionen werden lasse, da dies zu Beunruhigung oder Erregung führen könnte, und verurteilte, was im thüringischen Hildburghausen geschehen war. Als dort »20 Polen exekutiert wurden, waren [...] zahlreiche deutsche Volksgenossen, Soldaten und Zivilbevölkerung, an der Richtstätte anwesend. Es wird die Zahl von 800 bis 1000 Zuschauern genannt. Außerdem seien abgesperrt durch Posten im Walde noch einmal ca. 600 bis 700 Frauen und Kinder zugegen gewesen.« Der SD meinte, »eine derartige Massenexekution« dürfe nicht zu einem öffentlichen Schauspiel geraten.

Dagegen stellte der SD fest, daß nur wenige Deutsche Einwände gegen eine Exekution erhöben, wenn ein Gendarm getötet worden war, und auch mit dem zahlenmäßigen Verhältnis von zehn Polen für einen Deutschen einverstanden seien. Parteigenossen wie Nichtparteigenossen hielten es angeblich für »selbstverständlich«, daß Exekutionen angebracht waren, um sexuelle Übergriffe gegen deutsche Frauen zu ahnden, doch neigten »konfessionell gebundene« Menschen eher dazu, drastische Maßnahmen und Exekutionen aus Gründen der Menschlichkeit und wegen des Fehlens eines ordentlichen Gerichtsverfahrens abzulehnen. Was deutsche Frauen betraf, die sich freiwillig auf unerlaubte sexuelle Beziehungen mit polnischen Männern eingelassen hatten, so fanden Parteigenossen, daß die Frau genauso schuldig sei und ebenfalls gehängt werden solle. Solche Meinungen waren dem Lagebericht zufolge weit verbreitet, und in Regensburg fanden manche sogar, daß das deutsche Mädchen, »von dem man mehr verlangen müsse als vom Polen«, die größere Schuld trage. Mitleid empfanden die Deutschen, wenn die Polen sehr jung waren, und sogar manche Parteigenossen beschlichen Zweifel, wenn die Polen »rassisch verhältnismäßig gut« aussahen. Nach den Richtlinien aus Berlin hatten die polnischen Arbeiter aus der Umgebung der Exekution beizuwohnen, und einer oder mehrere von ihnen mußten das Erhängen vornehmen. Der SD stellte dazu fest: »Der Gesamteindruck auf diese Zuschauer ist mit dem Ausdruck ›Gleichgültigkeit‹ am besten charakterisiert. Die Polen nehmen das Ereignis mit stoischer Ruhe hin.«[162]

Die Exekutionen von Polen und die Reaktionen der Bevölkerung darauf scheinen anderswo ähnlich gewesen zu sein wie hier in Bayern während der Kriegsjahre. Diesen Eindruck vermittelt jedenfalls das verstreute Material, das sich von der Gestapo in der Pfalz erhalten hat. Es gibt vier verschiedene Fälle aus den Jahren 1942 und 1943, bei denen Berichte über die Reaktionen der Bevölkerung erhalten geblieben sind. (Mehr als hundert Polen wurden jeweils gezwungen, der Hinrichtung beizuwohnen.) Die deutschen Reaktionen auf die Exekutionen wurden in den Akten mit Ausdrücken charakterisiert wie »zu Recht«, »gerecht«, »gebilligt«, »durchaus angebracht«.[163] In einem Fall, dessen Zeuge der Gendarm von Bad Dürkheim war, vermerkte dieser in seinem Bericht die (übliche) Forderung nach Hinrichtung der deutschen Frau, vermutete allerdings, daß diese Proteste wenig Kenntnis des wirklichen Falles verrieten, bei dem es um eine geistig »beschränkte« Frau gegangen sei. Das Volk verlangte, die Frau solle neben dem Polen aufgehängt werden, und diese Forderung hörte man überall in Bayern, so etwa nach der Exekution des Thomas Wolak in einem Wald bei Landshut. Die Bevölkerung war angeblich auch für die Exekution der deutschen Frau, zumindest aber müsse sie gezwungen werden, der Exekution des Mannes zuzusehen. Allgemein sei man »einverstanden« mit dem, was dem Polen widerfahre, aber abgesehen davon, daß die Exekution die Stimmung der anderen Polen dämpfte, die an der Leiche vorbeimarschieren mußten, sei durch sie »kein besonderer Einfluß auf die Stimmung ausgelöst« worden.[164]

In einem anderen Exekutionsfall vom Dezember 1942 schob die Bevölkerung der Frau (einer Kriegerwitwe) auch dann noch die Schuld zu, nachdem sie Selbstmord verübt hatte; dem Bericht des Gendarmen zufolge herrschte nämlich allgemein der Eindruck, sie habe den Polen verführt. In diesem Fall unterstützten die Deutschen nachdrücklich und begeistert die Bemühungen des Regimes um Bestrafung von »Sexualverbrechen«. Gleichwohl empfahl der Gendarm, Exekutionen in Zukunft nicht vor den Augen der Öffentlichkeit durchzuführen; denn »auf diese Weise glaubt man einer gewissen Beunruhigung und Erregung zu begegnen, die durch eine derartige Vollstreckungshandlung unter die Bevölkerung getragen wird«.[165]

Nach einer anderen Exekution im Zuständigkeitsbereich der Gestapo Düsseldorf zu urteilen, machten Katholiken weiterhin kaum ein Hehl aus ihrem Mißfallen. In einem Bericht des Bürgermeisters von Kempen (Niederrhein) vom 1. Oktober 1942 heißt es: »Der Erhängung des Polen wurde in der hiesigen Bevölkerung nur geringes Verständnis entgegengebracht, da der weitaus größte Teil [...] zur römisch-katholischen Kirche [...] derartigen Maßnahmen ablehnend gegenüber steht. Nur wenige Personen beurteilen diese Exekutionen vom Standpunkt der Reinerhaltung des deutschen Blutes.«[166]

Die Lageberichte des SD mußten weiterhin melden, daß die Deutschen es nicht fertigbrachten, Abstand von Fremdarbeitern zu halten, und ein Bericht von Mitte 1944 resümiert denn auch: »Die ausgesprochen schweren Strafen haben leider bis jetzt einen durchschlagenden Erfolg nicht gezeitigt.«[167]

Der »Arbeitskreis über sicherheitspolitische Fragen des Ausländereinsatzes« in Berlin empfahl, man solle zwar weiterhin versuchen, das System durch Durchsetzung der Bestimmungen aufrechtzuerhalten, und die Arbeiter fester denn je an ihren Arbeitsplatz binden, daneben aber auch bei minder schweren Verstößen die (deutschen) Täter beiseite nehmen und in eigenen Lehrgängen über die rassischen und sonstigen Gefahren des Umgangs mit Polen und anderen Fremdarbeitern unterrichten.[168] Alle möglichen sonstigen Polizeizugriffe wurden empfohlen, um die Arbeiter an ihrem Arbeitsplatz zu halten, doch wurden viele dieser (nicht näher bestimmten) Maßnahmen und Anregungen sehr schnell »als undurchführbar erkannt«. Letzten Endes wurde noch mehr Nachdruck darauf gelegt, Verstöße gegen die Bestimmungen und das Schicksal der Delinquenten publik zu machen. Der Generalstaatsanwalt in München klagte noch im Juni 1944, es sei ein »trauriges Kapitel«, daß deutsche Frauen unablässig weiter intime Beziehungen mit allen möglichen Fremden hätten, ja daß diese unerlaubten Handlungen an Umfang noch zugenommen hätten.[169]

Es bedarf kaum der Erwähnung, daß das Gestaposystem dank der Zuarbeit normaler Bürger in Form von Denunziationen selbst die leisesten Formen von Ungehorsam und Widerstand entmutigte. Es war den Polen buchstäblich unmöglich, sichere Enklaven zu finden, wo sie sich treffen und beraten konnten, was zu tun sei. Bei einer seltenen Gelegenheit kam es vor, daß mehr als hundert polnische Frauen es wagten, die Arbeit niederzulegen; das war Mitte 1943 in Rheinzabern. Ihr Protest gegen schlechte Kleidung und sonstige Arbeitsbedingungen wurde von 300 weiteren Arbeitern mitgetragen und legte die Produktion in der Ziegelei lahm. Die Sache brach jedoch binnen zwei Stunden in sich zusammen, nachdem der Dolmetscher den Leuten erklärt hatte, wie viele von ihnen in der Gefahr schwebten, in ein Konzentrationslager geschickt zu werden. Es dauerte auch nicht lange, bis sich eine Denunziantin fand und die Rädelsführerin in »Schutzhaft« genommen wurde. Sie kam im September 1943 nach Auschwitz, von wo am 5. Januar 1944 ihr Tod gemeldet wurde.[170] Polen, die es wagten, die Hand gegen ihren Arbeitgeber zu erheben, wie es im August 1941 geschah, büßten mit ihrem Leben, wenn der Vorfall angezeigt wurde – in diesem Fall nicht vom Arbeitgeber selbst, sondern von seiner Familie.[171]

Nur die wenigsten Gestapobeamten, die an diesen Exekutionen ohne Gerichtsverfahren beteiligt waren, wurden nach 1945 zur Rechenschaft gezogen. Ein Gestapobeamter, dem wegen seiner Beteiligung an der Exekution Miroslaw Wojczakowskis am 30. September 1943 bei Memmingen der Prozeß gemacht wurde, war der Leiter der Gestapo Augsburg, der dem Delinquenten vor der Exekution das Urteil verlesen hatte. Er stand 1949 wegen Beihilfe zum Mord vor Gericht. Sein Verteidiger brachte vor, sein Mandant habe an die »Gesetzmäßigkeit [sic!] der Hinrichtung« geglaubt, und verwies auf die Vereinbarung zwischen Himmler und Reichsjustizminister Thierack, von der er am 5. November 1942 unterrichtet worden war. Der Gestapobeamte wurde für nicht schuldig befunden.[172] Denselben Ausgang nahm ein Nachkriegsverfahren gegen Franz Sprinz, während einiger Kriegsjahre Leiter der Gestapo in Köln. Er war an den Exekutionen von vier polnischen Arbeitern beteiligt und wurde aus denselben Gründen wie der Augsburger Gestapochef für nicht schuldig befunden.[173]

Viele der hier untersuchten Gestapofälle spiegeln die Herausbildung einer Art von therapeutischem System in der Hitlerdiktatur wider. Der Staat beziehungsweise die NSDAP waren aufgerufen, einzugreifen, Probleme zu lösen und bestimmte Aspekte des sozialen Lebens zu regulieren. Ein zweiundvierzigjähriger (unverheirateter) Bauer aus Dielkirchen zeigte sich im Mai 1943 selbst bei der Gauleitung an. Er sagte, eine bei ihm beschäftigte polnische Frau sei im zweiten Monat schwanger und er sei bereit, sie zu heiraten, wenn ihre rassische Überprüfung positiv ausfalle. Die Gestapo jedoch, die von der NSDAP über den Vorgang informiert worden war, wollte davon nichts wissen, und die Frau wurde nach der Geburt ihres Kindes an eine andere Arbeitsstelle geschickt.[174]

Eine andere Seite des therapeutischen Systems war, daß Arbeitgeber – Bauern auf dem Lande, Geschäftsinhaber in der Stadt – die Polizei riefen, um aufsässige Arbeiter zu disziplinieren. Industriebetriebe wie die I.G. Farben wünschten, daß die Gestapo einschritt, wenn Fremdarbeiter nicht taten, was man ihnen sagte, oder mit lahmen Ausreden daherkamen. Ein solcher Fall von Ende 1942 in Ludwigshafen führte dazu, daß ein Pole zuerst nach Hinzert und dann nach Natzweiler geschickt wurde, von wo am 19. Februar 1943 die Meldung von seinem Tod kam.[175] Polnische Arbeiter, die Schwierigkeiten machten und nicht aufhörten, einen anderen Arbeitsplatz zu verlangen, wurden vielleicht nur für eine oder zwei Wochen ins Gefängnis gesteckt.[176] Sie konnten aber auch einem Gestapoverhör unterzogen und ins Konzentrationslager geschickt werden.[177] Wurden Polen und andere Fremdarbeiter auch nur wegen geringfügiger disziplinarischer Verstöße angezeigt, landeten sie im Konzentrationslager, wo viele von ihnen umkamen.[178]

Viele deutsche Frauen mißachteten das offizielle Verbot von sexuellen Beziehungen mit polnischen Arbeitern. Frauen in Deutschland fuhren auch fort, sexuelle oder freundschaftliche Beziehungen mit vielen anderen Fremdarbeitern im Lande zu unterhalten, und das Regime erkannte die Unmöglichkeit, ein generelles Verbot auszusprechen, weil es befürchtete, Verbündete (wie zum Beispiel Italien) zu verärgern, aber auch aus anderen Gründen. Es ist nicht möglich, den ganzen Umfang des – verbotenen, »unerwünschten« und anderweitigen – Fraternisierens zu schätzen, aber schon im Januar 1942 hatten nach Schätzungen der Nationalsozialisten Fremdarbeiter »mindestens 20000« uneheliche Kinder gezeugt.[179] Trotz rassistischer Propaganda, brutaler Gesetze, wachsamer Denunzianten und einer beflissenen Polizei gab es also Menschen, die gegen das Gesetz verstießen oder den Geist hinter dieser Seite des offiziellen Rassismus ablehnten. Wie die Deutschen auf andere Maßnahmen der Diktatur reagierten, die wenig oder nichts mit der Rassenfrage zu tun hatten, ist eine weitere Facette des Gesamtbildes, der wir uns im nächsten Kapitel zuwenden wollen.

8. Kapitel

FEINDE IN DEN EIGENEN REIHEN

Die Deutschen waren gesetzlichen Kriegsmaßnahmen unterworfen, die bei Ausbruch des Krieges eingeführt wurden, um das soziale, wirtschaftliche, kulturelle und politische Leben zu regeln. Einige wichtige Änderungen wurden schon Ende August/Anfang September 1939 verkündet, viele weitere folgten. Am Tag der deutschen Mobilmachung trat eine »Kriegssonderstrafrechtsverordnung« über das Verhalten von Militär- und Zivilpersonen in Kraft. Ein Abschnitt dieser Verordnung bestimmte die Todesstrafe für jeden, der »Wehrkraftzersetzung« betrieb. Wie viele andere Straftatbestände in der NS-Zeit war auch dieser vage definiert. Er betraf nicht nur die naheliegenden Fälle wie den, daß jemand die Truppen zum Ungehorsam oder zur Fahnenflucht aufrief, sondern konnte auch auf Personen ausgedehnt werden, die Zweifel an der Qualität der militärischen Führung Deutschlands äußerten oder irgendeinen Aspekt der Kriegsanstrengung kritisierten.[1]

Daneben versprach eine »Kriegswirtschaftsverordnung« vom 4. September 1939 den Bürgern, daß für ihre Grundbedürfnisse gesorgt und man die Lebenshaltungskosten nicht überhand nehmen lassen werde. Zivilpersonen wurden aufgefordert, unentgeltliche Sonntagsarbeit zu leisten, mehr Steuern zu zahlen und das Einfrieren ihrer Einkommen hinzunehmen. Zwar wurden die zuletzt genannten Bestimmungen später gelockert, aber der patriotische Appell verlangte von den Deutschen in der Heimat, die Last mit den Soldaten im Feld zu teilen. Das Maßnahmenpaket für Verbraucher gründete auf dem Prinzip der Gerechtigkeit, weshalb es Preisregulierungen und die Rationierung der wichtigsten Güter gab, um sicherzustellen, daß brave Bürger nicht übervorteilt wurden. Knappheiten sollten nicht zu Preistreiberei führen, und Härten sollten für alle gleich sein, unabhängig von ihrer Situation.[2] Einer Ansicht zufolge führten die Deutschen schon vor Ausbruch des Krieges eine spartanische Existenz, so daß es schwierig war, sie weiter zu beschneiden. 1944 mußten sie mit zwei Dritteln der Konsumgüter auskommen, die sie 1938 gehabt hatten, und das bei spürbarer Qualitätsverschlechterung.[3] Trotzdem erhielten die Deutschen einer vergleichenden Untersuchung zufolge bis zu den letzten Kriegsmonaten höhere Rationen als die Bürger jeder anderen kriegführenden Nation Europas.[4] Eine weitere Maßnahme zur Stärkung der Heimatfront war die »Verordnung gegen Volksschädlinge« vom 5. September 1939. Der Begriff des »Volksschädlings« war ja schon seit langem im Schwange; nun aber, zu Beginn des Krieges, wurde der Versuch unternommen, diesen sozialen »Typus« näher einzugrenzen. Zu den »Volksschädlingen« im Sinne der neuen Maßnahme gehörte jeder, der die Notzeit des Krieges zu »Plünderungen« oder sonstigen Verbrechen ausnutzte; gegen »Volksschädlinge« konnte die Todesstrafe verhängt werden.[5] Es war ein Zeichen der Zeit, daß gut vier Wochen nach Kriegsbeginn durch Verordnung bestimmt wurde, daß Jugendliche über 16 Jahren künftig nach Erwachsenenstrafrecht abgeurteilt werden konnten und dieselben Strafen zu gewärtigen hatten wie Erwachsene.[6] Die Diktatur im Krieg verschärfte nicht nur bestehende Gesetze und setzte Strafmaße herauf; sie startete auch innenpolitische Offensiven, um neue Bereiche des sozialen Lebens zu durchdringen und zu kontrollieren.

Die Konflikte gewöhnlicher, einfacher Deutscher mit der Polizei während des Krieges sind von Historikern bislang wenig beachtet worden. Diese Geschichten erhellen jedoch das veränderte Wechselverhältnis zwischen Zwang und Zustimmung in der Hitlerdiktatur und werfen ein Licht auf die Sozialgeschichte der deutschen Heimatfront.

NORMALE BÜRGER UND IHRE PRIVATSPHÄRE

Die Verordnung über »außerordentliche Rundfunkmaßnahmen« vom 1. September 1939, mit der das Abhören ausländischer Rundfunksender verboten wurde, verdient hier besondere Beachtung, weil sie dem Bemühen entsprang, die Privatsphäre polizeilich zu überwachen. Bis dahin hatte sich die Diktatur auf die Kooperation zwischen der Polizei und der Bevölkerung verlassen. Wie geschildert, brachte das neue System Überwachung und Kontrolle in Radikalform hervor. Die neuen Rundfunkmaßnahmen waren jedoch insofern etwas Neues, als es Zweck der Übung war, nicht nur das Verhalten der Menschen in der Öffentlichkeit zu kontrollieren, sondern auch zu bestimmen, was sie in der Privatsphäre ihrer Wohnung hören und nicht hören durften.

Der Einfall, den Deutschen das Abhören von Auslandssendern zu verbieten, kam ursprünglich (Mitte August 1939) aus dem Stab von Rudolf Hess. Hitler war prompt von der Idee überzeugt und beauftragte Joseph Goebbels als verantwortlichen Minister mit der Ausarbeitung der Einzelheiten. Obwohl Kenner aus Kreisen des Justizministeriums und sogar der Polizei Zweifel an der Klugheit eines solchen Schrittes äußerten, präsentierte Goebbels bereits am 1. September 1939 das fertige Produkt, und Hitler unterzeichnete es sofort, weil es seiner tiefen Sorge über die negativen Auswirkungen der »Feindpropaganda« (im Rundfunk) auf die Heimatfont entsprach. Die NS-Polizei hatte aber weiter ihre Vorbehalte, weil es natürlich äußerst schwierig sein würde, ein solches Gesetz durchzusetzen.[7]

Die »Verordnung über außerordentliche Rundfunkmaßnahmen« stellte einleitend fest: »Im modernen Krieg kämpft der Gegner nicht nur mit militärischen Waffen, sondern auch mit Mitteln, die das Volk seelisch beeinflussen und zermürben sollen. Eines dieser Mittel ist der Rundfunk.« Weiter heißt es in der Präambel: »Jedes Wort, das der Gegner herübersendet, ist selbstverständlich verlogen und dazu bestimmt, dem deutschen Volke Schaden zuzufügen.« Jeder anständige Deutsche werde es natürlich unterlassen, ausländische Sender abzuhören. Die Verordnung gelte jenen, denen dieses Verantwortungsgefühl fehle. Das Abhören von Auslandssendern war ab sofort ein schweres Verbrechen, für das sogar die Todesstrafe drohte.[8] Überlegungen, das Abhören kommunistischer Sendungen aus Moskau zu verbieten, hatte es schon 1937 gegeben.[9] Zwar wurde aus diesen Plänen nichts, doch behandelte die Gestapo jede diesbezügliche Anschuldigung als Verbrechen, besonders wenn der Betreffende eine kommunistische Vergangenheit hatte.[10]

Reichsjustizminister Gürtner erhob einen schwerwiegenden Einwand gegen die Rundfunkmaßnahmen, indem er darauf hinwies, daß sie der Denunziation Tür und Tor öffneten.[11] Rudolf Hess erörterte diese Bedenken mit Hitler, und beide waren sich darüber im klaren, daß die Maßnahme ein »unerwünschtes und verabscheuungswürdiges Spitzel- und Denunziantentum« hervorbringen könne.[12] Dies gab Hitler zu denken, doch maß er der Überwachung der über den Äther verbreiteten Bilder vom Krieg eine solche Bedeutung bei, daß er den Rundfunkmaßnahmen durch seine Unterschrift Gesetzeskraft verlieh. Danach hatten sogar Minister und höhere Beamte Schwierigkeiten, die Erlaubnis zum Abhören ausländischer Sendungen zu bekommen, sogar, wenn es in Ausübung ihres Dienstes geschah.[13]

Die in der deutschen Presse lancierte Begründung für die neue Verordnung knüpfte wie üblich an die »Lehren« von 1918 an: »In einer Zeit, in der das deutsche Volk sich einmütig hinter seinen Führer stellt, gilt in Deutschland auch nur eines: *Das Wort des Führers*. Im Weltkrieg arbeiteten die Gegner Deutschlands mit der gemeinen Waffe der Hetze, mit dem Gift der Lüge und mit der aufrührerischen Provokation – mit Methoden, die zum 9. November 1918 führten. In der deutschen Presse erschienen – selbst noch im Jahre 1918 – die Reden feindlicher Staatsmänner ohne Zensur und ohne Kommentar. [...] Man machte sich darüber Gedanken, als es bereits zu spät war.«[14]

Die Überwachung dessen, was die Deutschen an Auslandssendungen hören konnten, war jedoch mit großen Problemen verbunden, weil man seit 1933 für die weite Verbreitung von Rundfunkgeräten gesorgt hatte. Die entsprechende Parole hatte gelautet: »Des Führers Wort in jeden Betrieb, in jedes Haus!«[15] Mit dem Volksempfänger war das abhören vπon »Feindsendern« allerdings schwierig. Insgesamt gab es 1939 in Deutschland zwölf Millionen Rundfunkgeräte. Nach der amtlichen Statistik stieg die Zahl der Rundfunkhörer von gut vier Millionen im Jahr 1933 auf fast das Vierfache in den mittleren Kriegsjahren.[16]

Hitlerdeutschland wurde eine moderne Massenmediengesellschaft, in der es nicht nur Millionen von Zeitungslesern und Wochenschaubesuchern gab, sondern in der auch der Rundfunk ungeheuer beliebt wurde. Nachdem der Rundfunk die Anfangsfehler überwunden hatte, zu viel Zeit für durchsichtige politische Botschaften zu verschwenden, wurde seine Anziehungskraft geradezu unwiderstehlich. Nicht nur in der Wohnung wurde Radio gehört, sondern auch in der Öffentlichkeit, etwa in Gaststätten und sogar am Arbeitsplatz. Die deutschen Rundfunkmacher erkannten, daß es darauf ankam, die rechte Mischung aus Unterhaltung, Nachrichten und Sondersendungen, etwa eine Hitlerrede, zu bieten.

Während des Krieges entwickelte sich eine andere Schlacht im Äther um die Rundfunkhörer. Deutschland brachte englische Sendungen für Großbritannien, um die Moral der Bevölkerung zu beeinflussen und die öffentliche Meinung positiv zu stimmen, und die BBC gab in gleicher Münze zurück. Die BBC (und später Radio Moskau) unternahmen besondere Anstrengungen, ein deutsches Publikum zu fesseln und bei der Stange zu halten, indem sie auf deutsch sendeten und wichtige Nachrichten von der Front bekanntgaben, unter anderem die Namen von deutschen Soldaten und Seeleuten, die in Gefangenschaft geraten waren. Es ist schwer zu sagen, wieviele Deutsche heimlich diese Sender abhörten, und unmöglich zu erraten, wie viel sie von dem glaubten, was sie hörten. Nach allem, was wir wissen, hörten die Deutschen häufig Auslandssender ab, auch die verbotene BBC. Typisch ist der einigermaßen frustrierte Bericht des Sicherheitsdienstes (SD), es sei ein »offenes Geheimnis«, daß viele die BBC hörten, da zahllose Menschen plötzlich gleichzeitig ihre Gartenarbeit unterbrachen und ins Haus gingen, wenn fünf Minuten später eine der regelmäßigen BBC-Sendungen begann. Ein anderes Indiz war, daß man die Menschen schon über die genaue Anzahl der abgeschossenen Bomber und die Art und Zahl der niedergegangenen Bomben reden hörte, bevor diese Informationen noch im Großdeutschen Rundfunk kamen.[17]

DIE PRAKTIKEN DER GESTAPO UND DIE »NORMALEN DEUTSCHEN«

Praktisch jeder, der die NS-Zeit miterlebt hat, berichtet vom Abhören ausländischer Sender, aber wer das damals tat, begab sich in Gefahr. Die Gestapo wurde am 7. September von der Berliner Zentrale angewiesen, die »Radiomaßnahmen« in vollem Umfang durchzusetzen und dafür zu sorgen, daß echte »Volksschädlinge« den Sondergerichten zur Aburteilung übergeben wurden.[18] In den ersten vier Monaten nach Inkrafttreten der Maßnahmen verhaftete die Gestapo über 1100 Personen, und in den folgenden sechs Monaten stieg die Zahl auf 2197.[19] Über die Zahl der Anzeigen, die nicht zu einer Festnahme führten, kann man nur spekulieren, aber aller Wahrscheinlichkeit nach lag sie viel höher. Die Beispiele für die Verbrechen und ihre Bestrafung, die die Presse regelmäßig Revue passieren ließ, trugen Überschriften wie »Ausländische Sender abgehört – Zuchthausstrafen verhängt – Warnung an Unbelehrbare«.[20] Eine andere Meldung lautete schlicht: »Keine Milde für Rundfunkverbrecher.«[21] Im September 1941 gab es – im Einklang mit der weiteren Radikalisierung des Terrors, die nach Beginn des Krieges gegen die UdSSR eingesetzt hatte – die erste Zeitungsmeldung von zwei Todesurteilen wegen des Abhörens von Auslandssendern. Im einen Fall handelte es sich um einen Mann, einen früheren Kommunisten, der vom Sondergericht Nürnberg-Fürth verurteilt worden war. Kaum weniger verwundbar war das andere Opfer, eine Polin und Haushälterin eines deutschen Arztes, die vom Sondergericht Graudenz zum Tode verurteilt wurde. Sie hatte die Tollkühnheit besessen, samstags abends polnische Bekannte in die Arztwohnung einzuladen, mit denen sie Radio hörte, wenn der Arzt nicht da war.[22]

Wie kam die Gestapo solchen Delinquenten auf die Spur? Tabelle 5 zeigt die Ergebnisse meiner Auswertung der Gestapoakten dreier Regionen: Unterfranken mit Würzburg, das Rhein-Ruhr-Gebiet um Düsseldorf und die Pfalz um Neustadt. Nach einer ähnlichen Stichprobentechnik wie in den vorigen zwei Kapiteln wählte ich aus den Würzburger Akten 62 Fälle, aus den Düsseldorfer 81 und aus den Neustädter 83 aus.

Tabelle 5. Anzeigen wegen abhörens verbotener Rundfunksendungen in Gestapoakten aus Düsseldorf, Würzburg und Neustadt 1933–1945

Informationsquelle	Anzahl der Fälle	in Prozent
1 Anzeigen aus der Bevölkerung		
Düsseldorf	55	
Würzburg	45	
Neustadt	64	
Summe	164	73
2 Informationen durch Kontrollorgane		
Düsseldorf	2	
Würzburg	–	
Neustadt	6	
Summe	8	4
3 Beobachtungen der Gestapo und ihrer V-Leute		
Düsseldorf	4	
Würzburg	-	
Neustadt	2	
Summe	6	3
4 Informationen d. kommunalen oder staatl. Stellen		
Summe	0	0
5 Aussagen bei Verhören		
Düsseldorf	2	
Würzburg	4	
Neustadt	1	
Summe	7	3
6 Informationen aus Firmen		
(nur Neustadt)	1	-
7 Informationen d. NSDAP, NS-Organisationen oder Parteigenossen		
Düsseldorf	6	
Würzburg	3	
Neustadt	8	
Summe	17	7
8 Quellen nicht bekannt		
Düsseldorf	12	
Würzburg	10	
Neustadt	1	
Summe	23	10
Gesamtzahl	**226**	**100**

Quelle: Gestapoakten HStA D, StA W, LAS

Das Ergebnis zeigt, daß 164 von insgesamt 226 Fällen (also 73 Prozent) auf Anzeigen aus der Bevölkerung zurückgingen. Weitere 10 Prozent liefern keine Hinweise auf die ursprüngliche Informationsquelle, doch wie ich bereits angedeutet habe, handelte es sich bei vielen davon wahrscheinlich um Hinweise aus der Bevölkerung. Doch selbst wenn wir diese Vorgänge ausschließen, stellt sich heraus, daß in allen drei Regionen drei Viertel dieser Gestapoakten damit begannen, daß ein »normaler Deutscher« einen anderen anzeigte. Am größten war der Umfang der Denunziationen in der Pfalz, der Gegend, die die Nationalsozialisten schon vor 1933 mehr unterstützt hatte als die anderen zwei Regionen. Hier begannen 77 Prozent der Ermittlungen mit einer Denunziation. In Unterfranken waren es 73 Prozent, im Rhein-Ruhr-Gebiet 68 Prozent. Es gab also regionale Unterschiede, doch bewegte sich die Spreizung im Bereich von nur etwa 10 Prozent.

Die Bestätigung, daß es sich anscheinend um ein gesamtdeutsches Muster handelte, kommt aus Norddeutschland, wie eine Untersuchung Gerhard Pauls über Gestapofälle am Sondergericht Kiel belegt. Paul zeigt, daß 81 Prozent der 121 Anzeigen wegen Abhörens ausländischer Sender auf eine Denunziation zurückgingen; weitere 3 Prozent begannen mit einem anonymen Brief. Von sich aus deckte die Gestapo in dieser Gegend nur 5 Fälle auf, und auch das nur bei Männern und Frauen, die bereits in Haft waren.[23] In den drei von mir untersuchten Stichproben deckte die Gestapo selbst nur 6 von 226 Fällen auf. Wie Tabelle 5 zeigt, bekam die Gestapo auch wenig Hilfe vom übrigen Polizei-Netzwerk oder von anderen Kontrollorganen wie dem SD.

Als gesamtdeutsches Muster dieses Terrors »Deutsche gegen Deutsche« ergibt sich – sofern man diese drei Regionen als repräsentativ ansehen darf –, daß die sehr große Mehrheit der Fälle mit einer Denunziation begann. Die Deutschen paßten nicht nur auf die »Verbrechen« und Abweichungen sozialer Außenseiter und ethnischer Minderheiten auf, sie belauerten sich auch gegenseitig.

Die Untersuchung von Polizeipraktiken zeigt, daß besonders in den Kriegsjahren die Gestaposeite der Hitlerdiktatur von normalen Bürgern forciert wurde, die ihre Verdächtigungen und Anschuldigungen anzeigten. Berücksichtigt man dazu noch, welche wichtige Rolle Denunziationen bei der Durchsetzung der in den vorigen zwei Kapiteln untersuchten Maßnahmen zur sozialen Isolierung der Juden und der Polen spielten, dann besteht Veranlassung, an vielen gängigen Vorstellungen über die Operationsweise der Gestapo zu zweifeln. In Wirklichkeit neigte die Gestapo eher zu einem reaktiven Vorgehen und wartete darauf, daß ihr von außen Informationen zugetragen wurden. Die meisten dieser Informationen kamen von »normalen Deutschen«, das heißt von Zivilisten, die nicht einmal Parteigenossen waren.

Oft wird angenommen, hinter der Kollaboration der Bürger mit dem NS-Regime hätten Antisemitismus oder irgendeine andere Form des Rassismus gestanden. In Wirklichkeit war der Anteil der Denunziationen im Bereich nichtrassischer »Verbrechen« prozentual sogar *höher* als dort, wo es um die Durchsetzung rassistischer Maßnahmen gegen die Juden und die Polen ging. Diesen Befund bestätigen andere Untersuchungen über die Rolle von Denunziationen bei der staatspolizeilichen Bekämpfung von »politischen« Verbrechen, die wenig oder nichts mit Rassenfragen zu tun hatten. Die Darstellung Gerhard Pauls und Klaus-Michael Mallmanns über das Saarland zeigt dort ein ähnliches Muster auf.[24] Eine andere Untersuchung, die sich mit der staatspolizeilichen Durchsetzung des sogenannten Heimtücke-Gesetzes an Rhein und Ruhr befaßt, weist darauf hin, daß fast 60 Prozent der analysierten 261 Gestapofälle von einem namentlich bekannten Denunzianten ausgingen.[25] Eric Johnsons Auswertung von 511 Fällen des Sondergerichts Köln und von 122 Fällen des Sondergerichts Krefeld zeigt, daß gut 60 Prozent der Fälle, die andere Dinge als die »Judenfrage« betrafen, mit einer Denunziation anfingen; würde man hierzu noch die von Johnson festgestellten anonymen Denunziationen hinzunehmen, läge die Zahl sogar nahe bei 70 Prozent.[26]

Die vielleicht naheliegende Annahme, daß die Gestapo wahrscheinlich mehr Mühe gehabt haben dürfte, bei der Überwachung der nichtrassischen Aspekte des sozialen Lebens an Denunziationen zu kommen – sie trügt. Denunziationen, die bei der NSDAP eingingen, weisen – einer neueren Lokalstudie zufolge – ein ähnliches Überwiegen nichtrassischer gegenüber rassisch orientierten Belangen auf. Wie Gisela Diewald-Kerkmann in ihrer Analyse von 292 Denunziationsbriefen an die NSDAP in Lippe zeigt, war zwar das am häufigsten denunzierte einzelne »Delikt« (in etwas über einem Viertel aller Briefe) der verbotene oder unerwünschte Kontakt mit Juden, aber buchstäblich sämtliche übrigen Schreiben betrafen nicht-rassische Fragen.[27]

Warum die Denunziationsrate im nicht-rassischen Bereich nicht niedriger, sondern prozentual sogar höher war als bei rassischen Themen, ist eine wichtige Frage.[28] Hier bedarf es noch weiterer Forschungen, doch gibt es mindestens sechs untereinander verbundene Faktoren, die die unterschiedlichen Denunziationsraten bei nicht-rassischen Verbrechen und bei Verstößen gegen antisemitische »Gesetze« beeinflußten. Ich beginne mit dem nächstliegenden. (1.) Da ist zunächst einmal die Frage der Gelegenheit: Juden lebten in Deutschland nur geballt zusammen, und die allgemeine Bevölkerung hatte keine Chance, etwaige Verstöße gegen rassistische Maßnahmen zu melden, die sie selbst beobachtet haben behaupten konnte. In dem Maße, wie die deutschen Juden auswanderten oder gewaltsam deportiert wurden, verschwanden derartige Behauptungen und auch die Vorwände zur Denunziation von Juden oder von Menschen, die ihnen Hilfe oder Sympathie zuteil werden ließen. Selbstverständlich ist Antisemitismus auch ohne Juden durchaus möglich, wie wir nur allzu gut wissen; aber wenn es überhaupt keine Juden gibt, ist es schwierig, sie oder etwaige Sympathisanten anzuzeigen. (2.) Die andere Seite der Medaille ist die, daß das unmittelbare Engagement der Gestapo größer wurde, wenn es um die »Judenfrage« ging. Für die Hitlerdiktatur hatte der Antisemitismus in rassischen und in erheblichem Umfang auch in politischen Dingen höchste Priorität, so daß die Gestapo selber an Fällen, die Juden betrafen, aktiver beteiligt war. Ein unmittelbareres Gestapoengagement gab es fast mit Sicherheit auch gegen »hartgesottene« politische Gegner wie die Kommunisten sowie in Fällen offener Opposition, wie bei dem Attentatsversuch vom 20. Juli 1944. (3.) Ferner ist die Frage des Zeitpunkts zu beachten. Die offiziellen Maßnahmen zur Isolierung der Juden in Deutschland fanden hauptsächlich vor dem Krieg statt. Im September 1939 waren viele Juden bereits ausgewandert, oder man hatte sie in die Großstädte oder außer Landes gezwungen, und die meisten übrigen wurden zwei Jahre später deportiert. Fast gleichzeitig begann das Terrorsystem, zu dessen unverzichtbaren Elementen die Denunziation gehörte, auf Hochtouren zu laufen. Mit der stetigen Kriminalisierung verschiedenster Aspekte des deutschen Lebens vermehrten sich proportional auch die Gelegenheiten, gegen »normale Deutsche« Anzeige wegen der unterschiedlichsten Verstöße zu erstatten. (4.) Zu erwähnen ist auch der Kreis der potentiell Verwundbaren. Nicht jeder konnte verdächtigt werden, den Juden Mitleid zu erzeigen oder irgendeinen Aspekt des offiziellen Antisemitismus abzulehnen, aber praktisch jeder hatte Zugang zu einem Rundfunkgerät oder war durch den Verdacht der »Heimtücke« zu treffen. (5.) Wie steht es um die Denunziationen im Zusammenhang mit den polnischen Fremdarbeitern? Gewiß fiel die Ankunft der Polen zeitlich mit der Intensivierung des Terrors zusammen. Aber viele Polen waren in Lagern eingesperrt oder lebten auf einem Bauernhof auf dem Lande und waren damit gewissermaßen außer Sichtweite vieler potentieller Denunzianten. Auch war das offizielle Engagement bei der Überwachung der Fremdarbeiter stärker. Und schließlich wurden derartige Denunziationen von oben gebremst, weil die Fremdarbeiter ja gerade in einer Zeit des verzweifelten Arbeitskräftemangels kamen. Die Anzeige eines Polen konnte den Verlust einer unersetzlichen Arbeitskraft bedeuten. (6.) Denunziationen, die den hauptsächlichen Rasse-»Feinden« des Regimes innerhalb Deutschlands galten (in diesem Buch haben wir das Beispiel der Juden und der Polen untersucht), bezogen sich auf sehr gravierende Verbrechen und konnten leicht den Tod eines oder aller Beschuldigten zur Folge haben. Zwar haben schwere Strafen zumindest anfangs die meisten Denunzianten keineswegs abgeschreckt, aber auf manche mögen sie doch hemmend gewirkt haben. Die Publizität dessen, was mit dem »Schuldigen« geschah, begann mit der Zeit den von den Behörden unerwünschten Effekt zu haben, daß sie die Menschen von Anzeigen abhielt; so jedenfalls der Befund des Oberlandesgerichtspräsidenten in Köln in der zweiten Jahreshälfte 1943, der konstatierte: »Viele Volksgenossen schrecken heute vor Anzeigen zurück, weil sie die Verantwortung für die zu erwartende hohe Bestrafung des Angezeigten nicht tragen wollen.«[29]

Meine Untersuchung der »Rundfunkmaßnahmen« zeigt, daß das gesamte Polizeinetzwerk lediglich für 10 Prozent dieser Fälle verantwortlich war. Ein derartiger Fall begann meist damit, daß ein Ordnungspolizist am Abend ein ungenügend verdunkeltes Fenster bemerkte. Bei seinen Nachforschungen bekam er dann zufällig ein oder zwei verräterische Sätze mit, die möglicherweise aus einer ausländischen Rundfunksendung stammten. Die Gestapo mit ihrem sagenhaften »Spitzelnetz« deckte nur 13 Fälle aus der Stichprobe auf, mehr als die Hälfte davon bei Vernehmungen. Einige hiervon beruhten auf Anfragen anderer Gestapostellen oder globalen Fahndungen. Das einzige Mal in dieser Stichprobe, daß die Gestapo einen Fall in eigener Regie und nicht am Schreibtisch aufdeckte, ergab sich mehr oder weniger zufällig bei einem solchen »Einschreiten«. Einmal bekam ein Gestapobeamter, der auf dem Weg zu seiner Dienststelle war, ein verfängliches Gespräch im Omnibus mit.[30] Eine solche, relativ magere »aktive« Arbeit der Polizei beim Aufspüren von nicht-rassischen Straftaten normaler Bürger zeigt auch eine umfassende Untersuchung der Gestapo in der Pfalz und ihres Umgangs mit »Heimtücke«-Fällen. Danach steuerte die Gestapo selbst nur sechs von 660 Fällen bei, während 92 Prozent der Fälle auf Denunziationen beruhten.[31]

Wenn wir alle in den letzten drei Kapiteln untersuchten Stichproben zusammenzählen, kommen wir auf eine Gesamtzahl von 670 Fällen. In diesen Stichproben spürte die Gestapo von sich aus nur 44 Fälle auf, mithin nur 7 Prozent. In 37 dieser 44 Fälle rang die Gestapo die belastenden Aussagen Männern und Frauen ab, die bereits in Haft waren. Dieses relativ bescheidene Resultat einer »aktiven« polizeilichen Ermittlung vor Ort dürfte meine an anderer Stelle vorgetragene Hypothese stützen, daß die NS-Polizei im großen und ganzen nicht aktiv, sondern reaktiv vorging.[32] Aber daraus, daß die Gestapo hauptsächlich reaktiv handelte, dürfen wir nicht schließen, daß sie für die Diktatur irgendwie unwichtig gewesen wäre. Die Gestapo erwarb sich den Ruf einer Truppe von Männern, die nachts kamen, heimlich operierten und außerhalb von Recht und Gesetz standen. Angesichts der Gestapo waren die Rechte der Bürger, wer immer sie sein mochten, absolut bedeutungslos. Die Polizei konnte Verdächtige festhalten, solange sie wollte, sie völlig ungestraft mißhandeln und sie in ein Konzentrationslager schaffen. Gegen das, was die Gestapo tat, gab es keine Berufung, und die Existenz dieser neuen Polizei bestimmte fraglos das Vorgehen der Diktatur in allen Fragen von »Recht und Ordnung«. Und wenn auch vieles von dem, was die Gestapo tat, geheimgehalten wurde, so wurde doch auch eine ganze Menge publik gemacht, und diese Publizität terrorisierte zweifellos viele Menschen, auch wenn sie der Gestapo gleichzeitig Unterstützung eintrug.

War nun die Gestapo als Institution im allgemeinen reaktiv oder sogar passiv, so dürfen wir doch nicht vergessen, daß sie zuzeiten auch sehr aktiv war. Nach dem fehlgeschlagenen Attentat auf Hitler vom 20. Juli 1944 zog die Gestapo alle Register und bot ihr ganzes polizeiliches Wissen und Können auf, um Verdächtigen auf die Spur zu kommen.[33] Ohne die Bedeutung dieser polizeilichen Aktivitäten irgendwie unterschätzen zu wollen, ist aber klar, daß zumindest für den Routinebetrieb der Gestapo derartige Aktionen eher untypisch waren. So verwendete die Gestapo viel Zeit, Energie und Ressourcen auf die Infiltration des kommunistischen Untergrundes, war jedoch auch hier auf Denunzianten angewiesen, wie mehrere Untersuchungen ergeben haben.[34] Auch die meisten jener Kommunisten, die man vor Kriegsausbruch 1939 beim Abhören von Radio Moskau erwischte, wurden der Polizei durch aufmerksame Bürger bekannt.

Die Befunde über die Rolle von Denunziationen für den Routinebetrieb der Polizei und meine Charakterisierung der NS-Polizei als einer vornehmlich reagierenden, auf Hilfe von außen angewiesenen Organisation stellen allerdings manche unserer Vorstellungen von einem »Polizeistaat« in Frage und lassen Zweifel an der Nützlichkeit dieses Begriffs für eine Klärung des Wesens der Hitlerdiktatur aufkommen.

MIKROPOLITIK

Die soziale Seite der Gestapoverfolgung und ihres Terrors gegen die Deutschen während des Krieges läßt sich systematisch untersuchen, wenn wir uns die Denunziationen wegen angeblicher Verstöße gegen die Rundfunkmaßnahmen auf ihren Inhalt ansehen. Wir könnten auch andere Kriegsmaßnahmen zugrunde legen, aber der Vorteil, den eine Untersuchung gerade der Rundfunkmaßnahmen bietet, besteht in ihrer größtmöglichen Distanz zu rassischen Fragen (Antisemitismus) und zu früheren politischen Frontstellungen (Sozialdemokratie oder Kommunismus). Untersuchen wir die Durchsetzung der Rundfunkmaßnahmen, so sehen wir, aus welchen Überlegungen heraus die Bürger einander denunzierten, wenn Rassismus und andere damit verwandte Faktoren eindeutig nicht im Spiel waren. Wir registrieren neue Aspekte des Lebens in der Diktatur.

Die Deutschen wurden sprachbewußt und sprachbefangen. In Gesprächen über den Krieg, mußten sie sich nicht nur (im Sinne der Selbstzensur) vor unvorsichtigen Bemerkungen über dessen Ursache, Verlauf und wahrscheinlichen Ausgang hüten, sie mußten auch darauf achten, durch ihre Worte nicht zu verraten, daß ihre Informationsquelle vielleicht ein Auslandssender war. Immer wieder beziehen sich die Denunzianten in den Gestapoakten auf die Art, »wie die Leute redeten« und woraus sie, durchaus nicht immer zutreffend, schlossen, daß der Sprecher verbotene Sendungen abgehört haben mußte.[35]

Aus welchen Motiven handelten die Denunzianten? Der sozialdemokratische Untergrund neigte dazu, die Hinweise aus der Bevölkerung als Zeichen der wachsenden Zustimmung zum Regime zu deuten.[36] Dieser Schluß war zumindest teilweise richtig; trotzdem müssen wir daran erinnern, daß die Flut von Denunziationen generell einem der Hauptziele Hitlers widersprach, nämlich eine konfliktfreie »Volks*gemeinschaft*« zu schaffen. Wir finden selten Fälle, bei denen das Motiv hinter der Anzeige unzweideutig ist. Wenn die Gestapo nachhakte, weil der Beschuldigte leugnete, gaben manche Denunzianten noch belastendere Informationen preis, aus Gründen, die allein aus dem Beweismaterial im Dossier schlechterdings nicht zu erklären sind.

Ein solches Martyrium trieb einen Beschuldigten in den Selbstmord, weil er sich angesichts der zunehmenden Denunziationen seiner Nachbarn nicht anders zu helfen wußte. Am 12. November 1941 hatte die Näherin Helene Heinecke einen Brief an die Ortsgruppenleitung der NSDAP Stadtmitte in Essen geschrieben, um anzuzeigen, daß ihr Wohnungsnachbar, der 66jährige Invalide Peter Struckmeyer, Feindsendungen gehört habe. Sie benannte Zeugen und teilte mit, daß der Gestapo »mein Zimmer zur Verfügung steht, um diesem Treiben ein Ende zu machen«. Sie nannte Struckmeyers Verhalten »staatsgefährlich«, weil er gesagt habe, er werde den Leuten weitererzählen, was er im Radio gehört habe. Der Polizei wiederum sagte sie, sie wolle nur, daß Struckmeyer nicht mehr weiter Dinge sage wie etwa, daß die Maßnahmen gegen die Juden unrecht seien und daß Deutschland den Krieg verlieren werde. Irmgard Beck, eine sechsunddreißigjährige Malerin, wurde in die Sache hineingezogen, als die ursprüngliche Schnüfflerin sie in ihr Zimmer bat, um die verräterischen Bemerkungen Struckmeyers mit anzuhören. Später sagte sie der Gestapo in Gegenwart des Beschuldigten, sie »habe nur das gesagt, was ich gehört habe und was ich vor meinem Gewissen verantworten und vor Gericht unter Eid aufrecht erhalten kann«. Am 10. Dezember 1941 saß der alte Mann in Untersuchungshaft. Nach Gegenüberstellungen mit seinen Denunziantinnen und aussichtslosem Leugnen nahm sich Struckmeyer das Leben. Am 11. Dezember um 3 Uhr morgens fand man ihn tot in seiner Zelle.[37]

Abgesehen davon, daß viele Akten keinerlei Hinweis auf die Beweggründe der Denunziation enthalten, lassen sich dort, wo es Anhaltspunkte gibt, affektive und instrumentelle Gründe unterscheiden. Die Unterscheidung geht freilich nicht immer glatt auf, weil die Motive häufig gemischt waren.[38] In der Literatur besteht weitgehend Übereinstimmung, daß bei rund einem Viertel aller Denunziationen bei der Gestapo beziehungsweise aller Briefe an die NSDAP affektive, »systemtreue« oder nationalsozialistische »Überzeugungen« eine entscheidende Rolle spielten.[39] Umgekehrt bedeutet das, daß 75 Prozent aller Denunziationen aus Gründen erfolgten, die nichts mit einer offenkundigen oder ausdrücklichen Unterstützung der Nationalsozialisten zu tun hatten. Gleichwohl hauchten sie der NS-Ideologie Leben ein und förderten die Übergriffe der Diktatur auf den Alltag.

In der Stichprobe mit Fällen, bei denen es um die »Rundfunkmaßnahmen« geht, ist der Ausdruck affektiver Motive, wie etwa Glaube an den Nationalsozialismus oder Verehrung des »Führers«, äußerst selten. Es gibt zwar Fälle, in denen diese Gefühle erwähnt oder die staatsbürgerliche Pflicht zur Unterstützung des Systems beschworen werden, doch immer wieder kommen sehr schnell persönliche Faktoren ans Licht. So erklärte eine Blockleiterin der NS-Frauenschaft, sie halte es für ihre Pflicht, Anzeige bei der Gestapo zu erstatten (sie betraf eine fünfzigjährige Witwe). Später schloß die Polizei den Vorgang mit der Feststellung ab, die Beschuldigung sei haltlos und lediglich auf ein »infolge Feindschaft entstandenes unverantwortliches Geschwätz« zurückzuführen.[40]

Denunziationen waren nicht einfach Ausdruck eines rabiaten Nationalsozialismus, und wie wir bei der Durchsetzung des nationalsozialistischen Antisemitismus gesehen haben, war auch nicht immer offener oder offenkundiger Rassismus der ausschlaggebende Faktor. In dem vorliegenden Material machen sich sogar relativ wenige Menschen die Mühe, explizit die »richtigen« Motive ins Spiel zu bringen, zum Beispiel Haß auf den stigmatisierten Feind oder Einsatz für einen akzeptierten oder privilegierten »offiziellen« Wert. Eine Frau, die gefragt wurde, warum sie (am 3. September 1939) ihre langjährige Nachbarin denunziert habe, erklärte lediglich, ihre erste Pflicht sei, die Wahrheit zu sagen.[41]

Ob nun hinter den Taten einiger Denunzianten gelegentlich affektive Motive oder im Nationalsozialismus erwünschte staatsbürgerliche »Tugenden« gestanden haben oder nicht, viel umfangreicher sind die Beweise für offen und offenkundig selbstsüchtige oder instrumentelle Motive. Man kann sogar den sicheren Schluß ziehen, daß entgegen den neu proklamierten sozialen Idealen einer solidarischen »Volksgemeinschaft« Denunziationen in erheblichem Umfang von Eigennutz getragen waren.

In den vorangegangenen zwei Kapiteln habe ich die Vermutung geäußert, daß das Motiv vieler Denunziationen im Zusammenhang mit Rassefragen der Gedanke an einen persönlichen Vorteil war. Mindestens genauso ausgeprägt war diese Instrumentalisierung der Gestapo in der Stichprobe, in der es um »normale« Deutsche und das nicht-rassische Verbrechen des Abhörens von Auslandssendern ging. Denunzianten gaben Hinweise, um Feinde, Nebenbuhler oder Konkurrenten loszuwerden und andere durch die Gestapo beseitigen zu lassen. Keine soziale Gruppe und nur wenige soziale Enklaven waren hiergegen völlig gefeit. Mit Sicherheit bedienten sich soziale Tieferstehende der Denunziation gegen jene, die auf der gesellschaftlichen Stufenleiter höher standen, zum Beispiel Vorgesetzte am Arbeitsplatz.[42] Theoretisch boten Denunziationen den weniger Mächtigen und den Benachteiligten die Chance, ihr Mütchen an denen zu kühlen, die über ihnen standen oder denen sie grollten, zum Beispiel den sozial bessergestellten Schichten. Aber die sozialen Schichten vermischten sich nicht sehr stark, so daß Denunziationen eher innerhalb der einzelnen Schichten, Nachbarschaften, (Miets-) Häuser, ja sogar Familien vorfielen.

Ausgiebiger privater und persönlicher Gebrauch wurde von Anzeigen gemacht, um einen persönlichen Vorteil zu erlangen, zum Beispiel wenn Ehepartner einander, mitunter aus Bosheit, denunzierten.[43] In einem Fall stellte die Gestapo fest, der Ehepartner habe »aus Gehässigkeit« gehandelt.[44] Es gibt auch Beispiele von Denunziationen, wenn Mann oder Frau die Scheidung erwogen.[45] Eine Frau erstattete Anzeige im Namen ihrer Schwester, die von ihrem Mann mißhandelt wurde.[46]

Solche Konflikte kamen ans Licht, sobald ein Ehegatte mit belastenden Informationen zur Gestapo ging, um einen Streit für sich zu entscheiden oder in einem schwebenden Scheidungsverfahren oder nach erfolgter Scheidung das Blatt zu wenden.[47] Mochte der angebliche Grund für den Gang zur Polizei die Anzeige einer Gesetzesübertretung sein, so reichten die unverkennbaren persönlichen Ziele hinter einem solchen Schritt von der Erlangung eines materiellen Vorteils bis zum Wunsch nach emotionaler Rache.[48] Trotz offizieller Richtlinien und ständiger Ermahnungen durch die Gestapo und das Justizministerium, alles Erdenkliche zu tun, um genau diese Art von Denunziationen zu unterbinden, war die Flut nicht aufzuhalten.[49]

Anzeigen dieser Art fielen innerhalb der Familie vor, etwa wenn ein Vater wiederholt seinen Sohn bei der Polizei denunzierte – nicht nur wegen Abhörens ausländischer Sender, sondern auch wegen »Drückebergerei«, das heißt wegen des Versuchs, sich dem Wehrdienst zu entziehen. Die Anschuldigungen wurden zwar untersucht, aber es stellte sich heraus, daß nichts daran war. Das Motiv hinter den Denunziationen war dem ermittelnden Gendarmen zufolge, daß »der Vater nun den Sohn gerne aus dem Haus haben möchte, um sich ein besseres Dasein zu verschaffen«.[50]

Es gab Schwestern, die Geschwister anzeigten, mit denen sie nie ausgekommen waren. In einem Augenblick der Wut machten sie sich die neue Verordnung über die Rundfunkmaßnahmen als praktischen Ausgangspunkt für ihre Rache zunutze.[51] Ein junges Mädchen zeigte ihren Bruder an, weil er ein Besserwisser war. Sie suchte ihn davon zu überzeugen, daß ein bestimmter Sender wirklich verboten war, aber er hörte nicht auf sie. Ihr Motiv mag ein gewisser Idealismus oder politischer Glaube gewesen sein, gepaart mit dem persönlichen Motiv, es ihrem Bruder einmal richtig zu zeigen. Vor der Polizei erklärte sie: »Ich habe nur die Anzeige gegen meinen Bruder erstattet, um ihm zu beweisen, daß er nicht recht hat. Mein Bruder ist stets rechthaberisch und meint immer, was er sagt, ist richtig.«[52] Andere Verwandte denunzierten einander ohne erkennbaren Grund, wie jener Neffe, der seine verwitwete Tante anzeigte. Die Frau mußte trotzdem eine Zeitlang in Untersuchungshaft sitzen, bis die Sache aufgeklärt war.[53] Viele andere Verwandte nutzten die Waffe der Denunziation aus persönlichen Motiven, etwa aus Rache für eine Kränkung.[54]

Die neuen Gesetze sowie die Bereitwilligkeit der Polizei, auch den wildesten Anschuldigungen nachzugehen, waren Wasser auf die Mühlen von angeheirateten Verwandten, die einander nicht mochten oder sonstige Streitigkeiten hatten. So wurde ein Mann von seinem Schwiegervater angezeigt, weil er angeblich Auslandssender abgehört hatte. In Wirklichkeit war dies nur der Versuch, ihn für seine Rolle in einem Familienstreit zu bestrafen. Nachdem jedoch die Ermittlungen aufgenommen waren, bekam der Fall eine Eigendynamik und entglitt der Kontrolle des ursprünglichen Denunzianten, was übrigens oft vorkam. Der Denunziant mochte merken, in welch entsetzliche Lage er seinen Schwiegersohn gebracht hatte, und beging Selbstmord. Die Polizei schloß den Akt mit dem trockenen Kommentar, der Mann habe »unwahre Angaben über seinen Schwiegersohn gemacht«.[55] Es gab einen ähnlichen Fall, wo eine Frau ihren Schwiegersohn denunzierte und die Gestapo nur knapp bemerkte: »Die Anzeige ist nichts anderes als eine Zweckanzeige.«[56] Die Frau eines Denunzianten sagte über die Motive ihres Mannes, seinen Schwiegervater (ihren Vater) anzuzeigen: »Die Anzeige ist nicht aus Gehässigkeit erstattet worden. Zwar sind in unserer Familie hin und wider Streitigkeiten gewesen.«[57]

Denunziationen wurden häufig dazu benutzt, Reibereien mit Nachbarn auszutragen.[58] So mochte jemand versuchen, einen Streit, bei dem es ursprünglich etwa um die Miete gegangen war, dadurch für sich zu entscheiden, daß er ein »politisches Verbrechen« aufs Tapet brachte und die Gestapo einschaltete. Ein Vermieter erschien freiwillig im April 1943 in der Gestapostelle Neustadt, also zu einem Zeitpunkt, als die enormen Verluste der Deutschen vor Stalingrad bekannt waren und der Terror innerhalb Deutschlands noch einmal verstärkt wurde. Er erklärte zu Beginn, daß er Differenzen mit seinen Mietern habe, behauptete aber auch, daß sie ausländische Sender abhörten. Seine Frau bestätigte die schweren Beschuldigungen. Nach umfangreichen Ermittlungen kam die Gestapo zu dem Ergebnis, daß die Beweise für ein gerichtliches Vorgehen ungenügend waren, und schloß ihren Bericht mit einem einzigen Wort: »Hausstreitigkeiten.«[59]

Der Vermieter in einem anderen Fall, denunziert nicht aus politischen, sondern aus persönlichen Gründen, war Parteigenosse und SS-Mann, genoß aber trotz seiner guten Verbindungen keine Immunität.[60] Eine Vermieterin zeigte ihre Mieter wegen des Abhörens von Auslandssendern an, aber erst, nachdem sich die Mieter beschwert hatten, sie bekämen nicht genug Kohle zum Heizen.[61] In einem Fall deutet die Beweislage darauf hin, daß Hausbewohner einen Nachbarn denunzierten, aus Angst, allesamt im Gefängnis zu landen, weil der Mann »verrückt genug« war, so laut Radio zu hören, daß die ganze Nachbarschaft mithören konnte.[62] Andere Akten kamen lediglich zu dem Schluß, daß trotz der Behauptung, dieser oder jener habe ein politisches Verbrechen begangen, an den Beschuldigungen wenig oder nichts daran war. In einem Fall waren die beteiligten zwei Frauen einfach »zerstritten« und versuchten nur, das neue Polizeisystem zu ihrem Vorteil zu nutzen.[63]

Ein Fall aus Essen veranschaulicht, welche verwickelten Netze in dieser neuen Atmosphäre der Denunziation geknüpft wurden. Es begann am 22. Juli 1941 mit einem Brief an die Gestapo, in dem ein Justizangestellter Selbstanzeige erstattete. Auslöser des Problems war ein Streit des Mannes mit seiner Frau gewesen, die auch in Auseinandersetzungen mit zahlreichen Nachbarn verwickelt war – so viele, daß die Frau der Akte zufolge von allen Beteiligten einschließlich ihres Mannes als »geistig annormal [sic!]« bezeichnet wurde. Während eines Ehekrachs schrie die Frau den Mann an, er höre verbotene Nachrichtensendungen, was ein Nachbar mitbekam. Dieser entschloß sich jedoch erst dann, hiervon Gebrauch zu machen, als er später seinerseits Streit mit der Frau hatte. »Um endlich Ruhe zu erhalten«, wie der Nachbar später erklärte, als er von der Gestapo zu einer Befragung vorgeladen wurde, hatte er zu der Frau gesagt: »Nehmen Sie sich in acht, sonst drehe ich den Spieß um und mache Sie zum Zeugen gegen Ihren Mann.« Das hieß also, der Mann könnte angezeigt werden, und dann würde seine Frau gegen ihn aussagen müssen. Die Drohung war nicht ernst gemeint; der Nachbar betonte vielmehr, er hätte niemals einen Mann denunziert, den er und alle anderen für einen »sehr anständigen Menschen« hielten. Doch sobald der Mann von dieser Drohung erfuhr, zeigte er sich selbst an, und zwar, wie er der Gestapo erklärte, wegen seiner exponierten Stellung bei Gericht und weil er keine »neutralen Zeugen« hatte, die seine Unschuld bestätigen konnten. Die Frau gestand bald darauf, daß sie bewußt geschrien und Gerüchte verbreitet hatte, um den Ruf ihres Mannes zu schädigen und in der Hoffnung, ihn loszuwerden. Trotz des ausgezeichneten Rufs des Mannes wurde der Fall einem Sondergericht übergeben. Zwar wurde die Sache dort schnell fallengelassen, aber der frösteln machende Effekt einer solchen Erfahrung ist aus den Akten noch zu spüren.[64]

Diese denunziatorische Atmosphäre überzog das ganze Land. Sie war die Frucht der Kollaboration zwischen den Bürgern und der Polizei, aber sie war nicht immer das Resultat eines wütenden Rassismus oder auch nur des Glaubens an Hitler und den Nationalsozialismus. Denunziationen prägten auch die Streitigkeiten und Konflikte zwischen Arbeitskollegen in der Fabrik.[65] Landarbeiter, die gelegentlich in persönliche Differenzen verwickelt waren, scheuten nicht davor zurück, die schlimmsten politischen Beschuldigungen gegen Genossen zu erheben. Ein lehrreicher Fall veranschaulicht die Schnelligkeit, mit der das Terror-»System« zuschlagen konnte. Ein Mann wurde am 3. Oktober 1939 denunziert, weil er angeblich Radio Moskau gehört und wenig schmeichelhafte Bemerkungen über das Leben in Deutschland gemacht hatte. Er wurde wenig später verhört, und der Fall kam an das Sondergericht. Dieses entschied jedoch am 20. November, daß für ein gerichtliches Vorgehen zu wenig Beweise vorlägen, und wies außerdem darauf hin, daß selbst bei einem Schuldspruch die Sache fallengelassen werden müsse, da das »Verbrechen« des Mannes unter eine Führeramnestie fiel. Die Gestapo war mit dieser Entscheidung nicht zufrieden, und in einem Musterbeispiel für angewandte »Polizeijustiz« nahm sie nicht nur eine »Korrektur« des Gerichtsentscheids vor, indem sie den Mann in »Schutzhaft« nahm, sondern setzte sich auch stillschweigend über Hitlers Amnestie hinweg. Gut eine Woche später wurde der Beschuldigte von der Polizei »für die Dauer des Krieges« in ein Konzentrationslager eingewiesen. Er kam zunächst nach Sachsenhausen. Unter dem 6. November 1940 ist in den Akten sein Tod vermerkt.[66]

Die Denunziation bei der Gestapo war eine Versuchung, wenn sich Arbeitnehmer für ihre Entlassung rächen wollten.[67] So war es bei einer jungen Hausangestellten, der wegen eines Diebstahls gekündigt worden war. Sie suchte Vergeltung, indem sie behauptete, ihre Arbeitgeber würden verbotene Rundfunksendungen abhören.[68] In einem anderen Fall von Ende 1944, der gründlich untersucht wurde, obwohl die alliierten Armeen praktisch vor den Stadttoren standen und der Krieg sich seinem Ende näherte, hatte ein entlassener Mann seinen Arbeitgeber und dessen Frau denunziert. Die zweifelhafte Glaubwürdigkeit des Denunzianten hätte aus der Tatsache erhellen sollen, daß er seelisch gestört und aus der Wehrmacht als »geisteskrank« entlassen worden war.[69]

Manch einer versuchte auch, seinen Vorgesetzten in Schwierigkeiten zu bringen, wenn er eine eigene Straftat kaschieren oder aus dem Arbeitsverhältnis ausscheiden wollte, was nicht immer einfach war.[70] Trotz des oft durchsichtigen instrumentellen Zwecks vieler solcher Beschuldigungen nahm die Polizei sie sehr ernst und verfolgte sie hartnäckig und mit großer Ausdauer. Dabei scheinen sich Unzurechnungsfähigkeit oder Schwachsinn des Denunzianten nicht auf die Glaubwürdigkeit seiner Behauptungen ausgewirkt zu haben – zumindest nicht für die Polizei. Sogar Informanten, die die Gestapo selbst »psychopathische Lügner« nannte, fanden Beachtung, auch wenn ihre Motive ganz offenkundig selbstsüchtig waren.[71]

Eifrige Denunziationen gab es auch zwischen Freunden und Bekannten, ja sie machten selbst vor der sagenhaften Solidarität des urdeutschen Stammtisches nicht halt. Ein Gerichtsvollzieher wurde denunziert, nachdem er durch die Art, wie er vor fünf oder sechs Stammtischbrüdern über Ereignisse an der Front sprach, hatte »durchblicken« lassen, daß er ausländische Nachrichtensendungen gehört haben mußte. Der Denunziant, der freiwillig bei der Gestapo erschien, fügte noch hinzu, daß der Beschuldigte oft auf die Konzentrationslager und die SS schimpfte und sogar zu sagen wagte, es wäre besser, wenn die Leute Auslandssendungen hören dürften und die Lügen erfahren könnten, die den Deutschen über die Vorgänge in ihrem eigenen Land aufgetischt würden. Der Justizangestellte konnte von Glück sagen, daß er mit einer Verwarnung davonkam.[72]

Gab es so etwas wie den »Sozialtypus« des Denunzianten? Wenn man das Sozialprofil der Denunzianten in NS-Deutschland betrachtet, kann man auf jeden Fall sagen, daß sie in der Regel demselben sozialen Milieu entstammten wie der Denunzierte. Die meisten Personen in den Gestapoakten kommen vom unteren Ende der sozialen Stufenleiter. Man muß jedoch auch bedenken, daß die Polizei zurückhaltender agierte, wenn Beschwerden aus den »besseren« Schichten eingingen, die im übrigen andere Kanäle hatten, um soziale Macht auszuüben. Ferner traten, wie Eric Johnson zu bedenken gibt, eher Männer als Denunzianten in Erscheinung.[73] Nach Gisela Diewald-Kerkmanns Untersuchung waren 80 Prozent der Menschen, die Denunziationsbriefe an die NSDAP schrieben, Männer.[74] In der von mir analysierten »Rundfunkmaßnahmen«-Stichprobe ist die Verteilung gleichmäßiger, doch überwiegen auch hier die Männer gegenüber den Frauen als Denunzianten.[75]

Welche Auswirkung hatten die Beschuldigungen auf die Menschen, gegen die sie erhoben wurden? Welche psychologische Wirkung es haben mußte, mit der Gestapo in Berührung zu kommen – zumal in den Kriegsjahren, wo der Terror zunehmend radikalisiert wurde und seine Willkür allbekannt war – kann man sich natürlich generell leicht ausmalen. Wie schon die bloße Erwähnung des Wortes »Gestapo« zumal auf jene wirkte, die als Rassefeinde des Regimes definiert waren, ist gut dokumentiert. Weniger gut erforscht ist die Frage, welchen Einfluß die Alltagsaktivitäten der Gestapo auf die »normalen Bürger« hatten. Immerhin ist aus den Akten ersichtlich, wie Deutsche, beispielsweise Ladenbesitzer und Gastwirte, ihr Verhalten änderten, um nicht ins Gerede zu kommen. Ein Kaufmann erstattete sogar Gegenanzeige. Zum ersten Mal wurde seine Tochter telefonisch am 21. Juli 1941 von einer Person denunziert, die einen falschen Namen angab. Für die Gestapo war das Motiv »wahrscheinlich Eifersucht«. Die zweite Anzeige erfolgte durch eine verheiratete Frau (geboren 1903), die am 10. Dezember 1941 freiwillig bei der Gestapo Krefeld erschien (sogar am 24. Februar 1942 eine weitere, schriftliche Denunziation nachschob) und die Vorwürfe wiederholte. An keinem von ihnen war etwas, und die Gestapo stellte fest, die Denunziantin sei eine »Quatscherin«, die kleinere Streitigkeiten mit der Familie hatte und auf Rache sann. Kaum hatte der Kaufmann und Vater der Frau, die wiederholt wegen »verbotener Kontakte« zu den polnischen Arbeitern denunziert worden war, vom Ausgang der Angelegenheit erfahren, als er spontan erklärte, »daß in seinem Lebensmittelgeschäft nichts mehr an die in der Nachbarschaft beschäftigten Polen verkauft wird, damit nun endlich mal die Quatschereien aufhören«. Die Denunziantin diente der Gestapo noch bis weit ins Jahr 1942 ihre Hinweise an. Daraufhin wurde sie selbst wegen »wissentlich falscher Anschuldigungen« angeklagt, doch wurde das Verfahren am 20. August 1942 eingestellt. Über ein Jahr lang waren die haltlosen Beschuldigungen gegen den Ladenbesitzer und seine Familie erhoben worden.[76]

Aus anderen Untersuchungen lernen wir mittlerweile, daß Denunziationen auch in der deutschen Wehrmacht vorkamen, welche lange als eine gesellschaftliche Enklave gegolten hatte, die gegen dieses Übel mehr oder weniger resistent war.[77] Die Untersuchung zahlreicher Fälle von (vage definierter) »Wehrkraftzersetzung« – insgesamt wurden zwischen 30000 und 40000 Soldaten von einem Militärgericht dieses Verbrechens für schuldig befunden – hat die Historiker in dem Eindruck bestärkt, daß die betreffenden Soldaten hauptsächlich aufgrund von Ermittlungen gefaßt wurden, an deren Anfang die Denunziation durch einen Kameraden stand.[78]

Soldaten, die auf Heimaturlaub waren, erfreuten sich keiner besonderen Immunität bei der übrigen Bevölkerung. Eine Studie aus dem Saarland zeigt sogar, daß *sämtliche* Fälle von »Wehrkraftzersetzung«, in die Wehrmachtangehörige verwickelt waren, auf Denunziationen beruhten. Ihre »Verbrechen« wurden nur durch freiwillige Hinweise aus der Bevölkerung entdeckt – Hinweise von Nachbarn, Freunden, ja sogar von Ehefrauen und Müttern. Die Motive liegen meist im Dunkeln; sie scheinen aber von den üblichen »Zweckanzeigen« (Rachsucht, Neid, persönlicher Streit) bis zur Furcht vor einer drohenden Niederlage gereicht zu haben. Auch politischer Fanatismus spielte herein.[79]

Immer wieder sehen wir Menschen sich noch in der zweiten Hälfte des Krieges als Denunzianten betätigen, als der Terror wirklich auf

Hochtouren lief und die Anschuldigungen sehr schwerwiegende Folgen haben konnten. Im September 1944 informierte ein BDM-Mädchen den SD in Würzburg, daß eine bestimmte Familie ausländische Rundfunksendungen abhöre. Wir wissen nicht genau, welches Mädchen es war, aber es war eine von mehreren Freundinnen der Familie (alle um die fünfzehn Jahre alt). Bei der Befragung durch die Gestapo sagten sie, daß die Mutter und zwei Nachbarn Auslandssender hörten. Alle wurden verhaftet und von der Polizei vernommen, und schließlich kamen alle drei Fälle vor Gericht, die Mutter sogar vor den berüchtigten Volksgerichtshof in Berlin. Aus den Akten geht nicht hervor, was weiter mit ihnen geschah. Auf jeden Fall dürften sie für mehrere Monate eingesperrt, der eine oder andere von ihnen sogar hingerichtet worden sein. Genausogut können sie aber auch alle auf der Stelle erschossen worden sein, und auch das haben die Denunziantinnen wissen müssen. Doch bei der Zeugenaussage vor der Gestapo scheint diese Aussicht keines der Mädchen geschreckt zu haben, die, ohne mit der Wimper zu zucken, die belastendsten Einzelheiten preisgaben. Warum sie das taten, verrieten sie nicht.[80] Diese jungen Informantinnen waren zwar »normale Deutsche«, aber da sie einer NS-Organisation angehörten, habe ich sie nicht zu den »zivilen« Denunzianten in Tabelle 5 gerechnet.

Eine andere Episode aus den Akten begann im Sommer 1943 in Würzburg. Ein Kollege hörte, wie Reichsbahninspektor Max Heinrich (*1896) und sein Kollege Reichsbahnsekretär Hans Vogel (*1891) negative Bemerkungen über die derzeitige Lage Deutschlands machten. Ein Parteigenosse, der Reichsbahnangestellte Friedrich Henning (*1909), machte der NSDASP-Kreisleitung Mitteilung von den hochverräterischen Bemerkungen. Henning wurde aufgefordert, die Äußerungen Heinrichs und Vogels aufmerksam zu verfolgen, genaue Orts- und Zeitangaben zu notieren und so belastendes Material gegen die zwei zusammenzutragen. Über einen Zeitraum von fast drei Monaten führte er Buch über alles, was gesagt wurde; die meisten »defätistischen« Äußerungen stützten sich auf abgehörte ausländische Sendungen. In dieser Zeit beteiligte er sich an der Unterhaltung der zwei, ließ aber alles unbeanstandet, um die Verdächtigen nicht mißtrauisch zu machen. Mitte September hatte er genügend Belastungsmaterial beisammen und überreichte es der Gestapo, die den Fall an den Volksgerichtshof in Berlin weitergab. Heinrich wurde zum Tode verurteilt; die Hinrichtung fand am 26. September 1944 statt. Vogels Verbrechen wurden als etwas weniger schwerwiegend beurteilt; er kam mit einer langen Haftstrafe davon und überlebte den Krieg.[81]

In diesem letzteren Fall wissen wir einiges über die Motive des Informanten Henning, der als Mitglied der NSDAP nicht als ziviler Denunziant in Tabelle 5 erscheint, sondern als jemand, der sich die Rolle des Rechtshüters anmaßte. Er sagte, es sei ihm »schwergefallen«, Kollegen anzuzeigen, zu denen er – so sagte er jedenfalls – nur die besten persönlichen und beruflichen Beziehungen hatte. Henning sagte nicht, warum er seine Kollegen nicht einfach beiseite nahm und ihnen ins Gewissen redete; er sagte nur, daß er sich als Nationalsozialist verpflichtet gefühlt habe, Anzeige zu erstatten, zumal in einer Zeit, in der die Nation in Gefahr war. Der Fall ist eines der vielen Beispiele für einen genuin innergesellschaftlichen Terror, die in mancher Hinsicht schwerer zu erklären sind als solche, bei denen ein »naheliegendes« Vorurteil wie der Antisemitismus im Spiel war.

MANIPULATION DES SYSTEMS »VON UNTEN«

Früher haben wir Diktatoren wie Hitler oder Mussolini die Macht zugetraut, Menschen praktisch nach Belieben manipulieren zu können. Ohne die Gerissenheit dieser Führer in irgendeiner Weise unterschätzen zu wollen, erkennen wir heute aber auch, daß normale Deutsche und normale Italiener das System zu ihren eigenen Zwecken manipulierten. In der Hitlerdiktatur waren der deutsche Staat und die NSDAP repressiv und griffen auf vielfältige Weise in das Leben der Bürger ein, aber gleichwohl konnte der Bürger die notwendigen Anpassungen vornehmen. Viele Menschen waren weit davon entfernt, sich den ganzen Tag lang über die Gestapo den Kopf zu zerbrechen und sich vor Überwachung und Terrorsystem zu ängstigen; vielmehr arrangierten sie sich.

Aus heutiger Sicht ist leicht zu übersehen, daß die Bevölkerung auf vielfältige Weise begann, die Eingriffe des Systems in ihr Alltagsleben zu erwarten und einzukalkulieren. Die Menschen rechneten damit, die Behörden »von unten« zu einem Verhalten in ihrem Sinne bestimmen oder manipulieren zu können, wenn sie Informationen lieferten oder sich auf bestimmte, nicht einmal explizit erwähnte offizielle Werte beriefen. Viele Deutsche begannen, die Eingriffe des Systems in ihr Leben als »normal« zu akzeptieren und zu verlangen, daß sie zu ihren Gunsten ausschlügen. Dieser Punkt wurde von offizieller Seite in einem Bericht vom 20. Juli 1942 über die »unnötige Beanspruchung der Behörden durch die Bevölkerung« ausführlich erörtert.[82] Aus dem ganzen Land wurden Bitten, Gesuche und Beschwerden an die Behörden gerichtet. Wenn diese Eingaben an Staat oder Partei fruchtlos blieben, wurden sie endlos wiederholt oder an eine andere Stelle gerichtet. Konkurrenten in der Wirtschaft, die einander, wie in Breslau geschehen, »unlautere« Praktiken vorwarfen, kamen mit den schwerwiegendsten Beschuldigungen zu zehn verschiedenen Stellen, angefangen bei der Stadtverwaltung und dem Landrat über die Ortsgruppen- oder Kreisleitung der NSDAP bis hin zum Staatsanwalt und zur Gestapo, nicht zu vergessen drei verschiedene Standesorganisationen und einen Wehrmachtszweig. Dieses Beispiel beleuchtet nur einige der Methoden, wie die Bürger die neuen Chancen nutzten. Sie waren nicht rein passiv, abhängig oder machtlos.

Das Briefschreiben an »die Behörden« wurde denn auch zu einer beliebten Form staatsbürgerlicher Betätigung, im nationalsozialistischen Deutschland ebenso wie offenbar auch in anderen Diktaturen des 20. Jahrhunderts.[83] Manche Menschen arrangierten sich sehr schnell mit der Diktatur und begannen ab Anfang 1933, Hitler mit Briefen zu bombardieren, in denen sie entweder Informationen anboten oder um Gefälligkeiten baten, bis schließlich in Pressemitteilungen »dringend empfohlen« wurde, solche Briefe an andere Adressen zu richten.[84] Die Briefschreiber ließen jedoch nicht locker, und es gab Zeiten, wo an jedem Arbeitstag über eintausend Briefe und Bittschriften in der Reichskanzlei eingingen. Wie ein NS-Funktionär nach dem Krieg ausgesagt hat, können es auch doppelt so viele gewesen sein.[85] Die Bürger nutzten diese Gelegenheit, frei von bürokratischen und sonstigen Zwängen »mit dem Führer zu sprechen«, um ihre Loyalität zu beweisen, Wünsche zu äußern oder einen Gefallen zu erbitten. Einer der vielen Machtkämpfe, von denen Hitler umgeben war, betraf die Frage, wer von den konkurrierenden NS-Führern in der Reichskanzlei die täglich eingehende umfangreiche Post sichten durfte. Die Menschen schrieben auch an viele andere NS-Größen Briefe, beispielsweise an Himmler und Goebbels. Im Mai 1933 berichtete die Presse, daß allein Hermann Göring täglich rund 2000 Beschwerde- und Bettelbriefe erhalte; Göring bitte darum, diese Schreiben künftig an die zuständigen örtlichen Behörden zu richten.[86] Auch Leserbriefe an überregionale, regionale und Lokalzeitungen waren häufig und hatten, wie etwa die Zuschriften an das berüchtigte antisemitische Hetzblatt *Der Stürmer*, einen konkreten denunziatorischen Inhalt. So wurde angeprangert, daß irgendein Kaufmann den Juden Waren verkauft oder ein normaler Bürger es nicht geschafft hatte, den Geist des offiziellen Antisemitismus in sich aufzunehmen.[87]

Ein weiterer Hinweis auf staatsbürgerliche Betätigung in Form von Briefen ist aus Denkschriften des Oberkommandos der Wehrmacht

(OKW) an regionale Dienststellen zu ersehen. Am 5. Februar 1942 schrieb das OKW von den »zahlreichen«, namentlich gezeichneten oder anonymen Briefen an die Wehrmacht und sogar an Hitler persönlich mit Beschwerden darüber, wer eingezogen und nicht eingezogen wurde. Die einen verwiesen auf jüngere, die anderen auf ältere Männer, die an die Front geschickt werden könnten und sollten. Das OKW war betroffen über die vielen Bürger, die offenbar jeden rüstigen Mann, der nicht Uniform trug, als Drückeberger betrachteten und aus dem einen oder anderen Grund denunzierten. In Wirklichkeit mochten diese Männer kriegswichtige Arbeit leisten, zum Beispiel in einer Munitionsfabrik. Das OKW ordnete an, solchen Denunziationen, auch den anonymen, nachzugehen, um wenigstens jede soziale Zwietracht im Keim zu ersticken.[88]

Die Gestapo wurde selbst bei den dürftigsten Beweisen aktiv, auch wenn viele Denunziationen niemals so weit erhärtet werden konnten, daß sie eine Weiterleitung an die Gerichte verdient hätten. Eine neuere Untersuchung anhand einer kleinen Stichprobe von Denunziationen aus Würzburg läßt erkennen, daß nur rund 20 Prozent der Gestapofälle vor nazifizierte Gerichte kamen. Und von diesen wurden wiederum rund 75 Prozent fallengelassen, weil das Gericht sie entweder für belanglos oder für nicht hinreichend begründet hielt.[89] Solche Befunde könnten zu der Vermutung verleiten, die Gestapo sei »ineffizient« gewesen, weil so viele ihrer Fälle zu keiner Verurteilung führten. Hier ist jedoch Vorsicht geboten; denn jede Bewertung der Effizienz der Gestapo darf nicht nur »Erfolge« im Sinne der Herbeiführung eines Richterspruches verbuchen, sondern muß auch politische und Publizitätserfolge durch Gewinnung oder Beeinflussung der öffentlichen Meinung oder durch die Terrorisierung zumindest eines Teils der Bevölkerung berücksichtigen. Eine Untersuchung der »Effizienz« der Gestapo müßte auch deren vielfältige soziale Wirkungen in Rechnung stellen, zum Beispiel Klatsch und Gerüchte, die im Volk die Angst vor der Aussicht schürten, in einer Gestapodienststelle erscheinen zu müssen.

Unser Beweismaterial läßt darauf schließen, daß die Polizei nicht nur durch das florierte, was mit den Opfern vor Gericht geschah, sondern mehr noch durch die kursierenden Erzählungen und Märchen darüber, was jedem geschah oder geschehen konnte, der mit der Polizei in Berührung kam. Wir sollten also nicht voreilig schließen, die Polizei sei »ineffizient« gewesen, weil sie nicht in jedem Fall eine richterliche Verurteilung bewirken konnte.[90]

Der spärliche direkte Beitrag der Gestapo und des übrigen (oben erwähnten) Polizeinetzwerkes zur polizeilichen Aufklärung und der daraus resultierende Rückgriff auf außerpolizeiliche Quellen und insbesondere zivile Denunzianten mag erklären, warum viele Beschuldigungen in den Gestapoakten sich als haltlos oder doch zweifelhaft erwiesen und warum nicht wenige von ihnen fallengelassen wurden. Falsche Beschuldigungen und anonyme Denunziationsbriefe nahmen überhand, und trotz aller Bemühungen, ihnen Einhalt zu gebieten, wurde das Problem nicht gelöst. Die Führer Deutschlands (bis hin zu Hitler selbst) wurden nicht müde, ihre Bestürzung über diese Denunziationswut zu äußern, die dem oft beschworenen Ideal der »Volksgemeinschaft« hohnsprach.[91]

Anzeichen für die denunziatorische Atmosphäre, die den Geist der neuen Zeit prägte, waren auch in der Privatwirtschaft nachzuweisen. Wie Harold James nachgewiesen hat, machten sich Denunziationen in der Deutschen Bank breit. Sie erfolgten nicht nur aus rassischen oder auch politischen Gründen und auch nicht gegen »offensichtliche Feinde«, sondern – wie in der deutschen Gesellschaft generell – aus durchaus instrumentellen Gründen.[92] Allerdings finden sich in der Deutschen Bank auch Beispiele für Denunziationen aus »idealistischen« Gründen. So wurde im Sommer 1943 der Filialleiter in Hindenburg (Oberschlesien) von einer Bankangestellten wegen Bemerkungen wie der folgenden denunziert: »Der Führer verstehe am besten, unser Volk zu beschwindeln«, »unsere Luftwaffe versage gegenüber der englischen«, und nach dem Sturz des italienischen Diktators: »Wann geht es bei uns zu Ende?« Die Denunziation waren allem Anschein nach politisch motiviert, da der Filialleiter sogar mit der Familie der Denunziantin befreundet war. Nach einer Verhandlung vor dem Volksgerichtshof unter Roland Freisler am 14. September 1943 wurde der Filialleiter zum Tode verurteilt und eine Woche später hingerichtet.[93]

Polizeiliche Aktivitäten nach innen wie nach außen gab es auch unter den Auspizien der NSDAP und ihrer vielen Ableger, wie etwa der Hitlerjugend, die am sichtbarsten durch einen uniformierten Streifendienst in Stadt und Land polizeiähnliche Funktionen wahrnahm.[94] Vor 1933 hatte die Hauptfunktion der NSDAP darin bestanden, vor Reichstagswahlen die Wähler zu mobilisieren. Danach wurde diese Rolle überflüssig, und die Partei übernahm Aufgaben, die ans Polizeiliche grenzten.[95] Zwar war der Partei offiziell Polizeiarbeit versagt, doch nahmen örtliche Parteifunktionäre willkürliche, informelle polizeiähnliche Kompetenzen wahr. Es gab insofern Überblendungen von Ämtern, als manche lokale Parteiführer zugleich das Amt des Bürgermeisters erhielten oder übernahmen, mit dem in deutschen Städten wichtige polizeiliche Befugnisse verbunden sind. Zwar mag die Annahme übertrieben sein, diese Parteiführer seien die »eigentliche« repressive Macht im Volk gewesen, aber klar ist doch, daß sie verschiedenartigsten Druck (allerdings selten offenen Polizeiterror) gegen die Bevölkerung ausüben konnten und ausgeübt haben. Sie taten das nicht nur dadurch, daß sie der Gestapo Menschen auslieferten oder eng mit ihr zusammenarbeiteten und damit als verlängerter Arm der Gestapo fungierten, wo keine Polizei in Sicht war, sondern auch auf andere Weise, zum Beispiel durch die Ausübung von mittelbarem oder unmittelbarem sozialem (und ökonomischem) Druck und Zwang.[96]

An einer anderen Seite des Terrors, der polizeilichen Überwachung der »Rundfunkmaßnahmen«, waren NS-Organisationen auch in Kriegszeiten nicht so stark beteiligt, wie oft angenommen wird. Die meisten Fälle in dieser Stichprobe begannen damit, daß ein Mitglied einer NS-Organisation das »Verbrechen« denunzierte. Nur selten kam es vor, daß der Blockwart mitbekam, wie jemand verbotene Sender abhörte. Nach dieser Stichprobe zu urteilen, waren diese Funktionäre weniger allgegenwärtig, als die Zeitgenossen glaubten.[97] Bürger einer Diktatur projizieren auf solche Leute in Uniform, selbst auf die kleinen Blockwarte, viel mehr Macht und Einfluß, als sie tatsächlich besitzen oder ausüben. Die Gestapoakten zeigen, daß es gewöhnlich die Bürger selbst waren, die dem Blockwart einen Hinweis gaben. Der Blockwart fungierte als Kanal, durch den die Information aus der Bevölkerung an die Gestapo gelangte.

In den insgesamt 670 Fällen, die ich in den letzten drei Kapiteln untersucht habe, lieferten die NSDAP mit ihren Gliederungen sowie die Parteigenossen nur in 61 Fällen (weniger als 10 Prozent) die verfängliche Information. Der Beitrag der Partei und ihrer Mitglieder zum Terror war nicht unwichtig, sollte aber auch nicht dramatisiert werden. Die Gestapo hatte, was ihre Informationen betraf, dem normalen Bürger viel mehr zu verdanken als dem Parteigenossen mit Parteibuch.

Es trifft zu, daß die NSDAP in städtischen und ländlichen Zentren mehr Informationen erhielt, als sie tatsächlich an die Polizei weitergab. Die NSDAP wirkte als Patronageeinrichtung und wurde von staatlichen und Parteiorganisationen, aber auch von Privatpersonen nach dem politischen »Ruf« von Personen befragt, die eine Beamtenstelle oder eine Beförderung anstrebten. Diese Beratungsfunktion gab der Partei vor Ort erheblichen Einfluß. Ab Juni 1935 wurde die Rolle des lokalen Auskunftgebers offiziell den Kreis- und Ortsgruppenleitern der NSDAP übertragen, aber in der Praxis wurden weiterhin Parteifunktionäre aller Ebenen nach der politischen »Zuverlässigkeit« einer Person befragt, die sich um eine Stelle, eine Beförderung oder einen Auftrag bewarb.[98] Um diese Funktion durch heimliches Ausspionieren der Menschen erfüllen zu können, forderte die NSDAP zu Denunziationen förmlich heraus, mochten sie nun von wohlmeinenden Bürgern, Konkurrenten, »wahren Gläubigen« oder einfach Unzufriedenen stammen.

Während des Krieges wirkten Volk, Polizei und Partei zusammen und erzeugten ein System des Zwanges, vor dem sich zu verbergen immer schwieriger wurde. Ebenfalls während des Krieges expandierte das System der Konzentrationslager und erlangte eine gesellschaftliche Präsenz in Deutschland, die unmöglich zu übersehen war. Diesen Sachverhalt wollen wir nun prüfen.

9. Kapitel

KONZENTRATIONSLAGER IN DER ÖFFENTLICHKEIT

Konzentrationslager waren seit den ersten Jahren der Diktatur im Bewußtsein der Öffentlichkeit fest verankert. In den Kriegsjahren verebbten jedoch die Berichte darüber. Nur gelegentlich wurden die Lager erwähnt, zum Beispiel wenn ein entflohener Gefangener gefaßt und ohne Gerichtsverfahren gehängt worden war.[1] Zeitungsmeldungen gab es auch dann, wenn besonders gemeine »Verbrecher« in ein Lager geschickt oder dort exekutiert wurden.[2] Da das Regime nichts gedruckt sehen wollte, was die Heimatfront irgendwie in Unruhe versetzen konnte, müssen die Pressebeamten geglaubt haben, solche Artikel seien zur Veröffentlichung lohnend und die anständigen Bürger würden sie akzeptieren und begrüßen. Wenn die Menschen Meldungen lasen wie »Ins Konzentrationslager«, wußten sie, worum es ging.[3] Die Presse war angewiesen, über die »Euthanasie« und insbesondere über die »Endlösung« im Osten zu schweigen, aber es drangen doch genügend Informationen durch, um vielen Juden eine Deportation als Todesurteil erscheinen zu lassen.[4]

Während die Konzentrationslager aus der Berichterstattung verschwanden, tauchten dafür überall in der deutschen Öffentlichkeit, von den Fabriken bis zu den Straßen der Großstadt, Lagerhäftlinge und Zwangsarbeiter auf – und waren unmöglich zu übersehen. In dem Maße, wie der Krieg sich hinzog, brach die Lagerwelt wie nie zuvor in das Alltagsleben ein und konfrontierte die Bürger mit den grausamen Seiten der Diktatur. Im großen und ganzen betrachteten die Deutschen die Gefangenen in ihrer typischen Lagerkluft und oft ihren Holzschuhen so, wie sie es durch die Vorkriegspropaganda gelernt hatten. Wir hören zwar von Überlebenden, daß ihnen auch Hilfe und Trost zuteil wurde, aber der überwiegende Eindruck ist doch der, daß die Deutschen im besten Falle gleichgültig und ängstlich waren, im schlimmsten Fall aber genauso voller Verachtung, Feindseligkeit und Haß steckten wie die Wachmannschaften.

Es gibt viele Hinweise darauf, wie der Krieg das System der Konzentrationslager veränderte. Theodor Eicke, der Inspekteur der Konzentrationslager, hielt am ersten Tag des Krieges eine Ansprache und erwähnte dabei die neuen Maßnahmen Himmlers. Die Rede wurde im KZ Sachsenhausen vor den SS-Ersatzformationen gehalten, die die Totenkopfverbände ablösten, und Rudolf Höß, der spätere Kommandant von Auschwitz, erinnerte sich in seinen nach dem Krieg verfaßten Memoiren daran.[5] Eicke sagte, es werde nun viel von der SS verlangt, und sie würde »harte Befehle« durchzuführen haben. »Die SS habe in diesem Krieg nun die Hauptaufgabe, den Staat Adolf Hitlers vor allem im Inneren vor jeder Gefahr zu schützen. Eine Revolution wie 1918, ein Munitionsarbeiterstreik [wie er ebenfalls 1918 stattgefunden hatte] wären ausgeschlossen. Jeder nun auftauchende Gegner des Staates, jeder Saboteur am Kriege sei zu vernichten.« Der Führer, so Eicke, verlange von der SS, die Heimat zu schützen, und er übersetzte den Wachmannschaften diesen Wunsch des Führers, indem er sie zu einer »unbeugsamen Härte« gegenüber den Häftlingen ermahnte, die sie zu »erziehen« hätten. Höß erinnerte sich, daß das neue Regime im Lager noch an demselben Abend mit der Exekution eines Kommunisten begann, den die Gestapo eingeliefert hatte.[6]

Um schreckenserfüllte Gerüchte unter den Freunden und Verwandten von Lagerhäftlingen auszulösen, bediente sich die Gestapo der »Flüsterpropaganda«. Am 26. Oktober 1939 wies der Chef der Gestapo alle Staatspolizei(leit)stellen an, die Gefangenen künftig nicht mehr über die Dauer ihrer Einweisung ins KZ zu informieren, sondern ihnen lediglich zu sagen, sie würden »bis auf weiteres« dabehalten. Die Staatspolizei(leit)stellen würden ferner darüber informiert, wenn Himmler die Verabreichung von Stockhieben anordne. Auch diese Verschärfung dürfe in Umlauf gesetzt werden, um die »abschreckende Wirkung« zu erhöhen. Ausdrücklich machte Berlin darauf aufmerksam, daß solche »Flüsterpropaganda« selbstverständlich nur durch »besonders geeignete und zuverlässige Personen« zu verbreiten sei.[7]

Ende 1939 erschien in einer vielgelesenen SS-Zeitschrift ein aufschlußreicher Artikel, der veranschaulicht, wie die Konzentrationslager der Öffentlichkeit plausibel gemacht und zur Billigung empfohlen wurden und wie sie in die Kriegsanstrengung paßten:

»Die x-tausend Häftlinge, die in den Konzentrationslagern behütet werden, sind zum Teil in der Person, zum Teil dem Wesen nach die gleichen Staatsfeinde, die Deutschlands innere Front während des Weltkrieges zermürbten und zertrümmerten, sei es durch Verbindung mit dem äußeren Feind und aktiven Hoch- und Landesverrat, sei es durch Sabotage, schlechtes Beispiel und bewußte Stimmungsmache. Sie haben sich während des Weltkrieges insgesamt als stärker erwiesen als der äußere Feind. Denn während der Soldat an allen Fronten siegte, arbeitete der innere Feind im Rücken des Soldaten erfolgreich an Deutschlands Niederlage.

Der nationalsozialistische Staat wäre nicht ein Staat der Frontsoldaten, hätte er nicht beizeiten dafür gesorgt, daß die Front gegen den inneren Feind errichtet wurde. Es erwies sich als zweckdienlich, die als Feinde des Volkes erkannten Kreaturen, ehe sie im Ernstfall gefährlich werden konnten, in sicheren Gewahrsam zu nehmen und unter Aufsicht zu stellen.

So bilden die Konzentrationslager inselhafte Kampfgebiete der inneren Front, Kriegsschauplätze, an denen jeweils eine Handvoll Männer Deutschland vor dem inneren Feind bewahrt.«[8]

Das Bild von den Konzentrationslagern, das man vor dem Krieg in Deutschland verbreitet hatte, wurde auch von neuen Lagern wie Groß-Rosen in Schlesien propagiert, das am 2. August 1940 als Außenlager von Sachsenhausen eröffnet wurde. Dieses Lager wurde bald so groß und auffällig, daß man es nicht ignorieren konnte, zumal es auf einer Anhöhe lag und nachts hell erleuchtet war. Es war auf vielfältige Weise mit der Stadt verbunden, und es gab tägliche Kontakte mit der Außenwelt, um die Versorgung zu sichern. Die Gefangenen wurden von den örtlichen Bauern ausgenutzt, die diese billigen Arbeitskräfte »beantragten« und »leihweise« für die Arbeit auf ihren Höfen erhielten. Das Lager war sehr gut in die Stadt integriert, denn offenbar, schreibt die Historikerin Isabell Sprenger, »empfanden es auch Privatpersonen nicht als peinlich, gefangen gehaltene Menschen, über deren Verhaftungsgrund und persönliches Schicksal man nichts wußte, zwangsweise für sich arbeiten zu lassen: das vom Regime aufgebaute Stigma des ›Untermenschen‹, Staatsfeindes und Verbrechers haftete ihnen an.«[9]

Das Lagersystem war in den Kriegsjahren um mehrere Hauptlager herum organisiert, die sich an strategisch wichtigen Punkten befanden, und bedeckte das ganze Dritte Reich wie mit einem Tuch. Um jedes Hauptlager errichtete die SS ein Netz von Außenlagern. Eine Vorstellung von der öffentlichen Präsenz der Lager vermittelt schon die Aufzählung der Hauptlager und die Anzahl der Außenlager, die ihnen im Laufe der zweiten Kriegshälfte zugeordnet wurden. So errichtete Dachau 197 Außenlager in größeren und kleineren Städten ganz Süddeutschlands. Sachsenhausen, nordöstlich von Berlin in Oranienburg, verwaltete schließlich 74 Außenlager, die ebenso weit verstreut waren wie die von Dachau kontrollierten. Ähnliches galt für Buchenwald in der Mitte

Deutschlands, das bei Kriegsende 129 geographisch so weit verteilte Außenlager hatte wie Braunschweig, Dresden, Düsseldorf, Essen, Leipzig und Weimar. Flossenbürg im Nordosten Nürnbergs kontrollierte 97 Außenlager. In Österreich stand Mauthausen (unweit Linz) zuletzt an der Spitze von 62 Außenlagern, und Ravensbrück nördlich von Berlin brachte es mit der Zeit auf 45 Außenlager. Neuengamme südlich von Hamburg kontrollierte zeitweilig 90 Außenlager. Groß-Rosen (bei Breslau) hatte auf seinem Höhepunkt insgesamt 118 Außenlager, und das Hauptlager Mittelbau-Dora (nördlich von Buchenwald) hatte zuletzt 32 Außenlager. Während des Krieges wurden in Deutschland noch weitere Hauptlager errichtet, namentlich Bergen-Belsen, das wegen des beklagenswerten Zustands, in dem sich die Gefangenen bei Kriegsende befanden, zu trauriger Berühmtheit gelangte.

Die Lager nahe den deutschen Grenzen, wie etwa Auschwitz, wurden zu dem doppelten Zweck gegründet, unterworfene Nationalitäten zu terrorisieren und den Zustrom von Gefangenen zu steuern, die als potentielle Gegner galten.[10] Auschwitz-Birkenau wurde nicht nur das größte Konzentrations-, sondern auch das größte Todeslager. Außer Birkenau errichtete Auschwitz ein Netz von 50 Außenlagern, und die Gefangenen waren im weiten Umkreis in Industrie und Landwirtschaft sowie nach Bombenangriffen bei Aufräumungsarbeiten tätig. Solche Lager waren auch als Gelegenheit zur Ausnützung billiger Arbeitskräfte konzipiert, so Mauthausen und Natzweiler (bei Straßburg). Weitere Haupt- und Außenlager entstanden in ganz Osteuropa, darunter weniger bekannte in Estland und Lettland. Majdanek hatte 14 Außenlager; es war teilweise ein Todeslager und teilt sich diese Schande mit Lagern wie Auschwitz-Birkenau, Belzec, Chelmno, Sobibór und Treblinka. Diesen Lagern, die auf (oder nahe) den neuen, von der Wehrmacht eroberten Territorien entstanden, gilt nicht das Hauptaugenmerk dieses Buches, aber sie hatten natürlich im Dritten Reich eine enorm wichtige Rolle zu spielen, deren Weiterungen auch die Geschehnisse im »Altreich« betrafen.

Anfang 1942 zeichneten sich mit der Entstehung des »SS-Wirtschafts-Verwaltungs-Hauptamtes« (WVHA) unter Oswald Pohl Veränderungen in der Verwaltung der Lager ab. Mitte März kam die alte Inspektion der Konzentrationslager dazu, und Pohl wurde von Himmler beauftragt, die Arbeitskraft der KZ-Gefangenen zu koordinieren und in den wirtschaftlichen Unternehmungen der SS zu nutzen.[11]

Wenige Tage später (am 7. Februar 1942) berief Hitler Albert Speer zum Reichsminister für Bewaffnung und Munition. Bald darauf (am

21. März 1942) ernannte er Fritz Sauckel zum Generalbevollmächtigten für den Arbeitseinsatz, der für die Bereitstellung neuer Fremdarbeiter zu sorgen hatte.

Alle drei Ernennungen markierten einen Wendepunkt, sowohl was die Mobilisierung von Arbeitskräften zur Fortsetzung des Krieges als auch, was die Konzentrationslager betraf. In einem Bericht über die Konzentrationslager, den Pohl am 30. April 1942 Himmler lieferte, wird festgestellt, daß es bei Kriegsausbruch 1939 in den sechs großen deutschen Lagern 21400 Häftlinge gab, während dieselben Lager zum Zeitpunkt des Berichts 44700 Häftlinge zählten. Pohl erklärte, daß die Funktion der Lager als Ort der »Verwahrung von Häftlingen nur aus Sicherheits-, erzieherischen und vorbeugenden Gründen« nicht mehr im Vordergrund stehe. Das Schwergewicht habe sich »nach der wirtschaftlichen Seite hin verlagert«. Nunmehr habe die »Mobilisierung aller Häftlingsarbeitskräfte zunächst für Kriegsaufgaben (Rüstungssteigerung) und später für Friedensbauaufgaben« oberste Priorität.[12]

Trotz dieser Forderung nach einer »vernünftigen« Ausbeutung von Gefangenen fügte Pohl in seinem Befehl an die Lagerkommandanten den ausdrücklichen Hinweis hinzu, daß sie allein für den »Einsatz der Arbeitskräfte« verantwortlich seien, der »im wahren Sinn des Wortes *erschöpfend*« sein müsse.[13] Obwohl sich die Nationalsozialisten bewußt waren, daß die Arbeitskraft der KZ-Insassen für die Kriegsanstrengung unentbehrlich war, konnten sie sich also nicht dazu entschließen, ihr Leben zu schonen. So wurden die Zustände in den Lagern tatsächlich schlimmer. Die Sterblichkeit stieg kontinuierlich an, und bis September 1942 sind die Gefangenen in den Lagern schneller gestorben oder ermordet worden, als sie ersetzt werden konnten, so daß trotz des massiven Zustroms von Kriegsgefangenen und ausländischen Staatsangehörigen die Gesamtpopulation der Lager zurückging.[14]

Der Einmarsch in die Sowjetunion hatte zunächst zur Erbeutung von Hunderttausenden von Kriegsgefangenen geführt und den Nationalsozialisten einen scheinbar unerschöpflichen Pool von Zwangsarbeitern beschert. Eine Nebenwirkung dieses Überschusses war, daß die Nationalsozialisten jetzt die Juden ermorden konnten, ohne sich über den Verlust dieser Arbeitskräfte Gedanken machen zu müssen.[15] Aber Ermordung und Mißhandlung der Juden gingen weiter, nachdem sich das Kriegsglück längst gewendet hatte und Deutschland verzweifelt knapp an Arbeitskräften war, so daß wirtschaftliche Belange zwangsläufig zurückstanden, wenn es um die Juden ging. Nationalsozialistische Wirtschaftsfachleute machten schon im Dezember 1941 darauf aufmerksam, daß sich die Tötung jüdischer Facharbeiter in den besetzten Gebieten der Ukraine nachteilig auf die Fähigkeit Deutschlands auswirken werde, dieses Gebiet auszubeuten, doch wurden ihre Bedenken vom Tisch gewischt.[16]

Es herrschte ein ständiger Widerspruch zwischen der Hoffnung, die Gefangenen ausbeuten zu können, und der Kampagne zu ihrer Vernichtung.[17] Albert Speer, der klassische nationalsozialistische Ausbeuter, erzielte bei Besprechungen mit Hitler vom 20. bis 22. September 1942 gewissermaßen einen Sieg über die SS. Himmler wollte auf dem Gelände der Konzentrationslager mehr Rüstungsbetriebe ansiedeln und größere Produktionsstätten errichten, während Speer und andere für private Unternehmungen und dafür plädierten, nicht die Fabriken zu den Gefangenen zu bringen, sondern die Gefangenen zu den Fabriken.[18] Hier stünden Fachleute und Ingenieure zur Verfügung, die besser als die SS darauf geeicht seien, Arbeitskraftressourcen nutzbar zu machen. Die Industriellen, Speer und Hitler hielten diesen Ansatz für effizienter; außerdem boten dezentralisierte Produktionsstätten mehr Schutz vor den nicht enden wollenden Luftangriffen.[19] Bald darauf wurden KZ-Häftlinge zu Schandlöhnen an die Industrie ausgeliehen und lebten in den Fabriken oder in deren Nähe.

Um noch mehr Gefangene zu erfassen, begann Himmler, seine Netze weiter auszuwerfen, und erstrebte nicht zuletzt deswegen eine Vereinbarung mit Reichsjustizminister Thierack über die Verlegung von Häftlingen aus den regulären Gefängnissen in die Konzentrationslager. Thierack lieferte daraufhin die »Sicherungsverwahrten« sowie alle jüdischen, russischen, ukrainischen und tschechischen Häftlinge, alle Polen mit über drei Jahren Strafe und alle Deutschen mit über acht Jahren Strafe aus.[20] Alle wurden der »Vernichtung durch Arbeit« unterworfen – so lautete die neue Formel, die deutlich die Vermischung von Ideologie und Ökonomie in der nationalsozialistischen Konzeption der Lager verriet. Von den 12658 Schutzhäftlingen, die jetzt in die Lager kamen, waren am 1. April 1943 bereits fast die Hälfte (5935) tot, und das Sterben dauerte an.[21] Entgegen Speers »rationaler« Wirtschaftstheorie bedeutete die nationalsozialistische Ideologie in Verbindung mit ihrer brutalen Durchsetzung, daß faktisch die Vernichtung der Zwangsarbeiter weiterhin Vorrang vor ihrer Ausbeutung hatte.

Welche Bedeutung Himmler dem Antisemitismus beimaß, kann man zu dieser Zeit sehen, als er eigentlich auf der Suche nach knappen Arbeitskräften war. Am 5. November 1942 deportierte er die letzten 2000 Juden aus Konzentrationslagern in Deutschland nach dem Osten, anstatt sie in der deutschen Industrie einzusetzen. Vorrangig war für ihn, die Lager »judenfrei« zu machen, und so schickte er die Juden nach Auschwitz oder Lublin und in den sicheren Tod.[22] Weitere Maßnahmen wurden ergriffen, um den Arbeitskräftepool der Lager zu vergrößern. So befahl Himmler am 17. Dezember 1942 Gestapochef Heinrich Müller, durch die Gestapo mindestens 35000 der Fremdarbeiter in Deutschland festzunehmen und an die Konzentrationslager zu überstellen. Die verwundbarsten Fremdarbeiter waren die Sowjetrussen und die Polen, und alle, die sich in den Augen der Polizei auch nur geringfügiger Verstöße schuldig gemacht hatten, wurden jetzt direkt ins Konzentrationslager eingeliefert.[23] Eine weitere Nachschubquelle für Zwangsarbeiter waren nach einem Bericht vom 31. Dezember 1942 Polen, die im Generalgouvernement inhaftiert waren. Verhaftet wurden auch jugendliche Straftäter (über sechzehn) aus Gebieten weiter östlich und solche, die Probleme machten und ihre Lektion aus der Haft in einem »Arbeitserziehungslager« nicht gelernt hatten.[24]

Die Situation, in der sich Speer und die Industriellen gegenüber der SS durchgesetzt hatten, was den Einsatz von Lagerhäftlingen betraf, veränderte sich um die Jahreswende 1943/44 geringfügig durch die Entscheidung, kriegswichtige Munitionsfabriken in unterirdische Tunnel zu verlegen, um den erbarmungslosen Bombenangriffen auszuweichen.[25] Es wurden auch einige nicht sehr wirkungsvolle Bemühungen unternommen, die Sterblichkeit in den Lagern zu senken, die im Winter 1943/44 tatsächlich etwas zurückging. Bald setzte jedoch wieder eine Verschlimmerung der Zustände ein, weil 1944 und 1945 noch einmal eine enorme Zahl von Menschen in die Lager eingeliefert wurde, nachdem entschieden worden war, größere Gruppen von Fremdarbeitern wie Polen und »Ostarbeiter« direkt in die Lager zu verbringen, anstatt sie durch die Arbeitsämter über Deutschland zu verteilen.[26]

ANDERE LAGER

Das *Verzeichnis der Lager und Gefängnisse*, das der Internationale Suchdienst 1949 herausgab, hat den Umfang eines stattlichen Telefonbuchs. Es zählte mehrere tausend Städte und Dörfer auf, in denn es während des Krieges ein oder mehrere Lager gab, und berührt auch einige Betriebe (Fabriken, Bergwerke und dergleichen), die in das Ausbeutungssystem verstrickt waren.[27] Tatsächlich gab es im Kriegsdeutschland so viele verschiedene Arten von Lagern, daß die Bürger sie zuzeiten kaum auseinanderhalten konnten.[28]

An dieser Stelle sei die Aufmerksamkeit auf bislang weniger beachtete Lager und die öffentliche Sichtbarkeit der Gefangenen in den Kriegsjahren gelenkt. Die Gestapo wurde am 28. Mai 1941 zur Errichtung sogenannter Arbeitserziehungslager (AEL) ermächtigt, die jedoch mancherorts schon Mitte 1940 in Betrieb waren.[29] Die Polizei hatte seit Beginn des Dritten Reiches auch den Arbeitsplatz im Visier, und Problemarbeiter, sei es in der Industrie oder in der Landwirtschaft, wurden strafverfolgt.[30] Zumindest einige Arbeitgeber scheuten sich nicht, die Gestapo zu Hilfe zu rufen, um mit mangelnder Arbeitsdisziplin und Saumseligkeit fertig zu werden.[31] Bis in die Kriegsjahre hinein »wandten sich Arbeitgeber häufig an die Gestapo mit der Bitte, ein Exempel zu statuieren« und einzelne Arbeiter aus »erzieherischen Gründen« ins Konzentrationslager zu schicken.[32] Im Frühjahr 1940 sah sich die Polizei mit so vielen Fällen überhäuft, daß Himmler – ohne bleibenden Erfolg – versuchte, die Gestapo von der Disziplinierung von Arbeitern zu entbinden.

Im Sommer 1940 gab es Probleme mit den ersten polnischen Fremdarbeitern, und zu allem Überfluß blieben an der Ruhr bis zu 1000 Kumpel täglich unentschuldigt der Arbeit fern. Am 6. und 16. August 1940 fanden in Münster Krisensitzungen statt, an denen außer Vertretern von Regierungsbehörden und Arbeitgebern auch Armee und Gestapo teilnahmen. Der Höhere SS- und Polizeiführer Friedrich Jeckeln schlug die Einführung eines neuen Lagertypus vor, der den »erzieherischen« Zweck haben sollte, aufsässige oder unproduktive Arbeiter zur Räson zu bringen.[33] Er erwähnte in diesem Zusammenhang, wie »sehr segensreich« für die Arbeitsdisziplin sich die Errichtung eines »Straflagers« auf dem Gelände der Hermann-Göring-Werke bei Salzgitter ausgewirkt habe.[34]

Das wahrscheinlich erste AEL überhaupt entstand im April 1940 in Wuhlheide (Berlin), als die Gestapo Häftlinge, die »zur Zeit untätig in Polizeihaft sitzen«, der Reichsbahn zur Verwendung anbot, angeblich in der Hoffnung, »durch geeignete Arbeitsmethoden diese Leute wieder au den richtigen Weg zu bringen«.[35] Das Lager sowie ein ähnliches in Großbeeren bestanden während des ganzen Krieges, und die Zustände dort waren fast genauso schlimm wie in den Konzentrationslagern, wie Überlebende berichteten. Diese mußten in Berlin und Umgebung für die Reichsbahn arbeiten, aber auch vom Krieg beschädigte Häuser in der Stadt reparieren. Ein Mann aus den Niederlanden erinnerte sich, daß er und andere AEL-Gefangene von den Deutschen auf den Bahnhöfen beschimpft und angespuckt wurden.[36]

Das AEL Hunswinkel war in den Augen von Arbeitgebern und Funktionären an Rhein und Ruhr so »segensreich«, daß der Bürgermeister von Recklinghausen schon am 3. Januar 1941 der Polizei die Eröffnung eines zweiten solchen Lagers in Schützenhof vorschlug. Andere Bürgermeister aus der Gegend bekundeten ebenfalls ihr starkes Interesse an einem derartigen Lager, wohl um von den billigen Arbeitskräften zu profitieren, die sie für diverse kommunale Vorhaben, etwa Aufräumarbeiten nach Bombenangriffen, gebrauchen konnten. Zu Beginn des neuen Jahres wurden Ableger des AEL Hunswinkel eröffnet, deren Gefangene für private Unternehmen arbeiten mußten.[37]

Die Existenz dieser Lager wurde keineswegs geheimgehalten, sondern aus naheliegenden Gründen weithin publik gemacht: Die Drohung mit dem AEL sollte ein starker Arbeitsanreiz für jeden sein, dem man Faulheit, Unpünktlichkeit oder Unzuverlässigkeit vorwerfen konnte. Dazu kam, daß die Gefangenen gewöhnlich außerhalb der Lager und unter den Augen der Öffentlichkeit arbeiteten. In manchen Fabriken wurde es durch Anschläge bekanntgemacht, wenn ein Arbeiter in ein AEL eingewiesen worden war. Ein Zeitungsbericht vom Februar 1941 beschrieb die Einrichtung des Arbeitserziehungslagers unter der unmißverständlichen Überschrift »Ein leichtes Wort, eine ernste Sache«. Das Lager wurde auf eine Art beschrieben, die dem Publikum gefallen sollte: »Besonders hartnäckige Bummelanten, die auch durch Verhängung von Schutzhaft [das heißt: ein Konzentrationslager] oder Gefängnisstrafen nicht zu bessern sind, werden einem Arbeitserziehungslager zugeführt, um ihnen in eindringlicher Form klarzumachen, daß im Kriege jeder seine Arbeitskraft voll einzusetzen hat.«[38]

Um deutsche und Fremdarbeiter zu disziplinieren, die in wichtigen Wirtschaftszweigen beschäftigt waren, gab Himmler am 28. Mai 1941 die Anweisung zur Errichtung weiterer Arbeitserziehungslager zum Schutze der deutschen »Wehrkraft«. Jeder, der die Arbeit verweigerte oder die Arbeitsmoral auf andere Weise untergrub, war zu verhaften. »Arbeitsunlustige Elemente« sollten in Lager gesteckt und zu »Erziehungszwecken« geregelter Arbeit zugeführt werden.[39]

Die Flut von Fremdarbeitern in Deutschland und der Wille zur Disziplinierung des geringsten Zeichens von Widerstand hatten zur Folge, daß diese Arbeitserziehungslager ebenso wie die Konzentrationslager in erster Linie, wenn auch nicht ausschließlich für diese Arbeiter benutzt wurden.[40] Hier wurden »Arbeitsunwillige«, »Nörgler« und Personen diszipliniert, die angeblich die Arbeitsmoral untergruben.[41] Im Juni 1942 kamen Justizminister Thierack und Propagandaminister Goebbels überein, Todesurteile wegen »Werksabotage« gegebenenfalls durch Anschlag in der Fabrik des betreffenden Arbeiters bekanntzumachen.[42] Während die Leitung der Konzentrationslager in den Händen der SS lag, unterstanden die Arbeitserziehungslager unmittelbar der Gestapo, und zwar so sehr, daß sie örtlichen Gestapochefs schließlich als eine Art von »Privat«-KZ dienten.[43] Die Gefangenen arbeiteten, ganz ähnlich wie in vielen Konzentrationslagern, tagsüber außerhalb der Lager an Stadtsanierungsprojekten oder für die Industrie, aber immer als billige Arbeitskräfte. Verstreutes Beweismaterial läßt darauf schließen, daß es um Gesundheit und Wohlergehen der Gefangenen in den Arbeitserziehungslagern kaum besser bestellt war als in den anderen Lagern.[44] Die Unterbringung in einem Arbeitserziehungslager konnte bis zu acht Wochen dauern, und wenn die Zustände auch nicht ganz so schlimm gewesen sein mögen wie in einem Konzentrationslager, so sollte doch der Aufenthalt in einem Arbeitserziehungslager mit seinen langen Arbeitsstunden und ohne die elementarsten Freuden wie Lesen, Rauchen oder Schreiben und Empfangen von Briefen alles andere als eine erfreuliche Erfahrung sein. Es gab die üblichen, ewigen Appelle, es gab Mißhandlungen, und es gab Exekutionen.[45] Wer von der »erzieherischen« Maßnahme nicht profitierte, konnte in »Schutzhaft« genommen und in ein Konzentrationslager geschickt werden. Eine neuere Untersuchung hat 106 Arbeitserziehungslager mit 18 Außenlagern ermittelt. 23 Lager waren für Frauen, 80 für Männer, die übrigen für beide Geschlechter.[46]

Es gab auch Sonderlager der SS, zum Beispiel das in Hinzert bei Trier, das am 1. Oktober 1939 errichtet wurde und schließlich mit weiteren 33 Lagern, 27 Außenlagern und 6 Polizeigefängnissen mit eigenen 13 Nebenstellen verbunden war.[47] Die Bestrafung aufsässiger Arbeiter sowie Disziplinprobleme unter den Arbeitern am »Westwall« (der seit 1936 entstehenden Verteidigungsanlage an der Grenze zu Frankreich) führten bald zu Problemen, als der Krieg begann und sich die örtlichen Gefängnisse bis zur völligen Auslastung mit Problemfällen aus der Wehrmacht zu füllen begannen. Als Gefängnis für Westarbeiter, die immer nur relativ kurzfristig Probleme machten, errichtete die Polizei Haftlager, in denen sich die Zustände rasch verschlechterten.[48] Das neue, größere Lager in Hinzert sollte diese Polizeihaftlager ersetzen und bis zu 1000 Männer aufnehmen, für welche die Bezeichnung »Zöglinge« eingeführt wurde, da sie nach Auffassung des Lagerkommandanten weder »Häftlinge« noch »Strafgefangene« waren. Die »Zöglinge« offenbarten angeblich gewisse »Verfehlungen« und wurden als »Sünder« angesehen, denen es am »gesunden Instinkt« mangelte. Sie wurden in Hinzert mindestens drei Monate festgehalten, doch gab die SS in einer Vorlage vom 26. Dezember 1940 zu verstehen, die »Verfehlungen« säßen so tief, daß man die »Zöglinge« sehr viel länger dabehalten müsse.[49]

Einige der Häftlinge in den Hinzerter Außenlagern waren politische Gefangene und Widerstandskämpfer aus anderen Teilen Europas. Eine kleine, rund hundertköpfige Gruppe wurde in der zweiten Hälfte des Krieges zu Aufräumarbeiten in Wiesbaden eingesetzt. Ihr Lager stand auf dem Wiesbadener Messegelände, und die meisten Häftlinge kamen aus Luxemburg, die übrigen aus den Niederlanden, Belgien und Frankreich.[50]

Die alliierten Bombenangriffe, die 1940 zunahmen und 1941 noch schlimmer wurden, richteten in vielen Städten enorme Schäden an. Es war der »Wunsch« des Führers, die unmittelbar betroffene Bevölkerung so rasch wie möglich von der durch diese Angriffe verursachten Bedrängnis zu befreien. Um diesem Wunsch zu entsprechen, erteilte Fritz Todt als zuständiger Minister den die Aufräumarbeiten durchführenden Stellen, nämlich den Bürgermeistern oder ihren Stellvertretern, neue Befugnisse, indem er sie zu »Leitern der Sofortmaßnahmen« ernannte. Die exponiertesten Städte wie etwa Köln gingen dazu über, Kriegsgefangene (meistens Franzosen) zu beschäftigen, die auf Notrationen gesetzt und in Gebäuden des Kölner Messegeländes untergebracht waren. Diese Gebäude befanden sich direkt gegenüber dem Dom auf der anderen Rheinseite und hatten im Mai 1940 zur Internierung von Zigeunern vor deren Deportation gedient.[51] Am 2. September 1941 kamen die ersten Kriegsgefangenen in den Gebäudekomplex, aus dem dann das Konzentrationslager mitten in Köln wurde.[52]

Anfang 1942 verschlimmerte sich die Lage in den westdeutschen Städten, da die Alliierten ihre Bombenangriffe verstärkt auf zivile Ziele richteten. Vor allem durch den Einsatz von Brandbomben sollte maximaler Schaden angerichtet werden. Als erste größere Stadt wurde Ende März 1942 Lübeck ins Visier genommen. Die Folgen waren verheerend. In der Nacht vom 30. zum 31. Mai erfolgte der erste Bombenangriff mit 1000 Flugzeugen auf Deutschland. Er hinterließ eine beispiellose Zahl von Toten und Verwundeten und den Bedarf an noch mehr Hilfskräften für die Aufräumarbeiten, wozu jetzt auch das Entschärfen von Blindgängern gehörte. Mindestens seit Januar 1941 wurden vereinzelt KZ-Häftlinge in solchen Entschärfungstrupps eingesetzt – eine Praxis, die Himmler sehr begrüßte.[53]

Himmler besuchte am 9. September 1942 die schwer getroffenen Gebiete an Rhein und Ruhr sowie die Hansestädte. Er empfahl dem Chef der Ordnungspolizei Kurt Daluege, statt daß »unsere Strolche [...] wohlbehalten im Zuchthaus und Konzentrationslager« säßen, solle man sie lieber zu Aufräumarbeiten nach den Bombenangriffen heranzuziehen. Damit würde auch die Gefährdung deutscher Feuerwehrleute vermieden. Hitler stimmte diesem Vorgehen nachdrücklich zu.[54]

Etwa gleichzeitig begannen sogenannte SS-Bau-Brigaden, von denen schon seit Anfang 1942 die Rede war, mit der Verwendung von 1000 Gefangenen aus drei Konzentrationslagern (Neuengamme, Sachsenhausen und Buchenwald). Die erste Stadt, in der diese Gefangenen eingesetzt wurden, war Köln (am 18. September 1942); die anderen kamen noch im selben Monat nach Düsseldorf, Duisburg, Bremen und weiteren Orten. Die Bürgermeister dieser Städte suchten händeringend Hilfe und wandten alle ihre Überredungskünste an, um die SS-Bau-Brigaden so lange wie möglich in ihrem Ort festzuhalten. Am Tag marschierten die Gefangenen in Trupps, beaufsichtigt von den Wachmannschaften, zu ihrer Knochenarbeit, die Nacht verbrachten sie in notdürftigen »Lagern« wie jenem auf dem Kölner Messegelände, wo Ende 1942 rund 1000 Gefangene aus Buchenwald untergebracht wurden. Sie waren Mißhandlungen und Unterernährung ausgesetzt, und als im Winter 1942/43 einige von ihnen sich weigerten, noch härter zu arbeiten, oder es aus Erschöpfung einfach nicht konnten, wurden sie auf offener Straße exekutiert.[55] Schließlich passierten schätzungsweise 6000 Gefangene dieses winzige Lager; die meisten von ihnen scheinen Nichtdeutsche gewesen zu sein.

Der Anblick von KZ-Häftlingen, die auf den Straßen der Großstädte wie Köln Zwangsarbeit verrichteten – oft ohne genügende Fußbekleidung und in der mitleiderregenden gestreiften Lagerkluft, bis hin zu den bekannten Abzeichen, die Nationalität und »Verbrechen« jedes einzelnen signalisierten: dieser Anblick wurde ein neuer Aspekt des deutschen Alltagslebens. Überall in Deutschland kamen Lagerhäftlinge der einen oder anderen Art aus den Lagern oder wieder zurück geschlurft, und zwar vor den Augen der Bürger, denen ihre Mißhandlungen und ihr beklagenswerter Zustand gewiß nicht entgehen konnten.[56]

Anfang 1945 gab es insgesamt 13 SS-Bau-Brigaden in ganz Deutschland. Mittlerweile benutzten sie Züge und waren vor allem mit der Instandsetzung der Gleise beschäftigt. Wie zum Beispiel in Offenburg waren in jedem Zug rund 500 Gefangene. Sie waren in den (ungeheizten) Güterwaggons eingesperrt und fuhren zu Reparaturarbeiten die Strecke auf und ab.[57] Diejenigen, die mit der Bewachung der Gefangenen betraut waren, versuchten – nicht nur in Offenburg –, dafür zu sorgen, daß jeder direkte Kontakt mit der Bevölkerung auf ein Minimum beschränkt blieb, aber die Gefangenen registrierten sowohl negative Einstellungen als auch helfende Gesten. Gelegentlich wurden diesen Gefangenen Lebensmittel oder Zigaretten zugeworfen oder zugespielt, aber generell war die Bevölkerung ganz überwiegend im Einklang mit der NS-Propaganda und feindlich gegen alle Lagerhäftlinge und Ausländer eingestellt.

DER PRIVATE SEKTOR

Als die größten Ausbeuter von KZ-Häftlingen erwiesen sich Privatunternehmen. Das begann damit, daß man die Gefangenen zunächst zu Bauarbeiten heranzog. Ende 1940 und im Jahr 1941 lag diese Idee schon in der Luft, wie beliebig viele Beispiele beweisen.[58] Den Anfang scheint die Luftfahrtindustrie gemacht zu haben. Heinkel setzte im Spätherbst 1941 KZ-Häftlinge in Oranienburg ein; Anfang 1943 waren bereits 4000 Häftlinge bei Heinkel beschäftigt, und das Unternehmen verwies (wie andere) auf dieses Beispiel, um dasselbe bei der Konstruktion und dann bei der Montage der Fernrakete A-4 in Peenemünde zu tun.[59] Arthur Rudolf, einer der für das deutsche Raketenprogramm zuständigen Ingenieure, nahm Mitte April 1943 eine Einladung der SS an, den Einsatz von Zwangsarbeitern bei den Heinkel-Flugzeugwerken in Oranienburg zu studieren. Diese Häftlinge wurden Rudolf nicht, wie er später behauptete, von Himmler aufgezwungen; vielmehr überzeugte er sich selbst von der Praktikabilität des Häftlingseinsatzes und wurde zu dessen Befürworter. Wie andere Ingenieure, die mit dem nationalsozialistischen Raketenprogramm befaßt waren, landete Rudolf schließlich bei der NASA und war an der Entwicklung des amerikanischen Weltraumprogramms beteiligt.[60]

1943 folgten andere bekannte Flugzeugfirmen wie Junkers und Messerschmitt dem Beispiel Heinkels. Die Verwendung der meisten Gefangenen änderte sich um die Jahreswende 1943/44, als entschieden wurde, die Produktionseinrichtungen unter die Erde zu verlegen. Tausende wurden bei diesem vergeblichen Bemühen durch Arbeit vernichtet.[61] In Dora-Mittelbau lebten die Gefangenen während der im Herbst 1943 beginnenden Konstruktionsphase unter der Erde, wo die zumeist sowjetrussischen, polnischen, französischen und deutschen Gefangenen aus Buchenwald unter furchtbaren Bedingungen arbeiten mußten. Ende des Jahres gab es dort nicht weniger als 8000 Gefangene. Hans Kammler, Himmlers Mann vor Ort, wies die Verantwortlichen an, Menschenleben nicht zu schonen und die Arbeiten zu forcieren. So gingen zwischen Dezember 1943 und März 1944 Tag für Tag 20 bis 25 Gefangene in Dora-Mittelbau zugrunde, und die Zahl wäre noch größer gewesen, hätte die SS nicht die »Schwächsten« ausgesondert und in Lager wie Majdanek oder Bergen-Belsen geschickt, wo sie später starben oder getötet wurden. Ein Zeichen für den verzweifelten Arbeitskräftemangel war, daß man im Sommer 1944 sogar Juden nach Mittelbau-Dora holte. Im November 1944 lebten hier 26000 Gefangene, und bis zum März 1945 wurden es über 40000. In diesem Zeitraum gab es mehr als 5000 Todesfälle und allein im März 162 Exekutionen. Es ist Tatsache, daß bei der Produktion des deutschen Raketenprogramms mehr Menschen starben, als später durch Treffer dieser Raketen im fernen England oder auf dem Kontinent getötet wurden.[62]

In die Ausbeutung von KZ-Häftlingen verstrickt war auch die I.G. Farben, damals das größte Unternehmen Europas und das viertgrößte weltweit. Die I.G. Farben war ein Chemiegigant und stellte unter anderem Synthesekautschuk und synthetisches Erdöl her. Der Krieg war gut fürs Geschäft, und besonders 1940, als ein Frieden mit England in weiter Ferne zu liegen schien und die Schwierigkeiten bei der Kautschuk- und Erdölbeschaffung voraussichtlich fortbestehen würden, waren Regierung und I.G. Farben überzeugt, daß die Produktion synthetischer Stoffe notwendig war. Das Unternehmen dachte daran, eine Produktionsstätte in Oberschlesien zu errichten, und Ende 1940 brachten Fachleute der Firma als einen von mehreren möglichen Standorten für eine neue Fabrik Auschwitz ins Gespräch.[63]

Anfang 1941 bekamen Himmler und andere mit der völkischen und sozialen Planung für Oberschlesien befaßte Personen Wind von den Interessen der I.G. Farben, und um der Gegend Investitionen, Geld und deutsche Facharbeiter zu sichern, stattete Himmler dem Lager am 1. März 1941 sogar einen Besuch ab und kam mit Vertretern der I.G. Farben zusammen. Himmler war entschlossen, alles Erdenkliche zu tun, um das Unternehmen für Auschwitz zu gewinnen. Leitende Angestellte des Unternehmens und Baufachleute wurden von den Plänen der SS unterrichtet, Auschwitz zu einer attraktiven Option zu machen, und erfuhren dabei, daß der größte Teil der aus Juden und Polen bestehenden städtischen Bevölkerung vertrieben werden würde, um Platz für Deutsche zu schaffen. Daß in Auschwitz bereits ein Konzentrationslager mit 7000 Gefangenen existierte, die für Bauarbeiten an dem neuen Firmengebäude zur Verfügung gestellt werden konnten – natürlich zu extrem niedrigen Löhnen –, war den Besuchern von der I.G. Farben schon am 10. Februar 1941 mitgeteilt worden. Bei der Besprechung mit Himmler am 1. März wurde bekanntgegeben, daß das Lager auf 30000 Gefangene erweitert werden sollte, womit aus Auschwitz, das kaum ein Jahr zuvor lediglich zur Terrorisierung der örtlichen Bevölkerung errichtet worden war, das größte Konzentrationslager Deutschlands werden würde. Das ganze Ausmaß des Massenmordes, der in Auschwitz folgen sollte, mag sich das Unternehmen nicht vorgestellt haben, aber niemand in Deutschland, am wenigsten die Leitenden Angestellten und Planer der I.G. Farben, konnte darüber im Zweifel sein, was generell mit Menschen in Konzentrationslagern geschah. Die I.G. Farben war sich bewußt, daß sie eine große Zahl von Männern und Frauen buchstäblich als Sklaven halten würde, und hatte nicht die geringsten Gewissensbisse. Bei einer Besprechung in Kattowitz am 7. April 1941 prophezeiten I.G. Farben und SS gemeinsam eine rosige Zukunft. Die I.G. Farben habe mit dem »Projekt Auschwitz den Plan für ein neues Unternehmen gigantischen Ausmaßes entworfen«, sagte Otto Ambros, einer der bei der Besprechung anwesenden Experten; das Projekt werde der örtlichen Umgebung ebenso zugute kommen, wie es moderne Unternehmen im westlichen Deutschland täten. Das Unternehmen, so Ambros weiter, »erfüllt damit eine hohe Pflicht, auf ihre Weise mitzuwirken und alle Kräfte einzusetzen, daß diese Industriegründung zu einem festen Eckpfeiler wird für ein kräftiges, gesundes Deutschtum im Osten«. Ein Abgesandter Himmlers sagte bei der Besprechung, für den Reichsführer-SS sei es schlicht das Ziel, »hier ein Muster der Ostsiedlung zu errichten, wobei das Hauptaugenmerk darauf gerichtet wird, daß besonders qualifizierte deutsche Menschen hier angesiedelt werden sollen«.[64]

Das Auschwitz-Unternehmen der I.G. Farben zu einem wirtschaftlichen Erfolg zu führen erwies sich jedoch aus verschiedenen Gründen, nicht zuletzt wegen der erbarmungslosen Mißhandlung und regelrechten Ermordung der Gefangenen, als schwieriger denn erwartet. Die Sterblichkeit aller in den örtlichen Betrieben des Unternehmens beschäftigten Gefangenen nahm katastrophale Ausmaße an – Ende des Krieges lag die Überlebenserwartung in einigen Bergwerksbetrieben bei vier bis sechs Wochen.[65] Trotz der ungeheuren Zahl von Menschen, die beim Bau des Bunawerks Auschwitz-Monowitz starben oder kurzerhand ermordet wurden, ist es zur Produktion von Synthesekautschuk nie gekommen.[66]

Als sich die I.G. Farben und die SS im Frühjahr 1941 handelseinig wurden, beschleunigten sie die Tendenz vieler der renommiertesten deutschen Unternehmen, beispielsweise Siemens, an der Versklavung und Ermordung von KZ-Häftlingen mitzuwirken. Siemens war in der Nazizeit Europas größter und mächtigster Elektrokonzern, und wenn Siemens auch nicht das erste Unternehmen war, das Anfang 1940, als diese Möglichkeit auftauchte, die Idee einer Verwendung von Gefangenen ventilierte, so reagierte das Unternehmen doch rasch und integrierte deutsch-jüdische Frauen aus dem Lager Ravensbrück in seinen Produktionsablauf. Dieser versuchsweise vorgenommene Einsatz von Zwangsarbeit erwies sich als profitabel, weil Leitende Angestellte und Werkmeister ab September 1941 lernten, mit der Drohung der Entlassung nebst anschließender Deportation zu arbeiten, und die Gefangenen so zu härterer Arbeit antrieben. Nach relativ bescheidenen Anfängen mit kaum 2000 Lagerhäftlingen bei Siemens Berlin im Jahre 1940 verdoppelte sich die Zahl bereits ein Jahr später. Nach dem Bau weiterer Außenlager und der Dezentralisierung seiner Produktionsstätten beutete Siemens 1944 rund 15200 (jüdische wie nichtjüdische) Gefangene aus und hatte Verbindungen zu buchstäblich allen Hauptlagern. Nach der Aussage von Überlebenden war es gängige Praxis bei Siemens, mit Drohungen und Terror die Produktivität zu steigern.[67]

Andere Unternehmen mit internationaler Reputation nutzten ebenfalls KZ-Häftlinge aus, darunter Daimler-Benz, eine Firma, die auch Kriegsproduktion betrieb und massiv im ganzen Reich operierte. Erstmals setzte Daimler-Benz Gefangene, darunter sogenannte Arbeitsjuden, Ende 1941 im Generalgouvernement ein. In den folgenden Jahren wurden in Lagern, die auf Firmengelände in Deutschland entstanden, nicht nur Juden und Jüdinnen, sondern auch andere Nationalitäten eingesetzt.[68] Zwar bleibt die Gesamtzahl der von Daimler-Benz eingesetzten Gefangenen unbekannt, doch geht aus einer neueren Untersuchung hervor, daß in den späteren Kriegsjahren mehr als 10000 Gefangene in verschiedenen Lagern für Daimler-Benz arbeiteten.[69]

Anfang 1942 war der berühmte Konstrukteur Ferdinand Porsche genauso begierig wie die anderen Führer der deutschen Industrie, mit der SS ins Geschäft zu kommen. Er schlug Hitler vor, Gefangene zum Bau einer Gießerei heranzuziehen, und bekam des Führers Unterstützung für sein Vorhaben.[70] Bei Besprechungen mit der SS war Porsche nicht zimperlich und verstand es, sich durchzusetzen.[71] Unter Porsches Direktion errichtete das Volkswagenwerk ein Konzentrationslager mit dem enthüllenden Namen »Arbeitsdorf«. Es wurde im April 1942 eröffnet, als 500 Gefangene aus Neuengamme kamen, um eine Leichtmetallgießerei zu bauen. Sie scheinen relativ anständig behandelt und gekleidet worden zu sein und wurden nach Fertigstellung der Gießerei im September 1942 nach Neuengamme zurückgeschickt. Vom Standpunkt der sich abzeichnenden Pläne der SS wurde das Experiment »Arbeitsdorf« als sehr erfolgreich eingestuft.[72]

Im Frühjahr 1943 war Volkswagen darauf erpicht, Hauptproduzent der »Flugbombe« zu werden, und wollte sich unbedingt billige Arbeitskräfte zunutze machen und ein Konzentrationslager in Laagberg, nur drei Kilometer vom Hauptwerk entfernt, errichten.[73] Die ersten 800 Gefangenen waren Franzosen, Niederländer, Russen, Polen und Spanier, von denn viele im Widerstand tätig gewesen waren. Sie wurden bei VW genauso schlecht behandelt wie in Neuengamme, von wo die meisten von ihnen kamen.[74] Im März 1944 beharrte Ferdinand Porsche sehr energisch darauf, daß er zusätzlich zu den 3500 KZ-Häftlingen, die schon bei VW beschäftigt waren, dringend noch weitere benötige.[75] Diesmal waren die meisten Neuankömmlinge ungarische Juden aus Auschwitz, darunter viele spezialisierte Metallverarbeiter, wie sie in Wolfsburg dringend benötigt wurden. Überlebenden zufolge wurden sie im VW-Hauptwerk nicht schlecht behandelt, jedenfalls im Vergleich zu dem, was sie in ihrer kurzen Zeit in Auschwitz erlebt hatten, doch waren sie stark unterernährt. Ein Bombenangriff auf das VW-Hauptwerk machte am 29. Juli 1944 dieser »normalen« Behandlung ein Ende. Die Gefangenen kamen in ein Zweigwerk in Tiercelet, wo sie, die begehrten, wegen ihrer Qualifikation in Auschwitz handverlesenen Facharbeiter, zu groben Arbeiten am Bau und im Steinbruch eingesetzt wurden.[76]

Die Bayerischen Motorenwerke (BMW) hatten seit Beginn des Dritten Reichs von der Expansion der Automobilindustrie und durch ihren Einstieg in den Bau von Flugzeugenmotoren profitiert. Seit 1940/41, als viele deutsche Arbeiter zur Wehrmacht einberufen wurden und BMW expandierte, stieg die Zahl der Beschäftigten, unter denen viele Kriegsgefangene aus Rußland, Frankreich und den Niederlanden sowie KZ-Häftlinge waren. Ob dabei die Initiative von BMW oder von der SS ausging, ist nicht bekannt. 1939 erwarb BMW das (später sehr lukrative) Monopol auf luftgekühlte Motoren, die an drei Produktionsstandorten, darunter Allach bei München, hergestellt wurden.[77]

Im August 1941 versuchte BMW, die SS für die Bereitstellung von KZ-Häftlingen zu interessieren, was sich jedoch zunächst zerschlug.[78] In der zweiten Jahreshälfte 1942 kam es zu einer Einigung, und die ersten Gefangenen aus Dachau kamen zum Standort Allach, um Bauarbeiten durchzuführen. Am 22. Februar 1943 wurde in Allach ein Lager eröffnet, das rasch expandierte. Anfang 1944 lebten hier 3434 Gefangene, die für BMW arbeiteten, während über 2000 weitere an sechs anderen Standorten arbeiteten.[79] Das Werk in Allach wuchs enorm: 1939/40 gab es hier rund 1000 Beschäftigte, 1941 waren es 5572 und 1944 über 17000. Dieses letzte Arbeitskräfteheer setzte sich zusammen aus rund 3000 Fremdarbeitern, derselben Zahl von (meist sowjetrussischen) Kriegsgefangenen und mindestens ebenso vielen oder noch mehr KZ-Häftlingen. Die paar tausend deutschen Arbeiter, die noch bei BMW tätig waren, befanden sich deutlich in der Minderzahl.[80] Die Berichte von Überlebenden über das Verhalten der deutschen Zivilbevölkerung in Allach sind unterschiedlich, wie bei anderen derartigen Lagern auf privatem Firmengelände. Es gab Deutsche, die ihnen halfen, aber die meisten waren »allzu oft willige und beflissene Helfer der SS«.[81] Gefangene, die für Privatfirmen arbeiteten, wurden anscheinend besser behandelt, als es in regulären Konzentrationslagern der Fall gewesen wäre, aber die Wachmannschaften der SS hatten gewöhnlich dennoch das Kommando und setzten ihre Mißhandlungen fort; die Arbeit war lang und schwer, und die Verpflegung, die Unterkunft und die hygienischen Verhältnisse waren furchtbar. Der Terror lauerte überall, und es gibt eine Fülle von Nachweisen für sofortige Exekutionen.[82]

NEUE LAGER VOR KRIEGSENDE

1944/45 stieg die Anzahl der Lager dramatisch an, wie wir am Netz der Dachauer Lager verfolgen können. Ende 1941 hatte Dachau acht Außenlager. 1942 wurden 23 neue Außenlager errichtet, 13 von ihnen jedoch vor Ablauf des Jahres wieder aufgelöst. 1943 wurden 19 Außenlager gegründet, 1944/45 weitere 120. Wie neuere Untersuchungen über einige dieser Lager zeigen, befanden sich viele von ihnen mitten in einer Stadt oder einem Dorf, so daß sie von den Bürgern unmöglich zu übersehen waren. Es gab Deutsche, die in kleinen Städten wie Saulgau oder Friedrichshafen eine gewisse Freundlichkeit gegen die Gefangenen an den Tag legten, doch gab es auch Berichte von negativen Einstellungen.[83] Wenn es etwas Einheitliches im Verhalten der deutschen Bevölkerung gegenüber den Gefangenen gab, die jetzt in ihrer Mitte weilten, dann war es Unsicherheit und Distanziertheit, zumal als das Ende des Regimes in Sicht war und jedermann wußte, daß es irgendwann zur Befreiung der Lager kommen mußte. Wachmannschaften und örtliche Parteifanatiker setzten ein strenges Verhalten durch, desgleichen wachsame Nachbarn, die jeden bedrohten, der den Gefangenen auch nur minimales Mitleid erwies, geschweige denn Lebensmittel zusteckte. Die übliche Warnung war, daß mitleidige Deutsche selbst ins Lager geschickt werden würden.[84] Überlebende anderer Dachauer Außenlager wie Kaufering, Mühldorf und Überlingen berichten, daß ihnen etwas Hilfe zuteil wurde, erinnern sich aber auch an Gleichgültigkeit und Ablehnung. Die Historikerin Edith Raim, die die Reaktion der Gefangenen in den Dachauer Außenlagern auf das sie umgebende Leben untersucht hat, stellt fest, daß die Zivilbevölkerung der Umgebung für [viele Überlebende] die Normalität des Lebens inmitten des Wahnsinns der Lager symbolisierte. Mit Verwunderung und Schmerz registrierten die Häftlinge die Alltäglichkeit des zivilen Lebens, von dem sie oft schon Jahre isoliert waren, in den Dörfern und Städten, die nicht wesentlich vom Krieg betroffen waren. Vielfach waren die Bewohner der Umgebung von den Häftlingen abgestoßen und versuchten, ihre Existenz zu mißachten.[85]

Manche Außenlager wurden unter verzweifelten Umständen gebaut. Viele waren nur noch nominell »Lager« und befanden sich in Ruinen, so jenes, das im März 1945 im Regensburger Colosseum, einem Theater mitten in der Stadt, eingerichtet wurde.[86] Wir haben wenig Informationen über solche Stätten, aber nach dem, was die Historiker in den letzten Jahren eruiert haben, scheint hinter jedem Lager ein anderes, bisher unbekanntes seiner Entdeckung zu harren. Lokalhistoriker spielen eine wichtige Rolle beim Auffinden dieser oft obskuren Lager, wie zum Beispiel zweier in Essen aus den Jahren 1943 und 1944. Das erste, Ende 1943 errichtet, bestand aus bis zu 150 Männern, die die Nächte in ausgebombten Gebäuden unter der Adresse Schwarze Poth 13 verbrachten. Laut einem Gestapobericht vom 10. Juli 1944 waren die Gefangenen vorwiegend Russen (von ihnen gab es 90) und Polen (40) sowie Menschen aus Frankreich, Belgien, Dänemark und Luxemburg sowie drei Deutsche. Juden gab es nicht.[87]

Die Lagerhäftlinge arbeiteten für ein SS-Unternehmen, die Deutschen Wirtschaftsbetriebe, und wurden im Auftrag der Stadt Essen zu Aufräumarbeiten nach Bombenangriffen eingesetzt. Sie trugen gestreifte Kleidung und Holzschuhe. Nicht jeder, der sie in Essen sah, scheint die Bedeutung dieser Kluft verstanden zu haben; manche glaubten, es handle sich um Gefängniskleidung, während man Männer, die nicht von SS-Leuten, sondern von grün uniformierten Polizisten bewacht wurden, für Zuchthäusler hielt. Beim Näherrücken der im Westen stehenden alliierten Armeen wurden die noch lebenden Insassen von Schwarze Poth 13 am 21. März 1945 in das Konzentrationslager Buchenwald zurückgeschickt. Ob einer von ihnen überlebt hat, wissen wir nicht.[88]

Über das andere Buchenwalder Außenlager in Essen ist dank der Forschungen Ernst Schmidts und Ulrich Herberts mehr bekannt. Bestand das »Lager« Schwarze Poth 13 zur Gänze aus nichtjüdischen Männern, die zu öffentlichen Arbeiten herangezogen wurden, setzte sich das Lager »Humboldtstraße«, das 1944 eingerichtet wurde, aus jüdischen Frauen zusammen, die für die legendäre deutsche Rüstungsfirma Krupp arbeiten sollten. Große Industriebetriebe wie Krupp wurden von Fremdarbeitern abhängig, um die stark gestiegene Nachfrage decken zu können.[89] Als sich im Frühsommer 1944 abzeichnete, daß die riesigen Reserven an Fremdarbeitern erschöpft waren und nicht mehr aufgefüllt werden konnten, wandte sich Krupp an die SS und bat um Lagerhäftlinge. Das Wirtschafts-Verwaltungs-Hauptamt verwies die Unternehmen in solchen Fällen an das für ihre Gegend »zuständige« Konzentrations-Hauptlager, und so schickte Krupp seinen stellvertretenden Personalchef nach Buchenwald, wo er 2000 Facharbeiter »bestellte«. Es bürgerte sich ein, daß Unternehmensvertreter Lager wie Buchenwald oder Ravensbrück aufsuchten, um ihre »Auswahl« unter den Häftlingen zu treffen, darunter auch Frauen, die sich in aller Öffentlichkeit nackt begutachten lassen mußten.[90]

Jedenfalls war gegen Ende des Krieges die Nachfrage nach Gefangenen so groß und ihre Sterblichkeit durch Unterernährung und Mißhandlung in den Lagern so hoch, daß der Bedarf an kräftigen Männern unmöglich zu decken war. Als Notbehelf gab man Krupp die Möglichkeit, 500 weibliche Arbeiter aus einem Buchenwalder Außenlager mit jungen ungarischen Jüdinnen in Gelsenkirchen (unweit von Essen) auszuwählen. Ende August 1944 kamen die Frauen per Straßenbahn oder zu Fuß in ein neues Buchenwalder Außenlager in der Essener Humboldtstraße. Einer Überlebenden zufolge beobachteten »Hunderte« von Bürgern die Gefangenen, die in jämmerlicher Verfassung waren, und ihren täglichen An- und Abmarsch bei Krupp.[91] Ulrich Herbert weist nach, daß der Firma Krupp diese Gefangenen keineswegs von der SS aufgedrängt wurden, sondern daß Krupp ständig Bedarf anmeldete. Die SS selbst wies von Anfang an darauf hin, daß die Frauen der schweren Arbeit, die sie bei Krupp tun sollten, nicht gewachsen sein würden, und nach wenigen Wochen waren die Unglücklichen so geschwächt, daß sie zu gar keiner wirklichen Arbeit mehr taugten. In Essen selbst fand kein Massenmord an diesen jüdischen Frauen statt, aber bis auf sechs, die sich absetzen konnten, wurden alle im März 1945 nach Bergen-Belsen evakuiert, wo sie mitten in eine Typhusepidemie und den endgültigen Zusammenbruch der ohnehin fast zerrütteten Lagerordnung gerieten. Die einzigen sechs, die mit Sicherheit überlebten, waren letztlich die, die vor dem Abtransport aus Essen hatten fliehen können. Mit Hilfe von Deutschen konnten sie sich versteckt halten und bekamen zu essen, und so blieben sie am Leben, um ihre Geschichte zu erzählen.[92]

Die Anzahl der Gefangenen in allen Konzentrationslagern, zu Beginn des Krieges auf 25000 geschätzt, stieg mit der Zeit dramatisch an. Der Ausbruch des Krieges bot die Gelegenheit, nicht nur anhand vorbereiteter Listen Personen zu verhaften, die als »Sicherheitsrisiko« verdächtigt wurden, sondern auch Gruppen von sozialen Außenseitern festzunehmen. Als in den ersten Kriegsjahren ein Land nach dem anderen der Wehrmacht zum Opfer fiel, fanden Verhaftungen von unterschiedlich definierten verdächtigen Personen statt, von denen manche in Konzentrationslager in Deutschland geschickt wurden, so daß die Lagerpopulation um immer mehr ausländische Staatsangehörige – Polen, Tschechen, Norweger, Franzosen, Belgier, Niederländer und Serben – anstieg. Auch die Gestapo begann, mehr Menschen als je zuvor zu verhaften.[93] Im März 1942 hatte sich die Zahl der Gefangenen in den Konzentrationslagern gegenüber dem Kriegsbeginn schon fast vervierfacht und betrug mindestens 100000; bis August 1943 hatte sie sich (ungeachtet der ungeheuer hohen Sterblichkeit in den Lagern) noch einmal mehr als verdoppelt und lag bei 224000; im August 1944 wurden 524268 Gefangene gezählt. Eine offizielle Statistik vom 15. Januar 1945 bezifferte die Gesamtpopulation in den Konzentrationslagern auf 714211, wovon 511537 Männer und 202674 Frauen waren.[94] Als der Krieg zu Ende war, gab es in den Lagern mindestens 700000 Gefangene, doch ist auch von 750000 gesprochen worden.[95]

Die Zahl der Opfer in den Lagern Deutschlands war erschreckend. Noch erschütternder sind die Zahlen in den Todeslagern; von den fünf größten wies Chelmno mit schätzungsweise 225000 Opfern die relativ niedrigste Zahl auf. Weitere 250000 Menschen wurden in Sobibór ermordet. Ein größeres Lager wie Treblinka brachte annähernd 1 Million Menschen um, und im Komplex Auschwitz lag die Zahl der Opfer bei weit über 1 Million.[96]

GEFANGENE AM GARTENTOR

Die neue und offen sichtbare Präsenz der Lager in den Städten und Dörfern Deutschlands ab 1943 schuf eine Atmosphäre, die mit nichts aus der Vorkriegszeit zu vergleichen war. So gab es allein in München während der Kriegsjahre 40 Außenlager sowie 10 weitere in stadtnahen Gemeinden wie Allach, Schleißheim, Ottobrunn und Neuaubing, wo jeweils zwischen 15000 und 17000 Gefangene lebten.[97] Als die Lagerwelt auch vor der Reichshauptstadt nicht haltmachte, gab es in Berlin rund 30 solcher Lager, von denen mehr als die Hälfte mit Frauen besetzt waren. Außerdem gab es schätzungsweise 700 Lager unterschiedlicher Art für Fremdarbeiter.[98] Viele dieser letzteren entstanden 1943 und 1944 und waren sehr groß, besonders, wenn sie sich auf dem Werksgelände großer deutscher Firmen befanden, wie das von Siemens in Haselhorst-Nord mit über 2000 Gefangenen, darunter 700 Frauen.[99] Wie anderswo auch, wurde hier behauptet, es handle sich um Kriminelle.[100]

Der Terror in Deutschland lag nicht mehr nur in den Händen der Gestapo, sondern wurde erstmals auch von SS-Männern und anderen verkörpert, die die Aufsicht über die vielen neuen Lager hatten. Vor den Augen der Öffentlichkeit wurden in den Fabriken wie auf der Straße die mörderischen und brutalen Methoden praktiziert, die sich besonders die von der SS in Osteuropa rekrutierten Männer angewöhnt hatten, aus denen einige der Wachmannschaften in diesen Lagern in Deutschland bestanden. Praktisch alle *oral-history*-Interviews mit Deutschen über Außenlager, die in ihrer Gegend in den letzten Kriegsjahren eingerichtet wurden, wissen von mindestens einem selbst erlebten grausamen und sogar mörderischen Auftritt zwischen einem Wachmann und einem Lagerinsassen zu berichten, bei dem dieser brutal geprügelt oder sogar über den Haufen geschossen wurde, nur weil er beim Appell nicht in Reih und Glied stand oder die Arbeit verweigerte, nachdem seine letzten Kraftreserven erschöpft waren.[101]

Letzten Endes war es unmöglich, der Bevölkerung die Gefangenen aus den Augen und aus dem Sinn zu bringen, weil es einfach zu viele Berührungspunkte mit ihnen gab. Der Insasse eines Hamburger Lagers (des Elektrizitätswerks Alt-Garge) erinnerte sich: »Als Bürger uns beim Durchmarsch erblickten, standen sie bewegungslos wie versteinert und schauten uns bloß zu. Dasselbe wiederholte sich jedesmal bei unserem Aus- und Einmarsch zum Lager. Wir glauben heute, daß alles, was die Bürger Alt-Garges damals in unseren Arbeitskolonnen sahen, sie nächtelang nicht ruhig schlafen ließ.«[102]

Ein Deutscher erinnerte sich, welchen Eindruck auf ihn (als damals vierzehnjährigen Buben) gegen Ende des Krieges der Bau eines Lagers in seiner kleinen bayerischen Heimatstadt machte: »Ich glaube, daß die Leute im Dorf erst begriffen, was die Worte ›Konzentrationslager‹ bedeuteten, als sie tatsächliche Häftlinge zu Gesicht bekamen.«[103] In dem verzweifelten Kampf, den Arbeitskräftemangel auszugleichen und die Munitionsfabriken in Gang zu halten (auch wenn das bedeutete, sie in Tunnels einzugraben, die man in das blanke Gestein treiben mußte), wurden Arbeiter aus ganz in Europa in Dienst genommen, mochten sie sich freiwillig gemeldet haben oder mit Gewalt zur Arbeit nach Deutschland gebracht worden sein.

Was die Bürger über die Lagerhäftlinge wirklich dachten, ist schwer zu sagen. Angesichts der Größenordnungen, um die es ging, und der sich verstärkenden Gerüchte von der mörderischen Brutalität der Nationalsozialisten kann man eigentlich nicht glauben, daß die Deutschen überhaupt keine Ahnung von dem hatten, was in den Lagern vorging, und alles schluckten, was ihnen die Propaganda über die immer mehr steigende Zahl von »gefährlichen Kriminellen« erzählte, die eingesperrt und bewacht werden mußten. Natürlich gab es Leute, die überzeugt waren, daß an der Propaganda etwas Wahres sein müsse. Einem Überlebenden aus Frankreich zufolge war ein Wachmann in einem Außenlager in Bremen, der wohlgemerkt nicht der SS angehörte und den Gefangenen sogar half, gleichwohl überzeugt, daß es sich um Kriminelle oder Kommunisten handle.[104] In vielen Fällen aber waren die Deutschen teilnahmslos oder gleichgültig, und die NS-Propaganda war für sie ein bequemer Ausweg. So scheint es sich mit einem kleinen Lager (von gewöhnlich 500 Gefangenen) in Kaltenkirchen in Schleswig-Holstein verhalten zu haben, das Mitte 1944 als Außenlager von Neuengamme errichtet wurde. Es wies drei Hauptgruppen von Gefangenen auf, nämlich in erster Linie sowjetische Kriegsgefangene, ferner einige politische Häftlinge und ein paar Kriminelle. Den Menschen in der Gegend erzählte man, und die meisten scheinen es gerne geglaubt zu haben, daß alle Gefangenen Kriminelle seien – vor allem Homosexuelle oder sonstige Sittlichkeitsverbrecher. Die ausgemergelten Gefangenen auf ihrem Marsch zur Arbeit schienen die sichtbare Bestätigung jener Bilder zu sein, die die nationalsozialistische Propaganda beschworen hatte.[105] Doch nicht alle glaubten der Propaganda. Zumindest jene deutschen Jugendlichen, die alt genug waren, um den Unterschied beurteilen zu können, durchschauten, daß das »keine richtigen Verbrecher« waren, glaubten aber doch, daß mit ihnen irgend etwas nicht stimmte.[106]

»Das sind Kriminelle im Lager«, sagte Baron von Neurath seiner kleinen Tochter über die Gefangenen eines Lagers, das praktisch hinter ihrem Haus errichtet wurde, »bloß gut, daß sie die so streng bewachen!«[107]

Zu den Lagerhäftlingen, die 1944/45 in Deutschland Zwangsarbeit leisten mußten, gehörten auch »Politische«, zum Beispiel Widerständler. 1944 arbeiteten einige von ihnen an einem Tunnel in der Nähe der Ortschaft Treis, unweit des malerischen Städtchens Cochem an der Mosel. In Treis hatte die SS im Winter 1943 begonnen, die Örtlichkeiten für ein neues »Lager« auszukundschaften, und war auf den Tanzboden eines örtlichen Hotels verfallen – sehr zum Verdruß des Hotelbesitzes, der gehofft hatte, daß gut zahlende SS-Gäste lediglich Zimmer für sich selbst buchen wollten. Das Hotel war rasch in ein Miniatur-»KZ« verwandelt; später wurden noch Baracken gebaut, die näher bei der Arbeitsstätte, dem Tunnel, lagen. Die Gefangenen waren zumeist »Politische« aus Frankreich, Belgien, Polen, Rußland und anderen Gegenden Europas. Juden waren anscheinend nicht unter ihnen. Wie sich später ein politischer Gefangener aus Belgien erinnerte, wurde den Treiser Bürgern eingeschärft, daß alle Gefangenen »Schwerverbrecher« seien, und es kam nicht selten vor, daß den Gefangenen auf dem Weg zur Arbeit oder zurück Worte des Hasses nachgerufen wurden. Überlebende erinnern sich, daß einige Deutsche sehr wohl wußten, daß es sich nicht um Kriminelle, sondern um politische Gefangene handelte, und einige wenige gingen sogar das Risiko ein, den Gefangenen Lebensmittel zuzustecken.[108]

Der mit 850 Männern größte Einzeltransport kam am 3. Mai 1944 aus Auschwitz nach Treis. Er brachte vor allem Russen und Polen, aber anscheinend keine Juden.[109] Diese und andere Gefangene (deren Gesamtzahl unbekannt ist) fronten unter fürchterlichen Bedingungen, um einen Tunnel von Treis zum Nachbardorf Bruttig zu treiben; er sollte eine Fabrik zur Produktion von Leichtmetall für Flugzeuge aufnehmen. An die vielen Todesfälle unter den Gefangenen erinnert man sich in der Gegend heute noch ebenso wie an die Arbeitsbedingungen und an die barbarische Behandlung der Gefangenen durch die Wachmannschaften. Eine andere Untersuchung über Lager-Zwangsarbeit in den Hamburger Werften etwa zu derselben Zeit zeigt, daß hier eine ähnliche Gruppe von Gefangenen eine ähnliche Zahl von Opfern zu verzeichnen hatte.[110]

An der Mosel kümmerte sich die SS nicht um die Folgen, die das Arbeiten unter unmöglichen Bedingungen für die Gefangenen hatte. Jede Mitleidsregung aus Kreisen der Bevölkerung veranlaßte die Wachmannschaften nur dazu, die Botschaft zu wiederholen, bei den Gefangenen handle es sich um »Schwerverbrecher«. Belohnungen für jene wurden ausgesetzt, die entflohene Gefangene zurückbrachten. In den Lagern Treis und Bruttig fanden Exekutionen statt; die Leichen der erhängten Opfer wurden angeblich öffentlich zur Schau gestellt. Zumindest bei einigen Gelegenheiten wurde die Bevölkerung eingeladen, die Exekution aus erster Hand mitzuverfolgen.[111]

Diese und andere (oft unvollständige) Geschichten kommen heute aufgrund der Nachforschungen von Lokalhistorikern in vielen Teilen Deutschlands ans Licht. Sie veranschaulichen die revolutionären Entwicklungen, die sich im System der Konzentrationslager in der zweiten Hälfte des Krieges vollzogen, und zeigen insbesondere, wie die Lager zu einem Bestandteil der sozialen Landschaft wurden.

Große Industriekonzerne wie VW, die auf Kriegsproduktion umstellten, benötigten im Herbst 1943 dringend Arbeitskräfte, zumal sich das bis dahin scheinbar unerschöpfliche Reservoir an sowjetischen Kriegsgefangenen erschöpfte und es nahezu unmöglich wurde, Arbeiter aus westeuropäischen Ländern wie Frankreich zu rekrutieren oder den Bedarf an Zwangsarbeitern aus Osteuropa zu decken. In dieser Situation wurden die unzähligen Gefangenen in den Konzentrationslagern zur naheliegende Arbeitskräftequelle. 1943 begrüßten Himmler und Hitler begeisterter denn je den Plan, Gefangene zum Bau von Einrichtungen wie unterirdischen Bunkern für die Kriegsproduktion einzusetzen. In Tunnels wie dem zwischen Treis und Bruttig, so glaubte man, würden solche Fabriken vor Bombenangriffen sicher sein. Ein Privatunternehmen wie die bekannte Firma Blohm & Voss auf den Hamburger Werften, die mit dem Bau von Unterseebooten befaßt war, war nicht weniger begierig auf die Arbeitskräfte aus den Konzentrationslagern und versuchte, als sich die Möglichkeit im Herbst 1944 eröffnete, die qualifiziertesten Arbeiter aus dem KZ Neuengamme der Konkurrenz vor der Nase wegzuschnappen.[112]

Spätestens 1944 versuchten die meisten NS-Führer, darunter Albert Speer und Hermann Göring, die verstärkte Ausnutzung dieser letzten Arbeitskräftereserven zu forcieren. Um die Jahreswende 1944/45 stieg die Zahl der KZ-Häftlinge, die in der einen oder anderen Weise in der Kriegsindustrie beschäftigt waren, auf fast eine halbe Million.[113]

Am 6./7. April 1944 faßte Hitler, offenbar auf Anregung der Organisation Todt (OT), den Entschluß, den Transport von Juden zur Arbeit nach Deutschland anzuordnen.[114] Er nahm persönlich Kontakt mit

Himmler auf und bat ihn – entgegen seinen lange gehegten Überzeugungen –, 100000 jüdische Männer (aus Ungarn) nach Deutschland zu holen. Bald wurde auch die Genehmigung erteilt, weitere ungarische Juden zu holen, die unter SS-Aufsicht an Bauprojekten unter anderem der OT arbeiten mußten.[115]

Wir wissen, daß deutsche Organisationen, Institutionen und Betriebe, deren kriegsbedingter Bedarf an Arbeitskräften dramatisch wurde, »geradezu Schlange standen«, um jüdische Arbeitskräfte aus Ungarn zu ergattern.[116] Obwohl deren vielleicht 200000 genehmigt wurden, ist nicht anzunehmen, daß ebenso viele den Gaskammern in Auschwitz entrannen und nach Deutschland kamen. Denn es standen noch viel mehr Juden zur Verfügung, die trotzdem getötet wurden. Als die Deutschen im März 1944 Ungarn besetzten, fielen ihnen fast 800.000 Juden in die Hände; anstatt aber so viele wie möglich zur Arbeit in Deutschland zu verpflichten, brachten die Züge sie nach Auschwitz, wo im Juli 1944 annähernd 438000 eintrafen, von denen nur etwa 10 Prozent als arbeitsfähig eingestuft wurden.[117] Die meisten wurden umgebracht, während die übrigen nach Deutschland geschickt wurden; aber viele der ungarischen Juden, die jetzt kamen, waren nicht die gesunden Männer im arbeitsfähigen Alter, die sich die Unternehmer erhofft hatten, sondern Frauen.[118]

Bei Kriegsende war Deutschland nicht mehr in der Lage, die in den Konzentrationslagern vorhandene Arbeitskraft wirksam auszubeuten. In einer Zeit des allerdringendsten Bedarfs mobilisierte das Land lediglich »einige hunderttausend« Lagerhäftlinge, von denen nur ein kleiner Bruchteil in der Produktion tätig war.[119] Diese Zahlen wären zweifellos höher gewesen, wenn SS und Privatindustrie durch eine bessere Behandlung der Gefangenen mehr zur Schonung von Menschenleben beigetragen hätten. Wie die Dinge lagen, taten private Firmen zu wenig und stellten sogar den Tod von vielen als Selbstverständlichkeit in Rechnung. Wie viele Männer und Frauen ihr Leben ließen, während sie für die deutsche Industrie arbeiteten, ist nie genau festgestellt worden. Wie ein Autor neuerdings über Daimler-Benz geschrieben hat, gab es nur eine Überlegung: »Je größer der Konzern im Kriege würde, desto besser würde die Ausgangsbasis für die Zeit nach dem Kriege sein.«[120]

Eine Vorstellung davon, was es bedeutete, als Zwangsarbeiter in den letzten Kriegstagen eingesetzt zu werden, vermittelt Alexander Donat, einer der Juden, die damals nach Deutschland gebracht wurden. Er registriert die Mißhandlungen ebenso wie die Hilfe, die ihm in einem Außenlager in Hessenthal bei Vaihingen zuteil wurden. Er erinnert sich an den täglichen, fünf bis sechs Kilometer langen Marsch zur Arbeit, direkt auf der Hauptstraße, und an »die Gesichter der Zivilbevölkerung, die uns hinter den Vorhängen entsetzt und mitleidig nachsahen«.[121] Donat schreibt weiter: »Es gab in ganz Deutschland zu Tausenden kleine Lager wie das unsere, wo Gefangene in Fabriken, auf Baustellen, an militärischen Projekten usw. arbeiteten. Die großen Todeslager benutzten Fließbandmethoden zur Vernichtung; die kleinen waren weniger spektakulär und geräuschvoll, aber genauso darauf eingeschworen, ihre Gefangenen umzubringen.«[122]

In vielen Teilen Deutschlands mußten Lagerhäftlinge aller Nationalitäten zu Fuß, per Lastwagen oder mit der Bahn durch das Rumpfterritorium irren, das Ende 1944 und Anfang 1945 vom »Großdeutschen Reich« noch übrig war. Diese Geschichte gehört zum apokalyptischen Ende der Hitlerdiktatur und wird im nächsten Kapitel erörtert.

Kapitel 10

DIKTATUR UND VOLK AM ENDE DES DRITTEN REICHS

Für die Hitlerdiktatur hatte der Krieg an sich zunächst positive Folgen gehabt. Viele Menschen, die bis dahin geschwankt hatten, ordneten sich aus Patriotismus ein oder ließen sich von den ersten Siegen überzeugen. Der Historiker Hartmut Mehringer kommt zu dem Ergebnis: »Der Krieg verstärkte noch die grundsätzliche Akzeptanz des Regimes – bis kurz vor Schluß –, auch als sich das Kriegsglück gewendet hatte und die alliierten Luftangriffe die deutsche Volksgemeinschaft zu einer tatsächlich erfahrenen Schicksalsgemeinschaft zusammenbombten.«[1]

Auch als sich die Lage an der Front verschlechterte, gab es weit und breit keine Rebellion. Den Untersuchungen Peter Hofmanns und Joachim Fests über den deutschen Widerstand zufolge befürwortete die Bevölkerung allgemein nicht den Widerstand, sondern unterstützte weiter die Regierung.[2] Die nationalsozialistischen Meinungsforscher stellten Ende 1944 und Anfang 1945 selbst in den Trümmern von Städten wie Berlin oder Hamburg nur einzelne »defätistische« Äußerungen fest und registrierten, daß die Unterstützung für die Kriegsanstrengung anhielt. Eine abwartende Haltung dominierte.[3] Ein Bericht aus Ostdeutschland vom März 1945 erwähnt, daß die Arbeiter nicht nur weiter Vertrauen zu Hitler hatten, sondern zur »Säuberung« von Verwaltung, Wehrmacht und Partei sogar stalinistische Methoden einführen wollten.[4] In Hamburg verzeichneten die Meldungen noch Anfang April 1945 zuversichtliche Bemerkungen, trotz allem, was die Stadt durchgemacht hatte. Es gab nirgendwo Hinweise darauf, daß irgend jemand an Streik, geschweige denn an Kapitulation dachte; bis in den März 1945 hielt sich die Hoffnung »auf den guten Ausgang des Krieges«.[5] Ein andere Meldung vom März 1945 aus Baden berichtete von gewissen Einstellungsänderungen in letzter Minute, als gegnerische Bodentruppen näherrückten; dasselbe ereignete sich auch in Ostdeutschland.[6] Doch im allgemeinen hielt der gesellschaftliche Konsens, der die Diktatur möglich gemacht hatte, mochten auch mehr Bürger als früher ihre Unterstützung nur zähneknirschend geben.

HITLERS BLUTIGE VISIONEN

Als sich das Kriegsglück gegen Deutschland wandte, wichen die utopischen Träume Hitlers allmählich der bitteren Entschlossenheit, alles zu tun, um die deutsche Heimatfront vor dem Wanken zu bewahren. Auch als Hitler noch siegte, brüstete er sich (am 21. Juli 1941) gegenüber dem stellvertretenden ukrainischen Staatschef Marschall Sladko Kvaternik, es werde Blut fließen, wenn es zu einer Krise komme, da seiner Ansicht nach der Staat das Recht habe, alle zu vernichten, die er vage als »Schmarotzer« bezeichnete. Und er wartete wieder mit einem seiner Lieblingssprüche auf, was geschehen werde, wenn es in der Heimat schlecht laufe: »Wenn auf der einen Seite die [...] wertvollen Menschen an der Front ihr Leben einsetzen, sei es verbrecherisch, die Schurken zu schonen. Man müsse sie beseitigen oder – wenn sie nicht gemeingefährlich seien – in Konzentrationslager sperren, aus denen man sie nie mehr herauslassen dürfte.«[7]

Die mörderischste Phase des Krieges begann mit dem Einmarsch in die Sowjetunion im Juni 1941. Hitler erließ am 13. Mai 1941 eine geheime Anordnung, in der er darlegte, was mit dem Osten geschehen solle, und eine noch willkürlichere »Polizeijustiz« forderte. Dem folgte am 6. Juni 1941 der berüchtigte, auf Anweisungen Hitlers zurückgehende »Kommissarbefehl«. Er ermächtigte zur Exekution (»Erledigung«) aller jener sowjetischen Gefangenen, die im Verdacht standen, Funktionäre der KPdSU, sogenannte Kommissare, zu sein. Der Befehl hatte den Tod von unzähligen Tausenden zur Folge. Die deutsche Wehrmacht eignete sich nationalsozialistisches Ethos an und wurde zu Hitlers Armee, die »Massenmord von einer völlig neuen Qualität nicht nur tolerierte, sondern auch in erheblichem Ausmaß unterstützte«.[8] Besonders verabscheuenswert war die Behandlung von sowjetischen Gefangenen. Schätzungsweise 3,3 Millionen sowjetischer Soldaten starben in Kriegsgefangenschaft; viele Tausende wurden auf der Stelle erschossen, um keine Gefangenen zu machen; noch viel mehr wurden zur »Vernichtung durch Arbeit« oder zur Exekution durch die Gestapo nach Deutschland gebracht.[9]

Der direkte Einfluß Hitlers auf diese Brutalisierung ist auch an seiner Einstellung zur Sabotage zu erkennen. Als der deutsche Vormarsch in Rußland im Dezember 1941 ins Stocken geriet und es gleichzeitig in Frankreich und anderen besetzten Gebieten im Westen zu Widerstandsaktionen kam, erklärte Hitler vor militärischen Führern, daß Angriffe auf Deutsche künftig anders beantwortet werden müßten als bisher, da er erkannt habe, daß lebenslange Haftstrafen vom Feind »als Zeichen von Schwäche« betrachtet würden. Er schlug vor, daß Verdächtige in besetzten Ländern einfach ohne Hinterlassung einer Adresse verschwänden, als hätten sie sich »bei Nacht und Nebel« davongemacht. In der Praxis wurde jeder Verhaftete binnen einer Woche abgeurteilt (und häufig exekutiert) oder nach Deutschland verschleppt, ohne daß die Familie oder andere interessierte Personen darüber informiert worden wären.[10] Die Polizei war gehalten, Angehörige über das Schicksal derer, die des Widerstands verdächtigt wurden, im unklaren zulassen, selbst wenn sie gestorben oder exekutiert worden waren.[11] Ab Februar 1942 wurden vor neu gebildeten »Nacht-und-Nebel«-Gerichten in Köln, Dortmund, Kiel und Berlin ausländische Staatsangehörige abgeurteilt, die man aus Frankreich, Belgien, Norwegen und den Niederlanden hierhergebracht hatte. Die entsprechende Verordnung des Chefs des Oberkommandos der Wehrmacht (OKW), Keitel, die von Hitler »geprüft und gebilligt« worden war, hatte eine unbekannte Zahl von Toten zur Folge; einige Tausende waren es auf jeden Fall. Jeder, der nicht für schuldig befunden wurde, wurde der Gestapo übergeben; im September 1944 widerfuhr dies 24 000 »Nacht-und-Nebel«-Gefangenen. Mit Zustimmung des Reichsjustizministeriums und den Wünschen Hitlers entsprechend landeten diese Menschen in Konzentrationslagern.[12]

Die Niederlage der Deutschen vor Stalingrad Ende Januar 1943 wurde von den Bürgern »allgemein« als »Wendepunkt« empfunden, wie die nationalsozialistischen Meinungsforscher feststellen mußten. Was die Sache verschlimmerte, war der von Presse und Rundfunk erzeugte Eindruck, daß der Sieg zum Greifen nahe gewesen sei. Auf Stalingrad folgten Niederlage und Gefangennahme deutscher und italienischer Streitkräfte in Nordafrika. Der Umschwung an allen Fronten war, nach der Analyse der Nationalsozialisten selbst, für manche Menschen bereits »der Anfang vom Ende«.[13]

Die Diktatur verfuhr jetzt an der Heimatfront mit ihren Feinden noch bösartiger, wie zum Beispiel in der »Aktion Gewitter«, die nach dem gescheiterten Attentat vom 20. Juli 1944 gestartet wurde. In einem Präventivschlag nahm die Polizei rund 5 000 Personen fest – es war eine der größten Razzien gegen nichtjüdische Deutsche.[14] Die Verhaftungen waren zum Teil eine Reaktion auf den Anschlag gegen Hitler und galten unter anderem früheren Parlamentariern, Funktionären der alten Parteien, ehemaligen Bürgermeistern und einigen Beamten im Ruhestand. Gelegentlich gab es negative Reaktionen auf die Festnahme dieser zumeist älteren und politisch ungefährlichen Leute; man hörte die

Meinung, wenn der Staat schon vor diesen Menschen Angst habe, müsse es um die Einheit der Nation wirklich schlimm bestellt sein. Kein Wunder also, daß, nach dem Beispiel Bremen zu urteilen, die meisten dieser Festgenommenen bald wieder freigelassen wurden.[15]

An ihre Grenzen stieß die Propaganda, wenn es in der Heimat Bomben vom Himmel regnete und an der Front feindliche Truppen durchbrachen. So notierte ein Meinungsbild aus Berlin vom März 1945 die Einschätzung, »unsere Propaganda sei wie die Kapelle auf einem sinkenden Schiff, die immer noch eifrig spiele«.[16] Die Meldungen aus dieser Zeit über die öffentliche Meinung lassen erkennen, daß es zwar noch viele Bürger gab, die bereit waren, die Hitlerdiktatur weiter zu unterstützen, daß aber manche anderen genug hatten. In Hamburg machte das Sprichwort die Runde: »Lieber ein Ende mit Schrecken als ein Schrecken ohne Ende.«[17]

VOLK UND POLIZEI AM ENDE DES DRITTEN REICHS

Obwohl die Niederlage vor der Tür stand, denunzierten weiter viele Menschen ihre Kollegen, Nachbarn, Freunde und Verwandten bei der Polizei. Ab Ende 1944/Anfang 1945 verzichtete die Polizei auf schriftliche Unterlagen; schon nach der Landung in der Normandie ging deren Zahl generell zurück. Im folgenden stütze ich mich auf einige erhalten gebliebene Gestapoakten und ziehe ergänzend Material aus Nachkriegsprozessen heran.

Es wurde also weiter denunziert, obwohl die Folgen solcher Beschuldigungen oft tödlich waren, wie in einem Fall von Mitte 1943 aus Olpe. Ein Arbeiter denunzierte einen Kollegen bei der NSDAP, weil er Zweifel an der Führung geäußert und politische Witze erzählt hatte. Das eigentliche Motiv des Informanten, der kürzlich seine Stelle verloren hatte, war Rache. Er bestand darauf, daß die Parteifunktionäre seiner Beschwerde nachgingen, obwohl sie ihn aufgefordert hatten, sich die Anzeige mit Rücksicht auf die Schwere der Beschuldigung noch einmal zu überlegen. Auf sein Drängen wurde der Fall weitergegeben und lag bei Jahresende dem Volksgerichtshof vor. Der Angeklagte wurde (am 10. März 1944) wegen »Wehrkraftzersetzung« zum Tode verurteilt, das Urteil sofort vollstreckt.[18]

Unklarer ist, warum mehrere Personen den vierundfünfzigjährigen Lokomotivführer Fritz Markart aus Wuppertal anzeigten. Die Gestapo erhielt bald nach der Schlacht bei Stalingrad, in den Monaten Januar bis Mai 1943, wiederholt Hinweise auf anonyme Briefe, die bei Familien vermißter Soldaten eingingen. Diese Schreiben konnte nur jemand abgefaßt haben, der durch das Abhören von Auslandssendungen »illegale« Informationen hatte. Ab Mai/Juni 1943, vielleicht schon früher, ging der Briefschreiber Markart dazu über, die Briefe mit seinem Namen zu unterzeichnen und seine korrekte Anschrift anzugeben. Eine Frau in Wetzlar, die die Briefe der Polizei gab, hatte mehr als ein Dutzend davon aus allen Teilen Deutschlands erhalten, die ihr mitteilten, daß ihr Mann bei Stalingrad in Kriegsgefangenschaft geraten sei. Weder sie noch ein Mann in Berlin, der die Briefe der Polizei übergab, nannten dafür einen Grund. Sobald der Gestapo das belastende Material vorlag, war es ein leichtes, Markart ausfindig zu machen, der zugab, Briefe an 46 verschiedene Familien geschickt zu haben, deren Adressen bei ihm gefunden wurden. Soweit möglich, wurde jede dieser Familien überprüft, und viele wären um ein Haar in ernste Schwierigkeiten geraten, weil sie wegen der hochverräterischen Briefe nicht Anzeige erstattet hatten. Der Fall kam vor das Sondergericht in Wuppertal, und nachdem Markart seit 28. Juli in Untersuchungshaft gesessen hatte, wurde er am 16. Oktober 1943 zu zwei Jahren Gefängnis verurteilt. Ob er den Krieg überlebte, ist nicht bekannt.[19]

Denunziationen waren nach wie vor ein Instrument, um Streitigkeiten unter Nachbarn auszutragen. Dabei konnten auch vermeintlich »harmlose« zunehmend verhängnisvoll ausgehen. Die achtundvierzigjährige Gertrud Schulz aus Satrup in Schleswig-Holstein denunzierte am 16. November 1943 ihren Vermieter. Sie wohnte seit 1938 bei ihm zur Miete, doch kam es zu Auseinandersetzungen über die Hühner, die sie und ihr Mann gegen den Willen des Vermieters hielten. Obwohl Schulz eigentlich nur den Krach mit dem Vermieter beenden wollte, schmückte sie die negativen Bemerkungen aus, die er über Hitler gemacht hatte. Im Februar 1944 wurde der Mann der Gestapo übergeben. Danach wurde er nach Berlin gebracht und angeklagt, vom Volksgerichtshof für schuldig befunden, zum Tode verurteilt und am 17. Juli 1944 hingerichtet.[20]

Auch falsche Anschuldigungen gab es in diesen gefährlichen Zeiten. So schickte Hugo Bauer aus Wuppertal am 20. Mai 1943 seine Frau zur Gestapo. Hedwig Bauer gab an, immer, wenn sie am Zimmer ihres Vermieters vorbeikam, fremdsprachige Radiosendungen zu hören. Hugo Bauer selbst hatte ein langes Vorstrafenregister und mußte wegen einer anderen Sache mit einer Anzeige seines Vermieters rechnen. Die Gestapo durchschaute die Unterstellungen, zeigte die Bauers wegen falscher Anschuldigungen an und übergab den Fall dem Gericht. Zum Ärger der Polizei wurde Hugo Bauer von der Strafkammer des Landgerichts Wuppertal »wegen nicht feststellbarer rechtlicher Mängel« für nicht schuldig befunden. Die Polizei »korrigierte« daraufhin das Urteil, erklärte Hugo Bauer zum »Volksschädling« und schickte ihn für die Dauer des Krieges nach Sachsenhausen. Was aus seiner Frau wurde, ist nicht bekannt.[21]

Eine andere Denunziation aus dem letzten Kriegsjahr kam von einer Frau, die ihren Schwager anzeigte, einen Gastwirt in einer Kleinstadt bei Ludwigshafen. In einem Brief an die Kriminalpolizei vom 29. Juni 1944 behauptete sie, er höre Auslandssendungen. Trotz einer langen Untersuchung konnte der Vorwurf nicht erhärtet werden, doch stellte sich heraus, daß die Frau in Scheidung lebte; anscheinend haßte sie ihren Schwager und wollte ihm schaden.[22] In einem anderen Fall, den dieselbe Gestapoleitstelle bearbeitete, hatte eine Frau aus Kaiserslautern im November 1944 an das Reichsjustizministerium in Berlin geschrieben, um ihren Ehemann wegen des Abhörens ausländischer Rundfunksendungen anzuzeigen. Sie tue diesen ungewöhnlichen Schritt, weil sie (angeblich) die örtliche Polizei nicht dazu bringen könne, ihre Beschuldigungen ernst zu nehmen. Nach einer Untersuchung wurde die Sache jedoch fallengelassen. Die Motive der Frau waren deutlich geworden, und sie hatten mehr mit Ehestreitigkeiten und Rache an ihrem Mann zu tun als mit treu nationalsozialistischer Gesinnung.[23]

Die Verfasserin eines anonymen Briefes vom 7. September 1944 an die NSDAP-Kreisleitung in Würzburg beschwerte sich über die politischen Mäkeleien des siebenundvierzigjährigen städtischen Arbeiters und Weltkriegsteilnehmers Andreas Bender. Die Briefschreiberin forderte, Bender »auf dem schnellsten Wege an die Front zu schicken damit sein großes Maul lahmgelegt wird«. Die Schreiberin war zwar bemüht, ihre Identität zu verbergen, doch fand die Polizei heraus, daß es sich bei ihr um Benders Schwägerin Rosa Kühnreich handelte. Bei seiner Vernehmung durch die Gestapo am 14. Dezember gab Bender zu, kritische Bemerkungen gemacht und ausländische Sendungen gehört zu haben, und bekannte, daß er – wie er laut Vernehmungsprotokoll wörtlich gesagt haben soll – »dadurch in meiner innerlichen Meinung und Einstellung vergiftet wurde«. Die Gestapo brachte Bender dazu, noch viele andere kritische Bemerkungen zuzugeben, deren jede ihn ohne weiteres das Leben kosten konnte. Benders Frau veranlaßte ihren Bruder Anton Heim, an die Gestapo zu schreiben und sich für seinen Schwager zu verwenden. Heim war Soldat auf Heimaturlaub und Parteigenosse und erläuterte in seinem Gnadengesuch die Motive hinter der Denunziation seiner älteren Schwester. Heim sagte, Rosa Kühnreich grolle ihrem Schwager, weil er vom Kriegsdienst befreit, ihr eigener Mann aber vermißt sei. Außerdem werde gemunkelt, daß Bender seine Frau betrüge. Was aus Bender wurde, geht aus dem Vorgang nicht hervor, doch muß sich der Fall mindestens bis Januar 1945 hingeschleppt haben, als Bender noch immer in Haft war.[24]

Die gleichen persönlichen Motive sind in einem Fall erkennbar, über dessen tragischen Ausgang wir nicht im ungewissen sind. Die Ereignisse spielten sich Mitte September 1944 in Goslar ab, wo ein dreiundsiebzigjähriger Major a. D. von seinem Schwiegersohn, einem Soldaten auf Heimaturlaub, denunziert wurde. Dem alten Mann wurde vorgeworfen, defätistische Bemerkungen zu machen und ausländische Rundfunksendungen abzuhören. Stalingrad hatte ihn pessimistisch gestimmt, und er machte gegenüber seiner verheirateten Tochter und deren Mann, die beide bei ihm wohnten, kein Hehl aus seinen Gefühlen. Die Streitigkeiten wurden immer hitziger, wenn der Schwiegersohn auf Heimaturlaub zu Hause war, bis der junge Mann schließlich bei der Kriminalpolizei Anzeige erstattete. Er wurde aufgefordert, die Anzeige zu überdenken, da sie einen Familienangehörigen betraf und schwere Anschuldigungen enthielt. Diesen Rat schlug der junge Mann in den Wind, woraufhin die Beschuldigung an die Gestapo weitergeleitet wurde, die den Alten verhaftete. Bei der Befragung zog er unabsichtlich Nachbarn in den Schlamassel hinein, als er sagte, sie alle würden doch Auslandssendungen abhören. Diese Fälle wurden alle dem Sondergericht in Braunschweig übergeben, das sämtliche Angeklagten für schuldig befand und zu Zuchthaus verurteilte, wo der Major a. D. am 11. März 1945 starb.[25]

Auch die NSDAP-Ortsgruppen wurden nun stärker in terroristische Aktivitäten gegen normale Bürger verstrickt und spielten weiter eine wichtige soziale Rolle, indem sie bei der Lösung persönlicher Konflikte halfen. Bei der Ortsgruppe fanden die Menschen Rat und Beistand, und hier konnten sie auch ihre Denunziationen loswerden, wie es etwa Hilde Berthold aus Gmünden tat. Im Oktober 1944 begab sie sich zum örtlichen SA-Führer und danach zum Ortsgruppenleiter, um die potentiell gravierenden Bemerkungen ihres Ehemannes Michael Berthold anzuzeigen, der zu dem Zeitpunkt an der Front war. So hatte er angeblich gesagt: »Wenn Hitler am 20. Juli [1944, dem Tag des mißglückten Attentats] krepiert wäre, wäre der Saustall zu Ende.« Die Parteifunktionäre erkannten die Schwere der Beschuldigung und ließen die Sache stillschweigend unter den Tisch fallen. Anfang 1945 kam Michael Berthold von der Front nach Hause und fand einen anderen Mann bei seiner

Frau. Er wurde gewalttätig, und seine Frau lief zur Polizei. Berthold wurde verhaftet und sein Fall – einschließlich der Anzeige wegen seiner angeblichen hitlerfeindlichen Äußerungen – dem Feldgericht übergeben. Hilde Berthold war entschlossen, gegen ihren Mann auszusagen, und wurde zunächst vom Richter über die Schwere ihrer Beschuldigungen und über ihr Zeugnisverweigerungsrecht belehrt. Als jedoch das Feldgericht ihren Mann aus Mangel an Beweisen freisprach, sprang sie zornig auf und rief, sie könne beeiden, was sie gehört habe. Daraufhin wurde der Mann der »Wehrkraftzersetzung« für schuldig befunden und zum Tode verurteilt. Aus Gründen, die nicht mehr festzustellen sind, wurde das Urteil nicht vollstreckt. Als Hilde Berthold nach 1945 selbst vor Gericht stand, wurde sie des »versuchten Mordes in Tateinheit mit einem Verbrechen der schweren Freiheitsberaubung« für schuldig befunden, legte aber gegen diesen Urteilsspruch mit Erfolg Berufung ein.[26]

Auch ein pervertiertes Gewissen und »Idealismus« konnten zu Denunziationen führen. Ein klassischer Vorgang unter vielen derartigen Fällen spielte sich schon 1942 in Berlin ab. Der Arbeiter Max Reiche war 1937 der NSDAP beigetreten und auf der Stelle Blockleiter, etwas später Ortsgruppenleiter geworden. Im Sommer 1942 bemerkte der mittlerweile siebenunddreißigjährige Reiche, daß jemand mit Kreide Parolen an die öffentliche Bedürfnisanstalt geschmiert hatte, die er auf dem Weg von der Arbeit nach Hause benutzte. Der Text lautete: »Hitler Du Massenmörder musst ermordet werden, dann ist der Krieg zu Ende.« Wenn Reiche in den folgenden Monaten gelegentlich die Bedürfnisanstalt aufsuchte, fand er manchmal neue Schmierereien. Am 28. Oktober 1942 hörte er bei der Benutzung der Toilette, daß jemand mit Kreide etwas an die Bedürfnisanstalt schrieb, und ertappte Wilhelm Lehmann auf frischer Tat. Lehmann war ein dreiundsiebzigjähriger Rentner und Invalide, der, vor Gericht gestellt, vom Volksgerichtshof am 8. März 1943 zum Tode verurteilt und am 10. Mai hingerichtet wurde. Reiche erhielt für seinen Eifer eine Belohnung von 100 Reichsmark.[27]

Sogar örtliche Honoratioren waren nicht gegen Denunziationen gefeit, wenn sie zu sagen wagten, daß der Krieg verloren sei. Georg Knarr, Gastwirt in Altenschönbach bei Gerolshofen in Unterfranken, informierte am 2. September 1944 den die Runde machenden Gendarmen von einem Vorfall, der sich am Abend – es war Samstag – in seiner Wirtschaft ereignet hatte. Wie Knarr angab, hatte Baron von Connemann, der in dem Schloß seiner Familie außerhalb des Städtchens wohnte, einen Unteroffizier der Luftwaffe auf Heimaturlaub nach seiner Einschätzung des Krieges gefragt. Als der Baron die Standardantwort erhielt, Deutschland werde siegreich sein und der Krieg sei so gut wie gewonnen, soll er »in staatsfeindlicher Weise« geantwortet haben:

»Der Krieg war von Anfang an schon verloren, es ist bloß schade, daß der 20. 7. 44 mißglückt ist und diese acht [Mitglieder der Verschwörung], die da gehängt worden sind, das sind ehrliche Menschen gewesen und keine Verbrecher, die haben es mit dem deutschen Volk gut gemeint, die mußten jetzt ihr Leben lassen, um einigen Lumpen der Regierung die Ministerstühle zu halten.«

Die Anschuldigung wurde von anderen Zeugen bestätigt und führte dazu, daß der Baron am 4. September in Würzburg vernommen wurde. Von Connemann, ein zweiundfünfzigjähriger verwundeter und ausgezeichneter Kriegsteilnehmer, Protestant, verheiratet und Vater von zwei Kindern, bezeichnete sich selbst als rechts-national. Laut Vernehmungsprotokoll äußerte er sich »hunterprozentig [sic!] einverstanden« mit Hitlers »großen Grundideen, der Vernichtung des Judentums und des Kommunismus«. Er war Parteigenosse gewesen, jedoch erst spät – 1937 – eingetreten und 1943 wieder ausgetreten. Er bestritt die Anschuldigungen und auch den Vorwurf, er sei »eben englandhörig«, schalte also die verbotene BBC ein. Seine Frau Klara und deren Sekretärin Auguste Schmidt wurden ebenso befragt wie seine Schwester Amalie und seine Schwägerin Elisabeth – allesamt adlige Personen, die im Schloß in Neuhaus lebten. Die Fälle der Frauen kamen ans Sondergericht in Würzburg, doch der des Barons landete am 15. Februar 1945 beim Volksgerichtshof in Berlin. Durch das Chaos, das damals in Berlin herrschte – unter anderem waren einem Bombenangriff das Gebäude des Volksgerichtshofs und dessen schändlichster Richter Roland Freisler zum Opfer gefallen – ist in dem Akt des Barons kein Bericht über die weiteren Ereignisse enthalten. Alle Frauen bis auf eine wurden zu Zuchthaus zwischen einem und drei Jahren verurteilt. Die örtliche Gestapo wollte sie jedoch alle exekutieren. Die Akten enthalten zwar keine sicheren Informationen darüber, was dann geschah, doch endet Elisabeths Dossier mit einer Mitteilung der Gestapo Würzburg vom 23. Februar 1945 an die Gestapoleitstelle in Nürnberg, die nichts Gutes ahnen läßt. Der Gestapobeamte Herbst betont darin: »Nach Sachlage erachte ich die Voraussetzungen zur Durchführung der Sonderbehandlung gegen den Freiherrn Joachim von Connemann und die übrigen Beschuldigten gegeben und bitte deshalb um eine diesbezügliche Entscheidung.«[28]

DIE JUSTIZ DER STANDGERICHTE

Durch eine Verordnung Hitlers wurden am 15. Februar 1945 neue Standgerichte geschaffen. Das waren Tribunale, die mit einem Strafrichter, einem NSDAP-Funktionär und einem Offizier der Wehrmacht, der Waffen-SS oder der Polizei besetzt waren und jeden zur Verantwortung ziehen konnten, der die Fähigkeit oder Entschlossenheit Deutschlands zur Fortsetzung des Kampfes zu gefährden schien.[29] Ähnliche Gerichte hatte die Wehrmacht am 20. Januar 1943 erhalten. Im Jahre 1945 operierten alle diese neuen Gerichte hinter der Front, in Deutschland.[30] Die Mentalität von Richtern und anderen Tätern war gegen Ende des Krieges stark von Gefühlen wie Rachsucht, Bitterkeit, Enttäuschung und Furcht bestimmt. Auch Verantwortliche, die es wagten, die Truppen oder die Bevölkerung eines Dorfes oder einer Stadt zur Kapitulation aufzufordern, waren nicht gefeit, wie ein Fall aus Ingelheim auf der westlichen Rheinseite zeigt. Hermann Berndes wollte die Stadt schonen. Er war der örtliche Kampfkommandant und leitete den »Volkssturm«. Das war eine bunt zusammengewürfelte Behelfsarmee, die Hitler auf Vorschlag Bormanns am 25. September 1944 aufstellen ließ; in den folgenden Monaten wurden bei vier Aushebungen Millionen von jungen und alten Männern zwischen 16 und 60 Jahren eingezogen oder meldeten sich freiwillig.[31] Berndes nun, der Volkssturmführer von Ingelheim, wollte die Stadt kapitulieren lassen. Er wurde jedoch rasch ausgeschaltet und dann auf Anordnung des NSDAP-Kreisleiters am 17. März 1945 (ohne den Schein eines Gerichtsverfahrens) auf dem Marktplatz gehängt. Am Morgen dieses Tages hatte Berndes noch den Befehl gegeben, das Schießen einzustellen, um Ingelheim zu schonen. Seine letzten Worte waren: »Ich sterbe, weil ich meine Heimat liebe.« Aber fanatische Nationalsozialisten sahen das anders. Der Gaustabsführer, der zur Vornahme der Exekution abgestellt worden war, ließ dem Opfer ein Schild mit der schmähenden Aufschrift umhängen »So stirbt jeder, der sein Vaterland verrät«.[32]

Dieselbe Geisteshaltung verrieten im September 1944 Befehle des Höheren SS- und Polizeiführers West, Karl Gutenberger, an den Chef der Gestapo Aachen. Es war das Gebiet in Westdeutschland, das beim Heranrücken der Alliierten als erstes evakuiert wurde. Gutenberger verlangte von Gestapo, Schutzpolizei und anderen ihm unterstellten Organisationen die Aufrechterhaltung von »Recht und Ordnung« in den menschenleeren Städten. Am 20. September 1944 hatte der Chef der Aachener Gestapo eine Besprechung mit Gutenberger und erhielt, wie er sich später erinnerte, folgenden Befehl: »Sagen Sie Ihren Leuten, daß von jetzt ab mit der Waffe in der Hand gegen Plünderer, Deserteure und sonstiges Gesindel vorgegangen wird.« Ein solcher Schießbefehl gegen deutsche Zivilisten war etwas Unerhörtes, weshalb der Aachener Gestapochef zögerte, ihn an seine Untergebenen weiterzugeben. Doch Gutenberger ließ nicht locker: »Von jetzt ab herrscht Ordnung. Auch bei den eigenen Beamten. Führen Sie die Leute in den Wald, wenn sie nicht parieren. Sie wissen ja, wie man das macht.« Die Gestapobeamten, die vielleicht ahnten, daß die Alliierten sie schon bald zur Rechenschaft ziehen würden, bestanden auf einem schriftlichen Befehl. Davon wollte Gutenberger nichts wissen. »Geschrieben wird nichts«, sagte er und fügte in seiner Verblendung hinzu: »Wir können das. Wir sind die Sieger.« Es wurde weiter exekutiert, obwohl der Sieg der Alliierten vor der Tür stand.[33]

Die Niederlage an der Westfront nahm Anfang 1945 derartige Ausmaße an, daß die Alliierten allein von Ende Februar bis Ende März 300000 Gefangene machten.[34] Am 23./24. März überquerten die Alliierten in großer Zahl den Rhein, und da die Deutschen zu diesem Zeitpunkt die meisten ihrer Ressourcen zur Landesverteidigung erschöpft hatten, war das Bemühen um Halten der Front uneinheitlich. An einigen Stellen wurde noch energisch Widerstand geleistet, an anderen nicht mehr nennenswert.[35] Rhein und Ruhr wurden am 1. April in einer Zangenbewegung umfaßt, durch die 21 Divisionen beziehungsweise 320000 deutsche Soldaten eingekesselt wurden – ein größerer Verlust als bei Stalingrad. Ausbruchsversuche aus dem »Ruhrkessel« blieben erfolglos.[36] Der furchtbare deutsch-deutsche Terror tobte nun in den Städten dieses Kessels, wie Düsseldorf, Solingen, Essen, Bochum, Dortmund, Duisburg und Oberhausen.

Der westliche Teil Düsseldorfs am linken Rheinufer wurde bereits am 2. März 1945 besetzt; da jedoch die Rheinbrücken demoliert waren und von Deutschen noch entschlossener Widerstand geleistet wurde, hielt die Stadt bis zum 17. April aus. In den letzten Kriegstagen ließ die Gestapo den spärlichen Rest ihrer bürokratischen Routine weitgehend fallen und exekutierte ihre Opfer mitunter vom Fleck weg. Das einzige Zeugnis der 30 Hinrichtungen, die allein am 17. Januar 1945 in Köln stattfanden, ist eine kryptische Aktennotiz über den Transport der Leichen zum Friedhof.[37]

Das normale Leben in den ausgebombten Städten hörte ebenso auf wie die Versorgung mit Wasser, Gas und elektrischem Strom. Nachzügler hausten in Ruinen und lebten von der Hand in den Mund.[38] Doch nicht einmal jetzt ließ der Terror nach. In einer ihrer letzten Nummern berichtete die in Düsseldorf erscheinende *Rheinische Landeszeitung* am 24. März auf der Titelseite von zwei Todesurteilen, die ein Standgericht verhängt und schon vollstreckt hatte.[39]

Während Feldmarschall Walter Model am 15. April weitere Versuche zur Verteidigung Düsseldorfs aufgab, wollte Gauleiter Karl Florian bis zur letzten Patrone weiterkämpfen. Aus diesem Grund wandte sich eine kleine Gruppe besorgter Bürger an den Kommandeur der Schutzpolizei, Oberstleutnant Franz Jürgens, der als Gegner eines Durchhaltens um jeden Preis bekannt war. Sie trafen sich mit ihm am 15. April und kamen dann am nächsten Tag um 13 Uhr im Polizeipräsidium zusammen. Von hier brach eine Gruppe auf, um Fühlung mit den Amerikanern aufzunehmen; die andere wurde von Jürgens geführt und sollte den Polizeipräsidenten August Korreng festnehmen. Linientreue Polizeibeamte machten jedoch dem Aufstand schnell ein Ende, und Jürgens wurde zusammen mit vier Zivilisten von einem Standgericht zum Tode verurteilt und in den Nachtstunden des 16. oder den Morgenstunden des 17. April exekutiert. Nur kurze Zeit später nahmen die Amerikaner die Stadt ein.[40]

Hatte es in der Verordnung über die Errichtung von Standgerichten noch geheißen, sie hätten zwischen Schuldspruch (mit automatischem Todesurteil) oder Freispruch zu entscheiden oder aber die Überweisung eines Falles an die ordentliche Gerichtsbarkeit anzuordnen, machten die Angehörigen solcher Gerichte in den gegen sie eröffneten Nachkriegsprozessen geltend, daß sie faktisch nur die Wahl zwischen Schuldspruch (und Todesurteil) oder Freispruch gehabt hätten. Der ganze Aktionsradius dieser Standgerichte harrt noch der Erforschung, aber ein Blick auf Unterfranken vermittelt uns eine Ahnung von den Vorgängen.

Würzburg selbst wurde am 16. März von einem massiven Luftangriff heimgesucht, bei dem die ganze Stadt in Flammen aufging und bis zu 5000 Menschen ums Leben kamen.[41] Auch viele andere Städte in der Gegend wurden bombardiert, zum Beispiel Aschaffenburg, das am 21. März einen schweren Angriff erlebte. Hartgesottene Nationalsozialisten klammerten sich an die versprochene »Wunderwaffe«, die das Blatt wenden sollte. Albert Speer, Hitlers Minister für Bewaffnung und Munition, der am 28. März zufällig in Würzburg war, wurde vom Ortsgruppenleiter Otto Hellmuth allen Ernstes gefragt, wann denn Hitler nun die Wunderwaffe einsetzen werde. Speer mußte Hellmuth – wie vorher schon viele andere Menschen – darüber aufklären, daß es nichts dergleichen gab.[42] Interessant ist diese Geschichte, weil sie die tiefere

Gesinnung hinter dem deutsch-deutschen Terror bei Kriegsende erkennen läßt: Man verband sein Schicksal mit einem Wunder und wurde dabei immer skrupelloser.

Auf diesem Boden gedieh eine regelrechte Strafwut, wie das Beispiel eines Standgerichts in Aschaffenburg lehrt. Mitten in der allgemeinen Auflösung tagte es am Palmsonntag (25. März), bestehend aus zwei Militärs, dem Major Robert Jung als Vorsitzenden und dem Leutnant Wolfgang Bonfils als Beisitzer. Am 28. März 1945 verurteilten die zwei den sechsundzwanzigjährigen Leutnant Friedel Heymann wegen »Fahnenflucht und Feigheit vor dem Feind« zum Tod. Er wurde praktisch auf der Stelle exekutiert – kaum eine Woche, bevor die Amerikaner (am 3. April) die Stadt befreiten. Das Gericht hätte leicht einen Weg finden können, das Leben dieses Mannes zu schonen. Der Urteilsspruch selbst war bestenfalls fragwürdig, da Heymann nicht fahnenflüchtig war, sondern in einem Lazarett eine Verwundung ausgeheilt und bei dem allgemeinen Durcheinander seine Papiere verloren hatte.[43]

Vorsitzender eines anderen Standgerichts in der Gegend war in den letzten Kriegstagen ein Major Erwin Helm. Helm war mit seinem »fliegenden Standgericht« in einem Gebiet tätig, das sich von Hessen über Unterfranken bis auf das Territorium der heutigen Tschechischen Republik erstreckte. Die Bluttaten dieses Standgerichts wurden in Nachkriegsprozessen teilweise rekonstruiert; dabei gab Helm freimütig zu, an 20 bis 30 Todesurteilen mitgewirkt zu haben. Der neunzehnjährige Gefreite, der Helm als Scharfrichter diente, sagte dagegen aus, daß es in Wirklichkeit 56 Exekutionen gewesen seien und er für jede einzelne 50 Reichsmark in bar oder in Naturalien bekommen habe.[44]

Ein Fall, der vor Helms Standgericht kam, begann am Palmsonntag 1945 auf dem Kirchplatz des Dorfes Zellingen in der Nähe von Karlstadt. Als Helm am 28. März in Zellingen auftauchte, unterrichtete ihn der Volkssturmführer (und Arzt) Dr. Kühner über einen Vorfall, der sich drei Tage vorher bei einer Rede Kühners an seine Volkssturmmänner ereignet hatte. Kühner hatte erklärt, mit dem Näherkommen des Krieges würden auch die Bestimmungen strenger, und wer nicht pariere, werde erschossen. Diese Drohungen erregten den Unmut des armseligen Häufleins aus Kindern und Alten, und einige riefen ein spöttisches »Oho!« Diese Zwischenrufe wurden von Kommandant Kühner als Kritik aufgefaßt, doch unternahm er nichts. Zwei Tage später wurde die Mainbrücke gesprengt, um den Vormarsch der Amerikaner aufzuhalten, wobei das Haus des sechzigjährigen Bauern Karl Weiglein Schäden abbekam. Weiglein war einer der »Oho«-Rufer gewesen und hatte auch zwei Volkssturmführer (darunter den Kommandanten) auf der Straße angeschrieen: »Die, die die Brücke gesprengt haben, gehören aufgehängt!« Als am nächsten Tag (28. März) gegen Abend Helm ins Dorf kam, erfuhr er von dem Vorfall mit Weiglein, entrüstete sich über diese »Wehrkraftzersetzung« und schickte jemanden los, um einen Strick zu besorgen. Tags darauf hatte Helm mit seinem »fliegenden Standgericht« Weiglein schon abgeurteilt und bestand auf sofortiger Exekution. Zur besonderen Abschreckung wurde Weiglein vor seinem eigenen Haus gehängt. Routinemäßig ließ man die Leiche drei Tage lang unter Bewachung hängen. Als Helm davonfuhr, war die Erbitterung im Dorf so groß, daß ihm Schüsse hinterherpeitschten, doch setzte er unbeirrt den Weg zu seinen nächsten Opfern fort.[45] Sein Standgericht war keineswegs das einzige in der Gegend, auch nicht das einzige, das die Todesstrafe gegen Deutsche verhängte, die es wagten, Zweifel zu äußern. In Lohr wurde ein Arzt noch exekutiert, als die Stellung schon unter dem Beschuß der Amerikaner lag.[46]

ANDEUTUNGEN VON WIDERSTAND

Offenbar ungestraft kamen die Frauen davon, die am 1. April 1945 in dem Dorf Aub bei Würzburg demonstriert und vor dem Hauptquartier der Wehrmacht den Offizieren zugerufen hatten: »Verschwindet oder wir brennen Euch das Haus über dem Kopf ab!«[47] Wenige Tage später wurden die Bewohner von Bad Windsheim unruhig, weil sich die Wehrmacht anschickte, Verteidigungsanlagen zu errichten. Eine Frauenabordnung beschwor den Kommandanten, den Ort zu verschonen. Am Abend sollte eine Frau aus den besseren Kreisen im Rathaus zu einer großen Versammlung sprechen, doch gelang es dem Kommandanten, den »Weibersturm«, wie er höhnte, aufzulösen, indem er einen unmittelbar bevorstehenden Luftangriff vorschützte. Die Gestapo in Nürnberg wurde informiert und schickte den Offizier Karl Schmid zu Ermittlungen nach Bad Windsheim. Dort erkundigte er sich nach den angeblichen »Rädelsführerinnen«, erschoß die Haupttäterin vor der Tür ihres Hauses, verhaftete einige andere und machte so dem »Aufstand« ein Ende.[48]

Das Militär hatte Befehl aus Berlin, jeden, der eine weiße Fahne heraushängte, zu exekutieren und sein Haus niederzubrennen. Am 11. April wurde das Haus eines fünfundfünfzigjährigen Müllers (verheiratet, drei Kinder) im Südosten Würzburgs von amerikanischen Truppen durchsucht. Da der Müller ein weißes Bettlaken herausgehängt hatte, verschonten sie das Haus. Leider hing das Kapitulationszeichen am nächsten Tag immer noch da, als zwei Wehrmachtoffiziere vorbeifuhren. Major Erich Stentzel ließ keine Entschuldigung gelten, erschoß den Müller auf der Stelle und steckte sein Haus in Brand. Wir wissen von diesem Vorfall nur, weil Stentzel den Amerikanern in die Hände fiel, die umkehrten, als sie Rauch sahen, ihn festnahmen und aburteilten. Man kann nur darüber spekulieren, wie oft sich solche Vorfälle andernorts abspielten.[49]

Als die Amerikaner kurze Zeit später Ansbach einnahmen, entdeckten sie die Leiche des zwanzigjährigen Robert Limpert, die noch an einem Baum vor dem Rathaus hing. Als Jugendlicher hatte Limpert mit dem Nationalsozialismus nichts im Sinn gehabt und daher in Ansbach keinen Schulabschluß machen dürfen. Wegen eines Herzleidens konnte er nicht eingezogen werden, und so besuchte Limpert im Winter 1944/45 die Universität Würzburg, die aber im März 1945 bei einem schweren Bombenangriff zerstört wurde. So kehrte er nach Ansbach zurück. Hier tat er sich mit anderen zusammen und verfaßte Flugblätter, in denen die Bürger dazu aufgerufen wurden, gegen die »Nazihenker« aufzustehen und die weiße Fahne herauszuhängen. Am 18. April trat Limpert an den Bürgermeister heran und überredete ihn, die Stadt zu übergeben. Der Ansbacher Kampfkommandant wollte jedoch den Kampf bis zum bitteren Ende fortsetzen, und Limpert beschloß, am nächsten Tag (19. April) die Funkverbindung zwischen dem Armeehauptquartier in der Stadt und den Truppen zu zerstören. Zwei Angehörige der Hitlerjugend beobachteten die Tat und denunzierten ihn bei der Polizei, die ihn aufspürte und verhaftete. Am selben Tag um 13 Uhr ging der Ansbacher Kampfkommandant, ein gelernter Arzt aus Freiburg und ehemaliger Physikassistent an der Universität Leipzig, in das Rathaus, um den Gefangenen zu sehen. Ein Standgericht wurde einberufen, das Limpert in einem Eilverfahren für schuldig befand. 15 Minuten nach Beginn dieses »Verfahrens« und gut zwei Stunden nach seinem »Verbrechen« wurde er gehängt. Es erging Befehl, die Leiche hängen zu lassen, »bis sie ›stinke‹«. Die Amerikaner fanden sie, als sie, wieder wenige Stunden später, die Stadt einnahmen.[50]

Wie viele solche Hinrichtungen stattfanden, wissen wir nicht genau, aber gewisse Anhaltspunkte gibt das Tagebuch von Victor Klemperer. Er und seine Frau überlebten den schweren Bombenangriff auf Dresden vom 13. Februar 1945, bei dem schätzungsweise 50000 Menschen ums Leben kamen, und flohen aus der Stadt. Sie wandten sich nach Westen, um den Russen zu entgehen, und nach Süden, in der Hoffnung, irgendwo im südlichen Bayern untertauchen zu können. Ende April fanden sie Zuflucht in einem winzigen Dorf halbwegs zwischen Regensburg und Landshut, direkt im Norden Münchens. Wie Klemperer berichtet, sagten damals mehrere Frauen: »Wir fürchten *nur* noch die *deutschen* Soldaten.« Er registrierte auch, wie sich Flüchtlinge und andere Menschen in seiner Umgebung auf einmal von den schlimmsten Exzessen des NS-Regimes zu distanzieren begannen, auch von dem, was mit den Juden geschah. Für Hitler freilich war die heranrückende Sowjetarmee noch immer »der jüdisch-bolschewistische Todfeind«.[51]

In der Nähe ihres Zufluchtsortes hörten die Klemperers am 29. April, daß ein Bauer von der SS gehängt wurde, weil er es gewagt hatte, eine Panzerfaust in die Donau zu werfen. Als zwei örtliche Honoratioren, der Bürgermeister und der Ortsbauernführer, protestierten, wurden sie ebenfalls von der SS gehängt. Am selben Tag notierte Klemperer Gerüchte, wonach der Reichsstatthalter von Bayern, Franz Xaver Ritter von Epp, entweder abgesetzt worden war oder die Einstellung des Kampfes befohlen haben sollte.[52] Diese Gerüchte waren falsch. Sie wurden am frühen Morgen des 28. April über den Reichssender München von einer Gruppe in Umlauf gesetzt, die sich »Freiheitsaktion Bayern« (FAB) nannte. In einigen Dörfern bewog die Kunde von der FAB örtliche Meinungsführer wie etwa Lehrer oder Priester zu dem Fehlschluß, daß der Krieg zu Ende sein müsse, woraufhin sie, wie beispielsweise der Pfarrer von Götting bei Rosenheim, Josef Grimm, die Hakenkreuzflagge einholten und die bayerische Fahne hißten. Leider brach der Aufstandsversuch der FAB binnen weniger Stunden zusammen, und Grimm, von der SS gefaßt, wurde nach flüchtiger Verhandlung an der Straße erhängt.[53]

Auch anderswo gab es positive Reaktionen auf den Aufruf der FAB. In Landshut schloß sich sogar die Schutzpolizei dem Aufruf zum Widerstand an; sie verbarrikadierte den Zugang zum Rathaus und verhaftete einige dort arbeitende Gestapobeamte. Gestapo und Kriminalpolizei aus Regensburg machten dem schnell ein Ende und sorgten dafür, daß der Mann, der die bayerische Fahne gehißt hatte, gleichfalls ohne Gerichtsverfahren gehängt wurde.[54] In Altötting spielte Landrat Dr. Kehrer eine Rolle bei dem Aufstandsversuch. So ordnete er die Festnahme einiger wichtiger Beamten, darunter des Bürgermeisters, an, der sich daraufhin prompt erschoß. Es stellte sich jedoch bald heraus, daß die Meldungen aus München voreilig gewesen waren, und Kehrer beging Selbstmord oder wurde in seinem Büro erschossen. Unverzüglich stellte man in Landshut eine Liste von etwa 10 Personen zusammen, die angeblich mit Kehrer gemeinsame Sache gemacht hatten, und Kreisleiter Schwägerl ordnete die Exekution eines jeden an, der noch zu finden war.[55]

An der Spitze der FAB, deren Rundfunkankündigungen diese Widerstandsversuche ausgelöst hatten, standen Hauptmann Rupprecht Gerngroß, Major Alois Braun und Leutnant Ottoheinz Leiling, drei im Raum München stationierte Wehrmachtoffiziere. Unter anderem riefen sie die Zivilbevölkerung zur »Fasanenjagd« auf Nationalsozialisten auf: Man solle die NS-Führer davonjagen und weiße Fahnen heraushängen. Die Zehnpunkteerklärung der FAB enthielt unter anderem die lang gehegte Forderung nach Frieden und einem Ende des Militarismus. In der Rundfunkmeldung behauptete sie fälschlicherweise, Ritter von Epp habe sich der FAB angeschlossen und führe bereits Waffenstillstandsverhandlungen mit den Alliierten. In Wirklichkeit war der »Aufstand« der FAB zu Ende, bevor er überhaupt angefangen hatte.[56]

Die Hauptgruppe, die außer den erwähnten Einzelpersonen unter den Konsequenzen zu leiden hatte, waren die alten Sympathisanten der Arbeiterbewegung in Städten wie Burghausen und Penzberg. In einer Fabrik in Burghausen kam es zu einem Sympathiestreik für die FAB, woraufhin Kreisleiter Schwägerl die SS nach Burghausen beorderte, um die drei Rädelsführer erschießen zu lassen.[57] Der Aufstand in Penzberg, einer Bergarbeiterstadt, die vor 1933 für ihre Arbeiterbewegung und die Gegnerschaft zum Nationalsozialismus bekannt war, kostete am 28. April 16 Männer und Frauen das Leben. Sozialdemokraten und Kommunisten wollten gemeinsam das Bergwerk vor der angeblich geplanten Zerstörung im Rahmen der »Politik der verbrannten Erde« bewahren. Zumindest hofften die Widerständler, die unter Tage arbeitenden Kumpel zu retten und weiteres Töten zu verhindern. Die Wehrmacht schlug jedoch den Penzberger Aufstand rasch nieder. Auf Befehl des Gauleiters Paul Gießler wurden die Beteiligten exekutiert, mindestens drei von ihnen durch den Volkssturm in München.[58] Gießler entsandte auch ein »Werwolf«-Kommando unter dem berüchtigten NS-Fanatiker und Schriftsteller Hans Zöberlein nach Penzberg, um dort »für Ordnung zu sorgen«. Die »Werwölfe« waren Nationalsozialisten, die zum Weiterkämpfen, notfalls auch hinter den Linien nach Beendigung des Krieges, entschlossen waren. Neben den von der Wehrmacht erschossenen Männern wurden bei der »Penzberger Mordnacht« acht weitere Personen, darunter zwei Frauen, von den Werwölfen gehängt. Wie so oft, ergab sich die Sinnlosigkeit dieser Morde bereits am nächsten Tag, als die Amerikaner die Leichen entdeckten und die Stadt kampflos einnahmen.[59]

DER LETZTE VERSUCH ZUR BESEITIGUNG DER »FEINDE« DES NATIONALSOZIALISMUS

Über die Vorstellungen der Nationalsozialisten, wie beim Vorrücken der Alliierten mit den Insassen der deutschen Gefängnisse und Konzentrationslager zu verfahren sei, gibt es nur spärliche Andeutungen und wenige zuverlässige Dokumente. Auf der einen Seite wollte sich das Regime die letzten größeren Arbeitskräftepools erhalten, die es noch gab. Auf der anderen Seite wollte man nicht, daß die schlimmsten »Feinde« des Regimes hinter den Linien frei herumliefen und womöglich den Alliierten in die Hände fielen. Mit welcher Entschlossenheit man die Gefangenen weiter unter Kuratel hielt, läßt sich aus einem Schriftstück vom 16. März 1945 ersehen, wo der Leiter eines Gefängnisses bei Bristly dem zuständigen Generalstaatsanwalt die Verlegung von 574 Häftlingen aus Görlitz nach Zeitz meldet – eine ziemlich kurze Bahnfahrt, die dennoch 13 Tage dauerte. Wir wissen nicht, wie viele Menschen bei dieser Evakuierung starben, doch war der Zweck der Übung nicht die Ermordung dieser Gefangenen, sondern ihr Einsatz bei Aufräumarbeiten.[60] Ähnliche Anordnungen ergingen auch an andere Gefängnisse. So mußte Bochum am 29. März 1945 alle Häftlinge verlegen. Sie waren bereits in so schlechter Verfassung, daß zwar 560 von ihnen in Richtung Celle losmarschierten, aber fast ebenso viele in Bochum zurückgelassen wurden, weil sie zu schwach zum Gehen waren. Wie viele Menschen in den nächsten Tagen starben, wissen wir nicht; von der Evakuierung wissen wir, weil ein Mann überlebte, der nach einem auf ihn abgegebenen Schuß für tot liegengelassen wurde.[61]

Die ergänzende Maßnahme scheint gewesen zu sein, daß »gefährliche« Gefängnisinsassen, die nicht verlegt werden konnten, zu erschießen waren. Als Bensheim (nordöstlich von Mannheim, am gegenüberliegenden Rheinufer) Mitte März 1945 kurz davor stand, von amerikanischen Truppen überrannt zu werden, trieb die Gestapo rund 200 Insassen eines Polizeigefangenenlagers und andere Gefangene zusammen, die in östlicher Richtung evakuiert werden sollten. Die meisten waren Fremdarbeiter, doch etwa ein Viertel waren Deutsche. Die Gestapo evakuierte alle gehfähigen Gefangenen und exekutierte 14 von 25 Gefangenen, die zu schwach zum Marschieren waren – wohl weil sie sie für potentiell gefährlich hielt oder aus politischen Gründen.[62] Die Gestapo in Frankfurt am Main ermordete zwischen dem 26. und 30. März 87 Gefangene; es waren Deutsche und Fremdarbeiter aus verschiedenen Lagern, unter ihnen mindestens 44 Frauen.[63]

Die Gestapo in Hannover beschloß, die Gefangenen (größtenteils Fremdarbeiter) in das Arbeitserziehungslager Lahde-Weser bei Hannover zu verlegen, doch bevor die Evakuierung begann, erhängte oder erschoß die SS noch die nicht Gehfähigen. Die übrigen rund 800 machten sich auf den Weg in Richtung Lahde, aber anscheinend noch vor ihrer Ankunft befahl Gestapochef Johannes Rentsch, 200 von ihnen »im Interesse der Zivilbevölkerung« zu erschießen. Der Befehl konnte wegen des Näherrückens der Amerikaner nicht ausgeführt werden, doch am 5. April wurden 154 Gefangene systematisch erschossen. Bei der Nachkriegsuntersuchung erwies es sich als schwierig, Nationalität und Identität der Opfer zu rekonstruieren, und lange war man der Auffassung, daß es sich ausnahmslos um sowjetische Kriegsgefangene gehandelt habe. In Wirklichkeit waren auch 20 bis 30 Italiener darunter, andere mögen Insassen des Ahlemer Gefängnisses gewesen sein.[64] In ganz Deutschland ereigneten sich zahlreiche solche Vorfälle. So wurden am 13. April 1945 im Gefängnis von Lüttringhausen bei Düsseldorf 71 Häftlinge exekutiert.[65] In Leipzig ließ der Gestapochef eine Liste der »gefährlichen« politischen Gefangenen im Polizeigefängnis und in einigen Lagern der Umgebung anlegen. Schließlich wurden 53 Gefangene (Deutsche, Tschechen, Russen, Polen und Franzosen) am 12. April erschossen und in ein Massengrab geworfen. Am nächsten Tag wurden weitere 32 Personen, die vom Volksgerichtshof verurteilt und später von Dresden nach Leipzig gebracht worden waren, auf Befehl des RSHA durch ein aus Soldaten gebildetes Erschießungskommando hingerichtet. Die Definition des Begriffes »gefährlicher Krimineller« war dabei willkürlich; denn das häufigste Verbrechen, das diese Menschen begangen hatten, scheint das Abhören von ausländischen Rundfunksendungen gewesen zu sein.

Hans-Dieter Schmidt hat den Hintergrund dieser Morde untersucht und ist auch dem Massaker im Buchenwalder Außenlager Abtnaundorf nordöstlich von Leipzig nachgegangen. Am 17. April hatte die Gestapo von nicht bekannter Seite den Befehl erhalten, etwa 100 kranke Gefangene zu erschießen, die bei der Evakuierung des Lagers zurückgelassen worden waren. Der Mordauftrag wurde von sieben SS-Wachen und 17 (älteren) Angehörigen des Volkssturms durchgeführt. Man trieb die Gefangenen gewaltsam in eine Lagerbaracke und setzte diese in Brand. Mindestens 100 Gefangene kamen in dem Feuer um.[66]

Über die Massenmorde, die Ende 1944 und Anfang 1945 in und um Dresden begangen wurden, sind uns sehr wenige Einzelheiten bekannt, doch Berichten zufolge wurden 422 Menschen von der Gestapo erschossen.[67] Es gibt auch Beweise für zentral gesteuerte Befehle zur Ermordung konkreter Einzelpersonen und bestimmter Gruppen. Mitte April 1945 erteilte das RSHA der Gestapo Württemberg den Befehl, drei Männer wegen Kollaboration mit dem Feind zu exekutieren. Die Exekutionen wurden zwei Tage vor dem Eintreffen der Alliierten in einem Wald bei Riedlingen durchgeführt.[68] Einen ähnlichen Befehl erhielt sehr wahrscheinlich auch die Gestapo Gießen, die Ende März 1945 mindestens drei Personen erschoß. Von diesem Fall wissen wir nur, weil einem Opfer die Flucht gelang.[69] In Deggendorf ging am 26. April 1945 von unbekannter Seite, aber sehr wahrscheinlich vom RSHA in Berlin, der Befehl ein, alle zum Tode verurteilten politischen Gefangenen zu exekutieren. Abgesehen von einer älteren Frau, die daraufhin getötet wurde, ist unklar, wie viele Menschen sonst noch starben. Der Volksgerichtshof hatte die Frau – eine Lehrerin – Ende November 1944 wegen des Abhörens von Auslandssendungen zum Tode verurteilt. Das Urteil wurde auf Insistieren eines Ortsgruppenleiters vollstreckt. Die Frau wurde von einem SS-Mann erschossen, ihre Leiche warf man in die Donau.[70]

In den letzten Kriegstagen wurden Exekutionsbefehle des RSHA auch an die neuen (örtlichen) »Kommandeure der Sicherheitspolizei« (KdS) gerichtet, die oft regionale Gestapochefs waren, wie in einem Fall, der sich Anfang 1945 in Kassel ereignete. Das RSHA scheint die Liquidierung von 28 Gestapo-Häftlingen aus Frankreich, den Niederlanden und der Sowjetunion befohlen zu haben, und am Karfreitag (30. März) erschossen Gestapo- und Kripobeamte 12 Insassen des Gefängnisses Wehlheiden bei Kassel. Neben Ausländern exekutierten sie auch Deutsche mit langem Vorstrafenregister. Wie schnell das Töten eskalierte, kann man daran sehen, was dieselben Beamten am Ostersonntag (31. März) in dem Städtchen Wilhelmshöhe bei Kassel taten. Als der KdS in Duisburg von einem »Verbrechen« erfuhr, das gerade auf einem nahe gelegenen Bahnhof begangen wurde, entsandte er ein Gestapokommando mit dem Befehl, den oder die Täter zu töten. Als jedoch die Gestapo am Tatort eintraf, hatte die Schutzpolizei die Lage schon im Griff. Hungrige deutsche und italienische Bauarbeiter hatten einen im Bahnhof abgestellten Proviantzug geplündert. Die Gestapo durchsuchte alle Italiener, stellte bei 78 von ihnen Waren sicher, die sie als gestohlen ansah, und führte sie gruppenweise an den Rand eines Bombentrichters, wo alle summarisch erschossen wurden. Die übrigen Italiener mußten die als Behelfsgräber dienenden Bombentrichter zuschütten. Was mit den deutschen »Plünderern« geschah, wurde bei dem Nachkriegsprozeß gegen die betreffenden Gestapobeamten nicht deutlich.[71]

Italienische Arbeiter fielen einem solchen Blutbad bei Kriegsende häufiger zum Opfer, als allgemein bekannt ist. Als Italien im Sommer 1943 aus dem Krieg ausschied, beschlossen Hitler und Himmler, alle jene italienischen Soldaten zum Arbeitseinsatz zu mobilisieren, die sich weigerten, den Krieg an der Seite Deutschlands fortzusetzen, und das war, wie sich herausstellte, die überwältigende Mehrheit.[72] Ende September 1943 erhielten italienische »Kriegsgefangene« den zweifelhaften Status von »Militärinternierten«, und im April 1944 waren 515478 Italiener zu Zwangsarbeit im Reich gezwungen.[73] Nach Schätzungen italienischer und deutscher Historiker sind rund 45000 italienische Zwangsarbeiter an Hunger, Kälte und dem fast völligen Fehlen angemessener medizinischer Versorgung gestorben. Wie Gerhard Schreiber nachgewiesen hat, ist auch eine unbestimmte Anzahl von »Militärinternierten« in den letzten Kriegsmonaten ermordet worden. Anscheinend brachten es Gestapo, SS, Wehrmacht und sogar der Volkssturm fertig, bei den Evakuierungen ganze Gruppen von Italienern zu erschießen. So wurden Anfang April 1945 schätzungsweise 100 Italiener aus dem Straflager AZ von Pothoff erschossen.[74] Nur eine Handvoll Menschen überlebte, um von den Geschehnissen Kunde zu geben. Auch anderswo wurden Italiener niedergemacht. Bei verschiedenen Vorfällen wurden Hunderte von ihnen, zusammen mit anderen Fremdarbeitern, ermordet.[75]

Exekutiert wurden Italiener auch Ende März 1945 in Hildesheim, in einer Aktion von Gestapo und SS, die zu den herzlosesten und entsetzlichsten Massakern in der blutigen Geschichte des Dritten Reiches gezählt werden muß. Hildesheim war von einer Reihe verheerender Bombenangriffe heimgesucht worden, deren schlimmster die Stadt am 22. März in ein Trümmerfeld verwandelte und fast 1000 Todesopfer forderte. Einige Tage später stießen italienische und deutsche Arbeiter bei ihren Aufräumarbeiten auf ein ausgebombtes Lebensmittellager und erhielten von den deutschen Wachmannschaften die Erlaubnis, sich an den teilweise schon verdorbenen Sachen zu bedienen. Einige dieser »geplünderten« Lebensmittel wurden dann später von der Polizei bei mehreren hundert der rund 500 italienischen Gefangenen sichergestellt. Was weiter geschah, brachten die Nachkriegsermittlungen ans Licht. Man fand ein Massengrab mit 208 Leichen (darunter 17 weibliche), von denen schätzungsweise 130 Italiener waren. In diesem Fall erfolgte die Exekution durch Erhängen an einem improvisierten Galgen mit fünf Schlingen. Jedes Opfer mußte sich auf einen Tisch stellen, dann wurde ihm die Schlinge um den Hals gelegt und der Tisch weggezogen, so daß der Tod durch langsame Strangulation eintrat. Noch während das erste Opfer mit dem Tod kämpfte, wurde das nächste zu Tisch und Schlinge geführt, und so ging die Prozedur weiter, bis alle fünf Schlingen voll waren. Die anderen Todeskandidaten, die in der Nähe von der SS bewacht wurden, konnten sehen, was sie erwartete, und als nach 20 Minuten die fünf Leichen abgenommen wurden, mußte der erste der nächsten fünf Italiener zum Galgen kommen. Deutsche Zuschauer, meist Frauen, scheinen die Exekutionen »ziemlich teilnahmslos« verfolgt zu haben.[76] In einem anderen, aber verwandten Fall wurde ein jüdischer KZ-Häftling, der gerade nach Hildesheim zurückgekommen war, wegen angeblich gestohlener Bohnenkonserven von einem Volkssturmmann exekutiert.[77] Ebenfalls in Hildesheim erschoß die Gestapo drei Ostarbeiter und mindestens einen Deutschen wegen Plünderung.[78]

In Dortmund ermordete die Gestapo in der Karwoche 1945 die meisten Gefangenen in ihrem Gewahrsam, ohne Rücksicht darauf, ob es Deutsche oder Ausländer waren. Da der Kontakt nach Berlin zum RSHA zu diesem Zeitpunkt wohl mit Sicherheit abgebrochen war, ist anzunehmen, daß der Mordbefehl vom Dortmunder KdS kam. Nach Schätzungen beim Nachkriegsprozeß sind damals 230 bis 240 Männer und Frauen erschossen worden; diese Zahlen sind jedoch das absolute Minimum. Die Opfer waren einesteils Deutsche, die mit Widerstandshandlungen in Zusammenhang gebracht wurden, zum größten Teil jedoch Fremdarbeiter.[79]

Mitte März fand in der Dortmunder Gestapoleitstelle eine Besprechung statt, zu der auch Vertreter der umliegenden Gestapostellen hinzugezogen wurden, für die Dortmund zuständig war. Nachdem der Kontakt zu Berlin immer problematischer geworden war, wollte man beraten, wie mit schwerwiegenden Fällen zu verfahren sei. Der Gestapochef von Dortmund machte deutlich, daß künftig er persönlich über Fälle von »Sonderbehandlung« entscheiden, mit anderen Worten selbst die Exekutionen autorisieren werde. Die Dortmund unterstellten Gestapostellen wie etwa Bochum fertigten sodann Listen mit Exekutionskandidaten und gaben ihre Empfehlungen ab. So wurden von der Bochumer Gestapo zwischen dem 26. April und dem 8. Mai mindestens 20 Ostarbeiter und drei Deutsche liquidiert.[80]

Ähnliche Vorfälle ereigneten sich überall an Rhein und Ruhr. Das RSHA ermächtigte auch die Gestapo Duisburg, am 7. und 10. Februar 1945 24 Mitglieder der Fremdarbeiter-»Bande« des Ukrainers Kovalenko zu exekutieren. Im März waren Duisburgs Gefängnisse mit Fremdarbeitern und Deutschen bis zum Bersten belegt. Anstatt sich aus dem Staube zu machen, entschloß sich die Gestapo noch zur Exekution derer, denen »schwere« Straftaten vorgeworfen wurden. Am 21. März wurden zwischen 27 und 29 von ihnen erschossen, am 8. April fanden noch einmal zwischen 6 und 9 Hinrichtungen statt, diesmal von Frauen und Deutschen.[81]

Gelegentlich ergriffen auch örtliche Gestapobeamte die Initiative. So konstituierten sich die Chefs der Gestapo Düsseldorf und Essen am 11. März selbst als »polizeiliches Standgericht« und »verurteilten« 35 in Essen inhaftierte Ostarbeiter zum Tode. Ulrich Herbert macht darauf aufmerksam, daß Gestapo und Kripo die Vollstreckung dieser Exekutionen gern solchen Beamten übertrugen, an deren Händen noch kein Blut klebte, um sie zu kompromittieren und ihr späteres Schweigen sicherzustellen. Herbert vermutet, daß in den letzten Kriegswochen allein an Rhein und Ruhr Tausende von Fremdarbeitern den Exekutionskommandos der Gestapo zum Opfer fielen. Wie viele es in ganz Deutschland gewesen sein mögen, kann man nur raten.[82]

Spätestens seit Herbst 1944 hatte man sich besorgt gefragt, wie die Millionen von Fremdarbeitern im Lande auf den Zusammenbruch der Ordnung reagieren würden, und es gibt Hinweise auf nicht unberechtigte Massenexekutionen auf den Werksgeländen.[83] Die Besorgnisse steigerten sich mit Anbruch des Jahres 1945, wie man am Verhalten Hans Kammlers sehen kann, eines hochrangigen SS-Mannes und überzeugten Nationalsozialisten, der Hitlers Vertrauen besaß.[84] Durch Zufall wissen wir, welche Strategie er bei Kriegsende empfahl, um die Fremdarbeiter in Schach zu halten. Zum Abschluß einer Besprechung, die im März 1945 in Langenbachtal (bei Warstein im Sauerland) stattfand, schlug Kammler dem Militär eine einfache Methode des Umgangs mit Fremdarbeitern vor. Er sagte, es sei notwendig, sie »kräftig zu dezimieren«, mit anderen Worten eine große Zahl von ihnen einfach zu erschießen. Besondere Sorge bereiteten ihm die Fremdarbeiter aus der Sowjetunion, die, wie er glaubte, unter dem Einfluß der bolschewistischen Propaganda standen und bei seiner Ankunft in Langenbachtal seinen Wagen umringt und einen bedrohlichen Eindruck gemacht hatten. Kammler sah in diesen Fremden eine »Gefahr für die allgemeine Sicherheit und Ordnung«. Verantwortliche Offiziere verfielen auf einen Trick, um herauszufinden, welche Arbeiter noch die meisten Energien besaßen und daher am ehesten Unruhe stiften konnten: Sie fragten die Gefangenen, wer von ihnen in ein anderes Lager überführt werden wolle. Es meldeten sich 14 Männer und 56 Frauen aus Rußland und Polen. Am 20. März wurden alle auf einem Lastwagen in die Nacht hinausgefahren und von einem aus Soldaten bestehenden Kommando erschossen. Am nächsten Tag wurden auf ähnliche Weise im nahe gelegenen Eversberg 80 weitere Fremdarbeiter von Soldaten exekutiert. Aus dem vorliegenden Beweismaterial scheint hervorzugehen, daß die Tötungen später noch weitergingen.[85]

HITLER ALS NERO

Wie sich Albert Speer erinnert, behauptete Hitler des öfteren, die deutschen Soldaten brauchten keine Sorge zu haben, daß die Heimatfront hinter ihren Linien zusammenbrechen könne, denn mit etwaigen »Dolchstößen in den Rücken« werde man kein Erbarmen haben. In den letzten Kriegsmonaten betonte Hitler immer wieder und wie schon seit Jahren, daß die Konzentrationslager mit allen Gefangenen in die Luft gejagt werden müßten.[86] Doch 1945 wurden Hitlers Wünsche von seiner Umgebung nicht wie früher unverzüglich in die Tat umgesetzt. Der »gemäßigte« Albert Speer, Minister für Bewaffnung und Munition, erinnerte sich später an einen Wortwechsel mit Hitler Mitte März 1945. Speer äußerte in einer Denkschrift für Hitler, die Diskussionsgrundlage für eine Besprechung am 18. März sein sollte: »Es kann aber unmöglich der Sinn einer Kriegsführung in der Heimat sein, soviel Brücken zu zerstören, daß bei den beschränkten Mitteln der Nachkriegszeit Jahre benötigt werden, um dieses Verkehrsnetz wieder aufzubauen. [...] *Ihre Zerstörung bedeutet die Beseitigung jeder weiteren Lebensmöglichkeit des deutschen Volkes.*«[87] Nachdem die Besprechung am frühen Morgen des 19. März zu Ende gegangen war, kam Hitler noch einmal privat mit Speer zusammen. Bei dieser Gelegenheit erklärte er unumwunden: »Wenn der Krieg verlorengeht [sic!], wird auch das Volk verloren sein. Es ist nicht notwendig, auf die Grundlagen, die das deutsche Volk zu seinem primitiven Weiterleben braucht, Rücksicht zu nehmen. Im Gegenteil ist es besser, selbst diese Dinge zu zerstören. Denn das Volk hat sich als das schwächere erwiesen, und dem stärkeren Ostvolk gehört ausschließlich die Zukunft. Was nach diesem Kampf übrigbleibt, sind onehin nur die Minderwertigen, denn die Guten sind schon gefallen!«[88]

Daraufhin erließ Hitler den von Historikern später so genannten »Nero-Befehl«. Dieser Befehl, den die einst getreuen Paladine Hitlers sabotierten, rief zur Verwüstung Deutschlands auf: »Alle militärischen, Verkehrs-, Nachrichten-, Industrie- und Versorgungsanlagen sowie Sachwerte innerhalb des Reichsgebietes, die sich der Feind zur Fortsetzung seines Kampfes irgendwie sofort oder in absehbarer Zeit nutzbar machen kann, sind zu zerstören.«[89] Hitler wollte durch eine Politik der verbrannten Erde den Vormarsch der Alliierten behindern und jeden vernichten, der als »Feind« hinter der Front betrachtet wurde. Wenn man den Nachkriegsaussagen Hermann Görings Glauben schenken darf, ging Hitlers Zerstörungswille so weit, daß er sogar an die Ermordung aller alliierten Kriegsgefangenen dachte – das waren 200 000 Gefangene aus dem Westen (Amerikaner, Briten, Kanadier und andere) sowie etwa eine Million sowjetische Gefangene. Zumindest dieser besondere Wunsch Hitlers wurde von seinen Untergebenen boykottiert.[90]

Hitlers Zerstörungswille manifestierte sich bei dem erzwungenen Rückzug des Militärs aus der Sowjetunion ebenso wie bei dem aus Frankreich. Hitler hatte schon früher beschlossen, vor der Aufgabe Frankreichs alle dortigen Industrieanlagen dem Erdboden gleichzumachen, aber auch dieser Wunsch wurde von den Verantwortlichen nicht in die Tat umgesetzt. Er war außer sich vor Wut, als er im Januar 1945 erfuhr, daß nach dem Abmarsch der Deutschen die französische Produktion wieder angelaufen war und sich ihrem Vorkriegsniveau näherte. Als Speer zu dieser Pressemeldung befragt wurde, brachte er Hitler mit der Bemerkung aus dem Konzept, solche Darstellungen seien reine Feindpropaganda.[91]

Es gab andere Wünsche oder direkte Befehle Hitlers zu totalen Zerstörungen, die nicht beachtet oder nur teilweise umgesetzt wurden. So gab er dem Reichskommissar für die besetzten Niederlande, Arthur Seyß-Inquart, und anderen zu verstehen, daß er in den Niederlanden die Deiche zerstören wolle, um das Land zu überfluten. Mitte März 1945 entschloß sich Seyß-Inquart, einen solchen Befehl nicht zu geben, und Himmler kam zu demselben Schluß.[92] Trotz seiner zunehmenden Hinfälligkeit war Hitler noch immer imstande, Rache an geschworenen Feinden zu nehmen, die in Reichweite waren. So wurde Pastor Dietrich Bonhoeffer, der Kontakt zum Verschwörerkreis um Admiral Canaris hatte, am 3. April 1945 aus Buchenwald evakuiert, was ziemlich sicher auf Instruktionen aus Berlin zurückging. Die Entscheidung, Bonhoeffer und andere zu exekutieren, die an der Verschwörung beteiligt waren, scheint erst am 5. April im Rahmen mittäglicher Diskussionen bei Hitler gefallen zu sein. Daß Hitler selbst den definitiven Befehl gab, ist zwar nicht mit Sicherheit festzustellen, bei der Prominenz und politischen Bedeutung der Verschwörer jedoch anzunehmen. Auf jeden Fall wurde das Werk der Rache an denen, die Hitler zu stürzen versucht hatten, zuerst am 6. April in Sachsenhausen und dann drei Tage später in Flossenbürg vollzogen, wo Bonhoeffer, Canaris, Generalmajor Oster und andere nach summarischem Verfahren vor einem Standgericht gehängt wurden. Andere prominente politische Gefangene waren in Dachau inhaftiert und mußten in den letzten Kriegstagen in Richtung Südtirol marschieren, wo sie von amerikanischen Truppen befreit wurden.[93]

In Berlin griff ein Exekutionskommando der Gestapo in der Nacht vom 22. auf den 23. April 16 Personen auf, die zum Widerstand gehörten. Einer konnte entkommen, die übrigen wurden erschossen. Das Morden ging noch am 24. April weiter. Eine unbekannte Anzahl von anderen Gefangenen, die in den Trümmern der Gestapo-Zentrale in der Prinz-Albrecht-Straße einsaßen, wurde damals ebenfalls getötet.[94]

TODESMÄRSCHE

Eines der drängendsten Probleme Himmlers und seiner Untergebenen war gegen Ende des Krieges die Behandlung der Hunderttausende von Gefangenen, die Deutschlands riesiges Lager- und Gefängnisimperium bevölkerten. Viele Rätsel aus dieser düsteren Zeit werden wahrscheinlich ungelöst bleiben, weil sich so wenige Dokumente erhalten haben. Jedenfalls beschlossen die Nationalsozialisten irgendwann, die Gefangenen nicht zurückzulassen, sondern sie zu evakuieren. Einzelheiten des Entscheidungsprozesses hinter den Evakuierungen sind uns kaum bekannt, und außerdem versanken die Ereignisse in den einzelnen Lagern in Chaos und Konfusion, so daß außer den Befehlen »von oben« das jeweilige Geschehen vor Ort untersucht werden muß.

Generell gab es für die Nationalsozialisten verschiedene Gründe, die Lager zu evakuieren. Eine anfängliche Überlegung war zweifellos der Wunsch, die Verbrechen zu vertuschen. Daher ordnete Himmler im März 1943 eine systematische Vertuschungsoperation an, deren Zweck die Zerstörung der Todeslager der Aktion Reinhardt war. Es wurde nicht nur jede Spur von den Gebäuden beseitigt, auch die bis dahin in Massengräbern verscharrten Leichen wurden exhumiert und verbrannt.[95] Doch bezüglich aller anderen Lager und der dort noch einsitzenden Gefangenen ging es um mehr. Dokumente aus dem Hochsommer 1944 beweisen, daß Himmler den örtlich zuständigen Höheren SS- und Polizeiführern Anordnungen für den »A-Fall« gab – das A stand für »Alarm«. Sie sollten die oberste Befehlsgewalt im Lager übernehmen und bei Feindannäherung die Gefangenen in das nächste erreichbare Lager evakuieren.[96] Zu evakuieren waren nicht nur Juden, sondern sämtliche Insassen aller Konzentrationslager und auch Gefängnisinsassen.

Rückschlüsse auf die Denkweise hinter den Evakuierungen erlaubt eine Anordnung des Kommandeurs der Sicherheitspolizei für den Distrikt Krakau und Radom an Außendienststellen. Sie betraf die »Räumung von Gefängnissen«. Bei Annäherung feindlicher Kräfte war eine »Totalräumung« vorzunehmen. Wenn durch einen Überraschungsangriff eine Evakuierung unmöglich war, waren alle Insassen zu liquidieren und die Leichen, etwa durch Verbrennen, zu beseitigen. Diese Maßnahmen richteten sich gegen Juden wie gegen Nichtjuden gleichermaßen und endeten mit dem schauerlichen Satz, der in Varianten künftig nur allzu häufig zu lesen war: »Unter allen Umständen muß vermieden werden, daß Gefängnisinsassen oder Juden vom Gegner [...] befreit werden bezw. ihnen lebend in die Hände fallen.«[97] Ähnliche Anordnungen scheinen in den folgenden Monaten und bis ins Jahr 1945 hinein an die Konzentrationslager, die Gestapo in ganz Deutschland und andere Behörden ergangen zu sein. Am 25. November 1944 ordnete Himmler die Demontage der letzten großen Tötungsanlage in Auschwitz-Birkenau an.

Laut einem Dokument vom 15. Januar 1945 gab es zu diesem Zeitpunkt in allen noch vorhandenen Konzentrationslagern 511 537 männliche und 202 674 weibliche Gefangene.[98] Geplant war die Evakuierung aller Insassen, die laufen konnten, aber diese »Evakuierungen« waren in Wirklichkeit vom ersten Schritt an jene »Todesmärsche«, als die die Überlebenden sie bezeichneten. Noch die »kräftigsten« Gefangenen waren schon vor Beginn des Marsches schwach; es gab wenig Lebensmittel, schlechte Kleidung und keine Unterkünfte. Zu allem Überfluß fanden die Märsche im Hochwinter 1944/45 statt, und die Wachmannschaften erschossen gnadenlos jeden, der nicht Schritt halten konnte. Die Geschichte dieser Todesmärsche muß noch genauer untersucht werden. Wir wissen, daß Himmler zumindest in einigen Fällen schriftlich den Befehl zur Evakuierung gab; andere gab er telefonisch oder über Funk. Daß zentral gesteuerte Befehle ergingen, können wir daraus schließen, daß praktisch alle Hauptkonzentrationslager, die meisten Außenlager und sogar viele Gefängnisse etwa gleichzeitig evakuiert wurden.

Rudolf Höß, der ehemalige Kommandant des Lagers Auschwitz und seit Ende November 1943 einer der Amtschefs bei der Inspektion der Konzentrationslager unter Oswald Pohl, hat nach dem Krieg ausgesagt, Himmler habe die endgültige Evakuierung von Auschwitz erst Mitte Januar 1945 befohlen. Pohl selbst sagte demgegenüber, er habe Pläne zur Räumung von Auschwitz im Herbst 1944 gesehen, als er das Lager in seiner Eigenschaft als Chef des SS-WVHA besuchte.[99] Als Mitte 1944 die vorrückende Rote Armee bei ihrem Eindringen in das Territorium des Deutschen Reiches die ersten Spuren der Verbrechen entdeckte und Berichte darüber in der Presse erschienen, befürchteten die Nationalsozialisten, sich für ihre Verbrechen bald vor Gericht verantworten zu müssen, und waren daher daran interessiert, soviel Beweismaterial wie möglich zu vernichten.[100] Die Befreiung des Lagers Majdanek Ende Juli 1944 und die Berichte über das, was dort geschehen war, verstärkten die Vertuschungsbemühungen andernorts und beeinflußten auch die Entscheidung, die übrigen Lager zu evakuieren und soviel belastendes Material wie möglich beiseite zu schaffen. In dem riesigen Komplex Auschwitz-Birkenau trafen die Nationalsozialisten ab August 1944 bis zur fast vollständigen Evakuierung im Januar 1945 Vorkehrungen, um der Tatsache Rechnung zu tragen, daß das Lager in Kürze von den Sowjets überrannt werden würde. Zunächst einmal wurde jedoch die Tötungsmaschinerie nicht etwa demontiert, sondern bis November 1944 sogar noch hochgefahren; erst dann hörte das Massentöten auf. Die Gefangenen, die als letzte in den Gaskammern und Krematorien gearbeitet hatten, wurden ermordet. Die Evakuierungen nach Westen begannen schon im August 1944, und bis Mitte Januar 1945 hatten die Nationalsozialisten annähernd 65 000 Menschen weggebracht, darunter die 15 000köpfige Gruppe fast aller noch übrigen Polen, Russen und Tschechen.

Am 21. Dezember 1944 gab Fritz Bracht, Gauleiter und Reichsverteidigungskommissar für Oberschlesien, den Befehl zur Evakuierung des Lagerkomplexes Auschwitz. Alle Zivilisten, insbesondere die »arbeitsgebundene Bevölkerung«, waren in fünf verschiedenen Trecks nach Westen zu bringen. Jeder Treck erhielt einen geheimen Decknamen für spezifische Gruppen: die nicht »arbeitsgebundene« Zivilbevölkerung, alle zu erübrigenden Arbeiter, Polizeihäftlinge (auch aus Auschwitz) und Häftlinge aus Gefängnissen, Kriegsgefangene und Fremdarbeiter. Der von Bracht erteilte Befehl ist einer der wenigen erhalten gebliebenen und läßt erkennen, daß es nicht der Zweck der Übung war, die Gefangenen zu töten, sondern daß man sie irgendwie am Leben und in der deutschen Einflußsphäre erhalten wollte.[101]

Wir können die Irrfahrten eines (nichtjüdischen) Polen namens Wieslaw Kielar nachzeichnen, der kurz vor der eigentlichen Evakuierung aus Auschwitz verlegt wurde. Er hatte jahrelang in Auschwitz eingesessen, war Anfang Oktober 1944 von dort weggebracht worden und arbeitete bis Mitte April 1945 an verschiedenen Orten. Zu seinen Stationen gehörte Berlin, dann wurde er nordwärts nach Sachsenhausen, westwärts mit dem Zug nach Minden und in das Lager Porta Westfalica geschickt und im Flugzeugbau eingesetzt. Bei seiner Ankunft war dieses Lager bereits hoffnungslos überfüllt, und so schickte man ihn wenig später zu Fuß in ein Arbeitslager in Schandlach bei Braunschweig. Am 10. April 1945 saßen er und andere in einem Zug nach Magdeburg, steckten jedoch mit vielen weiteren Zügen voller Gefangener aus anderen Lagern auf einer Nebenstrecke fest. Nach fünftägiger Reise landete er in einem Arbeitslager bei Wittenberg, wo ihn endlich die Amerikaner fanden. Er erwähnt in seinen Erinnerungen keinerlei Freundlichkeiten, die ihm auf seinem Weg durch Deutschland erwiesen worden wären. Aus dem, was er sagt, ist vielmehr zu entnehmen, daß aus den normalen Bürgern jene negativen Einstellungen gegenüber Lagerhäftlingen sprachen, die in der NS-Propaganda anzutreffen waren.[102]

Der letzte Zählappell in Auschwitz (samt Birkenau und Außenlagern) war am 17. Januar 1945, und in den folgenden Tagen wurden 58000 Männer und Frauen zu Fuß oder per Zug evakuiert. Die Tötungsmaschinerie in dem, was von Auschwitz-Birkenau noch übrig war, wurde von der SS vor ihrem Aufbruch größtenteils zerstört, das letzte Krematorium am 26. Januar gesprengt, einen Tag vor der Befreiung des Lagers.[103] Die von Auschwitz wegführenden Straßen und Schienenstränge waren bald mit Tausenden von Leichen bedeckt – Männer und Frauen, die die SS erschossen hatte, wenn sie nicht mehr weiterkonnten oder -wollten, oder die an Entkräftung gestorben waren. Andere fuhren in den Zügen nordwestwärts nach Bergen-Belsen, noch mehr südwärts nach Mauthausen. Viele stapften bei Temperaturen unter dem Gefrierpunkt über schneebedeckte Straßen, und das Routineverfahren der Wachmannschaften war, jeden zu töten, der nicht Schritt halten konnte. Schätzungen zufolge sind bei den Evakuierungen 9000 bis 15000 Auschwitzhäftlinge zugrunde gegangen.[104]

Die Märsche waren so chaotisch und verworren, daß polnische Zivilisten später aussagten, sie hätten gesehen, wie manche Gefangenengruppen erst in eine bestimmte Richtung marschierten, nur um Stunden später wieder kehrtzumachen. Sicherstes Zeichen dafür, daß die Marschierer dagewesen waren, waren die Leichen, die sie hinter sich zurückließen. Zeugen berichteten auch, daß Zuschauer gelegentlich ihre Hilfe anboten, obwohl sie von den Wachen bedroht wurden.[105] Die Aussagen von Überlebenden bei Nachkriegsprozessen lassen stark vermuten, daß die Verhältnisse auf diesen Märschen, was Leiden und Tod betraf, womöglich noch schlimmer waren als in den Lagern.[106]

Die Evakuierung von Auschwitz-Monowitz begann am 18. Januar mit schätzungsweise 9000 bis 10000 Gefangenen. Als der Marsch nur zwei Tage später in Gleiwitz ankam, waren es 3000 Menschen weniger.

Dann wurden die Gefangenen für die Fahrt nach Mauthausen in Güterwagen gepfercht, doch da kein Durchkommen war, mußte der Zug umkehren. Nach zwölf Tagen erreichten rund 2000 Gefangene ihren letzten Bestimmungsort Oranienburg.[107] Einer der Märsche von Auschwitz-Birkenau dauerte sechs Wochen, und von den 3000 Gefangenen, die Mitte Januar aufbrachen, kamen nur 280 in Geppersdorf westlich von Breslau an.[108]

Das generelle Muster sah so aus, daß die Wachmannschaften bis zur letzten Minute im Lager blieben, um erst wenige Tage oder gar Stunden vor dem Eintreffen der Sowjetarmeen alle Gefangenen, die noch laufen konnten, zwangsweise zu evakuieren. Die Behandlung der Juden blieb bis zuletzt ohne Ausnahme furchtbar, aber jedenfalls wurden nicht alle auf der Stelle erschossen. In Auschwitz wurden viele Juden und andere Gefangene, die krank und nicht reisefähig waren, von den Wachmannschaften zurückgelassen, aber entgegen ihren eigenen Erwartungen nicht getötet.[109]

Einige der schlimmsten Vorkommnisse ereigneten sich bei der Evakuierung von Mittelbau-Dora. Nach Joachim Neander wies das Lager samt dem System seiner Außenlager am Vorabend der Evakuierung im April 1945 rund 40500 Gefangene auf, von denen bei den Todesmärschen – Richtung Norden nach Bergen-Belsen, Richtung Süden zu verschiedenen Lagern und Richtung Nordosten nach Sachsenhausen und Ravensbrück – mindestens 11000 starben oder ermordet wurden.[110] Einige der Marschkolonnen nach Nordosten sahen sich in der Gegend von Gardelegen bald auf allen Seiten von den zügig vorrückenden Amerikanern umringt, woraufhin viele SS-Wachen einfach desertierten. Anscheinend entkamen Hunderte von Gefangenen, und Gerüchte machten die Runde, sie würden überall plündern und Frauen vergewaltigen. Daraufhin gab der Gauleiter von Magdeburg-Anhalt als Reichsverteidigungskommissar und oberste zivile Exekutivinstanz in der Gegend dem Kreisleiter Gerhard Thiele den Befehl, die Unruhen zu beenden und alle in der Gegend befindlichen Lagerhäftlinge an einem zentralen Punkt zu sammeln. Bei dieser Aufgabe wurde Thiele unter anderem von Wehrmachtseinheiten, den restlichen SS-Männern, Hitlerjugend, Volkssturm und Landwacht unterstützt. Sie alle machten Jagd auf die entflohenen Gefangenen, von denen viele, sobald sie gestellt waren, sofort erschossen wurden. SS, Partei und Wehrmacht scheinen sich einig gewesen zu sein, alle Gefangenen vor dem stündlich erwarteten Eintreffen der Amerikaner zu töten. Eingesammelt und bewacht wurden die Gefangenen von 30 Fallschirmjägern und ebenso vielen SS-Männern, denen aber andere zu Hilfe kamen, darunter etwa 20 »grüne« (kriminelle) deutsche Gefangene, die sich freiwillig erboten hatten. Diese Wachen trieben alle Gefangenen gewaltsam in eine Scheune der Remonte-Schule von Gardelegen (die nicht Gehfähigen wurden hineingetragen) und steckten sie in Brand. Jeden, der zu fliehen suchte oder zur Tür rannte, empfing ein Kugelhagel; das Schießen dauerte die halbe Nacht. Als am nächsten Tag die 102. Infanteriedivision der US Army eintraf, brannte das Feuer noch immer. Insgesamt entdeckten die Amerikaner etwas über eintausend Leichen, und weitere 500 wurden in der Umgebung aufgefunden.[111] Die Täter gingen weit über den Kreis der SS hinaus und umfaßten, wie Neander schreibt, eine »repräsentative Stichprobe« der männlichen Bevölkerung des Raums Gardelegen. Seine Nachforschungen ergaben, daß die »große Mehrheit« der Opfer den roten Winkel trug; es waren also »politische« Gefangene.[112]

Das riesige Lager Stutthof bei Danzig mit seinen Außenlagern wurde Ende Januar 1945 evakuiert. Da es nicht möglich war, die Gefangenen auf dem Seeweg wegzubringen, weil die erforderlichen Schiffe nicht zur Verfügung standen, wurde entschieden, die Gefangenen in 11 Kolonnen zu je 1000 Mann zu Fuß an einen Bestimmungsort zu schicken, der, wie man schätzte, »nur« einen Wochenmarsch entfernt war. Die ersten Kolonnen brachen am 25. Januar 1945 auf, aber das Durcheinander, Temperaturen unter Null und tiefer Schnee forderten in Kürze so viele Opfer, daß sich das ursprüngliche Ziel als völlig unrealistisch erwies. Viele Kolonnen kampierten weiter westlich, bis Mitte Februar der noch weniger realistische Befehl kam, die Gefangenen zu schweren Schanzarbeiten für die Wehrmacht heranzuziehen.[113]

In Stutthof und seinen Außenlagern waren viele Nationalitäten vertreten, doch mehr als alle anderen litten die Juden. Das zeigte die am 20. Januar 1945 beginnende Evakuierung von 1500 Juden aus dem Stutthofer Außenlager Seerappen in Ostpreußen. Zu ihnen stießen bald Gefangene aus anderen Lagern, so daß es schließlich rund 7000 Juden (6000 Frauen und 1000 Männer) waren. Diejenigen, die das nun folgende zehntägige Martyrium überlebten (das vermutlich rund 700 Menschenleben kostete), wurden am 31. Januar bei Palmnicken nördlich von Königsberg in die eiskalte Ostsee getrieben und mit Maschinengewehren niedergeschossen. Nach einer jüngeren Untersuchung kostete allein die Evakuierung der Stutthofer Außenlager annähernd 12000 Menschen das Leben; die meisten von ihnen waren jüdische Frauen.[114]

Den etwa 11000 in Stutthof zurückgebliebenen Gefangenen erging es kaum besser. Im Laufe der folgenden Wochen wurden Tausende von ihnen ermordet, und ebenso viele starben an Krankheiten und Unterernährung, so daß bei der letzten Zählung am 23. April 1945 nur mehr 4508 Gefangene am Leben waren. Zwei Tage später begann die letzte Evakuierung von 3300 Gefangenen. Bereits in der ersten Nacht wurden 200 entkräftete jüdische Frauen erschossen, während die übrigen auf Schiffe verfrachtet wurden, wo die Qual bis Mai weiterging. Über 2000 Menschen starben bei dieser völlig sinnlosen Evakuierung oder wurden kurzerhand ermordet. Insgesamt kamen also in den letzten Kriegsmonaten in Stutthof selbst oder bei der Evakuierung des Hauptlagers und der Außenlager mehr als 25000 Männer und Frauen ums Leben.[115]

Anfang 1945 wurde Rudolf Höß von Oswald Pohl nach Auschwitz geschickt, um die Evakuierung zu inspizieren, kam jedoch wegen des raschen Vormarsches der sowjetischen Armeen nicht durch. So überprüfte er die Lage in Groß-Rosen, einem der Bestimmungsorte der zu Evakuierenden, und fand es in völliger Auflösung vor. In seinen Erinnerungen schreibt er, daß man ihm in Groß-Rosen den Funkbefehl Himmlers an die Höheren SS- und Polizeiführer (HSSPF) gezeigt habe, Groß-Rosen zu evakuieren und keinen gesunden Häftling zurückzulassen.[116] Damals gab es im Lagersystem Groß-Rosen annähernd 75000 Gefangene, aber immer noch kamen Züge mit neuen Gefangenen aus anderen Lagern. Höß beschreibt auch, wie sich diese chaotischen Szenen bei der Evakuierung von Sachsenhausen und von Ravensbrück wiederholten.

Im März und April 1945 wurden Lagerhäftlinge von der SS in Gebiete getrieben, die noch unter deutscher Kontrolle waren, und legten dabei enorme Entfernungen zu Fuß zurück. So brachen zwei Kolonnen Anfang April vom Lager Nordhausen auf, die eine nach Flintsbach am Inn (885 Kilometer entfernt), die andere nach Bergen-Belsen (ein Treck von 345 Kilometern). Solche sinnlosen Evakuierungen sind in großer Zahl verbürgt.[117] Ein Transport von 800 Gefangenen verließ am 27. März 1945 Flossenbürg, um nach dem »nur« 80 Kilometer entfernten Regensburg zu marschieren, wandte sich aber statt nach Süden nach Norden. Als die Kolonne endlich ihren Bestimmungsort erreicht hatte, hatte sie insgesamt 420 Kilometer zurückgelegt und bestand nur noch aus einer Handvoll Menschen.[118]

Wären Hitlers Wünsche oder Befehle befolgt worden, hätte zweifellos keiner dieser »Feinde« überlebt. Himmlers Ansichten schwankten; bald wollte er alle töten, bald wollte er einige, besonders die Juden, am Leben lassen. Er hegte nämlich die Hoffnung, bei Verhandlungen über Geldaufnahme oder die Lieferung kriegswichtiger Güter die Juden und andere Nationalitäten als Pfand ins Spiel bringen zu können.[119] Bei einer Gelegenheit Anfang März 1945 wiederholte er gegenüber seinem Leibarzt Felix Kersten seine alte Auffassung, daß alle Gefangenen getötet werden müßten. Laut Kersten sagte Himmler: »Wenn das nationalsozialistische Deutschland zugrunde gehen soll, dann sollen seine Feinde und die Verbrecher in den Konzentrationslagern nicht die Genugtuung haben, als siegreiche Eroberer aus unseren Trümmern hervorzugehen. Sie sollen in den Untergang mitgerissen werden. Das sind die direkten Befehle des Führers, und ich muß dafür sorgen, daß sie bis zum letzten i-Tüpfelchen durchgeführt werden.« Diese Äußerung hätte auch von Hitler selbst sein können, dessen Ungeist sie atmet. Am 12. März notierte sich Kersten, daß Himmler seine Meinung geändert und beschlossen habe, Hitlers Tötungsbefehl doch nicht weiterzuleiten. Er behauptete jetzt, er wolle, daß keine weiteren Gefangenen stürben und daß die Lager intakt übergeben würden. Auch die Ermordung der Juden sollte aufhören, und sie sollten wie andere Gefangene behandelt werden.[120] Ob Felix Kersten nun den Sinneswandel Himmlers zutreffend aufgezeichnet hat oder nicht, Tatsache war, daß über die Evakuierungen spontan und vor Ort entschieden wurde und das Morden hemmungslos weiterging.

Aus Nachkriegsprozessen wissen wir, daß Anfang April 1945 ein Lager in Stöcken bei Hannover nach einem Anruf aus Neuengamme geräumt wurde. Der Befehl, von dem anscheinend keine Ausfertigung mehr existiert, lautete, »es dürfe kein Häftling lebend in die Hände des Feindes fallen«. Am 7. April brachen rund 1000 Gefangene nach Bergen-Belsen auf; 500 weitere, die zu einem solchen Marsch völlig unfähig waren, wurden der Polizei übergeben und nicht exekutiert. Wie viele den Marsch nach Bergen-Belsen überlebt haben, ist nicht bekannt, aber wie üblich wurde jeder erschossen, der aus Entkräftung nicht Schritt halten konnte.[121]

Das Lager Sachsenhausen wurde am 21. April evakuiert, als der Befehl kam, die Gefangenen zu Fuß in die Wälder Mecklenburgs zu führen. Bei Nachkriegsprozessen wurde geschätzt, daß mindestens 15000 Gefangene evakuiert wurden. Der Lagerkommandant soll verboten haben, bei dem Marsch Häftlinge liegen- oder den Russen in die Hände fallen zu lassen.[122] Doch sobald diese Märsche begannen, setzte eine tödliche Dynamik ein. Es gab wenige Bewacher (nicht alle waren von der SS), aber viele Gefangene, so daß sich in den Bewachern, die vorankommen wollten, Brutalität, Mordlust und Vorurteile gegen die Gefangenen mit einem pervertierten Pflichtgefühl und der Entschlossenheit zur Aufrechterhaltung einer gewissen Ordnung vermischten.[123] Es gibt eine Fülle von Beweisen, daß viele Bewacher ihren Haßgefühlen zumal gegen die Juden freien Lauf ließen. Es ist denn auch fraglich, ob dem Kommandanten von Sachsenhausen gehorcht wurde, der nach Protesten des schwedischen Roten Kreuzes gegen die Erschießung von Marschierern diesen Schießbefehl während des Marsches zurücknahm.[124]

Es mag sein, daß Himmler wirklich, wie er es um den 13. April 1945 getan haben soll, auf der Beendigung der Tötung von Juden beharrte. Nur waren zu dieser Zeit die Märsche (wie die militärische Lage) bereits jeder Kontrolle durch die Führung in Berlin entzogen.[125] Eine neuere Untersuchung über den Todesmarsch vom Lager Helmbrechts nordöstlich von Nürnberg zeigt, daß das Töten ohne Rücksicht auf gegenteilige Befehle der Zentrale weiterging. Der Marsch selbst bestand zu fast gleichen Teilen aus 580 jüdischen und 590 nichtjüdischen Gefangenen. Aus nicht bekannten Gründen ließen die Bewacher am siebenten Tag des Marsches viele nichtjüdische Gefangene (hauptsächlich russische und polnische Frauen) an einem improvisierten Lager zurück. Andere nichtjüdische Gefangene, darunter 25 Deutsche, sowie alle Juden setzten den Weg fort. Nachkriegsermittlungen ergaben, daß 178 Juden umkamen; 49 wurden erschlagen oder erschossen, die übrigen starben an Unterernährung und Krankheiten. Selbst wenn dies eine vorsichtige Schätzung war, zeigt die Quote der jüdischen Opfer von fast einem Drittel, daß die Mordlust der Bewacher bis in die allerletzten Tage des Dritten Reichs anhielt.[126]

Ein weiterer Grund für die Entscheidung, Lager und Gefangene zu evakuieren, war, daß die Nationalsozialisten die Hoffnung auf den »Endsieg« nicht aufgeben wollten oder sich jedenfalls nicht vorstellen konnten, daß die Niederlage so unmittelbar bevorstand. Daher mußten alle noch arbeitsfähigen Gefangenen, auch die Juden, am Leben erhalten und nach Deutschland zurückgebracht werden, um weiter ausgebeutet werden zu können. Sie stellten das letzte Reservoir an Arbeitskraft dar, und irgendwie würde man sie zu einem Arbeitskräfteheer trimmen. Anfang 1945 war das freilich ein absolut unrealistischer Wunsch, als hoffnungslos entkräftete Gefangene tagelang zu Fuß, auf Lastwagen oder in Güterzügen unterwegs waren. Es war absolut ausgeschlossen, daß aus ihnen produktive Arbeiter werden würden – aber phantastische Ziele waren ja mittlerweile an der Tagesordnung.

Im Lager Buchenwald wurde am 6. April 1945, kaum eine Woche vor seiner Befreiung, bekanntgegeben, daß 1500 Mann zu Erdarbeiten nach Leitmeritz in Böhmen verlegt würden. Diese Gefangenen verließen das

Lager zusammen mit 3100 Juden am nächsten Tag, als aus der Ferne schon der Schlachtenlärm herüberdrang; Schätzungen zufolge wurde die Hälfte der Juden kurz darauf ermordet.[127] In den nächsten drei Tagen ging die SS in Buchenwald mit brutalsten Methoden vor, um rund 40000 Gefangene unterschiedlicher Nationalität, hauptsächlich Russen, Polen und Tschechen, zusammenzutreiben und zu evakuieren. Fast 13500 wurden auf dem Marsch ermordet. Daß die Juden weiterhin überproportional unter den nationalsozialistischen Peinigern zu leiden hatten, beweist das Schicksal von 4340 Juden, die am 13. April 1945 aus dem letzten Buchenwalder Außenlager Rehmsdorf evakuiert wurden und von denen nur 500 ihren Bestimmungsort Theresienstadt erreichten.[128] Denselben Schluß legt die Geschichte Adam Schteinbrechers nahe, eines jüdischen Gefangenen, der seit Anfang 1945 in Buchenwald einsaß. Er wurde zusammen mit anderen politischen Gefangenen unterschiedlicher Nationalität am 8. April evakuiert. Der »Marsch« erfolgte hauptsächlich mit der Bahn, die jedoch bald unter Tieffliegerbeschuß geriet. Schteinbrecher erzählt, daß alle in Deckung gingen und die Bewacher es nach dem Angriff schafften, die Gefangenen wieder zu sammeln und in den Zug zu treiben – mit Ausnahme der Juden, die soweit wie möglich abgesondert und ermordet wurden.[129]

In einigen Außenlagern von Groß-Rosen glaubte man noch im April, die Gefangenen für bestimmte Beschäftigungen nutzbar machen zu können, und ließ sie Gräben ausheben.[130] Wie Rudolf Höß schreibt, arbeiteten er und andere in der SS noch im April 1945 verbissen auf den Sieg hin. Als Berlin schon eingekesselt war, bestanden sie noch darauf, alles nur Erdenkliche zu unternehmen, um mit Hilfe von Lagerhäftlingen die Rüstungsfabriken auf Hochtouren laufen zu lassen.[131]

Chaos und Konfusion erfaßten das ganze System, und allein das Verschieben der Gefangenen von einem Ort zum andern kostete Tausende von ihnen das Leben und zerstörte die Gesundheit jedes Marschierers. Außerdem konnten die Bewacher ihre eingefleischten Vorurteile und Brutalitäten gegen die Gefangenen, die sie jahrelang kultiviert hatten, nicht von heute auf morgen »ausschalten«, und aus Antisemitismus waren sie besonders erpicht darauf, Juden zu töten. Es gibt Aussagen, die belegen, daß die Brutalität der Bewacher gegen alle Gefangenen praktisch grenzenlos war und sich sogar gegen Zuschauer richten konnte, die bei den Märschen mitunter aus einer Laune heraus erschossen wurden.[132]

Der zügige Vormarsch der Alliierten traf manche Lager unvorbereitet, so im April 1945, als die Amerikaner Buchenwald erreichten. Entgegen dem Himmlerbefehl zur Einstellung der Evakuierungen, der möglicherweise von RSHA-Chef Ernst Kaltenbrunner aufgehoben worden war, entschloß sich der Lagerkommandant von Buchenwald zur Totalräumung, als feststand, daß die Amerikaner näher kamen. Überlebenden zufolge befahl der Kommandant den Barackenältesten, das Lager binnen einer Stunde zu räumen, und nur der gut organisierte passive Widerstand der Gefangenen vereitelte diesen Befehl. Gleichwohl schafften es die Wachmannschaften noch, eine weitere Gruppe von 4800 (kürzlich eingetroffenen) Gefangenen zusammenzutreiben und mit ihnen am 8. April das Lager zu verlassen. Am 10. April wurden dann russische, polnische und tschechische Gefangene zusammengetrieben und weggebracht. Am 11. April ließ die SS den Gedanken einer Evakuierung des Lagers fallen und ergriff die Flucht. Im Laufe des Tages wurden die 21400 Gefangenen befreit.[133]

Hitler geriet in Wut, als er erfuhr, daß die befreiten Buchenwalder Häftlinge Weimar geplündert hatten, und befahl am oder um den 15. April (wieder einmal), kein Konzentrationslager aufzugeben, bevor es vollständig evakuiert oder alle Gefangenen liquidiert worden waren.[134] Ein diesbezüglicher schriftlicher Befehl Hitlers ist nicht gefunden worden, doch haben verschiedene Historiker die Befehle Himmlers von Mitte April an die Lager im schrumpfenden deutschen Einflußbereich lokalisiert. Es ist belegt, daß dieser Befehl an die Konzentrationslager Dachau und Flossenbürg erging; er mag aber auch allen restlichen Lagern mitgeteilt worden sein. Der Text des Befehls lautet: »Die Übergabe kommt nicht in Frage. Das Lager ist sofort zu evakuieren. Kein Häftling darf lebend in die Hände des Feindes fallen. Die Häftlinge haben sich grauenhaft gegen die Zivilbevölkerung in Buchenwald benommen.«[135]

Vor wenigen Jahren ist das Tagebuch des Dachau-Überlebenden Edgar Kupfer-Koberwitz zum Vorschein gekommen, das eine ausführlichere Innenansicht des Lagers bietet. Er notierte am 20. April 1945, daß im Dezember 1944 1800 Menschen im Lager Dachau (ohne Außenlager) gestorben seien; im Januar 1945 stieg die Zahl auf 2800, im Februar 1945 waren es 3000, im März 4000.[136] Als seien Unterernährung und Krankheiten nicht schon schlimm genug, wurde die SS immer bösartiger, und außerdem trafen endlose Kolonnen von Gefangenen ein, die zu Fuß oder mit der Bahn von anderen Lagern kamen. Ihre Berichte von Tausenden von Menschen, die erschossen worden seien, entsetzten das Lager.[137] Einmal kursierten Gerüchte, es sei – angeblich von Himmler – der Befehl gekommen, alle zu evakuieren, einschließlich der 3000 Gefangenen im Krankenrevier. Hierzu kam es zwar nicht, doch am 26. April verließen 6000 »Deutsche und Russen« das Lager, andere Nationalitäten sollten folgen, und prominente Gefangene wurden weggeschafft.[138] Zu diesem späten Zeitpunkt wurden die Dachauer Juden nicht ermordet; doch 1700 von ihnen bestiegen am 24. April den Zug. Die folgenden Ereignisse sind unklar, doch bis zum 29. April, als die Amerikaner kamen, waren zahlreiche Juden zweifellos gestorben.[139]

Wie Gordon Horwitz am Beispiel Mauthausen zeigt, kamen die Bürger von draußen den Lagerhäftlingen kaum zu Hilfe, als sie evakuiert wurden.[140] Gelegentlich wurden ihnen Lebensmittel und Wasser angeboten, es gab Gesten des Mitleids und sogar einen Protest gegen die Brutalität der SS oder der anderen Bewacher. Doch größtenteils taten die braven Bürger nichts – sei es aus Angst um ihr eigenes Leben, sei es, weil sie abgestumpft und gleichgültig geworden waren. Überlebende erinnerten sich später an die unmenschliche Haltung der Zuschauer, von denen manche wohl die Auffassung Hitlers teilten, daß die Gefangenen nicht freigelassen werden dürften. So waren bei den Märschen von oder nach Mauthausen nicht nur SS-Wachmannschaften, sondern auch Wehrmachtangehörige, Parteigenossen und normale Bürger an der Tötung von Nachzüglern beteiligt. Manche Einheimische waren in Massaker an Juden verwickelt, andere erschossen Juden, die überlebt hatten, weil sie zurückgelassen worden waren.[141]

Das Frauen-Konzentrationslager Ravensbrück war eines der letzten großen Lager, die evakuiert wurden. Am 15. Januar 1945 ergab die Zählung insgesamt 46070 Frauen und 7848 Männer im Hauptlager und den Außenlagern. Was sich in den Monaten vor der Evakuierung hinter dem Stacheldrahtzaun abspielte, war schlimmer als alles, was das Lager in seiner grauenhaften Geschichte erlebt hatte.[142] Vor dem Ende führte die SS hier den systematischen Massenmord in einer eigenen Gaskammer ein, die im Herbst 1944 im benachbarten Jugendschutzlager Uckermark gebaut und im Dezember in Betrieb genommen worden war. Die französische Lagerüberlebende Germaine Tillion konnte dank ihrer Stellung im Lager in Erfahrung bringen, daß SS-Beamte in Berlin der Lagerleitung am 1. Oktober mitgeteilt hatten, daß man mit der »niedrigen« Sterblichkeit im Lager unzufrieden sei; vermutlich bewirkten die Neuankömmlinge eine Überfüllung des Lagers, so daß Gaskammer und Massenhinrichtungen eingeführt wurden, um die Tötung der Kranken und Schwachen zu beschleunigen.[143] Bis zur endgültigen Evakuierung des Lagers wurden schätzungsweise 6000 Frauen, Kinder und Männer in der Ravensbrücker Gaskammer ermordet.[144] »Natürliche« Todesursachen und Krankheiten, insbesondere Typhus, führten in jedem der ersten drei Monate des Jahres 1945 im Hauptlager zusätzlich zu mehr als 1000 Toten.[145] Einige Evakuierungen kamen in Gang; so brachen Anfang März 2000 französische, belgische und Sinti- und Roma-Frauen nach Mauthausen auf (wo nur 740 von ihnen ankamen). Ende März gab es in Ravensbrück offiziell noch 37699 Gefangene, und die SS beschleunigte die Morde durch Vergasen oder Erschießen. Dem schwedischen Roten Kreuz gelang es, insgesamt 7500 Frauen aus Frankreich, Schweden und Polen zu retten, von denen ein großer Teil das Lager am 21. April mit dem Zug verließ. Zufällig am selben Tag stimmte Himmler, der seit Wochen mit dem Vizepräsidenten des schwedischen Roten Kreuzes, Graf Folke Bernadotte, verhandelt hatte, der Freilassung aller Gefangenen in Ravensbrück zu, woraus aber praktisch nichts wurde.[146] Selbst als Vertreter des Roten Kreuzes im Lager anwesend waren, setzten SS-Wachmannschaften die Exekution von Gefangenen (durch Erschießen) sowie die »Selektionen« fort. Schließlich kam am 27. April die Evakuierung der restlichen Gefangenen in Gang, aber schon zwei Tage später waren die Marschierer auf sich selbst gestellt, da ihre Bewacher die Flucht ergriffen und der Krieg zu Ende ging.[147]

Aus Mangel an dokumentarischem Material läßt sich nicht angeben, wie viele Menschen im Zug eder Todesmärsche evakuiert wurden, geschweige denn, wie viele dabei starben oder ermordet wurden. Martin Broszat vermutet, daß »mindestens« ein Drittel der etwa 700000 Gefangenen, die es Anfang 1945 in den Lagern gab, entweder direkt infolge der Märsche oder in den Transportzügen starben oder in den Wochen und Monaten vor der Befreiung in den überfüllten Aufnahmelagern zugrunde gingen.[148] In diesen Zahlen sind wahrscheinlich nicht die vielen Tausende von KZ-Häftlingen, darunter viele Juden, enthalten, die als Zwangsarbeiter tätig waren und deren Zahl einer Schätzung zufolge bei 200000 lag.[149] Aber selbst wenn dies doch der Fall ist und wir davon ausgehen, daß rund ein Drittel aller KZ-Häftlinge starben, läge die endgültige Zahl immer noch weit über den 70000 Toten, die herkömmlicherweise in der Literatur genannt werden.

Yehuda Bauer kommt zu dem Ergebnis, daß es letztlich »unmöglich ist, die Anzahl der Opfer [der Todesmärsche] zu schätzen«. So besitzen wir keine genauen Angaben über die Zahl der Überlebenden, die in den Lagern vorgefunden oder während eines Todesmarsches befreit wurden.[150] Auch die nationale Zugehörigkeit der Marschierer ist nicht festzustellen. Shmuel Krakowski weist nach, daß bei manchen Evakuierungen – insbesondere jener, die mit dem Massaker bei Palmnicken endete – fast alle Marschierer Juden waren. Er gibt keine definitive Zahl für die Männer und Frauen aller Nationalitäten an, die starben oder ermordet wurden, vermutet aber, daß in der hektischsten Phase, allein zwischen März und April 1945, mindestens 250000 Gefangene evakuiert wurden, von denen ein Drittel Juden gewesen sein mögen.[151]

Der israelische Historiker Davis Blatman kommt in seiner Untersuchung der Todesmärsche zu dem Schluß, daß es weder in den Evakuierungsbefehlen noch in den mündlichen Zeugenaussagen einen Beweis dafür gibt, daß die NS-Führung die Tötung aller Juden befohlen hätte. Aber die frühere planmäßige und methodische Vernichtung der Juden und die Bedingungen, unter denen diese Märsche bei Kriegsende stattfanden, in Verbindung mit den brutalisierten, antisemitischen, rassistischen Bewachern – die, wie gesagt, keineswegs nur aus SS bestanden – führten fast zwangsläufig zu einem Mord von ungeheuren Ausmaßen.[152]

ZUSTIMMUNG BIS ZULETZT

Die gesellschaftliche Unterstützung Hitlers und des Nationalsozialismus brach in dem Maße weg, wie der Krieg immer mehr auf Deutschland übergriff, und viele Menschen hatten es zweifellos satt. Bemerkenswert ist jedoch, wie widerstandsfähig die öffentliche Meinung war. Obwohl sich Niederlagen und Rückschläge nur so häuften, vernahmen die Meinungsforscher zahllose Äußerungen, die verrieten, daß die Moral nicht sank und Menschen aus allen Lebensbereichen bereit waren, den Kampf auch unter großen Entbehrungen fortzusetzen. So gab es nach der Landung der Alliierten in der Normandie im Sommer 1944 allenthalben Zeichen eines geradezu überschwenglichen Optimismus; manche Menschen konnten es gar nicht erwarten, auf die alliierten Truppen zu treffen. Eine noch größere Demonstration der Unterstützung für Hitler, virulenter Haß auf die Verschwörer und die erklärte Bereitschaft, noch größere Lasten zu schultern, waren nach dem Attentatsversuch vom 20. Juli 1944 feststellbar. Hitlers Erklärung für den fehlgeschlagenen Staatsstreich und der Einsatz von V-1-»Flugbomben« und V-2-Raketen – diesen Vergeltungs- und »Wunderwaffen« – erneuerten nur das Vertrauen der Öffentlichkeit in die Fähigkeit Hitlers, sie zum Sieg zu führen. Über die allgemeine Stimmung hieß es in den offiziellen Berichten: »Fast durchweg ist die Bindung an den Führer vertieft und das Vertrauen zur Führung gestärkt worden.«[153]

Die Historikerin Marlis Steinert, die diese Tendenzen beschreibt, fügt hinzu, daß auch Hitlers Neujahrsansprache zum Jahreswechsel 1944/45 und seine Siegessicherheit eine »außerordentlich positive Aufnahme« gefunden hätten.[154] Sie und einige andere Erforscher der öffentlichen Meinung in der NS-Zeit neigen jedoch dazu, das »Negative«, zum Beispiel Zeichen von Auflösung, Verlust des Glaubens an Hitler und Zusammenbruch der Moral, zu übertreiben. Stimmung und Einstellung des Volks veränderten sich gewiß je nach militärischer oder politischer Lage, doch viele Menschen, und zwar nicht nur in der Wolle gefärbte Parteigenossen, zeigten sich ängstlich darauf bedacht, die Ereignisse so optimistisch wie überhaupt nur möglich zu deuten.

Die letzten nationalsozialistischen Meinungsbilder aus Berlin vom März 1945 machen freilich deutlich, daß viele Bürger nun doch endlich begannen, an Propagandamärchen und besonders abenteuerlichen Behauptungen der Führung zu zweifeln, daß sich aber auch viele von einer »guten und zuversichtlichen Haltung« zeigten. Wenn die Pessimisten und Defätisten momentan in der Überzahl waren, so standen die nationalsozialistischen Meinungsforscher doch auf dem Standpunkt, daß es nur eines größeren Sieges der Wehrmacht bedurfte, um die Stimmung wieder ins Positive zu wenden. Gewiß offenbarten diese letzten Einblicke in die öffentliche Meinung Anzeichen von Vertrauensverlust, zum Beispiel bei jenen drei Frauen, die für die aufmunternd gemeinte Parole in den Schaufenstern des KaDeWe (Kaufhaus des Westens), »Berlin arbeitet, kämpft und steht«, nur Hohn und Spott übrig hatten.[155]

In diesen letzten Meinungsbildern finden sich verstreut auch Bemerkungen, die Rückschlüsse darauf erlauben, was die Deutschen sagten, wenn sie unter sich waren. So hörte man zwei Arbeiter aus Spandau-West sagen, »daß wir selbst Schuld an diesem Kriege trügen, weil wir die Juden so schlecht behandelt hätten. Wir brauchten uns nicht zu wundern, wenn diese es jetzt mit uns genauso machten.« Diese Arbeiter gaben die Judenverfolgung zu, doch gibt es keinen Hinweis darauf, daß sie Reue empfunden hätten. Sie waren auf den unvermeidlichen Ausgang gefaßt und glaubten, wie Hitler es »prophezeit« hatte, daß sie nun die Vergeltung der Juden und ihrer einflußreichen Freunde rund um den Globus erlebten. »Ähnliche Bemerkungen werden jetzt oft gehört«, konstatierten die nationalsozialistischen Meinungsbeobachter, die dieses Gespräch belauscht hatten.[156]

Wie dieses freilich fragmentarische Beweismaterial erkennen läßt, waren die jahrelangen Behauptungen der Nationalsozialisten, die Juden hätten eine Art von Verschwörung angezettelt, auf fruchtbaren Boden gefallen. In den letzten zwei Kriegsjahren gingen denn auch Briefe (sogar von Akademikern) beim Propagandaministerium ein, in denen gefordert wurde, die noch in Deutschland verbliebenen Juden an möglichen Luftangriffszielen zu konzentrieren. Nach jedem Angriff sollten dann die Zahl der Opfer veröffentlicht werden. In einem Brief hieß es, wenn dies auch nicht die alliierten Bomber aufhalte, würden doch wenigstens viele Juden ausgerottet. Nach einem anderen Vorschlag sollte man den Amerikanern und Briten damit drohen, für jeden durch einen Luftangriff getöteten deutschen Zivilisten zehn Juden zu töten.[157]

Auf jeden Fall verrieten die letzten Meinungsbilder aus dem Reich eine verbreitete Kenntnis der Bevölkerung von den deutschen Greueltaten im Osten. Die Meldung vom 23. März erwähnt Reaktionen auf die Nachricht von »Schreckensurteilen« der alliierten Besatzungstruppen im westlichen Teil Deutschlands. Diese Geschichten wurden in der nationalsozialistischen Presse lanciert, um die Deutschen durch Panikmache zum Durchhalten zu bewegen. Zwei Männer in Berlin hörte man sagen, die Zeitungen sollten nicht soviel Wind machen, denn es »weiß doch jeder, daß unsere SS in den besetzten Gebieten auch nicht gerade mit zarten Händen zugefaßt hat, was ja auch selbstverständlich gewesen ist. Daß es die Feinde jetzt ebenso machen, darf einen nicht wundern.«[158] Die Gesamteinschätzung in der Meldung vom 31. März 1945 aus Berlin kam zu dem Ergebnis: »Die Stimmung ist nicht sehr gut, aber abwartend und im Grunde noch immer zu allem bereit!«[159] In Hamburg, wo die nationalsozialistischen Meinungsbeobachter im März 1945 Anhaltspunkte dafür gefunden hatten, daß viele noch immer auf einen zufriedenstellenden Ausgang des Krieges hofften, griffen jetzt negative Einstellungen um sich, und es regten sich Einwände dagegen, bis zur letzten Kugel weiterzukämpfen.[160]

Ein Lagebericht (vom 7. April 1945) aus der Gegend um München spiegelte die Verhältnisse anderswo wider. Wie es darin hieß, gab es wenig organisierten Widerstand von Fremdarbeitern, die mehr damit beschäftigt waren, nach Hause zu kommen oder einfach Nahrung aufzutreiben. Über die bedauerliche Haltung von Deutschen gegenüber Ausländern liege eine Fülle von Informationen vor: »Die Fälle würdelosen, defaitistischen, staatsabträglichen und hochverräterischen Verhaltens deutscher Volksgenossen, auch solcher in amtlicher Eigenschaft, gegenüber ausländischen Zivilarbeitern und Kriegsgefangenen häufen sich täglich derart, daß eine berichtsmäßige Erfassung überhaupt nicht mehr möglich ist.« Der Bericht registrierte »bei weiten Kreisen der deutschen Öffentlichkeit, insbesonders der Landbevölkerung, ein unwürdiges Verhalten gegenüber den Ausländern, das aus dem allgemeinen Haltungsverfall, hemmungslosem Defaitismus und offenkundiger Angst resultiert«. Die Meldung schloß mit der Forderung nach noch härteren »Maßnahmen sicherheitspolitischer Art«, um »mit starker Hand und unerbittlich konsequent« gegen Ausländer wie gegen deutsche »Wehrkraftzersetzer« vorzugehen.[161]

Die NS-Propaganda benutzte die Ängste der Deutschen, was wohl beim Eintreffen sowjetischer Truppen auf deutschem Boden geschehen werde, um nach Möglichkeit den »Wehrwillen« zu stärken. Die Warnung vor der zu erwartenden Vergeltung für die Nazi-Barbareien in der Sowjetunion bewog viele Deutsche zur Flucht in den Westen ihres Landes. Wer nicht weggehen konnte oder wollte, wurde vom sowjetischen Vormarsch überrannt. Manche blieben auch in der irrigen Annahme zurück, daß die Trecks nach Westen gefährlicher seien, weil man dachte: »Die Russen können nicht jeden ermorden, und bald kommen wieder bessere Zeiten.« Diese Menschen müssen schockiert gewesen sein über das, was dann geschah; denn die Behandlung der deutschen Zivilbevölkerung durch die Sowjettruppen war weit schlimmer, als man erwartet hatte. Ein sowjetischer Führer wie Marschall Schukow verstärkte im Januar 1945 den Rachedurst seiner Soldaten mit Parolen wie: »Wehe dem Land der Mörder! Wir werden für alles furchtbare Rache nehmen!«[162]

Am Vorabend des Einmarsches in Ostpreußen erklärt die Politische Hauptverwaltung der Sowjetarmee: »Auf deutschem Boden gibt es nur einen Herrn – den Sowjetsoldaten. Er ist zugleich der Richter und der Rächer für die Qualen seiner Väter und Mütter, für die zerstörten Städte und Dörfer ...«[163] Die sowjetische Kriegspropaganda stellte nationalsozialistische Verbrechen heraus, weithin zirkulierten Geschichten über das, was die Nationalsozialisten taten, und nun wurden die sowjetischen Soldaten indirekt und manchmal auch direkt zum Plündern und Brandschatzen ermutigt; sie vergewaltigten Frauen – manchmal buchstäblich alle, die ihnen bei ihrem wüsten Zug durch Städte und Dörfer in die Hände fielen, von den jüngsten bis zu den ältesten, und ohne zu befürchten, von irgend jemandem zur Rechenschaft gezogen zu werden. Manche Frauen sahen ihren einzigen Ausweg darin, Selbstmord zu begehen, in einigen Orten nicht nur manche.

Hitler erklärte in seinem politischen Testament, das er am 29. April im Bunker verfaßte, er wolle lieber sterben, als gefangengenommen und abgesetzt zu werden. Seine Nachfolger forderte er auf, alles in ihren Kräften Stehende zu tun, um den Widerstandsgeist des deutschen Volkes zu stärken und den Krieg fortzusetzen. Bevor er Selbstmord beging, ernannte er eine neue Regierung und entkleidete Himmler und

Göring aller ihrer Ämter, weil sie Verhandlungen mit den Alliierten aufgenommen hatten. Er konnte nicht abtreten, ohne noch einmal seine antisemitischen Lieblingstheorien aufzuwärmen, vor allem, daß eine internationale jüdische Verschwörung den Krieg ausgelöst habe. Noch einmal bezog er sich auf seine berüchtigte »Prophezeiung«, was mit den Juden geschehen werde, sollten »sie« die Welt in einen neuen Krieg stürzen. Bis zum letzten Atemzug stand Hitler ingrimmig zu seiner eigenen Propaganda.[164]

SCHLUSSBETRACHTUNG

Die Unterstützung des deutschen Volkes für Hitler und die nationalsozialistische Diktatur läßt sich in drei Phasen gliedern. Die erste reichte von Hitlers Berufung 1933 bis etwa 1938/39, die zweite vom Ausbruch des Krieges bis zum Beginn der alliierten Invasion 1944 und die dritte von hier bis zum Ende des Dritten Reiches.

In den Monaten nach Hitlers Ernennung zum Reichskanzler im Januar 1933 erlebten die Deutschen so etwas wie eine Rückkehr zur »Normalität«. Für Menschen, deren sozialer Gleichgewichtssinn in langen Jahren der Krise gestört worden war, bedeutete diese legendäre »Normalität« wieder eine geregelte Arbeit, eine gewisse Stabilität und die Hoffnung auf eine bessere Zukunft. Die SPD als die Partei, die die Weimarer Republik durch dick und dünn begleitet hatte, wartete darauf, daß die Nationalsozialisten irgendwelche revolutionären Schritte taten, vielleicht sogar etwas eindeutig Illegales unternahmen, und malte sich aus, daß daraufhin SPD und Gewerkschaften gemeinsam eine Art Generalstreik organisieren würden, wie sie es schon früher einmal getan hatten.[1] Die Nationalsozialisten vermieden jedoch solche »Fehler« sorgfältig und präsentieren statt dessen ihre Maßnahmen als notwendige Präventivschläge als Schutz des Volkes vor einer wie immer gearteten kommunistischen Revolution. Polizei und SA traten in den ersten Monaten des Jahres 1933 in Aktion, und es folgte eine minimale Terrorwelle. Etappenweise erfolgte die Nazifizierung oder »Gleichschaltung« des Landes, und alle nichtnationalsozialistischen Organisationen, insbesondere die Parteien, wurden ausgeschaltet. Das Vorgehen war durchdacht und geschickt, weil die Parteien nicht alle auf einmal verboten wurden, sondern sukzessive. Im großen und ganzen bedurfte es jedoch des Terrors weder, um alle nichtnationalsozialistischen Organisationen des Landes lahmzulegen, noch, um die Mehrheit oder auch nur signifikante Minderheiten in Reih und Glied zu zwingen. Viele Deutsche, von Hitler durch immer neue Appelle an ihre tiefsten Ängste und geheimsten Hoffnungen umgarnt, fanden Gefallen an dem, was sie hörten, und ließen sich funktional und emotional auf die nationalsozialistische Diktatur ein. Unter dem Strich schienen die meisten Menschen bereit zu sein, sich mit der Idee einer Überwachungsgesellschaft anzufreunden und die Chance zur Weiterentwicklung jener Freiheiten, die wir gewöhnlich mit einer liberalen Demokratie identifizieren, aufzugeben, wenn sie dafür sichere Straßen, die Rückkehr zum Wohlstand und eine in ihren Augen ordentliche Regierung bekamen.[2]

Einen organisierten Widerstand gab es nicht. Es gab sogar, wie Diettich Orlow etwas harsch formulierte, nur »sehr wenig unorganisiertes Grummeln«.[3] Hartmut Mehringer hat geschrieben, daß das neue Regime »eine weit größere als die absolute Mehrheit der Bevölkerung hinter sich wußte«, und die Menschen blieben bei dieser Unterstützung auch und gerade nach dem Putschversuch des 20. Juli.[4]

Hitler unternahm es nie, weiten Teilen seiner Gesellschaft die Stirn zu bieten und sie seinem Willen gefügig zu machen, wie Stalin es tat. Vielmehr wollte er eine Diktatur von einzigartigem Zuschnitt und führte schließlich das durch, was der Historiker Martin Broszat ein »Experiment in plebiszitärer Diktatur« genannt hat.[5] Ihm schwebte ein autoritäres, führerorientiertes System vor, das jedoch den Rückhalt der Bevölkerung genoß, und sein Regime machte sich in hohem, man könnte sagen paranoidem Maße Gedanken über die öffentliche Meinung und die Reaktionen der Bürger auf alle möglichen offiziellen Maßnahmen. Die Deutschen sollten sich nicht einfach an das neue System anpassen, sich mit ihm arrangieren, sondern »idealistisch« motiviert sein, um den Nationalsozialisten zu bestätigen, daß das, wofür das Dritte Reich stand, den »besten« deutschen Traditionen entsprang, sie sollten ihre Liebe zum Führer und seiner Vision von der »Volksgemeinschaft« zeigen und – in praktischer Hinsicht – durch aktive Zusammenarbeit mit Polizei und Partei daran mitwirken, die neue Ordnung herbeizuführen.[6]

Bei ihrer erfolgreichen Manipulation der öffentlichen Meinung bedurften die Nationalsozialisten keines umfassenden Terrors gegen die Bevölkerung, um das Regime zu etablieren. Sie brauchten Terror kaum in dem Umfang anzuwenden wie die Macher der großen modernen Revolutionen etwa in Frankreich, Rußland oder China. Viele Deutsche sagten ja, nicht weil sie seelenlose Automaten gewesen wären, sondern weil sie sich von den Vorteilen Hitlers und den »positiven« Seiten der neuen Diktatur überzeugt hatten. Es gab die Tendenz, Hitler zu entschuldigen, wenn irgend etwas schiefging oder nicht nach Plan verlief, und solche Probleme den »kleinen Hitlers« anzulasten, sozusagen den Führern unter dem Führer.

Beim Schreiben dieses Buches fühlte ich mich ständig an den Titel eines Essays von Fritz Stern erinnert: »Nationalsozialismus als Versuchung«. Er macht deutlich, daß auch die gebildetsten Deutschen Gründe fanden, das System zu unterstützen, und keineswegs so reglementiert, kujoniert oder gezwungen wurden, wie wir oft annehmen.[7] Viele Deutsche begrüßten zweifellos das »rücksichtslose Durchgreifen« gegen jene, die die Nationalsozialisten als politische Verbrecher brandmarkten, und waren gewiß erfreut, solche Personen in den neu errichteten Konzentrationslagern verschwinden zu sehen. Der Bau dieser Lager wurde publizistisch sehr beachtet, und auch die Bevölkerung, die in der Nähe solcher Lager lebte, war im allgemeinen für sie.

Die meisten Menschen im nationalsozialistischen Deutschland hatten niemals direkt mit der Gestapo, der Kriminalpolizei oder den Konzentrationslagern zu tun. Mehr noch: Sie lasen zwar viele Artikel über den »Volksgerichtshof«, aber nur die wenigsten wohnten seinen Verhandlungen bei. Anders ausgedrückt: Für die meisten Deutschen wurden Zwang und Terror der Hitler-Diktatur sozial konstruiert durch das, was sie gesprächsweise erfuhren, was sie in der Presse lasen oder im Rundfunk hörten. Die Geschichtswissenschaft hat diesen Darstellungen bisher bemerkenswert wenig Aufmerksamkeit geschenkt; dabei spielten sie in der Diktatur eine wichtige Rolle.

Auf allen Ebenen gab es viel Unterstützung für den sich ausweitenden Auftrag der neuen Polizei und der Lager, besonders als letztere in den Medien und anderswo als Stätten hingestellt wurden, wo der Staat politische »Verbrecher« sowie unterschiedlich definierte »Asoziale« einsperrte, um sie der »Arbeitstherapie« zu unterziehen. In den dreißiger Jahren kursierten Tausende von Geschichten über diese Lager und die radikaleren »Präventiv«-Maßnahmen gegen Rückfalltäter. Solche Geschichten, publizistisch hochgespielt, sollten dem Regime Unterstützung eintragen und Zustimmung gewinnen.

Wenn wir von dem im Dritten Reich praktizierten Zwang sprechen, denken wir gewöhnlich an die Gestapo und das Vorgehen der SS in den Lagern, nicht aber an die Ordnungspolizei und die Kriminalpolizei. Ich habe in diesem Buch auch die nationalsozialistische Kriminalpolizei untersucht, deren »Erfolge« dazu beitrugen, der Diktatur Unterstützung zu gewinnen, da der ordentliche Bürger meist hocherfreut war, daß die Polizei Menschen aus dem Verkehr zog, die allgemein als Verbrecher und »Abschaum der Gesellschaft« angesehen wurden. Erst in den letzten Jahren haben wir endlich erkannt, daß die normale Ordnungspolizei und ihre Polizeiführer eine Schlüsselrolle beim Holocaust in Osteuropa spielten, aber nicht minder klar ist, daß ihnen auch eine entscheidende Rolle bei der Legitimierung der Diktatur in der Heimat zufiel.[8]

Jeder Bürger, der eine angebliche »Welle von Verbrechen« miterlebt, wie es sie in Deutschland in den Jahren zwischen 1929 und Hitlers Ernennung zum Reichskanzler gegeben haben soll, ist in Versuchung, den Kampf gegen das Verbrechen und das, was weite Kreise für »Sittenlosigkeit« halten, von Herzen zu begrüßen. Das deutsche Volk unter Hitler, ohne tief verwurzelte demokratische Traditionen und vor dem Hintergrund des traurigen Weimarer Experiments, zeigte, daß es bereit war, diesen Kampf in einem außerordentlichen Maße mitzutragen. Dazu kam – und jeder Leser der Tageszeitungen konnte es sehen –, daß sich die neue Polizei in immer weitere Bereiche des gesellschaftlichen und privaten Lebens hineinfraß und daß die ganze Energie des neuen Systems darauf gerichtet war, immer größere Kategorien von Menschen zu vertreiben oder auszugrenzen, die sich nicht einfügen konnten oder wollten. Es kam der Punkt, wo manche Beamten gegen jedermann etwas unternehmen wollten, der auch nur als sozial »unangepaßt« betrachtet wurde. Der Entwurf eines Gesetzes über »Gemeinschaftsfremde« zielte auf Männer und Frauen, die (unter anderem) »außergewöhnliche Mängel des Verstands oder des Charakters« zeigten und damit außerstande waren, »den Mindestanforderungen der Volksgemeinschaft zu genügen«.[9] Zwar wurde dieses geplante Gesetz jahrelang in immer neuen Fassungen beraten, ohne daß irgendeine derartige Maßnahme schließlich Gesetzeskraft erlangt hätte, doch zeigen die vorhandenen Entwürfe, welche extremen Maßnahmen kraft der Ausgrenzungsdynamik des sozialen Rassismus angedacht werden konnten. Während des Krieges schätzten zwei Universitätsärzte, daß man nicht weniger als eine Million deutscher Staatsbürger würde beseitigen, das heißt in Konzentrationslager schicken oder töten müssen, um den Volkskörper von allen Erscheinungsformen der Devianz zu reinigen.[10] Wir können nur darüber spekulieren, wie der brave Bürger reagiert hätte, wäre dieser erweiterte Zugriff des Staates und seiner Normalisierungsbemühungen auf global definierte »Fremde« Gesetz geworden.

Zwangsmaßnahmen und Inhaftierungen erfolgten in den dreißiger Jahren nicht pauschal oder willkürlich, sondern selektiv und gezielt. Indem Maße, wie die Rechtsstaatlichkeit beseitigt und von »Polizeijustiz« und Sondergerichten abgelöst wurde, schlich sich ein Element der Willkür und Unberechenbarkeit in die Rechtspflege, und die Bürger ließen die Diktatur insoweit auch ihr Mißfallen wissen. Größtenteils war aber diese At von »Terror« nicht als Leitstrategie für die politische Herrschaft und Kontrolle über die ganze Nation gedacht, sondern zielte auf die Beseitigung gewisser »offenkundiger Feinde«, die bereits gesellschaftlich marginalisiert waren oder aus irgendeinem Grund für gefährlich galten. Die Definition des »Feindes« (oder »Gesellschaftsfremden«) wurde im Laufe der Zeit weiter gefaßt, was aber auch dem Wunsch entsprach, Unterstützung zu erlangen und das Volk für das Regime zu gewinnen. Hitler und seine Helfershelfer wählten die Ziele der Diskriminierung, Verfolgung und Inhaftierung also nicht nach ihren subjektiven Vorurteilen und Abneigungen aus. Unter dem Strich trugen Zwangspraktiken, Repression und Verfolgung dem Regime viel mehr Unterstützung als Ablehnung ein.

Man muß sich vor der Annahme hüten, ganz Deutschland habe einem militärischen Ausbildungslager geglichen, in dem die Menschen der Doppelbeeinflussung von Propaganda und Terror unterworfen sind. Man hat wenig von der nationalsozialistischen Propaganda begriffen, wenn man sie sich einfach als Gehirnwäsche oder reine Manipulation der Gefühle vorstellt. Die Idee der Gehirnwäsche zirkulierte im Kalten Krieg und mag an einzelnen Personen praktiziert worden sein. Aber schon die Vorstellung, einem Volk von 60 Millionen das Gehirn zu waschen – oder es zu behandeln, als befinde es sich in einem militärischen Ausbildungslager –, ist so absurd, daß man sie gleich verwerfen sollte. Wenn sie anscheinend dennoch eine jener Ideen ist, die trotz ihrer Unbegründetheit immer wiederkehren, dann vielleicht deshalb, weil sie eine Repräsentation der Tatsache ist, daß es uns schwerfällt, die ganze Ungeheuerlichkeit der vielen Greueltaten zu fassen, die im Namen und mit Unterstützung so vieler Deutscher begangen wurden.

Die nationalsozialistische Propaganda sollte und konnte dem deutschen Volk nicht auf primitive Weise aufgezwungen werden. Im Gegenteil, sie sollte es ansprechen und deutschen Denkweisen gerecht werden. Man könnte den Inhalt dieser Propaganda, die ansprechend und überzeugend sein sollte, auch anders konzipieren, nämlich als »Indikator für alles, von dessen Wahrheit das Volk überzeugt zu sein wünschte«.[11] Weit davon entfernt, der Bevölkerung unerwünschte oder abstoßende Botschaften in den Rachen zu stopfen, schnitten Hitler und die Nationalsozialisten alles, was sie sagten, schrieben und vor allem taten, sorgfältig auf das Volk zu, um seine Unterstützung zu gewinnen und zu behalten.

Wir dürfen nicht vergessen, daß das »positive Moment« am Dritten Reich, das unter Federführung des Reichsministeriums für Volksaufklärung und Propaganda erzeugt wurde, schon sehr früh mit erfolgreichen Maßnahmen wie dem Arbeitsbeschaffungsprogramm, dem Bau der Autobahnen, der Aussicht auf ein Familienauto und billigen Urlaub und der Abhaltung der Olympiade einherging. Das Regime gewann schon bald viele Menschen durch das, was es tat, nicht nur durch das Bild, das es von sich präsentierte. Auch wenn viele dieser großen »Leistungen« später sehr teuer bezahlt werden mußten, erlaubten sie es kurzfristig der Diktatur, sich zu etablieren, zu gedeihen und ehrgeiziger zu werden.

In den dreißiger Jahren erwarb sich Hitler Beifall wohl in erster Linie darum, weil er die Wirtschaftskrise bezwang und die massive Arbeitslosigkeit im Lande behob. Obwohl er selbst von Wirtschaft nichts verstand, überwand sein Land die Wirtschaftskrise schneller als jede andere der fortschrittlichen Industrienationen. Wir wissen, daß manche seiner Methoden, den Menschen Arbeit zu verschaffen, zum Beispiel der Zwang zur Annahme ungeliebter Arbeit, in einer Demokratie nicht akzeptabel gewesen wären. Was aber für die meisten Deutschen zählte, war wohl, daß Millionen von Menschen wieder Arbeit fanden und die Löhne stetig stiegen, die Lebenshaltungskosten aber nicht. Wenn wir die deutsche Geschichte in den zwanzig Jahren vor 1933 mit ihren ökonomischen Erschütterungen und dem sozialen Chaos betrachten, können wir ahnen, warum viele Menschen dankbar dafür waren, daß Hitler offenbar einen Abglanz der »guten alten Zeit« wiederherzustellen schien.

In Victor Klemperers Tagebuch finden wir ein anschauliches Beispiel dafür, wie man in Deutschland auf die allmähliche, aber deutliche Verbesserung der Beschäftigungschancen überall im Lande reagierte. In einem Eintrag vom 24. November 1936 erinnert sich der immer aufmerksame Beobachter Klemperer, während er über die vielen Erlebnisse dieses Tages nachsinnt, wie im Gedränge der Prager Straße in Dresden ein junger Mann, »ein wildfremder«, an ihm vorübereilte: »[Er] dreht sich halb um und sagt strahlend: ›Ich habe Arbeit – das erstemal seit drei Jahren – und fein – bei Renner – die zahlen doch! – auf vier Wochen!‹ und rennt weiter.«[12] Dieser junge Mensch war überglücklich bei dem Gedanken, eine in seinen Augen anständige Arbeit gefunden zu haben, die ihm sogar ganze vier Wochen erhalten bleiben sollte. Seine Freude war schier grenzenlos, und wir können vermuten, daß sich das Bedürfnis, sein Glück herauszuschreien, höchstwahrscheinlich in Dankbarkeit und Unterstützung für die Veränderungen verwandelte, die die neue Hitlerregierung eingeführt hatte.

Nach Jahren einer scheinbar schwachen und unsicheren Regierung vermittelte Hitler den Eindruck, daß nun wieder ein Steuermann mit ruhigem Auge und fester Hand am Ruder stand. Das Bild Hitlers als eines starken Führers wurde durch die Handlungen Deutschlands auf dem internationalen Parkett verstärkt. Hitler zögerte nicht, energisch aufzutreten und den Streit zu forcieren. Die Ironie dabei war, daß Großbritannien und Frankreich dazu beitrugen, seine Stellung in den Augen des deutschen Volkes zu festigen. In den zwanziger Jahren verfolgten diese zwei Länder eine sehr harte Linie gegen Deutschland und ließen, ohne es zu wollen, seine junge Demokratie als schwach, ineffektiv und sogar rückgratlos erscheinen. Kaum war jedoch Hitler an der Macht, da schlugen Großbritannien und Frankreich ihren neuen Beschwichtigungskurs ein, während Hitler Stück für Stück den Versailler Friedensvertrag von 1919 zerriß. Insoweit diese Alliierten nichts taten, ließen sie Hitler gut aussehen, ja als den größten deutschen Staatsmann seit Bismarck, vielleicht seit Friedrich dem Großen erscheinen. In den Augen des deutschen Volkes gelang Hitler das Unmögliche, als er Deutschland seinen »rechtmäßigen« Platz auf dem Kontinent zurückgab, noch dazu, ohne einen Schuß abzugeben. Durch den Krieg, den Hitler zwangsläufig heraufbeschwor, sollte die Nation natürlich später einen enormen Preis für diese ersten, leichten Siege zahlen.

Die zweite Phase in der Beziehung des deutschen Volkes zur nationalsozialistischen Diktatur begann mit dem Ausbruch des Krieges 1939. Sobald der Krieg kam, wurde der Nationalismus ein Argument, und für viele, die Bedenken und starke Vorbehalte gegen Hitler und den Nationalsozialismus gehabt hatten, kam jetzt ihr Land zuerst. Die Diktatur hatte den Nutzen davon, während für Hitler der Krieg den Beginn einer neuen Phase bei der Verwirklichung seiner radikaleren Pläne und rassistischen Visionen darstellte. Diese Ziele schlossen auch weitreichende Veränderungen im Vaterland selbst ein.

Der Krieg revolutionierte also die Revolution. Am deutlichsten haben wir dies an der enormen Ausweitung des Systems der Konzentrationslager, der Verfolgung sozialer Außenseiter, dem »Euthanasie«-Programm und im gesamten Bereich der Rassepolitik gesehen. Die radikalen Tendenzen im Nationalsozialismus, die bisher latent geblieben oder nur teilweise artikuliert worden waren, durften jetzt zum Ausdruck kommen und wurden von Hitler bei jeder Gelegenheit beschworen. Entgegenwirkende Tendenzen, wie etwa die letzten Reste einer liberalen »Rechtsstaatlichkeit«, wurden beiseite geschoben, und die Tendenz ging dahin, polizeiliche Vorrechte über die Gerichte und die Rechte aller Bürger zu stellen.

Der Rassismus der Kriegszeit erreichte seinen furchtbaren Höhepunkt in Polen und anderen Gegenden Osteuropas. Die Juden, die Deutschland nicht bis September 1941 verlassen hatten, mußten den gelben Sten tragen und in isolierten »Judenhäusern« leben und wurden bald darauf nach Osten deportiert, ihrem grauenvollen Schicksal entgegen. Die Juden, denen dies erspart blieb, weil sie zum Beispiel in »Mischehe« lebten, wurden bei jeder Gelegenheit gedemütigt. Neben ihnen wurden Fremdarbeiter, ursprünglich aus Polen, praktisch zur Sklavenarbeit gezwungen. Den Deutschen konnte nicht entgehen, wie die vielen Tausenden von »Fremdvölkischen« behandelt wurden und daß sie in einem Apartheidsystem leben mußten. Die tägliche Begegnung mit diesem Alltagsrassismus hinterließ im ganzen Land ihre Spuren. Zwar folgten nicht alle Bürger dem Diktat, die Fremden um jeden Preis zu meiden, doch erbringt dieses Buch den Beweis, daß die Mehrheit der Bevölkerung die rassistischen Lehren mehr oder weniger akzeptierte und sich zumindest an ihnen kaum störte.[13]

Noch bis vor kurzem betonte die Geschichtswissenschaft die Passivität der deutschen Bürger im Dritten Reich und tat so, als sei der nationalsozialistische »Polizeistaat« dermaßen allgegenwärtig gewesen, daß er der Initiative der Bürger über Zeremonien und Rituale hinaus wenig Spielraum gelassen habe. Heute wissen wir, daß vielleicht nicht alle Bürger mit allem einverstanden waren, auch was bestimmte Aspekte der Verfolgung von Juden und Fremdarbeitern in Deutschland betraf, daß aber das Regime keine Mühe hatte, die Bevölkerung zur Denunziation von Verstößen gegen das rassistische System zu animieren. Das Liefern von Informationen an Polizei oder Partei gehörte zu den wichtigsten Beiträgen des staatsbürgerlichen Engagements im Dritten Reich. Immerhin war es *eine* Sache, neue Gesetze und Verordnungen zu erlassen und die Bestimmungen von oben her zu verkünden, aber eine ganz andere, sie in der Gesellschaft als Ganzer durchzusetzen. Es war ein charakteristisches Merkmal des Dritten Reiches (durch das es sich zum Beispiel vom faschistischen Italien unterschied), daß das Regime keine Mühe hatte, sich die Kollaboration normaler Bürger zu sichern. Die Menschen kooperierten, wenn es darum ging, den Antisemitismus und die rassischen Maßnahmen gegen Fremdarbeiter durchzusetzen, und sie waren mit Denunziationen gewiß nicht zimperlich, wenn es galt, normale Verbrechen anzuzeigen.

Die Nationalsozialisten beanspruchten, sich der Schaffung der »Volksgemeinschaft« verschrieben zu haben. In dem Bestreben, diese »Volksgemeinschaft« zu schmieden, deren Fundament eine irrwitzige Logik der Gleichheit, Reinheit und Homogenität war, verstrickten sich die Nationalsozialisten wie das deutsche Volk insgesamt in ein mörderisches Spiel des Anprangerns, Ausgrenzens und schließlich »Erledigens«

von unerwünschten sozialen »Elementen« und »Volksfeinden«. Das begann damit, daß viele normale Bürger (mitunter aus selbstsüchtigen Gründen) die Einteilung zu handhaben lernten, wer zur »Volksgemeinschaft« dazugehörte und wer nicht. Zweifellos gab es wahre Gläubige und überzeugte Zeloten, aber wie wir gesehen haben, war es für die Verwirklichung der ideologischen Ziele des Regimes gar nicht notwendig, daß alle Deutschen zu in der Wolle gefärbten Nationalsozialisten wurden. Jeder, der, aus welchen Motiven auch immer, Verstöße gegen die Rassegesetze bei der Polizei anzeigte oder Briefe wegen politisch »unerwünschten« Sozialverhaltens an die Partei schrieb, trug, egal, ob er »ehrlich« oder selbstsüchtig handelte, zur Verwirklichung der nationalsozialistischen Ideologie und zum Funktionieren der Hitlerdiktatur bei.[14] In diesem Sinne waren alle Denunziationen systemstützend – und es scheint nie an ihnen gemangelt zu haben.[15]

Dieses Engagement der Bürger und ihre Bereitschaft, verdächtige Wahrnehmungen der Polizei oder Partei zu melden, hatte verheerende Auswirkungen auf den Widerstand. Barrington Moore hat darauf hingewiesen, daß es die »einzige Vorbedingung« für Bekundungen von Widerstand ist, daß es ein »soziales oder kulturelles Klima« gibt, das »mehr oder weniger geschützte Nischen bietet, in denen unzufriedene oder unterdrückte Gruppen einen gewissen Raum haben«, um sich treffen zu können, zu reden und Aktionen vorzubereiten.[16] Da in der Hitlerdiktatur viele normale Menschen als Auge und Ohr der Polizei fungierten, konnten jene, die vielleicht Widerstand hätten leisten wollen, nicht zusammenkommen, um sich zu organisieren oder Solidarität aufzubauen.[17] Wer noch »nein« sagen wollte, mußte gegen den Strom schwimmen und war zu einem individuellen Akt der Auflehnung gezwungen, der für ihn als moralisches Individuum wichtig war, aber die Diktatur nicht kurzfristig gefährdete.[18]

Der Einmarsch in die Sowjetunion beschleunigte die Mordmaschinerie und lieferte den Kontext, in dem sich der Holocaust abspielte. Der »Vernichtungskrieg« im Osten wurde zum Anlaß für systematischen Massenmord in einer Größenordnung genommen, die beispiellos war und ist. Die Juden Osteuropas wurden mit völkermörderischen Maßnahmen überzogen, und auch der Krieg gegen die Sowjetunion zog bald den Massenmord an ungezählten Millionen nach sich. Richard Overy hat nachgewiesen, daß der Krieg gegen die Sowjetunion in jeder Hinsicht verwerflich war; die Sowjets verloren durch ihn rund 25 Millionen Menschen, von denen 17 Millionen Zivilisten waren.[19]

Die verrohenden Folgen des Holocaust und des Krieges gegen die

Sowjetunion schlugen auf die Heimat zurück, wie wir am Beispiel der Polizei und des Systems der Konzentrationslager gesehen haben. Waren die Lager bei Kriegsausbruch 1939 einigermaßen aus den Schlagzeilen verschwunden, so begannen sie Mitte der Kriegsjahre, in die soziale Landschaft Deutschlands einzudringen. Die Präsenz von Lagerinsassen im Alltag war unmöglich zu übersehen. Doch wenn überhaupt, scheinen diese Häftlinge – und die Millionen von Zwangsarbeitern – für viele Deutsche eher die nationalsozialistischen Theorien bekräftigt und sie selbst in ihrem verqueren Gefühl der sozialen und rassischen Überlegenheit bekräftigt zu haben.

Das verlogen idyllische und utopische Bild von den Lagern in den Medien und die Rationalisierungen für ihre Existenz hinterließen ihre Spuren in der Vorstellungswelt der Deutschen und prägten ihre Auffassungen von dem, was geschah. Das soll nicht heißen, daß die Darstellungen des Lagers und des Terrors einheitliche Auswirkungen auf die Bevölkerung gehabt hätten. Die soziale Rezeption der projizierten Bilder schwankte zweifellos beträchtlich. Am einen Ende der Skala hatten diese veröffentlichten Darstellungen einen terrorisierenden oder abschreckenden Effekt auf potentielle Gegner des Nationalsozialismus und auf offiziell Stigmatisierte. Gewiß werden viele Menschen im Lande die Propaganda durchschaut haben. Doch dem »guten Bürger«, der sich die Rückkehr zu einer idealisierten Version von »Recht und Ordnung« in Deutschland wünschte, machten es diese Bilder leichter, auch die terroristische Seite des Hitlerregimes zu akzeptieren. Er konnte in der Zeitung lesen, daß jene, die unter dem neuen System zu leiden hatten, »andere« waren, Kommunisten, diverse soziale Außenseiter und die Juden. Der »gute Bürger« sollte die Lager als Erziehungseinrichtung sowie als »Züchtigung und Warnung« für den »Abschaum der Gesellschaft« verstehen, für Männer und Frauen also, die Gewohnheitsverbrecher waren, für die Dauerarbeitslosen, Bettler, Trunksüchtigen, Homosexuellen und rückfälligen Sittlichkeitsverbrecher.

Ulrich Herbert verwies kürzlich auf ein »durch die Jahre der Diktatur scharf ausgeprägtes Defizit an einer an Menschenrechten und Minderheitenschutz orientierten moralischen Substanz in der deutschen Gesellschaft, das sich im Verlaufe der Jahre unter der Diktatur immer weiter ausdehnte und zu einer tiefgreifenden moralischen Verrohung in Deutschland führte«.[20] Ich habe die These vertreten, daß die Erklärung für diese Desensibilisierung und ein Ansatzpunkt zum Verständnis der Anfänge und Ausbreitung dieser »moralischen Verrohung« nicht zuletzt in einer Untersuchung der Darstellung von Konzentrationslagern und KZ-Häftlingen in den Medien jener Zeit zu suchen ist. Zur Debatte steht nicht mehr, ob die Deutschen von den Lagern wußten oder nicht, sondern von welcher Art ihr Wissen war und wie es ihnen vermittelt wurde. Ich habe argumentiert, daß wir nicht nur die geheime, sondern gerade auch die öffentliche Seite des Terrors erforschen und das ernst nehmen müssen, was das Regime selbst über die Lager und die Häftlinge publik machte.

Die letzte, dramatischste und mörderischste Periode der Diktatur in Deutschland selbst waren die letzten sechs Monate des Krieges, als die Heimatfront mit der eigentlichen Front zusammenfiel. Praktisch jeder Ort und jedes Dorf erlebte seine eigene Version der Apokalypse, in Szenen, die wir nur unvollständig anhand der Nachkriegsprozesse rekonstruieren können. Während ich die letzten Kapitel dieses Buchs schrieb, wurde mir brennend bewußt, wieviel von dieser Geschichte noch zu erzählen bleibt.

Ich habe einige der Greueltaten aus der Endphase des Krieges beschrieben, von denen sich viele auf den Straßen deutscher Städte und Dörfer abspielten. Wir können dabei sehen, wie der Kreis der Opfer zuletzt immer größer wurde und schließlich jeden Deutschen einbezog, der irgendwie aus der Reihe tanzte oder die geringste Unlust zum »Durchhalten« verriet. Viele Menschen gerieten gegen Ende ins Straucheln, aber es gab jederzeit andere, die bereit waren, weiterzukämpfen. Die Brutalität der Polizei, der SS, der Wehrmacht, ja sogar der älteren Volkssturmangehörigen war schier grenzenlos. Wir können diesen Fanatismus des Durchhaltens nicht aus einem einzelnen Motiv erklären, nicht einmal mit Rassismus, da die Mörder auch nicht zögerten, wenn ihre Opfer Deutsche, Italiener oder Franzosen waren.

Warum haben die Deutschen durchgehalten und größtenteils bis zuletzt Hitler unterstützt? Es waren gewiß ein Vielzahl von Faktoren im Spiel, die von Mensch zu Mensch verschieden waren. Auf der einen Seite gab es die Optimisten, die nicht wahrhaben wollten, daß der Krieg wirklich verloren war. Mit ihrer Hoffnung verbanden sie den Traum von der »Wunderwaffe«, die alles wenden würde. Auch Pessimisten waren besorgt, besonders über die Sowjets und die befürchtete mörderische Invasion der Roten Armee. Manche Leute erwarteten eine Schicksalswende, und die Soldaten kämpften mit verbissener Entschlossenheit gegen einen Feind, den man seit langem verteufelt hatte. Zweifellos hofften auch viele Leute, daß die westlichen Demokratien endlich »Vernunft annehmen« und Deutschland im Kampf gegen die Sowjetunion beistehen würden. Andere weigerten sich einfach, die Niederlage auch nur in Erwägung zu ziehen, und dachten nur an »Endsieg« und »Pflichterfüllung«, wie jener siebzehnjährige Junge, der noch Anfang April 1945 in Berlin beharrlich die Briten bekämpfte.[21]

So gab es denn in den letzten Tagen des Dritten Reiches Optimisten, Pessimisten, »Idealisten« und Fatalisten. Doch war kein Mangel an nationalsozialistischen Fanatikern, die entschlossen waren, bis zum Letzten zu kämpfen. Viele Menschen konnten es anscheinend vor sich selbst nicht zulassen, die Lage – samt den Brutalitäten – so zu sehen, wie sie wirklich war, und konnten nichts weiter tun, als für Hitler zu sein – oder wenigstens für Deutschland.

ANMERKUNGEN

EINLEITUNG

1 Siehe die Notiz von General Liebman (3. Februar 1933), in: T. Vogelsang, »Neue Dokumente zur Geschichte der Reichswehr 1930–1933«, Vieteljahrteshefte für Zeitgeschichte 2 (1954), Dokument Nr. 6.
2 Zu den relevanten Dokumenten siehe *Nazism Doc.*, Bd. I, S. 142 und 161f.
3 Eine kritische Analyse und Besprechung der Literatur bietet neuerdings Hartmut Mehringer, *Widerstand und Emigration: Das NS-Regime und seine Gegner*, München 1997. Eine wichtige Literaturübersicht gibt auch Peter Hoffmann, *Widerstand, Staatsstreich, Attentat. Der Kampf der Opposition gegen Hitler*, 4., neu überarb. u. erg. Ausg., München u.a. 1985.
4 Nützliche Anmerkungen hierzu macht Norbert Frei, *Der Führerstaat: Nationalsozialistische Herrschaft 1933 bis 1945*, München 1987, S. 120–129.
5 Siehe Richard Bessel, »Political Violence and the Nazi Seizure of Power«, in Richard Bessel (Hg.), *Life in the Third Reich*, Oxford 1987, S. 1–15, hier S. 15.
6 Die subtileren Aspekte der Kontrolle sind sogar auf Gebieten wie der Musik und Kunst zu beobachten; siehe besonders Michael Kater, *Die mißbrauchte Muse. Musiker im Dritten Reich*, München u.a. 1998, und Jonathan Petropoulos, Kunstraub und Sammelwahn. Kunst und Politik im Dritten Reich, Berlin 1999.
7 Einen Überblick bietet Peter Fritzsche, *Germans into Nazis*, Cambridge (Massachusetts) 1998.
8 Siehe Jill Stephenson, »War and Society in Württemberg, 1939–1945: Beating the System«, *GSR* (1985), S. 89–105. Eine gründliche Darstellung neuesten Datums ist vor allem Klaus-Dietmar Henke, *Die amerikanische Besetzung Deutschlands*, München 1995.
9 Kershaw, *Der Hitler-Mythos. Führrkult und Volksmeinung*, Stuttgart 1999, bes. 313ff; Detlev Peukert, *Volksgenossen und Gemeinschaftsfremde: Anpassung, Ausmerze und Aufbegehren unter dem Nationalsozialismus*, Köln 1982, S. 85.
10 Alf Lüdtke, »The Appeal of Exterminating ›Others‹: German Workers and the Limits of Resistance«, in Michael Geyer und John W. Boyer (Hg.), *Resistance against the Third Reich 1933–1990*, Chicago 1994, S. 54–74, hier S. 53f. Im selben Sinne Peukert, *Volksgenossen*, S. 82f.
11 Vgl. die Aussagen von Zeitgenossen in Laurence Rees, *The Nazis: A Warning from History*, London 1997.
12 Siehe Ute Frevert, *Frauen-Geschichte. Zwischen bürgerlicher Verbesserung und neuer Weiblichkeit*, Frankfurt a.M. 1986, S. 242.
13 Siehe die vielen Beispiele in Alison Owings, *Eine andere Erinnerung : Frauen erzählen von ihrem Leben im »Dritten Reich«*, Berlin 1999, S. 40, 48, 49f. Hervorhebung im Original.
14 Daniel Jonah Goldhagen, *Hitlers willige Vollstrecker. Ganz gewöhnliche Deutsche und der Holocaust*, Berlin 1996, S. 517f. Ausführliche Besprechungen dieses Bu-

ches bei Robert Gellately in *JMH* (1997), S. 187–191; ferner Richard J. Evans, *Rereading German History, 1800–1996*, London 1997, S. 149–181.

15 Siehe besonders Ulrich Herbert (Hg.), *Nationalsozialistische Vernichtungspolitik 1939–1945: Neue Forschungen und Kontroversen*, Frankfurt am Main 1998. Eine nützliche Zusammenstellung konkreter Kritikpunkte enthält Robert R. Shandley (Hg.), *Unwilling Germans? The Goldhagen Debate*, Minneapolis 1998. Die schneidendsten Rezensionen bei Norman G. Finkelstein und Ruth Bettina Birn, *Eine Nation auf dem Prüfstand. Die Goldhagen-These und die historische Wahrheit*. Mit einer Einl. von Hans Mommsen, Hildesheim 1998.

16 Eine überzeugende Darstellung auf der Basis vor allem zeitgenössischer Schriften und Erinnerungen deutscher Juden liefert Marion Kaplan, *Between Dignity and Despair: Jewish Life in Nazi Germany*, New York 1998.

17 Siehe die Aussagen zweier Exilanten, die prominente Historiker wurden, und auch über die Veränderungen: Werner T. Angress, *Generation zwischen Furcht und Hoffnung: Jüdische Jugend im Dritten Reich*, Hamburg 1985, S. 9–15; Peter Gay, *Meine deutsche Frage. Jugend in Berlin 1933–1939*, 3., unveränd. Aufl., München 2000, S. 63–90

18 Siehe Ulrich Herbert, »Vernichtungspolitik: Neue Antworten und Fragen zur Geschichte des ›Holocausts‹«, in Herbert (Hrsg.), *Vernichtungspolitik*, S. 9–66, hier S. 65.

19 Christa Wolf, *Kindheitsmuster*, Berlin u.a. 1976

20 Siehe Norbert Frei, *Nationalsozialistische Eroberung der Provinzpresse*, Stuttgart 1980, besonders S. 251–321.

21 Siehe Norbert Frei und Johannes Schmitz, *Journalismus im Dritten Reich*, München 1989, S. 9–19, hier S. 12f. Siehe auch das Hitlerzitat in Oron J. Hale, *The Captive Press in the Third Reich*, Princeton 1964, S. 78, und Joseph Wulf, *Presse und Funk im Dritten Reich: Eine Dokumentation*, Hamburg 1983, S. 52.

22 Jürgen Hagemann, *Die Presselenkung im Dritten Reich*, Bonn 1970, S. 123f.

23 Siehe David Stout, »U. S. Knew Early of Nazi Killings in Asylums, Official Documents Show«, *New York Times* (29. Juli 1999). Die Todesanzeigen erschienen im Herbst 1940 für die Toten von Grafeneck, die Kunde von ihnen drang auch nach Washington.

24 Die Zahl der Zeitungsleser sank 1933 und ging dann weiter langsam zurück, nicht zuletzt, weil die Nationalsozialisten rund 150 kommunistische und sozialistische Zeitungen verboten und schätzungsweise 1300 »jüdische und marxistische« Journalisten aus dem Beruf verjagt hatten. Später wurde auch die konfessionelle Presse unterdrückt. Die Zahl der Zeitungsleser stieg erst wieder bei Ausbruch des Krieges. Zu Einzelheiten siehe Frei und Schmitz, *Journalismus*, besonders S. 36f.

25 Siehe die theoretischen Untersuchungen bei Niklas Luhmann, *Die Realität der Massenmedien*, 2. Aufl., Opladen 1996.

26 Einen neueren Überblick über die Literatur bietet die Studie von David Welch, *The Third Reich: Politics and Propaganda*, London 1993.

27 Lisa Pine, *Nazi Family Policy, 1933–1945*, Oxford 1997, S. 117.

28 Zur weiteren Vertiefung siehe Eberhard Jäckel, *Hitler in History*, Hannover und London 1984.

29 Ian Kershaw, *Hitler*, 2 Bde., Stuttgart-München 1998–2000.

30 Victor Klemperer, *Ich will Zeugnis ablegen bis zum letzten: Tagebücher 1933–1945*, 2 Bde., Berlin 1995.

31 Klemperer, *Zeugnis*, Bd. I, S. 185 (21. Februar 1936).

I. ABWENDUNG VON WEIMAR

1 Das ist die These der klassischen Lokalgeschichte von William Sheridan Allen, *The Nazi Seizure of Power: The Experience of a Single German Town, 1922–1945*, überarbeitete Aufl., New York 1984.

2 Siehe Detlev Peukert, *Die Weimarer Republik: Krisenjahre der Klassischen Moderne*, Frankfurt am Main 1987, S. 246, 271.

3 Eine generelle Erörterung dieser Fragen bietet Paul Weindling, *Health, Race and German Politics between National Unification and Nazism 1870–1945*, Cambridge 1989, S. 441–487, hier S. 457–462; Atina Grossmann, *Reforming Sex: The German Movement for Birth Control and Abortion Reform 1920–1950*, New York 1995, S. 79–135.

4 Einen Überblick bietet Richard Bessel, »Germany from War to Dictatorship«, in Mary Fulbrook (Hg.), *German History since 1800*, London 1997, S. 235–257.

5 Siehe hierzu die ausgezeichneten Erörterungen in Falter, *Hitlers Wähler*, S. 292f. Siehe auch Peter Fritzsche, *Germans into Nazis*, Cambridge (Massachusetts) 1998, hier s. 155.

6 Siehe Anthony McElligott, *Contested City: Municipal Politics and the Rise of Nazism in Altona, 1917–1937*, Ann Arbor 1998, S. 182.

7 Im Januar 1933 war die nationalsozialistische SA auf über eine halbe Million angewachsen und damit als einheitliche Truppe der größte und bei weitem furchterregendste rechte Kampfbund. Der Reichsbund, das uniformierte Korps der Sozialisten, war mit rund 3,5 Millionen, davon schätzungsweise 1 Million Aktive, zumindest auf dem Papier viel größer. Die paramilitärische Gruppe der Kommunisten, der Rote Frontkämpferbund, machte durch Militanz wett, was ihm an zahlenmäßiger Stärke abging; immerhin gab es – unter Berücksichtigung der Jugendkorps – rund 100000 uniformierte Mitglieder in kommunistischen Organisationen. Siehe James M. Diehl, *Para-Military Politics in Weimar Germany*, Bloomington (Indiana) 1977, S. 293–297.

8 Siehe McElligott, *Contested City*, S. 194.

9 Siehe Turner, *Thirty Days to Power*, S. 109f.

10 Die drei stärksten Parteien bei den letzten drei Reichstagswahlen waren die NSDAP, die SPD und die KPD. Siehe die übersichtliche Tabelle bei Holger H. Herwig, *Hammer or Anvil? Modern Germany 1648-Present*, Lexington (Massachusetts) 1994, S. 247. Eine soziologische Analyse des Stimmverhaltens gibt Thomas Childers, *The Nazi Voter: The Social Foundations of Fascism in Germany, 1919–1933*, Chapel Hill (North Carolina) 1983, S. 192–261; zur NSDAP selbst siehe Michael H. Kater, *The Nazi Party: A Social Profile of Members and Leaders, 1919–1945*, Cambridge (Massachusetts) 1983, S. 51–71.

11 Gründlich untersucht diese Frage Richard F. Hamilton, *Who Voted for Hitler?*, Princeton 1982, hier S. 98.

12 Siehe Falter, *Hitlers Wähler*, hier S. 327–339.

13 Zum Stimmverhalten der Arbeitslosen siehe ebd., hier S. 310.

14 Fritzsche, *Germans into Nazis*, S. 204.

15 M. Rainer Lepsius, »From Fragmented Party Democracy to Government bei Emergency Decree and National Socialist Takeover: Germany«, in Juan L. Linz und Alfred Stepan (Hg.), *The Breakdown of Democratic Regimes*, Baltimore 1978, S. 34–79, hier S. 46–49.

16 Siehe Ian Kershaw, Hitler 1889–1936, Stuttgart 1998 S. 557.

17 Golo Mann, *Deutsche Geschichte des 19. und 20. Jahrhunderts*, Frankfurt am Main 1967, S. 811.
18 Siehe Domarus, *Hitler Reden*, Bd. I, S. 229–237, hier S. 232f.
19 Zum Begriff der »legalen Revolution« siehe Karl Dietrich Bracher, *Die deutsche Diktatur. Entstehung, Struktur, Folgen des Nationalsozialismus*, 7. Aufl., Köln 1993, S. 209–217
20 Siehe etwa Ulrich Herbert, »›Die guten und die schlechten Zeiten‹: Überlegungen zur diachronischen Analyse lebensgeschichtlicher Interviews«, in Lutz Niethammer (Hg.), *»Die Jahre weiß man nicht, wo man die heute hinsetzen soll«: Faschismus-Erfahrung im Ruhrgebiet*, Berlin 1983, S. 67–96.
21 Siehe dazu die Analyse von R. J. Overy, *War and Economy in the Third Reich*, Oxford 1994, S. 37–67.
22 Siehe Gabriele Czarnowski, »The Value of Marriage for the ›Volksgemeinschaft‹: Politics towards Women and Marriage under National Socialism«, in Richard Bessel (Hg.), *Fascist Italy and Nazi Germany: Comparisons and Contrasts*, Cambridge 1996, S. 94–112.
23 Alison Owings, *Frauen: German Women Recall the Third Reich*, New Brunswick (New Jersey) 1993, hier S. 119. Die anderen Beispiele auf den S. 36, 59 und 73, 187.
24 Siehe Dan P. Silverman, *Hitler's Economy: Nazi Work Creation Programs, 1933–1936*, Cambridge (Massachusetts) 1998, S. 69–96.
25 Siehe R. J. Overy, *The Nazi Economic Recovery, 1932–1938*, 2. Aufl., Cambridge 1996, hier S. 60.
26 Siehe neuerdings die Darstellung von Doris L. Bergen, *Twisted Cross: The German Christian Movement in the Third Reich*, Chapel Hill (North Carolina) 1996, hier S. 7.
27 Siehe Ernst Christian Helmreich, *The German Churches under Hitler: Background, Struggle, and Epilogue*, Detroit 1979, S. 142f.
28 Nach Aussagen von Historikern der ehemaligen DDR kamen von 300000 Mitgliedern, die die KPD bis 1933 hatte, etwa die Hälfte mit irgendeiner Form der Verfolgung in Berührung. Diese Zahlen zitiert Hartmut Mehringer, *Widerstand und Emigration: Das NS-Regime und seine Gegner*, München 1997, hier S. 84.
29 Mehringer (ebd., S. 84) gibt zu verstehen, daß die wirtschaftliche Erholung seit 1935 mindestens genauso wichtig war wie die Verhaftung von Aktivisten und die Erschöpfung anderer beim Aufbieten der letzten Kraftreserven zur Fortsetzung des illegalen Kampfes. Zum Hintergrund dieses Konsenses siehe Ulrich Herbert, »Arbeiterschaft im ›Dritten Reich‹«, in ders., *Arbeit, Volkstum, Weltanschauung: Über Fremde und Deutsche im 20. Jahrhundert*, Frankfurt am Main 1995, S. 79–119, hier S. 113.
30 Siehe Alf Lüdtke, »The Appeal of Exterminating ›Others‹: German Workers and the Limits of Resistance«, in Michael Geyer und John W. Boyer (Hg.), *Resistance against the Third Reich 1933–1990*, Chicago 1994, S. 53–74, hier S. 66f.
31 Koppel S. Pinson, *Modern Germany: Its History and Civilization*, 2. Aufl., New York 1967, hier S. 604.
32 Kershaw, *Hitler 1889–1936*, S. 625 Die Ergebnisse der Wahlen und der Volksbefragung bei Domarus (Hg.), *Hitler Reden*, Bd. I, S. 331. Bei der Volksbefragung stimmten 95,1 Prozent mit »Ja« und 4,9 Prozent mit »Nein«.
33 Siehe den noch immer hoffnungsvollen Bericht für Juli/ August durch die *Sopade* (1934), S. 347–356.

34 Siehe beispielsweise Hitlers Rede vom 20. August 1934, Domarus (Hg.), *Hitler Reden*, Bd. I, S. 445.
35 Siehe den April/Mai-Bericht der *Sopade* (1938), hier S. 395.
36 Eine genaue Analyse liefert Kater, *Nazi Party*, hier S. 263.
37 Mathilde Jamin, *Zwischen den Klassen: Zur Sozialstruktur der SA-Führerschaft*, Wuppertal 1984, hier S. 1–5.
38 Zahlenangaben nach Jill Stephenson, *The Nazi Organization of Women*, London 1981, S. 139 und 148.
39 Adelheid von Saldern, »Victims or Perpetrators? Controversies about the Role of Women in the Nazi State«, in David F. Crew (Hg.), *Nazism and German Society 1933–1945*, London 1994, S. 141–165, hier S. 151. Siehe auch Gisela Bock, »Ordinary Women in nazi Germany: Perpetrators, Victims, Followers, and Bystanders«, in Dalia Ofer und Leonore J. Weitzman (Hg.), *Women in the Holocaust*, New Haven 1999, S. 85–100, besonders S. 91. Generell andere Schlußfolgerungen bei Stephenson, *Nazi Organization of Women*.
40 Siehe besonders Tim Mason, *Nazism, Fascism and the Working Class*, hg. Jane Caplan, Cambridge 1995, S. 150.
41 Siehe zum Beispiel *VB* (1., 2., 3. Februar 1933) mit Berichten über kommunistische Morde an Nationalsozialisten.
42 *RGBL* Bd. I, S. 35–41 (6. Februar 1933), »Verordnung des Reichspräsidenten zum Schutz des deutschen Volkes vom 4. Feb. 1933«.
43 »Zum Schutz des deutschen Volkes: Die Verordnung gegen Gefährdung der Sicherheit und gegen Landesverrat«, in *VB* (7. Februar 1933).
44 Berichte im *VB* vom 5./6. Februar 1933 hatten Überschriften wie »Wieder drei SA-Männer ermordet«, »Maschinengewehr bei Kommunisten beschlagnahmt«, »Erfolgreiche Aktion der Breslauer Polizei gegen Marxisten«.
45 Siehe die Schlagzeile auf der Titelseite: »Aufsehenerregende Entlassungen hoher Beamter im Perliner Polizeipräsidium«, in *VB* (19./20. Februar 1933). Auf derselben Seite steht ein Bericht über die Erschießung von SA-Männern durch Kommunisten: »Blutiger Terror in Berlin«.
46 »Veränderungen bei der Preußischen Polizei«, in *BM* (5. Februar 1933).
47 »Zwangsweise beurlaubt«, in *BM* (14. Februar 1933).
48 Zu Dortmund: »Der neue Geist in der Polizei«; zu Berlin: »Das Berliner Polizeipräsidium unter nationalsozialistischer Führung«, beides in *VB* (18. Februar 1933).
49 Siehe die Titelgeschichte »Rücksichtsloser Waffengebrauch gegen den roten Terror«, in *VB* (22. Februar 1933).
50 »Umbau der Politischen Polizei«, in *VB* (25. Februar 1933).
51 Siehe zum Beispiel »Geheime Staatspolizei in Preußen«, in *BM* (28. April 1933).
52 Siehe die Erklärung in »Hilfspolizei zum Schutze der staatsbewußten Bevölkerung«, in *VB* (26./27. Februar 1933). Bemerkenswert auch die Titelgeschichte aus Berlin »Kommunisten beschießen Polizei« und »Wieder ein Hitlerjunge erstochen«, in *VB* (28. Februar 1933).
53 Georg K. Glaser, *Geheimnis und Gewalt: Ein Bericht*, Frankfurt am Main 1956, S. 51f.
54 Den Bericht Kurt Dalueges vom 1. Februar 1934 zitiert Peter Leßmann, *Die preußische Schutzpolizei in der Weimarer Republik*, Düsseldorf 1989, S. 388.
55 Siehe Hans-Dieter Schmid, *Gestapo Leipzig: Politische Abteilung des Polizeipräsidiums und Staatspolizeistelle Leipzig, 1933–1945*, Beucha 1997, S. 17f.

56 Siehe George C. Browder, *Hitler‹s Enforcers: The Gestapo and the SS Security Service in the Nazi Revolution*, New York 1996, S. 85.
57 Eine Untersuchung dieser »Säuberung« und relevante Literatur bietet Robert Gellately, *Die Gestapo und die deutsche Gesellschaft: Die Durchsetzung der Rassenpolitik 1933–1945*, Paderborn-München 1993, S. 67–75.
58 Rudolf Diels, *Lucifer ante portas ... es spricht der erste Chef der Gestapo*, Stuttgart 1950, S. 194.
59 *RGBl*, Bd. I, S. 83 (28. Februar 1933, »Verordnung des Reichspräsidenten zum Schutz von Volk und Staat vom 28. Feb. 1933«.
60 Siehe beispielsweise »Reich übernimmt Polizei«, in *BM* (9. März 1933).
61 Siehe »Polizeiaktionen im Reich«, in *VB* (1. März 1933); »Die Polizeiaktionen werden erfolgreich fortgesetzt: Über 200 Verhaftungen« sowie ein Bericht aus Berlin, »Blutiger Kommunisten-Terror«, in *VB* (3. März 1933).
62 Siehe Detlev Peukert, *Die KPD im Widerstand: Verfolgung und Untergrundarbeit an Rhein und Ruhr 1933 bis 1945*, Wuppertal 1980, S. 83–89; Allan Merson, *Communist Resistance in Nazi Germany*, London 1985, S. 45–61.
63 Siehe beispielsweise »Schwer bewaffnete Kommunisten« und »Die Ausrottung des Kommunismus, in *VB* (18. März 1933); »Erfolgreiche Polizeiaktionen gegen den Marxismus«, in *VB* (15. März 1933). Der Bericht »Erfolgreiche Polizeiaktionen gegen Marxisten«, in *VB* (25. März 1933), erwähnte als einer der ersten Konzentrationslager und »Schutzhaft« – dieser Begriff war allerdings schon am 10. März 1933 im VB aufgetaucht. Diese Artikel enthielten häufig kürzere Berichte aus anderen Städten Deutschlands.
64 »Konzentrationslager«, in BM (21. März 1933).
65 Siehe beispielsweise die Reaktion einer liberalen Zeitung, »Der Brandstifter van der Lubbe«, in *BM* (2. März 1933).
66 Ian Kershaw, *Hitler 1889–1936*, S. 578, 583.
67 Siehe Richard J. Evans, *Rituale der Vergeltung. Die Todesstrafe in der deutschen Geschichte 1532–1987*, Berlin-Hamburg 2001, S. 747, 791–798.
68 »Rückgang der Todesfälle bei politischen Gewalttaten«, in *BM* (6. Mai 1933).
69 Siehe »Rotmord wird ausgerottet«, in *VB* (8. September 1933), und »Vier Todesstrafen beantragt«, in *VB* (17./18. September 1933). Eine Beschreibung der Ereignisse in Altona und Köln unter Berücksichtigung der Zeitungsberichterstattung gibt Evans, *Rituale der Vergeltung*, S. 775–778.
70 «Der Wortlaut der Notverordnungen über Amnestie und Sondergerichte«, in VB (24. März 1933). Der in der »Verordnung des Reichspräsidenten über Amnestie« gebrauchte, aufschlußreiche Terminus lautete »Straffreiheit«, das heißt Verschonung vor strafrechtlicher Verfolgung.
71 Siehe *RGBl*, Bd. I, S. 135–138 (22. März 1933), »Verordnung des Reichspräsidenten zur Abwehr heimtückischer Angriffe gegen die Regierung der nationalen Erhebung vom 21. März 1933«, »Verordnung der Reichsregierung über die Bildung von Sondergerichten vom 21. März 1933«. Siehe auch »13 Sondergerichte in Preußen«, in *VB* (28. März 1933).
72 Lothar Gruchmann, *Justiz im Dritten Reich 1933–1945: Anpasssung und Unterwerfung in der Ära Gürtner*, München 1988, S. 946.
73 »Neue Notverordnungen«, in *BM* (22. März 1933).
74 Siehe »Kabinettsberatung über Todesstrafen für politische Verbrecher«, in *VB* (25. März 1933), sowie *RGBl.*, Bd. I, S. 151 (31. März 1933), »Gesetz über Verhängung und Vollzug der Todesstrafe vom 29. März 1933«.

75 *RGBl.*, Bd. I, S. 341–348 (30. April 1934), »Gesetz zur Änderung von Vorschriften des Strafrechts und des Strafverfahrens vom 24. April 1934«.
76 Diesen Begriff gebrauchte erstmals Ernst Fraenkel (vgl. *Der Doppelstaat. Recht und Justiz im »Dritten Reich«*, Frankfurt a.M. 1984, S. 21). Bei der deutschen Ausgabe handelt es sich um eine Rückübersetzung des zuerst 1941 in den USA erschienenen Werkes.
77 »Schaffung eines Geheimen Staatspolizeiamtes«, in *VB* (28. April 1933).
78 Eine Untersuchung des Gestapo-Personals sowie seiner lokalen Verteilung und Organisation bietet Gellately, *Die Gestapo und die deutsche Gesellschaft*, S. 61–93.
79 Siehe *IMT*, Bd. XXIX, S. 250–252, Dokument 2104–PS und 2105–PS.
80 »Der neue Geist im Münchener Polizeipräsidium«, in *VB* (15. März 1933).
81 Shlomo Aronson, *Reinhard Heydrich und die Frühgeschichte von Gestapo und SD*, Stuttgart 1971, S. 104.
82 Diesen Punkt demonstriert überzeugend Karl Schleunes, *The Twisted Road to Auschwitz: Nazi Policy Toward German Jews 1933–1939*, Urbana (Illinois) 1970, S. 62–91, hier S. 71.
83 Siehe Christoph Graf, *Politische Polizei zwische Demokratie und Diktatur*, Berlin 1983, S. 233–242.
84 »Der neue Geist im Münchener Polizeipräsidium«, in *VB* (15. März 1933).
85 Siehe Anlage 2, »Verordnung des Staatsministeriums des Innern vom 1. Apr. 1933«, in Martin Faatz, *Vom Staatsschutz zum Gestapo-Terror: Politische Polizei in Bayern in der Endphase der Weimarer Republik und der Anfangsphase der nationalsozialistischen Diktatur*, Würzburg 1995, S. 570; siehe auch s. 396f.
86 Siehe Andreas Seeger, *»Gestapo-Müller«: Die Karriere eines Schreibtischtäters*, Berlin 1996, S. 32–41.
87 Graf, *Politische Polizei*, S. 232.
88 Browder, *Hitler's Enforcers*, S. 78; siehe auch Peukert, *KPD im Widerstand*, S. 92.
89 »Um die Entlassung politischer Schutzhäftlinge«, in *DD* (9. Mai 1933).
90 Eine ausführliche Untersuchung dieser Ereignisse findet sich bei Gellately, *Die Gestapo und die deutsche Gesellschaft*, S. 54–57. Eine lokale Fallstudie nebst einschlägiger Literatur ebendort, S. 113–119.
91 »Warnung an Hetzer und Drahtzieher«, in *FZ* (16. Juni 1933); Festnahme im Reich2, in *VZ* (28. Juni 1933); »Ebert und Heilmann im Konzentrationslager«, in *HN* (9. August 1933).
92 Siehe George C. Browder, *Foundations of the Nazi Police State: The Formation of Sipo and SD*, Lexington (Kentucky) 1990, S. 239.
93 Siehe etwa »Auf dem Wege zum einheitlichen Staatsschutzkorps: Weitere Aufnahme von Polizeiangehörigen in die SS«, in *BBZ* (6. Januar 1938).
94 Robert Koehl, *The Black Corps: The Structure and Power Struggles of the Nazi SS*, Madison 1983, S. 159f.
95 »Polizei und SS wachsen zusammen«, in *VB* (8. Mai 1937).
96 Zitiert in Ulrich Herbert, *Best: Biographische Studien über Radikalismus, Weltanschauung und Vernunft 1903–1989*, Bonn 1996, S. 170.
97 Reinhard Heydrich, »Die Bekämpfung der Staatsfeinde«, in *DR* (15. April 1936).
98 Siehe Edward B. Westermann, »›Ordinary Men‹ or ›Ideological Soldiers‹? Police Battalion 310 in Russia, 1942«, *GSR* (1998), S. 41–68, hier S. 45.
99 Die Vorstellung, die Polizei durch »Schulung« zum Nationalsozialismus zu erziehen, erwähnt Kurt Daluege, *Tag der deutschen Polizei 1934*, München 1935, S. 9; sie war 1934 bereits im Schwange. Spätere Beispiele siehe etwa in *IfZ*,

Dc15.16, *Schulungs-Leitheft für SS-Führeranwärter der Sicherheitspolizei und des SD*, o. J. [1940]; ferner in *IfZ*, Dc01.07: RFSS Rund-Erl. (2. Juni 1940): »Richtlinien für die Durchführung der weltanschaulichen Schulung der Ordnungspolizei während der Kriegszeit«. Siehe auch *Befehlsblatt des Chefs der Sipo und SD* (20. März 1945), S. 58–60.

100 *Siehe etwa Schriftenreihe für die weltanschauliche Schulung der Ordnungspolizei*, 1941 ff., mit Sonderheften über Rasse und »Blutfragen«.

101 Siehe Peter Longerich, *Die braunen Bataillone: Geschichte der SA*, München 1989, S. 176.

102 Klemperer, *Zeugnis*, Bd. I, S. 9 (Eintrag vom 10. März 1933).

103 Bay HStA: Abt. I, MF 19/67403: Kabinettssitzung (7. April 1933).

104 Siehe Saul Friedländer, *Das Dritte Reich und die Juden*. Bd. 1: *Jahre der Verfolgung 1933–1939,* München 1998, S. 27. Zu weiteren Einzelheiten siehe Ino Arndt und Heinz Boberach, »Deutsches Reich«, in Wolfgang Benz (Hg.), *Dimension des Völkermords: Die Zahl der jüdischen Opfer des Nationalsozialismus*, München 1991, S. 23–65.

105 Siehe Bergen, *Twisted Cross*, S. 83.

106 Siehe Jeremy Noakes, »The Development of Nazi Policy towards the German-Jewish ›Mischlinge‹ 1933–1945«, in *Leo Baeck Institute Year Book* (1989), S. 291–354, hier 293.

107 Hieran erinnert zu Recht Friedländer, *Das Dritte Reich und die Juden,* Bd. 1, S. 174.. Siehe auch die Geschichte einer »gemischtrassigen« Person bei Owings, *Frauen*, S. 32–53.

108 Eine eingehende Analyse bietet neuerdings Beate Meyer, *»Jüdische Mischlinge«: Rassenpolitik und Verfolgungserfahrung 1933–1945*, Hamburg 1999, S. 162–259.

109 Siehe Tafel 4 in Gerhard Paul, *Aufstand der Bilder: Die NS-Propaganda vor 1933*, Bonn 1992, S. 220.

110 Das Plakat ist abgedruckt in Hagen Schulze, *Kleine deutsche Geschichte,* München 1996, S. 194.

111 Siehe Anthony Kauders, *German Politics and the Jews: Düsseldorf and Nuremberg 1910–1933*, Oxford 1996, S. 182f.

112 Ian Kershaw, *The »Hitler Myth«: Image and Reality in the Third Reich*, Oxford 1987, S. 232–234.

113 So wurden am 9. März 1933 zahlreiche Ostjuden aus dem Berliner »Scheunenviertel« festgenommen und in »Lager« der SA verschleppt. Siehe Longerich, *Die braunen Bataillone*, S. 170.

114 Einen allgemeinen Überblick gibt Peter Longerich, *Politik der Vernichtung: Eine Gesamtdarstellung der nationalsozialistischen Judenverfolgung*, München 1998, S. 25–30.

115 Der Text dieses und anderer auf das Beamtentum bezüglicher Gesetze findet sich bei Ingo von Münch (Hg.), *Gesetze des NS-Staates*, 3. Aufl., Paderborn 1994, S. 26–28.

116 »Nur deutschblütige Beamte dürfen die Staatsautorität verkörpern«, in *VB* (4. April 1933); »Säuberung des Beamtentums«, in *VB* (13. April 1933).

117 Jane Caplan, *Government without Administration: State and Civil Society in Weimar and Nazi Germany*, Oxford 1988, S. 143–146. Eine Untersuchung der lokalen Ebene bietet Karl Tepper, *Provinz, Partei, Staat*, Münster 1977, S. 36–68.

118 Die Formulierungen stammen von Regierungsbeamten; zitiert in Horst Göppinger, Juristen jüdischer Abstammung im »Dritten Reich«, 2. Aufl., München 1990, S. 59; siehe auch »Aufbruch zum Recht«, in *VB* (6. April 1933).
119 »Gegen jüdische Richter und Anwälte«, in *BM* (1. April 1933).
120 Siehe Kershaw, *Hitler 1889–1936*, S. 598f.
121 Siehe »Ueberall Boykott-Komitees gegen das Judentum«, in *VB* (29. März 1933), und »Aufruf an die Partei«, in *VB* (30. März 1933).
122 Siehe die Titelgeschichte »Gegenschlag gegen die jüdische Greuel-Propaganda«, in *VB* (28. März 1933). Aus der endlosen Reihe von Artikeln siehe etwa »Jüdischer ›Kriegsrat‹ in Amerika verkündete Vernichtung der deutschen Wirtschaft durch Weltboykott«, in *VB* (4. April 1933), »Die jüdisch-kommunistische Hetze: Boykott in England, Rumänien und Polen«, in *VB* (9./10. April 1933), »Enthüllungen über die jüdisch-marxistische Hetzzentrale in Prag«, in *VB* (10. August 1933).
123 Siehe Claudia Koonz, *Mütter im Vaterland. Frauen im Dritten Reich*, Reinbeck bei Hamburg 1994, S. 228.
124 »Aufruf an die Partei«, in *VB* (30. März 1933).
125 »Der Reichskanzler rechtfertigt den Lügen-Abwehrkampf vor dem Kabinett«, in *VB* (30. März 1933).
126 Siehe »Erste Boykottanordnungen« und »So sehen die Abwehr-Plakate aus«, in *VB* (31. März 1933).
127 »Stuttgart im Abwehrkampf voran!«, in *NS-Kurier* (1. April 1933), abgedruckt in Paul Sauer (Hg.), *Dokumente über die Verfolgung der jüdischen Bürger in Baden-Württemberg durch das nationalsozialistische Regime 1933–1945*, Stuttgart 1966, Bd. I, S. 9f.
128 »Boykott-Posten: Abwehrkampf in Württemberg«, in *NS-Kurier* (3. April 1933), abgedruckt in Sauer (Hg.), *Dokumente*, Bd. I, S. 10–12.
129 Johannes Ludwig, *Boykott, Enteignung, Mord: Die »Entjudung« der deutschen Wirtschaft*, Hamburg 1989, S. 113f.
130 Siehe die Schilderung Kurt Schatzkys in Monika Richarz (Hg.), *Jüdisches Leben in Deutschland: Selbstzeugnisse zur Sozialgeschichte 1918–1945*, Stuttgart 1982, S. 292–300, hier S. 293.
131 *FZ* (2. April 1933), abgedruckt in *Dokumente zur Geschichte der Frankfurter Juden 1933–1945*, Frankfurt am Main 1963, S. 22f.
132 Siehe Schleunes, *Twisted Road*, S. 88; ferner Michael Burleigh und Wolfgang Wippermann, *The Racial State: Germany 1933–1945*, Cambridge 1991, S. 77f.; Ian Kershaw, *Popular Opinion and Political Dissent in the Third Reich: Bavaria 1933–1945*, Oxford 1983, S. 232.
133 »Boykottpause bis Mittwoch«, in *VB* (2./3. April 1933).
134 »Vorbereitung des Dauerboykotts«, in *VB* (4. April 1933).
135 »Warum der Einfluß des Judentums gebrochen werden muß«, in *VB* (19. Juli 1933).
136 Siehe Klemperer, *Zeugnis*, Bd. I, S. 15 (30. März 1933).
137 Edwin Landaus Schilderung findet sich in Richarz (Hg.), *Jüdisches Leben*, S. 99–108; ein Beispiel dafür, daß den Juden auch Sympathie entgegengebracht wurde (in Bingen), ist die Geschichte Marta Appels, ebd., S, 231–243.
138 »Der Zionismus erobert die deutsche Judenschaft«, in *VB* (21. Juli 1933).
139 Siehe den Bericht Max Reiners in Richarz (Hg.), *Jüdisches Leben*, S. 109–119.
140 Klemperer, *Zeugnis*, Bd. I, S. 25 (25. April 1933).
141 Richard Bessel, *Political Violence and the Rise of Nazism: The Storm Troopers in Eastern Germany 1925–1934*, New Haven 1984, S. 108.

142 Siehe etwa Kershaw, *Popular Opinion*, hier S. 239.
143 Eine genauere Darstellung gibt Göppinger, *Juristen*, S. 49–111, hier S. 49 {SIC}. Zur Säuberung der freien Berufe s. Konrad H. Jarausch, *The Unfree Professions: German Lawyers, Teachers, and Engineers, 1900–1950*, New York 1990, S. 115–227.
144 Siehe »Aktion gegen jüdische Richrter in Frankfurt a.M.«, in *VB* (1. April 1933); ferner Göppinger, *Juristen*, S. 54f.; »Berliner Strafgerichte judenrein«, in *VB* (21. März 1933).
145 Siehe Geoffrey J. Giles, *Students and National Socialism in Germany*, Princeton 1985, S. 14–72; zum Hintergrund Michael H. Kater, *Studentenschaft und Rechtsradikalismus in Deutschland 1918–1933*, Hamburg 1975.
146 Giles, *Students*, S. 121.
147 »Entfernung von Marxisten und Juden aus Lehrämtern und Anstalten«, in *VB* (14./15. April 1933).
148 »Der Reichskanzler umreißt die rasse-hygienischen Aufgaben der Ärzte«, in *VB* (7. April 1933).
149 Siehe Michael H. Kater, *Ärzte als Hitlers Helfer*, Hamburg 2000, S. 291–359, hier 304.
150 Siehe *Nazism Docs*., Bd. II, S. 458.
151 Kater, *Ärzte*, S. 80.
152 Zur Neuordnung der ärztlichen Berufsorganisationen s. Kater, *Ärzte*, S. 55–58.
153 Gisela Bock, *Zwangssterilisation im Nationalsozialismus: Studien zur Rassenpolitik und Frauenpolitik*, Opladen 1986, S. 232, 238.
154 Czarnowski, »Women and Marriage«, S. 98.
155 Vgl. die autobiographischen Schilderungen in Geert Platner (Hg.), *Schule im Dritten Reich: Erziehung zum Tod? Eine Dokumentation*, München 1983, S. 129–183.
156 Eine umfangreiche Sammlung von Zeitungsausschnitten aus dem Jahre 1933 enthält *Das Schwarzbuch. Tatsachen und Dokumente: Die Lage der Juden in Deutschland 1933*, hg. v. Comité des délégations juives, Paris 1934, Reprint Frankfurt am Main 1983.
157 Bessel, *Political Violence*, S. 113.
158 Kershaw, *Popular Opinion*, S. 236f. Bär wurde denn auch nicht ins Gefängnis eingeliefert, sondern kehrte im Juli zum Ausgangspunkt des Pogroms, eine Gastwirtschaft, zurück, wo er mit mehreren Schüssen den Gastwirt tötete und dessen Sohn lebensgefährlich verletzte. Er wurde abermals vor Gericht gestellt und für schuldig befunden, kam aber mit einer Bewährungsstrafe davon.
159 Marion A. Kaplan, *Between Dignity and Despair: Jewish Life in Nazi Germany*, New York 1998, S. 63.
160 Peter Gay, *Meine deutsche Frage. Jugend in Berlin 1933–1939*, 3. Aufl., München 2000, S. 89–94
161 »Die erfolgreiche Arbeit des Geheimen Staatspolizeiamtes«, in *DAZ* (24. November 1933); »Das Geheime Staatspolizeiamt an der Arbeit«, in *VB* (25. November 1933); »Neuorganisierung der Geheimen Staatspolizei«, in *VB* (3./4. Dezember 1933).
162 Siehe *IMT*, Bd. XLII, S. 300–302, Dokument Gstapo-31, Abdruck eines Artikels aus dem *Berliner Lokalanzeiger* (10. März 1934), der darauf hinwies, daß sich die Notwendigkeit von Konzentrationslagern »durch innenpolitische Beruhigung« verringert habe. Das betonte auch Göring in seinen Ausführungen über »Die Stellung der Geheimen Staatspolizei in der Verwaltung«, in *VB* (18./19. März 1934).

163 »Die Stellung der Geheimen Staatspolizei in der Verwaltung«, in *VB* (18./19. März 1934).
164 »Die Aufgaben der Politischen Polizei«, in *VB* (23. Januar 1934).
165 Siehe etwa »Reichsführer S.S. Kommandeur der Politischen Polizei in Hamburg, Mecklenburg und Lübeck«, in *VB* (28. November 1933 und 12. Dezember 1933; 22. Dezember 1933).
166 Verordnung Görings vom 20. November 1934, vollständig zitiert in Hans Buchheim, »Die SS – Das Herrschaftsinstrument«, in Hans Buchheim u.a., *Anatomie des SS-Staates*, 5. Aufl., München 1989, Bd. I, S. 43.
167 Detaill. Schilderungen und Literaturhinweise in Browder, *Foundations*, S. 50–90.
168 »Die Geheimen Staatspolizeiämter aller deutschen Länder in einer Hand vereinigt«, in *VB* (21. April 1934).
169 »Gesetz über den Neuaufbau des Reiches vom 30. Januar 1934«, abgedruckt in Martin Hirsch, Diemut Majer und Jürgen Meinck (Hg.), *Recht, Verwaltung und Justiz im Nationalsozialismus*, Köln 1984, S. 132.
170 Siehe Hans-Ulrich Thamer, *Verführung und Gewalt: Deutschland 1933–1945*, 2. Aufl., Berlin 1986, S. 307.
171 Siehe »Vorläufiges Gesetz zur Gleichschaltung der Länder mit dem Reich vom 31. März 1933« und »Zweites Gesetz zur Gleichschaltung der Länder mit dem Reich vom 7. April 1933«, in Hirsch, Majer und Meinck (Hg.), *Recht, Verwaltung und Justiz*, S. 127–132.
172 Über den Vorgang wurde in der Presse ausführlich berichtet; siehe etwa »Die Vereinheitlichung der Justiz«, in *VB* (24. Oktober 1934); »Das Reichsjustizministerium und das Preußische Justizministerium vereinigt«, in *VB* (30. Oktober 1934); »Der Weg zur Reichsjustiz«, in *VB* (16./17. Dezember 1934); »Ab 1. Januar 1935 einheitliche Reichsjustizverwaltung«, in *VB* (22. Dezember 1934).
173 Klemperer, *Zeugnis*, Bd. I, S. 69 (Eintrag vom 14. November 1933).

2. POLIZEIJUSTIZ

1 1927 wurden in solchen Großstädten 121 252 Diebstähle und 48 477 Raubüberfälle bei der Polizei angezeigt; diese Zahlen stiegen in den folgenden Jahren kontinuierlich an und hatten sich 1932 fast verdoppelt, und zwar auf 214 696 Diebstähle und 99 095 Raubüberfälle. Siehe die Tabellen in Patrick Wagner, *Volksgemeinschaft ohne Verbrecher: Konzeptionen und Praxis der Kriminalpolizei in der Zeit der Weimarer Republik und des Nationalsozialismus*, Hamburg 1996, S. 31–35. Auch die Jugendlichen hatten ihre Probleme, doch veränderte sich ihre Straffälligkeit nicht so drastisch. Siehe zum gesamten Zeitraum Detlev Peukert, *Jugend zwischen Krieg und Krise: Lebenswelten von Arbeiterjungen in der Weimarer Republik*, Köln 1987, hier S. 273–277.
2 Eine amüsante Einführung gibt Otto Friedrich, *Before the Deluge: A Portrait of Berlin in the 1920s*, New York 1972.
3 Siehe die zeitgenössische Literatur in Anton Kaest u.a. (Hg.), *The Weimar Republic Sourcebook*, Berkeley 1994, S. 721–741.
4 Eine Synthese bietet Ute Frevert, *Frauen-Geschichte. Zwischen bürgerlicher Verbesserung und neuer Weiblichkeit*, Frankfurt a.M. 1986, S. 146–189.
5 Er führte Tagebuch und veröffentlichte 1935 seine darauf basierenden Geschichten. Siehe Christopher Isherwood, »Goodbye to Berlin!«, in seinen *Berlin Stories*, New York 1954, S. 203.

6 Das Interview steht bei Alison Owings, *Frauen: German Women Recall the Third Reich*, New Brunswick (New Jersey) 1993, S. 83–98, hier S. 88.
7 »Todesstrafe und Zuchthaus für Anschläge und Verrat«, in *VB* (2. März 1933).
8 »Der neue Geist in der Polizei«, in *VB* (18. Februar 1933).
9 Siehe »Berlins Polizeipräsident über seine Aufgaben«, in *VB* (24. Februar 1933); »Für Ruhe und Ordnung, Zucht und Sitte«, in *DA* (17. Februar 1933); »Neue Männer in Preußen«, in *BT* (16. Februar 1933).
10 »Wechsel in den Polizeipräsidien«, »Die neuen Männer«, in *VB* (28. März 1933).
11 Siehe etwa »Strafverschärfung für Verrat militärischer Geheimnisse – Straffreiheit für Mensuren«, in *VB* (21./22. Mai 1933); »Schwere Strafen für Kapital- und Steuerflucht«, in *VB* (10. Juni 1933).
12 »Der Strafvollzug wird verschärft: Verbrecher sollen es in Zukunft nicht noch besser haben als Erwerbslose«, in *VB* (14. Juli 1933).
13 In mehreren Untersuchungen hat Johannes Tuchel die Schlüsselrolle Hitlers beim Aufbau des Terrors belegt; siehe etwa seine Dokumentensammlung *Die Inspektion der Konzentrationslager 1938–1945*, Berlin 1994, besonders S. 40ff.
14 Christoph Graf, *Politische Polizei zwischen Demokratie und Diktatur*, Berlin 1983, S. 282. Siehe auch Edward N. Peterson, *The Limits of Hitler‹s Power*, Princeton 1969, S. 166–179; Peter Diehl-Thiele, *Partei und Staat im Dritten Reich*, München 1971, S. 75–85.
15 Siehe Günter Neliba, *Wilhelm Frick: Der Legalist des Unrechtsstaats. Eine politische Biographie*, Paderborn 1992, S. 253.
16 Anfang 1934 versuchte das Reichsinnenministerium bei mindestens drei verschiedenen Gelegenheiten, Mißbräuche abzustellen, ordentliche polizeiliche Verfahrensweisen durchzusetzen und die Einmischung von NSDAP und SA in die Polizeiarbeit zu begrenzen. Das Ministerium wünschte keinen übermäßigen Gebrauch der »Schutzhaft«; diese sollte nur denen vorbehalten sein, die die »öffentliche Sicherheit und Ordnung« »direkt« gefährdeten. Polizeiliche Maßnahmen sollten nicht als Strafe für strafrechtlich verfolgbare Delikte und nicht gegen Personen verhängt werden , deren Verhalten zwar von der Polizei (oder anderen) als verwerflich eingeschätzt wurde, aber politisch unverdächtig (oder nicht kriminell) war. Martin Broszat, »Konzentrationslager«, in Hans Buchheim u.a., *Anatomie des SS-Staates*, 5. Aufl., München 1989, Bd. II, S. 35; Hans Tesmer, »Die Schutzhaft und ihre rechtlichen Grundlagen«, *Deutsches Recht* (1937), in Martin Hirsch, Diemut Majer und Jürgen Meinck (Hg.), *Recht, Verwaltung und Justiz im Nationalsozialismus*, Köln 1984, S. 332.
17 Siehe etwa »Konzentrationslager für Steuerverweigerer«, in *VB* (10. Januar 1934); »Unsozialer Betriebsführer in Schutzhaft«, in *DA* (28. Oktober 1934); »Neue Schutzhäftlinge«, in *DD* (27. Februar 1934); »Verlagsdirektor Bitter-Recklinghausen in Schutzhaft«, in *DAZ* (17. März 1934); »Schutzhaft gegn einen Bergwerksdirektor«, in *DD* (17. April 1934); »Ein Mieter in Schutzhaft«, in *BT* (18. Dezember 1934).
18 »Gegen gewissenlose Ausbeuter«, in *VB* (7. Juli 1933).
19 Wolfgang Ayaß, *»Asoziale« im Nationalsozialismus*, Stuttgart 1995, S. 24, schätzt die Zahl auf »mehrere Zehntausende«. Michael Burleigh und Wilfgang Wippermann, *The Racial State: Germany 1933–1945*, Cambridge 1991, S. 170, veranschlagen die Zahl der in Schutzhaft genommenen Personen auf nicht weniger als 100000.
20 Die erste Geschichte stammt aus der *DZ*, die zweite aus der *VZ*, zitiert in Ayaß, *»Asoziale«*, S. 39.

21 In *VB* (29. Dezember 1933).
22 Siehe die Fallstudie in Justizbehörde Hamburg (Hg.), »*Von Gewohnheitsverbrechern, Volksschädlingen und Asozialen ...«: Hamburger Strafurteile im Nationalsozialismus*, Hamburg 1995, S. 78–83.
23 *RGBl*, Bd. I, S. 995–999, hier S. 998 (27. November 1933), »Gesetz gegen gefährliche Gewohnheitsverbrecher und über Maßregeln der Sicherung und Besserung vom 24. November 1933«.
24 Siehe etwa »Schnelle Strafvollstreckung – Gnadenerweise nur in Ausnahmefällen«, in *VB* (19. August 1933).
25 »Zum Schutz von Volk und Staat: Verfügung der Landesjustizverwaltung Hamburg«, in *VB* (2. August 1933).
26 Nach langen Diskussionen entschied sich Hitler persönlich am 14. Oktober 1936 für das sogenannte Fallbeil. Dieses sonderbare Wort gebrauchten die Nationalsozialisten, um das Wort »Guillotine« zu vermeiden – nicht nur, weil es ein Fremdwort war, sondern auch, weil es zu gehässigen Vergleichen zwischen dem nationalsozialistischen Deutschland und der Französischen Revolution einlud. Zum Hintergrund siehe Richard J. Evans, *Rituale der Vergeltung: Die Todesstrafe in der deutschen Geschichte 1532–1987*, Berlin-Hamburg 2001, S. 783–791.
27 »Nationalsozialistisches Strafrecht«, in *VB* (30. September 1933).
28 Siehe etwa »Das kommende deutsche Strafrecht«, in *VB* (31. August 1934); Hans Frank, »Recht – eine Angelegenheit der Volksgemeinschaft«, in *VB* (2. Juli 1935); Roland Freisler, »Volksverrat – das schwerste Verbrchen«, in *VB* (3. August 1935); ferner die Aufsätze in Franz Gürtner und Roland Freisler, *Das neue Strafgesetzbuch. Grundsätzliche Gedanken zum Geleit*, 2. Aufl., Berlin 1936.
29 Siehe Hans Frank, »Revolution im Strafrecht«, in *VB* (5. Juli 1935).
30 »Wichtige Änderung des Strafgesetzbuches«, in *VB* (6. Juli 1935).
31 Siehe »Mahnmarken auf Straf- und Streitakten in Thüringen«, in *VB* (10. Juli 1934). Zur übergreifenden Thematik siehe Martin Broszat, »Zur Perversion der Strafjustiz im Dritten Reich«, *VfZ* (1958), S. 390–443, hier S. 394.
32 Der vollständige Text der Rede in *VB* (31. Januar 1937).
33 »Stabchef Röhm und mehrere SA-Führer erschossen«, in *VB* (3. Juli 1934).
34 Victor Klemperer, *Ich will Zeugnis ablegen bis zum letzten: Tagebücher 1933–1945*, Berlin 1995, Bd. I, S. 121 (Eintrag vom 14. Juli 1934).
35 Siehe Richard Bessel, *Political Violence and the Rise of Nazism: The Storm Troopers in Eastern Germany 1925–1934*, New Haven 1984, S. 139f.; Peter Longerich, *Die braunen Bataillone: Geschichte der SA*, München 1989, S. 227–230; Hans-Ulrich Thamer, *Verführung und Gewalt: Deutschland 1933–1945*, 2. Aufl., Berlin 1986, S. 333; und Gunter d'Alquen, »Unsere Pflicht«, in *VB* (24./25. Juni 1934).
36 Lagebericht des Regierungspräsidenten von Osnabrück (10. August 1934) und Lagebericht der Staatspolizeistelle an das Geheime Staatspolizeiamt (Juli 1934) vom 2. August 18934, in Gerd Steinwascher (Hg.), *Gestapo Osnabrück meldet ...*, Osnabrück 1995, S. 77, 80.
37 Siehe etwa Lagebericht des Hildesheimer Regierungspräsidenten für Juli 1934 (8. August 1934), in Klaus Mlynek (Hg.), *Gestapo Hannover meldet ...*, Hildesheim 1986, S. 198.
38 »Straffreiheitsgesetz zur Übernahme der Amtsbefugnis des Reichspräsidenten durch Adolf Hitler«, in *VB* (10. August 1934).
39 Siehe »Entlassung von Schutzhäftlingen«, in *VB* (17. August 1934), und »Weitere 742 Schutzhäftlinge entlassen«, in *VB* (2./3. September 1934).

40 Diese Entwicklungen untersucht Johannes Tuchel, *Konzentrationslager: Organisationsgeschichte und Funktion der »Inspektion der Konzentrationslager« 1934–1938*, Boppard 1991, s. 203, 307ff.
41 In *VB* (12. September 1935), abgedruckt in Domarus (Hg.), *Hitler Reden*, Bd. II, S. 525f.
42 Siehe Ulrich Herbert, *Best: Biographische Studien über Radikalismus, Weltanschauung und Vernunft 1903–1989*, Bonn 1996, S. 168–170; Tuchel, *Konzentrationslager*, S. 312f.
43 Herbert, *Best*, S. 151–153.
44 Siehe die umfangreichen Erläuterungen Werner Spohrs, »Schutzhaft und ordentliches Gericht«, in *Der Deutsche Justizbeamte* (11. April 1937).
45 »Gesetz über die Geheime Staatspolizei vom 10. Februar 1936«, in Hirsch, Majer und Meinck (Hg.), *Recht, Verwaltung und Justiz*, S. 329f. Siehe auch Diemut Majer, *Grundlagen des nationalsozialistischen Rechtssystems: Führerprinzip, Sonderrecht, Einheitspartei*, Stuttgart 1987, S. 110.
46 Siehe etwa: Der Präsident des Preußischen Oberverwaltungsgerichts über »Polizei, Gesetz und Rechtskontrolle«, in *FZ* (5. Mai 1936).
47 AES, Rund-Erl. des Gestapa: Betr. »Schutzhaft« (17. Dezember 1936).
48 »Keine Verwaltungsklage gegen Akte der Staatspolizei«, in *FZ* (23. Mai 1937).
49 Siehe etwa »Gestapo ohne Agenten und Spitzel«, in *PZ* (8. Januar 1937); »Aufgaben und Organe der Staatssicherung«, in *RLZ* (19. Januar 1938).
50 Werner Best, »Die Geheime Staatspolizei« (1936), abgedruckt in Hirsch, Majer und Meinck (Hg.), *Recht, Verwaltung und Justiz*, S. 328f.
51 »Die präventive Aufgabe der Geheimen Staatspolizei«, in *FZ* (3.März 1938). »Aufgaben und Organe der Staatssicherung: Sondervortrag der Verwaltungsakademie«, in *RLZ* (19. Januar 1938).
52 Heinrich Himmler, »Aufgaben der Polizei des Dritten Reiches«, in *HF* (12. März 1937).
53 Hans Frank, »Die rechtlichen Grundlagen der heutigen Polizeiarbeit«, in *VB* (20. Januar 1937).
54 »Neben der siegreichen Waffe das neue Recht«, in *RLZ* (5. Dezember 1939); siehe auch seine Rede »Recht ist mehr als Justiz«, in *VB* (26. März 1939).
55 Werner Best, »Volksordnung und Polizei«, in *Deutsche Verwaltung* (20. April 1939).
56 BA: R58/242: Gestapa an Stapo(leit)stellen (8. Mai 1937). Zum Hintergrund siehe Lothar Gruchmann, *Justiz im Dritten Reich 1933–1945: Anpassung und Unterwerfung in der Ära Gürtner*, München 1988, S. 600.
57 Siehe AES, Rund-Erl. RMI: Betr. Schutzhaft, 25. Januar 1938; und Rund-Erl. des Chefs Sipo (21. Februar 1938).
58 Siehe Gerhard Werle, *Justiz-Strafrecht und polizeiliche Verbrechensbekämpfung im Dritten Reich*, Berlin 1989, S. 564.
59 Über Nachkriegsprozesse, in denen Gestapoangehörige zugaben, gewußt zu haben, daß manche der von ihnen festgenommenen Personen unschuldig waren, siehe Klaus Moritz und Ernst Noam (Hg.), *NS-Verbrechen vor Gericht 1945–1955: Dokumente aus hessischen Justizakten*, Wiesbaden 1978, hier S. 286.
60 Siehe Werle, *Justiz*, S. 576.
61 Siehe Hans Mommsen, »The Political Legacy of the Resistance: A Historiographical Critique«, in David Clay Large (Hg.), *Contending with Hitler*, Cambridge 1991, S. 151–162, hier S. 161.

62 Siehe Klaus Oldenhage, »Justizverwaltung und Lenkung der Rechtsprechung im Zweiten Weltkrieg: Die Lageberichte der Oberlandesgerichtspräsidenten und Generalstaatsanwälte (1940–1945)«, in Dieter Rebentisch und Karl Teppe (Hg.), *Verwaltung contra Menschenführung im Staat Hitlers*, Göttingen 1986, S. 100–200, hier S. 108.
63 Siehe etwa Johnpeter Horst Grill, *The Nazi Movement in Baden, 1920–1945*, Chapel Hill (North Carolina) 1983, S. 377–380.
64 »Polizei als Freund und Helfer«, in *VB* (18. Dezember 1934). Siehe auch »Ein Jahr nationalsozialistische Polizei«, in *VB* (31. Januar 1935).
65 »Der Tag der Deutschen Polizei«, in *VB* (9. Dezember 1936).
66 Reinhard Heydrich, »Zum Tag der deutschen Polizei«, in *VB* (15. Januar 1937); »Kamerad und Helfer«, in *VB* (16. Januar 1937).
67 «Polizei – Träger der Staatsgewalt«, in *VB* (16. Januar 1937).
68 »Die Aufgaben der deutschen nationalsozialistischen Polizei: Rundfunkansprache des Reichsführers SS. und Chef der deutschen Polizei«, in *VB* (16. Januar 1937.
69 Heinrich Himmler, »Aufgaben der Polizei des Dritten Reiches«, in *HF* (12. März 1937).
70 »Polizei und SS wachsen zusammen: Der Reichsführer SS vor dem Polizeioffizierskorps«, in *VB* (8. Mai 1937); »Rechtsstellung des Reichsführers SS und Chef der Deutschen Polizei«, in *VB* (3. Juni 1937).
71 »Die Abwehr der Staatsfeinde«, in *VB* (26. Januar 1938).
72 »Kripo und Gestapo: Die Aufgaben und die Arbeit der deutschen Sicherheitspolizei«, in *DN* (29. Januar 1939).
73 »Die deutsche Polizei im Osten«, in *VB* (18. Februar 1940).
74 »Polizei und SS im Osten: Eindrucksvolle Hörberichte im Rundfunk«, in *VB* (19. Februar 1940).
75 »Fasten und Dunkelzelle hörten auf«, in *VB* (27. Juni 1940), bezieht sich auf das Sudetenland; »Deutsche Polizei schafft wieder Ordnung«, in *VB* (11. August 1940), befaßt sich mit Elsaß-Lothringen.
76 »Deutsche Ordnung durchgesetzt: Polnischen Verbrechertum ein Ende bereitet – die Leistungen der Polizei«, in *VB* (29. November 1940).
77 Siehe »Kampf der SS und Polizei im Osten: Erlebnisberichte im Deutschen Rundfunk«, in *VB* (30. Dezember 1939).
78 »›Standgerichte der Heimat‹: Sondergerichte – erste und letzte Instanz für Volksschädlinge und Gewaltverbrecher«, in *VB* (23. Dezember 1939).
79 Arthur Nebe, »Aufbau der deutschen Kriminalpolizei«, in *Kriminalistik* (1. Januar 1938).
80 Siehe »Die einheitliche Polizeiexekutive: Garde des Staates«, in *DAZ* (19. Juni 1936); »Die Einheitsorganisation der deutschen Polizei«, in *VB* (1. Juli 1936). Viele wertvolle Hintergrundinformationen liefert George C. Browder, *Foundations of the Nazi Police State: The Formation of Sipo and SD*, Lexington (Kentucky) 1990, S. 231ff.
81 »Die Polizei im Reichsaufbau«, in *BT* (1. Juli 1937), berichtete, daß eine völlig vereinheitlichte deutsche Polizei als Ersatz der abgeschafften Landespolizeien mit Wirkung zum 1. April 1937 formell die Arbeit aufgenommen habe und Polizeibeamte unter ein einheitliches Beamtengesetz vom 1. Juli 1937 fielen. Siehe auch »Die Einheitsorganisation der deutschen Polizei«, in *VB* (1. Juli 1937) Herbert, *Best*, S. 170; und aus der Sicht des Insiders Bernd Wehner, *Dem Täter auf der Spur: Die Geschichte der deutschen Kriminalpolizei*, Bergisch Gladbach 1983, S. 161.

82 Siehe etwa die Aussage Karl Heinz Hoffmanns in *IMT*, Bd. XX, S. 176.
83 Zitiert in Wagner, *Volksgemeinschaft ohne Verbrecher*, S. 264.
84 Einführendes zum Aufbau der Polizei generell bei Gellately, *Die Gestapo und die deutsche Gesellschaft*, S. 86–90.
85 Broszat, »Zur Perversion der Strafjustiz im Dritten Reich«, S. 395f.
86 »Hochschule gegen Verbrechen«, in *VB* (16. Januar 1937).
87 »Deutsche Sicherheitspolizei vorbildlich«, in *VB* (8. Januar 1938).
88 Siehe etwa »Wissenschaftszentrale gegen Verbrecher: Aufgaben des Kriminaltechnischen Instituts der Sicherheitspolizei«, in *BBZ* (6. Juli 1939).
89 »Die neue Reichskriminalpolizei«, in *BT* (21. Juli 1937).
90 »Aus der Verwaltung: Aufbau und Aufgaben der deutschen Reichskriminalpolizei«, in *DRA* (21. Juli 1937).
91 »Spezialisierung der Polizei«, in *FZ* (26. August 1937).
92 Wagner, *Volksgemeinschaft ohne Verbrecher*, S. 243–253.
93 *RGBl.*, Bd. I, S. 135–138 (22. März 1933), »Verordnung des Reichspräsidenten zur Abwehr heimtückischer Angriffe gegen die Regierung der nationalen Erhebung vom 21. März 1933«; »Verordnung der Reichsregierung über die Bildung von Sondergerichten vom 21. März 1933«.
94 *RGBl.*, Bd. I, S. 1269–1271 (29. Dezember 1934), »Gesetz gegen heimtückische Angriffe auf Staat und Partei und Gesetz der Parteiuniformen vom 20. Dezember 1934«.
95 Siehe etwa Walter Wagner, *Der Volksgerichtshof im nationalsozialistischen Staat*, Stuttgart 1974, S. 395, 415, 665.
96 *RGBl.*, Bd. I, S. 340–348 (30. April 1934), »Gesetz zur Änderung von Vorschriften des Strafrechts und des Strafverfahrens vom 24. April 1934«.
97 Die drei Berufsrichter entschieden unter Beteiligung von drei Laien (Volksrichtern), die vor ordentlichen Gerichten teilnahmen. Die Sondergerichte hatten nur einen Vorsitzenden und zwei Landgerichtsräte als Beisitzer, die alle vom jeweiligen Landgerichtspräsidenten berufen wurden.
98 Martin Broszat, »Nationalsozialistische Konzentrationslager 1933–1945«, in Hans Buchheim u. a., *Anatomie des SS-Staates*, 5. Aufl., München 1989, Bd. II, S. 87.
99 Siehe *RGBl.*, Bd. I, S. 1632 (21. November 1938), »Verordnung über die Erweiterung der Zuständigkeit der Sondergerichte vom 20. November 1938«. Zu weiteren Änderungen bei den Gerichten siehe *RGBl.*, Bd. I, S. 405–411 (26. Februar 1940), »Verordnung über die Zuständigkeit der Strafgerichte, die Sondergerichte und sonstige strafverfahrensrechtliche Vorschriften vom 21. Februar 1940«.
100 VB (23. Dezember 1939), »Standgerichte der Heimat«. Der Artikel griff die Formulierung eines Staatsanwalts bei einem Berliner Prozeß Anfang November 1939 auf.
101 Zitiert in Werner Johe, *Die gleichgeschaltete Justiz*, Frankfurt am Main 1967, S. 91.
102 Siehe Robert Gellately, »Die Gestapo und die ›öffentliche Sicherheit und Ordnung‹«, in Herbert Reinke (Hg.), *»... nur für die Sicherheit da ....«? Zur Geschichte der Polizei im 19. uns 20. Jahrhundert*, Frankfurt am Main 1993, S. 94–115.
103 Johe, *Justiz*, S. 92.
104 Siehe »Todesstrafe für Volksschädling«, in *HannZ* (26. August 1943). Ein frühes Beispiel ist »Der Vernichtungskampf der Geheimen Staatspolizei gegen die Volksschädlinge«, in *VB* (30. August 1933).

105 Diesen Punkt betont Klaus Marxen, »Strafjustiz im Nationalsozialismus: Vorschläge für eine Erweiterung der historischen Perspektive«, in Bernhard Diestelkamp und Michael Stolleis (Hg.), *Justizalltag im Dritten Reich*, Frankfurt am Main 1988, S. 101–111, besonders S. 106.

106 Eine Untersuchung dieser Thematik, besonders der Pressebeamten, bietet Edmund Lauf, *Der Volksgerichtshof und sein Beobachter*, Opladen 1994, S. 59–110.

107 HStA D: RW 18/d3, 19: Gestapa an Staatspolizeistellen (20. September 1935): Betr.: Presseveröffentlichungen über staatspol[izeiliche] Maßnahmen.

108 Siehe USHMM, RG 11: Moscow State Archives: 501-1-261, E. H. Schulz, »Judentum und Kriminalität«, Ziel und Weg (1934), S. 1–19.

109 Siehe etwa »Der Jude als Verbrecher«, mit dem Untertitel »Ungeheurer Anteil der Juden an der Kriminalität«, eine Titelgeschichte in *VB* (2. Juli 1935), oder »Der Jude als Verbrecher« mit demselben Untertitel in *VB* (11. Dezember 1936).

110 Nur einige von vielen Beispielen: »Hohe Zuchthausstrafen gegen den jüdischen Schieber Falk beantragt«, in *VB* (3. Oktober 1934); »Jüdischer Großschieber vor Gericht«, in *VB* (31. August 1935); »Viehschiebungen unter jüdischer Leitung«, in *VB* (17. September 1937) – befaßt sich mit einer »Entdeckung« aus den Jahren 1927 bis 1930.

111 Siehe etwa »Zuchthaus für Devisenjuden«, in *VB* (12. November 1934); »Jüdischer Großschwindler zu Zuchthaus verurteilt«, in *VB* (8. Mai 1935); »Kölner Geschäftsjude mit 25000 Mark geflüchtet«, in *VB* (10. Juli 1935); »Jüdischer Devisenschmuggler geflüchtet«, *in VB* (15. November 1935); »Festnahme eines jüdischen Wucherers«, in *VB* (23. Januar 1936); »Jude als ›König der Rauschgifthändler‹«, in *VB* (19. Juni 1938).

112 Siehe USHMM, RG 11: Moscow State Archives: 501-1-261, Gestapa an Stapo (24. April 1937).

113 Zu ähnlichen Schlüssen gelangt Ulrich Herbert, »Von der Gegnerbekämpfung zur ›rassischen Generalprävention‹: ›Schutzhaft‹ und Konzentrationslager in der Konzeption der Gestapo-Führung 1933–1939«, in Ulrich Herbert, Karin Orth und Christoph Dieckmann (Hg.), *Die nationalsozialistischen Konzentrationslager: Entwicklung und Struktur*, Göttingen 1998, Bd. I, S. 60–86, hier S. 81.

3. KONZENTRATIONSLAGER UND MEDIENBERICHTE

1 Johannes Tuchel, *Konzentrationslager: Organisationsgeschichte und Funktion der Inspektion der Konzentrationslager 1934–1938*, Boppard 1991, S. 38.

2 Zum Vorstehenden Tuchel, *Konzentrationslager*, S. 42f. Oranienburg war zwar eine Gründung der SA und eines der wenigen SA-Lager, die länger als ein paar Monate bestanden und berüchtigt wurden, bestand aber fort, weil es unter regionale staatliche Kontrolle kam.

3 Siehe Tuchel, *Konzentrationslager*, S. 38–40. Zum Inneren der Lager siehe besonders Wolfgang Sofsky, *Die Ordnung des Terrors: Das Konzentrationslager*, Frankfurt am Main 1993.

4 Siehe Kurt Schilde und Johannes Tuchel, *Columbia-Haus: Berliner Konzentrationslager 1933–1936*, Berlin 1990, S. 22–28.

5 Die Zeitungsausschnitte sind abgedruckt in Günter Kimmel, »Das Konzentrationslager Dachau: Eine Studie zu den nationalsozialistischen Gewaltverbrechen«, in Martin Broszat u.a. (Hg.), *Bayern in der NS-Zeit*, München 1979, Bd. II; S. 349–413, hier S. 355–357.

6 Siehe »Ein Konzentrationslager für politische Gefangene«, in *MNN* (21. März 1933), vollständig abgedruckt in Hans-Günter Richardi, *Schule der Gewalt: Das Konzentrationslager Dachau*, München 1983, S. 37; und »Konzentrationslager für Schutzhäftlinge in Bayern«, in *VB* (21. März 1933).
7 Siehe etwa aus dem hohen Norden Deutschlands *Anzeiger für das Fürstentum Lübeck* (22. März 1933), und Lawrence D. Stokes, »Das Eutiner Schutzhaftlager 1933/34: Zur Geschichte eines ›wilden‹ Konzentrationslagers«, in *VfZ* (1979), S. 570–625.
8 Siehe etwa »Wieder kommunistische Mordlisten«, in *VB* (31. März 1933); »Die Polizeiaktionen werden erfolgreich fortgesetzt: Über 2000 Verhaftungen«, in *VB* (3. März 1933); »Die Ausrottung des Kommunismus«, in *VB* (8. März 1933); »Erfolgreiche Polizeiaktionen gegen den Marxismus«, *in VB* (15. März 1933).
9 Eine kurze Charakterisierung früher Zeitungsberichte aus ganz Deutschland bieten Klaus Drobisch und Günther Wieland, *System der NS-Konzentrationslager 1933–1939*, Berlin 1993, S. 88–94. Neuerdings auch Sybil Milton, »Die Konzentrationslager der dreißiger Jahre im Bild der in- und ausländischen Presse«, in Ulrich Herbert, Karin Orth und Christoph Dieckmann (Hg.), *Die nationalsozialistischen Konzentrationslager: Entwicklung und Struktur*, Göttingen 1998, Bd. I, S. 135–147.
10 »Ausländer besichtigen Gefängnis Sonnenburg«, in *BM* (25. Mai 1933).
11 »Bayern entläßt 1000 Verhaftete«, in *BM* (16. April 1933).
12 »Der Vernichtungskampf der Geheimen Staatspolizei gegen die Volksschädlinge«, in *VB* (30. August 1933).
13 *Dachauer Zeitung* (28. März 1933), zitiert in Sybille Steinbacher, *Dachau – Die Stadt und das Konzentrationslager in der NS-Zeit: Die Untersuchung einer Nachbarschaft*, Frankfurt am Main 1993, S. 93.
14 *Dachauer Zeitung* (22. März 1933), zitiert in Steinbacher, *Dachau*, S. 94.
15 Steinbacher, *Dachau*, S. 137–144.
16 Siehe *Dachauer Zeitung* (23. Mai 1933), in Steinbacher, *Dachau*, S. 151.
17 »Gang durch das Konzentrationslager Dachau«, in *BH* (22. Juni 1933), zitiert in Richardi, *Schule der Gewalt*, S. 59–61.
18 Eugen Mondt, zitiert in Steinbacher, *Dachau*, S. 187.
19 Ebd., S. 184.
20 Siehe die Artikel aus dem *NS-Kurier* (14. März und 27. März 1933), abgedruckt in Markus Kienle, *Das Konzentrationslager Heuberg bei Stetten am kalten Markt*, Ulm 1998, S. 127, 130.
21 Zitiert in Kienle, *Heuberg*, S. 137.
22 Die vollständigen Texte ausgewählter Zeitungsartikel sind abgedruckt in Kienle, *Heuberg*, hier besonders S. 150.
23 Dietfried Krause-Vilmar, »Das Konzentrationslager Breitenau in der zeitgenössischen Presse«, *DH* 12 (1996), S. 215–229, hier S. 217f.
24 Zitiert ebd., S. 222f.
25 Zitiert ebd., S. 224f.
26 Siehe Bernd Sösemann und Jürgen Michael Schulz, »Nationalsozialismus und Propaganda: Das Konzentrationslager Oranienburg in der Anfangsphase totalitärer Herrschaft«, in Günter Morsch (Hg.), *Konzentrationslager Oranienburg*, Berlin 1994, S. 78–94, hier s. 84–86.
27 »Eine Stunde im Konzentrationslager«, in *DA* (29.März 1933).
28 »Im Konzentrationslager Oranienburg«, in *BM* (7. April 1933).

29 »Der Staat erzieht marxistische Funktionäre: Ein Rundgang durch das Konzentrationslager in Oranienburg«, in *DT* (9. April 1933).
30 »Um die Entlassung politischer Schutzhäftlinge«, in *DD* (9. Mai 1933).
31 Eine kurze Beschreibung von Gestapo-Verhören in den Lagern enthält *Der Buchenwald-Report. Bericht über das Konzentrationslager Buchenwald bei Weimar.* Hg. v. David A. Hackett, München 1996, S. 61.
32 »Bilder aus dem Konzentrationslager Wittmoor«, in *HF* (8. Juni 1933).
33 Siehe *GE* (28. Mai 1933), in Sösemann und Schulz, »Nationalsozialismus und Propaganda«, S. 92f.
34 Siehe Sybil Milton, »Die Bedeutung von Photodokumenten als Quelle zur Erforschung der NS-Konzentrationslager«, *Revue d'Allemagne* (April–Juni 1995), S. 175–186. Die Autorin überließ mir großzügigerweise eine Kopie von Bildern, die in Dachau gemacht und in *BH* (22. Juni 1933), S. 172f., veröffentlicht wurden.
35 *Braunbuch über Reichstagsbrand und Hitler-Terror*, Basel 1933.
36 Werner Schäfer, *Konzentrationslager Oranienburg: Das Anti-Braunbuch über das erste deutsche Konzentrationslager*, Berlin 1934.
37 Ebd., S. 25, 31.
38 Zu den ausführlichen Berichten im *Anhalter Anzeiger* (25. Juli 1933) und in der *Deutschen Postzeitung* (17. August 1933) siehe Schäfer, *Konzentrationslager*, S. 88–107.
39 So druckte das *HF* einiges von Schäfers Buch und Bildern ab. Siehe Ulrich Bauche u. a. (Hg.), *Arbeit und Vernichtung: Das Konzentrationslager Neuengamme 1938–1945*, 2. Aufl., Hamburg 1991, S. 31.
40 Siehe die Beschreibung einer solchen Besichtigung, bei der angeblich auch ausländische Journalisten zugegen waren, in »Konzentrationslager Dachau«, in *Der Jungdeutsche* (28. Mai 1933).
41 Zusätzliche Bilder brachte der *VB* (20. August 1933); andere in *VB* (5./6. November 1933).
42 Fotos und Text eines Bildberichts aus der *Münchner Illustrierten Presse* (16. Juli 1933) sind abgedruckt in Sybil Milton, »Argument oder Illustration: Die Bedeutung von Fotodokumenten als Quelle«, in *Fotogeschichte: Beiträge zur Geschichte und Ästhetik der Fotografie* (1988), S. 61–90, hier S. 63–68.
43 »Das neue Konzentrationslager im Emsland«, in *Ems-Zeitung* (die Geschichte wurde auch in zwei anderen Lokalblättern gebracht) (28. Juni 1933); abgedruckt in Erich Kosthorst und Bernd Walter, *Konzentrations- und Strafgefangenenlager im Emsland 1933–1945: Zum Verhältnis von NS-Regime und Justiz*, Düsseldorf 1985, S. 22.
44 Siehe die Berichte aus Lokalzeitungen in Elke Suhr, »Konzentrationslager – Justizgefangenenlager – Kriegsgefangenenlager im Emsland 1933–1945«, in Ludwig Eiber (Hg.), *Verfolgung, Ausbeutung, Vernichtung*, Hannover 1985, S. 66–89.
45 Zitiert in Elke Suhr, *Die Emslandlager: Die politische und wirtschaftliche Bedeutung der emsländischen Konzentrations- und Strafgefangenenlager 1933–1945*, Bremen 1985, S. 208. Der umfangreiche Artikel ist auch in Kosthorst und Walter, *Emsland*, S. 345–349, abgedruckt.
46 Siehe Memorandum (4. Juni 1936), wiedergegeben in Arthur C. Cochrane, *The Churchs Confession under Hitler*, Philadelphia 1962, S. 268–279.
47 Sven Hedin, *Germany and World Peace*, London 1937 (Übersetzung des auf Deutsch laut Hedin von der Zensur verbotenen *Deutschland und der Weltfriede*, Leipzig), S. 284–289.

48 Siehe Tabelle 12 in Drobisch und Wieland, *NS-Konzentrationslager*, S. 73–75.
49 Martin Broszat, »Nationalsozialistische Konzentrationslager«, in Hans Buchheim u. a., *Anatomie des SS-Staates*, 5. Auflage, München 1989, Bd. II, S. 20. Tuchel, *Konzentrationslager*, S. 96–103, analysiert diese Zahl und kommt letztlich zu demselben Endergebnis, aber aufgrund besserer und detaillierterer Nachforschungen.
50 Die für den 31. Juli 1933 erhaltene Gesamtzahl aller Personen in »Schutzhaft« zeigt, daß 54 Prozent von ihnen in verschiedenen Teilen Preußens lebten. Es ist wohl anzunehmen, daß sich auch im März und April ein ähnlich hoher Prozentsatz von Menschen in nichtpreußischen Lagern im übrigen Deutschland befand.
51 Siehe Drobisch und Wieland, *NS-Konzentrationslager*, S. 71 und 100. Siehe auch Monika Herzog und Bernhard Strebel, »Das Frauenkonzentrationslager Ravensbrück«, in Claus Füllberg-Stolberg u. a. (Hg.), *Frauen in Konzentrationslagern: Bergen-Belsen Ravensbrück*, Bremen 1994, S. 13.
52 Siehe etwa »Entlassungen aus der Schutzhaft«, in *BM* (21. April 1933).
53 Broszat, »Konzentrationslager«, S. 24.
54 »Nur 18000 Schutzhäftlinge in Deutschland«, in *VB* (12. Juli 1933), wo auch festgestellt wurde, daß falsche Berichte aus dem Ausland auf 100000 veranschlagten.
55 Siehe »Alfred Braun und Genossen im Konzentrationslager Oranienburg«, in *VB* (10. August 1933); »Ebert u. Hellmann im Konzentrationslager«, in *HN* (9. August 1933); »Aus dem Konzentrationslager entlassen«, in *VB* (16. November 1933); »Hamburg entläßt 150 Schutzhäftlinge«, in *VB* (18. November 1933); »5000 Schutzhäftlinge in Preußen amnestiert«, in *VB* (9. Dezember 1933); »Entlassung von Schutzhäftlingen in Oranienburg und Brandenburg«, in *VB* (20. Dezember 1933).
56 Die exakte monatliche Anzahl von Gefangenen in Dachau zwischen Juni 1933 und November 1934 rekonstruiert Tuchel, *Konzentrationslager*, S. 155.
57 Siehe Johannes Tuchel und Reinold Schattenfroh, *Zentrale des Terors: Prinz-Albrecht-Straße 8: Hauptquartier der Gestapo*, Berlin 1987, S. 114; und Martin Broszat u. a. (Hg.), *Ploetz: Das Dritte Reich*, Freiburg 1983, S. 93; Kimmel, »Das Konzentrationslager Dachau«, S. 360.
58 Drobisch und Wieland, *NS-Konzentrationslager*, S. 40.
59 Tuchel, *Konzentrationslager*, S. 100, vermutet, daß sich die Zahl allein in Preußen im fünfstelligen Bereich bewegte.
60 Eine vollständige Liste bei Tuchel, *Konzentrationslager*, S. 155f.
61 »Das Ende eines der gefährlichsten Kommunisten«, in *MNN* (24. August 1933); danach wurde er auf der Flucht erschossen, angeblich trotz mehrfacher Aufforderung, stehenzubleiben; zitiert in Richardi, *Schule der Gewalt*, S. 189.
62 Zitiert in Steinbacher, *Dachau*, S. 186.
63 David Bankier, *The Germans and the Final Solution: Public Opinion under Nazism*, Oxford 1992.
64 »Konzentrationslager für Berufsverbrecher«, in *VB* (26./27. November 1933); »Das Konzentrationslager als Erziehungsstätte für Gesindel: Beispiele zur Belehrung und Warnung«, in *VB* (4. April 1936).
65 Siehe den noch immer hoffnungsvollen Bericht für Juli/August, *Sopade* (1934), S. 347–356.
66 Die offizielle Ankündigung erfolgte am 7. Dezember; in der Presse wurde sie später veröffentlicht, unter Überschriften wie »5000 Schutzhäftlinge in Preußen amnestiert« oder »Entlassung von 500 Schutzhäftlingen in Bayern«, in *VB* (9. Dezember 1933).

67 »Neuorganisation der Geheimen Staatspolizei«, in *VB* (3./4. Dezember 1933).
68 »Weihnachtsamnestie Görings«, in *HF* (8. Dezember 1933); »Den Schutzhäftlingen wird der Weg zur Volksgemeinschaft geebnet«, in *DD* (20. Dezember 1933); »Gnadenerweise zu Weihnachten: Entlassungen aus den Konzentrationslagern«, in *VB* (25./26. Dezember 1933).
69 »Neuorganisierung der Geheimen Staatspolizei«, in *VB* (3./4. Dezember 1933); Hitlers Rede in VB (5./6. Dezember 1933).
70 In *VB* (9. Februar 1934), abgedruckt in Domarus (Hg.), *Hitler Reden*, Bd. I, S. 364f.
71 Siehe etwa die in *VB* (8. März 1934) bekanntgegebene Auflösung Sonnenburgs und die Verkleinerung der Einrichtungen in Baden in *VB* (27. März 1934). Laut *VB* (20. März 1934) wurden in Bayern »600 Schutzhäftlinge« entlassen, weitere 200 in *VB* (4. Mai 1934); in Bad Sulza (Thüringen) wurden ein Drittel der Gefangenen auf freien Fuß gesetzt, siehe *VB* (17. August 1934); in Oranienburg wurden 742 Schutzhäftlinge entlassen, die Auflösung des Lagers wurde in *VB* (2./3. September 1934) bekanntgegeben.
72 »Ein Interview Ministerpräsident Görings über die Sicherheit in Deutschland«, in *VB* (22./23. April 1934).
73 »Das Konzentrationslager in Oranienburg aufgelöst«, in *VB* (2./3. September 1934).
74 Tuchel, *Konzentrationslager*, S. 308.
75 Die Statistiken sind aus Tuchel, *Konzentrationslager*, S. 161 und 308.
76 Zu Himmler, noch immer Inspekteur der Gestapo, und seinen Bemühungen um Finanzierung (vom 18. August 1934) siehe die Erörterung in Shlomo Aronson, *Reinhard Heydrich und die Frühgeschichte von Gestapo und SD*, Stuttgart 1971, S. 221f.; George C. Browder, *Foundations of the Nazi Police State: The Formation of Sipo and SD*, Lexington (Kentucky) 1990, S. 159.
77 Tuchel, Konzentrationslager, S. 309, 312.
78 Siehe Herbert, *Best*, S. 168f.; Tuchel, *Konzentrationslager*, S. 312.
79 BA: Sammlung Schumacher/271: Himmler an RJM (6. November 1935).
80 Tuchel, *Konzentrationslager*, S. 203. Siehe auch Broszat, »Konzentrationslager«, S. 61, der schätzt, daß es im März 1935 zwischen 7000 und 9000 waren.
81 Zur allgemeinen Einführung siehe Charles W. Sydnor, *Soldiers of Destruction: The SS Death's Head Division, 1933–1945*, Princeton 1977, S. 3–36.
82 Es war ein Zeichen für die Bedeutung, die Himmler der Berufung Eickes beimaß, daß er bald nach seiner Ernennung zum Inspekteur der Lager (am 11. Juli 1934) zum SS-Gruppenführer befördert wurde, demselben Rang, den Himmlers enger Mitarbeiter Reinhard Heydrich damals in der SS innehatte. Die sieben Lager waren Dachau, Esterwegen, Lichtenburg, Sachsenburg, Columbia-Haus, Oranienburg und Fuhlsbüttel. Bei der Verringerung auf vier Lager im August 1937 bestanden die Lager Dachau und Lichtenburg weiter, neu hinzu kamen die Lager Sachsenhausen und Buchenwald.
83 Die vollständigen Vorschriften, erlassen am 1. Oktober 1933, abgedruckt aus einem Dokument (1. Oktober 1943), in *IMT*, Bd. XXVI, S. 291–297, »Aufzählung der Strafgründe und Strafarten, einschließlich der Todesstrafe, für Häftlinge des Konzentrationslagers Dachau«.
84 Siehe Eugen Kogon, *Der SS-Staat: Das System der deutschen Konzentrationslager*, zuerst erschienen 1946.
85 Das Schema ist abgedruckt in Broszat, »Konzentrationslager«, S. 58.

86 Ab Ende 1934 war Eicke »Inspekteur der Konzentrationslager« und auch »Führer der SS-Wachverbände«. Ab 1938/39 gebrauchte er den Titel »Führer der SD-Totenkopfverbände und Konzentrationslager«. Broszat, »Konzentrationslager«, S. 62f.

87 Tuchel, *Konzentrationslager*, S. 315–337.

88 Ein frühes Beispiel bieten Bild und Artikel über »Das erste Konzentrationslager für Bettler in Deutschland«, in *VB* (4. Oktober 1933); ferner »Das Konzentrationslager als Erziehungsstätte für Gesindel«, in *VB* (4. April 1936).

89 Siehe etwa »Rechtsprechung und Judentum«, in *VB* (12. Juni 1935), und Kurt Dalueges Ansprache an die Presse in einem Bildbeitrag mit dem Titel »Ungeheurer Anteil der Juden an der Kriminalität«, in *VB* (21. Juli 1935). Im Sommer 1935 erschienen mehrere derartige Berichte über die angeblichen kriminellen Neigungen der Juden und auch einige Meldungen über »Rassenschande«, das heißt außereheliche sexuelle Beziehungen zwischen einem jüdischen und einem nichtjüdischen Bürger, was insofern merkwürdig war, als dies erst im September zu einem »Verbrechen« gemacht wurde. Siehe etwa in *VB* (16. Juli 1935, 19. Juli 1935, 20. Juli 1935).

90 »K.Z. und seine Insassen«, in *DSK* (13. Februar 1936).

91 Tuchel, *Konzentrationslager*, S. 203, Anm. 222.

92 Siehe etwa »Erbliche Minderwertigkeit fördert das Verbrechertum«, in *VB* (23. Mai 1937).

93 »Konzentrationslager Dachau«, in *Illustrierter Beobachter* (3. Dezember 1936).

94 Vollständiger Text der Rede in *VB* (31. Januar 1937).

95 Himmlers Ansprache an die Wehrmacht erschien in der *BBZ*. Siehe *IMT*, Bd. XXIX, S. 206–234, Dokumente 1992 (A)-PS.

96 »Polizei erhält Fahnen aus der Hand des Führers«, in *VB* (11. September 1937).

97 BA, Sammlung Schumacher 329: Pressestelle RFSS an PersStab RFSS (1. März 1938), mit einer Namensliste der einzuladenden Journalisten zur Bewilligung durch Himmler.

98 Im *VB* erschienen im März und April keine Berichte über diese Besichtigung, während sich die meisten Artikel mit Polizei und SS beschäftigten und ihr Vorgehen in Österreich lobten.

99 »Die SS-Totenkopfverbände«, in *VB* (26. Januar 1939).

100 Reinhard Heydrich, »Die deutsche Sicherheitspolizei«, in *VB* (28. Januar 1939).

101 »›Die Polizei, dein Freund, dein Helfer‹, Rundfunkansprache Himmlers zum ›Tag der Deutschen Polizei‹«, in *VB* (30. Januar 1939).

102 Toni Siegert, *30000 Tote mahnen! Die Geschichte des Konzentrationslagers Flossenbürg und seiner 100 Außenlager von 1938 bis 1945*, Weiden 1984, S. 9.

103 Siehe Wolfgang Ayaß, *»Asoziale« im Nationalsozialismus*, Stuttgart 1995, S. 162.

104 Siegert, *30000 Tote*, S. 12.

105 Toni Siegert, »Das Konzentrationslager Flossenbürg: Gegründet für sogenannte Asoziale und Kriminelle«, in Broszat u. a. (Hg.), *Bayern in der NS-Zeit*, Bd. II, S. 429–492, hier S. 446.

106 Siegert, *30000 Tote*, S. 20.

107 Siehe Siegert, »Flossenbürg«, S. 446, 461, 469.

108 Ebd., S. 450.

109 Siegert, *30000 Tote*, S. 6; Siegert, »Flossenbürg«, S. 452.

110 Ebd., S. 452.

111 Ebd., S. 470.

112 Siegert, *30000 Tote*, S. 6; Siegert, »Flossenbürg«, S. 477.
113 Die genauen Zahlen ebd., S. 490–492.
114 Diese Zahl zitiert ein neueres Lehrbuch. Siehe John Merriman, *A History of Modern Europe*, New York 1996, Bd. II, S. 536.
115 Gordon J. Horwitz, *In the Shadow of Death: Living Outside the Gates of Mauthausen*, New York 1990, s. 28f.
116 Die Rede wurde in der Londoner *Times* gemeldet und ist teilweise abgedruckt in Horwitz, *In the Shadow of Death*, S. 28.
117 Einen kurzen Einblick in die Mentalität der SS gibt Hans Marsalek, *Die Geschichte des Konzentrationslagers Mauthausen: Dokumentation*, 2. Aufl. Wien 1980, S. 201–207.
118 Horwitz, *In the Shadow of Death*, S. 35–39.
119 Sofsky, *Ordnung des Terrors*, S. 57.

4. SCHATTEN DES KRIEGES

1 Die klassische Darstellung ist Tim Mason, *»Die Erbschaft der Novemberrevolution für den Nationalsozialismus«* in seiner Monographie *Sozialpolitik im Dritten Reich. Arbeiterklasse und Volksgemeinschaft,* 2. Aufl., Opladen 1978 (1977), S. 15–41. Eine beachtliche Behandlung des Themas bietet auch Philippe Burrin, *Hitler und die Juden. Die Entscheidung für den Völkermord,* Frankfurt a. M. 1993.
2 Siehe etwa die Bemerkungen Hitlers in Werner Jochmann (Hg.), *Adolf Hitler Monologe im Führerhauptquartier 1941–1944: Die Aufzeichnungen Heinrich Heims*, Hamburg 1980, S. 59 (Gespräch in der Nacht vom 14. auf den 15. September 1941).
3 Ebd., S. 126 (Gespräch am Mittag des 5. November 1941).
4 Kurz zusammengefaßt: Armeeführer wie Erich Ludendorff sahen im August und September die Niederlage kommen und zimmerten am 3. Oktober eine neue Regierung unter Prinz Max von Baden. Anfang November, als die Niederlage bereits in der Luft lag, entzündeten Meutereien in Nordseehäfen die Flamme der sozialen Unzufriedenheit. Dies führte zum Sturz der Regierung, zur Abdankung des Kaisers, zur Proklamation der neuen Regierung am 9. November und zum Waffenstillstand am 11. November. Die Reihenfolge der Ereignisse war also: Niederlage, Revolution, Waffenstillstand, Frieden. Im Klima der Konfusion jener Zeit sahen deutsche Rechte eine andere Reihenfolge (oder wollten sie sehen): Revolution, Waffenstillstand, Niederlage, Frieden. Eine neuere Analyse und weitere Literatur bei Roger Chickering, *Imperial Germany and the Great War, 1914–1918*, Cambridge 1998, besonders S. 189–191, und Richard Bessel, *Germany after the First World War*, Oxford 1993, S. 254–284.
5 Einen kurzen Überblick bietet Andrew Thorpe, »Britain«, in Jeremy Noakes (Hg.), *The Civilian in War: The Home Front in Europe, Japan and the USA in World War II*, Exeter 1992, besonders S. 14–34, hier S. 21.
6 William L. Shirer, *Berlin Diary: The Journal of a Foreign Correspondent*, New York 1940, S. 150 (Eintrag vom 3. September 1939).
7 Siehe Thorpe, »Britain«, hier S. 21f.
8 Shirer, *Berlin Diary*, S. 164 (Eintrag vom 20. September 1939).
9 Siehe Wolfram Wette, »Ideologien, Propaganda und Innenpolitik als Voraussetzungen der Kriegspolitik des Dritten Reiches«, in Wilhelm Deist u. a., *Das Deutsche Reich und der Zweite Weltkrieg*, Stuttgart 1979, Bd. I, S. 137–142.

10 Eine ausgezeichnete Erörterung dieser Fragen, auch der Rolle der Frauen, findet sich bei Richard J. Overy, »Guns or Butter? Living Standards, Finance, and Labour in Germany, 1939–1942«, in ders., *War and Economy in the Third Reich*, Oxford 1994, S. 259–314.
11 Siehe Tabelle 7.1 in Overy, »Germany, ›Domestic Crisis‹, and War in 1939«, in ders., *War and Economy*, S. 205–232, hier S. 216.
12 Alf Lüdtke, »The Appeal of Exterminating ›Others‹: German Workers and the Limits of Resistance«, in Michael Geyer und John W. Boyer (Hg.), *Resistance against the Third Reich 1933–1990*, Chicago 1994, S. 53–74, hier S. 54.
13 BA: R58/243, 276. Chef Sipo, Schreiben an Stapostellen (31. August 1939), Betr.: »Entlastung der Geheimen Staatspolizei«.
14 1937 gab es in der gesamten Gestapo rund 7000 Mitarbeiter aller Art, und selbst am 1. August 1941 waren es im »Altreich« (das heißt im Vorkriegs-Deutschland) insgesamt nur 7700. Siehe Elisabeth Kohlhaas, »Die Mitarbeiter der regionalen Staatspolizeistellen: Quantitative und qualitative Befunde zur Personalausstattung der Gestapo«, in Gerhard Paul und Klaus-Michael Mallmann (Hg.), *Die Gestapo: Mythos und Realität*, Darmstadt 1995, S. 219–235, hier S. 223, 225. Die neueste und vollständigste quantitative Analyse bietet Jens Banach, *Heydrichs Elite: Das Führerkorps der Sicherheitspolizei und des SD 1936–1945*, Paderborn 1998, S. 20, Tabelle 1, zu Gestapo, Kripo und SD-»Amtsträgern«.
15 Martin Broszat, »Nationalsozialistische Konzentrationslager«, in *Anatomie des SS-Staates*, 5. Aufl., München 1989, Bd. II, S. 93.
16 Ebd., S. 86f.
17 Victor Klemperer, *Ich will Zeugnis ablegen bis zum letzten: Tagebücher 1933–1945*, Berlin 1996, Bd. I, S. 483, 487.
18 Siehe Tabelle 48 in Klaus Drobisch und Günther Wieland, *System der NS-Konzentrationslager 1933–1939*, Berlin 1993, S. 339.
19 Der Oberbürgermeister von Recklinghausen schlug der Polizei am 3. Januar 1941 die Eröffnung eines weiteren Lagers in Schützenhof vor. Siehe HStA D: RW37/15, 1 und RW37/17, 1. Ein Lager in Hunswinkel wurde im August 1940 eröffnet. Zur Ermächtigung aus Berlin (28. Mai 1941), diese Lager zur eröffnen: BA: R58/1027, 142ff.
20 Drobisch und Wieland, *Konzentrationslager*, S. 339, Anm. 10.
21 HStA D: RW35/7, 1ff. und RW34/26, 39ff.
22 Lothar Gruchmann, *Justiz im Dritten Reich 1933–1945: Anpassung und Unterwerfung in der Ära Gürtner*, München 1988, S. 676.
23 Siehe die Diskussion bei Robert Gellately, »Allwissend und allgegenwärtig? Entstehung, Funktion und Wandel des Gestapo-Mythos«, in Paul und Mallmann (Hg.), *Die Gestapo*, S. 47–70, hier S. 63.
24 BA: R58/243, 202–204: Chef der Sipo Runderl.: Grundsätze der inneren Staatssicherung während des Krieges (3. September 1939).
25 BA: R58/243, 215: Chef der Sipo Betr.: Grundsätze der inneren Staatssicherheit während des Krieges (20. September 1939).
26 AES, Rund-Erl.: RMI (4. Oktober 1939). Betr. Verlängerung der Frist für vorläufige Festnahmen im Schutzhaftverfahren.
27 AES, Rund-Erl.: Chef Sipo (24. Oktober 1939).
28 BA: R58/1027, 114: RSHA an Stapo usw.
29 BA: R58/1027, Rund-Erl. des Chefs Sipo: Betr. »Grundsätzliche Anordnung des Reichsführers-SS und Chefs der Deutschen Polizei über Festnahme staatsfeind-

licher Elemente nach Beginn des Feldzuges gegen die Sowjetunion« (27.August 1941).

30 BA: R58/1027, Rund-Erl. des Chefs Sipo: Betr.: »Vereinfachung im Schutzhaftverfahren« (4. Mai 1943). Siehe die anschließenden Instruktionen, die diesen Punkt hervorheben, in BA: R58/1027: Rund-Erl. des Chefs Sipo: Betr.: »Vereinfachung im Schutzhaftverfahren« (6. August 1943).

31 Siehe *RGBl.*, Bd. I, S. 372 (2. Juli 1943), »Dreizehnte Verordnung zum Reichsbürgergesetz vom 1. Juli 1943«, worin es heißt: »Strafbare Handlungen von Juden werden durch die Polizei geahndet.« Die Juden waren damit schlechter gestellt als die Polen.

32 Einen Umriß der Organisation mit ihren vielen Aufgaben und Adressen in Berlin gibt Reinhard Rürup (Hg.), *Topographie des Terrors*, Berlin 1987, S. 70–81.

33 RLZ, 8. September 1939.

34 Gruchmann, *Justiz*, S. 677f.

35 Siehe vor allem Detlev Garbe, *Zwischen Widerstand und Martyrium: Die Zeugen Jehovas im »Dritten Reich«*, München 1994, S. 411–415.

36 Siehe Hans Hesse (Hg.), *»Am mutigsten waren immer wieder die Zeugen Jehovas«: Verfolgung und Widerstand der Zeugen Jehovas im Nationalsozialismus*, Bremen 1998, S. 426–430.

37 Siehe etwa Klemperer, *Ich will Zeugnis ablegen*, Bd. II, S. 498 (Eintrag vom 15. März 1944).

38 Siehe zu Hitlers Entscheidung Ulrich Herbert, *Best: Biographische Studien über Radikalismus, Weltanschauung und Vernunft 1903–1989*, Bonn 1996, S. 240–249, hier S. 241; ferner Helmut Krausnick und Hans-Heinrich Wilhelm, *Die Truppe des Weltanschauungskrieges: Die Einsatzgruppen der Sicherheitspolizei und des SD 1938–1942*, Stuttgart 1981, S. 63–65.

39 Siehe *Die Tagebücher von Joseph Goebbels*, Tl. I, Bd. 7 (Eintrag vom 30. September 1939), S. 130.

40 Domarus (Hg.), Hitler Reden, Bd. III, S. 1383.

41 Die Formulierung entstammt einer an den Oberkommandierenden des Heeres gerichteten Liste von Beschwerden vom Februar 1940 und wird zitiert in Raul Hilberg, *Die Vernichtung der europäischen Juden*, durchges. u. erw. Ausg., 7.–10. Tsd. Frankfurt a. M. 1990, Bd. 1, S. 200.

42 *Die Tagebücher von Joseph Goebbels*, Tl. I, Bd. 7 (Eintrag v. 31. Oktober 1939), S. 176.

43 Ebd. (Eintrag vom 2. November 1939), S. 177. Zu Hitlers Zustimmung (3. November 1939), S. 180.

44 Ebd. (Eintrag vom 19. Dezember 1939), S. 237.

45 Zu diesen und anderen Exzessen Krausnick und Wilhelm, *Die Truppe*, S. 63–106, hier S. 93.

46 *Meldungen aus dem Reich* (20. Oktober 1939), S. 376.

47 Gruchmann, *Justiz*, S. 682.

48 Siehe Dokument 3 (NG-190), abgedruckt in Martin Broszat, »Zur Perversion der Strafjustiz im Dritten Reich«, *VfZ* (1958), S. 408f.

49 Siehe Dokument 4 (PS-3813), abgedruckt in Broszat, »Zur Perversion der Strafjustiz«, S. 409f.

50 Dokument 5 (NG-190), abgedruckt in Broszat, »Zur Perversion der Strafjustiz«, S. 411: Handschriftliche Notiz von Reichsjustizminister Dr. Gürtner (14. Oktober 1939), nach einem Besuch von Hans Heinrich Lammers im Auftrag Hitlers.

51 Zu Gürtners Reaktion siehe Gruchmann, *Justiz*, S. 680.
52 Ebd., S. 681f.
53 Über Hitlers Amnestien und auch seinen Wunsch, das Begnadigungsrecht bei Todesurteilen ausüben zu können, bleibt noch viel zu schreiben.
54 Siehe Richard J. Evans, *Rituale der Vergeltung. Die Todesstrafe in der deutschen Geschichte 1532–1987*, S. 833 und Ralph Angermund, *Deutsche Richterschaft 1919–1945*, Frankfurt am Main 1990, S. 194.
55 Siehe etwa »Zwei Volksschädlinge«, in *RLZ* (8. November 1939); einer von ihnen war Jude.
56 »Sondergericht verhängt Todesstrafe für Straßenräuber«, in *VB* (5. Nov. 1939).
57 Beispiele für Gerichtsurteile, die Hitler nach der Lektüre von Presseberichten »völlig unverständlich« fand, und Beweise für von ihm angeordnete Hinrichtungen zum Zwecke der »Korrektur« sind etwa Dokument 7 (23. September 1940), Dokument 9 (25. Mai 1941) und Dokument 11 (29. Oktober 1941), abgedruckt in Broszat, »Zur Perversion der Strafjustiz«, S. 416ff.
58 Siehe Schlegelberger an Hitler (10. März 1941), abgedruckt in Broszat, »Zur Perversion der Strafjustiz«, S. 417f.
59 Siehe BA: R43 II, 1542 (a), Bormann an Lammers (26. März 1941) und die daran anknüpfende Korrespondenz, 103–108.
60 Generalstaatsanwalt bei dem Kammergericht, Bericht (30. Januar 1941), abgedruckt in Bernd Schimmler (Hg.), *Stimmung der Bevölkerung und politische Lage: Die Lageberichte der Berliner Justiz 1940–1945*, Berlin 1986, S. 53.
61 Die Vermutung belief sich auf etwa 13 Hinrichtungen in den zwei Wochen vor dem 31. März. Generalstaatsanwalt bei dem Kammergericht, Bericht (31. März 1942), abgedruckt in Schimmler (Hg.), *Stimmung*, S. 68.
62 Siehe Dokumente in Broszat, »Zur Perversion der Strafjustiz«, S. 417ff.
63 »Todesurteil sechs Tage nach der Tat«, in *RLZ* (17. September 1940). Zu einem Fall aus Essen siehe »Todesstrafe für Kleinviehdieb«, in *RLZ* (13. April 1941).
64 »Zwei Volksschädlinge hingerichtet«, in *RLZ* (18. Dezember 1940).
65 Nürnberger Prozeß Dokument NG-4697, »Bestellungen aus der Pressekonferenz vom 15. September 1939«.
66 »In Deutschland ist kein Platz für Verbrecher«, in *RLZ* (5. Januar 1940), und »Volksschädlinge zum Tode verurteilt«, in *RLZ* (6. Januar 1940).
67 »Todesstrafe für Landesverräter«, in *RLZ* (7. Januar 1940).
68 Siehe etwa *RLZ* (3. Juni 1940, 7. Juli 1940 und 5. Dezember 1940).
69 Siehe Edmund Lauf, *Der Volksgerichtshof und sein Beobachter*, Opladen 1994, S. 198.
70 »Vollstreckung von Todesstrafen«, in *RLZ* (5. Januar 1942).
71 *Meldungen aus dem Reich* (5. März 1942), S. 3417–3422.
72 Ebd. (24. Juni 1943), S. 5398.
73 Ebd. (16. September 1943), S. 5775.
74 Von vielen ähnlichen Fällen siehe etwa »75jähriger Schwarzschlächter hingerichtet«, in *RLZ* (6. Mai 1943).
75 »Zuchthaus für Volksverräterin«, in *RLZ* (4. Januar 1940).
76 »Volksschädlinge wegen ihrer Tat«, in *RLZ* (7. Oktober 1943).
77 Zu einem solchen Fall aus der Gegend von Hamburg, bei dem es allerdings um schwereren Betrug ging, siehe »Todesstrafe für Vertrauensbruch«, in *RLZ* (9. Januar 1944); zu einem anderen Fall in Düsseldorf siehe »Todesstrafe für Hochstapler«, in *RLZ* (11. März 1944).

78 BA: R22/3355, Generalstaatsanwalt bei dem Oberlandesgericht Bamberg an Reichsminister (30. April 1940). Siehe auch den Bericht vom 4. Februar 1941, wo diese Klage wiederholt wird. Siehe ferner BA: R22/3387: Oberlandesgerichtspräsident in Stuttgart an Reichsminister (6. November 1940).
79 Siehe etwa *Meldungen aus dem Reich* (13. November 1941), S. 2982–2984.
80 Siehe den ebd. (17. September 1944), S. 6711–6720, zitierten Fall.
81 »Tod und harte Strafen für Pflichtvergessene«, in *RLZ* (8. Fbruar 1945).
82 »Die Waffe des Rechts«, in *VB* (7. Dezember 1940).
83 »Die Aufgabe der Justiz im Kriege«, in *VB* (26. März 1944).
84 Jochmann (Hg.), *Monologe im Führerhauptquartier*, S. 271f. (Eintrag vom 8. Februar 1942).
85 *RGBl.*, Bd. I, S. 139f. (26. März 1942), »Erlaß des Führers über die Vereinfachung der Rechtspflege vom 21. März 1942«. Hitler wünschte nur solche Richter, die der festen Überzeugung waren, »daß das Recht nicht den Einzelnen dem Staat gegenüber sichern, sondern in erster Linie bewirken solle, daß Deutschland nicht zugrunde gehe«. Siehe Henry Picker, *Hitlers Tischgespräche im Führerhauptquartier*, 3. Aufl., Stuttgart 1976, S. 158 (Eintrag vom 29. März 1942).
86 »Erlaß über die Strafvollstreckung im Kriege«, abgedruckt in Domarus (Hg.), *Hitler Reden*, Bd. IV, S. 1860f.
87 Siehe »Aussetzung der Strafvollstreckung zum Zwecke der Bewährung«, 18. September 1940, abgedruckt in Hans-Peter Klausch, *Die Bewährungstruppe 500*, Bremen 195, S. 361–368. Klausch behauptet, daß der Einsatz an der Front nicht als Todesurteil gemeint war – obgleich die Verluste dort enorm waren –, weil die Nationalsozialisten wirklich der Überzeugung waren: »Durch Blut kann selbst große Schuld gesühnt werden.« Die genaue Anzahl derer, die in dieser Truppe dienten und fielen, steht nicht fest.
88 Siehe die früheren Artikel, die in Hermann Görings Rede Hitler als oberste Rechtsinstanz herausstellten, »Oberster Richter ist der Führer«, in *VB* (28. März 1938), und Hans Franks Rede vor der Akademie für Deutsches Recht, »Die geistesgeschichtliche Lage der Rechtswissenschaft«, in *VB* (19. Juni 1938).
89 Die Rede wurde in der Presse veröffentlicht – und fast mit Sicherheit auch im Rundfunk übertragen – und ist abgedruckt in Domarus (Hg.), *Hitler Reden*, Bd. IV, S. 1865–1876.
90 Der Fall wurde im März 1942 vor dem Landgericht Oldenburg verhandelt und betraf einen gewissen Ewald Schlitt. Um Hitlers deutlich zum Ausdruck gebrachte Empörung zu besänftigen, beriefen Justizbeamte ein Sondergericht ein, das Schlitt zum Tode verurteilte; das Urteil wurde bereits am 2. April vollstreckt. Siehe Domarus (Hg.), *Hitler Reden*, Bd. IV, S. 1856f.; die Zeitungsnotiz über die Hinrichtung ebd., S. 1860.
91 Auch Insider sahen es so. So notierte Goebbels in seinem Tagebuch, auch Hitler sei »jetzt entschlossen, sehr scharf vor allem gegen eine volksfremde Justiz vorzugehen«. Siehe *Die Tagebücher von Joseph Goebbels*, Tl. II, Bd. 4 (27. April 1942), S. 188.
92 Siehe *Meldungen aus dem Reich* (27. April 1942), S. 3671–3674.
93 Die Rede wurde in der Presse veröffentlicht und ist abgedruckt in Domarus (Hg.), Hitler Reden, Bd. IV, S. 1913–1924; zur Rede vom 8. November 1942 s. S. 1933f.
94 Zur Statistik siehe Tabelle 1 in Richard J. Evans, *Rituals of Retributions: Capital Punishment in Germany 1600–1987*, Oxford 1996, S. 916. [Nicht in der deutschen Übersetzung enthalten.]

95 Jochmann (Hg.), *Monologe im Führerhauptquartier*, S. 347–354.
96 Diese Schätzung (die die Zahl der Todesurteile auf »etwa 16000« veranschlagt) stammt aus einem vom gegenwärtigen Bundesjustizministerium herausgegebenen Buch: *Im Namen des Deutschen Volkes: Justiz und Nationalsozialismus*, Köln 1989, S. 206.
97 Andreas Seeger, »Hinrichtungen in Hamburg und Altona 1933 bis 1944«, in Angelika Eppinghaus und Karsten Linne (Hg.), *Kein abgeschlossenes Kapitel: Hamburg im »Dritten Reich«*, Hamburg 1997, S. 319–348, hier S. 331, daß 140 (29,5 Prozent) der in Hamburg 475 Hingerichteten aus dem norddeutschen Raum Ausländer waren; 3 waren Juden, 25 Frauen. Die meisten Opfer waren also deutsche Staatsbürger.
98 Martin Hirsch, Diemut Majer und Jürgen Meinck (Hg.), *Recht, Verwaltung und Justiz im Nationalsozialismus*, Köln 1984, S. 479.
99 Eine Liste der 18 zwischen dem 6. September 1939 und dem 20. Januar 1940 von der Polizei vorgenommenen Hinrichtungen enthält *Im Namen des Deutschen Volkes*, S. 258f.
100 Siehe zu diesen Zahlen Omer Bartov, *Hitler's Army: Soldiers, Nazis, and War in the Third Reich*, New York 1991, S. 95f.
101 Angermund, *Deutsche Richterschaft*, S. 158–179, besonders S. 177.
102 Siehe Horst Göppinger, *Juristen jüdischer Abstammung im »Dritten Reich«*, München 1990, S. 45–83.
103 Ingo Müller, *Furchtbare Juristen. Die unbewältigte Vergangenheit unserer Justiz*, München 1987, S. 179.
104 Siehe Helge Grabitz, »In vorauseilendem Gehorsam ... Die Hamburger Justiz im ›Führer-Staat‹«, in Justizbehörde Hamburg (Hg.), *»Für Führer, Volk und Vaterland ...«: Hamburger Justiz im Nationalsozialismus*, Hamburg 1992, S. 21–73; und Hubert Rottleuthner, »Rechtsphilosophie und Rechtssoziologie im Nationalsozialismus«, in Ralf Dreier und Wolfgang Sellert (Hg.), *Recht und Justiz im »Dritten Reich«*, Frankfurt am Main 1989, S. 295–322.
105 Zu diesen und zahlr. anderen relevanten Zitaten siehe Hans Michelberger, *Berichte aus der Justiz des Dritten Reiches*, Pfaffenweiler 1989, S. 357–374, hier S. 373.
106 »Nationalsozialistischer Kampf gegen das Verbrechertum: Ein Rechenschaftsbericht deutscher Polizeiarbeit«, in *VB* (3. April 1936).
107 »Politisches Soldatentum in der Polizei«, in *VB* (17. Februar 1941). Siehe auch in derselben Nummer »Polizei – beliebt wie noch nie«.
108 Eine Zusammenstellung der Verbrechen, die zwischen 1930 und 1940 vor ordentlichen Gerichten verhandelt wurden, enthält das *Statistische Jahrbuch für das Deutsche Reich*, Bd. LIX, Berlin 1941/42, S. 649.
109 Siehe etwa Generalstaatsanwalt bei dem Kammergericht, Bericht 30. Januar 1941, in Schimmler (Hg.), *Stimmung*, S. 53.
110 Siehe BA: R22/1221, 296–301: »Die Amnestien in den letzten 6 Jahren«.
111 Siehe etwa Generalstaatsanwalt bei dem Kammergericht, Bericht 31. Mai 1940, in Schimmler (Hg.), *Stimmung*, S. 43.
112 Siehe *Statistisches Jahrbuch für das Deutsche Reich*, Berlin 1935.
113 Siehe BA: R22/1160, »Die Entwicklung der Kriminalität im Deutschen Reich vom Kriegsbeginn bis Mitte 1943«, Berlin 1944, 26–66.
114 BA: R22/4003, 86–89: Informationsdienst des Reichsministers der Justiz, »Die Erwachsenenkriminalität im Kriege« und »Die Jugendkriminalität im Kriege«, Oktober 1944.

115 1938 gab es 82184 gemeldete Fälle, und die Zahl stieg jedes Jahr, bis sie sich 1943 auf 160900 nahezu verdoppelt hatte.

116 Diese Statistik beruht auf Tabelle 11 in Patrick Wagner, *Volksgemeinschaft ohne Verbrecher: Konzeptionen und Praxis der Kriminalpolizei in der Zeit der Weimarer Republik und des Nationalsozialismus*, Hamburg 1996, S. 317.

117 Eine weitere Analyse der Auswirkungen der Gestapo für die Kriminalität bietet Robert Gellately, »Die Gestapo und die ›öffentliche Sicherheit und Ordnung‹«, in Herbert Reinke (Hg.), *»... nur für die Sicherheit da? ...«: Zur Geschichte der Polizei im 19. und 20. Jahrhundert*, Frankfurt am Main 1993, S. 94–115.

5. SOZIALE AUSSENSEITER

1 Eine ausgezeichnete Einführung in das Thema bietet Jeremy Noakes, »Social Outcasts in the Third Reich«, in Richard Bessel (Hg.), *Life in the Third Reich*, Oxford 1987, S.83–96.

2 Einen interessanten Überblick gibt Uli Linke, *German Bodies: Race and Representation after Hitler*, London 1999, besonders S. 37–54.

3 Zum Hintergrund vor 1914 siehe Brigitte Hamann, *Hitlers Wien. Lehrjahre eines Diktators*, 3. Aufl., München 1996, S. 87–124.

4 *IMT*, Bd. XXIX, S. 220: Dokument 1992(A)-PS, »Vortrag Himmlers über Wesen und Aufgabe der SS und der Polizei«, aus: Nationalpolitischer Lehrgang der Wehrmacht vom Januar 1937.

5 Daniel Pick, *Faces of Degeneration: A European Disorder, c. 1848–1918*, Cambridge 1989, S. 128.

6 Lombroso übte bedeutenden Einfluß auf das kriminologische Denken der Nationalsozialisten aus, was jedoch wegen seiner jüdischen Abstammung nicht anerkannt wurde.

7 Die Stelle aus Hitlers *Mein Kampf* zitiert Oberregierungsrat Dr. Albrecht Böhme, »Die Vorbeugungsaufgaben der Polizei«, in *Deutsches Recht* (15. April 1936), S. 142.

8 Lothar Gruchmann, *Justiz im Dritten Reich 1933–1945: Anpassung und Unterwerfung in der Ära Gürtner*, München 1988, S. 719–721.

9 In *RGBl.*, Bd. I, S. 995–999 (27. November 1933) lautete der einschlägige Begriff »gefährliche Gewohnheitsverbrecher«. In der preußischen Verordnung hieß es »Berufsverbrecher«. Zum Hintergrund siehe Karl-Leo Terhorst, *Polizeiliche planmäßige Überwachung und polizeiliche Vorbeugungshaft im Dritten Reich*, Heidelberg 1985, S. 75ff. Die »Erweiterung« der preußischen Verordnung war vom 10. Februar 1934.

10 »Neues Strafrecht Anfang 1934«, in *VB* (3. Oktober 1933).

11 »Bekämpfung des gemeinschädlichen Verbrechertums«, in *VB* (18. November 1933).

12 »Konzentrationslager für Berufsverbrecher«, in *VB* (26./27. November 1933).

13 »Fühlbarer Rückgang der Kriminalität«, in *DT* (27. November 1933).

14 »Unsicherheit läßt nach: Heute kann man wieder ruhig in der Nacht nach Hause gehen«, in *VB* (29. Dezember 1933).

15 »Der Vollzug der Sicherungsverwahrung«, in *VB* (29. Dezember 1933).

16 Siehe »Neue Reichsgrundsätze für den Vollzug von Freiheitsstrafen und von sichernden Maßnahmen«, in *VB* (19. Mai 1934); ferner »Strafvollzug, der Werte schafft: Blick in Zuchthäuser und Sicherungsanstalten«, in *BBZ* (31. Mai 1942).

17 »Vorbeugen ist besser als Einschreiten«, in *VB* (18. Dezember 1934).
18 »Erfolge der Verbrecher-Bekämpfung«, in *VB* (13. Februar 1934).
19 *RGBl.*, Bd. I, S. 995–999 (27. November 1933), »Gesetz gegen gefährliche Gewohnheitsverbrecher und über Maßregeln der Sicherung und Besserung vom 24. November 1933«.
20 Siehe etwa Adolf Hitler, *Mein Kampf*, Zwei Bde. in einem Bd., ungekürzte Ausg., 583.–587. Aufl., München 1941, S 279.
21 *RGBl.*, Bd. I, S. 529–531 (14. Juli 1933), »Gesetz zur Verhütung erbkranken Nachwuchses vom 14. Juli 1933«.
22 Eine ausgezeichnete Untersuchung ist Henry Friedlander, *The Origins of Nazi Genocide: From Euthanasia to the Final Solution*, Chapel Hill (North Carolina) 1995, hier S. 23.
23 Ebd., S. 27.
24 Siehe besonders Gisela Bock, *Zwangssterilisation im Nationalsozialismus: Studien zur Rassenpolitik und Frauenpolitik*, Opladen 1986, S. 230–238.
25 Christine Charlotte Makowski, *Eugenik, Sterilisationspolitik, »Euthanasie« und Bevölkerungspolitik in der nationalsozialistischen Parteipresse*, Husum 1996, S. 151f.
26 Zitiert in Stefan Kühl, *The Nazi Connection: Eugenics, American Racism, and German National Socialism*, New York 1994, S. 46.
27 Zitiert in Claudia Koonz, »Eugenics, Gender, and Ethics in Nazi Germany: The Debate about Involuntary Sterilization 1933–1936«, in Thomas Childers und Jane Caplan (Hg.), *Reevaluating the Third Reich*, New York 1993, S. 66–85, hier S. 68.
28 Kühl, Nazi *Connection*, S. 24. Zur Bekräftigung des Arguments, daß die Deutschen wohl eher für ein solches Gesetz waren, siehe Kurt Nowak, *»Euthanasie« und Sterilisierung im »Dritten Reich«: Die Konfrontation der evangelischen und katholischen Kirche mit dem »Gesetz zur Verhütung erbkranken Nachwuchses« und der »Euthanasie«-Aktion*, Göttingen 1980, S. 71.
29 Sie gingen von 1464 (1935) auf 946 (1936) und 765 (1937) zurück; danach gab es einen Anstieg auf 964 (1938), 1827 (1939), 1916 (1940) und 1651 (1941). Zur Statistik siehe Christian Müller, *Das Gewohnheitsverbrechergesetz vom 24. November 1933: Kriminalpolitik als Rassenpolitik*, Baden-Baden 1997, S. 54. Etwas andere Zahlen bei Gruchmann, *Justiz*, S. 727f.
30 Zwischen 1934 und 1939 schickten die Gerichte 5142 Menschen in staatliche Krankenhäuser, 885 Trunksüchtige in Entziehungseinrichtungen, 7503 Personen in Arbeitshäuser, und 1808 Menschen ließen sie sterilisieren. Müller, *Gewohnheitsverbrechergesetz*, S. 53.
31 Gruchmann, *Justiz*, S. 729.
32 »›Vorbeugen ist besser als Einschreiten‹: Der Grundsatz der neuen volksverbundenen Polizei«, in *VB* (18. Dezember 1934); »Polizeirecht zum Schutz der Volksgemeinschaft: Nicht Paragraphen sondern der Geist entscheidet!«, in *VB* (3. Dezember 1935).
33 »Rückgang der Verbrechen bis zu 50 Prozent«, in *VB* (25. Mai 1935); »Erfolgreiche Arbeit der Kriminalpolizei im neuen Reich: Rückgang bis zu 50 vom Hundert«, in *VB* (26. Mai 1935).
34 »Vorbeugungshaft – das hilft!«, in *DA* (24. August 1935).
35 »Aufklärungswoche der Polizei«, in *VB* (5. März 1936).
36 Oberregierungsrat Dr. Albrecht Böhme, »Die Vorbeugungsaufgabe der Polizei«, in *DR* (15. April 1936), S. 142–145.

37 Siehe Gruchmann, *Justiz*, S. 729, Anm. 42, zu den Mitteilungen des Reichsjustizministeriums (21. Mai 1935 und 25. März 1941).
38 Siehe »Bekämpfung Asozialer« in Thieracks »Richterbrief« (1. Januar 1943), in Heinz Boberach (Hg.), *Richterbriefe: Dokumente zur Beeinflussung der deutschen Rechtsprechung 1942–1944*, Boppard 1975, S. 51–67.
39 Siehe Boberach (Hg.), *Richterbriefe*, S. XI; ferner Hans Peter Bleuel, *Das saubere Reich. Theorie und Praxis des sittlichen Lebens im Dritten Reich*, Bern-München-Wien 1972.
40 Die Formulierung stammt aus einem Bremer Gesetz (11. August 1933), abgedruckt in Wolfgang Ayaß (Hg.), *»Gemeinschaftsfremde«: Quellen zur Verfolgung von »Asozialen« 1933–1945*, Koblenz 1998, S. 33.
41 Der *VB* (München) brachte den Aufruf der bayerischen Regierung (18. September 1933), abgedruckt in Ayaß (Hg.), *»Gemeinschaftsfremde«*, S. 42f.
42 Siehe Schriftenreihe des Reichskriminalpolizeiamtes, Nr. 45, Vorbeugende Verbrechensbekämpfung, Erlaßsammlung, Mitteilungen vom 27. Januar 1937, 23. und 27. Februar 1937. Künftig zitiert als RKPA VE.
43 Terhorst, *Polizeiliche planmäßige Überwachung*, S. 109.
44 Ebd., S. 113.
45 RKPA VE: Rund-Erl. RFSS (19.November 1937).
46 Gruchmann, *Justiz*, S. 725.
47 Als Berufsverbrecher wurde definiert, wer das Verbrechen zu seinem Beruf gemacht hatte und ganz oder teilweise vom Ertrag seiner Verbrechen lebte und wenigstens dreimal zu mindestens drei Monaten Haft verurteilt worden war. Der Gewohnheitsverbrecher machte zwar das Verbrechen nicht zu seinem Beruf, hatte aber aufgrund von »kriminellen Trieben oder Neigungen« ein ähnliches Vorstrafenregister wie der Berufsverbrecher.
48 RKPA VE: Erlaß RMI, »Grundlegender Erlaß über die vorbeugende Verbrechensbekämpfung durch die Polizei« (14. Dezember 1937).
49 RKPA VE: Rund-Erl. RKPA, »Vorbeugende Verbrechensbekämpfung durch die Polizei« (8. Februar 1938).
50 »Vorbeugende Verbrechensbekämpfung«, in *VB* (16. Januar 1938).
51 Kripo Gleiwitz an Oberstaatsanwalt in Neisse (15. Juni 1938), abgedruckt in Ayaß (Hg.), »Gemeinschaftsfremde«, S. 135f.
52 Gerhard Wehr, *Justiz-Strafrecht und polizeiliche Verbrechensbekämpfung im Dritten Reich*, Berlin 1989, S. 507. Siehe auch Wolfgang Ayaß, *Das Arbeitshaus Breitenau*, Kassel 1992, S. 319–327.
53 RKPA VE: Rund-Erl. Reichskriminalpolizeiamt: »Richtlinien des Reichskriminalpolizeiamtes über die Durchführung der vorbeugenden Verbrechensbekämpfung« (4. April 1938).
54 RKPA VE: Himmler an Gestapa, RKPA, »Schutzhaft gegen Arbeitsscheue« (26. Januar 1938).
55 Siehe etwa Briefwechsel der Gestapo Düsseldorf mit dem Landrat in Kleve, in HStA D: RW 18/d23.
56 Wolfgang Ayaß, *»Asoziale« im Nationalsozialismus*, Stuttgart 1995, S. 143.
57 Siehe etwa die spätere Mitteilung hierzu in RKPA VE: RKPA an Kripostellen, »Vorbeugende Verbrechensbekämpfung« (1. September 1938).
58 SS-Oberführer Ulrich Greifelt, Chef der Dienststelle Vierjahrplan im Persönlichen Stab des Reichsführers-SS (Januar 1939): Nürnberger Dokument NO-5591, abgedruckt in Hans Buchheim, *»Aktion ›Arbeitsscheu Reich‹«, Gutachten des Instituts für Zeitgeschichte*, Stuttgart 1966, Bd. II, S. 189–195, hier S. 192f.

59 Siehe die Erinnerung in RKPA VE, RKPA an Kripostellen, »Vorbeugende Verbrechensbekämpfung durch die Polizei« (23. Juni 1938).
60 Siehe etwa seine Bemerkungen bei einer Besprechung mit Staatsanwälten im November 1936, zitiert in Gruchmann, *Justiz*, S. 728.
61 »Sicherungsverwahrung in Deutschland und Italien«, in *VB* (23. Juni 1938).
62 RKPA VE (25. Mai 1939).
63 Johannes Tuchel, *Konzentrationslager: Organisationsgeschichte und Funktion der »Inspektion der Konzentrationslager« 1934–1938*, Boppard 1991, S. 361.
64 Ulrich Greifelt, zitiert in *IfZ*, Nürnberger Dokument NO-5591.
65 Siehe RKPA VE, »Erfassung arbeitsscheuer Personen« (18. Oktober 1939).
66 Tuchel, *Konzentrationslager*, S. 361. Diese Zahlen stammen vom 28. Oktober, wurden also vor den Massenverhaftungen von Juden im Anschluß an die »Reichskristallnacht« im November 1938 erhoben.
67 Siehe die Tabelle in Michael Zimmermann, *Rassenutopie und Genozid: Die nationalsozialistische »Lösung der Zigeunerfrage«*, Hamburg 1996, S. 120.
68 Siehe Terhorst, *Polizeiliche planmäßige Überwachung*, S. 153.
69 RKPA VE, RSHA an Kripo, »Vorbeugende Verbrechensbekämpfung durch die Polizei« (20. März 1940).
70 RKPA VE: RMJ an Generalstaatsanwälte, »Entlassung aus der Sicherungsverwahrung« (4. Mai 1940).
71 RKPA VE: RSHA an Kripo, »Haftprüfung der gemäß Erlaß vom 1. Juni 1938 festgenommenen Personen« (18. Juni 1940).
72 Siehe BA: NS3/19: RMI an Kripo, »Vorbeugende Verbrechensbekämpfung durch die Polizei« (23. Januar 1941).
73 Siehe Victor Klemperer, *Ich will Zeugnis ablegen bis zum letzten: Tagebücher 1933–1945*, Berlin 1995, Bd. II, S. 272 (Eintrag vom 6. November 1942).
74 Siehe Michael Burleigh, *Death and Deliverance: »Euthanasia« in Germany 1900–1945*, Cambridge 1994, S. 97.
75 Zum Hintergrund siehe Götz Aly, *»Medizin gegen Unbrauchbare«*, in ders. (Hg.), *Aussonderung und Tod. Die klinische Hinrichtung der Unbrauchbaren*, Berlin 1985 (Beiträge zur nationalsozialistischen Gesundheits- und Sozialpolitik 1), S. 9-56, hier S. 14ff.
76 Morell berichtete Hitler von einer Umfrage, die der »Euthanasie«-Gegner Ewald Meltzer 1920 unter 200 Eltern durchgeführt hatte. Danach hatten nur 20 Eltern auf alle vier ihnen vorgelegten Fragen, die sich auf eine potentielle Zustimmung zur Tötung ihres Kindes bezogen, mit Nein geantwortet. Siehe Aly, *»Medizin gegen Unbrauchbare«*, S. 14ff.
77 Siehe *Nazism Doc.*, Bd. III, S. 1006f.
78 Robert N. Proctor, *Racial Hygiene: Medicine under the Nazis*, Cambridge (Massachusetts) 1988, S. 188.
79 Siehe Burleigh, *Death and Deliverance*, S. 99f.
80 Siehe Friedlander, *Origins of Nazi Genocide*, S. 136–140; ferner Ernst Klee, *»Euthanasie« im NS-Staat: Die Vernichtung »lebensunwerten Lebens«*, Frankfurt am Main 1983, S. 95–100.
81 Ein Protokoll der Besprechung (mit einem Druckfehler bei der angepeilten Zahl, die 70000, nicht 75000 lautete), in *Nazism Doc.*, Bd. III, S. 100–111.
82 Die Korrespondenz ist abgedruckt in *IMT*, hier Bd. XXXV, S. 689.
83 Siehe den ausführlichen Bericht von William L. Shirer, *Berlin Diary*, New York 1941, S. 423–427 (Eintrag vom 25. November 1941).

84 Marlis Steinert, *Hitlers Krieg und die Deutschen: Stimmung und Haltung der deutschen Bevölkerung im Zweiten Weltkrieg*, Düsseldorf-Wien 1970, S. 155.
85 Eine Diskussion hierüber in Burleigh, *Death and Deliverance*, S. 171f.
86 Siehe die interne T-4-Statistik (1. September 1941) in Ernst Klee (Hg.), *Dokumente zur »Euthanasie«*, Frankfurt am Main 1985, S. 232.
87 Zu besorgten Briefen von örtlichen Beamten siehe Klee (Hg.), *Dokumente*, S. 221–232.
88 *Die Tagebücher von Joseph Goebbels*, Tl. 2, Bd. I (23. August 1941), S. 299. Goebbels wunderte sich über den damaligen radikalen Umfang des Programms und hielt es auch für unklug, sich bei der herrschenden Kriegslage mit Galen anzulegen.
89 Siehe Burleigh, *Death and Deliverance*, S. 180.
90 Siehe etwa die Geschehnisse in Hadamar im Spiegel des umfangreichen Nachkriegsprozesses, in *Justiz und NS-Verbrechen*, Bd. I, S. 304–379.
91 Zu diesem und anderen Beispielen Aly, *»Medizin gegen Unbrauchbare«* S. 37f.
92 Klee, »*Euthanasie*«, S. 345.
93 Siehe Götz Aly, »*Endlösung*«: *Völkerverschiebung und der Mord an den euro päischen Juden*, Frankfurt am Main 1995, S. 330.
94 Siehe Hans-Walter Schmuhl, *Rassenhygiene, Nationalsozialismus, Euthanasie: Von der Verhütung zur Vernichtung »lebensunwerten Lebens«, 1890–1945*, Göttingen 1987, S. 218.
95 Siehe zu diesen und anderen Fällen Friedlander, *Origins of Nazi Genocide*, S. 148.
96 Siehe Burleigh, *Death and Deliverance*, S. 221.
97 Zu Einzelheiten siehe Burleigh, *Death and Deliverance*, S. 220–229; Schmuhl, *Rassenhygiene*, S. 218; Friedlander, *Origins of Nazi Genocide*, S. 142–150.
98 Siehe Ian Kershaw, *Popular Opinion and Political Dissent in the Third Reich: Bavaria 1933–1945*, Oxford 1983, S. 340. Über Schweigen oder Gleichgültigkeit mancher Christen, verbunden mit der Unterstützung des Antisemitismus, siehe Doris L. Bergen, Twisted Cross: *The German Christian Movement in the Third Reich*, Chapel Hill (North Carolina) 1996, S. 38–43.
99 Proctor, *Racial Hygiene*, S. 194.
100 Zu diesem Ergebnis kommt auch, nach gründlicher neuerlicher Prüfung des Beweismaterials, Kurt Nowak, »Widerstand, Zustimmung, Hinnahme: Das Verhalten der Bevölkerung zur »Euthanasie«, in Norbert Frei (Hg.), *Medizin und Gesundheitspolitik in der NS-Zeit*, München 1991, S. 23–251.
101 Michael Burleigh und Wolfgang Wippermann, *The Racial State: Germany 1933–1945*, Cambridge 1991, S. 153.
102 Eine eingehende Analyse der Frage, wie die beteiligten Krankenschwestern, manchmal trotz moralischer Bedenken, weiter ihren Dienst versahen, bietet Bronwyn Rebekah McFarland-Icke, *Nurses in Nazi Germany: Moral Choice in History*, Princeton 1999, besonders S. 257–264.
103 Siehe Guenther Lewy, *The Catholic Church and Nazi Germany*, London 1964, S. 224–267.
104 Siehe etwa Martin Schmidt, Robert Kuhlmann und Michael von Cranach, »Heil- und Pflegeanstalt Kaufbeuren«, in Michael von Cranach und Hans-Ludwig Siemen (Hg.), *Psychiatrie im Nationalsozialismus: Die bayerischen Heil- und Pfleganstalten zwischen 1933 und 1945*, München 1999, S. 265–325, hier S. 286.
105 Notizen von der Besprechung (23. April 1941) sind abgedruckt bei Klee (Hg.), *Dokumente*, S. 219f.

106 Siehe ebd., S. 227f. Eine allgemeine Darstellung bei Hans-Ludwig Siemen, »Die bayerischen Heil- und Pflegeanstalten während des Nationalsozialismus«, in von Cranach und Siemen (Hg.), *Psychiatrie*, S. 417–474.
107 Siehe BA: R22/3355, Generalstaatsanwalt Bamberg an RJM (4. Februar 1941).
108 Eine ausgezeichnete Analyse dieses und anderer Tötungsfilme bietet Burleigh, *Death and Deliverance*, S. 183–219.
109 *Meldungen aus dem Reich* (15. Januar 1942), S. 3177f. Eine eingehende Analyse dieses Berichts bei Burleigh, *Death and Deliverance*, S. 218f.
110 Aly, *Endlösung*, S. 372.
111 Aly, *»Medizin gegen Unbrauchbare«*, S. 70.
112 Eine ähnliche Interpretation mit einem ausgezeichneten Überblick auch über die Asozialen bietet Richard J. Evans, *Rituale der Vergeltung: Die Todesstrafe in der deutschen Geschichte 1532–1987*, Hamburg-Berlin 2001, S. 820f.
113 Siehe Zimmermann, *Rassenutopie*, S. 93f.
114 Sybil Milton, »Vorstufe der Vernichtung: Die Zigeunerlager nach 1933«, *VfZ* (1995), S. 115–130.
115 Einzelne Statistiken bei Zimmermann, *Rassenutopie*, S. 115f.
116 Siehe Ludwig Eiber, *»Ich wußte, es wird schlimm«: Die Verfolgung der Sinti und Roma in München 1933–1945*, München 1993, S. 41.
117 RKPA VE: Rund-Erl. RFSS, »Bekämpfung der Zigeunerplage« (8. Dezember 1938).
118 Zimmermann, *Rassenutopie*, S. 127.
119 RKPA VE: RKPA, »Ausführungsanweisung« (1. März 1939).
120 RKPA VE: RKPA an Kripo, »Erfassung aller wehrunwürdigen Personen«, 7. Juli 1939).
121 Proctor, *Racial Hygiene*, S. 203.
122 Zu einer kritischen Bewertung von Ritters Hintergrund und Forschungen siehe Zimmermann, *Rassenutopie*, S. 125–138.
123 Robert Ritter, »Kriminalität und Primitivität« (1940), zitiert in Proctor, *Racial Hygiene*, S. 202.
124 Ebd., S. 203.
125 RKPA VE: RKPA an Kripo Wien (5. Juni 1939).
126 Dokument 3363-PS in *Nazi Conspiracy and Aggression*, Bd.VI, S. 97–101, abgedruckt in Isaiah Trunk, *Judenrat: The Jewish Councils in Eastern Europe under Nazi Occupation*, New York 1972, S. 2–4.
127 Siehe Zimmermann, *Rassenutopie*, S. 167.
128 Siehe Friedlander, *Origins of Nazi Genocide*, S. 260f.
129 Siehe Aly, *Endlösung*, S. 62.
130 RKPA VE: RSHA Schnellbrief an Kripo, »Zigeunererfassung« (17. Okt. 1939).
131 Ritter, zitiert in Eiber, *»Ich wußte, es wird schlimm«*, S. 59–62.
132 BA: R18/5644, 229, RMI an Sipo, RKPA, usw. (24. Januar 1940).
133 RKPA VE: RFSS Schnellbrief an Kripo, »Umsiedlung von Zigeunern« (27. April 1940).
134 RKPA VE: RFSS »Richtlinien für die Umsiedlung von Zigeunern« (27. April 1940).
135 Michael Zimmermann, *Verfolgt, vertrieben, vernichtet: Die nationalsozialistische Vernichtungspolitik gegen Sinti und Roma*, Essen 1989, S. 46.
136 RKPA VE: RSHA an Kripo, »Abschiebung der ostpreußischen Zigeuner« (22. Juli 1941).

137 Zimmermann, *Verfolgt*, S. 53f.
138 Siehe etwa RKPA VE: RSHA an Kripo, »Auswertung der rassenbiologischen Gutachten über zigeunerische Personen« (7. August 1941 u. 20. September 1941).
139 Diese Untersuchung fand im März 1944 statt. Siehe Hans Hesse (Hg.), *»Am mutigsten waren immer wieder die Zeugen Jehovas«: Verfolgung und Widerstand der Zeugen Jehovas im Nationalsozialismus*, Bremen 1998, S. 430.
140 Siehe Zimmermann, *Rassenutopie*, S. 160f., 297–304.
141 Siehe Michael Zimmermann, »Die nationalsozialistische ›Lösung der Zigeunerfrage‹«, in Ulrich Herbert (Hg.), *Nationalsozialistische Vernichtungspolitik: Neue Forschungen und Kontroversen*, Frankfurt am Main 1998, S. 235–262, hier S. 255.
142 Siehe RKPA VE: RSHA an Kripo und so weiter, »Einweisung von Zigeunermischlingen, Rom-Zigeunern und balkanischen Zigeunern in ein Konzentrationslager« (29. Januar 1943). Zu Einzelheiten siehe Zimmermann, *Rassenutopie*, besonders S. 295f., 316f.
143 Hierzu und zu den Reaktionen aus anderen Teilen Europas siehe Zimmermann, *Rassenutopie*, hier S. 308.
144 Ebd., S. 372. Siehe auch Hans-Joachim Döring, *Die Zigeuner im NS-Staat*, Hamburg 1964, besonders S. 112–139.
145 Zimmermann, *Rassenutopie*, S. 381.
146 Wir haben keine genauen Gesamtzahlen für ganz Europa, doch eine provisorische Schätzung veranschlagt die Zahl der Toten auf 219700; s. Donald Kenrick und Grattan Puxon, *The Destiny of Europe‹s Gypsies*, New York 1972, S. 184. Eine andere Schätzung geht von 220000 bis 500000 Opfern aus; siehe *Enzyklopädie des Holocaust*, München 1995, Bd. III, S. 1633.
147 Siehe Sybil H. Milton, »›Gypsies‹ as Social Outsiders in Nazi Germany«, in Robert Gellately und Nathan Stoltzfus (Hg.), *Social Outsiders in Nazi Germany*, Princeton, erscheint demnächst.
148 Siehe etwa Hitler, *Mein Kampf*, S. 246–248.
149 Eine nützliche Dokumentensammlung findet sich in Ayaß (Hg.), *Gemeinschaftsfremde*, hier S. 3–5: Erlaß Göring an Polizei (22. Februar 1933); Gesetz zur Abänderung strafrechtlicher Vorschriften (26. Mai 1933).
150 Ayaß, *Asoziale*, S. 187.
151 Bock, *Zwangssterilisation*, S. 417f., vermutet, daß 1933 »Zehntausende« zusammengetrieben und in Konzentrationslager oder Arbeitshäuser gebracht wurden.
152 Zu diesem Fall siehe David F. Crew, *Germans on Welfare from Weimar to Hitler*, New York 1998, S. 150f.
153 Der Fachbegriff lautete »Personen mit häufig wechselndem Geschlechtsverkehr«. Siehe Ayaß, *Asoziale*, S. 187.
154 RKPA VE: RMI an Landesregierungen usw. (9. September 1939).
155 RKPA VE: RMI an Landesregierungen usw. (18. September 1939).
156 Es war keine Jüdin; ihre Akten bei der Kripo Essen (und andere) sind abgedruckt in Ayaß (Hg.), *Gemeinschaftsfremde*, S. 286f.
157 Zu diesem und ähnlichen Fällen aus Duisburg siehe Patrick Wagner, *Volksgemeinschaft ohne Verbrecher: Konzeptionen und Praxis der Kriminalpolizei in der Zeit der Weimarer Republik und des Nationalsozialismus*, Hamburg 1996, S. 367–373, hier S. 368 und 371.
158 Siehe Anett F. Timm, »The Ambivalent Outsider: Prostitution, Promiscuity and VD Control in Nazi Berlin«, in Gellately und Stoltzfus (Hg.), *Social Outsiders*.

159 *Meldungen aus dem Reich*, S. 6069–6071 (29. November 1943).
160 Zu Belegen für Hitlers frühe Abneigung gegen Homosexualität siehe Hamann, *Hitlers Wien*, S. 515.
161 »Minister Göring säubert Preußen von Schund und Schmutz«, in *VB* (2. März 1933); »Große Polizeiaktion in Breslau«, in *VB* (14. Oktober 1933).
162 »Bekämpfung von Schund und Schmutz«, in *BM* (30. März 1933).
163 Siehe die Rede Dr. Josef Meisingers von 1937 in *Nazism Docs.*, Bd. IV, S. 391. Siehe auch die Analyse von Claudia Schoppmann, »National Socialist Policies towards Female Homosexuality«, in Lynn Abrams und Elizabeth Harvey (Hg.), *Gender Relations in German History: Power, Agency and Experience from the Sixteenth to the Twentieth Century*, Durham (North Carolina) 1997, S. 177–187.
164 Siehe »›Säuberungsaktion‹ gegen Homosexuelle in Hamburg«, in *NZ* (28. August 1936), in der dokumentarischen Sammlung von Günter Grau (Hg.), *Homosexualität in der NS-Zeit: Dokumente einer Diskriminierung und Verfolgung*, Frankfurt am Main 1993, S. 173.
165 Von zahlreichen Beispielen aus dem Jahr 1936 seien genannt: »276 Ordensgeistliche angeklagt«, in *VB* (27. Mai 1936); »Sodom und Gomorrha in den rheinischen Franziskanerklöstern«, in *VB* (20. Juni 1936); »Perverse Entartungen auf dem Wege zum Gebet«, in *VB* (25. Juni 1936). Noch mehr solche Artikel gab es 1937, zum Beispiel: »Die Öffentlichkeit zu den Prozessen gegen Sittlichkeitsverbrecher im Priesterrock zugelassen«, in *VB* (8. Mai 1937).
166 Ein spektakulärer (im *VB* beschriebener) Prozeß in Schwerin begann am 22. Januar 1936 gegen einen Mann, dem vorgeworfen wurde, 12 Jungen ermordet zu haben; er wurde schließlich für schuldig befunden, über seine Hinrichtung wurde berichtet.
167 Statistiken sind abgedruckt in Grau (Hg.), *Homosexualität*, S. 197.
168 Siehe Tabelle 3, Burkhard Jellonnek, *Homosexuelle unter dem Hakenkreuz: Die Verfolgung von Homosexuellen im Dritten Reich*, Paderborn 1990, S. 285.
169 Siehe Tabelle 2, ebd., S. 283.
170 Siehe Jürgen Müller, »Die alltägliche Angst: Denunziation als Instrument zur Ausschaltung Mißliebiger«, und Cornelia Limpricht, »›Homosexuelle Verfehlungen‹: Der Fall Bartels«, in Cornelia Limpricht, Jürgen Müller und Nina Oxenius (Hg.), *»Verführte« Männer: Das Leben der Kölner Homosexuellen im Dritten Reich*, Köln 191, S. 96–103 und 82–94.
171 Siehe Tabelle 2 in Jellonnek, *Homosexuelle*, S. 283.
172 Einzelne Statistiken über kriminalpolizeiliche Festnahmen von Homosexuellen bei Wagner, *Volksgemeinschaft ohne Verbrecher*, S. 249.
173 Siehe Elke Fröhlich, »Die Herausforderung des Einzelnen«, in Martin Broszat u. Elke Fröhlich (Hg.), *Bayern in der NS-Zeit*, München 1983, Bd. VI, S. 76–114.
174 Siehe die Beispiele in Prosper Schücking und Martin Sölle, »Para. 175 StGB – Strafrechtliche Verfolgung homosexueller Männer in Köln«, in Limpricht, Müller und Oxenius (Hg.), *»Verführte« Männer*, S. 104–119.
175 Siehe etwa RKPA VE, »Richtlinien des Reichskriminalpolizeiamtes über die Durchführung der vorbeugenden Verbrechensbekämpfung« (4. April 1938).
176 RKPA VE, RFSS an RKPA: »Freiwillige Entmannung von Vorbeugungshäftlingen« (20. Mai 1939).
177 RKPA VE, RSHA an Kripo: »Vorbeugende Verbrechensbekämpfung durch die Polizei« (12. Juli 19450); die letztere Bedingung kam am 23. August {SIC} 1940 hinzu.

178 Siehe RKPA VE, RSHA an Kripo: »Polizeiliche Vorbeugungsmaßnahmen gegen Entmannte« (2. Januar 1942), und Notiz Anhang von RMI, »Untersuchung Entmannter« (13. November 1941).
179 Dieser Befund wird veröffentlicht in John C. Fout, *Nazis and Homosexuals: Police State Repression of Male Homosexuality and the Gay Subculture in Nazi Germany 1933–1945*, erscheint demnächst in der Columbia University Press, Kap. 12.
180 »Erlaß des Führers zur Reinhaltung von SS und Polizei« (15. November 1941), abgedruckt in Grau (Hg.), *Homosexualität in der NS-Zeit*, S. 244.
181 »Befehl Reichsführer SS und Chef der Deutschen Polizei« (7. März 1942), abgedruckt ebd., S. 248–251.
182 Jellonnek, *Homosexuelle*, S. 328. Er befaßt sich mit der Verfolgung durch die Gestapo anhand der Akten in Düsseldorf, Würzburg und Speyer und zeigt (S. 308), daß die Gestapo im Durchschnitt 50Prozent der von ihr eingeleiteten Fälle an die Gerichte überwies.
183 Burleigh und Wippermann, *Racial State*, sagen, die »übliche Zahl« sei 10000, glauben aber, daß nicht weniger als 15000 Homosexuelle in den Lagern umgekommen sein mögen. Jellonnek, *Homosexuelle*, S. 328, zieht die Grenze irgendwo zwischen 5000 und 15000.
184 Siehe den *oral-history*-Bericht von Alexander von Plato, »The Hitler Youth Generation and its Role in the two Post-War German States«, in Mark Roseman (Hg.), *Generation in Conflict: Youth Revolt and Generation Formation in Germany 1770–1968*, Cambridge 1995, S. 210–226.
185 Siehe Melitta Maschmann, *Fazit: Mein Weg in die Hitler-Jugend*, München 1981 (zuerst 1963), S. 225–229.
186 Siehe BA: R22/4089, 86–87, Informationsdienst des Reichsministers der Justiz (Oktober 1944); Jörg Wolff, *Jugendliche vor Gericht im Dritten Reich: Nationalsozialistische Jugendstrafrechtspolitik und Justizalltag*, München 1992, S. 270–274.
187 Siehe BA: R22/1221, 296–301: »Die Amnestien in den letzten 6 Jahren« (14. Februar 1939); ferner Ulrike Jureit, *Erziehen, Strafen, Vernichten: Jugendkriminalität im Nationalsozialismus*, Münster 1995, S. 57–60.
188 Zu den exakten Daten siehe *Nazism Docs.*, Bd. II, S. 420. Siehe Tabelle 1.3 in Gerhard Rempel, *Hitler‹s Children: The Hitler Youth and the SS*, Chapel Hill (North Carolina) 1989, S. 54f.; und Arno Klönne, *Jugend im Dritten Reich: Die Hitler-Jugend und ihre Gegner*, Düsseldorf 1982, S. 258.
189 Einen Überblick einschließlich ausführlicher lokaler Fallstudien enthält »Cliquen- und Bandenbildung unter Jugendlichen«, von der Reichsjugendführung (September 1942), vollständig abgedruckt in Detlev Peukert, *Die Edelweißpiraten: Protestbewegungen jugendlicher Arbeiter im »Dritten Reich«*, Köln 1980, S. 160–229.
190 Siehe Alfons Kenkmann, *Wilde Jugend: Lebenswelt großstädtischer Jugendlicher zwischen Weltwirtschaftskrise, Nationalsozialismus und Währungsreform*, Essen 1996, besonders S. 342–354.
191 RKPA VE, Rund-Erl. RMI, »Bekämpfung der Jugendkriminalität« (24. Mai 1939).
192 RKPA VE, Rund-Erl. RSHA an Kripo, »Bekämpfung der Jugendkriminalität« (1. Dezember 1939).
193 RKPA VE, RSHA an Kripo, »Polizeiliche Unterbringung krimineller und asozialer Minderjähriger« (1. April 1940).

194 Das Lager Uckermark nahm den Betrieb am 1. Juni 1942 auf.
195 Siehe RKPAVE: RSHA an Kripo, »Anträge auf Unterbringung krimineller und asozialer Minderjähriger in Jugendschutzlager« (26. Juni und 16. August 1940).
196 Siehe Hinrich Muth, »Das ›Jugendschutzlager‹ Moringen«, *DH* (1989), S. 223–252, hier S. 246f.
197 *Kölnische Zeitung* (16. November 1940), abgedruckt in Muth, »Moringen«, S. 248f.
198 Es war das dritte Lager, das sich die Einrichtungen eines alten dort befindlichen Arbeitshauses zunutze machte. Bis Herbst 1933 gab es hier ein Konzentrationslager, danach nutzte von 1935 bis 1938 ein Sonderlager für Frauen die Gebäude. Zum Hintergrund siehe Ino Arndt, »Das Frauenkonzentrationslager Ravensbrück«, *DH* (1987), S. 125–127, hier S. 129f.; die Höchstzahl der Frauen betrug 200 (im Dezember 1937).
199 Eine zeitgenössische Beschreibung bei Muth, »Moringen«, S. 245.
200 RKPA VE: RSHA an Kripo, »«Anträge auf Unterbringung krimineller und asozialer Minderjähriger in Jugendschutzlager« (8. Juli 1940).
201 RKPA VE: »Einweisung in das Jugendschutzlager Moringen« (3.Oktober 1941).
202 Muth, »Moringen«, S. 250.
203 Bericht des Essener Landgerichtspräsidenten an das Reichsjustizministerium (31. Juli 1944), abgedruckt in Peukert, *Edelweißpiraten*, S. 137–245, hier S. 144.
204 Die Statistiken über weibliche und männliche Gefangene zwischen 1940 und 1943 stammen aus Rempel, *Hitler‹s Children*, S. 98f.
205 »Wichtige Verordnung zum Schutze der deutschen Jugend«, in *VB* (21. März 1940).
206 »Die Kriminalpolizei greift ein«, in *VB* (29. Juli 1940).
207 »Jugendarrest statt Gefängnisstrafe«, in *VB* (17. Oktober 1940).
208 Muth, »Moringen«, S. 229f.
209 Die Widerstandsthese widerlegt Bernd-A. Rusinek, *Gesellschaft in der Katastrophe: Terror, Illegalität, Widerstand, Köln 1944/45*, Essen 1989; weitere Diskussionsbeiträge in Wilfried Breyvogel (Hg.), *Piraten, Swings und Junge Garde: Jugendwiderstand im Nationalsozialismus* , Bonn 1991.
210 Siehe Werner Präg und Wolfgang Jacobmeyer (Hg.), *Das Diensttagebuch des deutschen Generalgouverneurs in Polen 1939–1945*, Stuttgart 1975, S. 552–560 (Eintrag vom 29.–31. August 1942).
211 Siehe *IfZ*, Nürnberger Dokument NO-1285, zum Briefwechsel, einschließlich Informationen über die Sterblichkeitsrate, von »Chef SS-WVHA an Himmler« (16. März 1943).
212 Eine ausführliche Diskussion bietet Nikolaus Wachsmann, »›Annihilation through Labor‹: The Killing of State Prisoners in the Third Reich«, *JMH* (1999), S. 624–659, hier S. 649f.
213 Wachsmann, »Annihilation«, S. 656.
214 Broszat, »Konzentrationslager«, S. 125.
215 Siehe *IfZ*, Nürnberger Dokument PS-682, wegen Goebbels‹ Erwähnung dieses Konzepts (14. September 1942). Siehe auch *Die Tagebücher von Joseph Goebbels*, Tl. 2, Bd. 5 (125. September 1942), S. 504f.
216 Detlev Peukert, *Volksgenossen und Gemeinschaftsfremde: Anpassung, Ausmerze und Aufbegehren unter dem Nationalsozialismus*, Köln 1982, S. 260f.
217 Zum ersten Beispiel siehe *Meldungen aus dem Reich* (23. April 1942), S. 3666; zu letzterem Beispiel siehe ebd. (2. Oktober 1941), S. 2828.

218 *Meldungen aus dem Reich* (26. März 1942), S. 3526–3529.
219 Ebd. (13. November 1941), S. 2983.
220 Ebd. (5. März 1942), S. 3417.
221 Ebd. (29. November 1943), S. 6078.

6. DAS UNRECHT AN DEN JUDEN

1 Weiteres Material bei David Bankier, *The Germans and the Final Solution: Public Opinion under Nazism*, Oxford 1992, S. 35f.
2 GSA: HA/Rep.90P: Gestapo Osnabrück (4. September 1935). Siehe auch die Dokumentensammlung von Thomas Klein (Hrsg.), *Die Lageberichte der Geheimen Staatspolizei über die Provinz Hessen-Nassau 1933–1936*, 2 Bde., Köln 1986.
3 Siehe etwa »Kauft nicht beim Juden!«, in *VB* (15. September 1935).
4 Siehe etwa »Lagebericht der Staatspolizeistelle Stettin an das Geheime Staatspolizeiamt über den Monat August 1935« (4. September 1935), in Robert Thévoz u. a. (Hg.), *Pommern 1934/35 im Spiegel von Gestapo-Lageberichten und Sachakten (Quellen)*, Köln 1974, S. 129.
5 Siehe Lagebericht der Staatspolizeistelle für den Regierungsbezirk Münster für Juni 1935, in Joachim Kuropka (Hg.), *Meldungen aus Münster 1924–1945*, Münster 192, S. 286.
6 Siehe Lagebericht der Staatspolizeistelle Hannover an das Geheime Staatspolizeiamt Berlin für den Monat September 1935 (1. Oktober 1935), in Klaus Mlynek (Hg.), *Gestapo Hannover meldet ... Polizei- und Regierungsberichte für das mittlere und südliche Niedersachsen zwischen 1933 und 1937*, Hildesheim 1986, S. 423.
7 Siehe ebd., S. 374, Regierungspräsident Bericht (April/Mai 1935), und (S. 416) Lagebericht der Staatspolizeistelle Hannover (August 1935).
8 Lagebericht Staatspolizeistelle Hannover (September 1935), ebd., hier S. 423.
9 Bankier, Germans, S. 38–40. Siehe neuerdings die Untersuchung von Peter Longerich, *Politik der Vernichtung: Eine Gesamtdarstellung der nationalsozialistischen Judenverfolgung*, München 1998, S. 70–101.
10 Siehe die ausführlichen Berichte (Juli und August), *Sopade* (1935), S. 800–814 und 920–937; die zitierte Bemerkung auf S. 922.
11 Eine Untersuchung des sozialen Hintergrundes dieser Gesetze bietet Robert Gellately, *Die Gestapo und die deutsche Gesellschaft: Die Durchsetzung der Rassenpolitik 1933–1945*, Paderborn-München 1993, S. 126–132.
12 Zum Entscheidungsprozeß und zu Hitlers Standpunkt siehe Ian Kershaw, *Hitler 1889–1936*, Stuttgart 1998, S. 702–718.
13 Zu diesem Punkt siehe Saul Friedländer, *Das Dritte Reich und die Juden,* Bd. I, *Jahre der Verfolgung, 1933–1939*, München 1998, S. 165f.
14 »Wer ist Jude im Sinne des neuen Gesetzes?« in *VB* (17. September 1935); »Der Führer über die Bedeutung der neuen Gesetze«, in *VB* (17. September 1935).
15 Siehe Friedländer, *Das Dritte Reich und die Juden, Bd. I,* S. 163–168.
16 Siehe Kershaw, *Hitler 1889–1936*, S. 719.
17 Lagebericht Staatspolizeistelle Hannover (Februar 1936), in Mlynek, *Gestapo Hannover*, hier S. 512.
18 *The Times* (8. November 1935).
19 »Die Verordnung zum Reichsbürger- und zum Blutschutzgesetz, 15. November 1935«, in *VB* (16. November 1935).
20 Siehe Bankier, *Germans*, S. 80.

21 Otto Dov Kulka, »Die Nürnberger Rassengesetze und die deutsche Bevölkerung im Lichte geheimer NS-Lage- und Stimmungsberichte«, *VfZ* (1984), S. 582–624.
22 Longerich, *Politik*, S. 108f.
23 Victor Klemperer, *Ich will Zeugnis ablegen bis zum letzten: Tagebücher 1933–1945*, Berlin 1995, Bd. I, S. 215 (Eintrag vom 16. September 1935).
24 Ebd., Bd. I, S. 224 (19. Oktober 1935).
25 Kaplan, Marion A.: *Der Mut zum Überleben. Jüdische Frauen und ihre Familien in Nazideutschland*, Berlin 2001.
26 Bankier, *Germans*, S. 73f.
27 Siehe Dezemberbericht, *Sopade* (1936), S. 1648–1664.
28 Siehe unter vielen Beispielen etwa Dezemberbericht, *Sopade* (1936), S. 1660–1663, und Novemberbericht (1937), S. 1568.
29 RKPA, VE: Chef Sipo an Kripo und Gestapo: »Schutzhaft für jüdische Rassenschänder« (12. Juni 1937).
30 Erlaß abgedruckt in Hans Buchheim, »Die Aktion ›Arbeitsscheu Reich‹«, in *Gutachten des Instituts für Zeitgeschichte*, Stuttgart 1966, Bd. II, S. 192.
31 Siehe Michael Wildt (Hg.), *Die Judenpolitik des SD 1935 bis 1938: Eine Dokumentation*, München 195, S. 56.
32 Siehe RKPA, VE: Chef Sipo an RKPA: »Vertraulich« (19. Oktober 1938), und »Entlassung jüdischer Vorbeugungshäftlinge« (3. November 1938).
33 Peter Gay, *Meine deutsche Frage. Jugend in Berlin 1933–1939*, 3. Aufl., München 2000, S. 129.
34 Ebd., S. 87 Der *VB*, »Sensationskomplexe« (19. Juli 1937), spielte die antisemitischen Exzesse herunter und behauptete, ausländische Journalisten hätten in ihren Artikeln übertrieben.
35 Siehe Michael Wildt, »Gewalt gegen Juden in Deutschland 1933 bis 1939«, *WerkstattGeschichte* 18 (1997), S. 59–80, hier S. 65.
36 Siehe Avraham Barkai, »*Volksgemeinschaft*, ›Aryanization‹ and the Holocaust«, in David Cesarani (Hg.), *The Final Solution: Origins and Implementation*, London 1994, S. 33–50.
37 Ebd., S. 41. Siehe auch Gerhard Kratzsch, *Der Gauwirtschaftsapparat der NSDAP: Menschenführung, ›Arisierung‹ und Wehrwirtschaft im Gau Westfalen-Süd*, Münster 1989, S. 115–127.
38 Siehe diese u. andere Beispiele in Frank Bajohr, *»Arisierung« in Hamburg: Die Verdrängung der jüdischen Unternehmer 1933–1945*, Hamburg 1997, hier S. 137 u. 141.
39 »VO über die Anmeldung des Vermögens von Juden«, abgedruckt in Joseph Walk (Hg.), *Das Sonderrecht für die Juden im NS-Staat*, 2. Aufl., Heidelberg 1996, S. 223.
40 Helmut Genschel, *Die Verdrängung der Juden aus der Wirtschaft im Dritten Reich*, Berlin 1966, S. 175.
41 »Jüdisches Vermögen bis 30. Juni meldepflichtig«, in *VB* (28. April 1938); »Jüdische Betriebe werden gekennzeichnet«, in *VB* (17. Juni 1938).
42 »Gesetzliche Maßnahmen zur Ausschaltung des jüdischen Einflusses in der Wirtschaft«, in *VB* (23. Juni 1938).
43 Siehe etwa den Julibericht, *Sopade* (1938), S. 732–771, besonders S. 750; das Zitat auf S. 758.
44 Siehe etwa »Erstes Berliner Urteil gegen einen rassenschänderischen Juden«, in *VB* (18. Dezember 1935); »Festnahme eines jüdischen Wucherers«, in *VB* (23. Januar 1936); »Jüdischer Großbetrüger entlarvt«, in *VB* (5. November 1936).

45 So gab es Berichte aus Frankreich, Polen, England, Ungarn, Rumänien, Paraguay, verschiedenen afrikanischen Ländern, den USA und Italien. Siehe etwas aus den USA »Kampf gegen Kommunisten, Katholiken, Juden und Neger«, in *VB* (17. Juni 1936), »Die Trennung der Rassen in den Schulen Deutschlands und der Vereinigten Staaten«, in *VB* (22. September 1936).
46 »Der Führer über die deutschen Judengesetze und den Aufbau der Wehrmacht«, in *VB* (28. November 1935). Unter vielen anderen Artikeln siehe etwa »Das jüdische Gesicht des Bolschewismus«, in *VB* (10. Februar 1937).
47 Siehe etwa Goebbels‹ Rede »Der Bolschewismus muß vernichtet werden, wenn Europa wieder gesunden soll«, in *VB* (11. September 1936).
48 Siehe VB (20. Oktober 1937).
49 Siehe Dan Diner, *Verkehrte Welten. Antiamerikanismus in Deutschland. Ein historischer Essay*, Frankfurt a. M. 1993, S. 89–117.
50 Siehe etwa »USA unter jüdischer Diktatur«, in *VB* (6. Januar 1939).
51 Siehe die ausgezeichnete Analyse in Philipp Gassert, *Amerika im Dritten Reich: Ideologie, Propaganda und Volksmeinung 1933–1945*, Stuttgart 1997, besonders S. 183ff.
52 Siehe *Meldungen aus dem Reich* (20. Januar 1941), S. 1917–1919.
53 Siehe die Untersuchung von Eric Rentschler, *The Ministry of Illusion: Nazi Cinema and its Afterlife*, Cambridge (Massachusetts) 1996, hier S. 149–169.
54 Zu einem Bericht über diesen Film siehe *Meldungen aus dem Reich* (15. Januar 1942), S. 3175–3178.
55 Zu diesem Schluß kommt Ian Kershaw, *Popular Opinion and Political Dissent in the Third Reich: Bavaria 1933–1945*, Oxford 1983, S. 272.
56 Siehe Novemberbericht, *Sopade* (1938), S. 1177–1211, hier S. 1177.
57 Siehe BA: R58/276, »Aufenthaltsverbot für Juden polnischer Staatsangehörigkeit« (26. und 27. Oktober 1938); ferner Trude Maurer, »Abschiebung und Attentat: Die Ausweisung der polnischen Juden und der Vorwand für die ›Kristallnacht‹«, in Walter H. Pehle (Hg.), *Der Judenpogrom 1938: Von der »Reichskristallnacht« zum Völkermord*, Frankfurt am Main 1988, S. 52–73.
58 Zu einem Überblick über die unmittelbare Presseberichterstattung siehe Wolfgang Benz, »Der Novemberpogrom 1938«, in Wolfgang Benz (Hg.), *Die Juden in Deutschland 1933–1945: Leben unter nationalsozialistischer Herrschaft*, München 1988, S. 499–544, hier S. 505–512.
59 *Die Tagebücher von Joseph Goebbels*, Tl. 1, Bd. 6 (10. November 1938), S. 180.
60 BA: R58/276, 124: Fernschreiben an Stapo (9. November 1938), »Geheim«.
61 BA: R58/276, 125f.: Fernschreiben an Stapo (10. November 1938): Betr.: »Maßnahmen gegen Juden in der heutigen Nacht«.
62 BA: R58/276, 136f.: Funkspruch, Daluege an Orpo (10. November 1938).
63 *Die Tagebücher von Joseph Goebbels*, Tl. 1, Bd. 6 (11. November 1938), S. 182.
64 BA: R58/276, 129: Chef Sipo an Stapo (10. November 1938): Betr.: »Maßnahmen gegen Juden«.
65 Siehe Gellately, *Die Gestapo und die deutsche Gesellschaft*, S. 112ff.
66 Siehe etwa den Novemberbericht, *Sopade* (1938), S. 1186–1211.
67 Auszüge aus der Presse sind abgedruckt in Heinz Lauber, *Judenpogrom: »Reichskristallnacht« November 1938 in Großdeutschland*, Gerlingen 1981, S. 125–147.
68 »Aufruf des Reichsministers Dr. Goebbels an die Bevölkerung. Neue gesetzliche Regelung der Judenfrage angekündigt«, in *VB* (11. November 1938).

69 »Waffenbesitz für Juden verboten«, in *VB* (11. November 1938). Tatsächlich konnten Juden schon seit dem 16. Dezember 1935 keinen Waffenschein mehr erwerben – siehe Walk (Hg.), *Das Sonderrecht für die Juden*, S. 146, angeblich, weil dies »die deutsche Bevölkerung gefährden« würde.

70 *IMT*, XXXII, 1–2, Dokument 3058-PS, »Schnellbrief an Göring«. Das Oberste Parteigericht der NSDAP schätzte später, daß 91 Juden getötet worden seien. Diese Zahl muß als das Minimum angesehen werden.

71 Konrad Kwiet und Helmut Eschwege, *Selbstbehauptung und Widerstand: Deutsche Juden im Kampf um Existenz und Menschenwürde 1933–1945*, Hamburg 1984, S. 202–205. Siehe Tabelle »Selbstmordkurve der Juden in Deutschland 1933–1945«, S. 199.

72 Zahlen, die Lauber, *Judenpogrom*, S. 124, zitiert, deuten darauf hin, daß 10911 Juden nach Dachau, 9815 nach Buchenwald und 5000 bis 10000 nach Sachsenhausen geschickt wurden. Die große Zahl für Buchenwald, die auf einer genaueren Untersuchung basiert, nennt Rudi Goguel, »Vom großen Pogrom bis zur Entfesselung des Krieges (1938/39)«, in Klaus Drobisch u. a., *Juden unterm Hakenkreuz*, Frankfurt am Main 1973, S. 194. Siehe auch Benz, »Novemberpogrom«. S. 528.

73 Siehe die Statistik in Goguel, »Vom großen Pogrom bis zur Entfesselung des Krieges«, S. 194.

74 Siehe Darstellungen aus den Dezemberberichten, *Sopade* (1938), S. 1332–1350.

75 Siehe etwa die Berichte über die Mißhandlung der Juden in Dachau in Hans-Günter Richardi, *Schule der Gewalt: Das Konzentrationslager Dachau*, München 1995, S. 202ff.

76 Siehe Leni Yahil, »Jews in Concentration Camps in Germany Prior to World War II«, in *The Nazi Concentration Camps*, Jerusalem 1984, S. 69–100.

77 Die Zahlen stammen aus einem Bericht, den Lagerhäftlinge kurz nach ihrer Befreiung erarbeiteten. Siehe *Der Buchenwald-Report. Bericht über das Konzentrationslager Buchenwald bei Weimar.* Hg. von David A. Hackett, München 1996, S. 60.

78 »Empörte Volksseele schafft sich Luft!«, in *VB* (11. November 1938).

79 Siehe Karl Dürkefälden, *»Schreiben wie es wirklich war«! Aufzeichnungen Karl Dürkefäldens aus den Jahren 1933–1945*, Hannover 1985, S. 89.

80 Walter Tausk, *Breslauer Tagebuch 1933–1940*, Berlin 1988, S. 200.

81 »Abrechnung des Reiches mit den jüdischen Verbrechern«, in *VB* (13. November 1938).

82 Siehe Daniel Jonah Goldhagen, *Hitlers willige Vollstrecker. Ganz gewöhnliche Deutsche und der Holocaust,* Berlin 1996, S. 130f.

83 Siehe Ruth Andreas-Friedrich, *Der Schattenmann: Tagebuchaufzeichnungen 1938–1945*, Frankfurt am Main 1983, S. 25–35; Dürkefälden, *Schreiben wie es wirklich war!*, S. 85–102.

84 Bankier, *Germans*, S. 86f.; Hervorhebung im Original.

85 Siehe Dezemberbericht, *Sopade* (1938), S. 1352f.

86 »Die Sühneleistung der Juden«, in *VB* (24. November 1938).

87 Siehe Hans Safrian, *Eichmann und seine Gehilfen*, Frankfurt am Main 1995, S. 23–56.

88 Siehe *IMT*, XXVIII, 499–540, 1816–PS, »Stenographische Niederschrift der Besprechung über die Judenfrage bei Göring am 12. November 1938«, hier 534.

89 »Dr. Goebbels über die endgültige Lösung der Judenfrage«, in *VB* (14. November 1938).
90 »Reinliche Scheidung zwischen Deutschen und Juden«, in *VB* (16. November 1938).
91 Siehe etwa USHMM: RG 11, 500-1-160, SD-Hauptamt, »Vortrag: Die Judengesetzgebung seit 1933« (o. D., höchstwahrscheinlich Anfang Januar 1939).
92 *Die Tagebücher von Joseph Goebbels*, Tl. 1, Bd. 6 (14. November 1938), S. 186: (22. November 1938), S. 195.
93 Siehe Februarbericht, *Sopade* (1939), S. 201f., und für April, *Sopade* (1940), S. 256–268.
94 Eine kurze Darstellung bei Alan Bullock, *Hitler und Stalin. Parallele Leben,* Berlin 1991, S. 855.
95 »England und Juda die geistigen Urheber des Münchner Verbrechens«, in *VB* (11. November 1939).
96 Über den Nachkriegsprozeß gegen die SS-Täter siehe *Justiz und NS-Verbrechen*, Bd. IV, S. 678–698.
97 Siehe etwa Peter Brommer (Hg.), *Die Partei hört mit: Lageberichte und andere Meldungen des Sicherheitsdienstes der SS aus dem Großraum Koblenz 1937–1941*, Koblenz 1988, S. 155–157 (25. November 1938).
98 Siehe etwa H. G. Adler, *Der verwaltete Mensch: Studien zur Deportation der Juden aus Deutschland*, Tübingen 1974, S. 819–823, und was mit Robert Fuchs (geb. 1871) geschah.
99 Siehe Bajohr, *Arisierung*, hier S. 334.
100 Siehe etwa »Jüdisches Umzugsgut unter dem Hammer«, in *HF* (29. März 1941), zitiert in Bajohr, *Arisierung*, S. 332, Anm. 28.
101 Zur Beschreibung einer solchen Versteigerung siehe die Geschichte des amerikanischen Zeitungsreporters in Howard K. Smith, *Last Train from Berlin*, New York 1942, S. 191.
102 Siehe besonders Wolf Gruner, *Der Geschlossene Arbeitseinsatz deutscher Juden: Zur Zwangsarbeit als Element der Verfolgung 1938–1943*, Berlin 1997, S. 271.
103 Ebd., S. 313.
104 Siehe Raul Hilberg, D*ie Vernichtung der europäischen Juden,* durchgesehene und erweiterte Ausg., 7.–10. Tsd., Frankfurt a. M. 1990, Bd. II, S. 647. Ein Indiz dafür, daß die Polizei auch in Westeuropa auf eigene Faust Handelte, ist in einem Vorfall vom 6. august 1940 zu sehen, als Polizeimajor Walter Krüger in Bordeaux 1400 dieser deportierten Juden in seinem Zuständigkeitsbereich über die Demarkationslinie in den nicht besetzten Teil Frankreichs weiterdeportierte. Siehe Michael R. Marrus und roberto O. Paxton, *Vichy France and the Jews,* New York 1981, S. 10.
105 Eine eingehende Untersuchung anhand von Gestapomaterial bietet Adler, *Der verwaltete Mensch*, S. 91ff.
106 BA: R58/276, 300: RSHA an Stapo, »Verhalten Deutschblütiger gegenüber Juden« (24. Oktober 1941).
107 *Meldungen aus dem Reich* (9. Oktober 1941), S. 2849.
108 Ebd. (24. November 1941), S. 3020–3023.
109 Ebd. (2. Februar 1942), S. 3233–3248.
110 Herbert Schultheis, *Juden in Mainfranken 1933–1945*, Bad Neustadt an der Saae 1980, S. 34.
111 Kershaw, *Popular Opinion*, S. 27f.

112 Peter Spitznagel, *Wähler und Wahlen in Unterfranken 1919–1969*, Würzburg 1979.
113 Roland Flade, *Juden in Würzburg 1918–1933*, Würzburg 1985, S. 352–355.
114 StA W: NSDAP/GL/XII/2 (13. Oktober 1933).
115 StA W: Polizeidirektion Würzburg, G 274. Anscheinend gibt es über diesen Fall keine Gestapoakte.
116 Siehe besonders Adler, *Der verwaltete Mensch*.
117 Klemperer, *Zeugnis*, Bd. I, S. 440 (3. Dezember 1938).
118 Siehe Gellately, *Die Gestapo und die deutsche Gesellschaft*, S. 151–181.
119 Sarah Gordon, *Hitler, Germans, and the »Jewish Question«*, Princeton 1984, S. 241.
120 HStA D: Gestapo 65053. Zu Beispielen für Denunziationen siehe 1798, 17922, 45101 und 45031.
121 Weitere 103 Fälle (13 Prozent) enthielten keine Information darüber, warum die Gestapo den Fall eröffnete, doch wird auch hier bei vielen ein Tip durch eine Zivilperson am Anfang gestanden haben.
122 Reinhard Mann, *Protest und Kontrolle im Dritten Reich: Nationalsozialistische Herrschaft im Alltag einer rheinischen Großstadt*, Frankfurt am Main 1987, S. 295.
123 Mann, Protest und Kontrolle, S. 287–312.
124 Bernward Dörner, *»Heimtücke«: Das Gesetz als Waffe: Kontrolle, Abschreckung und Verfolgung in Deutschland 1933–1945*, Paderborn 1998, S. 102.
125 Eine Sammlung einschlägiger Untersuchungen enthält Sheila Fitzpatrick und Robert Gellately (Hg.), *Accusatory Practices: Denunciation in Modern European History, 1789–1989*, Chicago 1997.
126 Siehe etwa Jan T. Gross, *Revolution from Abroad: The Soviet Conquest of Poland‹s Western Ukraine and Western Belorussia*, Princeton 1988, S. 119f.
127 Siehe Tim Mason, »Whatever happened to Fascism?«, in ders., *Nazism, Fascism, and the Working Class*, S. 329. Man beachte auch die eingehende Untersuchung von Jonathan Steinberg, *All or Nothing: The Axis and the Holocaust 1941–1943*, London 1990.
128 Zitiert in Lothar Gruchmann, *Justiz im Dritten Reich 1933–1945: Anpassung und Unterwerfung in der Ära Gürtner*, München 1988, S. 835.
129 StA L: LRA Öhringen, FL 20/14/4750: RMI, Runderl. an die Landesregierungen vom 28. 4. 1934, betr. »Bekämpfung des Denunziantentums«.
130 Zitiert in Richard Grunberger, *Das zwölfjährige Reich: Der deutsche Alltag unter Hitler*, München 1972, S. 116.
131 BA: R 58/264, 192: Frick an Reichsstatthalter, betr. »Judenfrage und Denunziantentum« (10. Januar 1939).
132 BA: R 58/243, 317: Chef Sipo an Stapo, betr. »Anzeigeerstattung von Verwandten untereinander, insbesondere von Ehegatten« (24. Februar 1941).
133 Siehe Heinz Boberach (Hg.), *Richterbriefe: Dokumente zur Beeinflussung der deutschen Rechtsprechung*, Boppard 1975, S. 171.
134 William L. Shirer, *Berlin Diary*, New York 1941, S. 214f.
135 StA W: Gestapo 16015.
136 HStA D: Gestapo 65053.
137 Eine Analyse einschlägiger Quellen und weitere Beispiele von Denunziationen bei Gellately, *Die Gestapo und die deutsche Gesellschaft*, S.138–143.
138 Gordon, *Hitler*, S. 241.

139 Siehe Bernd Stöver, *Volksgemeinschaft im Dritten Reich: Die Konsensbereitschaft der Deutschen aus der Sicht sozialistischer Exilberichte*, Düsseldorf 1993.
140 *Meldungen aus dem Reich* (10. Juli 1941), S. 2505.
141 Ebd. (14. August 1941), S. 2650.
142 Siehe Aprilbericht, *Sopade* (1940), S. 265–268.
143 Siehe »Brutstätte des Weltjudentums«, in *VB* (21. März 1940).
144 Baruch Z. Ophir und Falk Wiesemann (Hg.), *Die jüdischen Gemeinden in Bayern 1918–1945*, München 1979, S. 24.
145 Ophir und Wiesemann (Hg.), *Die jüdischen Gemeinden*, S. 24.
146 Siehe zum folgenden auch Ino Arndt und Heinz Boberach, »Deutsches Reich«, in Wolfgang Benz (Hg.), *Dimension des Völkermordes: Die Zahl der jüdischen Opfer des Nationalsozialismus*, München 1991, S. 23–65, hier S. 34 und 36.
147 Eine genauere Beschreibung der Deportationen bei Schultheis, *Juden in Mainfranken*, S. 534–616.
148 Siehe StA W: Gestapo 10810, auch in Dörner, *Heimtücke*, S. 234.
149 *Die Tagebücher von Joseph Goebbels*, Tl. 2, Bd. 7, S. 305 (Eintrag vom 17. Mai 1942).
150 Eine kurze Darstellung der Mischehen bei Hilberg, *Vernichtung der europäischen Juden*, Bd. II, S. 445–449.
151 Zum Nachkriegsprozeß gegen die Gestapo siehe *Justiz und NS-Verbrechen*, Bd. XI, S. 256–273.
152 Siehe *Justiz und NS-Verbrechen*, Bd. XXII, S. 658–682.
153 Gruner, *Arbeitseinsatz*, S. 314.
154 *Die Tagebücher von Joseph Goebbels*, Tl. 2, Bd. 7 (23. Januar 1943), S. 177.
155 Die Richtlinien sind abgedruckt in Adler, *Der verwaltete Mensch*.
156 *Die Tagebücher von Joseph Goebbels*, Tl. 2, Bd. 7 (11. März 1943), S. 528.
157 Gruner, *Arbeitseinsatz*, S. 316.
158 Die vollständige Geschichte erzählt Nathan Stoltzfus, *Resistance of the Heart: Intermarriage and the Rosenstrasse Protest in Nazi Germany*, New York 1996. Siehe ebd., S. 243, zu der Anordnung Goebbels'.
159 StA W: Polizeidirektion Würzburg, G 8846.
160 Siehe *Justiz und NS-Verbrechen*, Bd. II, S. 490–499.
161 Siehe etwa StA W: Gestapo 2635, zu einem Fall vom Juli 1944, wo eine Frau denunziert wurde, weil sie gesagt hatte, ein SS-Mann habe ihr erzählt, daß er bei der Ermordung von 40000 Juden »bis zu den Knien in Blut gewatet« habe. Die Frau wurde ermahnt, solche Geschichten nicht zu wiederholen.
162 Siehe etwa »Judas Krieg!«, in *VB* (19. September 1939), und »Judas Krieg (II)«, in *VB* (28. September1939); »Förmliche Allianz zwischen England und Weltjudentum«, in *VB* (25. Oktober 1939).
163 »Judenhörigkeit der britischen Regierung«, in *VB* (5. Dezember 1939); »Das judenhörige Kabinett Daladier«, in *VB* (7. Januar 1940).
164 Siehe etwa »So machen Juden Frankreichs öffentliche Meinung«, in *VB* (29. Januar 1940), »Norwegens jüdische Verführer«, in *VB* (23. April 1940), »Neu Yorker Juden hetzen zur Fortsetzung des Krieges«, in *VB* (23. Juli 1940), »Wer hetzt Amerika auf? Die Juden!«, in *VB* (7. Februar 1940), »Weltjuda fordert von England ›Kampf bis zum Ende‹«, in *VB* (30. April 1941).
165 »Rund um Roosevelt – Juden«, in *VB* (23. März 1941).
166 »Solidarisch mit Deutschland: Europas Stellungnahme zur Judenfrage«, in *VB* (29. März 1941).

167 »Vichy erläßt schärfere Judengesetze«, in *VB* (15. Juni 1941).
168 Siehe etwa »Begegnung mit Juden in Polen«, in *VB* (28. November 1939), »Südostpreußen vom polnischen Schmutz befreit«, in *VB* (7. September 1940).
169 »Ein Jahr Aufbauarbeit im Reichsgau Danzig-Westpreußen«, in *VB* (14. Oktober 1940).
170 »Der Bolschewismus enthüllt sein jüdisches Gesicht«, in *VB* (10. Juli 1941), »Bolschewistische Weltrevolution Werk der Juden und Freimaurer«, in *VB* (9. Mai 1944).
171 »Hebräer um Roosevelt«, in *VB* (23. September 1941), »Ein waschechter Jude auf dem Thon der Vereinigten Staaten«, in *VB* (16. Januar 1943).
172 »Juden und Freimaurerei standen hinter Badoglios Verrat«, in *VB* (3. März 1944).
173 Siehe etwa »Jüdischer Luftterror«, in *VB* (3. März 1943), »Jude leitet Frankreichs Mordbanden«, in *VB* (17. März 1944).
174 »Der Massenmord von Katyn das Werk jüdischer Schlächter«, in *VB* (15. April 1943), »Wie lange schweigt England zum Massenmord von Katyn?«, in *VB* (16. April 1943).
175 Siehe *Meldungen aus dem Reich*, S. 5144f. (19. April 1943).
176 Christian Gerlach, »Die Wannsee-Konferenz, das Schicksal der deutschen Juden und Hitlers politische Grundsatzentscheidung, alle Juden Europas zu ermorden«, *WerkstattGeschichte* 18 (1997), S. 7–44.
177 *Die Tagebücher von Joseph Goebbels*, Tl. 2, Bd. 2 (13. Dezember 1941), S. 498f.
178 Der vollständige Text ist abgedruckt bei Domarus (Hg.), *Hitler Reden*, Bd. III, S.1047–1067. Die kurze Drohung gegen die Juden auf S. 1058.
179 Bankier, *Germans*, S. 139f.
180 Der Text ist abgedruckt bei Domarus (Hg.), *Hitler Reden*, Bd. IV, S. 1657–1664, hier S. 1663f.
181 »›Der Jude wird ausgerottet werden‹«, in *VB* (27. Februar 1942).
182 »Der Führer zerstört die Wunschträume des Feindes«, in *VB* (10. Nov. 1941).
183 »Der jüdische Feind«, in *VB* (12. November 1941). Hervorhebung im Original.
184 »Die Juden sind Schuld!«, in *Das Reich* (16. November 1941), S. 1f. Zur Reaktion der Öffentlichkeit siehe *Meldungen aus dem Reich* (20. November 1941), S. 3007.
185 »Wir können siegen, wir müssen siegen und wir werden siegen!«, in *VB* (3. Dezember 1941).
186 »Arbeit – für die Juden ein ›schreckliches Schicksal‹«, in *VB* (27. März 1942), »Salonikis Juden müssen nunmehr arbeiten«, in *VB* (13. Juli 1942).
187 »Juden als Partisanenanführer«, in *VB* (9. Oktober 1941).
188 1942 erwähnte Hitler seine Prophezeiung in den Reden vom 30. Januar, 30. September und 8. November. Alle diese Reden wurden seinerzeit veröffentlich und sind abgedruckt in Domarus (Hg.), *Hitler Reden*, Bd. IV. Eine Analyse unternimmt Ian Kershaw, *The »Hitler Myth«: Image and Reality in the Third Reich*, Oxford 1987, S. 241ff.
189 Der Text ist abgedruckt in Domarus (Hg.), *Hitler Reden*, Bd. IV, S. 1826–1834, hier S. 1828f.
190 Siehe *Meldungen aus dem Reich*, Bd. IX, S. 3235 (2. Februar 1942).
191 «Wir zerbrechen die Macht der jüdischen Weltkoalition«, in *VB* (25. Februar 1943). Auch in seiner Neujahrsbotschaft spielte Hitler kurz auf seine Prophezeiung an. 1943 erwähnte er sie außerdem am 21. März und ein letztes Mal am 26. Mai 1944.

192 Abgedruckt in Domarus (Hg.), *Hitler Reden*, Bd. IV, S. 1845.
193 Gruner, *Arbeitseinsatz*, S. 226.
194 Siehe Klemperer, *Zeugnis*, Bd. II, S. 47 (Eintrag vom 16. März 1942).
195 Ebd., Bd. II, S. 68 (Eintrag vom 19. April 1942). Siehe auch Anatoli Kuznetsov, *Babi Yar*, Hammondsworth 1982, die bemerkenswerte Schilderung eines Russen, der damals am Ort des Geschehens wohnte und später darüber schrieb. Zur Anzahl der Toten siehe *Enzyklopädie des Holocaust*, Bd. I, S. 145.
196 Klemperer, *Zeugnis*, Bd. II, S. 252 (4. Oktober 1942).
197 Ebd., Bd. II, S. 270 (Eintrag vom 2. November 1942).
198 Inge Scholl, *Die weiße Rose*, Frankfurt am Main 1955, S. 102.
199 Klemperer, *Zeugnis*, Bd. II, S. 284 (29. November 1942).
200 Ebd., Bd. II, S. 335 (27. Februar 1943).
201 Ebd., Bd. II, S. 565 (20. August 1944).
202 Siehe Jeremy D. Harris, »Broadcasting the Massacres: An Analysis of the BBC's Contemporary Coverage of the Holocaust«, in *Yad Vashem Studies* (1996), S. 65–98.
203 Zur Statistik siehe die Tabelle in Gruner, *Arbeitseinsatz*, S. 351.
204 »Der Krieg und die Juden«, in *Das Reich* (9. Mai 1943).
205 *Die Tagebücher von Joseph Goebbels*, Tl. 2, Bd. 8 (9. Mai 1943), S. 242.
206 Helmut Heiber (Hg.), *Goebbels Reden*, München 1972, Bd. II, S. 218–239.
207 *Die Tagebücher von Joseph Goebbels*, Tl. 2, Bd. 8 (6. Juni 1943), S. 430.

7. SONDER-»JUSTIZ« FÜR FREMDARBEITER

1 Die Schlüsseldokumente finden sich in Jeremy Noakes und Geoffrey Pridham (Hg.), *Nazism 1919–1945: A Documetary Reader*, 4 Bände, Exeter 1983–1998, Bd. 4, S. 302–366.
2 Siehe Richard J. Overy, »Guns or Butter? Living Standards, Finance, and Labour in Germany, 1939–1942«, in ders., *War and Economy in the Third Reich*, Oxford 1994, S. 259–314, hier S. 305.
3 Das deutsche Arbeitsministerium scheint Ende 1941 der Überzeugung gewesen zu sein, daß die Berufstätigkeit der Frauen bereits so gut wie vollständig war. Siehe Overy, »Guns or Butter?«, S. 310, Anm. 157.
4 *Meldungen aus dem Reich* (26. Februar 1942), S. 3386f.
5 Siehe Elizabeth D. Heineman, *What Difference Does a Husband Make? Women and Marital Status in Nazi and Postwar Germany*, Berkeley 1999, S. 60.
6 Overy, »Guns or Butter?«, S. 310.
7 Siehe Wolfgang Schumann u. a., *Deutschland im Zweiten Weltkrieg*, Berlin (Ost) 1975, Bd. II, S. 412, und 1985, Bd. IV, S. 407.
8 Zu Hitlers Entscheidung siehe Ulrich Herbert, *Best: Biographische Studien über Radikalismus, Weltanschauung und Vernunft 1903–1989*, Bonn 1996, S. 240–249, hier S. 241, und Helmut Krausnick und Hans-Heinrich Wilhelm, *Die Truppe des Weltanschauungskrieges: Die Einsatzgruppen der Sicherheitspolizei und des SD 1938–1942*, Stuttgart 1981, S. 64f.
9 Die Rede Hitlers ist abgedruckt in Domarus (H.), *Hitler Reden*, Bd. III, S. 1383.
10 Zit. in Raul Hilberg, *Die Vernichtung der europäischen Juden*, durchgesehene und erweiterte Ausg., 7.–10. Tsd., Frankfurt a. M. 1990, Bd. I, S. 200.
11 Zu diesen und anderen Exzessen siehe Krausnick und Wilhelm, *Die Truppe*, S. 63–106, hier S. 93.

12 Horst Rohde, »Hitlers erster ›Blitzkrieg‹ und seine Auswirkungen auf Nordosteuropa«, in *Das Deutsche Reich und der Zweite Weltkrieg*, Stuttgart 1979, Bd. II, S. 139ff.

13 *IMT*, XXVI.864–PS, 377ff.

14 Außerdem gab es 28316 polnische Kriegsgefangene. Nach verspätetem Start gab es 2758312 sowjetrussische Arbeiter in Deutschland, darunter 631559 Kriegsgefangene, die größte Gruppe in diesem Jahr. Insgesamt befanden sich zu jener Zeit fast zwei Millionen Kriegsgefangene in Deutschland. Siehe 31. Oktober 1944: »Der Arbeitseinsatz im Großdeutschen Reich«, Nr. 10, abgedruckt in Ulrich Herbert, *Geschichte der Ausländerbeschäftigung in Deutschland 1880 bis 1980*, Berlin 1986, Tabelle 12, S. 145.

15 Timothy W. Mason, *Sozialpolitik im Dritten Reich. Arbeiterklasse und Volksgemeinschaft.* 2. Aufl., Opladen 1978, S. 275ff.

16 Siehe etwa Walter Struve, *Aufstieg und Herrschaft des Nationalsozialismus in einer industriellen Kleinstadt: Osterode am Harz 1918–1945*, Essen 1992, S. 427ff.

17 Siehe HStA D: RW36/10, 102–114; auch zum folgenden.

18 Andreas Heusler, *Ausländereinsatz: Zwangsarbeit für die Münchner Kriegswirtschaft 1939–1945*, München 1996, S. 175.

19 Reinhard Rürup (Hg.), *Der Krieg gegen die Sowjetunion 1941–1945*, Berlin 1991, S. 213.

20 Rogers Brubaker, *Citizenship and Nationhood in France and Germany*, Cambridge (Mass.) 1992, S. 114ff.

21 BA: R 49/75, 16ff.: Dr. E. Wetzel und Dr. G. Hecht, »Denkschrift des Rassenpolitischen Amtes der NSDAP« (November 1939).

22 So erinnerte sich Martin Bormann an Hitlers Standpunkt. *IMT*, XXXIX. Dok. 172-USSR, 425ff. »Aktenvermerk«.

23 Herbert, *Ausländerbeschäftigung*, S. 100. Siehe auch Martin Broszat, *Nationalsozialistische Polenpolitik 1939–1945*, Stuttgart 1961, S. 9ff.

24 *Meldungen aus dem Reich* (4. Dezember 1939), S. 528.

25 Ebd. (4. Dezember 1939), S. 528.

26 Helmut Heiber, »Der Generalplan Ost«, in *VfZ* (1958), S. 306–309.

27 Siehe Czeslaw Madajzyk, »Vom ›Generalplan Ost‹ zum ›Generalsiedlungsplan‹«, und Karl Heinz Roth, »›Generalplan Ost‹ – ›Gesamtplan Ost‹. Forschungsstand, Quellenprobleme, neue Ergebnisse«, in Mechtild Rössler und Sabine Schleiermacher (Hg.), *Der »Generalplan Ost«: Hauptlinien der nationalsozialistischen Planungs- und Vernichtungspolitik*, Berlin 1993, S. 12–24, 25–117.

28 BA: R58/1030, 95ff. Schnellbrief Himmler an Stapostellen.

29 HStA D: RW36/d42, 89, Stapo Düsseldorf an Außendienststellen (17. November 1942).

30 Alfred Konieczny und Herbert Szurgaszc, *Praca przymusowa Polaków pod panowaniem hitlerowskim 1939–1945*, Poznan 1976, S. 319ff.

31 Edward L. Homze, *Foreign Labor in Nazi Germany*, Princeton 1967, S. 23.

32 Siehe Werner Präg und Wolfgang Jocobmeyer (Hg.), *Das Diensttagebuch des deutschen Generalgouverneurs in Polen 1939–1945*, Stuttgart 1975, S. 96ff. (19. Januar 1940); Jochen August, »Die Entwicklung des Arbeitsmarkts in Deutschland in den 30er Jahren und der Masseneinsatz ausländischer Arbeitskräfte während des Zweiten Weltkrieges«, *Archiv für Sozialgeschichte* 24 (1984), S. 342ff.

33 Jan Tomasz Gross, *Polish Society under German Occupation: The Generalgouvernement*, Princeton 1979, S. 79.

34 Siehe Ulrich Herbert, *Fremdarbeiter: Politik und Praxis des »Ausländer-Einsatzes« in der Kriegswirtschaft des Dritten Reiches*, Berlin 1986, S. 272; Czeslaw Luczak, *Połozenie polskich robotników przymusowych w Rzeszy*, Poznan 1975, S. 201; Eva Seeber, *Zwangsarbeiter in der faschistischen Kriegswirtschaft*, Berlin (Ost) 1964, S. 152; Ingrid Schupetta, *Frauen- und Ausländererwerbstätigkeit in Deutschland von 1939 bis 1945*, Köln 1983, S. 97.
35 BA: R58/1030, 28ff.
36 Siehe Christoph U. Schminck-Gustavus, »Zwangsarbeitsrecht und Faschismus: Zur ›Polenpolitik‹ im ›Dritten Reich‹«, *Kritische Justiz* 13 (1980), S. 1–27, 184–206.
37 BA: R58/1030, 42ff.
38 Siehe Peter Witte u. a. (Hg.), *Der Dienstkalender Heinrich Himmlers 1941/42*, Hamburg 1999, Anm. 24, S. 121 (Eintrag vom 22. Februar 1941). Frauendorfer erzählte Ulrich von Hassell diese Geschichte später (am 18. Mai 1941).
39 Bei Kriegsende wurden sämtliche Gestapoakten vernichtet, bis auf 70000 in Düsseldorf, rund 19000 in Würzburg und etwa 12000 in Speyer. Diese Akten fallen in die Zuständigkeit der Gestapo Rhein-Ruhr, Unterfranken bzw. Pfalz.
40 Siehe StA W: Gestapo 1771 und Gestapo 13788 zu einem solchen Fall aus Amorbach (4. Oktober 1941) und einem anderen aus Kitzingen (24. August 1944).
41 Siehe StA W: Gestapo 15235 aus Mömbris (1. Dezember 1941).
42 Siehe StA W: Gestapo 12733.
43 HStA D: RW 36/d25, 2ff. Chef Sipo an Stapo: »Verschärfte Behandlung arbeitsunwilliger polnischer Zwangsarbeiter«.
44 Siehe etwa StA W: Gestapo 15243, aus Würzburg (Januar 1945).
45 Die NSDAP war in zwei verwandte Fälle aus Ochsenfurt von Mitte September 1941 verwickelt. Siehe StA W: Gestapo 5711 und 16374. Siehe Gestapo 6523 zu einem Fall in Bergrheinfeld (Januar 1941), wo ein HJ-Führer ein HJ-Mitglied bei der örtlichen Gendarmerie denunzierte.
46 Siehe StA W: Gestapo 8271 zum Fall eines NS-Bauernführers in Pfändhausen (Mitte Juni 1940). Er nahm einen Polen, der bei ihm arbeitete, mit ins Kino und wurde prompt von einem Blockwart denunziert. Zu einem ähnlichen Fall in Westheim (März 1941) siehe Gestapo 2762.
47 Siehe StA W: Gestapo 5361; 16397. Der Fall ist aus Ochsenfurt. Die Bäuerin wurde für die Kranzspende zwar nicht strafverfolgt, aber doch von der Gendarmerie vernommen.
48 Siehe HStA D: RW36/d42, 88ff.
49 Siehe StA W: Gestapo 4322: In Castell hatte ein deutscher Arbeiter eine polnische Arbeitskollegin tätlich angegriffen (Oktober 1940). Siehe etwa auch Gestapo 1469: Bei Gerolzhofen wurde ein deutscher Arbeitgeber gegen eine Beschäftigte zudringlich (Mai 1943).
50 StA W: Gestapo 5645.
51 BA: R58/1030, 88ff.
52 StA W: Gestapo 17008. Siehe auch Gestapo 4280; 9631 aus Rieneck (Mai 1940).
53 Der Fall ist aus Unterwestern. StA W: Gestapo 3026.
54 StA W: Gestapo 3685.
55 Der Fall ist aus Aub. StA W: Gestapo 14349.
56 StA W: Gestapo 6963.
57 Der Fall ist aus Rottendorf. StA W: Gestapo 12867. Zu einem ähnlichen Fall siehe Gestapo 4929.

58 StA W: Gestapo 14819: Der SD in Aschaffenburg hatte einen Brief mit der Denunziation eines Gastwirts erhalten, der Polen auf seinem Anwesen duldete (Januar 1940).
59 Der Fall ist aus Aub. StA W: Gestapo 5050.
60 Siehe etwa StA W: Gestapo 7991, aus Aub (Dezember 1943); die Frau wurde später nach Ravensbrück geschickt, der Mann der »Sonderbehandlung« unterzogen. Siehe Gestapo 12948, aus Prosselsheim (März 1942). Hier wurde Gerüchten nachgegangen, eine schwangere junge Frau unterhalte möglicherweise ein Verhältnis mit einem Polen. Zum Fall einer polnischen Frau siehe etwa Gestapo 13788.
61 Der Fall ist aus Dettelsbach. StA W: Gestapo 18117.
62 Der Fall ist aus Poppenhausen. StA W: Gestapo 8414.
63 StA W: Gestapo 17068.
64 StA W: Gestapo 6962; 8548. Die Frau hatte später eine Fehlgeburt.
65 Siehe HStA D: Gestapo 5719, aus Königsberg (es regte sich Verdacht gegen eine Frau, die im fünften Monat schwanger war), und Gestapo 70150 aus Karlsruhe. In Gestapo 53496 aus Köslin entdeckten Polizisten bei einer anderen Ermittlung ein verdächtiges Photoalbum.
66 HStA D: Gestapo 58364.
67 HStA D: Gestapo 2111. Der hier (im April 1942) Verdächtigte war (1935) »wegen geistiger Minderwertigkeit« sterilisiert worden.
68 HStA D: Gestapo 68176.
69 Der Fall ist aus Metzhausen. HStA D: Gestapo 4082.
70 HStA D: RW36/d25, Chef Sipo an Stapo (12. November 1940).
71 Der Fall ist aus Krefeld. HStA D: Gestapo 58730.
72 HStA D: Gestapo 41327.
73 Der Fall begann in Krefeld-Kempen und wurde von der Gestapo Krefeld bearbeitet. HStA D: Gestapo 40144; 41754.
74 Herbert, Fremdarbeiter, S. 100f.
75 Siehe etwa HStA D: Gestapo 1826, aus Nievenheim (20. Juli 1941); ein 44jähriger Kohlenhändler hatte fälschlicherweise behauptet, in einer Gastwirtschaft würden auch Polen bedient.
76 *Meldungen aus dem Reich*, S. 1873f. (Dezember 1940); S. 2148 (März 1941); S. 3496ff. (März 1942).
77 Der Fall ist aus Opladen. HStA D: Gestapo 41817.
78 Der Fall ist aus Winnekendonk. HStA D: Gestapo 11619. Siehe auch HStA D: Gestapo 8662 mit einer ähnlichen Denunziation durch eine Frau (10. Juni 1941).
79 Ein 28jähriger Arbeiter, der eine Familie denunzierte, sagte: »Ich nehme an, daß die Polen sich gerne mit der Frau unterhalten, zumal diese Frau sehr gut polnisch spricht.« Er befürchtete, den Polen könnten Waren zugeschanzt werden, die knapp waren. HStA D: Gestapo 11084.
80 Der Fall ist aus Kervendonk. HStA D: Gestapo 10001.
81 Der Fall ist aus Duisburg-Hamborn. HStA D: Gestapo 15618.
82 Der Fall ist aus Essen-Schuir. HStA D: Gestapo 42350.
83 HStA D: Gestapo 56051.
84 HStA D: Gestapo 61063.
85 HStA D: Gestapo 32416.
86 Der Fall ist aus Homberg. HStA D: Gestapo 50537.
87 HStA D: Gestapo 36288.

88 HStA D: Gestapo 19117.
89 HStA D: Gestapo 66185.
90 Der Fall ist aus Kettwig. HStA D: Gestapo 11730 und 32719.
91 Der Brief war an die Gestapo Krefeld adressiert (19. Dezember 1942). HStA D: Gestapo 65970.
92 HStA D: Gestapo 50618.
93 Der Fall ist aus Burscheid. HStA D: Gestapo 15630.
94 Der Fall ist aus Emmerich. HStA D: Gestapo 20687.
95 Der Fall ist aus Wuppertal. HStA D: 1199.
96 Siehe Helmut Prantl (Hg.), *Die kirchliche Lage in Bayern nach den Regierungspräsidentenberichten 1933–1943*, Bd. V, *Regierungsbezirk Pfalz 1933–1940*, Mainz 1978, S. XXVII–LXVIII.
97 Siehe Hans-Joachim Heinz, »›... die Reihen fast geschlossen‹: Organisationsgeschichtliche Aspekte der pfälzischen NSDAP und ihrer Gliederungen«, in Gerhard Nestler und Hannes Ziegler (Hg.), *Die Pfalz unterm Hakenkreuz: Eine deutsche Provinz während der nationalsozialistischen Terrorherrschaft*, Landau 1993, S. 87–117, hier S. 87.
98 LAS: Gestapo 4628; 574.
99 Der Fall ist aus Ramstein. LAS: Gestapo 4526.
100 StA W: Gestapo 11267, vom SD-Ebern (11. Februar 1942).
101 HStA D: Gestapo 43815.
102 Siehe etwa LAS: Gestapo 1775; 1498.
103 Der Fall ist aus Lauterecken. LAS: Gestapo 4098.
104 LAS: Gestapo 1282.
105 BA: R58/1030, 168ff.
106 Der Fall ist aus Schallodenbach. LAS: Gestapo 1764.
107 Der Fall ist aus Alensborn. LAS: Gestapo 7265.
108 Der Fall ist aus Oberalben. LAS: Gestapo 6800.
109 Der Fall ist aus Roth. LAS: Gestapo 6091.
110 LAS: Gestapo 1617.
111 Der Fall ist aus Dackenheim. LAS: Gestapo 2464.
112 LAS: Gestapo 2746.
113 LAS: Gestapo 2071.
114 Der Fall ist aus Mechtersheim. LAS: Gestapo 1638.
115 LAS: Gestapo 2836 und 4491.
116 LAS: Gestapo 319.
117 LAS: Gestapo 11.
118 LAS: Gestapo 524.
119 Der Nachkriegsprozeß gegen den verantwortlichen Gestapobeamten – er wurde zu achtzehn Monaten Haft verurteilt – ist nachzulesen in *Justiz und NS-Verbrechen*, Bd. XVIII, S. 716–726.
120 Der Fall ist aus Rimpar. StA W: Gestapo 7292.
121 StA W: SD 9 (22. November 1940).
122 BA: R22/3369, 12, GStA beim OLG Jena (30. März 1940).
123 Siehe etwa BA: NS 29/4, 103f., über eine deutsche Frau aus dem sächsischen Oschatz (September 1940).
124 Der Fall ist aus Enheim. StA W: Gestapo 10570.
125 StA W: Gestapo 7292.
126 StA W: SD (7. September 1940).

127 StA W: SD (7. Dezember 1940).
128 BA: R58/1030, 53: Himmler an Hess (8. März 1940).
129 Siehe etwa Meldungen aus dem Reich, S. 528 (4. Dezember 1939).
130 Siehe etwa Klaus Wittstadt (Hg.), *Die kirchliche Lage in Bayern nach den Regierungspräsidentenberichten 1933–1943*, Bd. VI, *Regierungsbezirk Unterfranken 1933–1943*, Mainz 1981, S. 163, Bericht vom Dezember 1939, zu Akten christlicher Nächstenliebe, die ebenfalls mit dem Eingreifen der Gestapo endeten. Siehe auch Helmut Witetschek (Hg.), *Die kirchliche Lage in Bayern nach den Regierungspräsidentenberichten 1933–1943*, Bd. II, *Regierungsbezirk Ober- und Mittelfranken*, Mainz 1967, S. 345f., Bericht für März 1940.
131 BA: R 43 II, 1542(a), 170, Lammers an Schlegelberger.
132 BA: R 43 II, 1542(a), 103, Bormann an Lammers (26. März 1941).
133 BA: R22/3381, 76ff., 88ff.: OLGP Nürnberg.
134 BA: R22/3381 (11. August 1941).
135 Siehe HStA D: Gestapo 23027, zu Grünhof.
136 BA: R22/3381, 119.
137 BA: R22/3369, 9ff.
138 BA: R22/3369, 28.
139 BA: R22/3369, 38f. (31. Dezember 1940).
140 BA: R22/3371, 71: OLGP Kassel (5. März 1942).
141 BA: R22/851, 1ff.: Himmler an Schlegelberger.
142 Siehe auch BA: R22/3369, 77ff.: OLGP Jena (27. Februar 1942).
143 BA: R22/821, 31f.: Himmler an Schlegelberger.
144 Thieracks Bemerkungen sind abgedruckt in Heinz Boberach (Hg.), *Richterbriefe: Dokumente zur Beeinflussung der deutschen Rechtsprechung*, Boppard 1975, S. 449–454.
145 BA: R22/4062, 35a: Besprechung Thierack–Himmler (18. September 1942).
146 Schreiben Thierack an Bormann (13. Oktober 1942), zitiert vom Generalstaatsanwalt beim Kammergericht Berlin, Abschlußvermerk (15. September 1970), zu 1 Js.1. 64 (RSHA), 66.
147 HStA D: RW36/10, 71: »Strafrechtspflege gegen Polen und Angehörige der Ostvölker«.
148 StA NadD: GL Schwaben 2/27. Sogar Parteigenossen sollen über den Vorgang schockiert gewesen sein.
149 Heusler, *Ausländereinsatz*, S. 390.
150 BA: R22/4062, 28ff.: Besprechung Thierack–Himmler.
151 LAS: Gestapo 5595; der polnische Arbeiter wurde eine Stunde nach seiner Ankunft in Natzweiler hingrichtet.
152 HStA D: RW36/10, RSHA an Stapo (30. Juni 1943), »Verfolgung der Kriminalität unter den polnischen und sowjetrussischen Zivilarbeitern«.
153 HStA D: RW36/d43, 95ff.: Himmler an HSSPF. Siehe RLZ (16. Mai 1941).
154 Siehe *RLZ* (6. Mai 1941).
155 *RLZ* (5. September 1940).
156 *RLZ* (9. Oktober 1940).
157 *RLZ* (3. September 1940).
158 Siehe BA: R22/4062, 28ff.; 35aff. Besprechungen Thierack–Himmler (18. September 1942 und 13. Dezember 1942).
159 Die Untersuchung wurde von Generalstaatsanwalt bei dem Kammergericht in Berlin durchgeführt.

160 Siehe C. U. Schminck-Gustavus, *Das Heimweh des Walerjan Wrobel: Ein Sondergerichtsverfahren 1941/43*, Berlin 1986, S. 142.
161 Siehe zum folgenden StA B: M30/1049 (17. August 1942).
162 StA B: M30/1049: SD (17. Juli 1942). Zu den Exekutionsprotokollen siehe BS: R58/241,355–360.
163 LAS: Gestapo 524.
164 StA Landshut: Rep. 164/10, Nr. 2331: Gnd.-Posten Adlkofen (15. März 1942).
165 Der letzte Fall ist aus Eisenberg. LAS: Gestapo 2313. Die Fälle betreffen Stefan Krol, Wasyl Pawlyk, Franz Crzesiak und Leon Dudas.
166 HStA D: Gestapo 74302.
167 BA: R22/3379, 115: GSA beim OLG München (10. Juni 1944).
168 BA: R16/162, empfohlen (18. Juli 1943), erprobt in Halle-Merseburg und Würzburg (14. Oktober 1943).
169 BA: R16/162: Besprechung Arbeitskreis (1. Oktober 1943).
170 LAS: Gestapo 1605.
171 LAS: Gestapo 2004. Der Pole wurde nach Flossenbürg geschickt (8. Dezember 1941), von wo am 26. März 1942 sein Tod gemeldet wurde.
172 Siehe *Justiz und NS-Verbrechen*, Bd. IV, S. 3-10.
173 Siehe *Justiz und NS-Verbrechen*, Bd. XI, S. 174–203.
174 LAS: Gestapo 6575.
175 LAS: Gestapo 2955.
176 Siehe etwa StA Landshut: Rep. 164, Nr. 10, 2331, Bericht an den Gendarmen in Essenach (15. Mai 1940) und die daraus resultierende Entscheidung der Gestapo Regensburg (29. Mai 1940).
177 LAS: Gestapo 4894.
178 Siehe etwa LAS: Gestapo 6064, über einen Geschäftsmann aus Ludwigshafen (Februar 1942), der einen bei ihm beschäftigten Polen anzeigte; der Mann starb im Oktober 1942 in Flossenbürg. In LAS: Gestapo 6535 zeigte ein Bauer aus Rülzheim (August 1943) einen Polen an, der daraufhin nach Natzweiler und weiter nach Buchenwald geschickt wurde, wo er im Oktober 1943 starb.
179 *Meldungen aus dem Reich*, S. 3200 (Bericht vom 22. Januar 1942).

8. FEINDE IN DEN EIGENEN REIHEN

1 Siehe *RGBl.*, I, S. 1455–1457 (26. August 1939), Verordnung (17. August 1939).
2 *RGBl.*, I, S. 1609–1613 (4. September 1939). Siehe auch Marie-Luise Recker, *Nationalsozialistische Sozialpolitik im Zweiten Weltkrieg*, München 1985, S. 37.
3 Norbert Frei, *Der Führerstaat: Nationalsozialistische Herrschaft 1933 bis 1945*, München 1987, S. 134.
4 Gerhard L. Weinberg, *A World at Arms: A Global History of World War II*, Cambridge 1994, S. 471.
5 *RGBl.*, I, S. 1697 (5. September 1939), »Verordnung gegen Volksschädlinge«.
6 *RGBl.*, I, S. 2000 (4. Oktober 1939), »Verordnung gegen jugendliche Schwerverbrecher«.
7 Siehe BA: 5001.630, »Entstehung der Rundfunkverordnung«.
8 *RGBL.*, I, S. 1683 (1. September 1939), »Verordnung über außerordentliche Rundfunkmaßnahmen«.
9 BA: R43 II/386, 56 Goebbels an Lammers (26. Januar 1937).

10 Siehe etwa StA W: Gestapo 12650 (von 1937).
11 BA: R43 II/639, 116f., Gürtner an Goebbels (1. September 1939).
12 BA: R43 II/639, 131–133, Hess an Ministerrat für die Reichsverteidigung (3. September 1939).
13 Eine Auswahl von Dokumenten bietet C. F. Latour, »Goebbels‹ ›Außerordentliche Rundfunkmaßnahmen‹ 1939–1942«, *VfZ* (1963), S. 418–435.
14 *VB* (3. September 1939).
15 Kate Lacey, *Feminine Frequencies: Gender, German Radio, and the Public Sphere, 1923–1945*, Ann Arbor 1996, S. 102.
16 Siehe ebd., S. 247, Anhang I.
17 BA: R58/626, 135f., SD-Hauptaußenstelle Münster an RSHA (9. April 1943).
18 BA: R58/626, 2, Chef Sipo an Stapo.
19 BA: R58/626,13, RSHA (10. Januar 1940), und 58 (19. Juli 1940).
20 *VB* (20. Dezember 1939).
21 *VB* (5. Oktober 1940); siehe ferner in *VB*: »Ausländische Sender abgehört: Zuchthaus« (22. Dezember 1939), und »Keine Nachsicht für diese Volksfeinde« (30. Juni 1940).
22 »Todesurteil für Rundfunkverbrecher«, in *VB* (29. September 1941). Siehe auch »Das Hören ausländischer Sender«, in *Göttinger Tageblatt* (30. Januar 1940); »Feindsender abgehört: Todesurteil«, in *HannZ* (7. März 1945).
23 Siehe Tabelle 5 in Gerhard Paul, *Staatlicher Terror und gesellschaftliche Verrohung: Die Gestapo in Schleswig-Holstein*, Hamburg 1996, S. 125.
24 Siehe Klaus-Michael Mallmann und Gerhard Paul, *Herrschaft und Alltag: Ein Industrierevier im Dritten Reich*, Bonn 1991, S. 238–241, und dies., »Gestapo – Mythos und Realität«, in Bernd Florath, Armin Mitter und Stefan Wolle (Hg.), *Die Ohnmacht der Allmächtigen*, Berlin 1992, S.100–110, hier S. 105.
25 Bernward Dörner, »Nationalsozialistische Herrschaft und ›Heimtücke‹: Untersuchungen zu den Auswirkungen des ›Heimtücke-Gesetzes‹ vom 20.12.1934 am Beispiel der Stadt Krefeld«, Wissenschaftliche Hausarbeit, Berlin 1987, S. 90.
26 Eric A. Johnson, »Gender, Race and the Gestapo«, Referat bei einer Konferenz über »Gender and Crime in Britain and Europe«, London, 3. April 1995, Tabelle 3.
27 Siehe Gisela Diewald-Kerkmann, *Politische Denunziation im NS-Regime, oder die kleine Macht der »Volksgenossen«*, Bonn 1995, S. 62–122, Tabelle 1 (S. 63) und Tabelle 2 (S. 91).
28 Auch Johnson, »Gender«, bemerkte diesen Unterschied; in einer anderen Stichprobe (mit 73 Krefelder Gestapofällen) stellte er fest, daß 47 Prozent der Fälle mit einer Denunziation begannen und weitere 7 Prozent mit einem anonymen Hinweis. Johnson schließt aus seiner Untersuchung Fälle aus, bei denen keine Informationsquelle zu ermitteln ist. Von insgesamt 90 Gestapofällen zur »Judenfrage« gehörten 17 (fast 20 Prozent) in diese Kategorie.
29 BA: R22/3374, 117: OLGP (30. November 1943).
30 LAS: Gestapo 2613; HStA D: Gestapo 42516 und 55490.
31 Eginhard Scharf, »Justiz und Politische Polizei«, in *Justiz im Dritten Reich während der Jahre nationalsozialistischer Herrschaft im Gebiet des heutigen Landes Rheinland-Pfalz*, Frankfurt a. M., o.J., S. 611–711, besonders S. 685.
32 Dr. Werner Best, einer der wichtigsten Gestapoführer hinter den Kulissen, betont seinerseits, sie sei hauptsächlich reaktiv vorgegangen. Siehe Nachlaß Werner Best, in BA: NL 23, IV.60.

33 An diesen Aspekt der Gestapo erinnern die nützlichen Beiträge in Brigitte Berlekamp und Werner Röhr (Hg.), *Terror, Herrschaft und Alltag im Nationalsozialismus*, Münster 1995.
34 Siehe besonders Detlev Peukert, *Die KPD im Widerstand: Verfolgung und Untergrundarbeit an Rhein und Ruhr 1933 bis 1945*, Wuppertal 1980.
35 Siehe HStA D: Gestapo 58426; Gestapo 38569; Gestapo 58336.
36 Bernd Stöver, *Volksgemeinschaft im Dritten Reich: Die Konsensbereitschaft der Deutschen aus der Sicht sozialistischer Exilberichte*, Düsseldorf 1993, S. 327.
37 Sie ging zur Polizei in Essen-Mitte. Siehe HStA D: Gestapo 16584 und 61077.
38 Siehe Reinhard Mann, *Protest und Kontrolle im Dritten Reich: Nationalsozialistische Herrschaft im Alltag einer rheinischen Großstadt*, Frankfurt am Main 1987, S. 295. Mann zeigt, daß von 213 von ihm analysierten Denunziationen nur bei 50 (24 Prozent) »systemtreue Ansichten (politische Motive)« ausschlaggebend waren; dafür erstatteten mehr Leute (80 von 223, bzw. 37 Prozent) Anzeigen aus »privaten Motiven, zur Lösung privater Konflikte«; in 83 Fällen (39 Prozent) konnte er keinen Hinweis darauf entdecken, warum eine Information gegeben worden war.
39 Siehe Diewald-Kerkmann, *Denunziation*, S. 136, 150. Sie zeigt, daß nur 30 Prozent der von ihr analysierten 292 Denunziationsbriefe an die NSDAP »systemtreu« waren, während 38 Prozent einen »privaten« oder persönlichen Hintergrund hatten und 4 Prozent anonym waren. Die restlichen hatten vermutlich kein erkennbares Motiv. Eine aufschlußreiche Untersuchung anhand von Briefen an eine andere Parteistelle bietet John Connelly, »The Uses of *Volksgemeinschaft*: Letters to the NSDAP Kreisleitung Eisenach, 1939–1940«, in Sheila Fitzpatrick und Robert Gellately (Hg.), *Accusatory Practices: Denunciation in Modern European History, 1789–1989*, Chicago 1997, S. 153–184.
40 Der Fall ist aus Hassloch. LAS: Gestapo 5043.
41 HStA D: Gestapo 25088.
42 Siehe Diewald-Kerkmann, *Denunziation*, S. 136ff.
43 HStA D: Gestapo 53387; StA W: Gestapo 13900; LAS: Gestapo 2907.
44 HStA D: Gestapo 64749.
45 Zu entsprechenden Denunziationen siehe HStA D: Gestapo 57013; LAS: Gestapo 1341; LAS: Gestapo 1925.
46 StA W: Gestapo 9395.
47 HStA D: Gestapo 42295; und LAS: Gestapo 2240.
48 HStA D: Gestapo 68352; 64749; 42407; 45907; LAS: Gestapo 1872.
49 BA: R58/243, 317f.: Chef Sipo an Stapo (24. Februar 1941). Siehe auch »Richterbrief« (1. November 1944), in Heinz Boberach (Hg.), *Richterbriefe: Dokumente zur Beeinflussung der deutschen Rechtsprechung 1942–1944*, Boppard am Rhein 1975, S. 363–376.
50 LAS: Gestapo 2570.
51 Siehe HStA D: Gestapo 60365. Die Denunziantin sagte, sie lebe im Streit mit ihrer Schwester (die neun Kinder hatte).
52 HStA D: Gestapo 16582.
53 StA W: Gestapo 2607. Die 49-jährige Frau wurde vom 5. Dezember 1941 bis kurz nach Neujahr 1942 in Haft gehalten.
54 LAS: Gestapo 1517.
55 StA W: Gestapo 2260.
56 StA W: Gestapo 11250.

57 HStA D: Gestapo 6524.
58 Siehe etwa HStA D: Gestapo 58102; Gestapo 38794; Gestapo 52146; StA W: Gestapo 8071.
59 LAS: Gestapo 5317.
60 LAS: Gestapo 5317.
61 LAS: Gestapo 6594.
62 HStA D: Gestapo 58889.
63 LAS: Gestapo 6223.
64 HStA D: Gestapo 63380.
65 HStA D: Gestapo 9755. Siehe auch Gestapo 58353, wo »Gehässigkeit« zwischen Arbeitskollegen von der Gestapo als Grund für die Denunziation genannt wird.
66 HStA D: Gestapo 67565.
67 HStA D: Gestapo 47042.
68 LAS: Gestapo 6939.
69 LAS: Gestapo 5249.
70 LAS: Gestapo 5745 und Gestapo 4035.
71 Siehe etwa die Anschuldigungen einer 26jährigen Frau, die ihre Vermieterin wohl mit Sicherheit nur darum denunzierte, um keine Miete zahlen zu müssen. StA W: Gestapo 13226.
72 LAS: Gestapo 6142.
73 Eric A. Johnson, »German Women and Nazi Terror: Their Role in the Process from Denunciation to Death«, Referat vor der IAHCCJ, Paris, Juni 1993. Johnson identifiziert 20 Prozent der Denunzianten als zivile Frauen und etwa 60 Prozent als Männer; der Rest sind Funktionäre und anonyme Quellen. Den entgegengesetzten Standpunkt vertritt Helga Schubert, *Judasfrauen*, Frankfurt am Main 1990. Eine kritische Analyse bietet Inge Marßolek, *Die Denunziantin*, Bremen o. J. [1993].
74 Diewald-Kerkmann, *Denunziation*, S. 131.
75 Es gab 86 männliche und 77 weibliche Denunzianten und 10 anonyme Hinweise.
76 HStA D: Gestapo 62689. Siehe auch Gestapo 31565 aus Flandersbach (8. April 1941), wo der Denunziant später wegen »wissentlich falscher Anschuldigung« vor Gericht gestellt und zu einem Monat Gefängnis verurteilt wurde.
77 Siehe Manfred Messerschmidt, »Der ›Zersetzer‹ und sein Denunziant: Urteile des Zentralgerichts des Heeres – Außenstelle Wien – 1944«, in Wolfram Wette (Hg.), *Der Krieg des kleinen Mannes: Eine Militärgeschichte von unten*, München 1992, S. 255–278.
78 Manfred Messerschmidt und Fritz Wüllner, *Die Wehrmachtjustiz im Dienste des Nationalsozialismus, Baden-Baden 1987*, S. 143; Norbert Haase, »Aus der Praxis des Reichskriegsgerichts: Neue Dokumente zur Militärgerichtsbarkeit im Zweiten Weltkrieg«, *VfZ* (1991), S. 379–411; Bernward Dörner, »›Der Krieg ist verloren!‹ ›Wehrkraftzersetzung‹ und Denunziation in der Truppe«, in Norbert Haase und Gerhard Paul (Hg.), *Die anderen Soldaten*, Frankfurt am Main 1995, S. 105–122.
79 Siehe die Studie über das Saarland von Gerhard Paul, *Ungehorsame Soldaten: Dissens, Verweigerung und Widerstand deutscher Soldaten (1939–1945)*, St. Ingert 1994, S. 106.
80 StA W: Gestapo 11899; 12938; 14919.
81 StA W: Gestapo 6715.
82 Siehe *Meldungen aus dem Reich*, S. 3968–3979.

83 Siehe Sheila Fitzpatrick, »Supplicants and Citizens: Public Letter-Writing in Soviet Russia in the 1930s«, *Slavic Review* (1996), S. 78–105.
84 «Es wird dringend empfohlen«, in *BM* (26. März 1933).
85 Siehe Jeremy Noakes, »Philipp Bouhler und die Kanzlei des Führers der NSDAP: Beispiel einer Sonderverwaltung im Dritten Reich«, in Dieter Rebentisch und Karl Teppe (Hg.), *Verwaltung contra Menschenführung im Staat Hitlers*, Göttingen 1986, S. 208–236, besonders S. 221. Von 1937 bis 1940 gingen jährlich zwischen 229101 und 294568 Briefe aus der Bevölkerung ein. Wegen der letzteren, größeren Zahl siehe die Beweise bei Michael Burleigh, *Death and Deliverance: »Euthanasia« in Germany 1900–1945*, Cambridge 1994, S. 93.
86 Siehe *BM* (6. Mai 1933).
87 Siehe etwa Fred Hahn, *Lieber Stürmer: Leserbriefe an das NS-Kampfblatt 1924 bis 1945*, Stuttgart 1978.
88 BA/MA: RW 21-65/13 (a).
89 Siehe Gerhard Paul, »Kontinuität und Radikalisierung: Die Staatspolizeistelle Würzburg«, in Gerhard Paul und Klaus-Michael Mallmann (Hg.), *Die Gestapo: Mythos und Realität*, Darmstadt 1995, S. 161–177.
90 Siehe Burkhard Jellonnek, *Homosexuelle unter dem Hakenkreuz: Die Verfolgung von Homosexuellen im Dritten Reich*, Paderborn 1990, S. 308f., und Hans Robinsohn, *Justiz als politische Verfolgung*, Stuttgart 1977, S. 78.
91 Siehe etwa Heydrich, in Dieter Rebentisch, *Führerstaat und Verwaltung im Zweiten Weltkrieg: Verfassungsentwicklung und Verwaltungspolitik 1939–1945*, Stuttgart 1989, S. 126.
92 Harold James, »Die Deutsche Bank und die Diktatur 1933–1945«, in L. Gall, G. D. Feldmann, H. James, C. L. Holtfrerich und H. H. Büschgen, *Die Deutsche Bank 1870–1995*, München 1995, S. 342f.
93 Schilderung seines Verfahrens in *Justiz und NS-Verbrechen*, Bd. XIV, S. 442–457.
94 Siehe Gerhard Rempel, *Hitler's Children: The Hitler Youth and the SS*, Chapel Hill (North Carolina) 1989, S. 47ff.
95 Nützliche Informationen zu diesen Entwicklungen bietet Geoge C. Browder, *Foundations of the Nazi Police State: The Formation of Sipo and SD*, Lexington (Kentucky) 1990.
96 Siehe etwa Zdenek Zofka, *Die Ausbreitung des Nationalsozialismus auf dem Lande*, München 1979, S. 300ff.
97 Siehe etwa Aryeh L. Unger, *The Totalitarian Party: Party and People in Nazi Germany and Soviet Russia*, Cambridge 1974, S. 99–104.
98 Siehe etwa Gerhard Kratzsch, *Der Gauwirtschaftsapparat der NSDAP: Menschenführung, »Arisierung«, Wehrwirtschaft im Gau Westfalen-Süd*, Münster 1989, S. 91ff.

9. KONZENTRATIONSLAGER UND ÖFFENTLICHKEIT

1 Siehe etwa »Durch Erhängen gesühnt«, in *DAZ* (12. Dezember 1939).
2 »Erpresser kommen ins Konzentrationslager«, in *RLZ* (8. Februar 1941).
3 Siehe etwa »Ins Konzentrationslager«, in *VB* (1. April 1942).
4 Siehe Marlis G. Steinert, *Hitlers Krieg und die Deutschen: Stimmung und Haltung der deutschen Bevölkerung im Zweiten Weltkrieg*, Düsseldorf-Wien 1970 S. 101. Siehe auch Victor Klemperer, *Ich will Zeugnis ablegen bis zum letzten: Tagebücher 1933–1945, Berlin 1995*, Bd. I, S. 481 f. (3. September 1939), und S. 555f. (14. Oktober 1940).

5 Siehe BA: R2/12164: Himmler an Reichsminister der Finanzen (8. Oktober 1938), mit einer Skizze über frühere Personalveränderungen und Besoldung der SS-Ersatzformationen.
6 Die Rede ist festgehalten in Rudolf Höß, *Kommandant in Auschwitz*, München 1963, S. 71.
7 Siehe *IMT* XXVII, S. 325f.: RSHA, Amt IV (Gestapo) an Stapo etc., »Schutzhaftvollstreckung« (26. Oktober 1939).
8 Der Artikel ist auch abgedruckt in Hans Marsalek, *Die Geschichte des Konzentrationslagers Mauthausen: Dokumentation*, 2. Aufl., Wien 1980, S. 207, Anm. 13. Hervorhebung im Original.
9 Isabell Sprenger, *Groß-Rosen: Ein Konzentrationslager in Schlesien*, Köln 1996, S. 159f.
10 Siehe etwa Sprenger, *Groß-Rosen*, S. 16–32.
11 Hermann Kaienburg, »KZ-Haft und Wirtschaftsinteresse: Das Wirtschaftsverwaltungshauptamt und die SS-Wirtschaft«, in Hermann Kaienburg (Hg.), *Konzentrationslager und deutsche Wirtschaft 1939–1945*, Opladen 1996, S. 29–60, hier S. 50.
12 *IMT* XXXVIII, S. 362–365, Dokument 129-R: Pohl an Himmler (30. April 1942). Er erwähnt, daß es neun weitere Hauptlager gebe, macht aber keine Angaben über die Zahl der Gefangenen.
13 *IMT* XXXVIII, S. 365–367, Dokument 129-R: Anlage, Pohl an Lagerkommandanten u. a. (30. April 1942). Hervorhebung im Original.
14 Kaienburg, »KZ-Haft und Wirtschaftsinteresse«, S. 57.
15 Siehe Ulrich Herbert, »Arbeit und Vernichtung: Ökonomisches Interesse und Primat der ›Weltanschauung‹ im Nationalsozialismus«, in Dan Diner (Hg.), *Ist der Nationalsozialismus Geschichte?*, Frankfurt am Main 1987, S. 198–236, hier S. 213 und 234.
16 *IMT* XXXII, S. 71–75, Dokument 3257-PS: Bericht eines Rüstungs-Inspekteurs in der Ukraine an General Thomas (2.Dezember 1941).
17 Siehe etwa Reinhard Otto, *Wehrmacht, Gestapo und sowjetische Kriegsgefangene im deutschen Reichsgebiet 1941/42*, München 1998, hier S. 268.
18 Siehe Albert Speer, *Der Sklavenstaat. Meine Auseinandersetzungen mit der SS,* Stuttgart 1981, S. 41–44.
19 Siehe Speer, *Sklavenstaat,* S. 41–44 und auch Anhang 1, S. 426–429, mit weiteren Einzelheiten über die Auswirkung dieser Besprechungen.
20 Siehe *IMT* XXVI, S. 200–203, Dokument 654-PS: Besprechung Thierack-Himmler (18. September 1942). Der erste bekannte Beleg für die Formulierung (14. September 1942) ist ein Gespräch mit Goebbels (Dokument 682-PS), zitiert in Hermann Kaienburg, »*Vernichtung durch Arbeit«: Der Fall Neuengamme*, Bonn 1991, S. 2, Anm. 13.
21 Siehe Kaienburg, *Vernichtung*, S. 13, Anm. 3.
22 Siehe Raul Hilberg, *Die Vernichtung der europäischen Juden,* durchgesehene und erweiterte Ausg., 7.–10. Tsd., Frankfurt a. M. 1990, Bd. II, S. 475.
23 *IMT* XXVI, S. 701–705, Dokument 1063(d)-PS: Chef Sipo und SD an alle Befehlshaber der Sipo u.a. (17. Dezember 1942).
24 Siehe BA: NS 19/1829: Chef Sipo an Chef WVHA, »Einsatz von Häftlingen in Rüstungsbetrieben« (31. Dezember 1942) und »Behandlung jugendlicher Ostarbeiter« (29. Januar 1943).

25 Rainer Fröbe, »Der Arbeitseinsatz von KZ-Häftlingen und die Perspektive der Industrie, 1943–1945«, in Ulrich Herbert (Hg.), *Europa und der »Reichseinsatz«: Ausländische Zivilarbeiter, Kriegsgefangene und KZ-Häftlinge in Deutschland 1938–1945*, Essen 1991, S. 351–383, hier S. 357.
26 Martin Broszat, »Konzentrationslager«, in Hans Buchheim u.a., *Anatomie des SS-Staates*, 5. Aufl., München 1989, Bd. II, S. 111; Kaienburg, »KZ-Haft und Wirtschaftsinteresse«, S. 57–60.
27 Wieder abgedruckt in Martin Weinmann (Hg.), *Das nationalsozialistische Lagersystem*, Frankfurt am Main 1990.
28 Broszat, »Konzentrationslager«, S. 102.
29 HStA D: RW 37/17, 1ff., enthält den Beweis, daß andere solche Lager schon lange vor Mai 1941 an Rhein und Ruhr bestanden, zum Beispiel Lager Hunswinkel, das im August 1940 eröffnet wurde.
30 Siehe Tim Mason, *Arbeiterklasse und Volksgemeinschaft: Dokumente und Materialien zur deutschen Arbeiterpolitik 1936–1939*, Opladen 1975, S. 801, Dokument 138 (15. August 1939), mit einem Fall aus Brandenburg; ferner Tilla Spiegel, *Leistung und Lohn in der nationalsozialistischen »Ordnung der Arbeit«*, Opladen 1989, S. 50, mit einer Liste von 20 solchen Urteilen aus Sachsen (30. Juli 1940). Alle diese Fälle betrafen Verstöße gegen den Lohnvertrag vom 25. Juni 1938 und andere derartige Vereinbarungen aus späterer Zeit.
31 Die große Dokumentation Tim Masons zeigt an vielen Stellen, daß private Arbeitgeber die Gestapo zu Hilfe riefen, wenn sie Probleme mit ihren Arbeitern hatten. Siehe etwa Dokument 123, einen Bericht der Gestapo Dresden (29. Juni 1939), in Mason, *Arbeiterklasse und Volksgemeinschaft*, S. 722–725.
32 Stephen Salter, »Structures of Consensus and Coercion: Worker's Morale and the Maintenance of Work Discipline, 1939–1945«, in David Welch (Hg.), *Nazi Propaganda: The Power and Limitations*, Beckenham 1983, S. 88–116, hier S. 104f. Während sich die Gestapo in manchen Teilen des Landes vom Arbeitsplatz zurückzog, wurden zum Beispiel in einer Gegend wie der Ruhr zwischen Januar und August 1940 767 Arbeiter nach einer »Schutzhaft«-Anordnung verhaftet.
33 Siehe Ruth Bettina Birn, *Die Höheren SS- und Polizeiführer: Himmlers Vertreter im Reich und in den besetzten Gebieten*, Düsseldorf 1986, S. 316–319.
34 Gabriele Lofti, »Der Einsatz der Ordnungspolizei in Arbeitserziehungslagern der rheinisch-westfälischen Gestapo«, in Alfons Kenkmann (Hg.), *Villa ten Hompel: Sitz der Ordnungspolizei im Dritten Reich*, Münster 1996, S. 11–27.
35 Der jüngste Beitrag mit nützlichen Verweisen ist Wolfgang Wippermann, »Ein Denkmal im Tierpark – Zur Geschichte und Nachgeschichte des ›Arbeitserziehungslagers‹ Berlin-Wuhlheide«, in Rimco Spanjer, Diete Oudesluijs und Johan Meijer (Hg.), *Zur Arbeit gezwungen: Zwangsarbeit in Deutschland 1940–1945*, Bremen 1999, S. 57–62.
36 Siehe etwa Rinus van Galen, »Erinnerungen an das AEL Großbeeren«, in Spanjer u.a. (Hg.), *Zwangsarbeit*, S. 70f. Dieser Band enthält weitere wertvolle Zeugnisse von Überlebenden.
37 Siehe HStA D: RW 37/15, 1ff., zu einschl. Korrespondenz, u. 51ff. über neue Lager.
38 Der Artikel erschien in der *DAZ* (11. Februar) und wird zitiert in Wolfgang Franz Werner, *»Bleib übrig«: Deutsche Arbeiter in der nationalsozialistischen Kriegswirtschaft*, Düsseldorf 1983, S. 178.
39 BA: R58/1027, 142ff.: Himmler an die Befehlshaber und Inspekteure der Sipo usw.: Betr. »Errichtung von Arbeitserziehungslagern« (28. Mai 1941).

40 Siehe HStA D: RW 37/17, 33: Lagebericht zu Hunswinkel (12. Dezember 1940). Von den 517 »Erziehungshäftlingen«, die bis dahin in dem Lager lebten, waren 457 Deutsche; 39 waren Polen, dazu kamen diverse andere Ausländer. Zur weiteren Untersuchung einer anderen Gegend und auch der neuesten Lokalstudien siehe Walter Struve, Aufstieg und Herrschaft des Nationalsozialismus in einer industriellen Kleinstadt: Osterode am Harz 1918–1945, Essen 1992, S. 452ff.

41 Siehe HStA D: RW 37/d14, 2-4. Die Gründung der Lager wurde von örtlichen Funktionären und anderen aus Berlin bei einer Besprechung in Münster (8. August 1940) erörtert. Die Klage über die Polen lautete, daß ihre Produktivität bestenfalls 30 bis 50 Prozent derjenigen der deutschen Arbeiter betrage.

42 BA: R22/4089: Führerinformation, Nr. 32 und Nr. 38 (5. und 12. Juni 1942).

43 Diesen Punkt klärt *IMT* XXVI, S. 695–700, Dokument 1063 (as-b)-PS, hier S. 699f.: RSHA an die Höheren SS- und Polizeiführer u.a. (26. Juli 1943). Siehe auch Detlef Korte, *»Erziehung« ins Massengrab: Die Geschichte des »Arbeitserziehungslagers Nordmark« Kiel Russee 1944–1945*, Kiel 1991, S. 32ff.; zum AEL Farge siehe Inge Marßolek und René Ott, *Bremen im 3. Reich: Anpassung, Widerstand, Verfolgung*, Bremen 1986, S. 425–448.

44 Siehe etwa die Korrespondenz aus Hunswinkel mit einer Auflistung der verschiedenen Krankheiten, an denen die Gefangenen im Laufe der Jahre litten, in HStA D: RW 37/17.

45 Siehe etwa Marcel Ménage, »Franzosen in Großbeeren und Wuhlheide«, in Spanjer u. a. (Hg.), *Zwangsarbeit*, S. 72–75.

46 Gudrun Schwarz, *Die nationalsozialistischen Lager*, Frankfurt am Main 1990, S. 83; vgl. neuerdings Gabriele Lotfi, *Die KZ der Gestapo*. Arbeitserziehungslager im Dritten Reich. Stuttgart / München 2000.

47 Schwarz, *Die nationalsozialistischen Lager*, S. 86f.

48 BA: NS4/Hi./Vorl. 2: »Bericht über Aufbau und Führung der Polizeihaftlager am Westwall, sowie das SS-Sonderlager Hinzert« (25. Juli 1940).

49 BA: NS4/Hi./Vorl. 2: »SS-Sonderlager Hinzert«.

50 Siehe Bärbel Maul und Axel Ulrich, *Das KZ-Außenkommando »Unter den Eichen«*, Wiesbaden 1995, S. 22–28.

51 Siehe Michael Zimmermann, *Rassenutopie und Genozid: Die nationalsozialistische »Lösung der Zigeunerfrage«*, Hamburg 1996, S. 173.

52 Siehe Karola Fings, *Messelager Köln: Ein KZ-Außenlager im Zentrum der Stadt*, Köln 1996, S. 33–43.

53 RKPA VE: »Entlassung von Häftlingen, die zu Beseitigung von feindlichen Blindgängern eingesetzt waren« (31. Januar 1941).

54 Zitiert in Fings, *Messelager Köln*, S. 44f.

55 Der Fall wird zitiert ebd., S. 134.

56 Ebd., S. 43–58. Zu Informationen über solche Kommandos in der Gegend vgl. Hans Müller, *»Wir haben verziehen aber nicht vergessen«: Das KZ-Außenlager Buchenwald in Dortmund*, Dortmund 1994, S. 14f. Siehe auch Korte, »Erziehung«, S. 217–223.

57 Bernd Boll, *»Das wird man nie mehr los …«: Ausländische Zwangsarbeiter in Offenburg 1939 bis 1945*, Pfaffenweiler 1994, S. 314f.

58 Herbert Obenaus, »Die Außenkommandos des Konzentrationslagers Neuengamme in Hannover«, in Kaienburg (Hg.), *Konzentrationslager*, S. 212–226, hier S. 214.

59 Siehe Florian Freund, »Die Entscheidung zum Einsatz von KZ-Häftlingen in der Raketenrüstung«, in Kaienburg (Hg.), *Konzentrationslager*, S. 61–74, hier S. 66.

60 Michael J. Neufeld, *The Rocket and the Reich: Peenemünde and the Coming of the Ballistic Missile Era*, New York 1995, S. 186f.
61 Siehe Fröbe, »Der Arbeitseinsatz von KZ-Häftlingen«, S. 356.
62 Neufeld, *The Rocket and the Reich*, S. 210; zur Sterblichkeit während der Konstruktion: S. 211; zu 1945: S. 261f.; zu seiner Kosten-Nutzen-Analyse: S. 267–279. Neufeld schätzt (S. 264), daß etwa 5000 Menschen durch die »Wunderwaffen« getötet wurden, von denen viele Deutsche erwarteten, sie würden den Sieg aus dem Rachen der Niederlage rauben. Mindestens doppelt so viele verloren bei der Produktion der Raketen ihr Leben. Weitere Tausende starben in andern Lagern des Produktionssystems, zum Beispiel in Zement, Lehesten, Rebstock und Zeppelin.
63 Auch zum folgenden siehe Robert Jan van Pelt und Debórah Dwork, *Auschwitz. Von 1270 bis heute*, Zürich-München 1998, S. 217–258.
64 Zitiert in van Pelt und Dwork, *Auschwitz*, S. 231f.
65 Siehe Peter Hayes, *Industry and Ideology: IG Farben in the Nazi Era*, Cambridge 1987, S. 350–361, zur Zahl der Opfer S. 360.
66 Siehe van Pelt und Dwork, *Auschwitz*, S. 257.
67 Zur Einführung in die Thematik siehe Karl Heinz Roth, »Zwangsarbeit im Siemens-Konzern (1938–1945): Fakten – Kontroversen – Probleme«, in Kaienburg (Hg.), *Konzentrationslager*, S. 149–168.
68 Birgit Weitz, »KZ-Häftlinge«, in Barbara Hopmann u. a., *Zwangsarbeit bei Daimler-Benz*, Stuttgart 1994, S. 345–442, hier S. 356.
69 Zu den einzelnen Lagern siehe Weitz, »KZ-Häftlinge«, Tabelle S. 439f.
70 Eine Kopie von Hitlers Anordnung (11. Januar 1942) ist abgedruckt in Klaus-Jörg Siegfried (Hg.), *Rüstungsproduktion und Zwangsarbeit im Volkswagenwerk 1939–1945: Eine Dokumentation*, Frankfurt am Main 1986, S. 61f.
71 Aktenvermerk, Besprechungen (29. Januar und 3. Februar 1942) Porsches mit Oswald Pohl und anderen zur Festlegung von Einzelheiten für »Arbeitsdorf«, jetzt abgedruckt in Siegfried (Hg.), *Rüstungsproduktion*, S. 63f.
72 Hans Mommsen und Manfred Grieger, *Das Volkswagenwerk und seine Arbeiter im Dritten Reich*, Düsseldorf 1996, S. 496–515.
73 Ebd., S. 766–768.
74 Ebd., S. 772–799.
75 Ebd., S. 861.
76 Eine genaue Übersicht über Gefangene von verschiedenen Konzentrationslagern, die zu VW und seinen Zweigwerken geschickt wurden, ebd., S. 862–875.
77 Harold James, »Die Deutsche Bank und die Diktatur 1933–1945«, in L. Gall, G. D. Feldman, H. James, C. L. Holtfrerich und H. H. Büschgen, *Die Deutsche Bank 1870–1995*, München 1995, S. 396f.
78 Siehe ebd., S. 498.
79 Außer der Zahl der Gefangenen gibt es wenig Informationen über die sechs Lager, die Ludwig Eiber erwähnt: »KZ-Außenlager in München«, *DH* (1996), S. 58–80, hier S. 61, Anm. 15.
80 Siehe Zdenek Zofka, »Allach – Sklaven für BMW: Zur Geschichte eines Außenlagers des KZ Dachau«, *DH* (1986), S. 68–78, hier S. 70.
81 Die Bemerkung eines Überlebenden ebd., S. 76; zur Rettung von sechs jüdischen Frauen siehe Ulrich Herbert, »Von Auschwitz nach Essen: Die Geschichte des KZ-Außenlagers Humboldtstraße«, *DH* (1986), S. 13–34, hier S. 31f. – die Anzahl anderer, die das Lager Essen überlebten, ist unbekannt.

82 Zu einem allgemeinen Überblick vgl. Neil Gregor, *Daimler-Benz in the Third Reich*, New Haven 1998, und Bernard P. Bellon, *Mercedes in Peace and War: German Automobile Workers, 1903–1945*, New York 1990.

83 Siehe etwa Georg Metzler, »*Geheime Kommandosache*«: *Raketenrüstung in Oberschwaben: Das Außenlager Saulgau und die V2 (1943–1945)*, Bergatreute 1996, S. 160–164.

84 Edith Raim, »Die Dachauer KZ-Außenkommandos Kaufering und Mühldorf. Rüstungsbauten und Zwangsarbeit im letzten Kriegsjahr 1944/45«, Phil. Diss. München 1991, S. 268–270; Adam Puntschart, *Die Heimat ist weit: Erlebnisse im Spanischen Bürgerkrieg, im KZ, auf der Flucht*, Weingarten 1983, S. 124–126.

85 Raim, »Kaufering und Mühldorf«, S. 269.

86 Siehe Hans Simon-Pelanda, »Im Herzen der Stadt: Das Außenlager Colosseum in Regensburg«, *DH* (1996), S. 159–168.

87 Siehe Ernst Schmidt, *Lichter in der Finsternis: Widerstand und Verfolgung in Essen 1933–1945*, Essen 1988, Bd. II, S. 188f.

88 Eine teilweise auf Interviews beruhende Beschreibung dieses Lagers gibt Schmidt, *Lichter*, S. 187–198.

89 Siehe Hayes, *Industry*, S. 346f.

90 Weitz, »KZ-Häftlinge«, S. 346.

91 Schmidt, *Lichter*, S. 217.

92 Herbert, »Humboldtstraße«, S. 13–34. Die Geschichte dieser Menschen erzählt auch Schmidt, *Lichter*, S. 198–220.

93 Zum Beispiel wurden im Oktober 1941 im frisch erweiterten Deutschland (aber ohne die Ostgebiete) 10776 Personen verhaftet. In diesem Monat erfolgten die meisten Verhaftungen wegen Disziplinproblemen am Arbeitsplatz (7729), dem Vorwurf der Opposition (1518) und kommunistischen Umtrieben (544); insgesamt 162 Juden wurden in Haft genommen. Siehe Broszat, »Konzentrationslager«, S. 95.

94 Die Statistik ist aus Broszat, »Konzentrationslager«, S. 132. Einige ausführliche Studien über Frauen bietet Claus Füllberg-Stolberg u. a. (Hg.), *Frauen in Konzentrationslagern: Bergen-Belsen und Ravensbrück*, Bremen 1994.

95 Siehe Wolfgang Sofsky, *Die Ordnung des Terrors: Das Konzentrationslager*, Frankfurt am Main 1993, S. 52; Gerhard Werle, *Justiz-Strafrecht und polizeiliche Verbrechensbekämpfung im Dritten Reich*, Berlin 1989, S. 533.

96 Die Angaben (darunter konservative Schätzungen) über die Gesamtzahl der an Mißhandlungen Gestorbenen und der Getöteten setzen sich folgendermaßen zusammen: 31591 (von insgesamt 206206 Gefangenen) in Dachau, 56545 (von 238979) in Buchenwald, 28374 (von 96217) in Flossenbürg, 55000 (von insgesamt 106000) in Neuengamme, 20000 der insgesamt 60000 in Mittelbau, 40000 der 120000 Gefangenen, die zeitweilig in Groß-Rosen einsaßen, 50000 der 125000, die das Grauen Bergen-Belsens erlebten, eines Lagers, das nur von 1943 bis 1945 bestand, usw. Eine vollständige Liste bietet Sofsky, *Ordnung des Terrors*, S. 57. Bei einigen Lagern ergeben sich wegen unvollständiger oder vernichteter Akten Schwankungen bei den Zahlen. Eine Analyse von Auschwitz enthält Franciszek Piper, »The Number of Victims«, in Yisrael Gutman und Michael Berenbaum (Hg.), *Anatomy of the Auschwitz Death Camp*, Bloomington (Indiana) 1994, S. 61–76. Er kommt zu dem Schluß (S. 72), daß in Auschwitz nicht weniger als 1,5 Millionen Menschen getötet wurden, darunter 1,35 Millionen Juden. Die Gesamtzahl aller getöteten Juden beträgt mindestens 5,29 Millionen,

laut Wolfgang Benz, »Die Dimension des Völkermords«, in Wolfgang Benz (Hg.), *Dimension des Völkermords: Die Zahl der jüdischen Opfer des Nationalsozialismus*, München 1991, S. 1–20, hier S. 17.

97 Eiber, »München«, S. 58.

98 Einen Überblick geben Stefanie Endlich und Wolf Kaiser, »KZ-Häftlinge in der Reichshauptstadt: Außenlager in Berlin«, *DH* (1996), S. 230–254, hier S. 230.

99 Ebd., S. 246.

100 Siehe Ruth Zantow, *»Das sind doch Verbrecher ...«: Konzentrationslager Sachsenhausen Außenlager Lichterfelde*, Berlin 1990, zitiert in Endlich und Kaiser, »Berlin«, S. 248, Anm. 46. Siehe auch die Erinnerungen an das Lager in Vaihingen von Alexander Donat, *The Holocaust Kingdom*, New York 1963, S. 252, und Stefan Romey, *Ein KZ in Wandsbek: Zwangsarbeit im Hamburger Drägerwerk*, Hamburg 1996, S. 49.

101 Siehe etwa den Fall eines SS-Wachmanns, der 1944 einen 17jährigen russischen Arbeiter zur Versorgung zu einem Arzt brachte, weil er sich wegen Ungehorsams eine böse Wunde zugezogen hatte. Der SS-Mann sagte dem Arzt, viel Mühe brauche er sich nicht zu geben, da der Russe am nächsten Morgen gehängt werde, und setzte hinzu: »Vorher nehme ich ihn mit auf mein Zimmer und spiele mein kleines Spielchen mit ihm.« Auf die Frage, was der Unglückliche getan habe, sagte der Wachmann, er sei aus dem Glied getreten und habe um Brot gebettelt. Siehe Elmer Luchterhand, »Das KZ in der Kleinstadt: Erinnerungen einer Gemeinde an den unsystematischen Völkermord«, in Detlev Peukert und Jürgen Reulecke (Hg.), *Die Reihen fast geschlossen: Beiträge zur Geschichte des Alltags unterm Nationalsozialismus*, Wuppertal 1981, S. 435–454, hier S. 453. Ein anderes Beispiel bei Struve, *Aufstieg und Herrschaft*, S. 459.

102 Hermann Kaienburg, »›... sie nächtelang nicht ruhig schlafen ließ‹: Das KZ Neuengamme und seine Nachbarn«, *DH* (1996), S. 34–57, hier S. 49.

103 Zitiert in dem *oral-history*-Bericht von Luchterhand, »KZ in der Kleinstadt«, S. 441.

104 Zitiert in Kaienburg, »Nachbarn«, S. 39f.

105 Siehe Gerhard Hoch, *Hauptort der Verbannung: Das KZ-Außenkommando Kaltenkirchen*, Bad Segeberg 1979, S. 22.

106 Luchterhand, »KZ in der Kleinstadt«, S. 442.

107 Wendelgard von Staden, *Nacht über dem Tal: Eine Jugend in Deutschland*, 2. Aufl., München 1983, S. 51.

108 Ernst Heimes, *Ich habe immer nur den Zaun gesehen: Suche nach dem KZ-Außenlager Cochem*, 2. Aufl., Koblenz 1993, S. 55f., 68.

109 Heimes, *Cochem*, S. 86, 111. Die Gesamtzahl der Gefangenen, die in diesen Lagern arbeiten mußten, ist unklar. Die Chronik der Pfarrgemeinde Treis für das Jahr 1944 erwähnt, daß im Sommer 1500 Gefangene an dem Tunnel gearbeitet hätten.

110 Siehe Ludwig Eiber, »Außenlager des KZ Neuengamme auf den Hamburger Werften«, *1999: Zeitschrift für Sozialgeschichte des 20. und 21. Jahrhunderts* 2 (1995), S. 57–73, S. 64f.

111 Heimes, *Cochem*, S. 117, 125–127.

112 Eiber, »Hamburger Werften«, S. 61, der eine Notiz aus Rudolf Blohm zitiert.

113 Mommsen und Grieger, *Volkswagenwerk*, S. 859–861.

114 Die Organisation Todt (OT) widmete sich diversen kriegswichtigen Bau- und Verteidigungsprojekten. Ende 1944 war die OT in Deutschand 1,4 Millionen

Mann stark.Es waren zumeist Ausländer, unter ihnen eine unbekannte Zahl von Gefangenen verschiedener Art und Juden. Die Unterlagen zeigen, daß wenige Gefangene aus Konzentrationslagern in der OT arbeiteten, aber an derselben Stelle beschäftigt gewesen sein mögen. Die Zahlen sind folgende: Von insgesamt 1,4 Millionen waren nur 336000 Deutsche. Es gab mehr als 1 Million Ausländer darunter 165000 Kriegsgefangene, 140000 »sonstige Häftlinge« und »Strafgefangene« sowie Juden. Die OT hatte zuzeiten auch an vielen Projekten außerhalb Deutschlands gearbeitet, sich aber zurückgezogen, als der Krieg eine Wende nahm. Siehe Franz W. Seidler, *Die Organisation Todt: Bauen für Staat und Wehrmacht 1938–1945*, Koblenz 1987, S. 145–147.

115 Herbert, »Arbeit und Vernichtung«, S. 231.

116 Dietrich Eichholtz, *Geschichte der deutschen Kriegswirtschaft 1939–1945*, Berlin 1996, Bd. II, S. 238.

117 Einen Überblick bietet Randolph L. Braham, »Hungarian Jews«, in Gutman und Berenbaum (Hg.), *Auschwitz*, S. 456–468.

118 Eichholtz, *Kriegswirtschaft*, Bd. II., S. 241.

119 Fröbe, »KZ-Häftlinge«, S. 361f.

120 Birgit Weitz, »Der Einsatz von KZ-Häftlingen und jüdischen Zwangsarbeitern bei Daimler-Benz AG (1941–1945): Ein Überblick«, in Kaienburg (Hg.), *Konzentrationslager*, S. 169–195, hier S. 190.

121 Donat, *The Holocaust Kingdom*, S. 260.

122 Ebd., S. 279. Beispielhafte Untersuchungen zu Hessenthal und sechs weiteren Außenlagern in Württemberg finden sich in Herwart Vorländer (Hg.), *Nationalsozialistische Konzentrationslager im Dienste der totalen Kriegsführung*, Stuttgart 1978.

10. DIKTATUR UND VOLK AM ENDE DES DRITTEN REICHES

1 Hartmut Mehringer, *Widerstand und Emigration: Das NS-Regime und seine Gegner*, München 1997, S. 233.

2 Siehe Peter Hoffmann, *Widerstand gegen Hitler und das Attentat vom 20. Juli 1944: Probleme des Umsturzes*, 4., überarb. Aufl. Konstanz 1994, S. 52f., und Joachim Fest, *Staatsstreich. Der lange Weg zum 20. Juli*, Berlin 1994, S. 337f.

3 Die Berliner Berichte von November 1944 bis März 1945 sind abgedruckt in Volker R. Berghahn, »Meinungsforschung im ›Dritten Reich‹: Die Mundpropaganda-Aktion der Wehrmacht im letzten Kriegshalbjahr«, *Militärgeschichtliche Mitteilungen 1* (1967), S. 83–119.

4 Bericht an das Reichsministerium für Volksaufklärung und Propaganda (19. März 1945), in *Meldungen aus dem Reich*, S. 6732.

5 Die Hamburger Berichte für März/April 1945 sind abgedruckt in Volker R. Berghahn, »Hamburg im Frühjahr 1945: Stimmungsberichte aus den letzten Wochen des Zweiten Weltkriegs«, *Hamburgische Geschichts- und Heimatblätter* (Dezember 1969), S. 194–211, hier S. 196 (Bericht vom 8.–14. März).

6 Bericht an das Reichsministerium für Volksaufklärung und Propaganda (28. März 1945), in *Meldungen aus dem Reich*, S. 6732–6734.

7 Die umfassendsten Aufzeichnungen finden sich bei Andreas Hillgruber (Hg.), *Staatsmänner und Diplomaten bei Hitler*, Frankfurt am Main 1967, Bd. I, S. 609–615; eher kryptische Bemerkungen über die Juden ebd., S. 614f.

8 Christian Streit, »The German Army and the Policies of Genocide«, in Gerhard Hirschfeld (Hg.), *The Politics of Genocide: Jews and Soviet Prisoners of War in Nazi Germany*, London 1986, S. 1–24, hier S. 7. Zum Thema generell Omer Bartov, *Hitlers Wehrmacht: Soldaten, Fanatismus und die Brutalisierung des Krieges*, Reinbek 1995.

9 So ging ihre Gesamtzahl im Lande im November 1942 von 713.325 auf 636.219 zurück, was bedeutete, daß allein in diesem Monat mindestens 77.106 gestorben waren. Der Umfang des Massenmordes an den sowjetischen Kriegsgefangenen fluktuierte in den nächsten Monaten, und für 1944 können die Opferzahlen nicht mehr rekonstruiert werden, weil keine Statistiken mehr geführt wurden. Siehe Christian Streit, *Keine Kameraden: Die Wehrmacht und die sowjetischen Kriegsgefangenen 1941–1945*, Stuttgart 1978, S. 244, 247.

10 Siehe IMT, Bd. XXVI, S. 245–249, Dokument 669-PS: Verordnung Chef des OKW, »Verfolgung von Straftaten gegen das Reich oder die Besatzungsmacht in den besetzten Gebieten« (12. Dezember 1942).

11 Siehe IMT, Bd. XXVI, S. 242–245, Dokument 668-PS: Chef Sipo an Chef OKW, »Verfolgung von Straftaten gegen das Reich oder die Besatzungsmacht in den besetzten Gebieten« (24. Juni 1942).

12 Erwähnt sei beispielshalber (auf der Basis unvollständiger Daten), daß bis Ende April 1944 das Kieler Gericht 2014 Fälle gegen 6639 Angeklagte verhandelte, von denen 1793 zum Tode verurteilt wurden. Zusätzliche Informationen zu diesem und anderen Gerichten unter »Nacht und Nebel«, in *Enzyklopädie des Holocaust*, Bd. II, S. 984–986.

13 Siehe *Meldungen aus dem Reich* (4. Februar 1943), S. 4750f.

14 Die Überlegung, daß die Verhaftungen von langer Hand geplant gewesen sein müssen, stammt aus Peter Hofmann, *Widerstand, Staatsstreich, Attentat. Der Kampf der Opposition gegen Hitler*, 4., neu überarb. u. erg. Ausg., München u.a. 1985, S. 635.

15 Zu der Bremer Akt: BA: R58/775, besonders 19f.

16 Die Berliner Berichte sind abgedruckt in Berghahn, »Meinungsforschung«, hier (Bericht vom 31. März) S. 114.

17 Berghahn, »Hamburg« (5. April), S. 206.

18 Siehe *Justiz und NS-Verbrechen*, Bd. I, S. 662–677.

19 HStA D: Gestapo 41892.

20 Siehe *Justiz und NS-Verbrechen*, Bd. II, S. 396–407.

21 HStA D: Gestapo 358.

22 LAS: Gestapo 4272.

23 Siehe LAS: Gestapo 5710.

24 StA W: Gestapo 4598.

25 Siehe *Justiz und NS-Verbrechen*, Bd. VI, S. 630–649. Vgl. einen ähnlichen Fall aus Unterfranken in StA W: Gestapo 2222.

26 Siehe *Justiz und NS-Verbrechen*, Bd. XII, S. 62–89.

27 Siehe *Justiz und NS-Verbrechen*, Bd. II, S. 419–421.

28 Siehe StA W: Gestapo 122, 124, 125, 13761.

29 *RGBl.*, Bd. I, S. 30 (20. Februar 1945): »Verordnung über die Errichtung von Standgerichten vom 15. Februar 1945«.

30 Eine Kopie des »Merkblattes« ist abgedruckt in *Justiz und NS-Verbrechen*, Bd. X, S. 208f.

31 Der Name »Volkssturm« ging auf die napoleonische Zeit und die Vorstellung zurück, daß sich das ganze deutsche Volk erhebe, um wie ein Sturmwind den Eindringling aus dem Land zu fegen. 1944/45 war es leichter, eine solche Truppe zu verordnen, als sie zu drillen und mit Waffen auszurüsten. Man hat denn auch den nationalsozialistischen Volkssturm zu Recht einen militärischen Papiertiger genannt, doch übte er eine disziplinierende Wirkung auf das Volk angesichts der heranrückenden Armeen aus. Siehe Franz W. Siedler, *»Deutscher Volkssturm«: Das letzte Aufgebot 1944/45,* München 1989, besonders S. 372f.
32 Siehe *Justiz und NS-Verbrechen*, Bd. XV, S. 798–839.
33 Ebd., Bd. VII, S. 764–810.
34 Eine meisterliche Darstellung, die eine gründliche Untersuchung der Eroberung durch die Amerikaner mit den Geschehnissen hinter den deutschen Linien verbindet, ist Klaus-Dietmar Henke, *Die amerikanische Besetzung Deutschlands,* München 1995, S. 343–377.
35 Gerhard L. Weinberg, *A World in Arms: A Global History of World War II,* Cambridge 1994, S. 812f.
36 Henke, *Besetzung*, S. 400.
37 Siehe Bernd-A. Rusinek, *Gesellschaft in der Katastrophe: Terror, Illegalität, Widerstand Köln 1944/45,* Essen 1989, S. 446.
38 Siehe den Bericht in *RLZ* (7. März 1945).
39 *RLZ* (24. März 1945).
40 Siehe Volker Zimmermann, *In Schutt und Asche leben: Das Ende des Zweiten Weltkriegs in Düsseldorf,* Düsseldorf 1995, S. 76–93; ferner *Justiz und NS-Verbrechen*, Bd. IV, S. 192–257.
41 Eine eingehende Darstellung des Ereignisses gibt Heinrich Dunkase, »Würzburg, 16. März 1945 21.25 Uhr – 21.42 Uhr: Hintergründe, Verlauf und Folgen des Luftangriffs der No. 5 Bomber Group«, in *Mainfränkisches Jahrbuch* (1980), S. 1–31. Einen Überblick gibt Max Domarus, *Der Untergang des alten Würzburgs im Luftkrieg gegen die deutschen Großstädte,* Würzburg 1985.
42 Siehe Albert Speer, *Erinnerungen*, Berlin 1969, S. 445.
43 Siehe Alois Stadtmüller, *Aschaffenburg im Zweiten Weltkrieg,* 3. Aufl., Aschaffenburg 1987, S. 247–251.
44 Zum folgenden, einschließlich der langwierigen Nachkriegsermittlungen, siehe StA W: Polizeidirektion Würzburg, 348. »Standgericht Helm«. Zu anderen Todesfällen siehe Polizeidirektion Würzburg, 289.
45 StA W: Polizeidirektion Würzburg, 348, mit späteren Fällen.
46 Siehe Alois Stadtmüller, *Maingebiet und Spessart im Zweiten Weltkrieg,* 3. Aufl., Aschaffenburg 1987, S. 551–559.
47 Siehe *Justiz und NS-Verbrechen*, Bd. V, S. 570–600.
48 Siehe ebd., Bd. III, S. 172–186.
49 Zum Nachkriegsprozeß siehe ebd., Bd. XV, S. 372–397.
50 Siehe ebd., Bd. I, S. 114–129, 644–659.
51 Victor Klemperer, *Ich will Zeugnis ablegen bis zum letzten: Tagebücher 1933–1945,* Berlin 1995, Bd. II, S. 751–755 (22. bis 25. April 1945). Hervorhebung im Original.
52 Ebd., Bd. II, S. 759.
53 Zu Einzelheiten siehe *Justiz und NS-Verbrechen*, Bd. II, S. 284–317.
54 Ebd., Bd. III, S. 762–794.
55 Ebd., Bd. III, S. 680–692; über einen noch sinnloseren Mord in Altötting am 1. Mai 1945: ebd., Bd. X, S. 545–563.

56 So wurde der Vater eines Verdächtigen von Parteifunktionären in Berg am Laim erschossen, siehe ebd., Bd. II, S. 752–766.
57 Einzelheiten ebd., Bd. XIII, S. 772–790.
58 Zu den Ereignissen in München siehe ebd., Bd. II, S. 48–74.
59 Zu den Nachkriegsprozessen vgl. ebd., Bd. III, S. 66–128; es gab noch viele Anschlußverfahren, die ebenfalls in dieser Sammlung enthalten sind. Ausführlich wird die Geschichte nacherzählt in Klaus Tenfelde, »Proletarische Provinz: Radikalisierung und Widerstand in Penzberg/Oberbayern 1900–1945«, in *Bayern in der NS-Zeit*, Bd. IV, S. 1–382.
60 NA: T178/Roll 9 (16. März 1945).
61 Siehe *Justiz und NS-Verbrechen*, Bd. IV, S. 619–630.
62 Siehe ebd., Bd. V, S. 268–284.
63 Siehe Adolf Diamant, *Gestapo Frankfurt am Main*, Frankfurt a. M. 1988, S. 295.
64 Eine eingehende Darstellung und die einschlägige Literatur bei Gerhard Schreiber, *Die italienischen Militärinternierten im deutschen Machtbereich 1943–1945: Verraten, verachtet, vergessen*, München 1990, S. 553–559. Siehe auch Daniel Blatman, »Die Todesmärsche – Entscheidungsträger, Mörder und Opfer«, in Ulrich Herbert, Karin Orth und Christoph Dieckmann (Hrsg.), *Die nationalsozialistischen Konzentrationslager: Entwicklung und Struktur*, Göttingen 1998, B.II, S. 1064–1092, hier S. 1085.
65 Zimmermann, *In Schutt und Asche leben*, S. 64.
66 Hans-Dieter Schmid, *Gestapo Leipzig: Politische Abteilung des Polizeipräsidiums und Staatspolizeistelle Leipzig 1933–1945*, Beucha 1997, S. 61–64. Auf die Identität der Opfer gibt es nur vage Hinweise. Die meisten waren Osteuropäer, aber anscheinend keine Juden.
67 Siehe Adolf Diamant, *Gestapo Leipzig*, Frankfurt am Main 1990, S. 203–205.
68 Siehe Justiz und NS-Verbrechen, Bd. II, S. 520–535, und Bd. IV, S. 34–44.
69 Siehe ebd., Bd. IX, S. 131–136.
70 Siehe ebd., Bd. I, S. 751–781.
71 Siehe ebd., Bd. IX, S. 210–233.
72 Siehe Luigi Cajani, »Die italienischen Militärinternierten im nationalsozialistischen Deutschland«, in Ulrich Herbert (Hg.), *Europa und der »Reichseinsatz«: Ausländische Zivilarbeiter, Kriegsgefangene und KZ-Häftlinge in Deutschland 1938–1945*, Essen 1991, S. 295–316.
73 Zur geographischen Verteilung der Gefangenen siehe Tabelle 19 in Schreiber, *Die italienischen Militärinternierten*, S. 312.
74 Siehe ebd., S. 549.
75 Siehe etwa Unterlüß (im Raum Hannover-Osnabrück) und Treuenbrietzen (südwestlich von Berlin), ebd., S. 549–552.
76 Siehe *Justiz und NS-Verbrechen*, Bd. IX, S. 118–128. Die Geschichte wird vollständig rekonstruiert in Schreiber, *Die italienischen Militärinternierten*, S. 563–572.
77 Das jüdische Opfer war ein junger Mann von 17 Jahren, der exekutiert wurde, nachdem die Konservendosen mit Erbsen, die er hatte stehlen wollen, längst zurückgegeben worden waren. Siehe *Justiz und NS-Verbrechen*, Bd. IX, S. 105–115.
78 Zu weiteren Einzelheiten über Vorfälle in Hildesheim s. ebd., Bd. X, S. 775–793.
79 Zu Einzelheiten siehe ebd., Bd. IX, S. 390–556.
80 Ebd., Bd. XII, S. 420–494.
81 Ebd., Bd. XV, S. 662–691.

82 Ulrich Herbert, *Fremdarbeiter: Politik und Praxis des »Ausländer-Einsatzes« in der Kriegswirtschaft des Dritten Reiches,* Berlin 1985, S. 357.
83 Zur Exekution von neun sowjetischen Männern am 3. September 1944 siehe Gerhard Wysocki, *Die Geheime Staatspolizei im Land Braunschweig: Polizeirecht und Polizeipraxis im Nationalsozialismus,* Frankfurt am Main 1997, S. 182–186.
84 Am 27. März 1945 beauftragte Hitler Kammler mit der Übernahme des Befehls über die Luftrüstung und am 3. April die noch großartigere, aber völlig unrealistische Aufgabe, die Luftwaffe wiederaufzubauen. Siehe Speer, Albert: *Der Sklavenstaat. Meine Auseinandersetzung mit der SS,* Stuttgart 1981, S. 331–342.
85 Siehe *Justiz und NS-Verbrechen*, Bd. XVII, S. 280–310.
86 Speer, *Sklavenstaat*, S. 335.
87 Siehe IMT, Bd. XLI, S. 420–425, Speer-23 (15. März 1945); Hervorhebung im Original. Ferner Speer, *Erinnerungen*, S. 443.
88 Zitiert in Speer, *Erinnerungen*, S. 446.
89 Siehe *IMT*, Bd. XLI, S. 430f., Speer-25.
90 Siehe die Beschreibung des kürzlich entdeckten Göring-Verhörs vom Mai 1945 in *Globe and Mail* (21. August 1997).
91 Siehe Speer, *Erinnerungen*, S. 440.
92 Siehe Felix Kersten, *Totenkopf und Treue. Heinrich Himmler ohne Uniform. Aus den Tagebuchblättern des finnischen Medizinalrats Felix Kersten,* Hamburg 1952, und Speer, *Erinnerungen*, S. 462.
93 Eine prägnante Darstellung in Hoffmann, *Widerstand, Staatsstreich, Attentat*, S. 552.
94 Siehe ebd., S. 530–533, und Eberhard Bethge, *Dietrich Bonhoeffer. Theologe – Christ – Zeitgenosse,* Berlin 1986, S. 1030–1044.
95 Yitzhak Arad, *Belzec, Sobibor, Treblinka: The Operation Reinhard Death Camps,* Bloomington (Indiana) 1987, S. 370.
96 Isabell Sprenger, *Groß-Rosen: Ein Konzentrationslager in Schlesien,* Köln 1996, S. 292f.
97 Siehe *IMT*, Bd. XXXVII, S. 486f., Dokument 053-L, mit einer Kopie des Befehls.
98 Das Dokument ist abgedruckt bei Johannes Tuchel (Hg.), *Die Inspektion der Konzentrationslager 1938–1945,* Berlin 1994, S. 212f.
99 Rudolf Höß, *Kommandant in Auschwitz*, München 1965, S. 145.
100 Raul Hilberg, *Die Vernichtung der europäischen Juden*, durchges. u. erw. Ausg., 7.–10. Tsd., Frankfurt a. M. 1990, Bd. II, S. 1047.
101 Reichsverteidigungskommissar für den Reichsverteidigungsbezirk Oberschlesien (Kattowitz), 21. Dezember 1944, an sämtliche Verteiler, betrifft Räumung, abgedruckt in Andrzej Strzelecki, »Evacuation, Liquidation and Liberation of the Camp«, in Danuta Czech u.a., *Auschwitz: Nazi Death Camp*, Oswiecim 196, S. 269–289, hier nach S. 272.
102 Wieslaw Kielar, *Anus Mundi. Fünf Jahre Auschwitz.* Aus dem Polnischen von Wera Kapkajew, Frankfurt a. M. 1979, S. 355–403.
103 Zu Einzelheiten siehe Danuta Czech, *Auschwitz Chronicle 1939–1945*, New York 1990, S. 781–805.
104 Siehe Strzelecki, »Evacuation«, S. 269–289.
105 Siehe die Zeugenaussagen in Strzelecki, »Evacuation«, S. 275f.
106 Zu Auschwitz-Birkenau siehe *Justiz und NS-Verbrechen*, Bd. XV, besonders S. 320–330.

107 Zu detaillierten Zeugenaussagen siehe ebd., Bd. XVI, S. 62–76.

108 Martin Gilbert, *The Dent atlas of the Holocaust*, Toronto 1993, S. 216f.

109 Siehe die klassische Darstellung des Lagerüberlebenden Primo Levi, *Ist das ein Mensch*, München u.a., 1988

110 Joachim Neander, *Das Konzentrationslager »Mittelbau« in der Endphase der nationalsozialistischen Diktatur,* Dissertation Universität Bremen 1996, S. 335f.

111 Der amerikanische Bericht (zitiert als US Microfilm M 1079, Roll 11, 270–273) ist teilweise abgedruckt in Neander, *Mittelbau*, S. 474–477.

112 Ebd., S. 466–473, hier S. 473. Siehe auch Daniel Jonah Goldhagen, *Hitlers willige Vollstrecker. Ganz gewöhnliche Deutsche und der Holocaust,* Berlin 1996, S. 432, wo er Gardelegen als Beispiel zum Beleg seiner These heranzieht, daß die Todesmärsche die »Verbundenheit der Deutschen mit dem Genozid« bewiesen.

113 Janina Grabowska, »K. L. Stutthof: Ein historischer Abriß«, in Hermann Kuhn (Hg.), *Stutthof: Ein Konzentrationslager vor den Toren Danzigs,* Bremen 1995, S. 8–94, hier 73–81

114 Ebd., S. 83.

115 Ebd., S. 90.

116 Höß, *Kommandant in Auschwitz*, S. 147.

117 Einen Überblick vermittelt das Stichwort«Todesmärsche« in *Enzyklopädie des Holocaust*, Bd. III, S. 1412–1416.

118 Yehuda Bauer, »The Death-Marches, January-May, 1945«, in Michael R. Marrus (Hg.), *The Nazi Holocaust: Historical Articles on the Destruction of the European Jews,* Westport (Connecticut) 1989, Bd. IX, S. 491–511, hier S. 499.

119 Eine eingehende Beschreibung von Himmlers Versuch, Juden zu »verkaufen«, bietet Yehuda Bauer, *Jews for Sale: Nazi-Jewish Negotiations, 1933–1945,* New Haven 1994, S. 239–251.

120 Zit. nach Speer, *Sklavenstaat*, S. 335.

121 Siehe Justiz und NS-Verbrechen, Bd. XIX, S. 74–94. Zu diesem und anderen Todesmärschen aus dem Raum Hannover siehe Herbert Obenaus, »Die Räumung der hannoverschen Konzentrationslager im April 1945«, in Rainer Fröbe u.a., *Konzentrationslager in Hannover: KZ-Arbeit und Rüstungsindustrie in der Spätphase des Zweiten Weltkriegs,* Hildesheim 1985, Teil 2, S. 493–544.

122 Siehe *Justiz und NS-Verbrechen*, Bd. XVIII, S. 764–777.

123 Bernhard Schlinks Bestseller *Der Vorleser* dreht sich um eine KZ-Bewacherin, die während des Krieges zusah, wie eine von einer Bombe getroffene Kirche bis auf die Grundmauern niederbrannte. In der Kirche waren über Nacht Juden eingesperrt worden, und trotz ihrer Hilferufe öffneten die Bewacher nicht die Türen, als sich das Feuer ausbreitete.

124 Siehe *Justiz und NS-Verbrechen*, Bd. XVIII, S. 768.

125 Den Himmlerbefehl erwähnt – ohne genaue Datierung – Goldhagen, *Hitlers willige Vollstrecker*, S. 418.

126 Wenn Mord das eigentliche Endziel war, wie Daniel Goldhagen unterstellt, wozu dann die Mühe, die Sache über viele Tage und 300 Kilometer hinzuschleppen? Siehe Goldhagen, *Hitlers willige Vollstrecker*, S. 406–416.

127 Siehe *Der Buchenwald-Report. Bericht über das Konzentrationslager Buchenwald bei Weimar.* Hg. von David A. Hackett, München 1996, S. 369f.

128 Zu diesen Ereignissen und ihrer allgemeinen Darstellung siehe Enzyklopädie des Holocaust, Bd. III, S.1412–1416, hier S. 1415.

129 Siehe Blatman, »Todesmärsche«, S. 1082.

130 Sprenger, *Groß-Rosen*, S. 299.
131 Höß, *Kommandant in Auschwitz*, S. 145.
132 Eine Sammlung der Erlebnisberichte von 732 Überlebenden bietet neuerdings Martin Gilbert, *The Boys: Triumph over Adversity*, Toronto 1996, besonders S. 213–235. Siehe auch Eugène Aroneanu (Hg.), *Inside the Concentration Camps: Eyewitness Accounts of Life in Hitler's Death Camps*, Westport (Connecticut), besonders S. 137–142.
133 Siehe *Der Buchenwald-Report*, S. 370–374.
134 Peter Black, *Ernst Kaltenbrunner: Ideological Soldier of the Third Reich*, Princeton 1984, S. 250.
135 Siehe besonders Stanislav Zamecnik, »Kein Häftling darf lebend in die Hände des Feindes fallen: Zur Existenz des Himmler-Befehls vom 14.–18. April 1945«, *DH* (1985), S. 219–231, hier S. 219.
136 Edgar Kupfer-Koberwitz, *Dachauer Tagebücher: Die Aufzeichnungen des Häftlings 24814*, München 1997, S. 429 (Eintrag vom 20. April 1945).
137 Ebd., S. 425 (12. April 1945).
138 Ebd., S. 435 (26. April 1945), S. 439 (27. April 1945).
139 Ebd., S. 433 (24. April 1945), S. 435f. (26. April 1945).
140 Siehe Gordon J. Horwitz, *In the Shadow of Death: Living Outside the Gates of Mauthausen*, New York 1990, S. 144–163.
141 Siehe *Justiz und NS-Verbrechen*, Bd. XVIII, S. 406–425.
142 Siehe Monika Herzog und Bernhard Strebel, »Das Frauenkonzentrationslager Ravensbrück«, in Claus Füllberg-Stolberg u.a. (Hg.), *Frauen im Konzentrationslager: Bergen-Belsen, Ravensbrück*, Bremen 1994, S. 13–26, hier S. 22f.
143 Germaine Tillion, *Ravensbrück*, Garden City (New Jersey) 1975, S. 93.
144 Siehe Sigrid Jacobeit (Hg.), *»Ich grüße Euch als freier Mensch«: Quellenedition zur Befreiung des Frauen-Konzentrationslagers Ravensbrück im April 1945*, Berlin 1995, S. 13.
145 Tillion, *Ravensbrück*, S. 98.
146 Siehe Bauer, *Jews for Sale*, S. 246.
147 Jacobeit (Hg.), *Quellenedition*, S. 19f.
148 Broszat, »Konzentrationslager«, S. 132.
149 Es ist die Schätzung des polnischen Historikers Zygmunt Zonik, zitiert in Blatman, »Todesmärsche«, S. 1067.
150 Bauer, »Death Marches«, S. 492f.
151 Shmuel Krakowski, »The Death Marches in the Period of the Evacuation of the Camps«, in Marrus (Hg.), *Nazi Holocaust*, Bd. IX, S. 476–490, hier S. 483.
152 Blatman, »Todesmärsche«, S. 1087.
153 *Meldungen aus dem Reich* (28. Juli 1944), S. 6684.
154 Marlis G. Steinert, *Hitlers Krieg und die Deutschen: Stimmung und Haltung der deutschen Bevölkerung im Zweiten Weltkrieg*, Düsseldorf-Wien 1970, besonders S. 532f.
155 Berghahn, »Meinungsforschung«, S. 117, 118.
156 Ebd., S. 117–119 (Berichte vom 19.–22. März 1945), hier S. 119.
157 Viele dieser Briefe haben seither ihren Weg in die Wiener Library gefunden; siehe die Sammlung Nr. 3040. Solche Briefe untersucht auch Steinert, *Hitlers Krieg*, S. 260.
158 Berghahn, »Meinungsforschung«, S. 118.
159 Ebd., S. 116.

160 Siehe auch Jill Stephenson, »›Resistance‹ to ›No Surrender‹: Popular Disobedience in Württemberg in 1945«, in Francis R. Nicosia und Lawrence D. Stokes, *Germans Against Nazism: Nonconformity, Opposition and Resistance in the Third Reich,* New York 1990, S. 351–367.
161 BA: RSHA St.3/915, 1ff.: SD an RSHA (7.April 1945). Siehe auch Christoph U. Schminck-Gustavus (Hg.), *Hungern für Hitler: Erinnerungen polnischer Zwangsarbeiter im Deutschen Reich 1940–1945,* Reinbek bei Hamburg 1984, S. 120f.
162 Siehe Norman M. Naimark, The Russians in Germany: A History of the Soviet Zone of Occupation, 1945–1949, Cambridge (Massachusetts) 1995, S. 72.
163 Ebd.
164 Nürnberger Dokument 3369-PS, abgedruckt in Domarus (Hg.), *Hitler Reden*, Bd. IV, S. 2236–2239, hier S. 2237.

SCHLUSSBETRACHTUNG

1 Der Kapp-Putsch von 1920 wurde durch einen Generalstreik beendet. Die klassische Beschreibung der abwartenden Haltung der SPD im Jahre 1933 auf lokaler Ebene ist William Sheridan Allen, *The Nazi Seizure of Power: The Experience of a Single Town 1922–1945*, überarbeitete Aufl., New York 1984.
2 Siehe Bernd Stöver, *Volksgemeinschaft im Dritten Reich: Die Konsensbereitschaft der Deutschen aus der Sicht sozialistischer Exilberichte*, Düsseldorf 1993, S. 171f.
3 Dietrich Orlow, *The History of the Nazi Party: 1933–1945*, Pittsburgh 1973, S. 24.
4 Hartmut Mehringer, *Widerstand und Emigration: Das NS-Regime und seine Gegner*, München 1997, S. 233.
5 Martin Broszat, *Die Machtergreifung: Der Aufstieg der NSDAP und die Zerstörung der Weimarer Republik* 5. Auflage, München (1984) 1994, S. 176.
6 An Studien, die ihr Hauptaugenmerk nicht auf die Machenschaften der Führung richten, sondern neue Formen »staatsbürgerlichen Engagements« untersuchen, seien genannt: Robert Gellately, *Die Gestapo und die deutsche Gesellschaft: Die Durchsetzung der Rassenpolitik 1933–1945*, 2. Aufl., Paderborn 1994; sowie Sheila Fitzpatrick und Robet Gellately (Hg.), *Accusatory Practices: Denunciation in Modern European History, 1789–1989*, Chicago 1997. Eine ähnliche Aussage über die Wehrmacht trifft neuestens Omer Bartov, »Soldiers, Nazis and War in the Third Reich«, in Christian Leitz (Hg.), *The Third Reich: The Essential Readings*, Oxford 1999, S. 133–150. Konkrete Studien, die diesen Ansatz weiterverfolgen, sind etwa Klaus-Michael Mallmann und Gerhard Paul, *Herrschaft und Alltag: Ein Industrierevier im Dritten Reich*, Berlin 1991; Gerhard Paul und Klaus-Michael Mallmann (Hg.), *Die Gestapo: Mythos und Realität*, Darmstadt 1995; Gisela Diewald-Kerkmann, *Politische Denunziation im NS-Regime oder die kleine Macht der »Volksgenossen«*, Bonn 1995; und Katrin Dördelmann, *Die Macht der Worte: Denunziationen im nationalsozialistischen Köln*, Köln 1997.
7 Siehe Fritz Stern, *Dreams and Delusions: The Drama of German History*, New York 1987, S. 147–191.
8 Bahnbrechend ist die Studie von Christopher R. Browning, *Ganz normale Männer: Das Reserve-Polizeibataillon 101 und die »Endlösung« in Polen*, Reinbek 1993.

9 Das Gesetz war am 9. August 1944 unterschriftsreif, ist aber infolge des Krieges nicht verkündet worden. Abdruck und Kommentar in *Nazi Docs.*, Bd. IV, S. 134f.
10 Siehe Norbert Frei, *Der Führerstaat: Nationalsozialistische Herrschaft 1933 bis 1945*, München 1987, S. 148.
11 Lothar Kettenacker, »Sozialpsychologische Aspekte der Führer-Herrschaft«, in Gerhard Hirschfeld und Lothar Kettenacker (Hg.), *Der »Führerstaat«: Mythos und Realität. Studien zur Struktur und Politik des Dritten Reiches*, Stuttgart 1981, S. 98–132, hier S. 131.
12 Victor Klemperer, *Ich will Zeugnis ablegen bis zum letzten: Tagebücher 1933–1945*, Berlin 1995, Bd. I, S. 323 (24. November 1936).
13 Vgl. das bemerkenswerte Zeugnis von »Nelly« in dem berühmten, auf Kindheitserlebnissen beruhenden Roman von Christa Wolf, *Kindheitsmuster*, Frankfurt a. M. 1979, S. 336. Sie beschreibt, wie sie im Herbst 1943 bei der Kartoffelernte ihre Früchte nicht mit denen von ukrainischen Landarbeiterinnen in einen Korb legen durfte.
14 Einige dieser Fragen untersucht John Connelly, »The Uses of *Volksgemeinschaft*: Letters to the NSDAP Kreisleitung Eisenach, 1939–1940«, in Fitzpatrick und Gellately (Hg.), *Accusatory Practices*, S. 153–184.
15 Siehe Robert Gellately, »Denunciations and Nazi Germany: New Insights and Methodological Problems«, *Historical Social Research* (1997), S. 228–239.
16 Barrington Moore jr., *Injustice: The Social Bases of Obedience and Revolt*, White Plain (New York) 1978, S. 482f.
17 Zu den Problemen des Widerstandes in einer solchen Gesellschaft siehe Robert Gellately, »Surveillance and Disobedience: Aspects of the Political Policing of Nazi Germany«, in Leitz (Hg.), *The Third Reich*, S. 183–203.
18 Siehe die gehaltvollen Bemerkungen in Michael Geyer, »Resistance as Ongoing Project: Visions of Order, Obligations to Strangers, and Struggles for Civil Society 1933–1990«, in Michael Gellately und John W. Boyer (Hg.), *Resistance Against the Third Reich 1933–1990*, Chicago 1994, S. 325–350.
19 Richard Overy, *Russia's War: A History of the Soviet War Effort, 1941–1945*, New Haven 1998, S. 288.
20 Ulrich Herbert, »Vernichtungspolitik: Neue Antworten und Fragen zur Geschichte des ›Holocaust‹«, in Ulrich Herbert (Hg.), *Nationalsozialistische Vernichtungspolitik: Neue Forschungen und Kontroversen*, Frankfurt am Main 1998, S. 9–66, hier S. 64.
21 Siehe Jurgen Herbst, *Requiem for a German Past: A Boyhood among the Nazis*, Madison 1999, S. 180.

NOTIZ ZU DEN QUELLEN

BUNDESARCHIV

Primärquellen zum Dritten Reich befinden sich im neuen Bundesarchiv in Berlin (zitiert als BA). Ich habe die meisten dieser Quellen benutzt, als sie noch in Koblenz bzw. im Archiv der DDR in Potsdam lagen. Seit der Wiedervereinigung sind alle das Dritte Reich betreffenden Sammlungen in Berlin zusammengeführt worden. Nützliche Quellen gibt es auch im Bundesarchiv-Militärarchiv Freiburg (BA-MA). Erbeutete deutsche Unterlagen sind im Osoby-Archiv in Moskau für wissenschaftliche Zwecke zugänglich gemacht worden; ich habe Kopien des United States Holocaust Research Institut Archive am United States Holocaust Memorial Museum (USHMM) in Washington benutzt. Die Akten lieferten zusätzliche Informationen, füllen aber nicht die verbleibenden, beträchtlichen dokumentarischen Lücken. Unschätzbares Material, darunter Primärquellen, befindet sich im Münchner Institut für Zeitgeschichte (IfZ). Das IfZ besitzt Exemplare der Allgemeinen Erlaß-Sammlung (AES) der Gestapo sowie die entsprechende Sammlung des Reichskriminalpolizeiamtes, die Vorbeugende Verbrechensbekämpfung, Erlaßsammlung (RKPA VE).

LANDES- UND STADTARCHIVE

Zu den unentbehrlichen Quellen für eine Untersuchung der sozialen Dimension von Zustimmung und Zwang im Dritten Reich gehören die Original-Personalakten der Gestapo. Diese Unterlagen wurden fast überall in Deutschland vernichtet; die nennenswerte Ausnahme sind 70000 Akten in Düsseldorf (im Nordrhein-Westfälischen Hauptstaatsarchiv Düsseldorf, zitiert als HSTA D), annähernd 19000 in Würzburg (im Staatsarchiv Würzburg, zitiert als StA W) und etwa 12000 in Speyer (Landesarchiv Speyer, zitiert als LAS). Diese Akten betreffen die Gestapo-Zuständigkeitsbereiche Rhein/Ruhr, Unterfranken bzw. Pfalz. Weitere Gestapoakten, hauptsächlich über polnische Fremdarbeiter, sind jüngst unter dem Material des ehemaligen Berlin Document Center aufgetaucht, Kopien hiervon befinden sich heute in den National Archives in Washington.

Neben den Gestapoakten und den Dokumentensammlungen in Düsseldorf, Würzburg und Speyer habe ich weitere städtische Archive ausgewertet, und zwar solche in Bamberg, Berlin, Koblenz, Landshut, Ludwigsburg, Marburg, München, Neuburg an der Donau und Stuttgart. Quantität und Qualität dieser Dokumente schwanken erheblich. Ich hatte auch Zugang zu dem Material, das die Generalstaatsanwaltschaft bei dem Kammergericht Berlin für die Nachkriegsprozesse gegen führende Beamte des RSHA gesammelt hat.

DOKUMENTENSAMMLUNGEN IN BUCHFORM

Die wichtigsten publizierten Dokumente waren für diese Untersuchung die Prozesse gegen die Hauptkriegsverbrecher. Ich habe die deutsche Fassung benutzt: *Der Prozeß gegen die Hauptkriegsverbrecher vor dem Internationalen Militärgerichtshof*, 42 Bände, Nürnberg 1949, zitiert als *IMT*. Eine unschätzbare Quelle, zumal für die zweite Hälfte des Krieges, als die Gestapo und alle anderen Behörden allmählich aufhörten, geordnete Unterlagen zu führen, ist *Justiz und NS-Verbrechen: Sammlung deutscher Strafurteile wegen nationalsozialistischer Tötungsverbrechen 1945–1966*, bearbeitet von Adelheid L. Rüter-Ehlermann und C. F. Rüter, Amsterdam 1968, zitiert als *Justiz und NS-Verbrechen*. Die noch nicht abgeschlossene Sammlung umfaßt derzeit 22 Bände. Die hier referierten Prozesse, von denen die meisten in der Bundesrepublik Deutschland abgehalten wurden, erbrachten eine ungeheure Fülle von Informationen, die kritisch untersucht werden müssen.

Eine unschätzbare Quellensammlung für die Kriegsjahre ist Heinz Boberach (Hg.), *Meldungen aus dem Reich: Die geheimen Lageberichte des Sicherheitsdienstes der SS 1938-1945*, 17 Bände, Herrsching 1984. Diese Beobachtungen der öffentlichen Meinung weisen merkwürdige Lakunen auf; so fehlt zum Beispiel jeder Hinweis darauf, was die Menschen über die »Endlösung« oder die Todeslager wußten. Eine wesentliche Quelle für das, was die nationalsozialistische Führung und insbesondere Hitler selbst öffentlich kundtaten, ist Max Domarus (Hg.), *Hitler Reden und Proklamationen 1942–1945*, 4 Bände, Leonberg 1973. Wichtig sind auch die Tagebücher von Joseph Goebbels, jetzt erweitert um Material aus Moskau und kritisch ediert von Elke Fröhlich und ihren Kollegen vom Münchner IfZ. Siehe Elke Fröhlich u.a. (Hg.), *Die Tagebücher von Joseph Goebbels*, 24 Bände, München 1993ff.

Eine wichtige »alternative« Sicht der NS-Jahre, basierend auf Abertausenden von Untergrundberichten aus der Feder von Sozialdemokraten, enthält die Sammlung *Deutschland-Berichte der Sozialdemokratischen Partei Deutschlands (Sopade) 1934-1940*, 7 Bände, Nördlingen 1980. Sie wurden zitiert als *Sopade*. Diese Berichte enthalten lange Auszüge aus lokalen Schilderungen von Geschehnissen vor Ort, spiegeln aber die Hoffnung von Männern und Frauen im Untergrund wider, das deutsche Volk möge sich nicht lange täuschen lassen und seine nationalsozialistischen Bedrücker zum Teufel jagen. Das wichtigste Tagebuch, das in letzter Zeit erschienen ist, ist Victor Klemperer, *Ich will Zeugnis ablegen bis zum letzten: Tagebücher 1933-1945*, 2 Bände, Berlin 1995.

ZEITUNGEN

Die entscheidende Zeitung für die vorliegende Untersuchung war das führende Naziblatt, der *Völkische Beobachter* (zitiert als *VB*). Er begann als interne Parteizeitung der NSDAP, mauserte sich aber im Dritten Reich zur maßgeblichen deutschen Zeitung und zum halbamtlichen Publikationsorgan, das vielen anderen Zeitungen als Stichwortgeber diente. Wichtig ist auch die Zeitung der SS, *Das Schwarze Korps* (*DSK*). Die allmähliche Gleichschaltung der deutschen Presse habe ich exemplarisch an einer großen Zeitung, der *Berliner Morgenpost* (*BM*), untersucht. Für den regionalen Blickwinkel wurde die bedeutsame *Rheinische Landeszeitung* (*RLZ*) herangezogen. Es gibt viele Zeitungssammlungen in Deutschland, als die nützlichste empfand ich die von der Deutschen Arbeitsfront (DAF) zusammengestellte. Ich habe dieses Material benutzt, als es noch im Deutschen Zentralarchiv in Potsdam lag (62 DAF); mittlerweile ist es nach Berlin überführt worden.

SEKUNDÄRE QUELLEN, NACHSCHLAGEWERKE

Genauere Nachweise zu den umfangreichen gedruckten Sekundärquellen finden sich in den Anmerkungen. Der beste Führer durch die ungeheure Literatur ist nach wie vor Ian Kershaw, *Der NS-Staat. Geschichtsinterpretationen und Kontroversen im Überblick*, Reinbek 1988. Zu vielen Punkten sehr nützlich ist Israel Gutman (Hg.) in Verbindung mit Eberhard Jäckel, Peter Longerich und Julius H. Schoeps, *Enzyklopädie des Holocaust*, 4 Bände, München 1995. Ich selbst begann meine Erforschung des nationalsozialistischen Deutschlands mit *Die Gestapo und die deutsche Gesellschaft: Die Durchsetzung der Rassenpolitik 1933–1945*, 2. Auflage, Paderborn (1993) 1994. Hier untersuche ich auch im einzelnen die Entstehung der Gestapo und ihre Operationen vor Ort. Seither sind viele Untersuchungen zur nationalsozialistischen Polizei erschienen. Besonders nützlich ist Gerhard Paul und Klaus-Michael Mallmann (Hg.), *Die Gstapo: Mythos und Realität*, Darmstadt 1995. Die neue Lokalstudie von Eric A. Johnson, *Nazi Terror: The Gestapo, Jews, and Ordinary Germans*, New York 1999, erschien zu spät, um für die Kernaussagen dieses Buches noch berücksichtigt werden zu können. Johnsons quantitative Analyse bestätigt, was ich und andere seit 1989 geschrieben haben. Dafür sagt er wenig über den Terror gegen die Fremdarbeiter und auch wenig über die massive Verrohung im letzten Kriegsjahr. Die Rolle der Kriminalpolizei im nationalsozialistischen Deutschland ist von der Forschung generell vernachlässigt worden; eine ausgewogene Untersuchung ist jedoch Patrick Wagner, *Volksgemeinschaft ohne Verbrecher: Konzeptionen und Paxis der Kriminalpolizei in der Zeit der Weimarer Republik und des Nationalsozialismus*, Hamburg 1996.

Zur Rolle Hitlers haben wir jetzt die neue, zweibändige Hitlerbiographie von Ian Kershaw: *Hitler: 1889-1936*, Stuttgart 1998, und *Hitler: 1936–1945*, 2. Auflage, Stuttgart 2000. Die beste Quelle für zuverlässige Informationen über praktisch jeden Aspekt des Holocaust, auch über den nationalsozialistischen Terror im »Altreich« und in den eroberten Gebieten, ist Raul Hilberg, *Die Vernichtung der europäischen Juden*, 3 Bände, erneut durchgesehene 9. Aufl., Frankfurt am Main (1982) 1999. Peter Longerich, *Politik der Vernichtung: Eine Gesamtdarstellung der nationalsozialistischen Judenverfolgung*, München 1998, ist eine gute einbändige Analyse der Judenverfolgung von 1933 bis zu den Jahren des Holocaust. Umstrittener ist die Darstellung von Daniel Jonah Goldhagen, *Hitlers willige Vollstrecker: Ganz gewöhnliche Deutsche und der Holocaust*, Berlin 1996. Sie war ein Publikumserfolg, wurde aber von vielen Historikern scharf angegriffen. Goldhagen widmet einen großen Teil des Buches den Einsatzkommandos und Todesmärschen in den von Deutschland besetzten Gebieten im Osten. Die ursprüngliche Beschreibung »ganz normaler« Polizisten im Holocaust ist Christopher R. Browning, *Ganz normale Männer: Das Reserve-Polizeibataillon 101 und die »Endlösung« in Polen*, Reinbek bei Hamburg 1993.

Der bis heute beste Leitfaden zu Ursprüngen und Ausweitung des Systems der Konzentrationslager findet sich in Hans Buchheim, Martin Broszat, Hans-Adolf Jacobson und Helmut Krausnick, *Anatomie des SS-Staates*, 2 Bände, 5. Auflage, München 1989. Wertvolle Studien enthält auch der Sammelband von Ulrich Herbert, Karin Orth und Christoph Dieckmann (Hg.), *Die nationalsozialistischen Kon-*

zentrationslager: Entwicklung und Struktur, 2 Bände, Göttingen 1998. Eine unentbehrliche Quelle ist Johannes Tuchel, *Konzentrationslager: Organisationsgeschichte und Funktion der »Inspektion der Konzentrationslager« 1934–1938*, Boppard 1991. Nützlich ist ferner Klaus Drobisch und Günther Wieland, *System der NS-Konzentrationslager 1933–1939*, Berlin 1993. Eine Goldgrube, was Informationn über die nationalsozialistische Justiz betrifft, ist die gewichtige Untersuchung von Lothar Gruchmann, *Justiz im Dritten Reich 1933–1940: Anpassung und Unterwerfung in der Ära Gürtner*, München 1988. Eine bemerkenswerte Studie über »Justiz« im Vollzug, die über das Thema Todesstrafe hinausgeht, ist Richard J. Evans, *Rituale der Vergeltung. Die Todesstrafe in der deutschen Geschichte 1532–1987*, Berlin-Hamburg 2001. Eine eindringliche Analyse des Volksgerichtshofs mit besonderer Berücksichtigung seiner Resonanz in der Öffentlichkeit und den Medien bietet Edmund Lauf, *Der Volksgerichtshof und sein Beobachter: Bedingungen und Funktionen der Gerichtsberichterstattung im Nationalsozialismus*, Opladen 1994.

Es gibt mittlerweile eine beachtliche Literatur über das Schicksal einzelner sozialer Gruppen im nationalsozialistischen Deutschland. Eine Aufsatzsammlung, die das gesamte Spektrum aller Gebrandmarkten abdeckt, enthält Robert Gellately und Nathan Stoltzfus (Hg.), *Social Outsiders in Nazi Germany*, Princeton 2001. Eine gute allgemeine Darstellung gibt Detlev Peukert, *Volksgenossen und Gemeinschaftsfremde: Anpassung, Ausmerze und Aufbegehren unter dem Nationalsozialismus*, Köln 1982. Eine aufschlußreiche *oral history* von Frauen der NS-Zeit ist Alison Owings, *Frauen: German Women Recall the Third Reich*, New Brunswick (New Jersey) 1993. Über die NS-Frauenorganisationen unterrichtet Jill Stephenson, *The Nazi Organization of Women*, London 1981; umstritten ist die Darstellung von Claudia Koonz, *Mütter im Vaterland: Frauen im Dritten Reich*, Freiburg 1991. Eine Reihe relevanter Essays enthält Dalia Ofer und Lenore J. Weitzman (Hg.), *Women in the Holocaust*, New Haven 1998. Zur Verfolgung der Juden siehe noch (außer den schon erwähnten Werken) Marion Kaplan, *Der Mut zum Überleben: Jüdische Frauen und ihre Familien in Nazideutschland*, Berlin 2001, und Saul Friedländer, *Das Dritte Reich und die Juden*, Band I: *Die Jahre der Verfolgung 1933–1939*, München 1998. Eine der von der Forschung lange vernachlässigten sozialen Gruppen untersucht Beate Meyer, *»Jüdische Mischlinge«: Rassenpolitik und Verfolgungserfahrung*, Hamburg 1999.

Zum Thema Sterilisation und »Euthanasie« gibt es viele ausgezeichnete Untersuchungen. Michael Burleigh, *Death and Deliverance: »Euthanasia« in Germany 1900–1945*, Cambridge 1994, verfolgt die Entwicklungslinien vom Beginn des 20. Jahrhunderts bis zu den Mordstätten und geht auch auf die Versuche der Nationalsozialisten ein, den Leuten das »Euthanasie«-Programm »schmackhaft« zu machen. Wichtig ist auch Henry Friedlander, *Der Weg zum NS-Genozid: Von der Euthanasie zur Endlösung*, Berlin 1997. Über die Maßnahmen gegen die Fremdarbeiter unterrichtet die Untersuchung von Ulrich Herbert, *Fremdarbeiter: Politik und Praxis des »Ausländer-Einsatzes« in der Kriegswirtschaft des Dritten Reiches*, Berlin 1985. Zu Sinti und Roma ist die beste Studie jetzt Michael Zimmermann, *Rassenutopie und Genozid: Die nationalsozialistische »Lösung der Zigeunerfrage«*, Hamburg 1996. Eine Darstellung zu den »Asozialen« bietet Wolfgang Ayaß, *»Asoziale« im Nationalsozialismus*, Stuttgart 1995. Die beste Arbeit zur Verfolgung der Homosexuellen ist jetzt Burkhard Jellonnek, *Homosexuelle unter dem Hakenkreuz: Die Verfolgung von Homosexuellen im Dritten Reich*, Paderborn 1990.

Zur nationalsozialistischen Wirtschaft siehe Richard J. Overy, *War and Economy in the Third Reich*, Oxford 1994. Ich empfehle auch seine Studie zum Krieg in Rußland, obgleich sie nicht zur Thematik dieses Buches gehört: Richard J. Overy, *Russia's War*, Harmondsworth 1989. Zu allgemeineren Themen siehe Omer Bartov, *Murder in Our Midst: The Holocaust, Industrial Killing, and Representation*, New York 1996. Zur nationalsozialistischen Propaganda siehe die Arbeiten von David Welch, vor allem den von ihm herausgegebenen Band *Nazi Propaganda, the Power and the Limitations*, London 1983. Zur öffentlichen Meinung im Dritten Reich gibt es David Bankier, *Die öffentliche Meinung im Hitler-Staat: Die »Endlösung« und die Deutschen. Eine Berichtigung*, Berlin 1995, und Marlis G. Steinert, *Hitlers Krieg und die Deutschen: Stimmung und Haltung der deutschen Bevölkerung im Zweiten Weltkrieg*, Düsseldorf-Wien 1970.

Omer Bartov, *Hitlers Wehrmacht: Soldaten, Fanatismus und die Brutalisierung des Krieges*, Reinbek bei Hamburg 1995, ist eine provokante Darstellung über die Verwandlung der Wehrmacht im Dritten Reich. Einen praktischen Überblick über den Widerstand mit Zitaten aus der einschlägigen Literatur gibt Hartmut Mehringer, *Widerstand und Emigration: Das NS-Regime und seine Gegner*, München 1997. Eine gründliche Darstellung bietet Peter Hoffmann, *Widerstand, Staatsstreich, Attentat: Der Kampf der Opposition gegen Hitler*, 4. Aufl., München-Zürich (1969) 1985. Neben die Essays in Michael Geyer und John W. Boyer (Hg.), *Resistance Against the Third Reich 1933-1990*, Chicago 1994, treten ergänzend die genauso guten Beiträge in David Clay Large (Hg.), *Contending with Hitler: Varieties of German Resistance in the Third Reich*, Cambridge 1991. Das Ende des NS-Regimes im westlichen Teil Deutschlands behandelt detailliert Klaus-Dietmar Henke, *Die amerikanische Besetzung Deutschlands*, München 1995; was im östlichen Teil geschah, schildert packend Norman N. Naimark, *The Russians in Germany: A History of the Soviet Zone of Occupation, 1945-1949*, Cambridge (Massachusetts) 1995.

ABKÜRZUNGSVERZEICHNIS

AEL	Arbeitserziehungslager
AES	Allgemeine Erlaß-Sammlung
BA	Bundesarchiv Berlin
BA/MA	Bundesarchiv-Militärarchiv Freiburg
Bay HStA	BayerischesHauptstaatsarchiv München
BBZ	*Berliner Börsen-Zeitung*
BH	*Bayerischer Heimgarten*
BM	*Berliner Morgenpost*
BPP	Bayerische Politische Polizei (nach 1936 Teil der Gestapo)
BT	*Berliner Tageblatt*
DA	*Der Angriff*
DAF	Deutsche Arbeitsfront
DAZ	*Deutsche Allgemeine Zeitung*
DD	*Der Deutsche*
DH	*Dachauer Hefte*
DN	*Düsseldorfer Nachrichten*
DNVP	Deutschnationale Volkspartei
DR	*Deutsches Recht*
DRA	*Deutscher Reichsanzeiger*
DSK	*Das Schwarze Korps*
DT	*Der Tag*
DZ	*Deutsche Zeitung*
FZ	*Frankfurter Zeitung*
GE	*Grunewalder Echo*
Gestapa	Geheimes Staatspolizeiamt
Gestapo	Geheime Staatspolizei
GL	Gauleitung (der NSDAP)
GSA	Geheimes Staatsarchiv Preußischer Kulturbesitz, Berlin Dahlem
GSR	*German Studies Review*
HannZ	*Hannoversche Zeitung*
HF	*Hamburger Fremdenblatt*
HN	*Hamburger Nachrichten*
HSSPF	Höhere SS- und Polizeiführer
HStA D	Hauptstaatsarchiv Düsseldorf
IAHCCJ	International Association for the History of Crime and Criminal Justice
IfZ	Institut für Zeitgeschichte
JMH	*Journal of Modern History*
KL	Konzentrationslager (meist abgekürzt: KZ)
KPD	Kommunistische Partei Deutschlands
Kripo	Kriminalpolizei

LAS	Landesarchiv Speyer
LRA	Landratsamt
MNN	*Münchner Neueste Nachrichten*
NA	National Archives, Washington
NSDAP	Nationalsozialistische Deutsche Arbeiterpartei
NZ	*National-Zeitung*
Orpo	Ordnungspolizei (bestehend aus Schutzpolizei [in der Stadt] und Gendamerie [auf dem Land])
PZ	*Pommersche Zeitung*
RFSS	Reichsführer-SS (Titel Himmlers als Chef der SS)
RGBl.	Reichsgesetzblatt
RJM	Reichsjustizministerium
RKPA	Reichskriminalpolizeiamt (mit Sitz in Berlin)
RLZ	*Rheinische Landeszeitung*
RMI	Reichsministerium des Innern
RSHA	Reichssicherheitshauptamt (gegründet 1939 zur Zusammenfassung von Gestapo, Kripo usw.)
SA	Sturmabteilung
Schupo	Schutzpolizei (siehe Orpo)
SD	Sicherheitsdienst
Sipo	Sicherheitspolizei (gegründet 1936 als Dachorganisation von Gestapo und Kripo)
Sopade	Exil-SPD, Sitz in Prag (1933/38), Paris (1938/40), London (1940)
SPD	Sozialdemokratische Partei Deutschlands
SS	Schutzstaffel (Himmlers »Schwarzhemden«)
StA	Staatsarchiv
StA B	Staatsarchiv Bamberg
StA L	Staatsarchiv Ludwigsburg
StA NadD	Staatsarchiv Neuburg a.d. Donau
Stapo	Kurzform für Gestapo
StA W	Staatsarchiv Würzburg
USHMM	United States Holocaust Memorial Museum, Archiv
VfZ	*Vierteljahreshefte für Zeitgeschichte*
VB	*Völkischer Beobachter*
VZ	*Vossische Zeitung*

ABBILDUNGSNACHWEIS

Bundesarchiv Koblenz, Bildarchiv: 1, 6, 10, 15, 16 (© A-B-C14471), 18, 26, 28, 29 (Scherl Bilderdienst, Herbert Löchterfeld), 32, 33

Bildarchiv Preußischer Kulturbesitz: 2, 4 (Liselotte Purper), 5, 13–14, 17, 19–22, 23 (Ewald Gnilka), 24 (Josef Donderer), 25, 30–31, 34 (Vinzenz Engel, Febr. 1945), 35–38 (Georg Schödl), 39–40 (Yad Vashem), 41, 42 (John F. Mannung, 28–30. April 1945)

Hauptstaatsarchiv Düsseldorf: 27 (Gestapo 1957b)

REGISTER

Hinweis: Entsprechend den gesetzlichen Vorschriften mußten sämtliche Namen aus Polizeiakten verändert werden. Sie finden sich somit auch nicht im Register wieder.